湘江战役史料文丛

第八卷

总主编◎田玄
本卷主编◎范国平
本卷编者◎邵玮楠 桂强

国家出版基金项目
NATIONAL PUBLICATION FOUNDATION

广西师范大学出版社
GUANGXI NORMAL UNIVERSITY PRESS
·桂林·

本卷前言

广西是红军长征途经省份之一，长征先遣队红六军团和中央红军均曾借道广西并在此发生战斗，当中尤以湘江战役至为激烈。红军长征流传下来的史料，主要有三种类型：一种是国共双方在当时的电文、公函、政策、法令、报告等（此即档案资料的主要来源）；一种是当时各方报刊登载的新闻报道、讲演、社评等；还有一种是后来亲历者的回忆资料以及对历史知情人的调访资料。此外，为数不多的私人日记也是一种重要的长征史料。上世纪八十年代由中共桂林地委组织编写出版的《红军长征过广西》一书，曾经分门别类地对上述各种史料有所收集。惟当时限于条件，编者对相关报刊史料的遴选数量不多，难以全面反映国统区各方媒体的动态报道。

近现代报刊是研究红军长征史不容忽视的史料来源。当时不但国民党中央及地方当局透过报刊对外发布追堵红军的军政讯息，红军有时也从缴获或购买的报纸上获得重要消息。中共领导人毛泽东在长征途中据说就是透过一张报纸，获知陕北红军和根据地的资讯，从而解决了红军当时非常急迫的长征落脚点问题。《湘江战役史料文丛》收集涉及全国各地报刊共49种，除收录《中央日报》《中央周报》等“央媒”和《申报》《大公报》《天津益世报》等名报外，还收录了《湖南民国日报》《江西民国日报》等地方报刊，其中不少报刊选自北方地区，例如《庸报》《山东日报》等，其遴选范围远及内蒙古地区（《绥远社会日报》）。所选史料主要囊括三方面的内容：（一）长征先遣队——中国工农红军第六军团转战湘桂黔边及国民党中央和湘桂黔等省实力派之反应的报刊记载；（二）中央红军长征经过湘桂黔边及国民党各方进行“追剿”“堵剿”的报刊记载；（三）中国工农红军第二、六军团会合后对中央红军长征的策应行动及其影响的报刊记载。

这些报刊史料的主要价值，首先在于它是逐日逐地的历史记录，采用编年体的方式反映了红军在湘桂黔边的转战经过和国民党方面的应对情况，具有一种由时间串联起来的历史真实感。在长征史料的主要类型当中，档案史料对长征的事件和过程的记载一般最直接、最准确，但这类史料往往分散在不同的部门、地方或当事人的档案中，因此通常需要从时间、过程、逻辑等方面进行梳理和缀合，才有可能反映事件或过程的全貌；回忆史料的优点在于对长征细节的描述和披露，但有可能在事实层面出现不准确的地方，尤其是对时间的回忆容易出错。报刊上的红军长征资料，由于是逐日登载的，可以较为完整地呈现红军长征转战各地并引起各方反应的全过程，并在时间、空间等史实方面与相关档案、日记、回忆等史料形成互证关系。基于"时间之流"而依序形成的报刊类长征史料，没有"后见之明"对长征记忆与书写的影响，相对原始、真实地反映了当时的动态过程。换言之，只要将某份或某几份报纸关于红军长征的新闻报道从头至尾看完，就有可能大致了解其来龙去脉，从中获得的现场感往往比阅读相关的专业书籍更为强烈。

需要指出的是，二十世纪三十年代各大报纸的新闻来源，多为国民党中央或地方军政当局借助中央社或地方通讯社发布的官方电文。这些电文除了在极少数情况下可能出于军事保密需要，以"□□"代替部队番号或行军动向以外，其主要内容大多可与国民党当局的内部档案相互印证，新闻报道的真实性较高。即便报道当中出现红军将领姓名或身体状况等方面的信息错误，也有助于从某些方面反映国民党当局对红军长征情况的掌握程度或判断能力。例如，红六军团第十八师师长龙云在贵州石阡被俘时，贵州省政府主席王家烈在电告中就先称其为"龙灵"，后来可能经过核实，才改称"龙云"。在湘江战役中担任掩护任务的红三十四师师长陈树湘，其姓名在包括国民党中央社在内的多家媒体的报道中都被写成"陈树香"。从这两个师长级红军将领的事例可以看出，在紧张激烈的战场环境当中，国民党当局实际上难以准确、全面地掌握红军将领的个人信息，因此不仅在人名上可能出错，有时还会出现朱德、彭德怀等高级将领重伤甚至毙命之类的谣言。但是，报刊史料终究为红军长征保留下了基本的历史活动轨迹。

此次选择的40多种报刊，均在相应版面连续报道了国民党当局对红军的追击过程，仔细检视其内容，可以发现这些报道具有相当大的重叠性。从通常的角度而言，这种重叠性无疑会减损其史料价值，但从另一方面来看，正是这种几乎遍及全国的重叠性，反映了全国舆论对红军由闽赣中央苏区转战粤湘桂黔之突围行动的普遍关切，也因而在一定程度上反映了红军长征所关联的社会心态。这无疑可以提供红军长征途经区域的社会心态史研究的视角和素材。更深入地观察，可以发现对于红军长征的社会心态反映，各省似略有差别。如江西省，当时的头等大事是筹谋“善后”，对所谓“赣匪”转战湘桂黔等省的报道虽未间断，但已缺少置身其中的急迫感；而湖南省作为红军长征突围初期的主要战场，全省上下对与此有关的军事行动高度关切，何键作为最高军政长官尤其如此，由此才有湖南本地的报纸以连载的方式刊登其个人所作的报告，以安慰人心，缓和危机。红军长征初期，对湖南省的影响可以说既深且巨。从这一时期多种报刊的报道内容来看，如果说其他省份是以省的视角来观察红军长征所引发的军事行动，那么湖南省差不多是以县为单位密切关注着红军行动可能对本县的影响。湘江战役前夕，广西当局也几乎陷入同样的紧张战备当中，本地报纸当中与红军有关的报道随之增多。湘江战役期间，广西随着其“堵剿”地位的提升，频繁在“央媒”及各地报纸上“亮相”，李宗仁、白崇禧等军政长官也是如此。贵州在湘江战役之前，随时关注着红军行军与湘桂两省及中央军“追剿”“堵剿”的动态消息，到湘江战役之后，则与之前的湖南一样，成为国共交战的主要省份，这些均反映在当时的报道之中。

还可注意的是，全国各种报纸共同登载红军长征有关消息的新闻现象，实际上营造或显示出一种有利于国民党中央调动各省力量追击红军的舆论话语和舆论氛围。由中央红军战略转移所广泛引发的国民党中央及地方当局“围剿”的军事行动，透过国民党中央军的跨省追击行动，以及中央社的报道和其他各种报纸的转载，至少从舆论表象看来，已逐渐演化为一场在全国范围内塑造国民政府统治合法性的政治运动。如果说1930年的中原大战，使蒋介石取得了对其他军系的压倒性军事胜利，蒋介石由此在军事上确立了其控制中央的统治地位，那么这次以“剿共”为名义扩散至粤湘桂黔等十余个省份的“追剿”行动，则不仅在军事上，更在政治上有利于蒋介石进一步树立其中央统治和军事进入各地的合法性。当时的广西军政当局，虽与广东军政当局共同组有西南政务委员会，以抗拒南京中央的权力控制或渗透，但在这场带有浓厚政治意味的“追剿”行动面前，即使是足智多谋的白崇禧，也只能表面顺应这种全国上下高度一致的舆论氛围，在报纸上公开表态响应和支持国民党中央的“追剿”行动。在此舆论氛围之下，广西有两件事情均遭蒋介石否决：一件是欲与广东联合抽调兵力组织一支特别军队，入贵州追击红军，此种含有独立倾向的军事运作，显然不可能获得南京中央同意；一件是拟将在湘江战役期间俘虏的一批江西籍红军将士解至广东，再由广东运交江西，但最终广西军政当局只好听命于南京中央，将非桂籍的红军俘虏解湘处置。这两件公诸报端的事情的处理结果，只能是进一步强化广西服从中央的舆论形象。

毋须否认，国民党统治区内许多报刊登载的关于红军长征的相关报道，都具有向上请功和安民告示的宣传作用。正因如此，这些报道有许多实则是自我表功的电文和报告，它们共同在报刊上汇合成国民党军队追击长征红军的舆论舞台和所谓"胜利"场景。中央红军从江西出发时有 8 万余人，到湘江战役后已锐减过半，这个减员过程在国统区的报刊当中，几乎每次都被国民党军队或当局渲染成一场作战胜利。红军在人和枪方面的一次次损失，在对手那里就被转换成缴获了多少人和枪的战绩，被一次次地登载在国统区的报刊上。红军每次撤出某个地方，也自然地被对手视为作战收复之功而在报刊上宣扬。很显然，如果只看这些报道，难免觉得红军屡遭惨败，几无生机。这种舆论指向与国民党方面对中国共产党和红军的蔑称一样，都是国统区报刊史料固有的一些局限性。要想克服这种局限性，唯有结合红军方面的史料与国民党方面的其他史料进行比对，才能考证出红军长征过程中的准确情形，才能感受到中国共产党及其领导下的工农红军内部极其强大的政治力、组织力和坚韧力。

本卷编辑说明

一、《湘江战役史料文丛》报刊部分共分为三卷，以与红军长征经过广西互有因果关联的时空为遴选原则，选录1933—1936年与红军长征有关的全国各地报刊共49种。所收史料一般按其标题内容全部予以收录，残缺不全的则标注“残”。

二、本卷以报刊为分类单位，每种报刊下面按时间、版次先后顺序排列每则资料的标题文字和图影，时间、版次相同的则按标题首字母排序。

三、为方便读者阅读，对于一些字迹过小的图片，本卷采取局部图的形式对原图进行了放大处理。局部图有两种：一种是将部分文字用黑色框线圈出以示放大的部分，一种是将原图分为多个部分做局部图予以分别放大。此外，对于个别因条件所限拍摄不清、辨识困难的图片，图后附上了相应的释读文字，以供读者参酌使用。

四、本卷以简体字编排。每则史料的题名一般照录报刊原有标题，并予以重新标点。旧词形、非推荐词形改为规范词形，如“澈底”改为“彻底”；旧时对少数民族的蔑称“猺”一律改为规范字“瑶”；残缺的字以“□”代之，据史料补全的用圆括号加以括注；错别字径改，如“何健”改为“何键”，“武岗”改为“武冈”；人名、地名因省写而影响阅读的，据报刊正文或考证其他相关资料补全，如“李白”录为“李（宗仁）、白（崇禧）”，“兴全”录为“兴（安）、全（州）”，不确定的则照录；同一地名写法不一致的，统一为一种写法，如“珠兰铺”改为“朱兰铺”，“马厂坪”改为“马场坪”。

五、需要特别说明的是，这些国民党统治区内的报刊中有不少对中国共产党、红军等的攻击、污蔑、丑化的词句，本卷本着客观反映史料原貌的态度，未做删改，望读者以批判的态度予以甄别使用。拟定题名时，仅对诸如“赤匪”“共匪”“匪共”等一类词加引号处理。

六、因民国报刊年代久远，获取或拍摄不便，本卷所选有关湘江战役的报刊恐难囊括完全，所录史料也有拍摄不清或不完整者，敬请读者谅解。

本卷目录

报刊（中）

中国日报

南京日报

武汉日报

青岛时报

上海晨报

北平晨报

汉口中西报

长沙市民日报

汉口市民日报

国民公报

北平晚报

山东日报

新天津报

时　报

西北日报

福建民报

中国日报

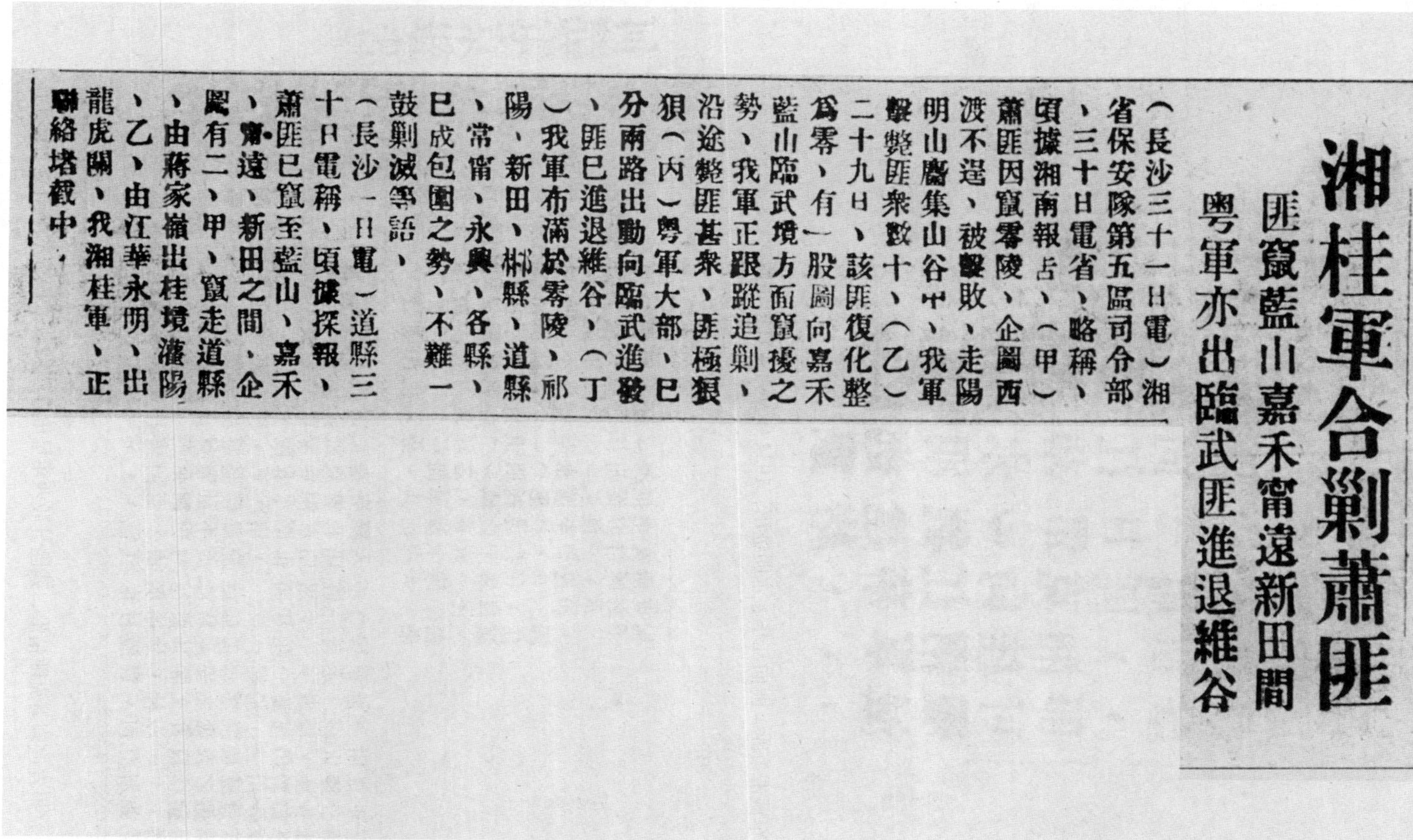

湘桂軍合剿蕭匪

匪竄藍山嘉禾甯遠新田間
粵軍亦出臨武匪進退維谷

(長沙三十一日電)湘省保安隊第五區司令部、三十日電省、略稱、頃據湘南報告、(甲)蕭匪因竄零陵、企圖西渡不逞、被擊敗、走陽明山麕集山谷中、我軍擊斃匪衆數十、(乙)二十九日、該匪復化整爲零、有一股圖向嘉禾藍山臨武境方面竄擾之勢、我軍正跟蹤追剿、沿途斃匪甚衆、匪極狼狽(丙)粵軍大部、已分兩路出動向臨武進發、匪已進退維谷、(丁)我軍布滿於零陵、祁陽、新田、郴縣、道縣、常甯、永興、各縣、已成包圍之勢、不難一鼓剿滅等語、

(長沙一日電)道縣三十日電稱、頃據探報、蕭匪已竄至藍山、嘉禾、甯遠、新田之間、企圖有二、甲、竄走道縣、由蔣家嶺出桂境灌陽、乙、由江華永明、出龍虎關、我湘桂軍、正聯絡堵截中、

1. 湘桂军合剿萧匪，匪窜蓝山、嘉禾、宁远、新田间，粤军亦出临武匪进退维谷，1934 年 9 月 2 日第 1 版

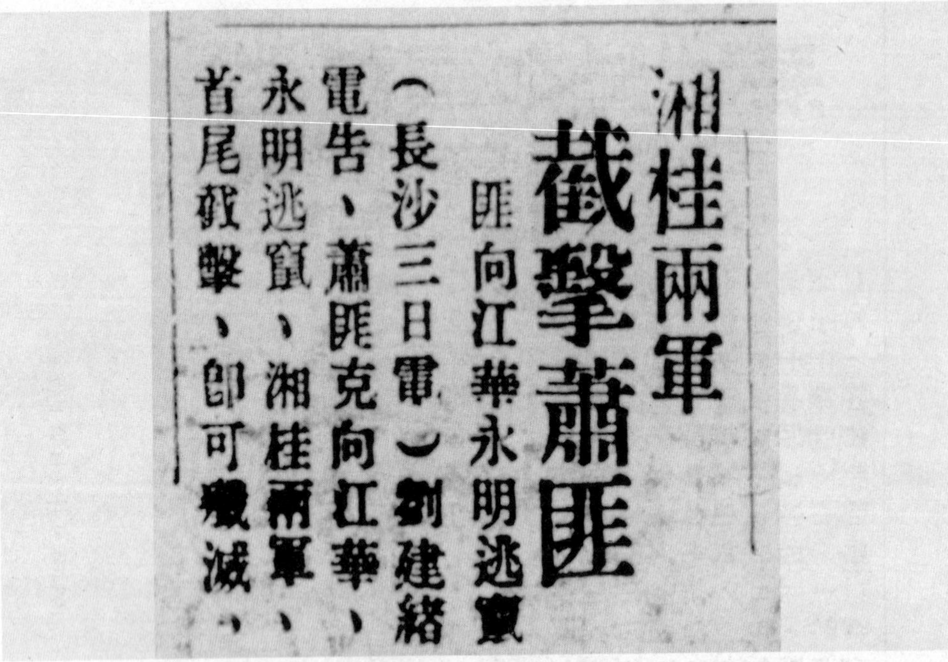

湘桂兩軍
截擊蕭匪
匪向江華永明逃竄

（長沙三日電）劉建緒電告、蕭匪克向江華、永明逃竄、湘桂兩軍、首尾截擊、即可殲滅、

2. 湘桂两军截击萧匪，匪向江华、永明逃窜，1934 年 9 月 4 日第 1 版

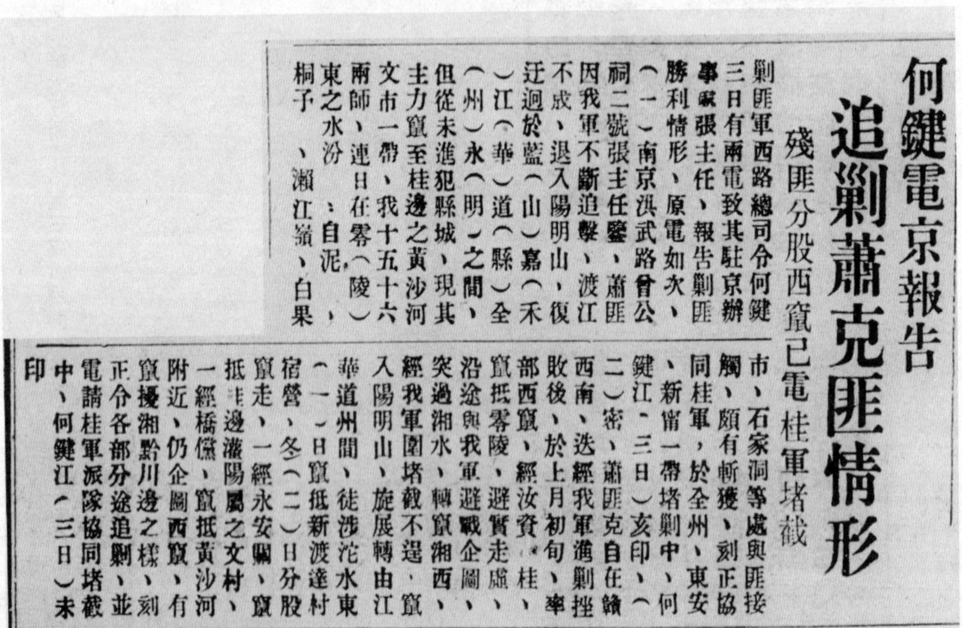

何鍵電京報告
追剿蕭克匪情形
殘匪分股西竄已電桂軍堵截

剿匪軍西路總司令何鍵三日有兩電致其駐京辦事處張主任、報告剿匪勝利情形、原電如次、（一）南京洪武路曾公祠二號張主任鑒、蕭匪因我軍不斷追擊、渡江不成、退入陽明山、復迂迴於藍（山）嘉（禾）江（華）道（縣）全（州）永（明）之間、但從未進犯縣城、現其主力竄至桂邊之黃沙河文市一帶、我十五十六兩師、連日在零（陵）東之水汾：自泥，桐子、瀨江嶺、白果市、石家洞等處與匪接觸、頗有斬獲、刻正協同桂軍，於全州、東安、新甯一帶堵剿中、何鍵江（三日）亥印、（二）密、蕭匪克自在贛西南、迭經我軍進剿挫敗後、於上月初旬、率部西竄、經汝資·桂、竄抵零陵、避實走虛、沿途與我軍避戰企圖、突過湘水、轉竄湘西、經我軍圍堵截不遑、竄入陽明山、旋展轉由江華道州間、徒涉沱水東（一）日竄抵新渡達村宿營、冬（二）日分股竄走、一經永安關、竄抵桂邊灌陽屬之文村、一經橋儻、竄抵黃沙河附近、仍企圖西竄、有竄擾湘黔川邊之模、刻正令各部分途追剿、並電請桂軍派隊協同堵截中、何鍵江（三日）未印

3. 何键电京报告追剿萧克匪情形，残匪分股西窜已电桂军堵截，1934 年 9 月 5 日第 1 版

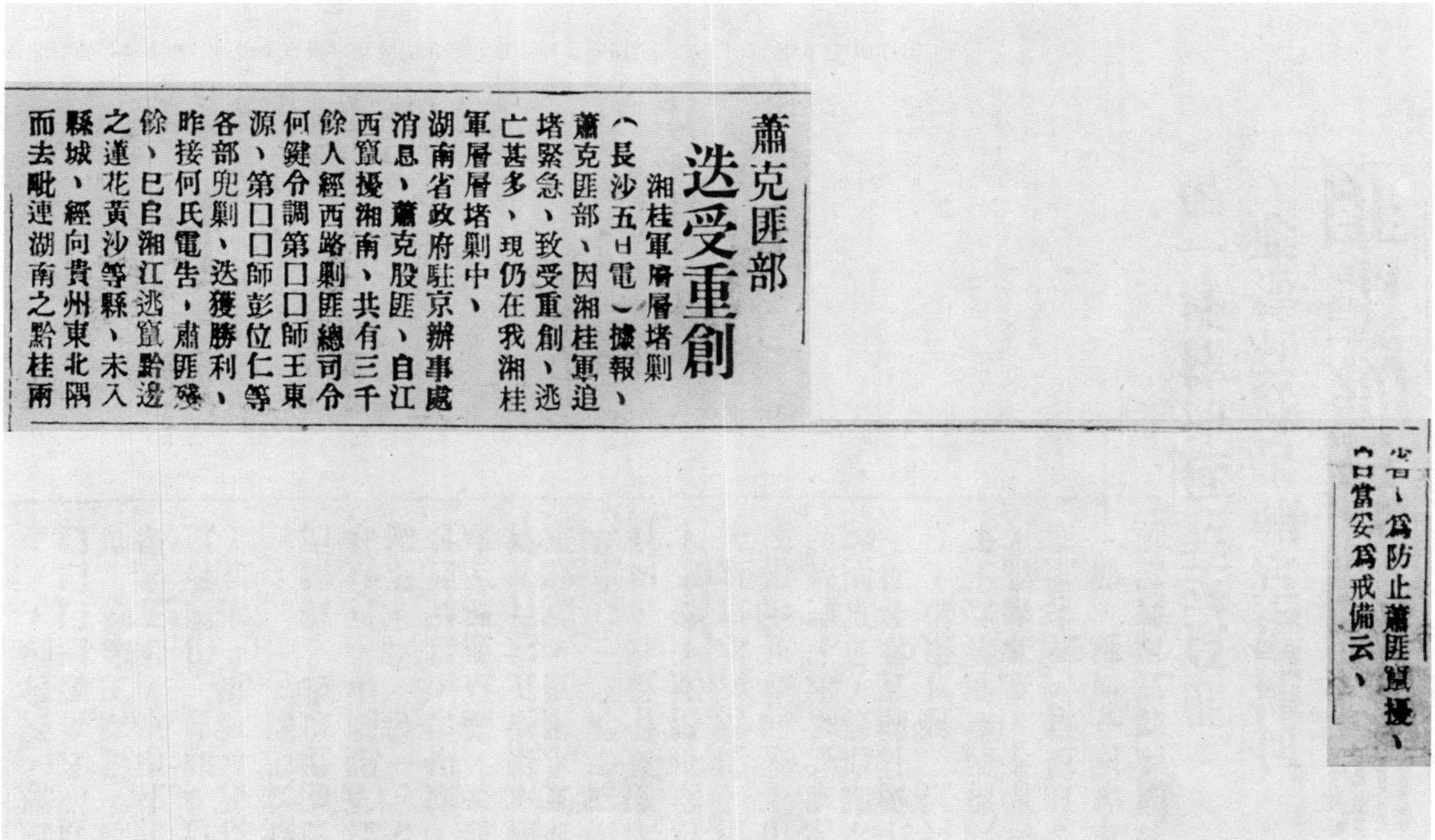

蕭克匪部

迭受重創

湘桂軍層層堵剿

（長沙五日電）據報、蕭克匪部、因湘桂軍追堵緊急、致受重創、逃亡甚多、現仍在我湘桂軍層層堵剿中、

湖南省政府駐京辦事處消息、蕭克股匪、自江西竄擾湘南、共有三千餘人經西路剿匪總司令何鍵令調第口口師王東源、第口口師彭位仁等各部兜剿、迭獲勝利、昨接何氏電告，肅匪殘餘、已自湘江逃竄黔邊之蓮花黃沙等縣、未入縣城、經向貴州東北隅而去毗連湖南之黔桂兩省、爲防止蕭匪竄擾、日當妥爲戒備云、

4. 萧克匪部迭受重创，湘桂军层层堵剿，1934 年 9 月 6 日第 1 版

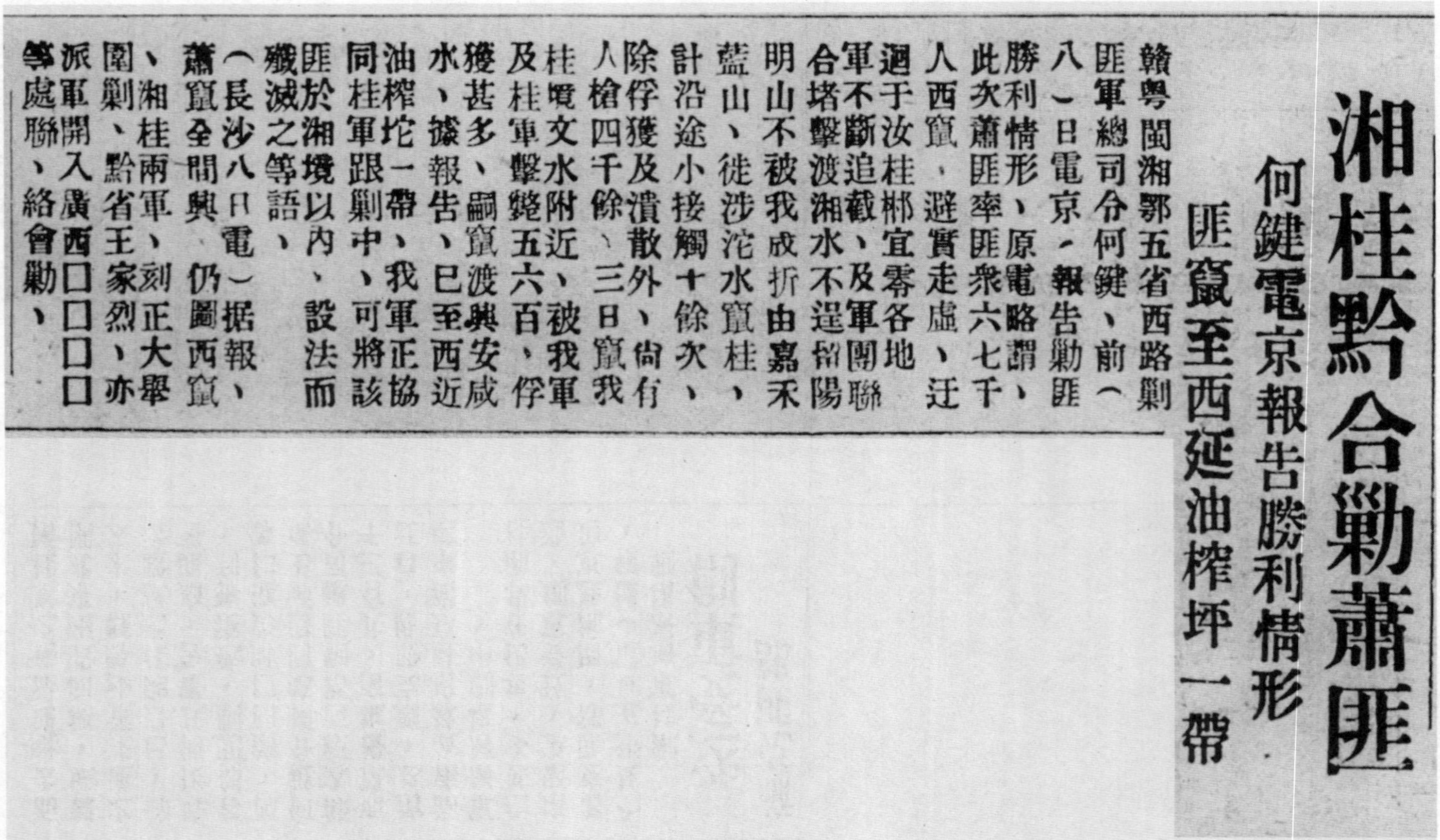

湘桂黔合剿蕭匪

何鍵電京報告勝利情形

匪竄至西延油榨坪一帶

贛粵閩湘鄂五省西路剿匪軍總司令何鍵、前（八）日電京、報告剿匪勝利情形、原電略謂、此次蕭匪率匪衆六七千人西竄、避實走虛、迂迴于汝桂郴宜零各地軍不斷追截、及軍團聯合堵擊渡湘水不逞留陽明山不被我成折由嘉禾藍山、徙涉沱水竄桂、計沿途小接觸十餘次、除俘獲及潰散外、尚有八槍四千餘、三日竄我桂嶺文水附近、被我軍及桂軍擊斃五六百、俘獲甚多、嗣竄渡興安咸水、據報告、已至西近油榨坨一帶、我軍正協同桂軍跟剿中、可將該匪於湘境以內、設法而殲滅之等語、

（長沙八日電）据報、蕭竄全間興、仍圖西竄、湘桂兩軍、刻正大舉圍剿、黔省王家烈、亦派軍開入廣西口口口口等處聯、絡會剿、

5. 湘桂黔合剿萧匪，何键电京报告胜利情形，匪窜至西延油榨坪一带，1934 年 9 月 10 日第 1 版

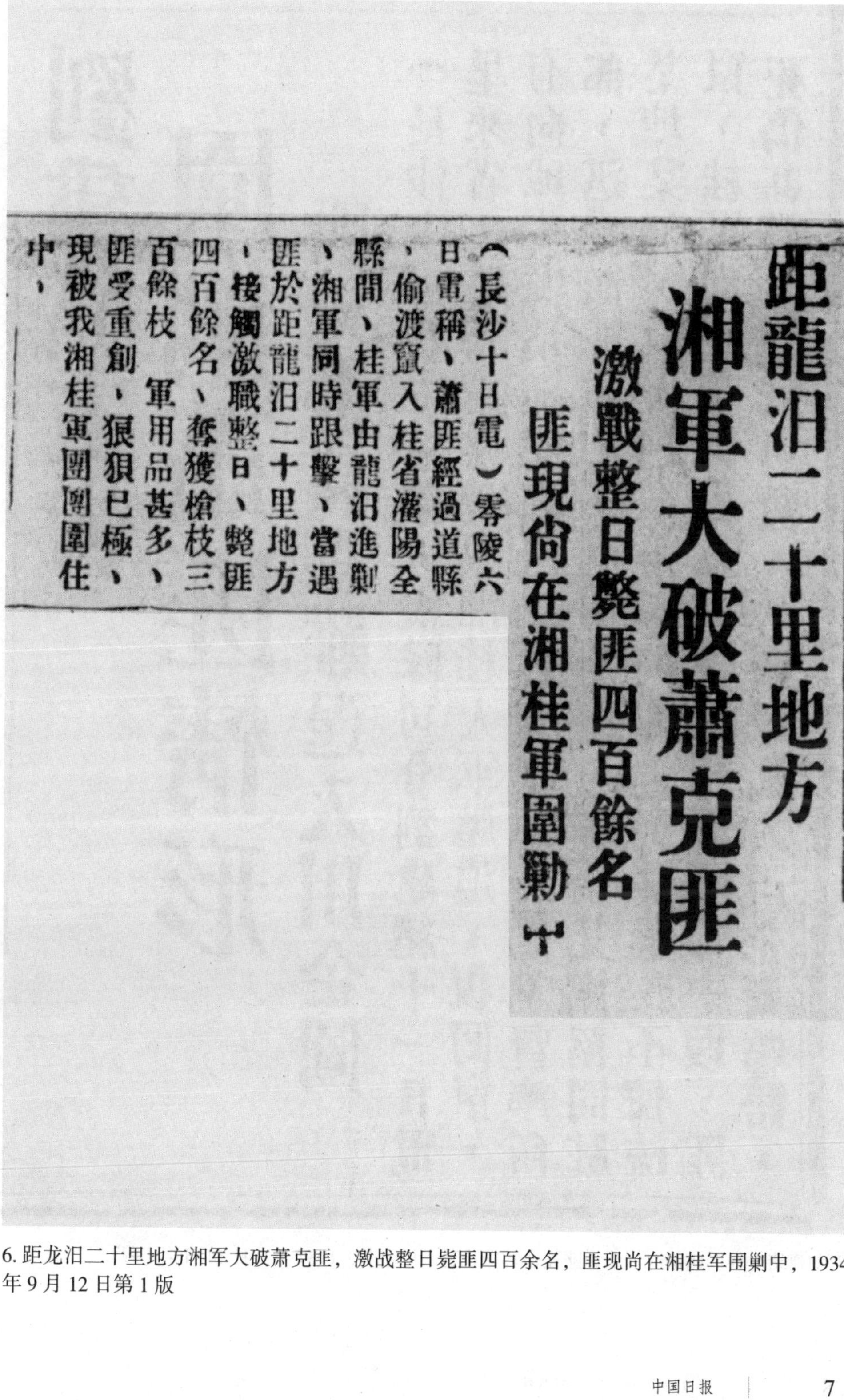

距龍汨二十里地方
湘軍大破蕭克匪
激戰整日斃匪四百餘名
匪現尚在湘桂軍圍剿中

（長沙十日電）零陵六日電稱、蕭匪經過道縣、偷渡竄入桂省灌陽全縣間、桂軍由龍汨進剿、湘軍同時跟擊、當遇匪於距龍汨二十里地方、接觸激戰整日、斃匪四百餘名、奪獲槍枝三百餘枝　軍用品甚多、匪受重創、狼狽已極、現被我湘桂軍團團圍住中、

6. 距龙汨二十里地方湘军大破萧克匪，激战整日毙匪四百余名，匪现尚在湘桂军围剿中，1934 年 9 月 12 日第 1 版

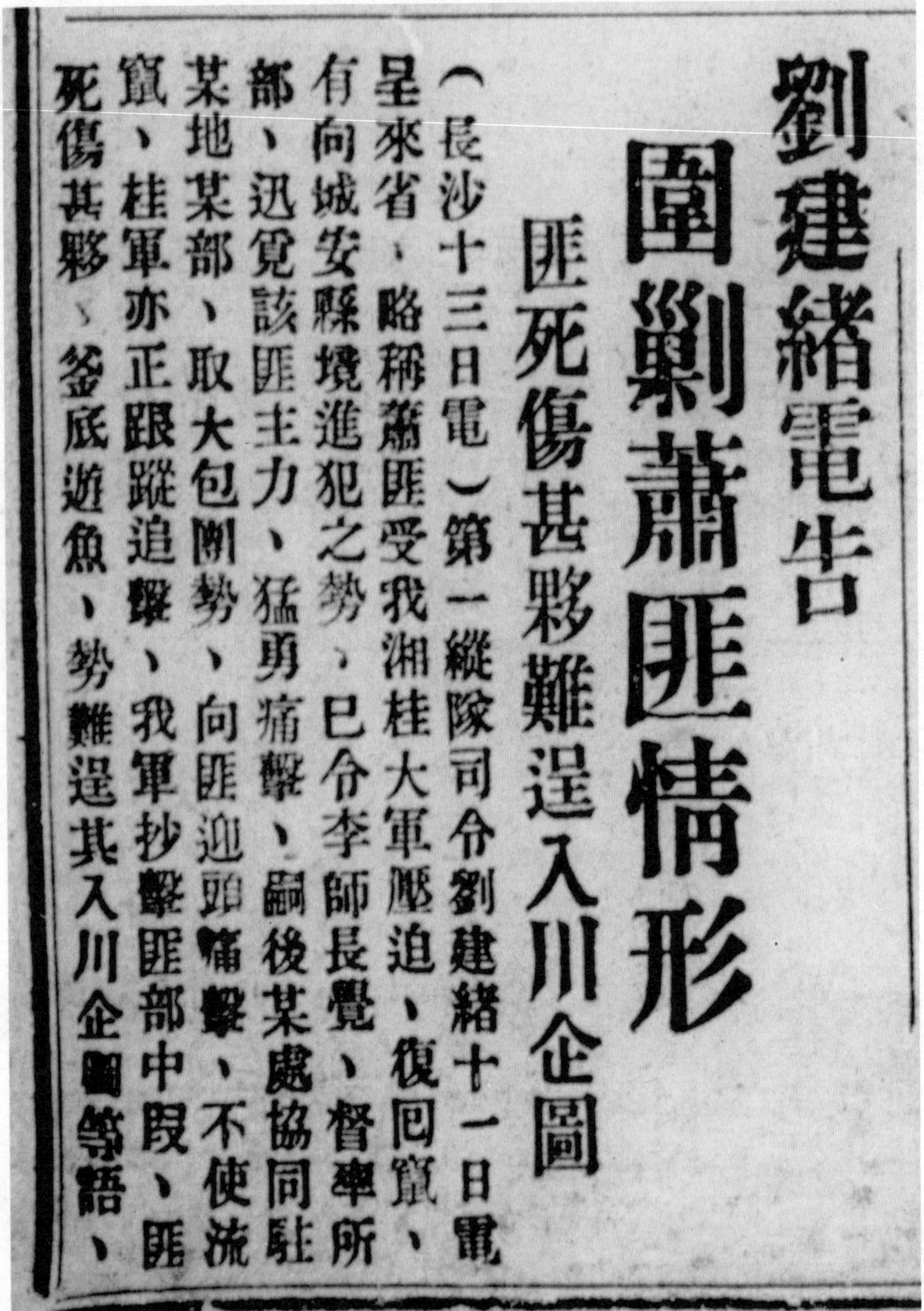

劉建緒電告
圍剿蕭匪情形
匪死傷甚夥難逞入川企圖

（長沙十三日電）第一縱隊司令劉建緒十一日電呈來省、略稱蕭匪受我湘桂大軍壓迫、復回竄、有向城安縣境進犯之勢、已令李師長覺、督率所部、迅覓該匪主力、猛勇痛擊、嗣後某處協同駐某地某部、取大包圍勢、向匪迎頭痛擊、不使流竄、桂軍亦正跟蹤追擊、我軍抄擊匪部中段、匪死傷甚夥、釜底遊魚、勢難逞其入川企圖等語、

7. 刘建绪电告围剿萧匪情形，匪死伤甚夥难逞入川企图，1934 年 9 月 14 日第 1 版

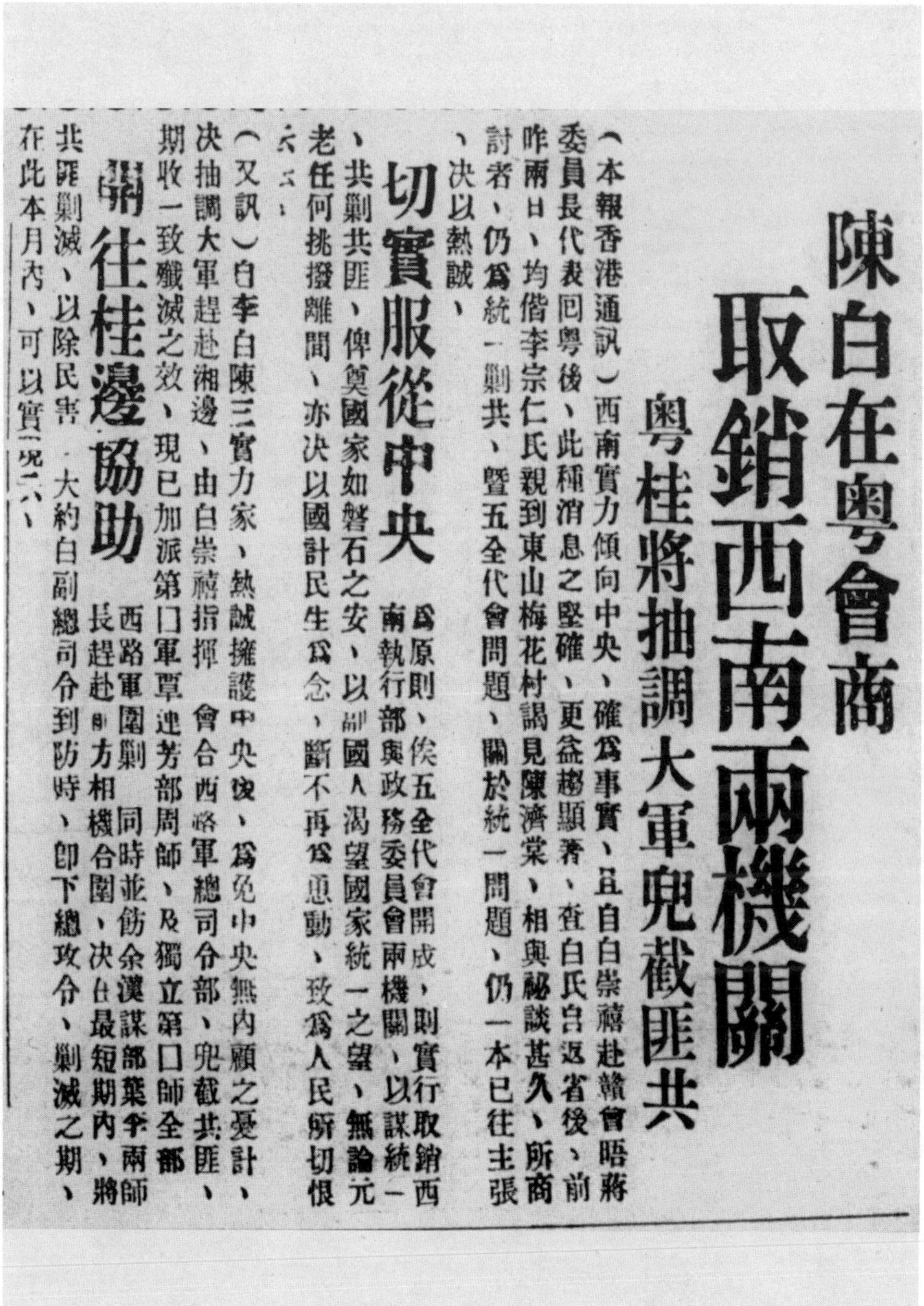

陳白在粵會商
取銷西南兩機關
粵桂將抽調大軍兜截匪共

（本報香港通訊）西南實力傾向中央、確爲事實、且自白崇禧赴贛會晤蔣委員長代表回粵後、此種消息之堅確、更益趨顯著、查白氏自返省後、前昨兩日、均偕李宗仁氏親到東山梅花村謁見陳濟棠、相與祕談甚久、所商討者、仍爲統一勦共、暨五全代會問題、關於統一問題、仍一本已往主張、決以熱誠、

切實服從中央

爲原則、俟五全代會開成、則實行取銷西南執行部與政務委員會兩機關、以謀統一、共勦共匪、俾奠國家如磐石之安、以副國人渴望國家統一之望、無論元老任何挑撥離間、亦決以國計民生爲念、斷不再爲惡動、致爲人民所切恨、六六：

（又訊）白李白陳三實力家、熱誠擁護中央後、爲免中央無內顧之憂計、決抽調大軍趕赴湘邊、由白崇禧指揮 會合西路軍總司令部、兜截共匪、期收一致殲滅之效、現已加派第口軍覃連芳部周師、及獨立第口師全部

開往桂邊協助

西路軍團勦 同時並飭余漢謀部葉李兩師長趕赴[illegible]方相機合圍、決在最短期內、將共匪勦滅、以除民害、大約白副總司令到防時、即下總攻令、勦滅之期、在此本月內、可以實現（一九、八、）

8. 陈（济棠）、白（崇禧）在粤会商取消西南两机关，粤桂将抽调大军兜截“匪共”，1934 年 9 月 14 日第 6 版

蕭匪向綏甯逃竄

胡達旅李覺師分別追擊
王家烈調隊謀越境防剿

（長沙十四日電）新甯十二日電稱、頃據探報、蕭匪由第五排車田巳竄往城步之蓬峒一帶、向綏甯逃竄、我胡達旅跟蹤追擊中、縣城秩序如恆、又據李覺電稱、竄城步之蕭匪、經我軍扼要堵剿、斃二百餘、殘匪紛向城西綏甯東之孟公坳岩寨一帶潰逃、現正嚴密堵剿中、

（貴陽十三日電）蕭克匪部、有由湘桂邊境、向湘黔竄逃模樣王家烈氏、已派周旅長芳仁、率部越境防剿、并電請中央、轉令何鍵飭屬越境追擊、

9. 萧匪向绥宁逃窜，胡达旅、李觉师分别追击，王家烈调队谋越境防剿，1934年9月15日第1版

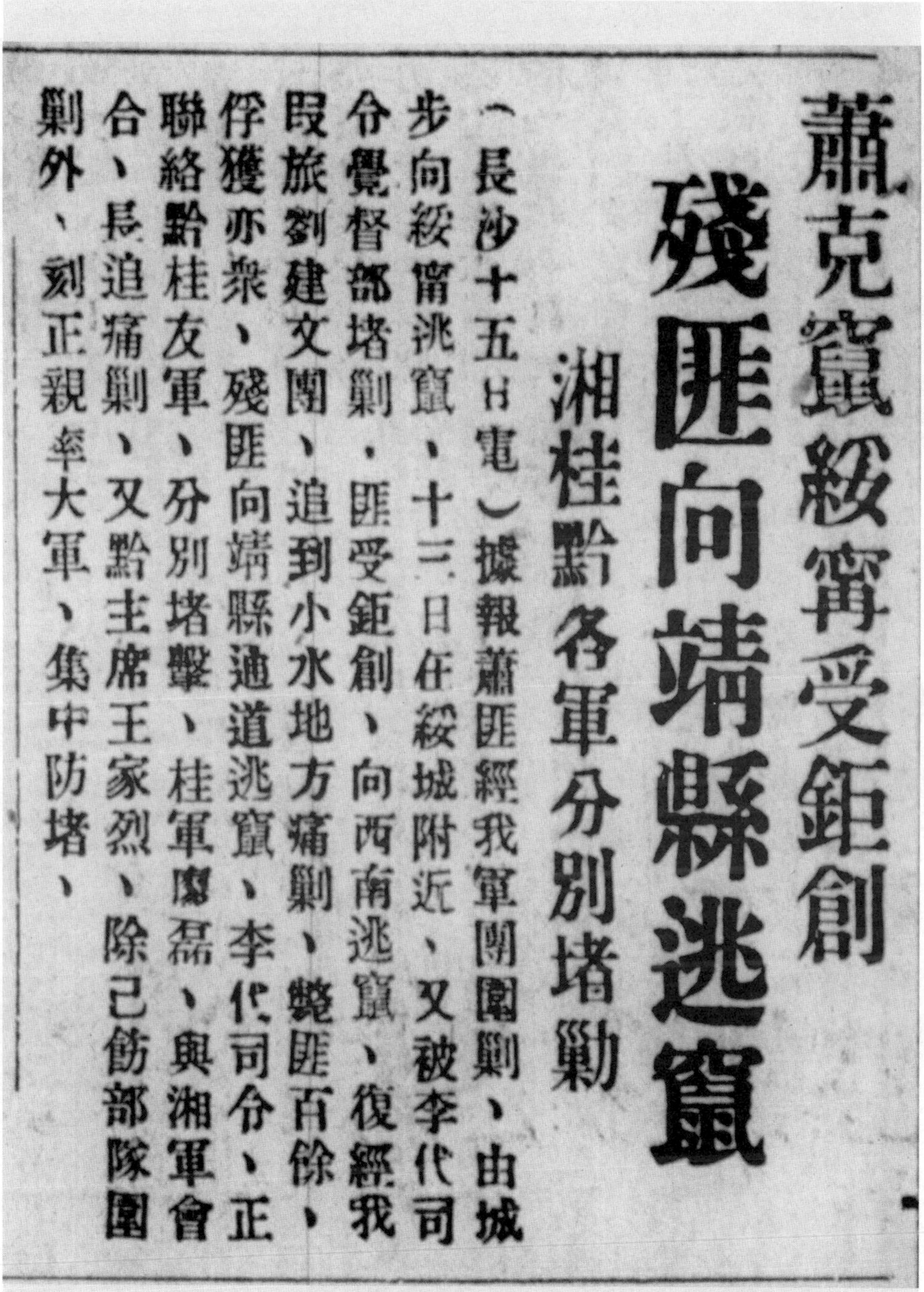

蕭克竄綏甯受鉅創
殘匪向靖縣逃竄
湘桂黔各軍分別堵勦

（長沙十五日電）據報蕭匪經我軍團圍勦、由城步向綏甯逃竄、十三日在綏城附近、又被李代司令覺督部堵勦，匪受鉅創、向西南逃竄、復經我段旅劉建文團、追到小水地方痛勦、斃匪百餘、俘獲亦衆、殘匪向靖縣通道逃竄、李代司令、正聯絡黔桂友軍、分別堵擊、桂軍廖磊、與湘軍會合、長追痛勦、又黔主席王家烈、除已飭部隊團勦外、刻正親率大軍、集中防堵、

10. 萧克窜绥宁受巨创，残匪向靖县逃窜，湘桂黔各军分别堵剿，1934 年 9 月 17 日第 1 版

湘桂黔分途夾擊

蕭匪狼狽受重創

大箐坪有接觸桂軍復出綏甯

黔軍仍在靖通邊境堵匪西竄

四路總司令何鍵昨電京該路軍駐京辦事處、報告剿滅蕭匪情形甚詳、茲將原電錄后、（銜略）蕭匪竄向杉木橋寨牙後、銑（十六）返竄文星橋通道一帶、該匪經我軍與桂軍月餘追剿、受創已鉅、疲憊不堪、我劉代旅長建文、率部隨追，抵大箐坪、正與匪接觸、李代司令指揮成主任率黃團、及何主任平率所部兩團、篠（十七日）由靖縣分兩路、經大箐坪、中央橋、分途向該匪夾擊、桂軍廖軍長、率部已由綏甯向匪直追、並派蕭史兩團出古宜協剿，黔軍周旅 仍在靖通邊境、堵匪西竄、何鍵巧（十八日）

11. 湘桂黔分途夹击萧匪狼狈受重创，大箐坪有接触桂军复出绥宁，黔军仍在靖（县）、通（道）边境堵匪西窜，1934 年 9 月 20 日第 1 版

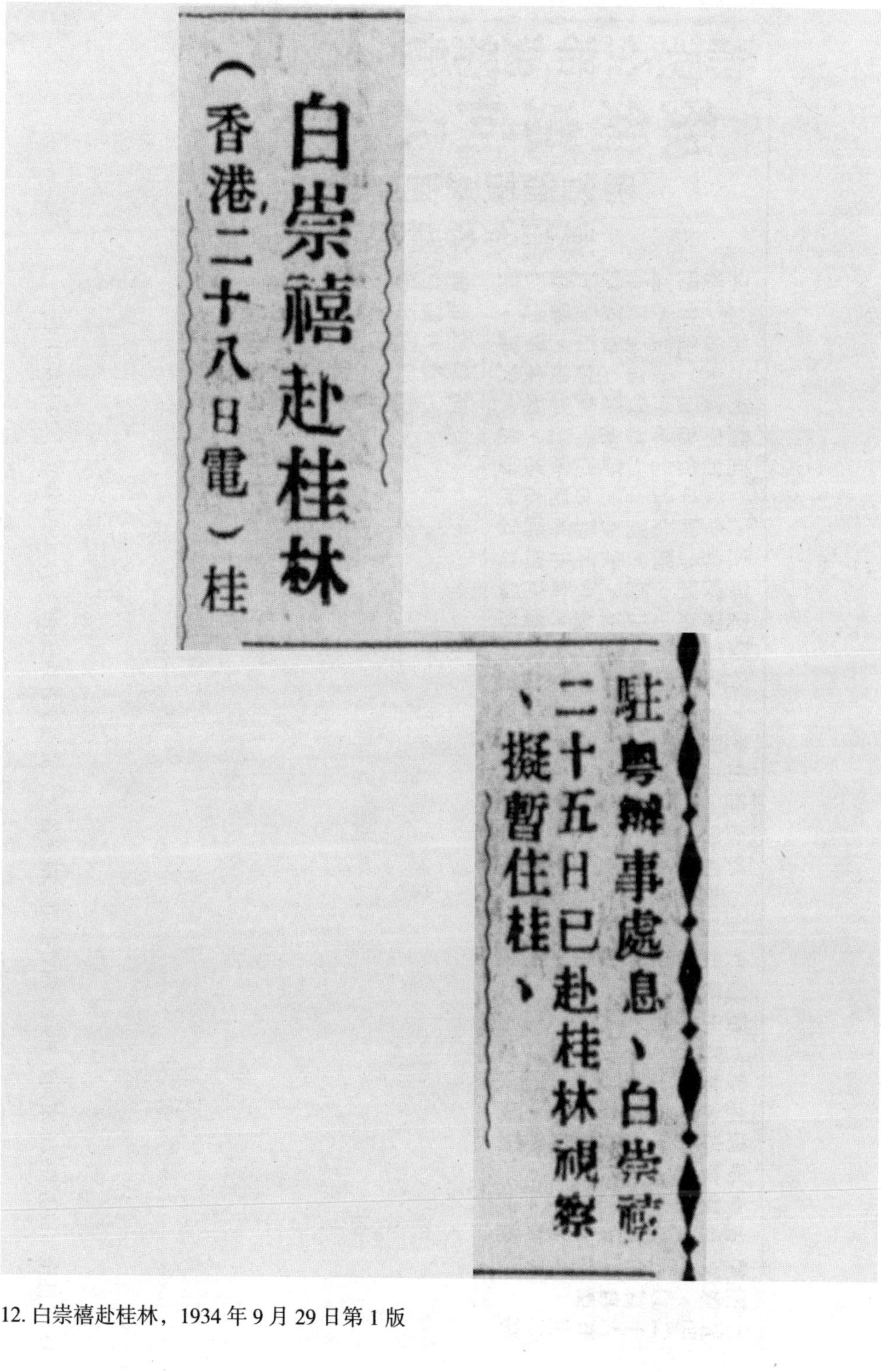

白崇禧赴桂林

（香港二十八日電）桂駐粵辦事處息、白崇禧二十五日已赴桂林視察、擬暫住桂、

12. 白崇禧赴桂林，1934 年 9 月 29 日第 1 版

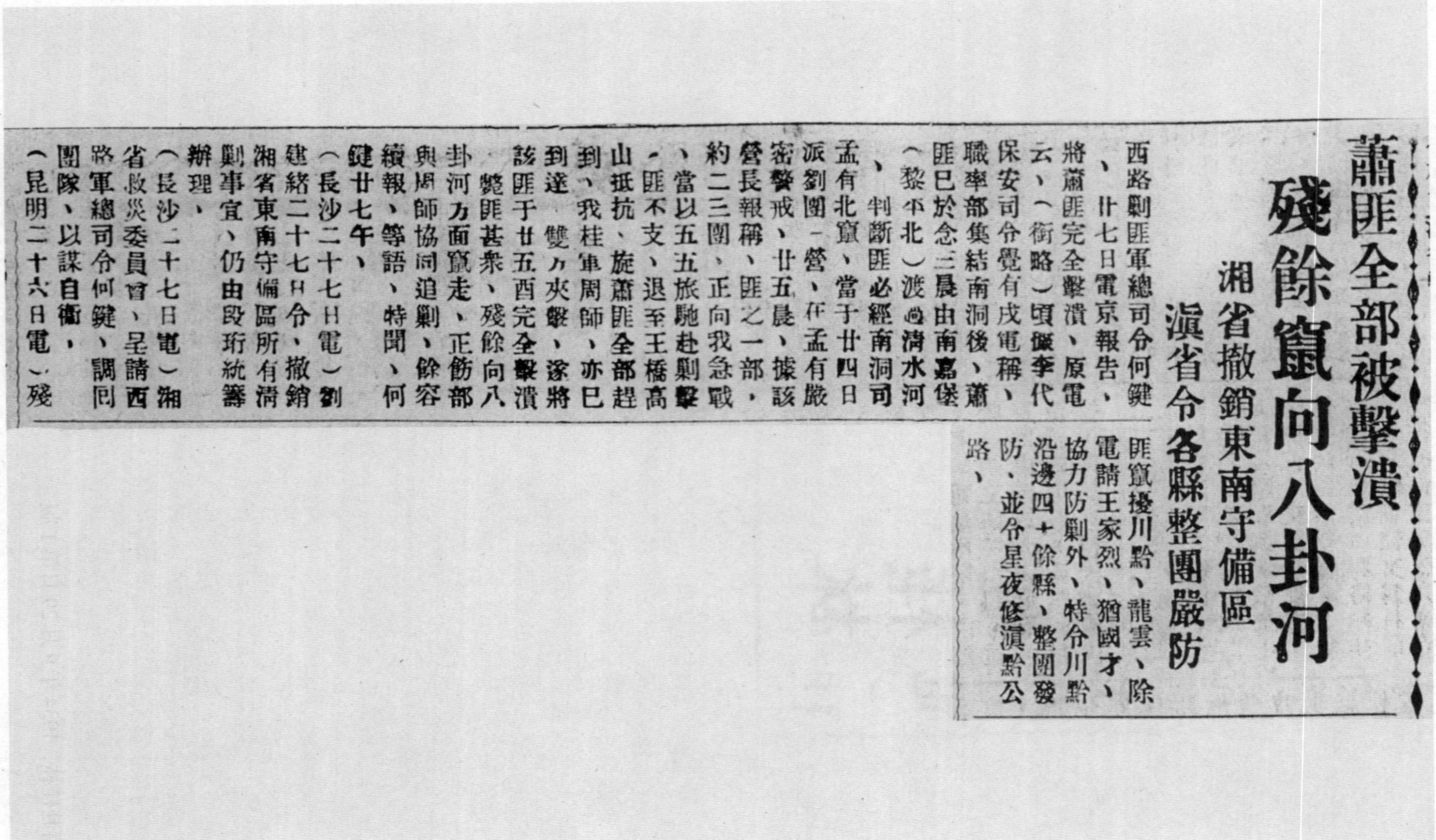

蕭匪全部被擊潰
殘餘竄向八卦河
湘省撤銷東南守備區
滇省令各縣整團嚴防

西路剿匪軍總司令何鍵、廿七日電京報告、將蕭匪完全擊潰、原電云、（衡路）頃據李代保安司令覺有戌電稱、職率部集結南洞後、蕭匪已於念三晨由南嘉堡（黎平北）渡過清水河、判斷匪必經南洞司孟有北竄、當于廿四日派劉團一營、在孟有嚴密警戒、廿五晨、據該營長報稱、匪之一部約二三團、正向我急戰、當以五五旅馳赴剿擊、匪不支、退至王橋高山抵抗、旋蕭匪全部趕到、我桂軍周師、亦已到達、雙方夾擊、遂將該匪于廿五酉完全擊潰、斃匪甚衆、殘餘向八卦河方面竄走、正飭部與周師協同追剿、餘容續報、等語、特聞、何鍵廿七午、

（長沙二十七日電）劉建緒二十七日令、撤銷湘省東南守備區所有清剿事宜、仍由段珩統籌辦理、

（長沙二十七日電）湘省救災委員會、呈請西路軍總司令何鍵、調回團隊、以謀自衛、

（昆明二十六日電）殘匪竄擾川黔、龍雲、除電請王家烈、猶國才、協力防剿外、特令川黔沿邊四十餘縣、整團發防、並令星夜修滇黔公路、

13. 萧匪全部被击溃残余窜向八卦河，湘省撤销东南守备区，滇省令各县整团严防，1934 年 9 月 29 日第 1 版

蕭匪八面受擊

殘部圍困斗午

屢圖飛渡鎮遠河均不得逞

黔軍追擊賀匪收復小井口

二十五軍軍長王家烈、宥（二十六）日電京報告、劉團蕭匪情形、原電ㄑ、頃據我鎮遠黃參謀長烈侯午後四時電話報稱、蕭匪自有（二十五晨九時、經湘桂黔軍圍攻、於大小廣後、即往八卦河潰竄今晨九時又被三省軍隊圍擊於八卦河、蕭匪又突圍西竄至劍河縣屬之斗午地方、頑劣抵抗、三省軍隊跟蹤進攻、自晨間以迄現在、尚在激戰中、該匪因糧食缺乏、派匪數百前往三穗瓦塞一帶徵發、被我李維亞團長、聯合軍團兜剿、仍潰斗午、現桂軍覃師、及我闕芳仁旅、又由大小廣向斗午匪圍攻、我第七路指揮王天錫、率五六兩團、由瓦塞向匪攻擊、亦在激戰中、職路金祖典團、亦聯同王副指揮道熾各部由施洞口順清江河東下黔匪側面等語、查該匪在黔境內、經團剿、受創甚重、故迭次設法飛渡鎮遠河、均不得逞、今日既巳八面受擊、諒能澈底解決也、除令前方各部、協同友軍、努力圍剿外、特此電達、又據李指揮成章電稱、前日我軍跟蹤追擊賀匪、進佔川邊苦竹壩情形、業經電達在案、茲於有（二十五）日收復小井口、現正與川軍聯絡兜剿中、特此電達、王家烈卯、

14. 萧匪八面受击残部围困斗午，屡图飞渡镇远河均不得逞，黔军追击贺匪收复小井口，1934 年 9 月 30 日第 1 版

蕭匪敗困八卦河

（長沙一日電）李覺二十八日由前方電省、略稱蕭匪竄入黔境後、我湘桂大軍、不分畛域、跟蹤追勦三次、擊斃匪衆六百餘、奪槍二百餘枝、二十六日八卦河之役、又將匪擊潰、匪圖東竄突圍、現仍在我軍包圍痛勦中、據俘匪供稱、匪團營長多陣亡、匪餘敗困八卦河、復遭我三省聯軍痛勦、受創極重、茲爲一鼓殲滅計、除派部向黔川邊追擊賀匪外本人親率大隊進抵口口口督勦

15. 萧匪败困八卦河，1934 年 10 月 2 日第 1 版

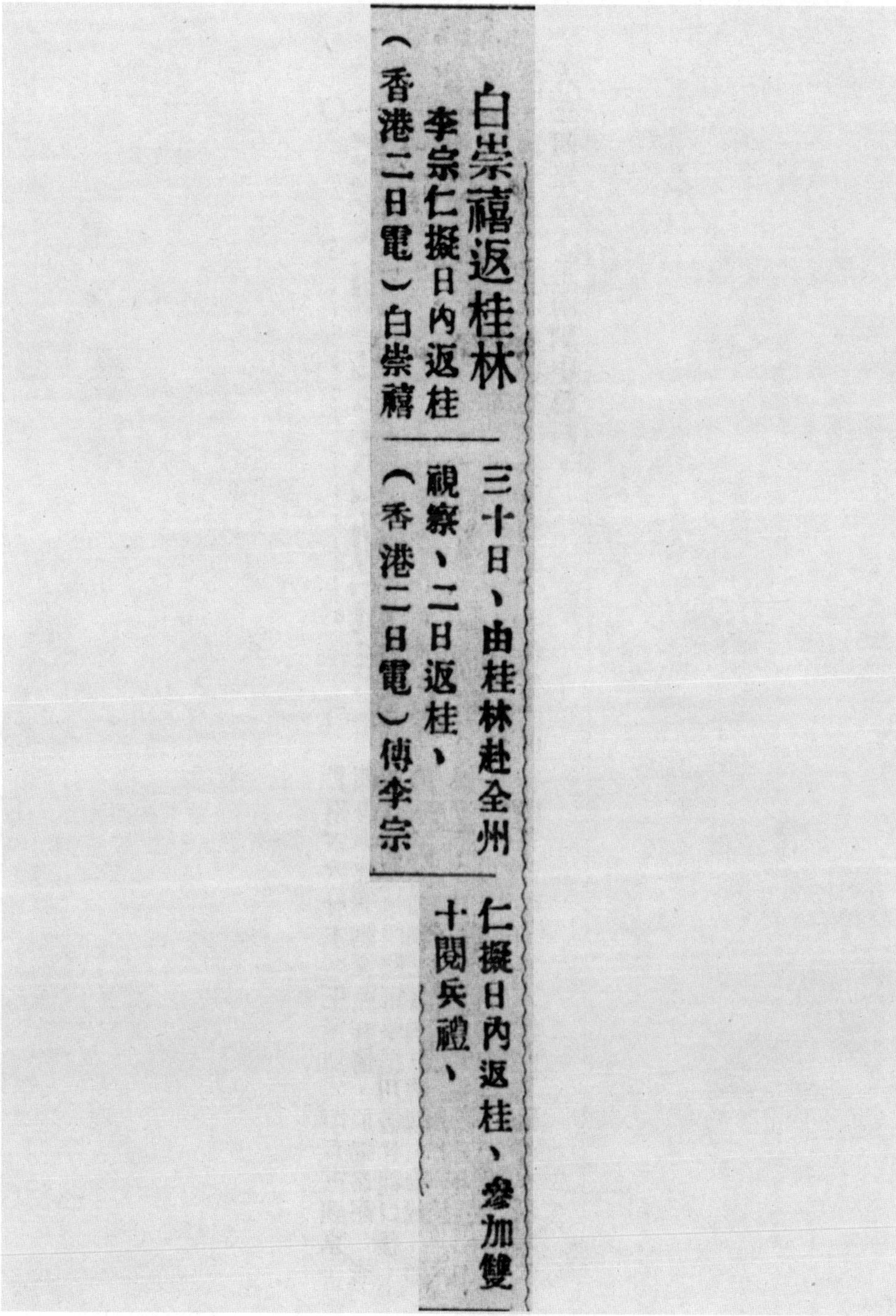

白崇禧返桂林

李宗仁擬日內返桂

（香港二日電）白崇禧三十日、由桂林赴全州視察、二日返桂、（香港二日電）傅李宗仁擬日內返桂、參加雙十閱兵禮、

16. 白崇禧返桂林，李宗仁拟日内返桂，1934 年 10 月 3 日第 1 版

王家烈電告兜剿賀匪

貴州省政府主席王家烈、頃有電到京、報告率部兜剿賀匪詳情、原電略謂、查賀匪經我第四路軍擊潰川邊甘龍口後、因與蕭匪被我三省聯軍圍剿、殄滅仕郎忽於儉（二十八）日集其全力、由右翼火燒場竄至木黃附近之夕陽壩、希圖尋空南竄、接應蕭匪、當經我第四路軍李指揮、督率二三九十六各團、合圍兜剿、激戰自午至亥、匪不支、向平洞口洪石板潰退、極形狼狽、是役計斃匪徒四百餘名、我軍傷亡百餘名、現我第六三四路軍、正圍剿中等語、

17. 王家烈电告兜剿贺匪，1934 年 10 月 3 日第 1 版

何鍵電告
協剿蕭匪情形

西路軍總司令何鍵、日昨

電京報告、湘桂黔軍最近協勦蕭匪情形、原電云、頃據李代司令覺齊（八日）戌電稱、職部本日申刻追抵走馬廖家長之線、奉廖軍長齊（八日）申電開、匪已竄到大地方附近、有偷過大地方向思印竄逃之樣、已率周師抵大地

18. 何键电告协剿萧匪情形，1934 年 10 月 13 日第 1 版（残）

李宗仁赴英德閱軍

十一日事畢即返粵
陳濟棠訪李商剿匪

（香港十二日電）李宗仁十日晨十時、由省乘車抵英德、檢閱軍隊、十一日晨往河頭站檢閱、下午一時復返英德、三時半乘專車返省、五時半到、十二日晨十時、陳濟棠赴李私邸會商勦匪計劃、返桂期尚未定、

19. 李宗仁赴英德阅军，十一日事毕即返粤，陈济棠访李商剿匪，1934 年 10 月 13 日第 1 版

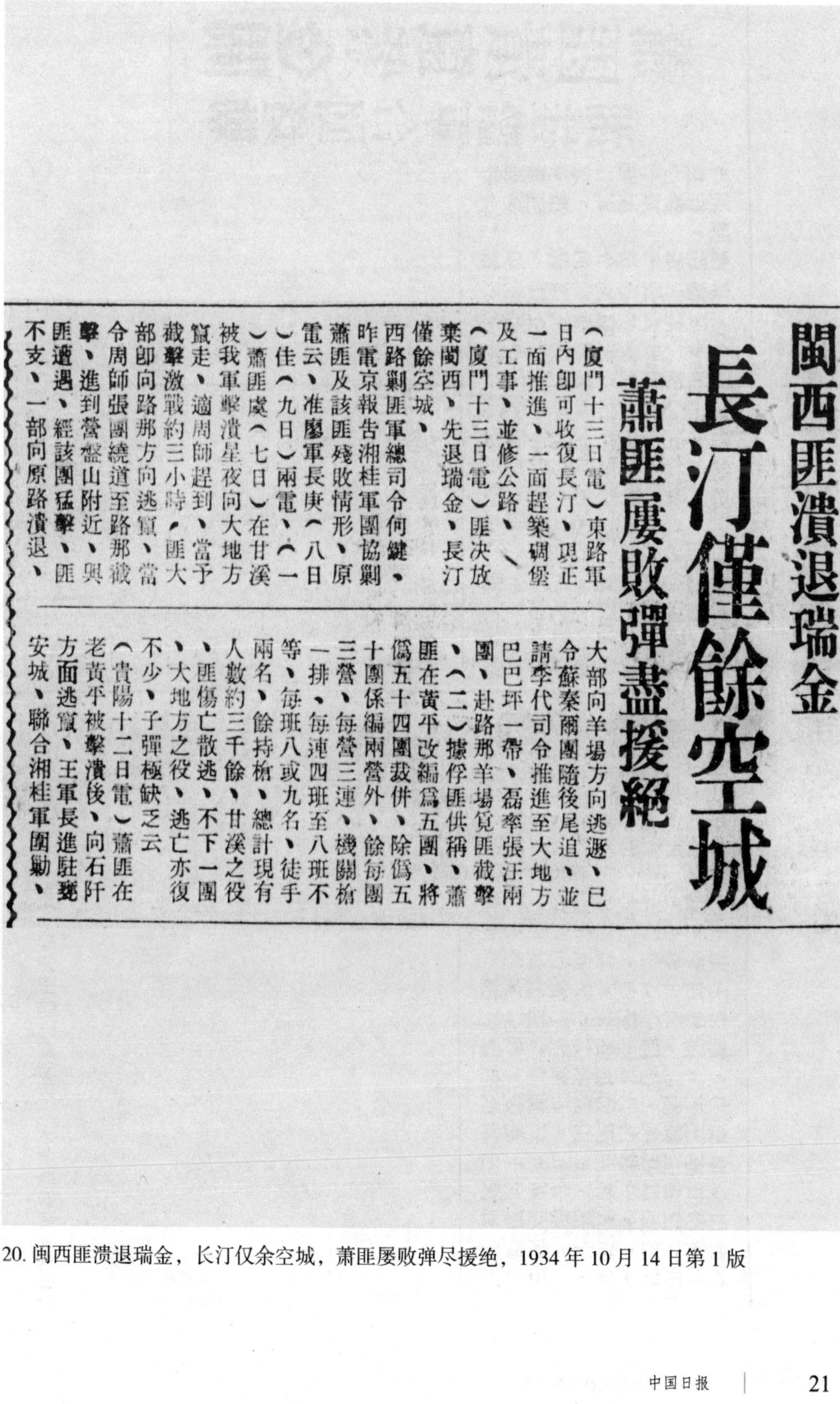

閩西匪潰退瑞金

長汀僅餘空城

蕭匪屢敗彈盡援絕

（廈門十三日電）東路軍日內即可收復長汀、現正一面推進、一面趕築碉堡及工事、並修公路、、（廈門十三日電）匪決放棄閩西、先退瑞金、長汀僅餘空城、

西路剿匪軍總司令何鍵、昨電京報告湘桂軍團協剿蕭匪及該匪殘敗情形、原電云、准廖軍長庚（八日）佳（九日）兩電、（一）蕭匪處（七日）在甘溪被我軍擊潰星夜向大地方竄走、適周師趕到、當予截擊激戰約三小時、匪大部即向路那方向逃竄、當令周師張團繞道至路那截擊、進到營盤山附近、與匪遭遇、經該團猛擊、匪不支、一部向原路潰退、大部向羊場方向逃遁、已令蘇秦爾團隨後尾追、並請李代司令推進至大地方巴巴坪一帶、磊率張汪兩團、赴路那羊場覓匪截擊、（二）據俘匪供稱、蕭匪在黃平改編爲五團、將僞五十四團裁併、除僞五十團係編兩營外、餘每團三營、每營三連、機關槍一排、每連四班至八班不等、每班八或九名、徒手兩名、餘持槍、總計現有人數約三千餘、甘溪之役、匪傷亡散逃、不下一團、大地方之役、逃亡亦復不少、子彈極缺乏云

（貴陽十二日電）蕭匪在老黃平被擊潰後、向石阡方面逃竄、王軍長進駐甕安城、聯合湘桂軍團勦、

20. 闽西匪溃退瑞金，长汀仅余空城，萧匪屡败弹尽援绝，1934 年 10 月 14 日第 1 版

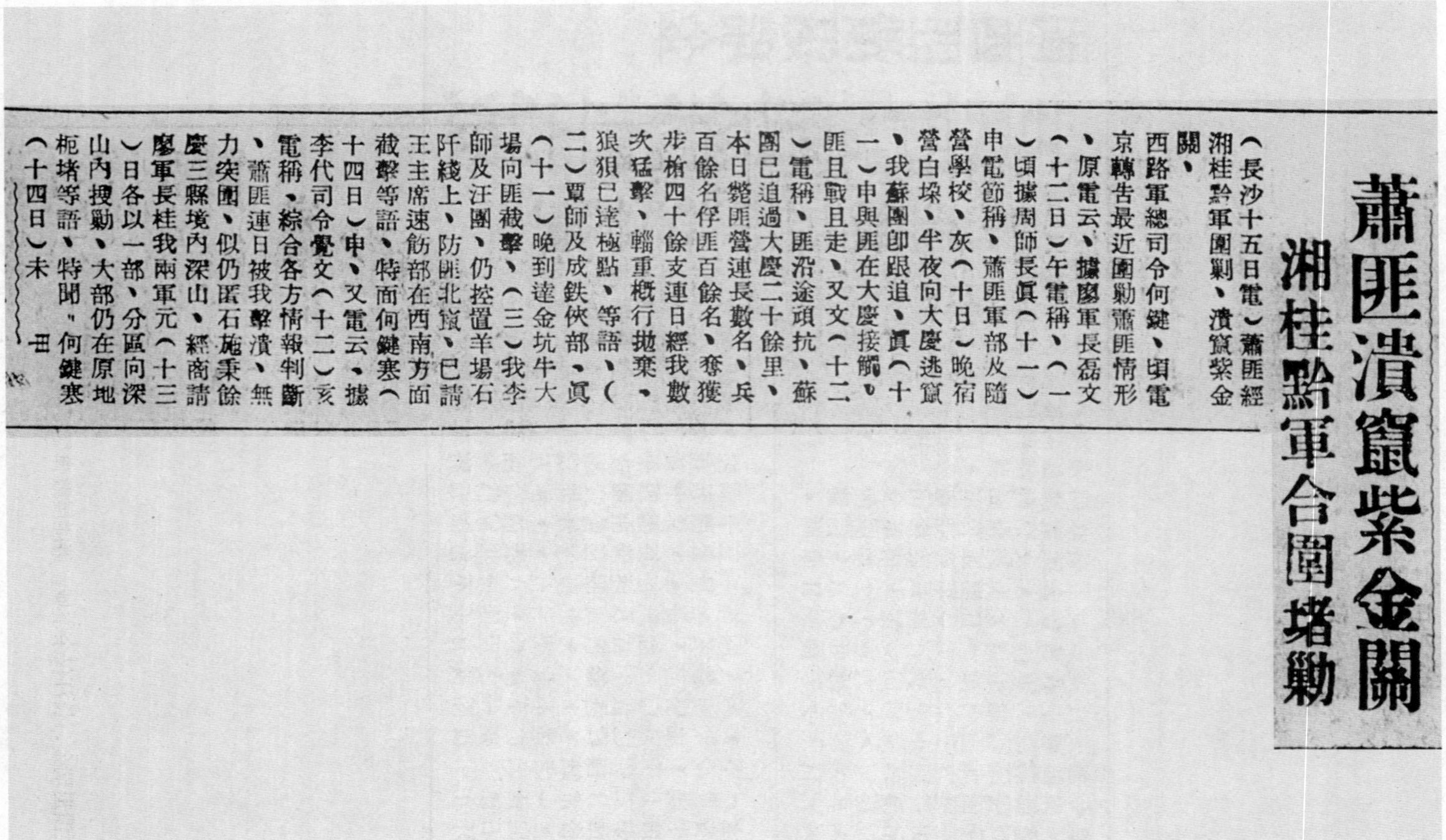

蕭匪潰竄紫金關
湘桂黔軍合圍堵剿

（長沙十五日電）蕭匪經湘桂黔軍圍剿、潰竄紫金關、西路軍總司令何鍵、頃電京轉告最近圍剿蕭匪情形、原電云、據廖軍長磊文（十二日）午電稱、（一）頃據周師長眞（十一）申電節稱、蕭匪軍部及隨營學校、灰（十日）晚宿營白垛、半夜向大慶逃竄、我蘇團卽跟追、眞（十一）申與匪在大慶接觸、匪且戰且走、又文（十二）電稱、匪沿途頑抗、蘇團已追過大慶二十餘里、本日斃匪營連長數名、兵百餘名俘匪百餘名、奪獲步槍四十餘支連日經我數次猛擊、輜重概行拋棄、狼狽已達極點、等語、（二）覃師及成鉄俠部、眞（十一）晚到達金坑牛大場向匪截擊、（三）我李師及汗團、仍控置羊場石阡綫上、防匪北竄、已請王主席速飭部在西南方面截擊等語、特而何鍵寒（十四日）申、又電云、據李代司令覺文（十二）亥電稱、綜合各方情報判斷、蕭匪連日被我擊潰、無力突圍、似仍匿石施秉餘慶三縣境內深山、經商請廖軍長桂我兩軍元（十三）日各以一部、分區向深山內搜剿、大部仍在原地柜堵等語、特聞、何鍵寒（十四日）未 甲

21. 萧匪溃窜紫金关，湘桂黔军合围堵剿，1934 年 10 月 16 日第 1 版

何鍵囘駐長沙

蕭匪傷亡大半

匪衆由六團縮爲三團

殘部被擊潰逃走馬坪

王家烈出發督剿

（長沙十九日電）應軍長磊，十六日由黔電湘、略稱、本日蕭匪、被我師在貫口擊潰一小部、向川岩壩竄去、大部向晏家灣甘溪方面逃竄、據報、已抵白羊界、據俘匪供稱、在湘出發有六團、約萬餘人、迭被痛剿潰散、傷亡大半、現縮爲三團、多願投誠、又陳紹武十六日酉時電、十五日午於雲台山與僞五十四團激戰、斃匪二百餘、獲槍四十餘枝、匪向大麻山竄逃、

（長沙十九日電）西路總司令何鍵及參謀長郭持平、現均駐省計劃剿匪事宜、所有萍鄉西路總部事宜、何十八日令派第二縱隊司劉膺古爲主任、兼理一切、以重責任、

22. 何键回驻长沙，萧匪伤亡大半，匪众由六团缩为三团，残部被击溃逃走马坪，王家烈出发督剿，1934 年 10 月 20 日第 1 版（残）

湘桂黔各軍分頭淸剿

蕭匪已化整爲零

殘衆紛向施秉縣北罵溪潰竄

（貴陽二十日電）蕭匪現竄踞由餘慶通石阡之道路、惟該匪連日在披灑猖獗場龍溪一帶、被聯軍擊潰後、大多化整爲零、潛伏山林、各尋小徑圖逃、殘破不堪、崩潰在卽、

（貴陽二十一日電）蕭匪於十五日偷渡烏江、被黔軍擊退、折回塘頭、及川峨塌附近、被湘黔軍夾擊、奪獲槍械甚多、現蕭匪僅率僞四十團、及五十四團千餘人、共餘四個團、均擊潰、於石施鎮餘各縣間、桂湘黔各軍、正分頭淸掃中，

（貴陽二十一日電）王家烈今日由餘慶行營赴石阡、與廖磊李覺會商淸剿賀蕭兩匪計劃、

（南昌二十二日電）行營接何鍵十七日未電、稱綜合廖軍長磊李代司令覺元十四日十五日等日情報、（一）匪十一日、被周師在大慶一帶痛擊、輜重械行拋棄、僞十八師殘匪千人、向貴州施秉縣之北罵溪潰竄、僞十七師殘部、人槍約千餘、向紫金關分兩股逃竄、（二）十三日寅王指揮在罵溪與僞十八師激戰三小時、匪不支、向廖家屯潰竄、又十三日申桂黔兩軍所部向紫金關僞十七師進攻、匪亦狼狽向罵溪逃竄、計共斃僞團長四、營長七、匪兵七八百等語•

23. 湘桂黔各军分头清剿，萧匪已化整为零，残众纷向施秉县北骂溪溃窜，1934 年 10 月 23 日第 1 版

蕭匪殘部
損失殆盡
原有人數近萬
現不足一千人

軍委會頃接何健養電報告、內稱、查蕭匪西竄、原有人數近萬、稍約半數、經我湘桂黔部隊十餘次之痛擊、大部潰力、損失殆盡、綜合最近據廖軍長磊、李師長覺報告、刻蕭匪本人、僅率殘部不足一千人、竄過[illegible]鎮大道以東、我湘桂黔部隊、仍在分途跟蹤截擊、若能在關家壩一帶、再有接觸機會、全部當可解決云、

（長沙二十四日電）李覺電告、湘桂黔軍連日在鎮遠一帶大破蕭克匪殘部、同時賀龍匪部亦受重創、不難消滅、

24. 萧匪残部损失殆尽，原有人数近万现不足一千人，1934 年 10 月 25 日第 1 版

東路軍昨午克復長汀

廖磊李覺部奉調返湘截擊潰匪

贛行營注意推行五省特種教育

平工界發起組織收復區視察團

（南昌一日電）行營公布捷報據前方電報、我李縱隊一日午前十一時、克復長汀、俘獲無算、現正在淸查中云、

（貴陽三十一日電）桂軍廖磊所部、湘軍李覺所部、奉湘省當局電調返省、作截擊共匪一五軍團準備、

（貴陽三十一日電）王家烈委參軍長劉繼炎爲剿匪前敵總指揮、跟剿竄貴匪、匪不支、有全部退秀山勢、此間已電川軍夾擊、

（香港一日電）繆培南此次赴贛、除與前方各將領商剿殘匪外、並攜款萬元代表陳濟棠勞軍、日內卽返省

（天津一日電）平勞工界、發起組織收復匪區視察團、前函請工聯會參加、該會一日派李連順赴平協商出發日期、人數及經費、

（南昌一日電）行營對推行五省特種教育、極注意、特規定特教處關防、由行營頒發、處長得直接指揮各縣長、經費須向行營報銷、

25. 东路军昨午克复长汀，廖磊、李觉部奉调返湘截击溃匪，赣行营注意推行五省特种教育，平工界发起组织收复区视察团，1934 年 11 月 2 日第 1 版

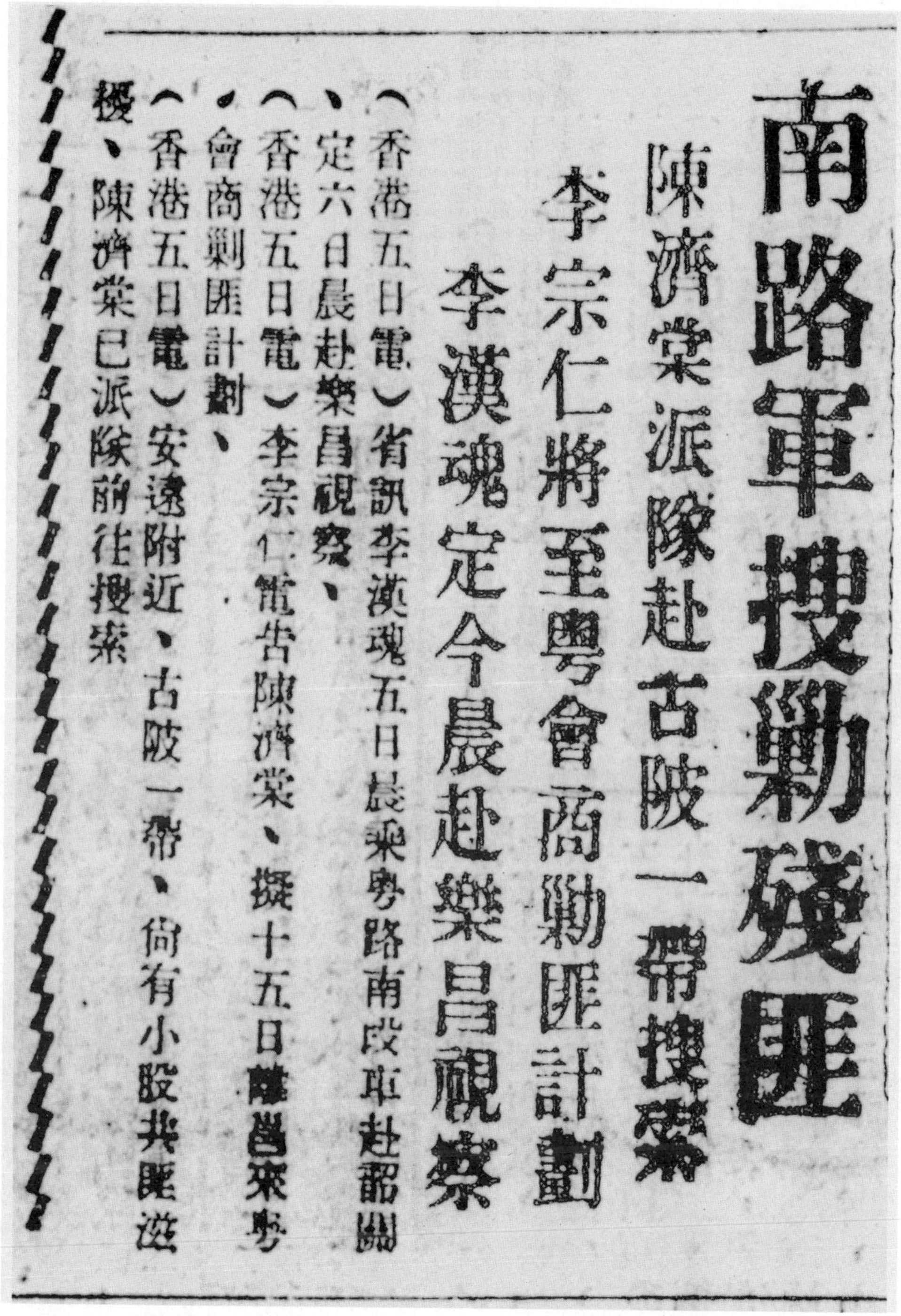

南路軍搜剿殘匪

陳濟棠派隊赴古陂一帶搜索
李宗仁將至粵會商剿匪計劃
李漢魂定今晨赴樂昌視察

（香港五日電）省訊李漢魂五日晨乘粵路南段車赴韶關、定六日晨赴樂昌視察、

（香港五日電）李宗仁電告陳濟棠、擬十五日離邕來粵會商剿匪計劃、

（香港五日電）安遠附近、古陂一帶、尚有小股共匪遊擾、陳濟棠已派隊前往搜索

26. 南路军搜剿残匪，陈济棠派队赴古陂一带搜索，李宗仁将至粤会商剿匪计划，李汉魂定今晨赴乐昌视察，1934 年 11 月 6 日第 1 版

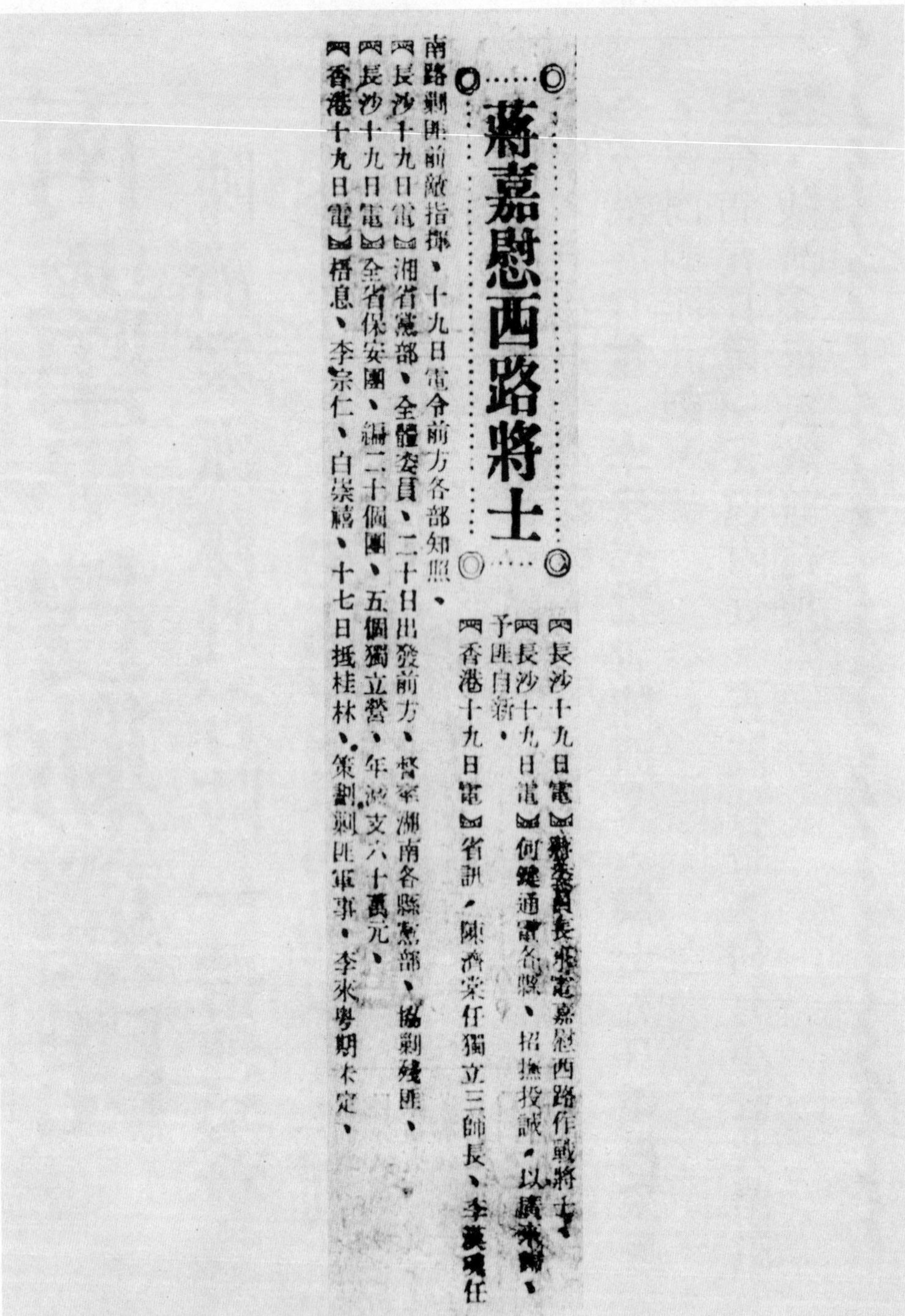

蔣嘉慰西路將士

【長沙十九日電】蔣委員長兆電嘉慰西路作戰將士、

【長沙十九日電】何鍵通電各縣、招撫投誠、以誠來歸、予匪自新。

【香港十九日電】省訊、陳濟棠任獨立三師長、李漢魂任南路剿匪前敵指揮、十九日電令前方各部知照、

【長沙十九日電】湘省黨部、全體委員、二十日出發前方、督率湘南各縣黨部、協剿殘匪、

【長沙十九日電】全省保安團、編二十個團、五個獨立營、年需支六十萬元、

【香港十九日電】梧息、李宗仁、白崇禧、十七日抵桂林、策劃剿匪軍事、李來粵期未定、

27. 蒋（介石）嘉慰西路将士，1934 年 11 月 20 日第 1 版

匪首朱德病劇 殘衆逃亡過半

【長沙二十四日電】贛匪經李雲杰、王東原兩師、在嘉禾多山縣界追剿、連戰皆捷、匪部中途逃亡落伍、幾達半數、匪首朱德病劇、僞職由彭匪德懷代理、在洪觀圩受痛擊、向落山廟退潰、

【長沙二十四日電】各界發起舉行慰勞剿匪將士大會、徵集物品、推代表赴衡州慰勞、

【香港二十四日電】省訊、李宗仁、二十四日電粵、謂殘匪已調動旅圍剿、不日即可肅清、本人現決留邕、主持軍政、短期內不能來粵、

28. 匪首朱德病剧，残众逃亡过半，1934 年 11 月 25 日第 1 版

陳師在王村擊破賀匪

國軍前日克復道縣

何鍵派員赴桂商洽剿匪

豫鄂皖邊赤匪發生內鬨

【南昌二十七日電】某機關接十三師來電、殘匪退道縣後、沿河扼守、二十六日拂曉、我軍由下游白馬渡渡河、匪在有里亭韓村一帶頑抗、我官兵猛衝、匪不支潰退、遂於三時半完全克復道縣、

【長沙二十七日電】何鍵派張共雄赴桂、與李宗仁、白崇禧商剿匪、

【長沙廿七日電】陳渠珍廿五日破賀匪於王村、殘匪他竄、正追擊中、

【開封二十七日電】潢川赤匪胡宗賓投誠、據稱、最近豫鄂皖邊赤匪、內部發生大內鬨、偽皖西北道委員會主席高金亭、將偽豫南主席晏新甫、及偽一路游擊師長朱堯生、偽二十八軍師長江求勝、偽政委吳保才、偽道保衛局長曹鼎瑞、偽二區委黃立支等、均行槍斃、并逮捕赤匪重要分子、在酷刑拷打中、

【香港二十七日電】省訊、白崇禧二十七日電粵、本人日內親率所部、痛擊殘匪、邕方一切、由李宗仁主持、

29. 陈师在王村击破贺匪，国军前日克复道县，何键派员赴桂商洽剿匪，豫鄂皖边“赤匪”发生内讧，1934 年 11 月 28 日第 1 版

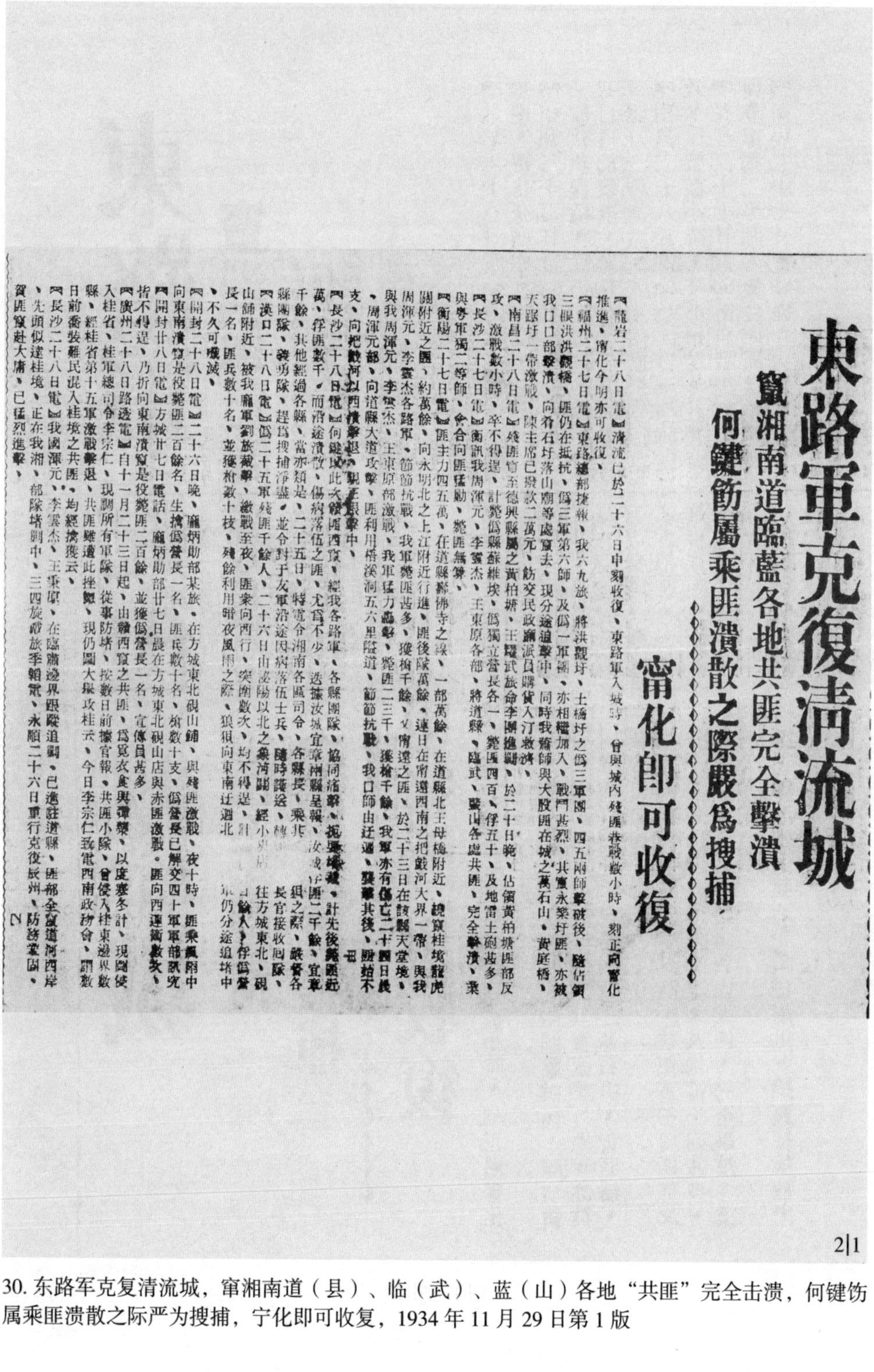

東路軍克復清流城

竄湘南道臨藍各地共匪完全擊潰

何鍵飭屬乘匪潰散之際嚴爲搜捕

甯化即可收復

〔龍岩二十八日電〕清流已於二十六日申刻收復、東路軍入城時、曾與城內殘匪巷戰數小時、刻正向甯化推進、甯化今明亦可收復、

〔福州二十七日電〕東路總部捷報、我六九旅、將洪觀圩、土橋圩之僞三軍團、四五兩師擊破後、隨佔領三觀洪洪觀橋、匪仍在抵抗、僞三軍第六師、及僞一軍團、亦相繼加入、戰鬥甚烈、共竄永樂圩匪、亦被我□□部擊潰、向看石圩落山廟等處竄去、現分途追擊中、同時我蔣師與大股匪在城之萬石山、黃庭橋、天躍圩一帶激戰、陳主席已撥款二萬元、飭交民政廳派員購貨入汀救濟、

〔南昌二十八日電〕殘匪竄至德興縣屬之黃柏塘、王耀武旅命李團進剿、於二十日晚、佔領黃柏塘匪部反攻、激戰數小時、卒不得逞、計斃僞縣蘇維埃、僞獨立營長各一、斃匪四百、俘五十、及地雷土砲甚多、

〔長沙二十七日電〕衡訊我周渾元、李雲杰、王東原各部、將道縣、臨武、藍山各處共匪、完全擊潰、桀與粵軍獨二等師、會合向匪猛勦、斃匪無算、

〔衡陽二十七日電〕匪主力四五萬、在道縣蔣佛寺之線、一部萬餘、在道縣北王母橋附近、總竄桂境龍虎關附近之匪、約萬餘、向永明北之上江附近行進、匪後隊萬餘、連日在甯遠西南之把戲河大界一帶、與我周渾元、李雲杰各路軍、節節抗戰、我軍斃匪甚多、獲槍千餘、又甯遠之匪、於二十三日在該縣天堂境、與我周渾元、李雲杰、王東原部激戰、我軍猛力轟擊、斃匪二三千、獲槍千餘、我軍亦有傷亡二十四日晨、周渾元部、向道縣大道攻擊、匪利用梧溪洞五六里隘道、節節抗戰、我□師由迂迴、襲擊其後、匪始不支、向把戲河以西潰擊退、現正跟擊中、

〔長沙二十八日電〕何鍵以此次殘匪西竄、經我各路軍、各縣團隊、協同痛擊、抵擊堵截、計先後斃匪近萬、俘匪數千、而沿途潰散、傷病落伍之匪、尤爲不少、迭據汝城宜章兩縣呈報、汝城俘匪二千餘、宜章千餘、其他經過各縣、當亦類是、二十五日、特電令湘南各區司令、各縣長、乘共匪狼狽之際、嚴督各縣團隊、義勇隊、趕爲搜捕淨盡、並令對于友軍沿途因病落伍士兵、隨時護送、轉□長官接收歸隊、

〔漢口二十八日電〕僞二十五軍殘匪千餘人、二十六日由泌陽以北之象河關、經小史店往方城東北、硯山師附近、被我龐軍劉旅截擊、激戰至夜、匪衆向西行、突圍數次、均不得逞、計□□餘人、俘僞營長一名、匪兵數十名、並獲槍數十枝、殘餘利用暗夜風雨之際、狼狽向東南迂迴北□仍分途追堵中、不久可殲滅、

〔開封二十八日電〕二十六日晚、龐炳勛部某旅、在方城東北硯山鋪、與殘匪激戰、夜十時、匪乘風雨中向東南潰竄是役斃匪二百餘名、生擒僞營長一名、匪兵數十名、槍數十支、僞營長已解交四十軍軍部訊究

〔開封廿八日電〕方城廿七日電話、龐炳勛部廿七日晨在方城東北硯山店與赤匪激戰、匪向西進衝數次、皆不得逞、乃折向東南潰竄是役斃匪二百餘、並獲僞營長一名、宣傳員甚多、

〔廣州二十八日路透電〕自十一月二十三日起、由贛西竄之共匪、爲覓衣食與彈藥、以度寒冬計、現圖侵入桂省、桂軍總司令李宗仁、現調所有軍隊、從事防堵、按數日前據官報、共匪小隊、曾侵入桂東邊界數縣、經桂省第十五軍激戰擊退、共匪雖遭此挫衂、現仍圖大舉攻桂云、今日李宗仁致電西南政務會、謂數日前喬裝難民混入桂境之共匪、均經擒獲云、

〔長沙二十八日電〕我周渾元、李雲杰、王東原、在臨藍邊界跟蹤追剿、已進駐道縣、匪部全竄道河西岸、先頭似達桂境、正在我湘、部隊堵剿中、三四旋□旅季韜電、永順二十六日重行克復辰州、防務鞏固、賀匪竄赴大庸、已猛烈進擊、

30. 东路军克复清流城，窜湘南道（县）、临（武）、蓝（山）各地“共匪”完全击溃，何键饬属乘匪溃散之际严为搜捕，宁化即可收复，1934 年 11 月 29 日第 1 版

東路軍克復清流城

竄湘南道臨藍各地共匪完全擊潰

何鍵飭屬乘匪潰散之際嚴爲搜捕

甯化即可收復

【龍岩二十八日電】清流已於二十六日申刻收復、東路軍入城時、曾與城內殘匪巷戰數小時、刻正向甯化推進、甯化今明亦可收復、

【福州二十七日電】東路總部捷報、我六九旅、將洪觀圩、土橋圩之僞三軍團、四五兩師擊破後、隨佔領三眼洪洪觀橋、匪仍在抵抗、僞三軍第六師、及僞一軍團、亦相繼加入、戰鬥甚烈、共竄永樂圩匪、亦被我口口部擊潰、向肴石圩落山廟等處竄去、現分途追擊中、同時我羅師與大股匪在城之萬石山、黃庭橋、天踞圩一帶激戰、陳主席已撥款二萬元、飭交民政廳派員購貨入汀救濟、

【南昌二十八日電】殘匪竄至德興縣屬之黃柏塘、王耀武旅命李團進剿、於二十日晚、佔領黃柏塘匪部反攻、激戰數小時、卒不得逞、計斃僞縣蘇維埃、僞獨立營長各一、斃匪四百、俘五十、及地雷土砲甚多、

【長沙二十七日電】衡訊我周渾元、李韞杰、王東原各部、將道縣、臨武、藍山各處共匪、完全擊潰、渠與粵軍獨二等師、會合向匪猛勦、斃匪無算、

【衡陽二十七日電】匪主力四五萬、在道縣蔣佛寺之線、一部萬餘、在道縣北王母橋附近、擬竄桂境龍虎

（局部图 1）

【衡陽二十七日電】匪主力四五萬、在道縣蔣佛寺之線、一部萬餘、在道縣北王母橋附近、繞竄桂境龍虎關附近之匪、約萬餘、向永明北之上江附近行進、匪後隊萬餘、連日在甯遠西南之把截河大界一帶、與我周渾元、李雲杰各路軍、節節抗戰、我軍斃匪甚多、獲槍千餘、又甯遠之匪、於二十三日在該縣天堂境、與我周渾元、李雲杰、王東原部激戰、我軍猛力轟擊、斃匪二三千、獲槍千餘、我軍亦有傷亡二十四日晨、周渾元部、向道縣大道攻擊、匪利用梧溪洞五六里隘道、節節抗戰、我口師由迂迴、襲擊其後、匪始不支、向把截河以西潰退、現正跟擊中、

【長沙二十八日電】何鍵以此次殘匪西竄、經我各路軍、各縣團隊、協同痛擊、擄獲槍械、計先後斃匪近萬、俘匪數千、而沿途潰散、傷病落伍之匪、尤爲不少、迭據汝城宜章兩縣呈報、汝城俘匪二千餘、宜章千餘、其他經過各縣、當亦類是、二十五日、特電令湘南各區司令、各縣長、乘其狼狽之際、嚴督各縣團隊、義勇隊、趕爲搜捕淨盡、並令對于友軍沿途因病落伍士兵、隨時護送、轉[illegible]長官接收回隊、

【漢口二十八日電】僞二十五軍殘匪千餘人、二十六日由泌陽以北之象河關、經小史店往方城東北、硯山舖附近、被我龐軍劉旅截擊、激戰至夜、匪衆向西行、突圍數次、均不得逞、計[illegible]餘人、俘僞營長一名、匪兵數十名、並獲槍數十枝、殘餘利用暗夜風雨之際、狼狽向東南迂迴北[illegible]仍分途追堵中、不久可殲滅、

【開封二十八日電】二十六日晚、龐炳勛部某旅、在方城東北硯山舖、與殘匪激戰、夜十時、匪乘風雨中向東南潰竄、是役斃匪二百餘名、生擒僞營長一名、匪兵數十名、槍數十支、僞營長已解交四十軍軍部訊究

【開封廿八日電】方城廿七日電話、龐炳勛部廿七日晨在方城東北硯山店與赤匪激戰。匪向西連衝數次、皆不得逞、乃折向東南潰竄、是役斃匪二百餘、並獲僞營長一名、宣傳員甚多、

【廣州二十八日路透電】自十一月二十三日起、由贛西竄之共匪、爲覓衣食與彈藥、以度嚴冬計、現竄侵入桂省、桂軍總司令李宗仁、現調所有軍隊、從事防堵、按數日前據官報、共匪小隊、曾侵入桂東邊界數縣、經桂省第十五軍激戰擊退、共匪雖遭此挫敗、現仍圖大舉攻桂云、今日李宗仁致電西南政務會、謂數日前喬裝難民混入桂境之共匪、均經擒獲云、

【長沙二十八日電】我國渾元、李雲杰、王東原、在臨藍邊界跟蹤追剿、已進駐道縣、匪部全竄道河西岸、先頭似達桂境、正在我湘、部隊堵剿中、三四旋戚旅季韶電、永順二十六日重行克復辰州、防務甚固、賀匪竄赴大庸、已猛烈進擊、

（局部图 2）

殘匪竄桂被擊潰

向九井渡福祿岩潰逃

賀蕭股匪已聞風遠竄

【長沙二十九日電】據報、竄入桂境永安關、及全縣屬文村之匪、我方正調軍痛擊、又匪衆廿五日晚、在桃川附近、與桂軍激戰、斃匪甚衆、我劉司令建緒、廿七日率部進據全縣督剿、我周渾元部萬師、正跟蹤追擊、匪扼水抗拒、我軍由下磧白馬渡強渡猛擊匪向道縣以西竄走、二十六日下午三時、萬師全入道城、我王東原部西來攻佔四眼橋、僞五八軍團及第一軍團之一部分、向九井渡、福祿岩、界排竄走、其後衛檢匪、被我汝之斌旅擊潰、斬數甚多、

【長沙二十九日電】陳師長渠珍、二十六日電省、略稱、我各部現正分途進剿、頃報據稱、賀蕭股匪、知我湘鄂大軍聯絡圍剿、勢難得逞、聞風率其殘部遠竄、

31. 残匪窜桂被击溃，向九井渡、福禄岩溃逃，贺（龙）、萧（克）股匪已闻风远窜，1934 年 11 月 30 日第 1 版

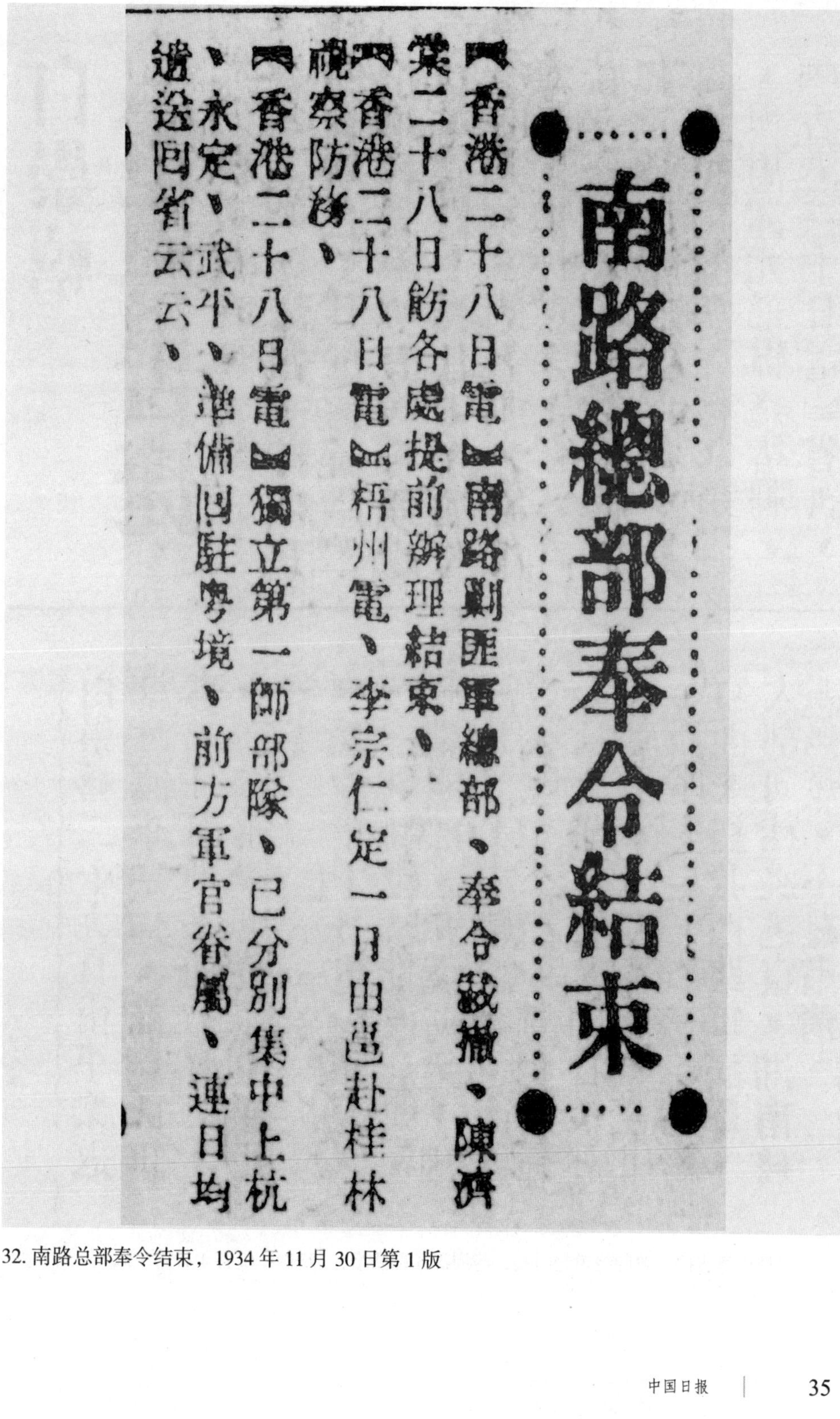

南路總部奉令結束

【香港二十八日電】南路剿匪軍總部、奉令裁撤、陳濟棠二十八日飭各處提前辦理結束、

【香港二十八日電】梧州電、李宗仁定一日由邕赴桂林視察防務、

【香港二十八日電】獨立第一師部隊、已分別集中上杭、永定、武平、準備回駐粵境、前方軍官眷屬、連日均遣送回省云云、

32. 南路总部奉令结束，1934 年 11 月 30 日第 1 版

白崇禧電粵告捷

覃師繞道趨道縣 與周渾元部聯絡

【香港三十日電】省訊、白崇禧二十九日晚電粵告捷、謂二十九日午、永安關之役、王蘇兩師、協殲殘匪、斃匪甚多、俘六百餘，繳獲步槍八百餘枝、輕重機關槍二十餘挺、覃師已繞出石塘、轉趨道縣、與周渾元部聯絡堵剿、

【香港三十日電】省訊、

白崇禧二十九日由平樂返桂林謁李宗仁、商剿匪軍事、日內仍赴前方督師、李宗仁亦擬出發龍虎關視察、

【長沙三十日電】軍息、（一）劉建緒推進全興、截剿匪部、斬獲甚衆、周渾元部、亦擊潰竄道西匪之後隊、（二）劉膺古三十日由萍返省、即日親赴湘西督剿、辰州大兵雲集、秩序安定、（三）湘南竄匪、經我西路軍痛擊、大部向桂邊逃竄、湘南殘匪無幾、不難肅清、

33. 白崇禧电粤告捷，覃师绕道趋道县，与周浑元部联络，1934 年 12 月 1 日第 1 版

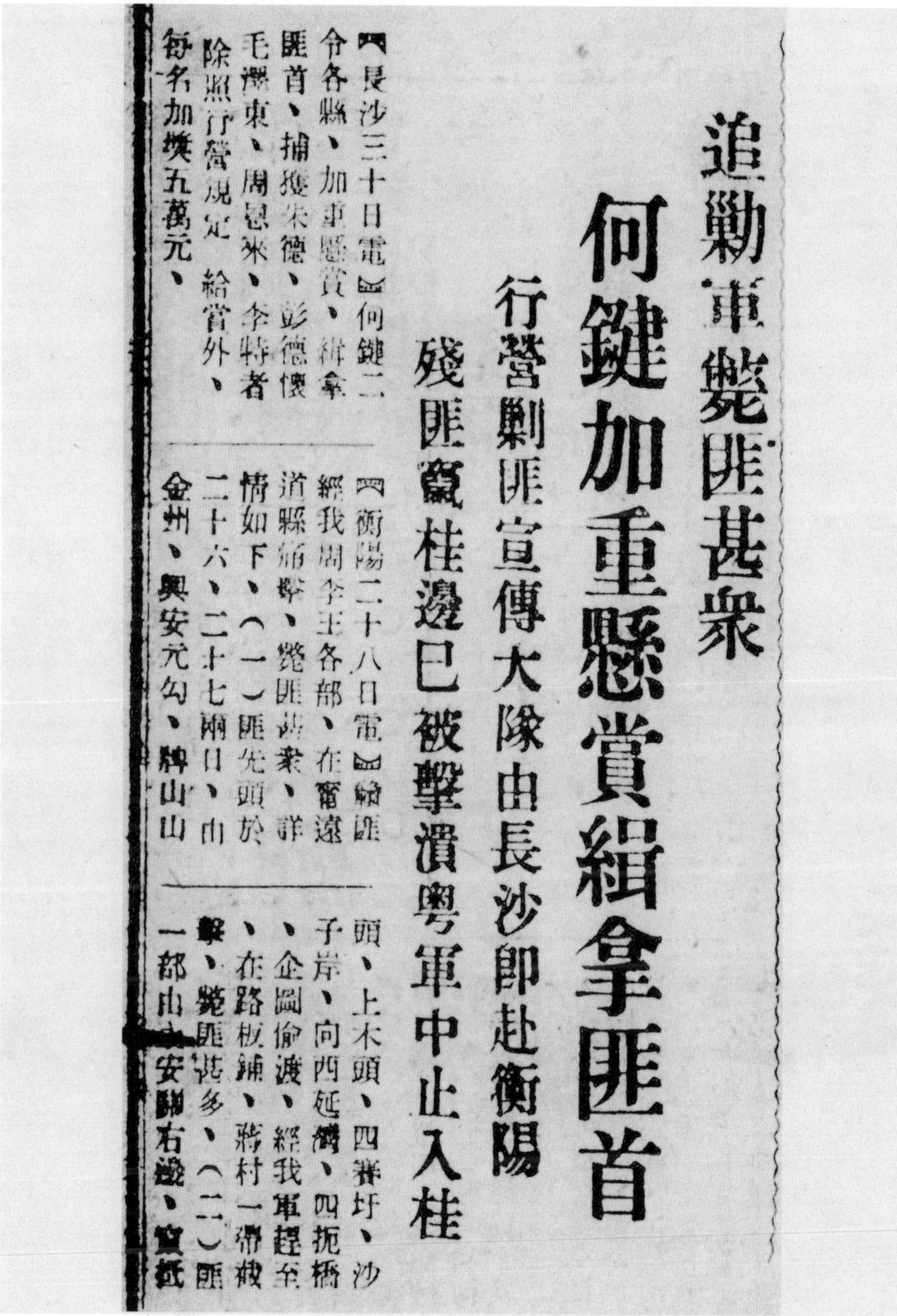

追勦軍斃匪甚衆

何鍵加重懸賞緝拿匪首

行營勦匪宣傳大隊由長沙即赴衡陽

殘匪竄桂邊已被擊潰粵軍中止入桂

【長沙三十日電】何鍵二令各縣、加重懸賞、緝拿匪首、捕獲朱德、彭德懷毛澤東、周恩來、李特者除照行營規定給賞外、每名加獎五萬元、

【衡陽二十八日電】殘匪經我周李王各部、在甯遠道縣痛擊、斃匪甚衆、詳情如下、(一)匪先頭於二十六、二十七兩日、由金州、興安元勾、牌山山頭、上木頭、四賽圩、沙子岸、向西延灣、四拒橋、企圖偷渡、經我軍趕至、在路板鋪、蔣村一帶被擊、斃匪甚多、(二)匪一部由興安腳右邊、竄抵

34. 追剿军毙匪甚众，何键加重悬赏缉拿匪首，行营剿匪宣传大队由长沙即赴衡阳，残匪窜桂边已被击溃粤军中止入桂，1934 年 12 月 1 日第 1 版（残）

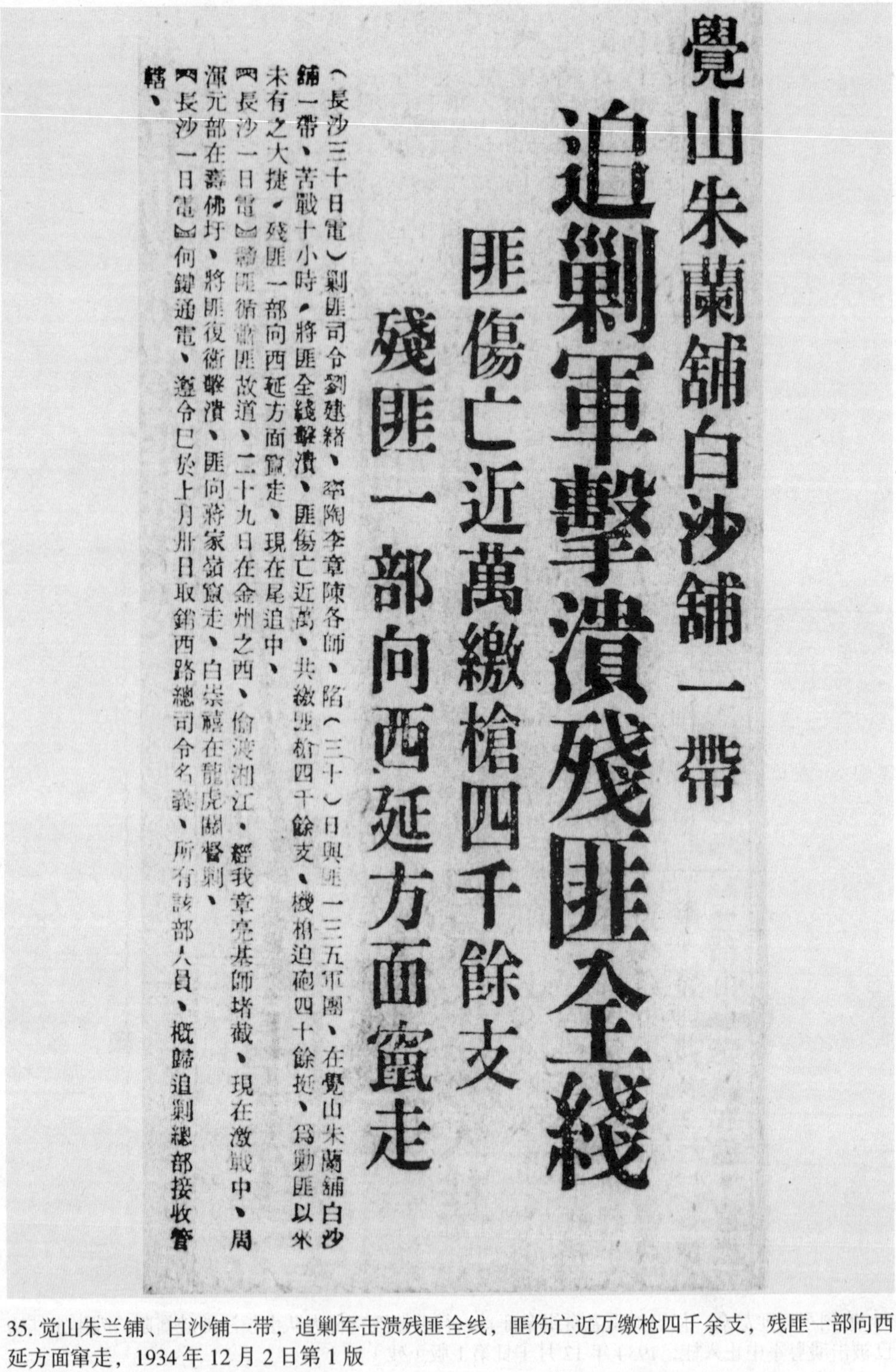

覺山朱蘭舖白沙舖一帶

追剿軍擊潰殘匪全綫

匪傷亡近萬繳槍四千餘支

殘匪一部向西延方面竄走

（長沙三十日電）剿匪司令劉建緒、率陶李章陳各師、昭（三十）日與匪一三五軍團、在覺山朱蘭舖白沙舖一帶、苦戰十小時、將匪全綫擊潰、匪傷亡近萬、共繳匪槍四千餘支、機槍迫砲四十餘挺、爲勦匪以來未有之大捷、殘匪一部向西延方面竄走、現在尾追中、

【長沙一日電】蕭匪循蕭匪故道、二十九日在全州之西、偷渡湘江、經我章亮基師堵截、現在激戰中、周渾元部在壽佛圩、將匪復衝擊潰、匪向蔣家嶺竄走、白崇禧在龍虎關督剿、

【長沙一日電】何鍵通電、遵令已於上月卅日取銷西路總司令名義、所有該部人員、概歸追剿總部接收管轄、

35. 觉山朱兰铺、白沙铺一带，追剿军击溃残匪全线，匪伤亡近万缴枪四千余支，残匪一部向西延方面窜走，1934 年 12 月 2 日第 1 版

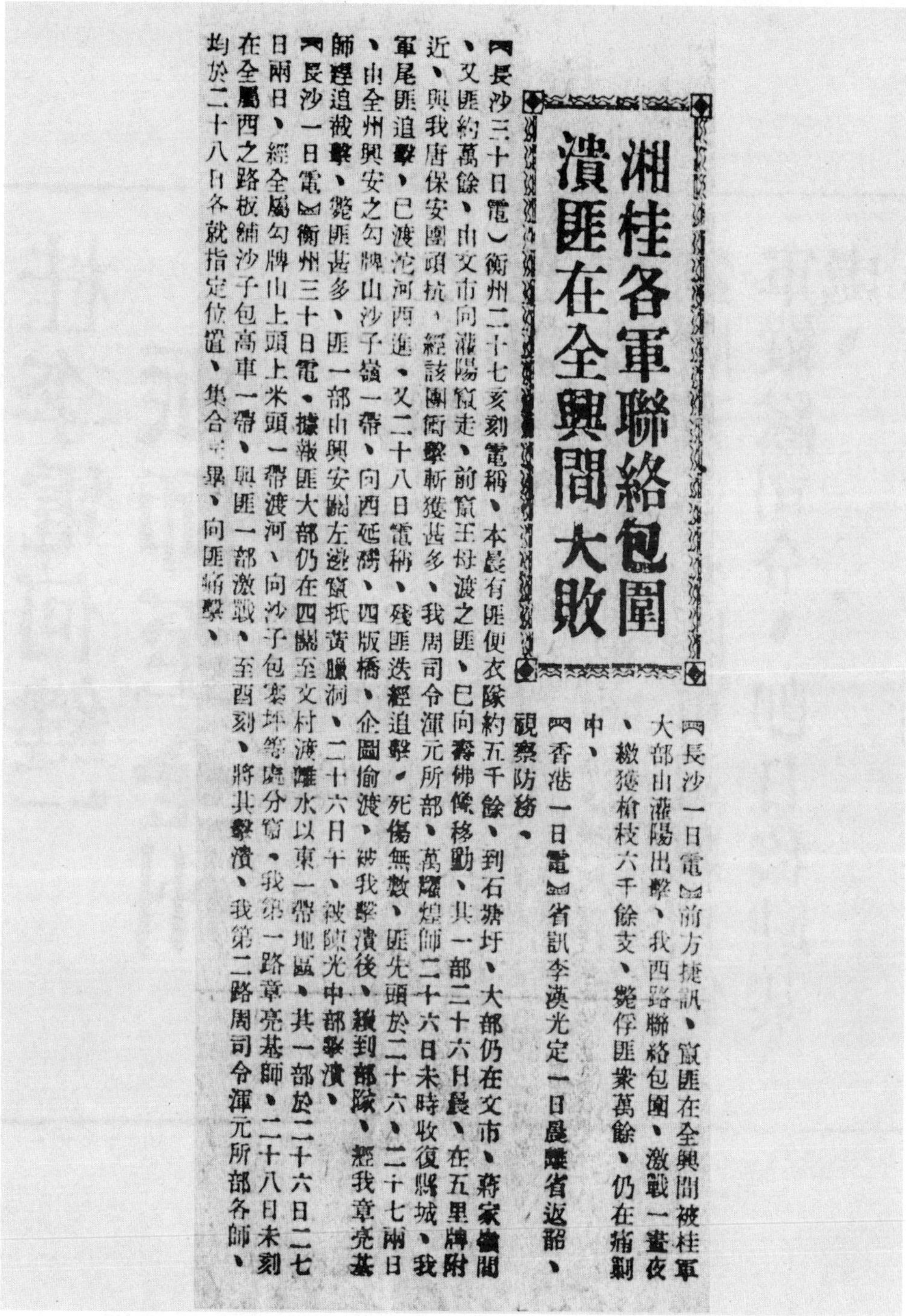

湘桂各軍聯絡包圍
潰匪在全興間大敗

【長沙一日電】前方捷訊、竄匪在全興間被桂軍大部由灌陽出擊、我西路聯絡包圍、激戰一晝夜、繳獲槍枝六千餘支、斃俘匪衆萬餘、仍在痛剿中、

【香港一日電】省訊李漢光定一日晨離省返部、視察防務、

【長沙三十日電】衡州二十七亥刻電稱、本晨有匪便衣隊約五千餘、到石塘圩、大部仍在文市、蔣家嶺間、又匪約萬餘、由文市向灌陽竄走、前竄王母渡之匪、已向壽佛墟移動、其一部二十六日晨、在五里牌附近、與我唐保安團頑抗、經該團衝擊斬獲甚多、我周司令渾元所部、萬耀煌師二十六日未時收復縣城、我軍尾匪追擊、已渡沱河西進、又二十八日電稱、殘匪迭經追擊、死傷無數、匪先頭於二十六、二十七兩日、由全州興安之勾牌山沙子嶺一帶、向西延竄、四版橋、企圖偷渡、被我擊潰後、續到部隊、經我章亮基師趕追截擊、斃匪甚多、匪一部由興安關左遊竄抵黃腊洞、二十六日午、被陳光中部擊潰、

【長沙一日電】衡州三十日電、據報匪大部仍在四關至文村渡灕水以東一帶地區、其一部於二十六日二七日兩日、經全屬勾牌山上頭上米頭一帶渡河、向沙子包零坪等處分竄、我第一路章亮基師、二十八日未刻在全屬西之路板鋪沙子包高車一帶、與匪一部激戰、至酉刻、將其擊潰、我第二路周司令渾元所部各師、均於二十八日各就指定位置、集合完畢、向匪痛擊、

36. 湘桂各军联络包围，溃匪在全（州）、兴（安）间大败，1934 年 12 月 2 日第 1 版

桂李電何鍵派師至全州

堵截竄匪

【貴陽三十日電】李宗仁電何鍵、請派師至全州堵截竄匪、

【長沙二日電】何鍵昨派劉膺古爲勦匪軍追勦預備軍縱隊司令、即日移駐某處、

37. 桂李（宗仁）电何键派师至全州堵截窜匪，1934 年 12 月 3 日第 1 版

偷渡之殘匪

連遭痛剿

實力損失甚鉅

已無戰鬥能力

【長沙二日電】全州一日電、稱本日下午二時在全州以南之廟石渡、與桂軍在石塘墟將匪約五團之衆包圍、匪無力抵抗、正激戰中、又章師長亮基、三十日電稱、在全州偷渡之匪、約二萬之數、自經我軍迎頭痛擊後、經板橋鋪狼狽潰竄、二十九日晨、我派出之追剿部隊、又在途中大嶺、將該匪痛擊、斃匪千餘、匪偽團營長、先後陣亡數人、實力損失甚鉅、已無戰鬥能力、不難一鼓殲滅、

38. 偷渡之残匪连遭痛剿，实力损失甚巨已无战斗能力，1934 年 12 月 3 日第 1 版

剿匪軍克復甯化城

蔣鼎文返閩在漳州組設綏署

黔省厲行緊縮裁去大批冗員

何鍵電京報告追剿勝利情形

〔南昌三日電〕行營公佈、據前方電報、我第五十二師於十一月三十日午刻收復閩之甯化城、在盤踞甯化之匪、係偽閩贛省游擊隊、少年先鋒隊等、人槍約六百餘、是役斃匪二百餘名、俘匪百餘名、殘匪向甯化北中沙潰竄、我軍現正追剿中云、

〔南昌三日電〕蔣鼎文在贛公畢、二日晨九時半、偕總參議張劍吾、及隨從等、分乘機三架、返龍岩、行營派交際科長王毅往機場歡送、

〔南昌三日電〕軍息、蔣鼎文返閩後、即就東路總部改組、設立閩綏署、地點仍在漳州、

〔貴陽一日電〕王家烈氏以庫款支絀、值此剿匪期間、經費籌集、異常困難、對省府及二十五軍軍部、特大行整頓緊縮、計近共裁去冗員二百餘人、

追剿總司令何鍵、頃有電到京、報告東日追剿情形、原電云、（一）匪大部昨被我劉司令所部擊潰後、殘部經鹹水向西延逃竄、頃據劉司令建緒、由全州電話稱、李覺率部及章亮基師向鹹水方面之匪攻剿、在朱蘭鋪、白沙橋、遇匪一部、當予痛擊、斃匪甚多、尾追至鹹水麻子渡間、復遇匪增援部隊、經我軍包圍痛剿、斃匪千餘、獲步槍三四百支、及機槍迫擊砲等、俘匪二千餘、又匪一部約五六團、在麻子渡、石塘圩間、已被我章師及補充總隊各一部、與桂軍圍困、（二）第三路萬耀煌師、魚日經永安關前進、在楊家橋、高明橋、永安關等處、節節擊潰、股匪千餘、沿途俘斃各數百名、獲槍八十餘支、並即佔領文市、（三）臨武團隊連日搜剿竄散匪兵、斃匪百餘、獲步槍四十餘支、手機槍重機槍各挺、俘匪數十、（四）本日在興隆村發見匪五六百、正在徙涉、擊斃殆盡、鹹水麻子渡等處、各發現匪二三千、亦炸斃甚眾、特聞、何鍵東（一日）叩、

〔長沙三日電〕各師三十日在全縣西南之覺山大捷後、我□師長率補充各團、星夜躡追、一日抵鹹水鴿子渡、與匪激戰斃匪二千餘、獲槍千餘枝、又麻子渡與石塘圩之間、有匪四五千、我軍與桂軍正在圍剿、匪一股由麻子渡界首等處、西渡過灕水、向西北竄逃文市界首間、尚有匪大部、企圖跟竄、正在我軍截剿中、全縣南大壯嶺白沙之匪一部、一日經我□師旅擊潰、頗多斬獲、我□兩軍、追匪抵文市、俘斃匪後衛千人、湘南已無股匪、

丙

39. 剿匪军克复宁化城，蒋鼎文返闽在漳州组设绥署，黔省厉行紧缩裁去大批冗员，何键电京报告追剿胜利情形，1934 年 12 月 4 日第 1 版

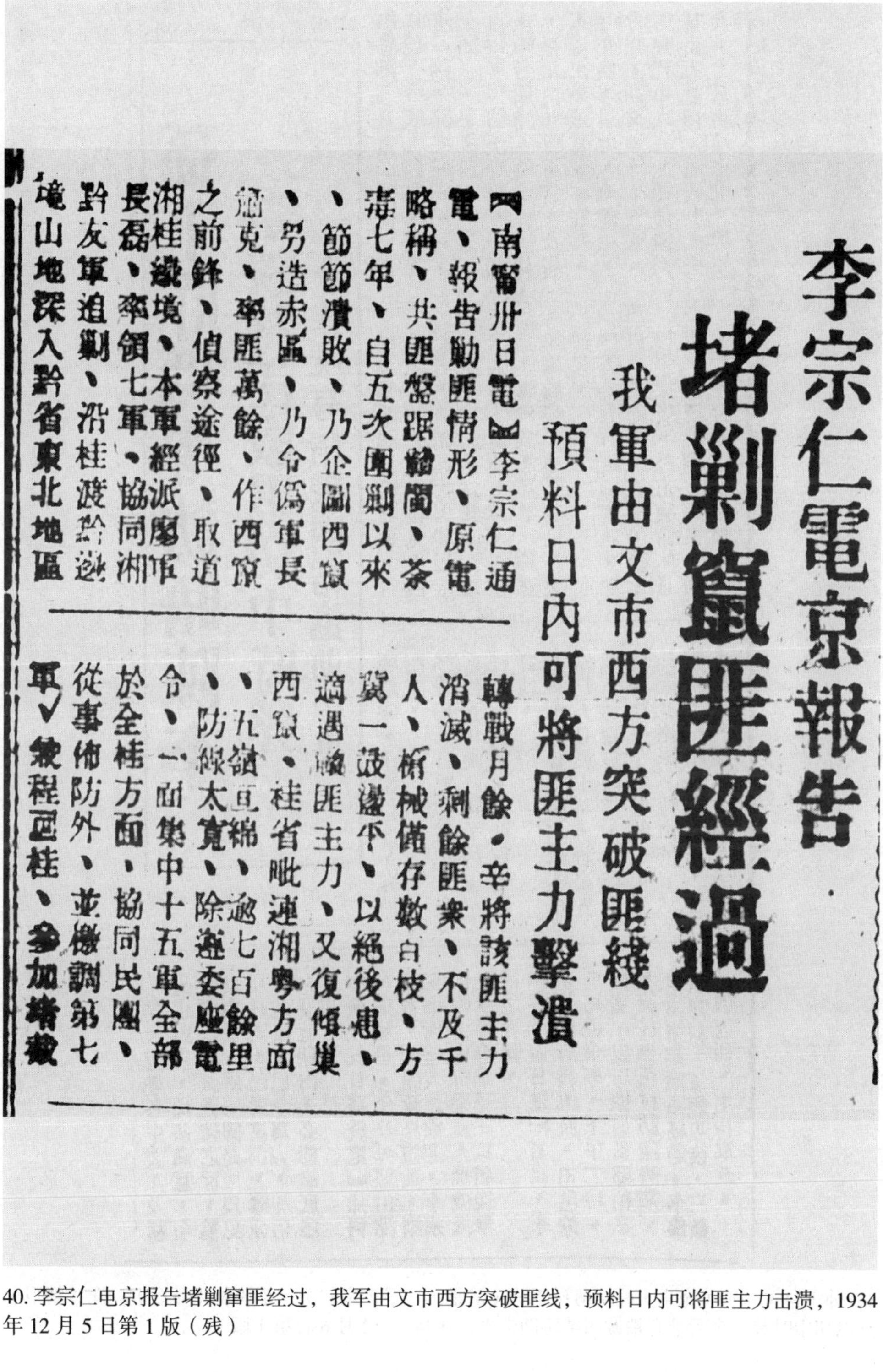

李宗仁電京報告
堵剿竄匪經過
我軍由文市西方突破匪綫
預料日內可將匪主力擊潰

【南寧卅日電】李宗仁通電、報告剿匪情形、原電略稱、共匪盤踞贛閩、荼毒七年、自五次圍剿以來、節節潰敗、乃企圖西竄、另造赤區、乃令僞軍長蕭克、率匪萬餘、作西竄之前鋒、偵察途徑、取道湘桂邊境、本軍經派廖軍長磊、率領七軍、協同湘黔友軍追剿、沿桂渡黔邊境山地深入黔省東北地區轉戰月餘、幸將該匪主力消滅、剩餘匪衆、不及千人、槍械僅存數百枝、方冀一鼓盪平、以絕後患、適遇贛匪主力、又復傾巢西竄、桂省毗連湘粤方面、五嶺亘綿、逾七百餘里、防線太寬、除遵委座電令、一面集中十五軍全部於全桂方面、協同民團、從事佈防外、並徵調第七軍、兼程回桂、參加堵截

40. 李宗仁电京报告堵剿窜匪经过，我军由文市西方突破匪线，预料日内可将匪主力击溃，1934年12月5日第1版（残）

孫王昨抵粵訪晤陳李

李談蔣汪感電切中時弊

今後唯有精誠團結協助中央

〔香港五日電〕陳濟棠五日晨、令廣九路局、派花車一輛、開港迎候孫科、王寵惠、午後四時、孫王以兩度與胡漢民晤談一切、均告圓滿、特偕孫丹林、楊蘊白、傅秉常、及省方派來歡迎代表謝宜邦、甘介侯、馬坤、李曉生、曾强、胡文燦等十五人、同乘花車入省、聞孫擬六日由省赴澳、省視其太夫人、七日由澳來港、與王同乘嘉蘭總統輪北返、行前王寵惠在旅邸接見中西記者、略謂此次與胡展堂先生、所談甚爲圓滿、現決入省、與陳濟棠、李宗仁・蕭佛成、鄒魯、鄧澤如等商談、亦必有良好之結果、

〔香港五日電〕省訊、孫科・王寵惠、五日午後七時半抵省、赴市賓館休息後、偕總部副官處長曾强、政務會祕書謝宜邦、訪陳濟棠、李宗仁等、有所商談、

〔香港五日電〕省訊・李宗仁五日晚八時、往梅花村訪陳濟棠、述桂軍勦匪詳情、

〔香港五日電〕省訊、李宗仁五日晨十時、語記者云、前請假回桂、處理軍政要務、今已月餘、現因孫院長南來、特由邕乘飛機來粵一晤、汪院長、蔣委員長、感電主張、切中時弊、留粵各中委、及胡先生對之、均甚滿意、今後當本精誠團結之旨、協助中央、解決國是、現犯桂殘匪、已受重創、雖分道流竄、已無爲力、相信在最近期內、必能澈底肅清也、

〔廣州五日路透電〕孫科、王寵惠、今日可望由港抵省、此間政界領袖、刻正準備盛大之歡迎、李宗仁昨由南甯乘私人飛機抵此、將參加孫王抵省後舉行之會議、

〔香港四日電〕省訊、李宗仁四日晨九時、由邕乘軍用機飛粵、下午二時抵省、返馬棚崗私邸稍息、旋往梅花村訪陳濟棠、暢談堵勦殘匪經過、李俟晤孫科、王寵惠後、三數日即返桂、主持軍政、

41. 孙（科）、王（宠惠）昨抵粤访晤陈（济棠）、李（宗仁），李谈蒋（介石）、汪（精卫）感电切中时弊，今后唯有精诚团结协助中央，1934 年 12 月 6 日第 1 版

西竄殘匪向界首潰逃

國軍渡河尾追

前方俘匪達二萬餘押解後方

萬耀煌頃電京報告追剿赤匪情形云、本師於廿九日由道縣向永安關追擊、先頭七五團、在楊家機復遇匪約千人踞守橋頭、及兩翼高地、以輕重機槍向我掃射、經我前衛奮勇猛撲、匪勢不支、始向高明橋方面撤退、旋在高明橋以西一帶高地、頑強、抗戰、激戰一小時、匪未退、經令七七團渡河、向匪側背威脅該團、迫至高明橋河西南高地時、即與由永明向蔣家嶺西竄之偽八軍團一部遭遇、經該團截擊、斃匪百餘人、該團即向

山中潰竄、同時我七五團當面之匪、亦紛向蔣家嶺潰竄、今晨繼續追擊、匪復於蔣家嶺永安關各要隘、憑藉工事、節節抵抗、均被我先頭三十八旅逐次擊破、乘勢於午後四時許、將廣西灌陽之文襄市之匪穴佔領、市外之殘剿、向界首狹竄、我三十八旅刻已渡河跟匪尾追中、現正架設浮橋、即繼續猛進、自二十九日起、沿途計斃匪數百、俘匪數百、獲槍八十餘枝、特聞、

【長沙四日電】前方俘獲達二萬餘、已押解後方、設收容所、何鍵委彭灼為收容所長、

薛岳在龍崗舉辦軍墾實驗區

【南昌五日電】六路軍總指揮薛岳、在龍崗舉辦軍墾實驗區、并於成功村開始實施擬具實施方案、及工作圖表、呈請行營鑒核行營、除准備案外、特令省府轉飭籐田政治局知照

【重慶五日電】此間軍部所得情報、蕭賀兩匪主力

42. 西窜残匪向界首溃逃国军渡河尾追，前方俘匪达二万余押解后方，薛岳在龙岗举办军垦实验区，1934年12月6日第1版（残）

何鍵派李覺晤白崇禧

會商圍殲竄匪計劃

殘匪大部已由西延北竄

賀匪受夾擊慈桃無匪蹤

猶國才派隊防堵

楊永泰抵滬

談剿匪勝利

贛匪區全部收復

竄匪已一蹶不振

43. 何键派李觉晤白崇禧会商围歼窜匪计划，残匪大部已由西延北窜，贺匪受夹击慈（利）、桃（源）无匪踪，犹国才派队防堵，1934 年 12 月 7 日第 1 版

唐淮源擊潰

灌陽殘匪

【南昌六日電】唐淮源電省稱、所部念九日起、由道縣向永安關追擊、迭在楊家橋、高明橋、蔣家岑等地、與匪千餘人激戰、均經擊潰、乘勝將廣西、灌陽、文市等處殘匪、肅清、口口旅已渡河跟追、此役計斃匪數百、獲槍八十餘枝、

44. 唐淮源击溃灌阳残匪，1934 年 12 月 7 日第 1 版

竄匪向城步潰逃

追剿軍抵武岡圍攻

連日俘虜達三千餘人

蕭賀殘部向永順回竄

何鍵將駐寶慶指揮各部進勦

【長沙七日電】殘匪大部分、向兩渡橋城步竄走、劉建緒六日抵武岡、率部猛攻桂邊殘匪、匪受重圍、損失極重、連日俘虜、達三千餘、蕭賀匪部、向永順回竄、已達禹谷口、現我軍向匪總攻、

【長沙七日電】追剿總部前站人員、均已抵寶慶、何鍵定本日返省一行、處理後方公務、八日移駐寶慶、指揮各部、進剿竄匪

【長沙七日電】省黨委彭國鈞等十人、赴寶慶協助剿匪宣傳工作、

【長沙七日電】李國鈞在黃泣潭、與僞獨立營相遇、迎頭痛擊、將匪全部剿滅、斃匪二百餘名、生擒僞獨立營長彭遠鴻、女匪二名、救出宜章學生四名、汝城商人一名、

【香港七日電】何鍵派張沛乾於七日午、乘廣三車由桂經三水抵省、與陳濟棠接洽剿匪事宜、 丁

◇ ◇ ◇

【北平七日電】李擇一因料理私事、於七日下午三時零五分赴滬、北平政分會秘書長何其鞏、已於前日來京、晉謁中央各當局、報告華北最近情況、茲以事畢、於昨晨乘輪返皖省親、定十日來京、然後轉車北上、又該會委員長黃郛、因請示應付華北外交方策、聞有日內提前來京之說、至就任內政部長之職、或將於明年元旦與新任各員同時就職云 乙

45. 窜匪向城步溃逃，追剿军抵武冈围攻，连日俘虏达三千余人，萧（克）、贺（龙）残部向永顺回窜，何键将驻宝庆指挥各部进剿，1934 年 12 月 8 日第 1 版

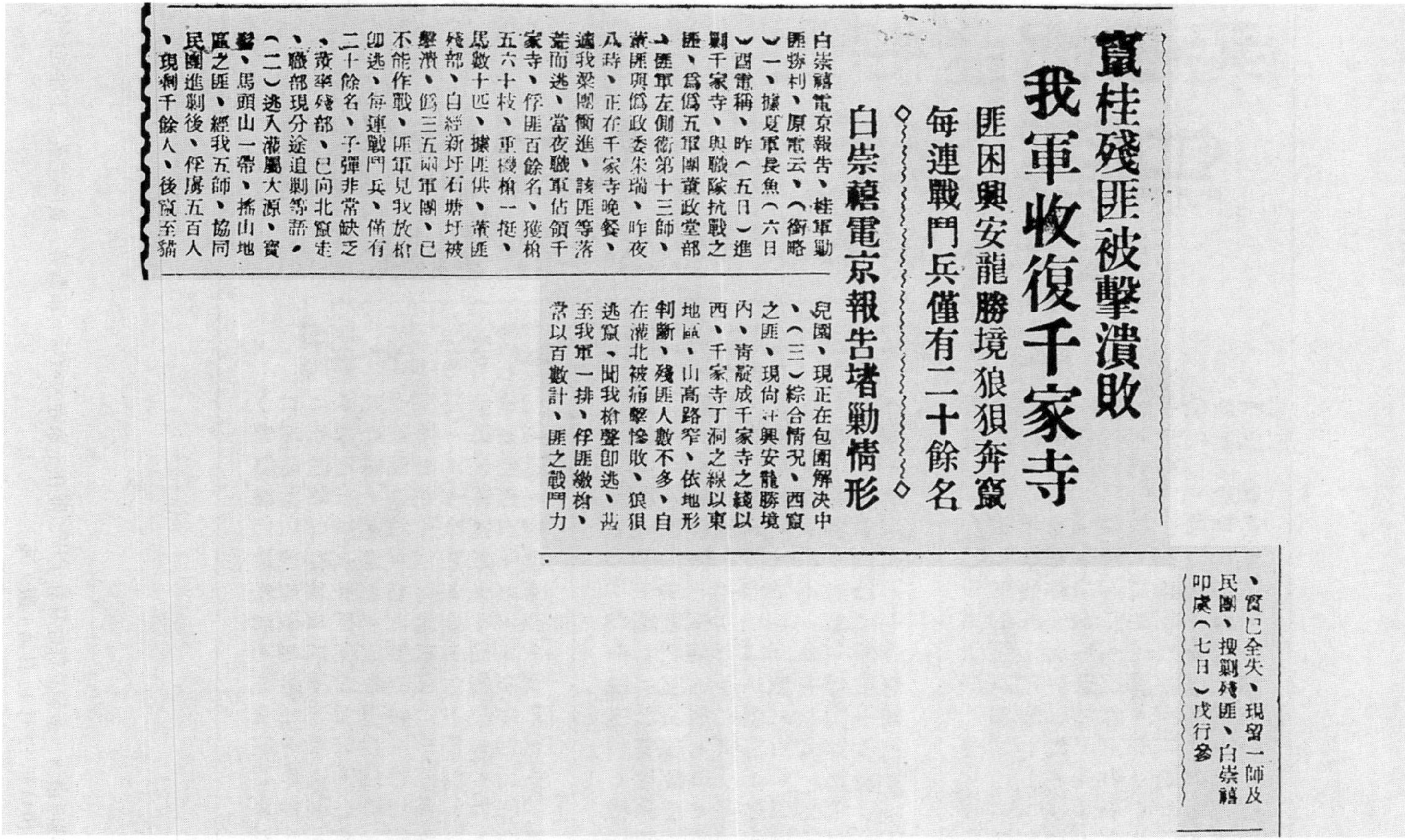

竄桂殘匪被擊潰敗
我軍收復千家寺

匪困興安龍勝境狼狽奔竄
每連戰鬥兵僅有二十餘名

白崇禧電京報告堵剿情形

白崇禧電京報告、桂軍勦匪勝利、原電云、（銜略）一、據夏軍長魚（六日）酉電稱、昨（五日）進剿千家寺、與職隊抗戰之匪、爲僞五軍團蕭政堂部」匪軍左側衛第十三師、蕭匪與僞政委朱瑞、昨夜八時、正在千家寺晚餐、適我梁團衝進、該匪等落荒而逃、當夜職軍佔領千家寺、俘匪百餘名、獲槍五六十枝、重機槍一挺、馬數十匹、據匪供、蕭匪殘部、自經新圩石塘圩被擊潰、僞三五兩軍團、已不能作戰、匪軍見我放槍卽逃、每連戰鬥兵、僅有二十餘名、子彈非常缺乏、蕭率殘部、已向北竄走、職部現分途追剿等語。（二）逃入灌屬大源、實巖、馬頭山一帶、搖山地區之匪、經我五師、協同民團進剿後、俘虜五百人、現剩千餘人、後竄至豬兒園、現正在包圍解決中、（三）綜合情況、西竄之匪、現尚在興安龍勝境內、背擬成千家寺之綫以西、千家寺丁洞之綫以東地區、山高路窄、依地形判斷、殘匪人數不多、自在灌北被痛擊慘敗、狼狽逃竄、聞我槍聲卽逃、甚至我軍一排、俘匪繳槍、常以百數計、匪之戰鬥力、實已全失、現留一師及民團、搜剿殘匪、白崇禧叩虞（七日）戌行參

46. 窜桂残匪被击溃败，我军收复千家寺，匪困兴安、龙胜境狼狈奔窜，每连战斗兵仅有二十余名，白崇禧电京报告堵剿情形，1934 年 12 月 10 日第 1 版

湘南殘匪肅清

追剿總部昨移駐寶慶

匪在千家寺大敗後有竄黔勢

賀匪蘭英王匪光澤均被擊斃

】長沙十日電【湘南各縣股匪肅清、何鍵宣布解嚴、剿匪總部、定十一日駐寶慶、

【長沙十日電】衡州庚（八日）電、匪大部仍在門司前龍勝以北一帶深山中、其一部槍約數千，已竄至城步以南之丁坪沙洲一帶、我軍協同桂軍團剿東山窰殘匪、我追剿總部、定十一日由衡州移駐邵陽（即寶慶）督剿、

白崇禧昨（十一）日有電到京、向中央報告廣西剿匪勝利、茲錄該電原文如下、（銜略）（甲）頃據夏司令自兩渡橋庚酉電稱、（一）粟團庚（八日）日搜剿兩渡橋附近、俘匪五十餘人、史團黃營魚（六日）午搜剿千家市附近、俘匪三百餘人，繳槍七十八枝、（二）史團顏營陽（七日）日在油搾（千家市北十餘里）與偽五軍團十三師千餘人激戰俘虜匪官兵八百餘人、繳槍二百餘枝、（三）史團庚（八）晨進佔唐洞、匪大部向江底馬蹄街、一部由車田經大塌入龍勝等語、（乙）據廖司令齊（八日）酉電稱、秦團今晨在馬[illegible]與匪第三軍團第四師激戰、匪不支潰竄、是役計擊斃偽團長一員、匪兵二百餘，俘匪五十餘人繳獲輕機及步槍百餘枝匪乘夜逃竄、一路經芙蓉向長安營、一路由馬綿街向[illegible]里、現派隊分途追擊堵剿等語

【貴陽十日電】此間接洪江電，中央軍薛岳部、向洪江、武岡推進，李覺部到紫江，翁匪在千家寺被擊潰、聞槍聲即逃、狀極狼狽、殘餘三萬餘人、有

47. 湘南残匪肃清，追剿总部昨移驻宝庆，匪在千家寺大败后有窜黔势，贺匪兰英、王匪光泽均被击毙，1934 年 12 月 12 日第 1 版（残）

西竄殘匪

尚在城步一帶 我軍正堵追中

【長沙十一日電】匪主力尚在龍勝東北越城嶺金坑一帶、一部由城步以南之紅紗洲向長安塞方面西竄、我軍正分別堵追、不難殲滅、十一日午城步西南橫水寨以西大山、發現匪二三千人、當卽進攻、斃匪甚多、

【長沙十一日電】李覺諭匪兵改過自新、並督促湘南民衆、努力綏靖工作

48. 西窜残匪尚在城步一带，我军正堵追中，1934 年 12 月 13 日第 1 版

粵桂綏靖主任

陳李定明年元旦 在廣州南甯就職

【香港十三日電】省訊、陳濟棠、李宗仁、擬明年元旦、分別在廣州、南甯、就粵桂綏靖主任職、

49. 粤桂绥靖主任陈（济棠）、李（宗仁）定明年元旦在广州、南宁就职，1934 年 12 月 14 日第 1 版

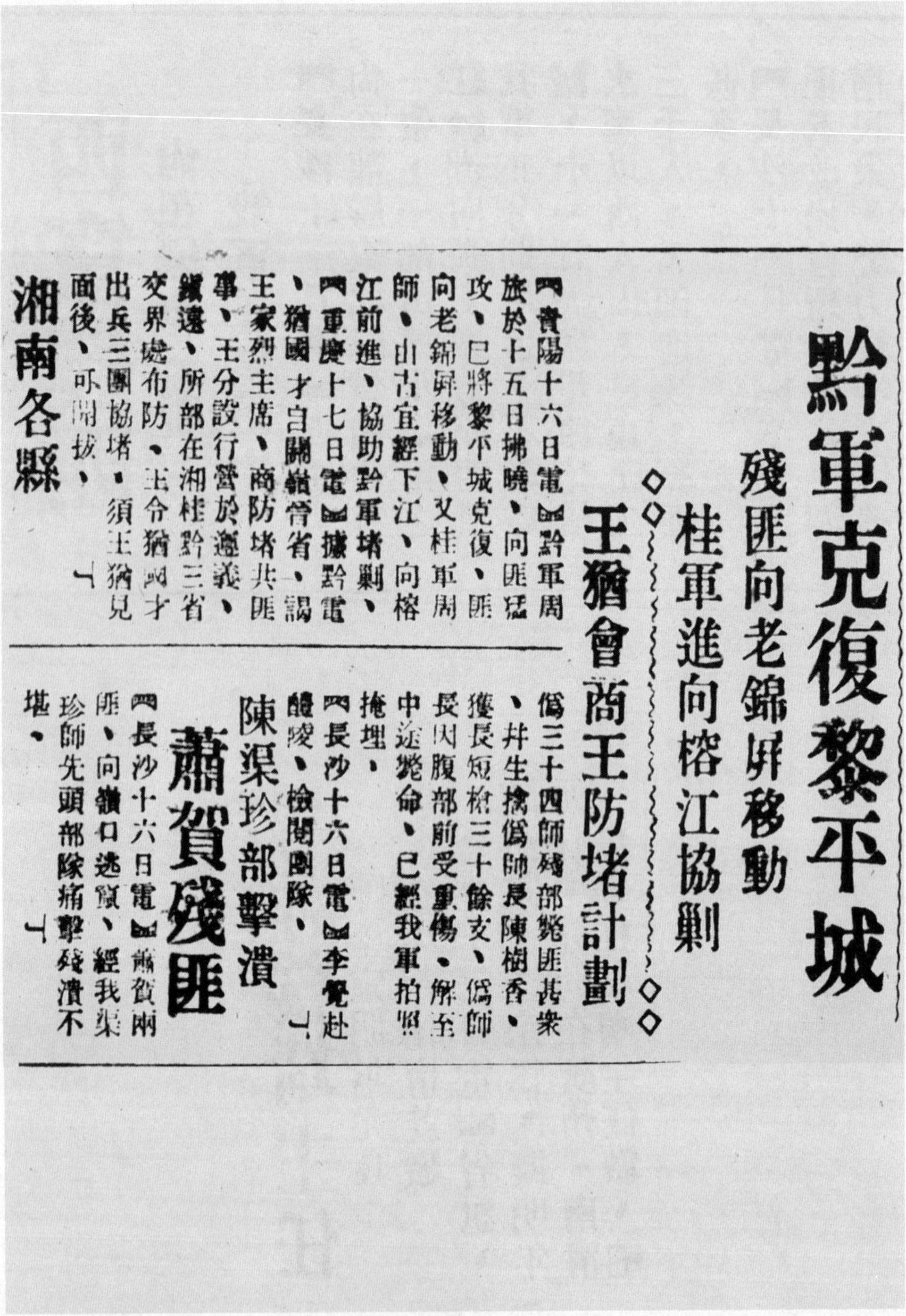

黔軍克復黎平城

殘匪向老錦屛移動

桂軍進向榕江協剿

王猶會商王防堵計劃

【貴陽十六日電】黔軍周旅於十五日拂曉、向匪猛攻、已將黎平城克復、匪向老錦屛移動、又桂軍周師、由古宜經下江、向榕江前進、協助黔軍堵剿、

【重慶十七日電】據黔電、猶國才自關嶺晉省、謁王家烈主席、商防堵共匪事、王分設行營於遵義、鎭遠、所部在湘桂黔三省交界處布防、王令猶國才出兵三團協堵、須王猶見面後、可開拔、（丁）

湘南各縣

僞三十四師殘部斃匪甚衆、并生擒僞師長陳樹香、獲長短槍三十餘支、僞師長因腹部前受重傷、解至中途斃命、已經我軍拍照掩埋、

【長沙十六日電】李覺赴醴陵、檢閱團隊、（丁）

陳渠珍部擊潰

蕭賀殘匪

【長沙十六日電】蕭賀兩匪、向龍口逃竄、經我渠珍師先頭部隊痛擊殘潰不堪、（丁）

50. 黔军克复黎平城，残匪向老锦屏移动，桂军进向榕江协剿，王（家烈）、犹（国才）会商王防堵计划，1934 年 12 月 18 日第 1 版

追勦軍逼近新廠

湘黔邊境匪在包圍中

何鍵昨赴寶慶督勦薛岳進駐黔陽

各師分向花江玉屏銅仁天柱堵擊

湘境通道靖縣綏甯一帶已無股匪

【長沙十八日電】竄通道之匪、經我軍堵擊、分經新廠馮路口竄入黔境、一部抵老錦屏、一部竄向劍河、我軍劉總指揮建緒、率王東原師、十五日午抵靖縣、當以王師及何平部、趕築靖會間及靖綏間碉堡、五十三及二十六兩師、向綏甯急進、陳陶章三師、十三日在岩門菁蕪洲各役、共斃匪數百、俘百餘、獲槍二百餘枝、十四日各部齊向通道進攻、激戰半日後、復斃匪廿餘、俘二百餘、獲槍三百餘枝、於未刻收復通道城、匪大部分向新廠潰竄、我陳光中師、當即尾匪追勦、我陶廣章亮基兩師、由牙屯堡雙江口向黔邊境追擊、十五日陳師追抵新廠附近、與匪激戰、章師亦趕到新廠及溶洞深渡之線、我薛總指揮岳、已進駐黔陽、比令各師分向湘黔邊界之花江、玉屏、銅仁、天柱一帶、[illegible][illegible]堵擊、

【貴陽十九日電】黔省令各機關、以勦匪期間、工作緊張、公私應酬、着即停止、以免耗時廢事如違查究、

【長沙十九日電】桂軍俘匪六千餘、分十二批、解送黃沙河、追勦總部決自二十二日起、陸續派隊接解來衡、以便收容處置、

51. 追剿军逼近新厂，湘黔边境匪在包围中，何键昨赴宝庆督剿薛岳进驻黔阳，各师分向花江、玉屏、铜仁、天柱堵击，湘境通道、靖县、绥宁一带已无股匪，1934 年 12 月 20 日第 1 版

西竄殘匪偷渡清水江

黔軍扼守錦屛堵剿

蕭賀股匪經痛擊後一部敗竄至盤龍橋

追剿軍收復新廠已與黔桂軍密切聯絡

【貴陽十九日電】贛匪竄入黔境後、由平略、瑤光、南家堡三處、偷渡清水江、中央追擊部隊、已到龍溪口、湘軍一部到廣平夾擊、

【另訊】貴州省政府主席兼第廿五軍軍長王家烈、十八日自貴州馬場坪軍次電京、報告剿匪情況、原電云、據何副指揮知重巧（十八）晨電稱、匪一部約五六千人、刪（十五）日在黎平被我周旅擊退、遂向天柱青溪北竄、復被我五六兩團迎頭痛擊、斃匪甚衆、銑午匪分數股向我南嘉堡、瑤光等處猛攻、企圖强渡清江河、向劍河台拱方面、沿蕭匪舊道北竄、當與守河部隊激戰、匪部續到甚衆等語、當飭杜旅長肇華、率部尾追、并令李旅率部推進施洞、劍河截堵、錦屛駐軍、并督團隊扼守錦屛、及清江河下流、周旅由黎平仍尾匪追剿云、

【長沙二十日電】何鍵委李覺、郭汝棟、爲八七路追剿司令、蕭賀股匪、經羅啓疆及保安團各部、迎頭痛擊、匪勢不支、十八日退河伏、何鍵又派兵口團赴常協剿、將匪擊潰、一部竄盤龍橋、刻我大軍雲集、將匪包剿、不難殲滅、劉建緒電告、赤匪大股、均竄入黔境、被我軍猛追痛剿、不敢回視、陳光中電、十六日收復新廠及與黔桂軍聯絡圍剿、

【長沙十四日電】保安部電令各縣、限本月底肅清散匪、以靖地方、

52. 西窜残匪偷渡清水江，黔军扼守锦屏堵剿，萧（克）、贺（龙）股匪经痛击后一部败窜至盘龙桥，追剿军收复新厂已与黔桂军密切联络，1934年12月21日第1版

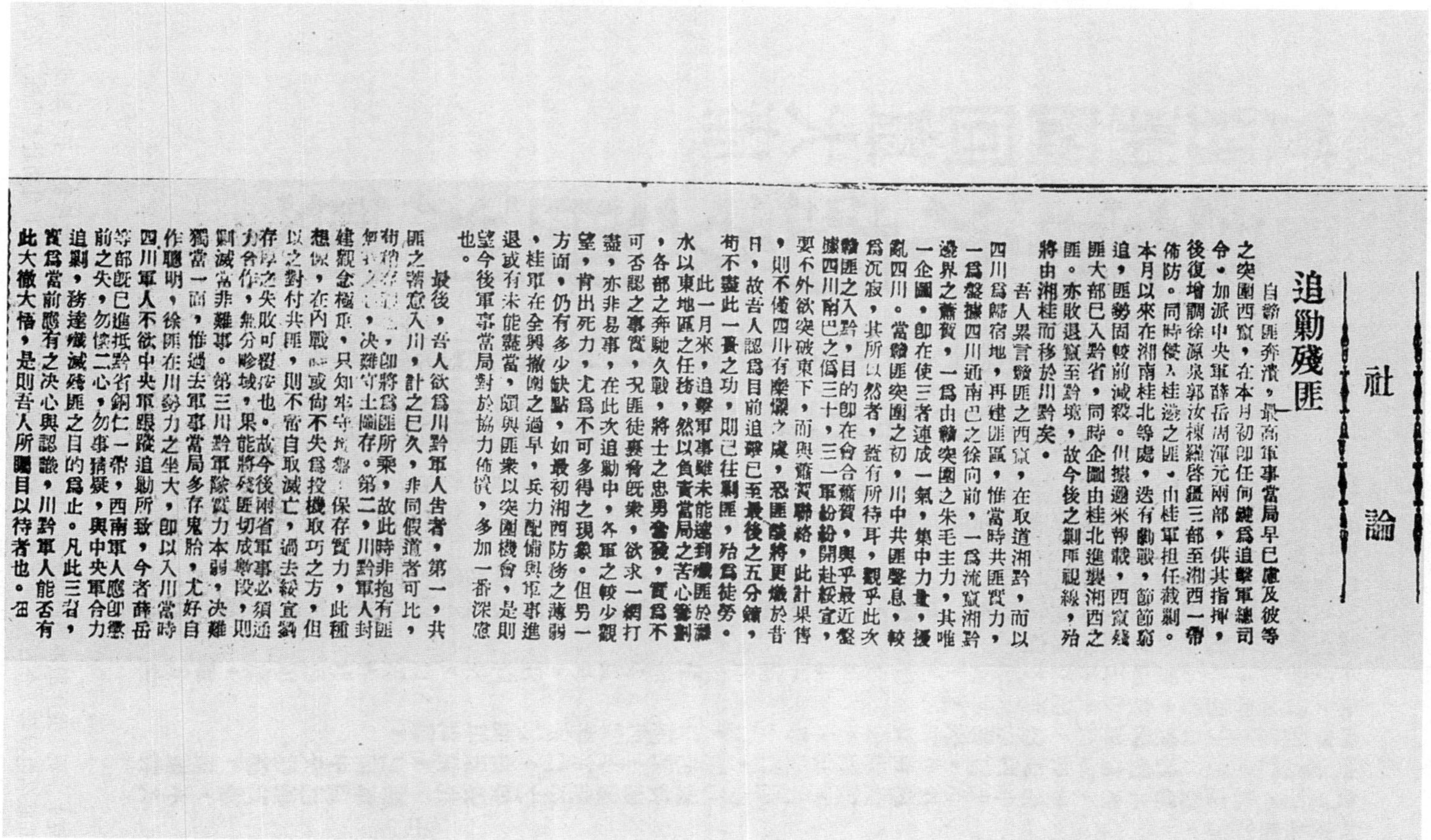

社論

追勦殘匪

自贛匪奔潰，最高軍事當局早已慮及彼等之突圍西竄，在本月初即任何鍵爲追擊軍總司令，加派中央軍薛岳周渾元兩部，供其指揮，後復增調徐源泉郭汝棟羅啓疆三部至湘西一帶佈防。同時侵入桂邊之匪，由桂軍担任截剿。本月以來在湘南桂北等處，迭有劇戰，節節窮追，匪勢固較前減殺。但據邇來報載，西竄殘匪大部已入黔省，同時企圖由桂北進擾湘西之匪，亦敗退竄至黔境，故今後之剿匪視線，殆將由湘桂而移於川黔矣。

吾人累言贛匪之西竄，在取道湘黔，而以四川爲歸宿地，再建匪區，惟當時共匪實力，一爲盤據四川通南巴之徐向前，一爲流竄湘黔邊界之蕭賀，一爲由贛突圍之朱毛主力，其唯一企圖，即在使三者連成一氣，集中力量，擾亂四川。當贛匪突圍之初，川中共匪暫息，較爲沉寂，其所以然者，蓋有所待耳，觀乎此次贛匪之入黔，目的即在會合蕭賀，與乎最近盤據四川通南巴之僞三十，三一軍紛紛開赴綏宣，要不外欲突破東下，而與蕭賀聯絡，此計果售，則不僅四川有糜爛之虞，恐匪禍將更熾於昔日，故吾人認爲目前追擊已至最後之五分鐘，苟不盡此一簣之功，則已往剿匪，殆爲徒勞。

此一月來，追擊軍事雖未能達到殲匪於瀟水以東地區之任務，然以負責當局之苦心籌劃，各部之奔馳久戰，將士之忠勇奮發，實爲不可否認之事實，况匪徒裹脅既衆，欲求一網打盡，亦非易事，在此次追勦中，各軍之較少觀望，肯出死力，尤爲不可多得之現象。但另一方面，仍有多少缺點，如最初湘西防務之薄弱，桂軍在全興撤防之過早，兵力配備與軍事進退，或有未能盡當，頗與匪衆以突圍機會，是則望今後軍事當局對於協力佈置，多加一番深慮也。

最後，吾人欲爲川黔軍人告者，第一，共匪之[illegible]意入川，計之已久，非同假道者可比，苟稍存[illegible]，即將爲匪所乘，故此時非抱有[illegible]，決難守土圖存。第二，川黔軍人封建觀念極重，只知株守[illegible]，保存實力，此種想似，在內戰時或尚不失爲投機取巧之方，但以之對付共匪，則不啻自取滅亡，過去綏宣存[illegible]之失敗可覆按也。故今後兩省軍事必須通力合作，無分畛域，果能將殘匪切成數段，則剿滅當非難事。第三，川黔軍隊實力本弱，決難獨當一面，惟過去軍事當局多存鬼胎，尤好自作聰明，徐匪在川勢力之坐大，即以入川當時四川軍人不欲中央軍跟蹤追勦所致，今者薛岳等部既已進抵黔省銅仁一帶，西南軍人應即懲前之失，勿懷二心，勿事猜疑，與中央軍合力追剿，務達殲滅殘匪之目的爲止。凡此三者，實爲當前應有之決心與認識，川黔軍人能否有此大徹大悟，是則吾人所矚目以待者也。

53. 社论：追剿残匪，1934 年 12 月 22 日第 1 版

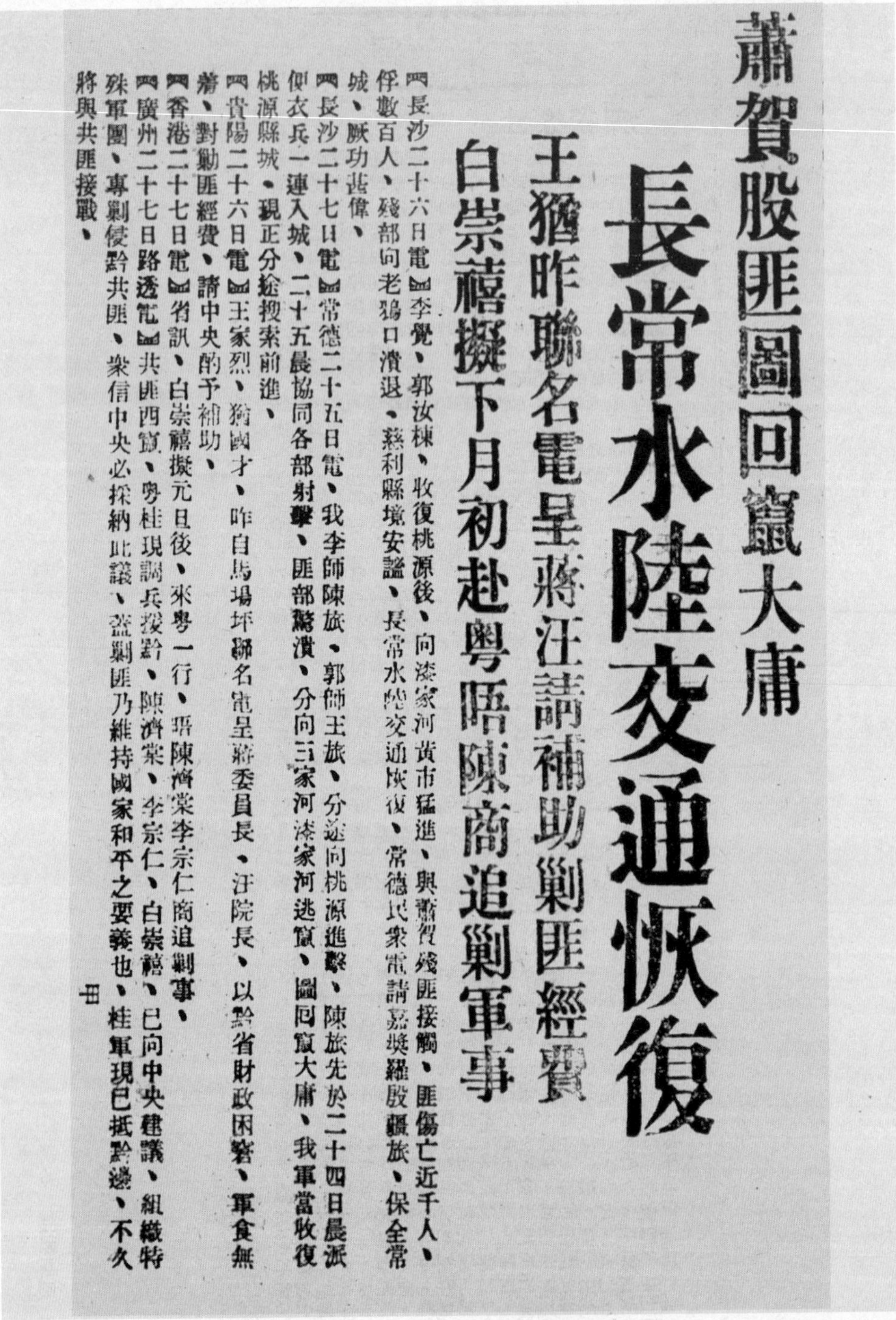

蕭賀股匪圖回竄大庸

長常水陸交通恢復

王猶昨聯名電呈蔣汪請補助剿匪經費

白崇禧擬下月初赴粵晤陳商追剿軍事

長沙二十六日電　李覺、郭汝棟、收復桃源後、向漆家河黃市猛進、與蕭賀殘匪接觸、匪傷亡近千人、俘數百人、殘部向老鴉口潰退、慈利縣境安謐、長常水陸交通恢復、常德民衆電請嘉獎羅啟疆旅、保全常城、厥功甚偉、

長沙二十七日電　常德二十五日電、我李師陳旅、郭師王旅、分途向桃源進擊、陳旅先於二十四日晨派便衣兵一連入城、二十五晨協同各部射擊、匪部驚潰、分向三家河漆家河逃竄、圖回竄大庸、我軍當收復桃源縣城、現正分途搜索前進、

貴陽二十六日電　王家烈、猶國才、昨自馬場坪聯名電呈蔣委員長、汪院長、以黔省財政困窘、軍食無着、對剿匪經費、請中央酌予補助、

香港二十七日電　省訊、白崇禧擬元旦後、來粵一行、晤陳濟棠李宗仁商追剿事、

廣州二十七日路透電　共匪西竄、粵桂現調兵援黔、陳濟棠、李宗仁、白崇禧、已向中央建議、組織特殊軍團、專剿侵黔共匪、粲信中央必採納此議、蓋剿匪乃維持國家和平之要義也、桂軍現已抵黔邊、不久將與共匪接戰、（中）

54. 萧（克）、贺（龙）股匪图回窜大庸，长（沙）、常（德）水陆交通恢复，王（家烈）、犹（国才）昨联名电呈蒋（介石）、汪（精卫）请补助剿匪经费，白崇禧拟下月初赴粤晤陈（济棠）商追剿军事，1934 年 12 月 28 日第 1 版

南京日报

東路軍昨佔領長汀

由我李縱隊克復獲匪無算現正在清查中

蕭賀兩匪經湘桂軍跟剿有全部退秀山勢

繆培南代表陳濟棠入贛勞師

（龍巖一日電）東路軍一日午刻、確實佔領長汀，

（南昌一日電）行營公布捷報、據前方電報、我李縱隊、一日午前十一時、克復長汀、俘獲無算、現正在清查中云、

（貴陽三十一日電）王家烈委參軍長劉繼炎為剿匪前敵總指揮跟剿蕭賀兩匪、匪不支、有全部退秀山勢、此間已電川軍夾擊、

（貴陽三十一日電）桂軍廖磊所部湘軍、李覺所部、奉湘省當局電調返省、作截擊共匪一五軍團準備、

（香港一日電）繆培南此次赴贛、除與前方各將領商勦殘匪外、並攜款萬元、代表陳濟棠勞軍、日內即返省、

1. 东路军昨占领长汀，由我李纵队克复获匪无算现正在清查中，萧（克）、贺（龙）两匪经湘桂军跟剿有全部退秀山勢，缪培南代表陈济棠入赣劳师，1934 年 11 月 2 日第 3 版

匪一軍團消滅殆盡

閩西勦匪軍事即告完成

此後軍隊工作將注重築公路建碉堡

蕭賀兩匪近由川邊竄入湘亦經擊退

◇……外報譽我勦匪勝利

（福州十七日電）蔣鼎文電省報告、朱毛股匪向仁化、樂昌西竄、我西路軍王東原師、在萬會橋與匪激戰、匪潰退、

（長沙十六日電）據報賀蕭兩匪、近由川邊竄入湘境永順、我周津卿、龔仁傑、楊其昌、雷鳴九等部隊、由保靖永貴交界之曹村進勦、將匪擊潰、匪向桑植流竄、正追勦中

（衡陽十六日電）郴桂永防守甚嚴連日匪衆竄擾郴州、宜章戰事激烈、均被我西路軍擊潰、死傷甚夥、周縱隊所部、亦已開到、各縱隊司令、均先後來衡、請何鍵指示、圖勦追擊計畫、劉建緒、李覺均在前方督戰、劉文島赴贛謁蔣委員長報告

（龍岩十六日電）東路軍收復長汀、瑞金後、閩西勦匪軍事、即告完成、此後收復匪區善後、由當地行政官辦理外、軍隊工作、將全注重於修公路、築碉堡、及肅淸流竄之散匪、公路趕築者、中屋村至長汀七十里、至遲本月底可完成、在測量者、長汀至瑞金線八十里、長汀至石城線百二十里、在計劃中者、有連城長汀線、連城甯化建甯線、連城永安歸化線等俟各軍防地定妥、由駐軍負責開築、以符總理兵工築路之遺訓、

（龍巖十六日電）匪一軍團兩部八千人、在郴州宜章間之良田地方、爲西南兩路軍合圍、已消滅殆盡、三五七軍團、竄出桂陽西去、

（龍巖十七日電）歸化、淸流、甯化三城、尚有小數殘匪、東路軍第九縱隊、十四日由永安向歸化進擊、俟克歸化後、再推進淸流、甯化、預料不日可一一收復、

（倫敦十七日路透電）泰晤士報今日社論稱中國中央政府、與贛閩兩省蘇維埃組織之長期戰爭、顯已達頂點、截至去年秋間爲止、赤黨尚佔上風、然年來蔣介石將軍、加緊經濟及軍事壓迫之後、已被逐出老巢瑞金刻以佔地日蹙、有西竄之勢、然粵桂兩省當局、均與中央合作勦匪、故政府若能將赤匪加以大包圍、使其無法他竄則完全勦滅、實無問題、該報又稱赤匪冀圖竄入四川、故劉湘已決意求助於蔣介石將軍云、

2. 匪一军团消灭殆尽，闽西剿匪军事即告完成，此后军队工作将注重筑公路建碉堡，萧（克）、贺（龙）两匪近由川边窜入湘亦经击退，外报誉我剿匪胜利，1934 年 11 月 18 日第 2 版

(福州十七日電)蔣鼎文電省報告、朱毛股匪向仁化、樂昌西竄、我西路軍王東原師、在萬會橋與匪激戰、匪潰退、

(長沙十六日電)據報賀蕭兩匪、近由川邊竄入湘境永順、我周津卿、龔仁傑、楊其昌、雷鳴九等部隊、由保靖永貴交界之曹村進剿、將匪擊潰、匪向桑植流竄、正追剿中

(衡陽十六日電)郴桂永防守甚嚴連日匪衆竄擾郴州、宜章戰事激烈、均被我西路軍擊潰、死傷甚夥、周縱隊所部、亦已開到、各縱隊司令、均先後來衡、請何鍵指示、圖勦追擊計畫、劉建緒、李覺均在前方督戰、劉文島赴贛謁蔣委員長報告

(龍岩十六日電)東路軍收復長汀、瑞金後、閩西勦匪軍事、即告完成、此後收復匪區善後、由當地行政官辦理外、軍隊工作、將全注重於修公路、築碉堡、及肅清流竄之散匪、公路趕築者、中屋村至長汀七十里、至遲本月底可完成、在測量者、長汀至瑞金線八十里、長汀至石城線百二十里、在計劃中者、有連城長汀線、連城甯化建甯線、連城永安歸化線等俟各軍防地定妥、由駐軍負責開築、以符總理兵工築路之遺訓、

(龍巖十六日電)匪一軍團兩部八千人、在郴州宜章間之良田地方、爲西南兩路軍合圍、已消滅殆盡、三五七軍團、竄出桂陽西去、

(龍巖十七日電)歸化、清流、甯化三城、尚有小數殘匪、東路軍第九縱隊、十四日由永安向歸化進擊、俟克歸化後、再推進清流、甯化、預料不日可一一收復、

(倫敦十七日路透電)泰晤士報今日社論稱中國中央政府、與贛閩兩省蘇維埃組織之長期戰爭、顯已達頂點、截至去年秋間爲止、赤黨尚佔上風、然年來蔣介石將軍、加緊經濟及軍事壓迫之後、已被逐出老巢瑞金刻以佔地日蹙、有西竄之勢、然粵桂兩省當局、均與中央合作勦匪、故政府若能將赤匪加以大包圍、使其無法他竄則完全勦滅、實無問題、該報又稱赤匪冀圖竄入四川、故劉湘已決意求助於蔣介石將軍云、

(局部图)

贛匪區僅餘一縣

會昌無險要指顧可克復

▲▲陳濟棠任李漢魂爲勦匪前敵總指揮

▲▲西路宜章匪退臨武文明司陶廣告捷

▲▲李宗仁白崇禧抵桂林策劃勦匪軍事

◇……贛省府計劃匪區善後

▲南昌十九日電　前方電訊、雩都收復後、我軍續進、會昌指日可下、按贛八十三縣、僅會昌一縣未收復、匪無險可守、指顧間可收復

▲香港十九日電　省訊、陳濟棠任獨立三師長李漢魂、仕南路勦匪前敵指揮、十九日電令前方各部知照

▲香港十九日電　梧息、李宗仁、白崇禧、十七日抵桂林、策劃勦匪軍事、李來粵期未定

▲長沙十九日電　何鍵通電各縣招撫投誠、以廣來歸、予匪自新、

▲長沙十九日電　蔣委員長來電、嘉慰西路作戰將士、

▲長沙十九日電　宜章之匪、經我王東原師痛擊向臨武潰退、我軍進駐宜城、現正行途追勦、

▲長沙十九日電　六十二師長陶廣、十四日酉電稱、十三日率部由小折橋、向百丈嶺、文明司進擊、僞五軍團十三師、槍約一千五百餘、機槍十餘挺、佔領我進路兩翼水澳油之線、恃險抵擊、激戰五小時、匪受鉅傷、退扼百丈嶺碉堡、比令鍾旅從右翼包圍、王旅向正面突擊、又激戰四小時、鍾旅進至文明司西端、王旅亦突至百丈嶺、本可一鼓殲滅、不料天忽大霧、匪乘機蜂擁渡何、向赫石逃竄、是役我軍獲槍十一枝、斃匪五六百、俘匪百餘、

▲南昌十九日電　雩都未收復前、即委李詠懷爲縣長、已隨軍抵縣、辦理善後、省府撥五千元賑濟、並限期修築雩甯路尅日恢復郵電

▲南昌十九日電　省政府以全省匪區、即將完全收復、亟應辦理各縣清鄉善後、經飭各廳處、合擬計劃二十日全部可竣省府定二十一日開會審查、彙呈行營、鑒核施行，現建敎兩廳計畫已擬妥、建設方面、側重各收復區之道路及敷設電話等、農村建設、敎育力求推廣各縣敎育、並由特種敎育處、在甯都設特敎育推行處、推進敎、養、衞三項工作、並於各縣廣設民校、

3. 赣匪区仅余一县，会昌无险要指顾可克复，陈济棠任李汉魂为剿匪前敌总指挥，西路宜章匪退临武，文明司陶广告捷，李宗仁、白崇禧抵桂林策划剿匪军事，赣省府计划匪区善后，1934年11月20日第2版

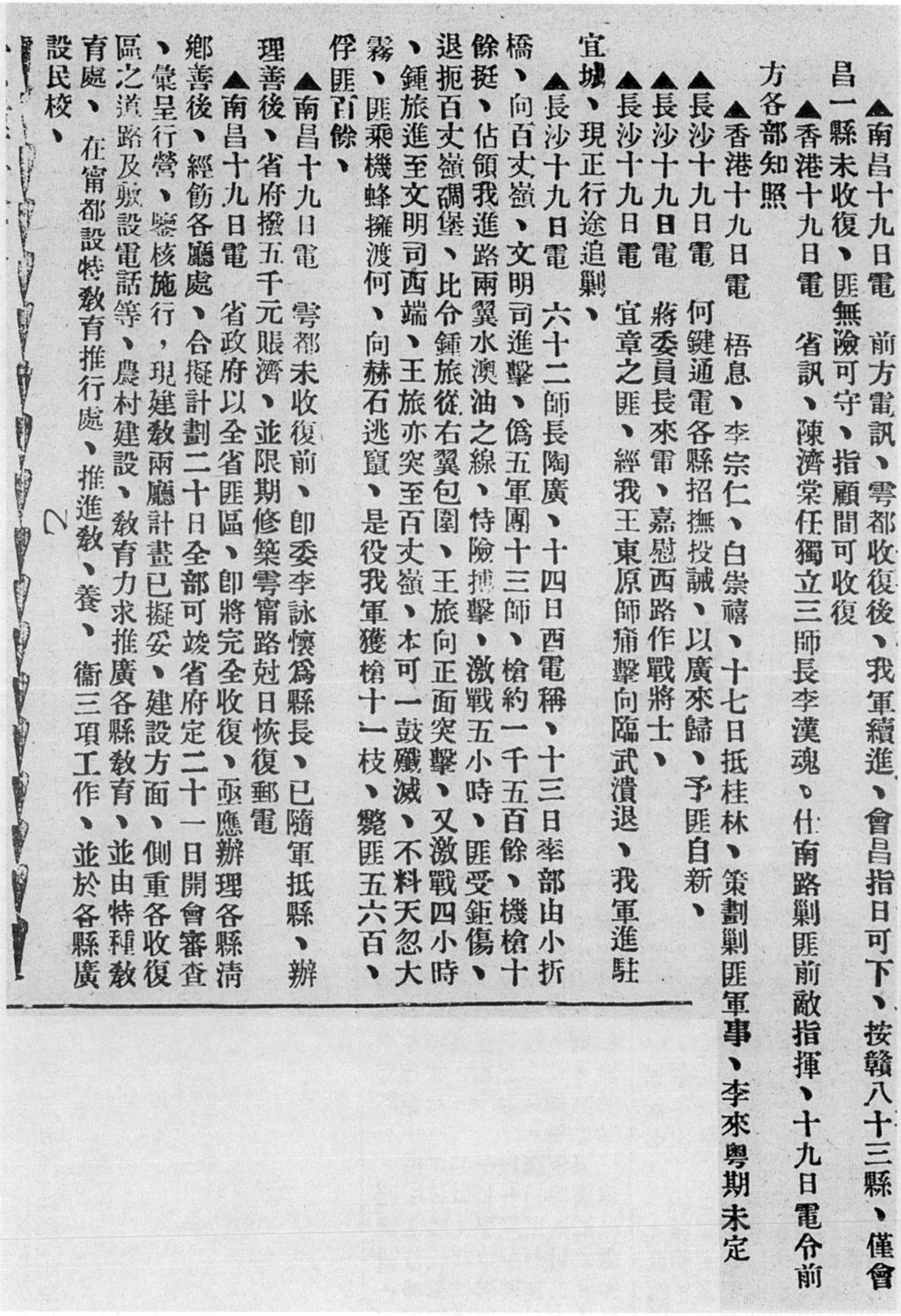

▲南昌十九日電　前方電訊、雩都收復後、我軍續進、會昌指日可下、按贛八十三縣、僅會昌一縣未收復、匪無險可守、指顧間可收復

▲香港十九日電　省訊、陳濟棠任獨立三師長李漢魂、仕南路剿匪前敵指揮、十九日電令前方各部知照

▲香港十九日電　梧息、李宗仁、白崇禧、十七日抵桂林、策劃剿匪軍事、李來粵期未定

▲長沙十九日電　何鍵通電各縣招撫投誠、以廣來歸、予匪自新、

▲長沙十九日電　將委員長來電、嘉慰西路作戰將士、

▲長沙十九日電　宜章之匪、經我王東原師痛擊向臨武潰退、我軍進駐宜城、現正行途追剿、

▲長沙十九日電　六十二師長陶廣、十四日酉電稱、十三日率部由小折橋、向百丈嶺、文明司進擊、僞五軍團十三師、槍約一千五百餘、機槍十餘挺、佔領我進路兩翼水澳油之線、恃險抵擊、激戰五小時、匪受鉅傷、退扼百丈嶺碉堡、比令鍾旅從右翼包圍、王旅向正面突擊、又激戰四小時、鍾旅進至文明司西端、王旅亦突至百丈嶺、本可一鼓殲滅、不料天忽大霧、匪乘機蜂擁渡河、向赫石逃竄、是役我軍獲槍十一枝、斃匪五六百、俘匪百餘、

▲南昌十九日電　雩都未收復前、即委李詠懷爲縣長、已隨軍抵縣、辦理善後、省府撥五千元賑濟、並限期修築雩甯路尅日恢復郵電

▲南昌十九日電　省政府以全省匪區、即將完全收復、亟應辦理各縣清鄉善後、經飭各廳處、合擬計劃二十日全部可竣省府定二十一日開會審查、彙呈行營、鑒核施行，現建教兩廳計畫已擬妥、建設方面、側重各收復區之道路及敷設電話等、農村建設、教育力求推廣各縣教育、並由特種教育處、在甯都設特教育推行處、推進教、養、衛三項工作、並於各縣廣設民校、

（局部图）

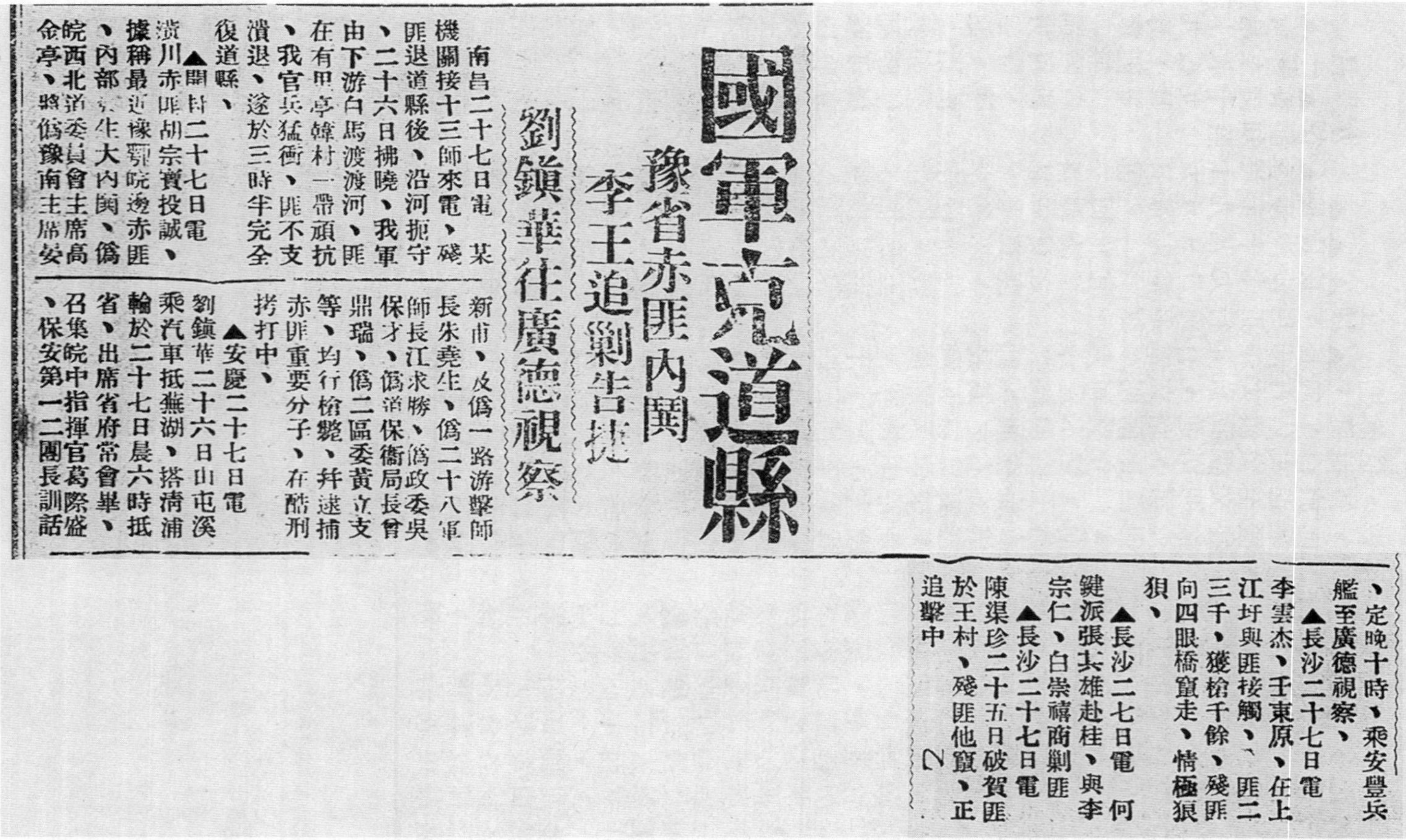

國軍克道縣

豫省赤匪內鬨 李王追剿告捷

劉鎮華往廣德視察

南昌二十七日電　某機關接十三師來電、殘匪退道縣後、沿河扼守、二十六日拂曉、我軍由下游白馬渡渡河、匪在有田亭韓村一帶頑抗、我官兵猛衝、匪不支潰退、遂於三時半完全復道縣、

▲開封二十七日電　潰川赤匪胡宗實投誠、據稱最近豫鄂皖邊赤匪、內部發生大內鬨、僞皖西北道委員會主席高金亭、將僞豫南主席安新市、及僞一路游擊師長朱堯生、僞二十八軍師長江求勝、僞政委吳保才、僞道保衛局長曾鼎瑞、僞二區委黃立支等、均行槍斃、并逮捕赤匪重要分子、在酷刑拷打中、

▲安慶二十七日電　劉鎮華二十六日由屯溪乘汽車抵蕪湖、搭清浦輪於二十七日晨六時抵省、出席省府常會畢、召集皖中指揮官葛際盛、保安第一二團長訓話、定晚十時、乘安豐兵艦至廣德視察、

▲長沙二十七日電　李雲杰、王東原、在上江圩與匪接觸、匪二三千、獲槍千餘、殘匪向四眼橋竄走、情極狼狽、

▲長沙二七日電　何鍵派張其雄赴桂、與李宗仁、白崇禧商剿匪

▲長沙二十七日電　陳渠珍二十五日破賀匪於王村、殘匪他竄、正追擊中

4. 国军克道县，豫省“赤匪”内讧，李（云杰）、王（东原）追剿告捷，刘镇华往广德视察，1934 年 11 月 28 日第 2 版

清流收復寧化指日可下

殘匪四潰現圖大舉擾桂

◇李宗仁現調集所有軍隊從事防堵

◇何鍵電令湘軍各路嚴密協擊竄匪

◇……下灌克復湘粵會師北追

▲龍岩二十八日電　清流已於二十六日申刻收復、東路軍入城、會與城內殘匪巷戰數小時、刻正向寧化推進、寧化令明亦可收復、

▲廣州二十八日路透電　自十一月二十三日起、由贛西竄之共匪、爲覓衣食與彈藥、以度寒冬計、現圖侵入桂省、桂軍總司令李宗仁、現調所有軍隊、從事防堵、按數日前、據官報、共匪小隊、曾侵入桂東邊界數縣、經桂省第十五軍激戰擊退、共匪雖遭此挫折、現仍圖大舉攻桂云、今日李宗仁致電西南政務會、謂數日前喬裝難民、混入桂境之共匪、均經擒獲云

▲南昌二十八日電　殘匪竄至德興縣屬之黃柏塘、王耀武旅、命李團進剿、於二十日晚佔領黃柏塘、匪部反攻、激戰數小時卒不得逞、計斃僞縣蘇維埃僞獨立營長各一、斃匪四百、俘匪五十、及地雷土砲甚多、

▲長沙二十八日電　何鍵以此次贛匪西竄、經我各路軍、各縣團隊、協同痛擊、扼要堵截、計先後斃匪近萬、俘匪數千、而沿途潰散、傷病、落伍之匪、尤爲不少、迭據汝城宜章兩縣呈報、汝城俘匪二千餘、宜章千餘、其他經過各縣、當亦類是、二十五日特電令湘南各區司令、各縣長、乘其潰散狼狽之際、嚴督各縣團隊、義勇隊、趕爲搜捕淨盡、並令對於友軍、沿途因病落伍士兵、隨時護送、轉報該長官、接收回隊、

▲長沙二十八日電　我周渾元、李雲杰、王東原各部、將下灌水打圍之匪、完全擊潰、業與粵軍獨立三師會合、向北追勦、

▲衡陽二十七日電　匪主力四五萬、在道縣壽佛寺之線、一部萬餘、在道縣北王母橋附近、繞竄桂境、龍虎關附近之匪、約萬餘、向永明北之上江附近行進、匪後隊萬餘、連日在寧遠西南之把戲河大界一帶、與我周渾元、李雲杰各路軍、節節抗戰、我軍斃匪甚多、獲搶千餘、又寧遠之匪、於二十三日在該縣天堂境、與我周渾元、李雲杰、王東原等部激戰、我軍猛力轟擊、斃匪二三千、獲搶千餘、我軍亦有傷亡、二十四日晨周渾元部、向道縣大道攻擊、匪利用梧溪洞五六里之隘道、節節抗戰、我口師由右迂洄襲擊其後、匪始不支向、把戲橋以西潰退、現正跟擊中、

5. 清流收复宁化指日可下，残匪四溃现图大举扰桂，李宗仁现调集所有军队从事防堵，何键电令湘军各路严密协击窜匪，下灌克复湘粤会师北追，1934 年 11 月 29 日第 2 版

▲龍岩二十八日電　清流已於二十六日申刻收復、東路軍入城、曾與城內殘匪巷戰數小時、刻正向寧化推進、寧化令明亦可收復、

▲廣州二十八日路透電　自十一月二十三日起、由贛西竄之共匪、爲覓衣食與彈藥、以度寒冬計、現圖侵入桂省、桂軍總司令李宗仁、現調所有軍隊、從事防堵、按數日前、據官報、共匪小隊、曾侵入桂東邊界數縣、經桂省第十五軍激戰擊退、共匪雖遭此挫折、現仍圖大舉攻桂云、今日李宗仁致電西南政務會、謂數日前喬裝難民、混入桂境之共匪、均經擒獲云

▲南昌二十八日電　殘匪竄至德興縣屬之黃柏塘、王耀武旅、命李團進剿、於二十日晚佔領黃柏塘、匪部反攻、激戰數小時卒不得逞、計斃僞縣蘇維埃僞獨立營長各一、斃匪四百、俘匪五十、及地雷土砲甚多、

▲長沙二十八日電　何鍵以此次贛匪西竄、經我各路軍、各縣團隊、協同痛擊、扼要堵截、計先後斃匪近萬、俘匪數千、而沿途潰散、傷病、落伍之匪、尤爲不少、迭據汝城宜章兩縣呈報、汝城俘匪二千餘、宜章千餘、其他經過各縣、當亦類是、二十五日特電令湘南各區司令、各縣長、乘其潰散狼狽之際、嚴督各縣團隊、義勇隊、趕爲搜捕淨盡、並令對於友軍、沿途因病落伍士兵、隨時護送、轉報各該長官、接收回隊、

▲長沙二十八日電　我周渾元、李雲杰、王東原各部、將下灌水打餇之匪、完全擊潰、業與粵軍獨立三師會合、向北追勦、

▲衡陽二十七日電　匪主力四五萬、在道縣壽佛寺之線、一部萬餘、在道縣北王母橋附近、繞竄桂境、龍虎關附近之匪、約萬餘、向永明北之上江附近行進、匪後隊萬餘、連日在甯遠西南之把戲河大界一帶、與我周渾元、李雲杰各路軍、節節抗戰、我軍斃匪甚多、獲搶千餘、又寧遠之匪、於二十三日在該縣天堂境、與我周渾元、李雲杰、王東原等部激戰、我軍猛力轟擊、斃匪二三千、獲搶千餘、我軍亦有傷亡、二十四日晨周渾元部、向道縣大道攻擊、匪利用梧溪洞五六里之險道、節節抗戰、我□師由右迂迴襲擊其後、匪始不支向、把戲橋以西潰退、現正跟擊中、

（局部图）

各路剿匪軍總部撤銷後
閩贛劃分爲十二綏靖區

每區設司令官一人亦有兼設副司令官
贛綏靖署決設吉安顧祝同已前往視察
南路總部奉令已經裁撤李宗仁赴桂林

竄桂殘匪被擊潰

▲南昌二十九日電 行政院決設閩贛綏靖公署後、行營已將兩省劃分十二個綏靖區、每區設司令官一人、亦有兼設副司令者並已委定孫連仲、張鈁、趙觀濤、羅卓英、陳繼承、毛炳文、譚道源等、爲司令官、李生達等爲副司令官、贛綏靖署、決設吉、預祝同三十日赴吉視察、 並佈置一切、

▲香港二十八日電 南路剿匪軍總部、奉令裁撤陳濟棠二十八日飭各處提前辦理結束、

▲香港二十八日電 梧州電、李宗仁定一日由邕赴桂林、視察防務、

▲長沙二十九日電 擬報竄入桂境永安關、及全縣屬文村之匪、我方正調軍痛擊、又匪衆二十五日晚、在桃川附近、與桂軍激戰斃匪甚衆我劉司令建緒、二十七日率部進據全縣督劉、我周渾元部萬師正跟蹤追擊、匪扼水抗拒、我軍由下據白馬渡、强渡猛擊、匪向道縣以西竄走、二十六日下午三時、萬師全入道、我王東原部、西未攻佔四眼橋、僞五八團、及第一軍團之一部分向九井渡福祿岩界排竄走其後衛槍匪、被我汝之斌旅擊潰、斬獲甚多、

6. 各路剿匪军总部撤销后闽赣划分为十二绥靖区，每区设司令官一人亦有兼设副司令官，赣绥靖署决设吉安顾祝同已前往视察，南路总部奉令已经裁撤李宗仁赴桂林，窜桂残被击溃，1934年11月30日第2版

匪已潰散粵軍中止入桂

永安關之役白崇禧大獲奇勝

追勦軍報捷何鍵加賞緝朱毛

▲香港二十九日電 省訊、粵前擬派兩師入桂、協助桂軍清勦共匪、現匪已潰散、故暫時中止出發、僅警戒小北江一帶、

▲香港三十日電 省訊、白崇禧二十九日由平樂返桂林、謁李宗仁、商勦匪軍事日內仍赴前方督師、李宗仁、擬出發龍虎關視察、

▲香港三十日電 省訊、白崇禧二十九日晚電粵告捷、謂二十九日永安關之役、王蘇兩師、協殲殘匪、斃匪甚多、俘六百餘、繳獲步槍八百餘枝、輕重機關槍二十一餘挺、覃師已繞出石塘、轉趨道縣、與周渾元部、聯絡堵勦、又電白崇禧二十九日電粵報告、桂邊共匪、已被擊散、匪衆死傷甚夥、剗仍飭所部追勦、

▲香港二十九日電 省訊、李揚敬定一日在汕頭、召集東區各縣長、開綏靖會議、

追勦捷報 加賞緝凶

▲長沙三十日電 軍息、(一)劉建緒推進全興、截勦匪部、斬獲甚衆、周渾元部、在擊潰竄道西匪之後隊、(二)劉膺古三十日由萍返省、即日親赴湘西督勦辰州大兵雲集、秩序安定、(三)湘南竄匪、經我西路軍痛擊、大部向桂邊逃竄、湘南殘匪無幾、不難肅清、又何鍵電令各縣、加重懸賞緝拿、捕獲朱德、彭德懷、毛澤東、周恩來、李特者、除照行營規定給賞外、每名加給五萬元、又訊贛匪經我周李王各部、在寧遠道縣痛擊、斃匪甚衆、詳情如下、(一)匪先頭於二十六二十七兩日、由全州興安元勾牌山山頭上、木頭四賽圩沙子岸、向西延瀨四扼橋企圖偸渡、經我軍趕至、在路板鋪蔣村一帶截擊、斃匪甚多、(二)匪一部由永安關右邊竄抵黃臘洞、二十六日被我軍擊潰、(三)匪數千人、在文市架僞、被我側擊、將浮橋撤去圖逃、現正追攻中、

龐炳勛部 俘僞營長

▲開封三十日電 龐炳勛硯山鋪一役俘獲赤匪營長、及士兵數十名、二十八日已解到四十軍軍部據僞營長劉得勛供、此股殘匪原爲赤匪僞西路軍後、改二十五軍、軍長原係鄺繼勛現係陳之華、至徐東海、已降爲副軍長、政委確係吳煥先、此次被勦死團營長、營附甚多、團長張少東傷重、想已死亡、僞軍長對於匪兵、完全用威嚇欺騙手段、每日下命令輒曰、(找新根據地)、有某營附竊與其營部士兵耳語云、吾人願能保持舊根據地、若要找新根據地、找來找去、非找掉同志的生命不可、事爲吳煥先所聞、即脅陳匪之華、將此營附及耳語匪兵十餘人、在硯山檢斃、又一團長云要走四川、恐過不去、亦被陳匪之華、以手槍擊死、

▲洛陽三十日電 洛陽駐軍高桂滋部、奉令調陝北勦匪、現已開拔完竣、由新編第五師楊渠統部開洛塡防、

7. 匪已溃散粤军中止入桂，永安关之役白崇禧大获奇胜，追剿军报捷何键加赏缉朱（德）、毛（泽东），1934 年 12 月 1 日第 2 版

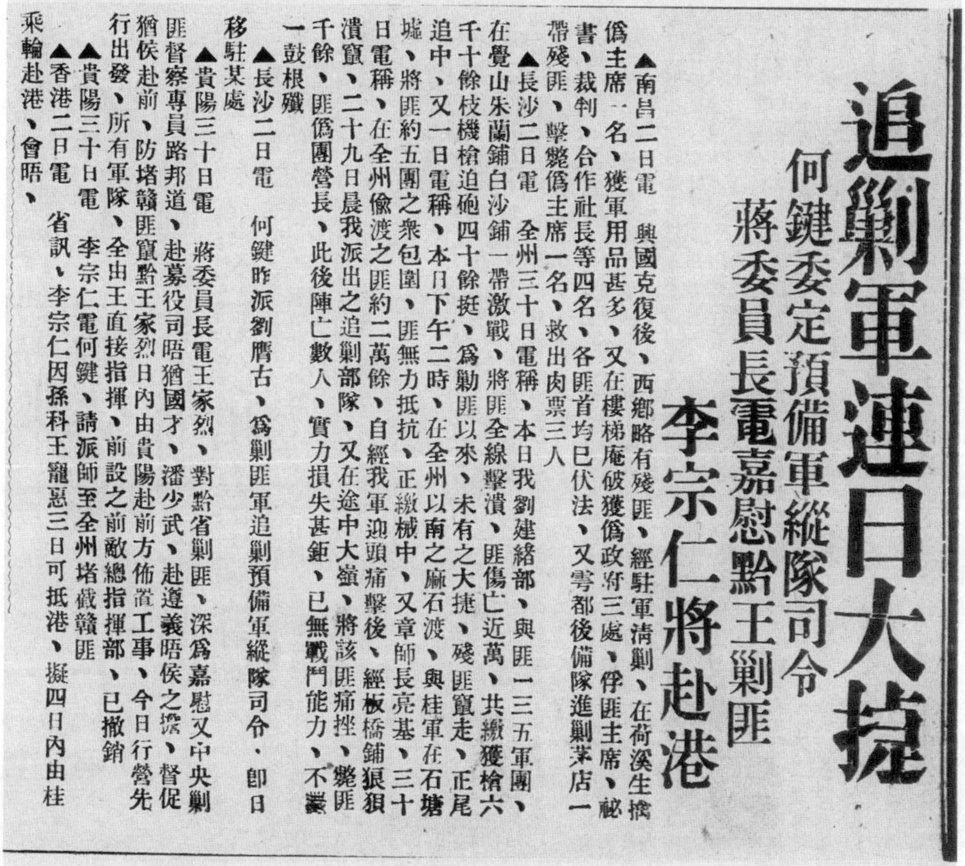

追剿軍連日大捷

何鍵委定預備軍縱隊司令

蔣委員長電嘉慰黔王剿匪

李宗仁將赴港

▲南昌二日電　興國克復後、西鄉略有殘匪、經駐軍清剿、在荷溪生擒偽主席一名、獲軍用品甚多、又在樓梯庵破獲偽政府三處、俘匪主席、祕書、裁判、合作社長等四名、各匪首均已伏法、又雩都後備隊進剿茅店一帶殘匪、擊斃偽主席一名、救出肉票三八

▲長沙二日電　全州三十日電稱、本日我劉建緒部、與匪一三五軍團、在覺山朱蘭鋪白沙鋪一帶激戰、將匪全線擊潰、匪傷亡近萬、共繳獲槍六千十餘枝機槍迫砲四十餘挺、爲勦匪以來、未有之大捷、殘匪竄走、正尾追中、又一日電稱、本日下午二時、在全州以南之麻石渡、與桂軍在石塘墟、將匪約五團之衆包圍、匪無力抵抗、正繳械中、又章師長亮基、三十日電稱、在全州偸渡之匪約二萬餘、自經我軍迎頭痛擊後、經板橋鋪狼狽潰竄、二十九日晨我派出之追剿部隊、又在途中大嶺、將該匪痛挫、斃匪千餘、匪偽團營長、此後陣亡數人、實力損失甚鉅、已無戰鬥能力、不難一鼓根殲

▲長沙二日電　何鍵昨派劉膺古、爲剿匪軍追剿預備軍縱隊司令、即日移駐某處

▲貴陽三十日電　蔣委員長電王家烈、對黔省剿匪、深爲嘉慰又中央剿匪督察專員路邦道、赴募役司晤猶國才、潘少武、赴遵義晤侯之擔、督促猶侯赴前、防堵贛匪竄黔王家烈日內由貴陽赴前方佈置工事、今日行營先行出發、所有軍隊、全由王直接指揮、前設之前敵總指揮部、已撤銷

▲貴陽三十日電　李宗仁電何鍵、請派師至全州堵截贛匪

▲香港二日電　省訊、李宗仁因孫科王寵惠三日可抵港、擬四日內由桂乘輪赴港、會晤、

8. 追剿军连日大捷，何键委定预备军纵队司令，蒋委员长电嘉慰黔王（家烈）剿匪，李宗仁将赴港，1934 年 12 月 3 日第 2 版

各地慶祝勝利聲中

五十二師又收復寧化

追剿軍大捷湘南已無股匪

贛各界發出五電同聲慶賀

▲南昌三日電　行營公佈、據前方電報、我第五十二師於十一月三十日午刻、收復閩之甯化城、查盤踞寧化之匪、係僞湘贛省游擊少年先鋒隊等、人槍約六百餘、是役斃匪二百餘名、俘匪百餘名、殘匪向寧化北中沙潰竄、我軍現正追剿中云

▲南昌三日電　盧興榮電贛稱、所部二十九日在大基頭地方附近、擊潰匪類後、三十日晨親率所部、續向寧化縣城前進、午後在上懲遇匪四五百人、據險頑抗、旋由烏村方面、增來槍匪三四百人、相持至一日巳時、匪始不支、紛向中沙潰竄、一日午確實佔領寧化縣城、查盤踞寧化之匪、係閩贛省游擊隊、及僞第七團無閩贛省僞政府等約千餘人、槍七八百枝、附重機槍四挺、此役斃匪百餘、俘匪數十、獲步槍數十枝、

湘南大捷 已無股匪

▲長沙三日電　各師三十日在全縣西南之覺山大捷後、我口師長、率補充各團、星夜躡追、一日抵鹹水鴿子渡、與匪激戰、斃匪二千餘、獲槍千餘枝、又麻子渡與石塘圩之間、有匪四五千、我軍與桂軍正在圍剿、匪一般由麻子渡界都等處渡過、離水向西北竄逃、文市界首間、尚有匪大部企圖跟竄、正在我軍截剿中、全縣南大肚嶺、白沙之匪、一部一日經我口師口旅擊潰、頗多斬獲、我口兩軍追匪抵文市、俘斃匪後衛千人、湘南已無股匪

南昌慶祝 舉行提燈

▲南昌三日電　省會各界、爲慶祝蔣委員長暨勦匪將士勦匪勝利、三日晚復舉行提燈大會、參加者數萬人、下午四時在公共體育場集合、繞場一週後、經環湖路等街市、回體育場、七時半散會、遊行時、以祝捷大會之會旗、及省府軍樂隊前導、次爲黨政軍各機關各民衆團體、各學校、依秩而進、沿途高呼慶祝蔣委員長及剿匪將士勦匪勝利口號、情緒熱烈異常、秩序極爲整齊嚴肅、竚立道旁觀看之民衆、傾城空巷、路爲之塞、均眉飛色舞、充滿歡樂快慰之氣象

開封祝賀 剿匪勝利

▲開封三日電　省垣各界、今晨九時、在豫大禮堂舉行擴大紀念週、及慶祝勦匪勝利大會、到省主席劉峙、各廳處長、各機關、學校代表三千餘人、主席劉峙、報告開會意義、繼由省黨務辦事處書記長王星舟、地方法院院長鄧濟安、相繼講演、末大會由全體通過提案四則、一、電慰蔣委員長張學良副司令、及剿赤將士、二、電請全國一致協助政府剿滅殘餘赤匪、復興收復匪區、三、電請劉湘何鍵、王家烈各總司令、及各將領尅日撲滅川、湘、黔殘餘赤匪、四、電請全國一致擁護蔣委員長汪院長感（二十七日）電主張

▲上海三日電　滬各界慶祝剿匪勝利大會、定四日午開首次籌委會、討論進行辦法

▲南昌三日電　各界慶祝剿匪勝利、暨慰勞蔣委員長及剿匪將士大會、三日發出擁護五中全會慰勞蔣委員長、及剿匪將士傷病官兵恢復匪區被難同胞、與請求全國各省政府黨部慈善團體、捐助賑款等電五則

2|1

9. 各地庆祝胜利声中，五十二师又收复宁化，追剿军大捷湘南已无股匪，赣各界发出五电同声庆贺，1934 年 12 月 4 日第 2 版

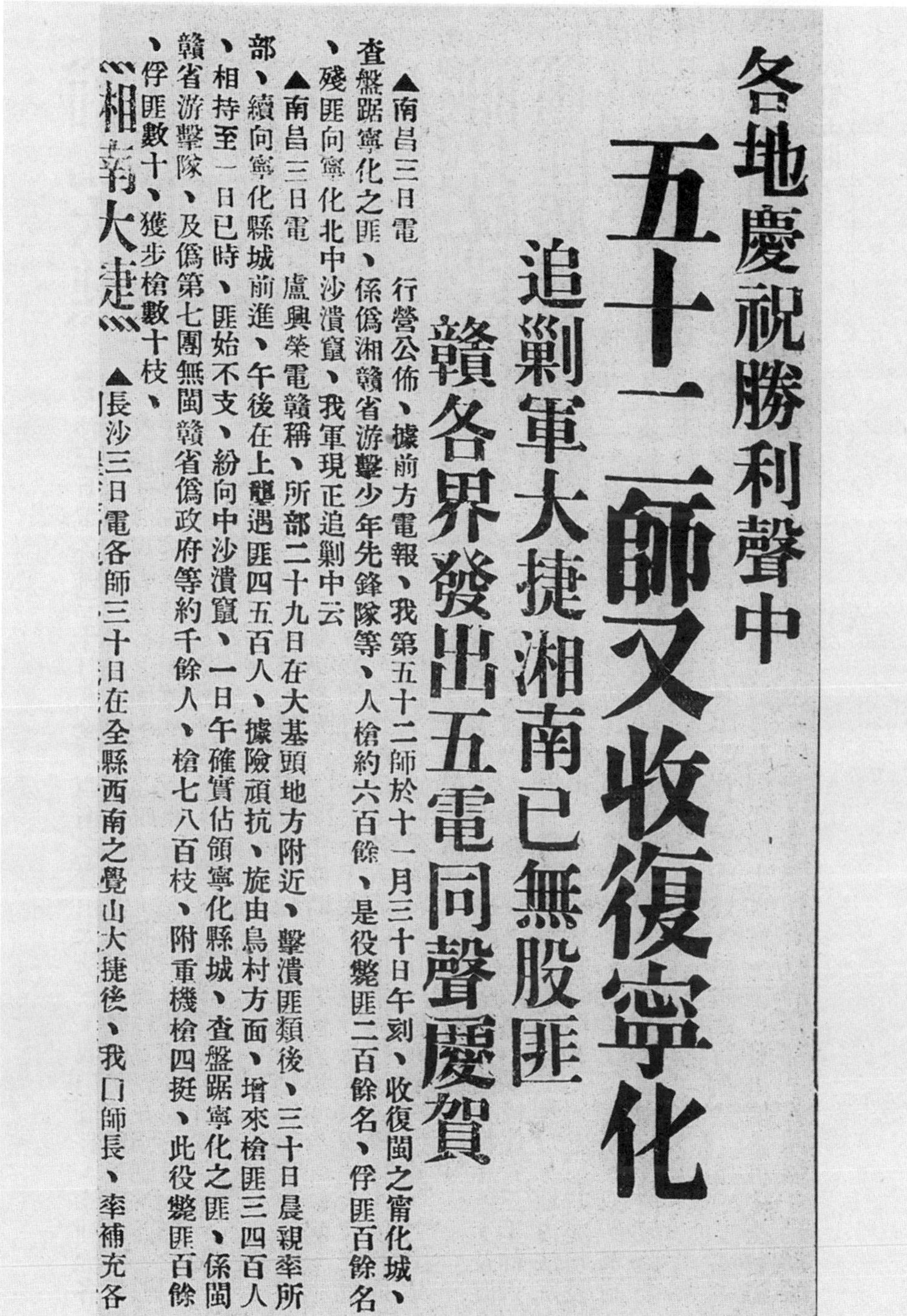

各地慶祝勝利聲中

五十二師又收復寧化

追剿軍大捷湘南已無股匪

贛各界發出五電同聲慶賀

▲南昌三日電　行營公佈、據前方電報、我第五十二師於十一月三十日午刻、收復閩之甯化城、查盤踞寧化之匪、係僞湘贛省游擊少年先鋒隊等、人槍約六百餘、是役斃匪二百餘名、俘匪百餘名、殘匪向寧化北中沙潰竄、我軍現正追剿中云

▲南昌三日電　盧興榮電贛稱、所部二十九日在大基頭地方附近、擊潰匪類後、三十日晨親率所部、續向寧化縣城前進、午後在上壟遇匪四五百人、據險頑抗、旋由烏村方面、增來槍匪三四百人、相持至一日巳時、匪始不支、紛向中沙潰竄、一日午確實佔領寧化縣城、查盤踞寧化之匪、係閩贛省游擊隊、及僞第七團無閩贛省僞政府等約千餘人、槍七八百枝、附重機槍四挺、此役斃匪百餘、俘匪數十、獲步槍數十枝、

湘南大捷

▲長沙三日電各師三十日在全縣西南之覺山大捷後、我口師長、率補充各

（局部图 1）

湘南大捷 已無股匪

▲長沙三日電各師三十日在全縣西南之覺山大捷後、我口師長、率補充各團、星夜躡追、一日抵鹹水鴿子渡、與匪激戰、斃匪二千餘、獲槍千餘枝、又麻子渡與石塘圩之間、有匪四五千、我軍與桂軍正在圍剿、匪一般由麻子渡界都等處渡過、離水向西北竄逃、文市界首間、尚有匪大部企圖跟竄、正在我軍截剿中、全縣南大肚嶺、白沙之匪、一部一日經我口師口旅擊潰、頗多斬獲、我口兩軍追匪抵文市、俘斃匪後衛千人、湘南已無股匪

南昌慶祝 舉行提燈

▲南昌三日電 省會各界、為慶祝蔣委員長暨勦匪將士勦匪勝利、三日晚復舉行提燈大會、參加者數萬人、下午四時在公共體育場集合、繞場一週後、經環湖路等街市、回體育場、七時半散會、遊行時、以祝捷大會之會旗、及省府軍樂隊前導、次為黨政軍各機關各民衆團體、各學校、依秩而進、沿途高呼慶祝蔣委員長及勦匪將士勦匪勝利口號、情緒熱烈異常、秩序極為整齊嚴肅、竚立道旁觀看之民衆、傾城空巷、路為之塞、均眉飛色舞、充滿歡樂快慰之氣象

開封祝賀 勦匪勝利

▲開封三日電 省垣各界、今晨九時、在豫大禮堂舉行擴大紀念週、及慶祝勦匪勝利大會、到省主席劉峙、各廳處長、各機關、學校代表三千餘人、主席劉峙、報告開會意義、繼由省黨務辦事處書記長王星舟、地方法院院長鄧濟安、相繼講演、末大會由全體通過提案四則、一、電慰蔣委員長、張學良副司令、及勦赤將士、二、電請全國一致協助政府勦滅殘餘赤匪、復興收復匪區、三、電請劉湘何鍵、王家烈各總司令、及各將領尅日樸滅川、湘、黔殘餘赤匪、四、電請全國一致擁護蔣委員長汪院長感（二十七日）電主張

▲上海三日電 滬各界慶祝勦匪勝利大會、定四日午開首次籌委會、討論進行辦法

▲南昌三日電 各界慶祝勦匪勝利、暨慰勞蔣委員長及勦匪將士大會、三日發出擁護五中全會慰勞蔣委員長、及勦匪將士傷病官兵恢復匪區被難同胞、與請求全國各省政府黨部慈善團體、捐助賑款等電五則

（局部图2）

盛大歡迎中王孫抵粵

廣州將舉行重要會議

李宗仁由南甯飛省參加商談

留粵中委協助中央解決國是

◇……王孫當晚訪陳濟棠

▲廣州五日路透電　孫科、王寵惠、今日可望由港抵省、此間政界領袖、刻正準備盛大之歡迎、李宗仁、昨由南甯乘私人飛機抵此、將參加孫王抵省後、舉行之會議、

▲香港五日電　省訊、李宗仁四日晨九時、由邕乘軍用機飛粵、下午二時抵省、返馬棚崗私邸稍息旋往梅花村訪陳濟棠、暢談堵剿贛匪經過、李俟晤孫科王寵惠後、三數日卽返、主持軍政

▲香港五日電　陳濟棠五日晨、令廣九路局派花車一輛開港、迎候孫科、王寵惠、午後四時、孫王以兩度與胡漢民晤談、一切均告圓滿、特偕孫丹林、楊華白、傅秉常、及省方派來歡迎代表、謝宜邦、甘介候、馬坤、李曉生、曾强、胡文燦等十五人、同乘花車入省、聞孫擬六日由省赴澳省視其太夫人、八日由澳來港、與王同乘嘉蘭總統輪北返行、前王寵惠在旅邸接見中西記者、略謂此次與胡展堂先生所談、甚爲圓滿、現決入省與陳濟棠、李宗仁、蕭佛成、鄒魯、鄧澤如等商談、亦必有良好之結果

▲香港五日電　省訊、孫科、王寵惠、五日午後七時半抵省、赴市賓館休息後、偕總部副官處長曾强、政務會祕書謝宜邦、訪陳濟棠、李宗仁等、有所商談、

▲香港五日電　省訊李宗仁五日晨十時語記者云、前請假回桂、處理軍政要務、今已月餘、現因孫院長南來、特由邕乘飛機來粵一晤、汪院長、蔣委員長感電主張、切中時弊、留粵各中委及胡先生對之均甚滿意、今後當本精誠團結之旨、協助中央、解決國是、現犯桂殘匪、已受重創、雖分道流竄、已無能爲力、相信在最近期內、必能澈底肅清也、

10. 盛大欢迎中王（宠惠）、孙（科）抵粤，广州将举行重要会议，李宗仁由南宁飞省参加商谈，留粤中委协助中央解决国是，王、孙当晚访陈济棠，1934 年 12 月 6 日第 2 版

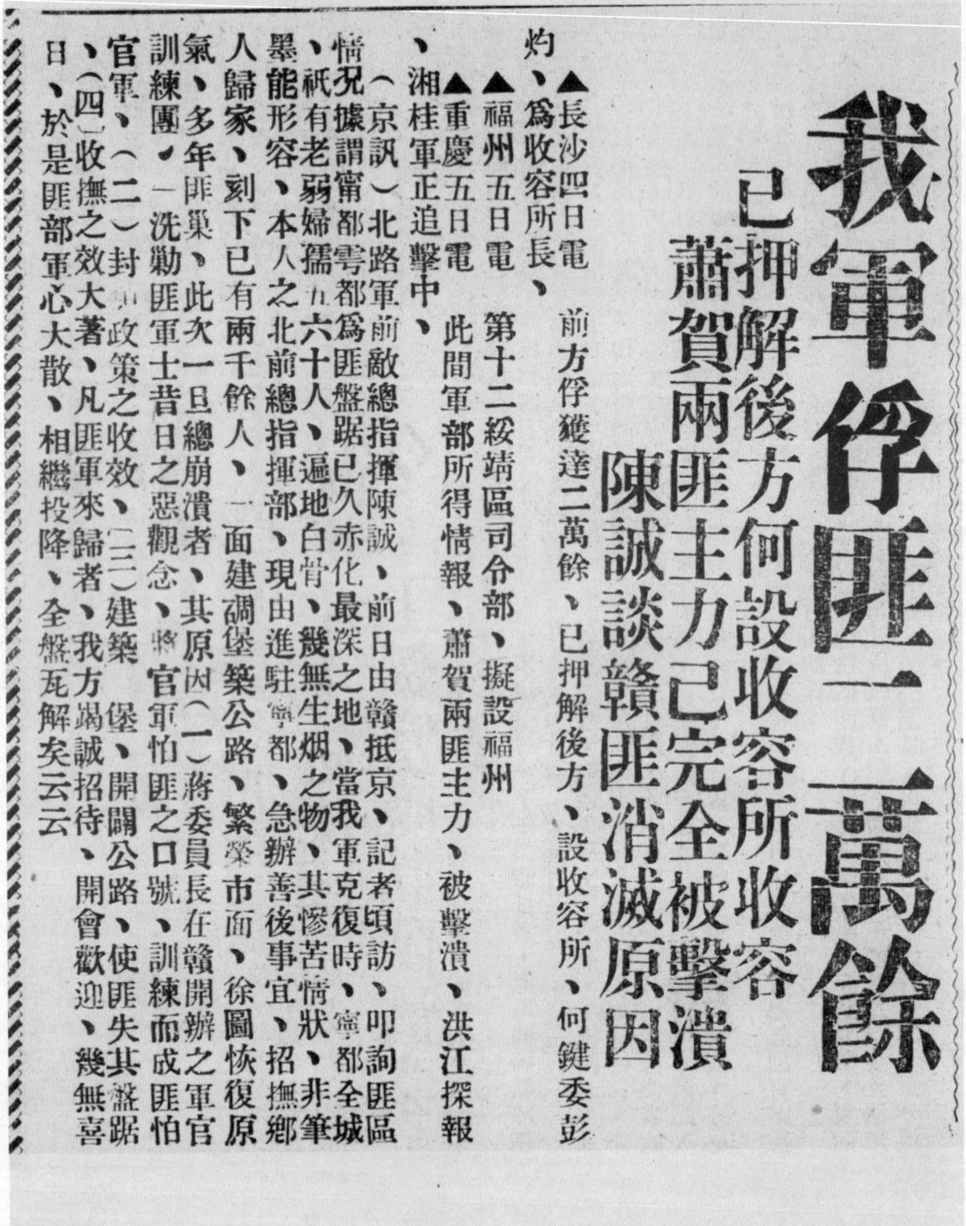

我軍俘匪二萬餘

已押解後方何設收容所收容
蕭賀兩匪主力已完全被擊潰
陳誠談贛匪消滅原因

▲長沙四日電　前方俘獲達二萬餘、已押解後方、設收容所、何鍵委彭灼、爲收容所長、

▲福州五日電　第十二綏靖區司令部、擬設福州

▲重慶五日電　此間軍部所得情報、蕭賀兩匪主力、被擊潰、洪江探報、湘桂軍正追擊中、

（京訊）北路軍前敵總指揮陳誠、前日由贛抵京、記者頃訪、叩詢匪區情況據謂甯都雩都爲匪盤踞已久赤化最深之地、當我軍克復時、甯都全城、祇有老弱婦孺九六十人、遍地白骨、幾無生烟之物、其慘苦情狀、非筆墨能形容、本人之北前總指揮部、現由進駐甯都、急辦善後事宜、招撫鄉人歸家、刻下已有兩千餘人、一面建碉堡築公路、繁榮市面、徐圖恢復原氣、多年匪巢、此次一旦總崩潰者、其原因（一）蔣委員長在贛開辦之軍官訓練團、一洗勦匪軍士昔日之惡觀念、將官軍怕匪之口號、訓練而成匪怕官軍、（二）封鎖政策之收效、（三）建築堡、開闢公路、使匪失其盤踞、（四）收撫之效大著、凡匪軍來歸者、我方竭誠招待、開會歡迎、幾無喜日、於是匪部軍心大散、相繼投降、全盤瓦解矣云云

11. 我军俘匪二万余已押解后方，何（键）设收容所收容，萧（克）、贺（龙）两匪主力已完全被击溃，陈诚谈赣匪消灭原因，1934 年 12 月 6 日第 2 版

何鍵將移駐寶慶

總部人員已抵寶何須返省一行

◇……派張沛乾入粵晤陳商會剿

▲長沙七日電　追剿總部、前站人員、均已抵寶慶、何鍵定本日返省一行、處理後方公務、八日移駐寶慶、指揮各部進剿竄匪、

▲香港七日電　何鍵派張沛乾、於七日午乘廣三車、由桂經三水抵省、與陳濟棠、接洽剿匪事宜、

▲長沙七日電　李國鈞在黃泣潭、與僞獨立營相遇、迎頭痛擊、將匪全部剿滅、斃匪二百餘名、生擒僞獨立營長彭運鴻、女匪二名、救出宜章學生四名、汝城商人一名、

▲長沙七日電　殘匪大部分、向兩渡橋城步竄走、劉建緒六日抵武岡、率部猛攻桂邊殘匪、匪受重圍、損失極重、連日俘虜達三千餘、蕭賀匪部、向永順回竄、已達馬谷口、現我軍向匪總攻、

12. 何键将移驻宝庆，总部人员已抵宝，何须返省一行，派张沛乾入粤晤陈（济棠）商会剿，1934 年 12 月 8 日第 2 版

入湘粵軍已返粵

白崇禧電京報急

猶國材防堵竄匪

▲香港九日電 省訊、粵入湘部隊、八日止、完全返抵粵境、贛南駐軍、十五日始能開拔完畢、獨立第一師、已陸續返防、燕嶺平遠獨立旅、有奉調返瓊崖說白崇禧電京報告、桂軍勦匪勝利原電云、(銜略)(一)據夏軍長煦(六日)西電稱、昨五日進勦千家寺、與職隊抗戰之匪、爲僞五軍團董政堂匪軍部左側衛第十三師董匪、與僞政委朱瑞昨夜八時正、在千家寺晚餐、適我梁團衛進、該匪等落荒而逃、當夜職軍佔領千家寺、俘匪百餘名、獲槍五六十枝、重機槍一挺、馬數十匹、據匪供董匪殘部自經新圩石塘圩被擊潰、僞三五兩軍團、已不能作戰，匪軍見我放槍、即逃每連戰鬥兵僅有二十餘名、子彈非常缺乏、董率殘部、已向北竄走、職部現分途追剿等語(二)逃入灌屬大源資[illegible]馬頭山一帶、猺山地區之匪、經我五師協同民團追剿後、俘虜五百人、現剩千餘人、後竄至貓兒園、現正在包圍解決中、(三)綜合情況、西竄之匪、現尚在興安龍勝境內、青靛底千家寺之線以西、千家寺丁洞之線以東地區、山高路窄、依地形判斷殘匪現存人數不多、自在灌北被痛擊慘敗、狼狽逃竄、聞我槍聲即逃、甚至我軍一排俘匪繳槍、當以百數計、匪之戰鬥力、實已全失、現留一師、及民團搜剿殘匪、白崇禧叩、

▲漢口九日電 軍息、一百零六師師長沈克、六日電稱殘匪三百餘、槍二百餘枝、四日晚竄至立煌以北、稻草淌附近、南小澗一帶盤踞、微爰派第一團張劉兩營往剿、匪據險頑抗激戰甚烈、嗣經我援隊趕到、襲匪側背、匪不支、乃竄至南小澗、適被我伏兵截擊、斃匪數名、匪見無處可逃、遂悉數竄入該村、朱家祠堂、企圖死守待援、當經我官兵奮勇攻入村內、匪逃入祠內、彼此均不能射擊、遂即架木將該祠用火焚燬、並於四週架設機槍、焚逃出者、非斃即傷、其餘焦頭爛額、哀聲振谷、盡葬火窟、無一倖免、匪之槍彈、悉付一炬、是役計俘匪女政治員趙思玉一名、斃匪二百餘、焚斃一百餘、獲槍三十餘枝、槍筒一百餘枝、我軍仍繼續搜剿中

13. 入湘粤军已返粤，白崇禧电京报急，犹国才防堵窜匪，1934年12月10日第2版

松團擊斃要匪
追剿總部移邵陽
贛殘匪又被擊潰
白崇禧電京告捷
川軍即會攻江口

▲貴陽十日電　賀龍之妹賀蘭英、及賀僞師長王光澤、被松桃八區團隊團剿、均被擊斃、

▲貴陽十日電　此間接洪江電、中央軍薛岳部、向洪江武岡推進、李覺部、到紫江、贛匪在千家寺被擊潰、即核聲向進、狀極狼狽、殘餘三萬餘人、有由古宜出通道竄黔勢

▲長沙十日電　衡州庚（八）電、匪大部仍在門司前龍勝以北一帶、資山中、其一部約數千、已竄至城步以南之丁坪沙洲一帶、我軍協同桂軍團剿、東山絡殘匪、我追剿總部、定十一日由衡州移駐邵陽督剿、

白崇禧昨（十一）日有電到京、向中央報告廣西剿匪勝利、茲錄該電原文如下、（銜略）（甲）頃據夏司令自兩渡橋庚西電稱、（一）翠團庚、（八日）日、搜剿兩渡橋附近、俘匪五十餘人、史團黃營魚（六日）午搜剿千家市附近、俘匪三百餘人、繳槍七十八枝、（二）史團顏營陽（七日）日、在油榨（千家市北十餘里）與僞五軍團十三師、千餘人激戰、俘虜匪官兵八百餘人、繳槍二百餘枝、（三）史團庚（八日）晨、進佔唐洞、匪大部向江底馬蹄街、一部由車田綏大湯入龍勝等語、（乙）據廖司令齊（八日）酉電稱、秦團今晨在馬羅、與匪第三軍團第四師激戰、匪不支、潰竄、是役計擊斃僞團長一員匪兵二百餘、俘匪五十餘人、繳獲輕機及步槍百餘枝、匪乘夜逃竄、一路經芙蓉向長安營、一路由馬蹄街向甕里、現派隊分途追擊、堵剿等語、

▲重慶十一日電　四路夏炯楊漢域兩部、九日晨擊匪、進佔三星場一帶、匪退據金場松柏壘、三路羅澤洲部、進展至距儀隴三十里地方、四五兩路、即會攻江口、

14. 松团击毙要匪，追剿总部移邵阳，赣残匪又被击溃，白崇禧电京告捷，川军即会攻江口，1934 年 12 月 12 日第 2 版

湘東南各縣解嚴

何鍵進寶慶督剿殘匪

蕭賀兩匪圖犯慈庸我正追擊中

桂軍俘匪解追剿總部收容處置

▲長沙十九日電 軍息追剿軍第一兵團總指揮劉建緒、現由靖縣督飭所部、跟蹤痛剿、湘境通道、靖縣綏寧一帶、已無股匪、所餘散匪、已派何平所部補充各團、積極搜捕、限期肅清

▲長沙十九日電 何鍵以此次西竄贛匪、經我軍節節痛擊、所餘殘部 、業已分竄湘東南各地、自須一律解嚴、回復原狀、所有以前集中之粮食、應即分別發還、又以前臨時規定之封鎖辦法、亦須准予停止進行、十八日特命令縣長遵照辦理、

▲長沙十九日電 桂軍俘匪六千餘、分十二批解送黃沙河追勦總部、決自二十二日起、陸續派隊接解來衡、以便收容處置、

蕭賀兩匪圖犯慈庸

▲長沙十八日電 賀蕭兩匪大部、十四十五等日、竄抵沅陵東面之洞庭溪附近一部分竄丁家坊等處、我劉司令運乾、所部現佈甾口口河一帶、羅啓疆旅、向口口口進剿、我陳師長渠珍、率部十五日進駐乾城、又茲利十六日電程、大庸赤匪、又竄犯慈庸交界之岩觀、我朱樹勛所部、正在與匪接觸中、

▲長沙十八日電 何鍵定十九日赴寶慶督率所部、進剿殘匪、、賀蕭兩匪、經保安團各部迎頭痛擊、連日發生激烈戰事、匪不得逞、我軍正追剿中、

收復通道縣城經過

▲長沙十八日電 竄通道之匪、經我軍堵擊、分經新廠馮路口、竄入黔境、一部抵老錦屏、一部竄向劍河、我軍劉總指揮建緒、率王東原師、十五日午抵靖縣、當以王師及何平部、建築靖會間及靖綏間碉堡、五十三及二十六兩師、向綏甯急進、陳陶章三師、十三日在岩門菁蕪洲各役、共斃匪數百、俘百餘、獲槍二百餘枝、十四日各部齊向通道進攻、激戰半日後、復斃匪二十餘、俘二百餘、獲槍三百餘枝、於未刻收復通道城、匪大部分向新廠潰竄、我陳光中師、當即尾匪追剿 、 我陶廣章亮基兩師、由牙屯堡雙江口、向湘黔邊境追擊、十五日陳師追抵新廠附近、與匪激戰、章師亦趕到新廠及溶洞深渡之線、我薛總指揮岳、已進駐黔陽、比令各師分向湘黔邊界之花江、玉屏、銅仁、天柱一帶推進堵擊、由

15. 湘东南各县解严，何键进宝庆督剿残匪，萧（克）、贺（龙）两匪图犯慈（利）、（大）庸我正在追击中，桂军俘匪解追剿总部收容处置，1934 年 12 月 20 日第 2 版

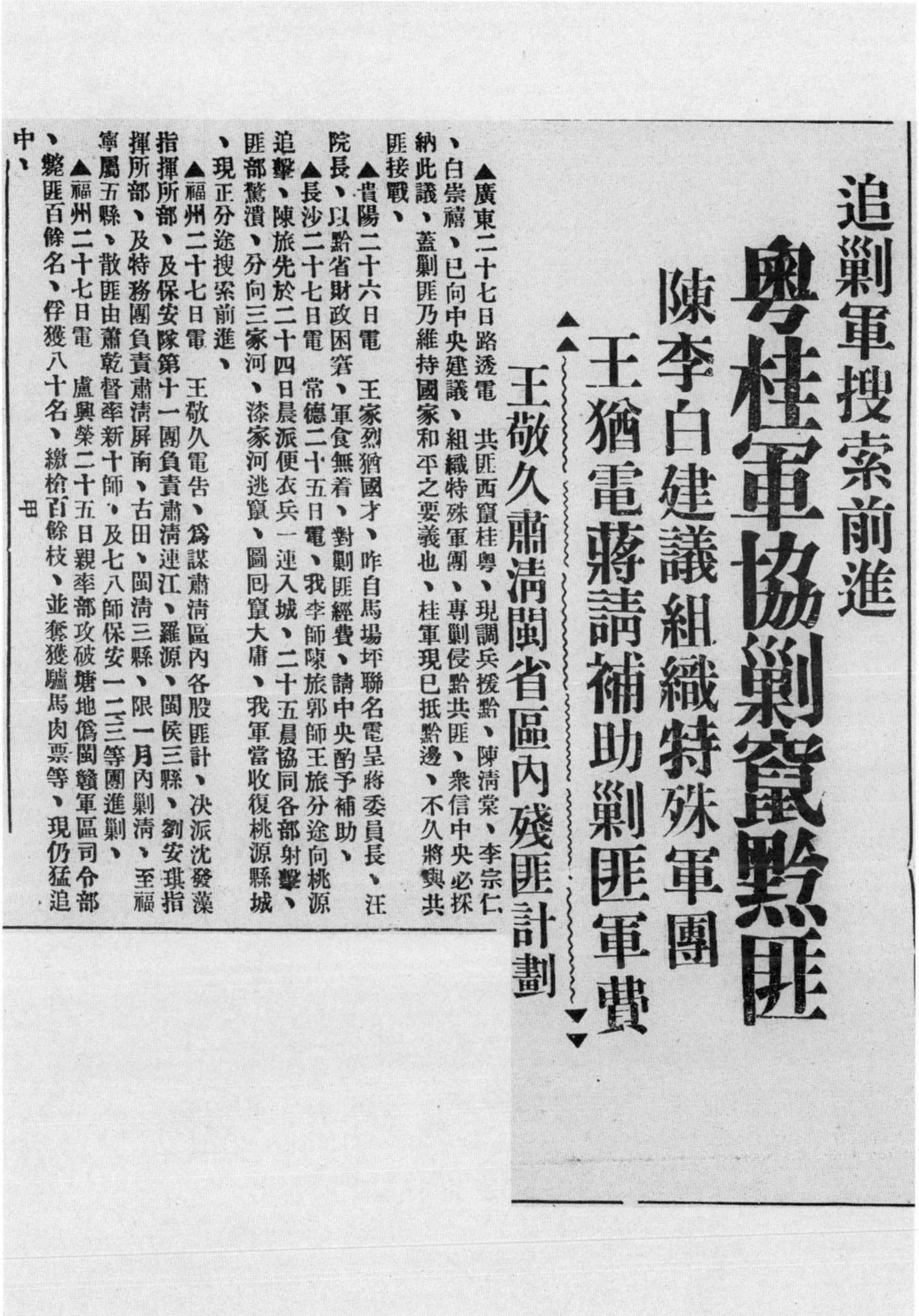

追剿軍搜索前進

粵桂軍協剿竄黔匪

陳李白建議組織特殊軍團

王猶電蔣請補助剿匪軍費

王敬久肅清閩省區內殘匪計劃

▲廣東二十七日路透電　共匪西竄桂粵、現調兵援黔、陳濟棠、李宗仁、白崇禧、已向中央建議、組織特殊軍團、專剿侵黔共匪、衆信中央必採納此議、蓋剿匪乃維持國家和平之要義也、桂軍現已抵黔邊、不久將與共匪接戰、

▲貴陽二十六日電　王家烈猶國才、昨自馬場坪聯名電呈蔣委員長、汪院長、以黔省財政困窘、軍食無着、對剿匪經費、請中央酌予補助、

▲長沙二十七日電　常德二十五日電、我李師陳旅郭師王旅分途向桃源追擊、陳旅先於二十四日晨派便衣兵一連入城、二十五晨協同各部射擊、匪部驚潰、分向三家河、漆家河逃竄、圖回竄大庸、我軍當收復桃源縣城、現正分途搜索前進、

▲福州二十七日電　王敬久電告、爲謀肅清區內各股匪計、决派沈發藻指揮所部、及保安隊第十一團負責肅清連江、羅源、閩侯三縣、劉安琪指揮所部、及特務團負責肅清屏南、古田、閩清三縣、限一月內剿清、至福寧屬五縣、散匪由蕭乾督率新十師、及七八師保安一二三等團進剿、

▲福州二十七日電　盧興榮二十五日親率部攻破塘地僞閩贛軍區司令部、斃匪百餘名、俘獲八十名、繳槍百餘枝、並奪獲驢馬肉票等、現仍猛追中、（田）

16. 追剿军搜索前进，粤桂军协剿窜黔匪，陈（济棠）、李（宗仁）、白（崇禧）建议组织特殊军团，王（家烈）、犹（国才）电蒋（介石）请补助剿匪军费，王敬久肃清闽省区内残匪计划，1934 年 12 月 28 日第 1 版

武汉日报

剿匪軍克復河田

六路佔領太陽峯一帶高地

白崇禧電告擊潰蕭匪經過

【中央社南昌十日電】㈠漳州電，我九十兩師六日佔領河田。㈡六路先頭梁華盛師，八日向鎮寇塔等地進勦，將匪衆擊潰退太陽峯一帶，九日該處激戰竟日，卒於中刻將太陽峯冷水婆家段以南高地線完全佔領，斃匪獲槍無算。

【南昌特訊】白崇禧冬（二日）電略稱，蕭匪（克）於有（二十五日）宥（二十六日）被我軍擊潰後，即大廣逃竄，復經我軍跟蹤猛追，匪被迫由下贊溪經梁口企圖北竄與賀匪會合，已派大軍繼續猛追，並電黔軍準備截擊，及令鎮遠部隊扼河堵截，以期殲滅該匪於鎮遠河以南地區，查匪自八卦河被我軍猛追兩日，狼狽已極點，並有散匪匿於山中，俟我軍到達即持械投誠者不少，該匪均骨瘦如柴，可見匪之戰鬥力薄弱，若得再痛擊一二次，當可消滅，又該匪留在贊溪之匪約二三千先竄至大廣被我某師迎頭痛擊斃匪三四百等語

1. 剿匪军克复河田，六路占领太阳峰一带高地，白崇禧电告击溃萧匪经过，1934 年 10 月 12 日第 3 版

長汀週內可收復

匪向老巢潰竄刻正追擊中

梁部攻克古龍岡附近高地

【中央社福州十二日電】㈠河田經我軍收復後，殘匪除留一部留汀，掩護退卻外，其餘紛向老巢潰竄，我□□兩師跟蹤追擊，先頭隊已抵距長汀十餘里之□□一帶，汀城週內可收復。㈡新安殘匪任鐵峯竄匿西洋山，被我某師顧團擊破，稽溪江秀德股，亦經該師第二團擊潰，匪向南赤溪方面竄散，我軍由芹竹洋跟蹤追剿中。㈢龍巖縣教育已逐漸恢復，並決推行特種教育。

【中央社南昌十二日電】梁華盛部，先後佔領分水坳及古龍岡北高地後，協同友軍三面包圍，經於十日拂曉，確實克復古龍岡，殘匪狼狽潰竄，我軍仍乘勝追擊，按古龍岡在興國寧都之間，爲軍事必爭之地。

【中央社南昌十二日電】㈠我第六路軍，日昨攻擊磐石天子嶂，風車坳，分水坳，藤花山一帶高地之僞二一，二三等師陣地，經我步炮軍之協助猛攻，於當日午刻完全佔領，所向吉府山，古龍岡方面潰退，是役斃匪四百餘，俘匪百餘，獲槍百餘枝，重機槍三挺，迫炮一門。㈡我軍十日分向古龍岡及興國進攻，預計數日內可攻下，蕭匪亦經湘桂黔各軍包圍，短期內可殲滅，㈢東路軍克河田後，繼續前進，現距長汀僅四十里，河田以西均平地，匪有放棄長汀意，預料收復長汀，可無甚戰事。

【本報上海十二日電】匪軍

2. 长汀周内可收复，匪向老巢溃窜刻正追击中，梁部攻克古龙岗附近高地，1934 年 10 月 13 日第 3 版（2–1）

總部息，西縱隊六日進至河田東五里湖洎背，匪不戰棄河田西退，我即佔附近高山，河田在山下，已一空鎮，我亦未進駐，現即在高山築工事，並一部越過西追，據報匪亦有不戰棄汀意，克汀預料可無甚戰事，且為期極近，石城既下，長汀不守，或總棄贛區，按河田距汀城四十里，均平地無高山，無險可守。

【中央社廈門十一日電】記者葉如音，日前因在前方翻車受傷，來廈醫治，談閩西現狀，謂自連城收復後，鄰近匪區，脅從者來歸日衆，足證民心反正，匪末日即至，現國軍所到各地，秩序平定，商賈樂業，最近東路軍進攻長汀，迭摧匪要塞，刻河田已下，全力正向長汀挺進，直搗瑞金匪巢，為期亦不在遠。

【中央社福州十一日電】伍誠仁電告，方羅殘匪，竄鮑家村，被我軍追及，在釣金山送嶺激戰，匪傷亡山積，狼狽潰竄，伍部跟蹤追擊，八區行政專員林斯賢電省報告，河田殘匪被各軍痛剿後，匪主力三五兩軍團，已逃竄瑞金，我軍已越湖洋背前進剿。

2. 长汀周内可收复，匪向老巢溃窜刻正追击中，梁部攻克古龙岗附近高地，1934 年 10 月 13 日第 3 版（2–2）

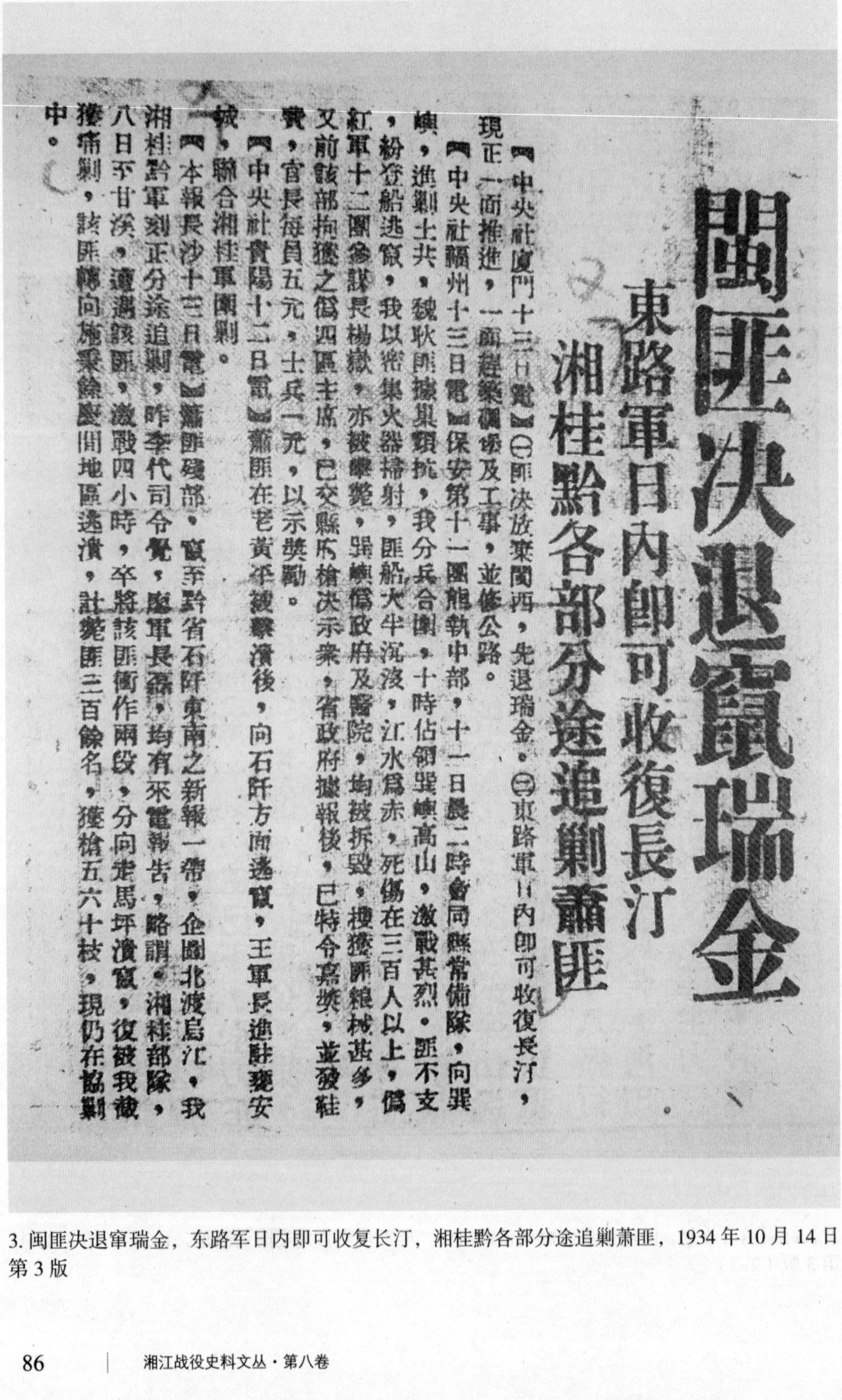

閩匪決退竄瑞金

東路軍日內即可收復長汀
湘桂黔各部分途追剿蕭匪

【中央社廈門十三日電】(一)匪決放棄閩西，先退瑞金。(二)東路軍日內即可收復長汀，現正一面推進，一面趕築碉堡及工事，並修公路。

【中央社福州十三日電】保安第十一團熊執中部，十一日晨二時會同縣常備隊，向巽嶼，進剿土共，魏耿匪據巢頑抗，我分兵合圍，十時佔領巽嶼高山，激戰甚烈，匪不支，紛登船逃竄，我以密集火器掃射，匪船大半沉沒，江水爲赤，死傷在三百人以上，僞紅軍十二團參謀長楊嶽，亦被擊斃，巽嶼僞政府及醫院，均被拆毀，搜獲匪糧械甚多，又前該部拘獲之僞四區主席，已交縣府槍決示衆，省政府據報後，已特令嘉奬，並發犒賞，官長每員五元，士兵一元，以示奬勵。

【中央社貴陽十二日電】蕭匪在老黃平被擊潰後，向石阡方面逃竄，王軍長進駐甕安城，聯合湘桂軍圍剿。

【本報長沙十三日電】蕭匪殘部，竄至黔省石阡東南之新報一帶，企圖北渡烏江，我湘桂黔軍刻正分途追剿，昨李代司令覺，廖軍長磊，均有來電報告，略謂，湘桂部隊，八日至甘溪，遭遇蕭匪，激戰四小時，卒將該匪衝作兩段，分向走馬坪潰竄，復被我截擊痛剿，該匪轉向施秉餘慶間地區逃潰，計斃匪三百餘名，獲槍五六十枝，現仍在協剿中。

3. 闽匪决退窜瑞金，东路军日内即可收复长汀，湘桂黔各部分途追剿萧匪，1934 年 10 月 14 日第 3 版

北路軍已攻克瑞金

殘匪確狼狽西竄長汀亦可收復

兩路部隊月內可會師直搗會昌

蕭匪潰竄紫金關各軍正追擊中

【中央社福州十五日電】東路軍連日均有進展，在河田蔡坊一帶高地構築工事，居高臨下，匪如籠鷄甕鱉，據諜報，長汀殘匪，確有棄汀西退模樣，北路軍已克瑞金，長汀收復，更不成問題，東北兩路本月內可會師，直搗會昌，預料匪或經信豐出南雄竄湘西南入川。

【中央社南昌十五日電】行營據前方確報。㈠蕭致平師，十二日辰向牛形河江邊之匪，攻擊至巳時，將該處之匪陣地，完全攻佔，復乘勝追擊五六里，匪狼狽不堪，即紛向龍岡頭方向竄去，是役計俘匪連長以下十餘名，斃匪數百，獲槍二十五枝。㈡萬耀煌師十二日晨續向興國以北文陂一帶高地之匪偽攻擊，偽第五軍團之十三三十四兩師，據堡頑抗，經我官兵奮勇猛攻，至巳刻將該地完全佔領，斬獲頗多，現續向文陂北端一線高地之匪攻擊。

【中央社長沙十五日電】蕭匪經湘桂黔軍圍剿，潰竄紫金關。

【本報長沙十五日電】李代理司令覺，陶軍長廣，十二日由前方電省報告，蕭匪殘部在黔屬石阡縣潰後，向竄施秉餘慶之間，又經湘桂大軍在大地方擊潰，十一日追至大塘，十二日追至白角，沿途斃匪百餘名，奪獲槍五十餘枝，殘匪向紫荊關逃竄，我湘桂黔三省聯軍，刻將該匪層層包圍痛剿中。

4. 北路军已攻克瑞金，残匪确狼狈西窜长汀亦可收复，两路部队月内可会师直捣会昌，萧匪溃窜紫金关各军正追击中，1934 年 10 月 16 日第 3 版

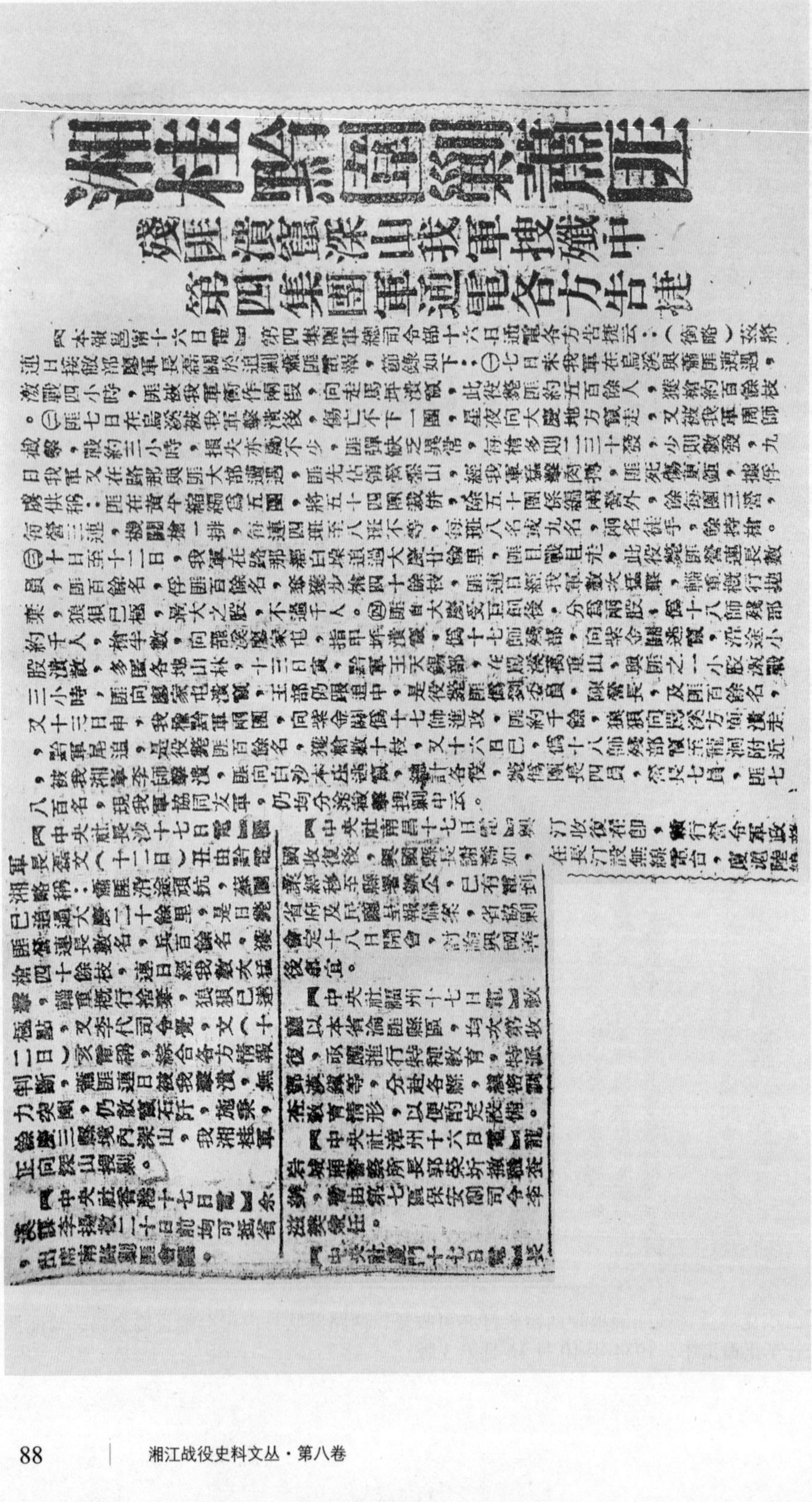

湘桂黔圍剿蕭匪

殘匪潰竄深山我軍搜殲中

第四集團軍通電各方告捷

5. 湘桂黔围剿萧匪，残匪溃窜深山我军搜歼中，第四集团军通电各方告捷，1934 年 10 月 18 日第 3 版（残）

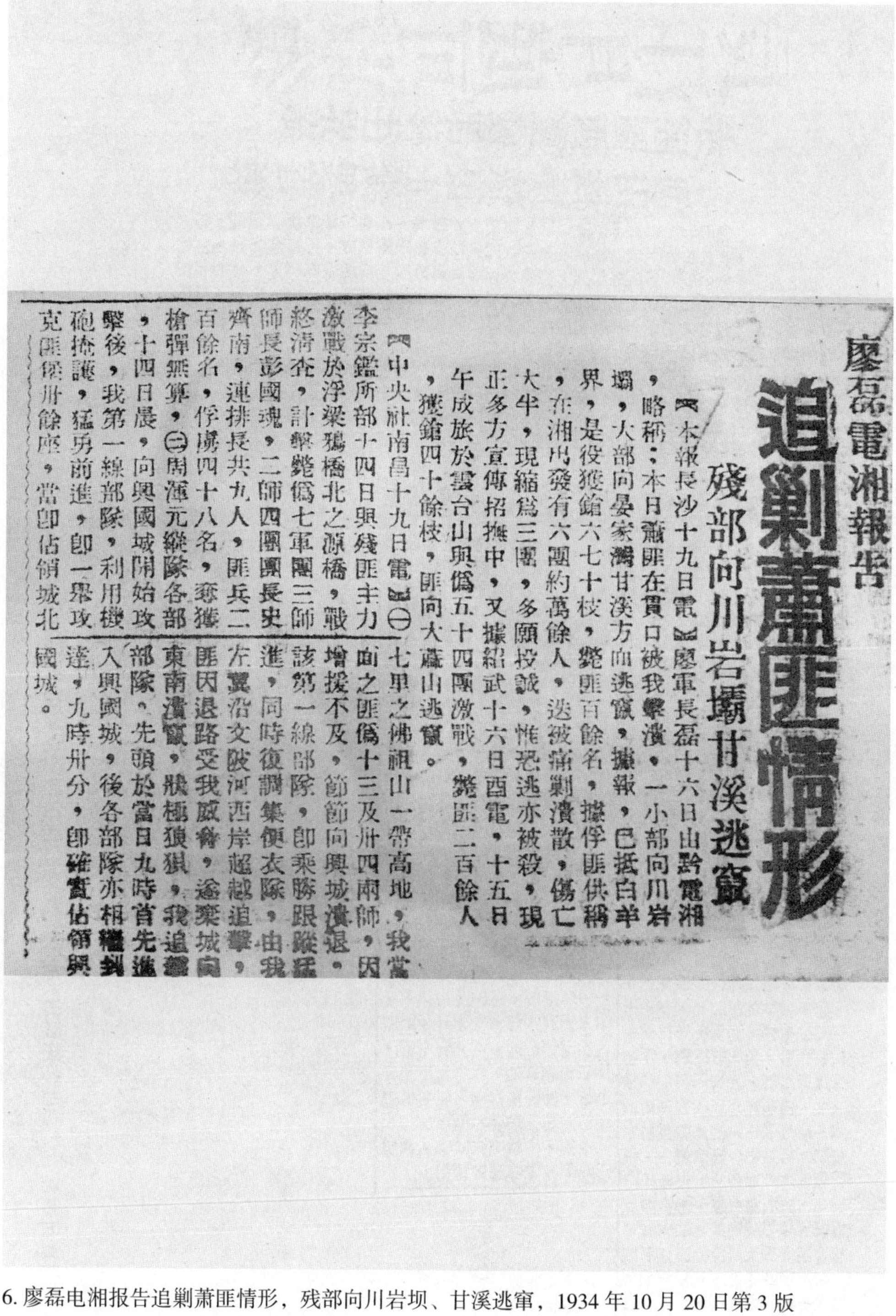

廖磊電湘報告

追剿蕭匪情形

殘部向川岩壩甘溪逃竄

〔本報長沙十九日電〕廖軍長磊十六日出黔電湘，略稱：本日蕭匪在貫口被我擊潰，一小部向川岩壩，大部向晏家灣甘溪方面逃竄，據報，已抵白羊界，是役獲鎗六七十枝，斃匪百餘名，據俘匪供稱，在湘出發有六團約萬餘人，迭被痛剿潰散，傷亡大半，現縮爲三團，多願投誠，惟恐逃亦被殺，現正多方宣傳招撫中，又據紹武十六日酉電，十五日午成旅於雲台山與偽五十四團激戰，斃匪二百餘人，獲鎗四十餘枝，匪向大藏山逃竄。

〔中央社南昌十九日電〕㊀李宗鑑所部十四日與殘匪主力激戰於浮梁鴉橋北之源橋，戰終清查，計斃偽七軍團三師師長彭國魂，二師四團團長史齊南，連排長共九人，匪兵二百餘名，俘虜四十八名，奪獲槍彈無算，㊁周渾元縱隊各部，十四日晨，向興國城開始攻擊後，我第一線部隊，利用機砲掩護，猛勇前進，即一舉攻克匪堡卅餘座，當即佔領城北七里之佛祖山一帶高地，我當面之匪偽十三及卅四兩師，因增援不及，節節向興城潰退。該第一線部隊，即乘勝跟蹤猛進，同時復調集便衣隊，由我左翼沿文陂河西岸超越追擊，匪因退路受我威脅，遂棄城向東南潰竄，狀極狼狽，我追擊部隊，先頭於當日九時首先進入興國城，後各部隊亦相繼到達，九時卅分，即確實佔領興國城。

6. 廖磊电湘报告追剿萧匪情形，残部向川岩坝、甘溪逃窜，1934年10月20日第3版

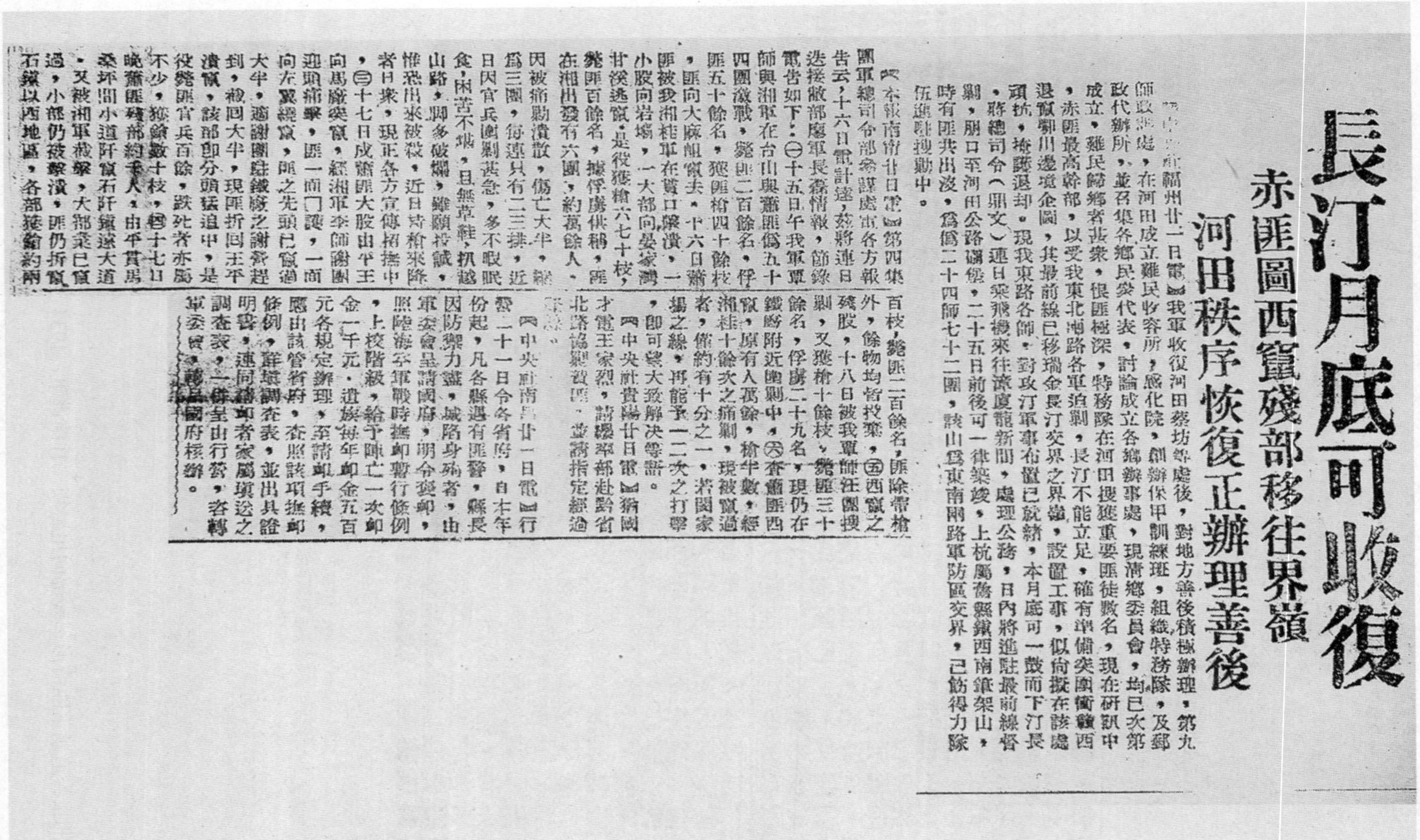

長汀月底可收復

赤匪圖西竄殘部移往界嶺

河田秩序恢復正辦理善後

［福州廿二日電］我軍收復河田蔡坊等處後，對地方善後積極辦理，第九師政訓處，在河田成立難民收容所，感化院，創辦保甲訓練班，組織特務隊，及鄉政代辦所，並召集各鄉民衆代表，討論成立各鄉辦事處，現清鄉委員會，均已次第成立，難民歸鄉者甚衆，惟匪根極深，特務隊在河田搜獲重要匪徒數名，現在研訊中，赤匪最高幹部，以受我東北兩路各軍迫剿，長汀不能立足，確有準備突圍竄贛西退竄鄂川邊境企圖，共最前綫已移瑞金長汀交界之界嶺，設置工事，似尚擬在該處頑抗，掩護退却。現我東路各師，對攻汀軍事布置已就緒，本月底可一鼓而下汀長，蔣總司令（鼎文）連日乘飛機來往漳廈龍新間，處理公務，日內將進駐最前線督剿，朋口至河田公路修復，二十五日前後可一律築竣，上杭屬舊縣鎮西南鐘架山，時有匪共出沒，爲僞二十四師七十二團，該山爲東南兩路軍防區交界，已飭得力隊伍進駐搜剿中。

［本報南昌廿日電］第四集團軍總司令部參謀處頃各方報告云，十六日電計達，茲將連日迭接敵部廖軍長森情報，節錄電告如下：㈠十五日午我軍覃師與湘軍在台山與蕭匪僞五十四團激戰，斃匪二百餘名，俘匪五十餘名，獲匪槍四十餘枝，匪向大麻帽竄去，十六日蕭匪被我湘桂軍在黃口擊潰，一小股向岩塌，一大部向晏家灣甘溪逃竄，是役獲槍六七十枝，斃匪百餘名，據俘虜供稱，匪在湘出發有六團，約萬餘人，因被痛剿潰散，傷亡大半，經爲三團，每連只有二三排，近日因官兵圖剿甚急，多不暇眠食，困苦不堪，且無草鞋，扒越山路，脚多破爛，雖願投誠，惟恐出來被殺，近日均有來降者日衆，現正各方宣傳招撫中，㈢十七日成蕭匪大股由半王向馬廠突竄，經湘軍李師謝團迎頭痛擊，匪一面門護，一面向左竄繞竄，匪之先頭已竄過大半，適謝團趕鐵廠之謝參趕到，截回大半，現匪折回王平潰竄，該部即分頭猛追中，是役斃匪官兵百餘，跌死者亦夥不少，獲槍數十枝，㈣十七日晚蕭匪殘部約千人，由半貫馬桑坪間小道阡竄石阡鎮遠大道，又被湘軍截擊，大部業已竄過，小部仍被擊潰，匪仍折竄石鎮以西地區，各部猛剿約兩百枝，斃匪二百餘名，匪除帶槍外，餘物均皆投棄，㈤西竄之殘股，十八日被我軍師狂團搜剿，又獲槍十餘枝，斃匪三十餘名，俘虜二十九名，現仍在鐵廠附近圍剿中，㈥查蕭匪西竄，原有人萬餘，經湘桂十餘次之痛剿，槍半數，現被竄過者，僅約有十分之一，若國家揚之綫，再能予一二次之打擊，即可絕大致解決等語。

［中央社貴陽廿日電］猶國才電王家烈，請總率部赴黔省北路協剿殘匪，並請指定經過路綫。

［中央社南昌廿一日電］行營二十一日令各省府，自本年份起，凡各縣遇有匪警，縣長因防禦力盡，城陷身殉者，由軍委會呈請國府，明令褒卹，照陸海空軍戰時撫卹暫行條例，上校階級，給予陣亡一次卹金一千元，遺族每年卹金五百元，各規定辦理，至請卹手續，應由該管省府，查照該項撫卹條例，詳填調查表，並出具證明書，連同請卹者家屬，填送之調查表，一併呈由行營，咨轉軍委會，轉呈國府核辦。

7. 长汀月底可收复，“赤匪”图西窜残部移往界岭，河田秩序恢复正办理善后，1934 年 10 月 22 日第 3 版

赣闽匪图窜川湘

南路军刻正协力围剿

李扬敬昨赴筠门指挥

【中央社香港廿二日電】省訊，贛閩殘匪，因受東北兩路軍夾擊，勢甚危殆，決放棄贛閩地盤，圖逃入川湘，故贛州至安遠，信豐各線，二十一日午，忽發現殘匪三千餘名，南路軍現正圍剿，余漢謀即偕張達，李漢魂乘粵漢專車啓行，二十二日晨四時抵韶關，余張即轉汽車，直赴大庾，李揚敬二十二日午，亦偕黃延楨乘廣九專車，轉赴筠門，指揮所部協剿。

【中央社廈門廿二日電】俘匪要員供匪之物質接濟，向賴汀江運輸，（按汀江自長汀下流經上杭入粵而通汕頭）今東路軍佔河田，將江面封鎖，一切接濟斷絕，困守自難圖存，故決棄閩贛地盤，另謀出路，匪如西竄，必取道會昌向西經大庾而入湘川。

【中央社貴陽廿二日電】㈠王家烈今日由餘慶行營赴石阡，與廖磊李覺會商湘剿賀蕭兩匪計劃。㈡蕭匪現竄踞由餘慶通石阡之道路，惟該匪連日在坡踏橋，猴場，龍溪一帶，被聯軍擊潰後，大多化整爲零，潛匿山林，各尋小徑圖逃，殘破不堪，崩潰在即。㈢蕭匪於十五日偷渡烏江，被黔軍擊退，折回塘頭及川岩壩附近，被湘黔軍夾擊，奪獲槍械甚多，現蕭匪僅率僞四十團及五十四團，其餘四個團，均被擊潰於石（阡）施（秉）鎮（遠）餘（慶）各縣間，桂湘黔各軍，正分頭清掃中。

【中央社開封廿二日電】豫鄂皖邊區赤匪內部，近日益形分化，呈崩潰狀，前僞二十八軍軍長江求順，近經赤匪內部，指爲改組派，每日非刑拷打，體無完膚，僞二十八軍委員吳保彩，亦以改組派嫌疑，致被誅戮，匪衆以屢興大獄，人人自危，因是向國軍投誠日益衆多。

8. 赣闽匪图窜川湘，南路军刻正协力围剿，李扬敬昨赴筠门指挥，1934 年 10 月 23 日第 3 版

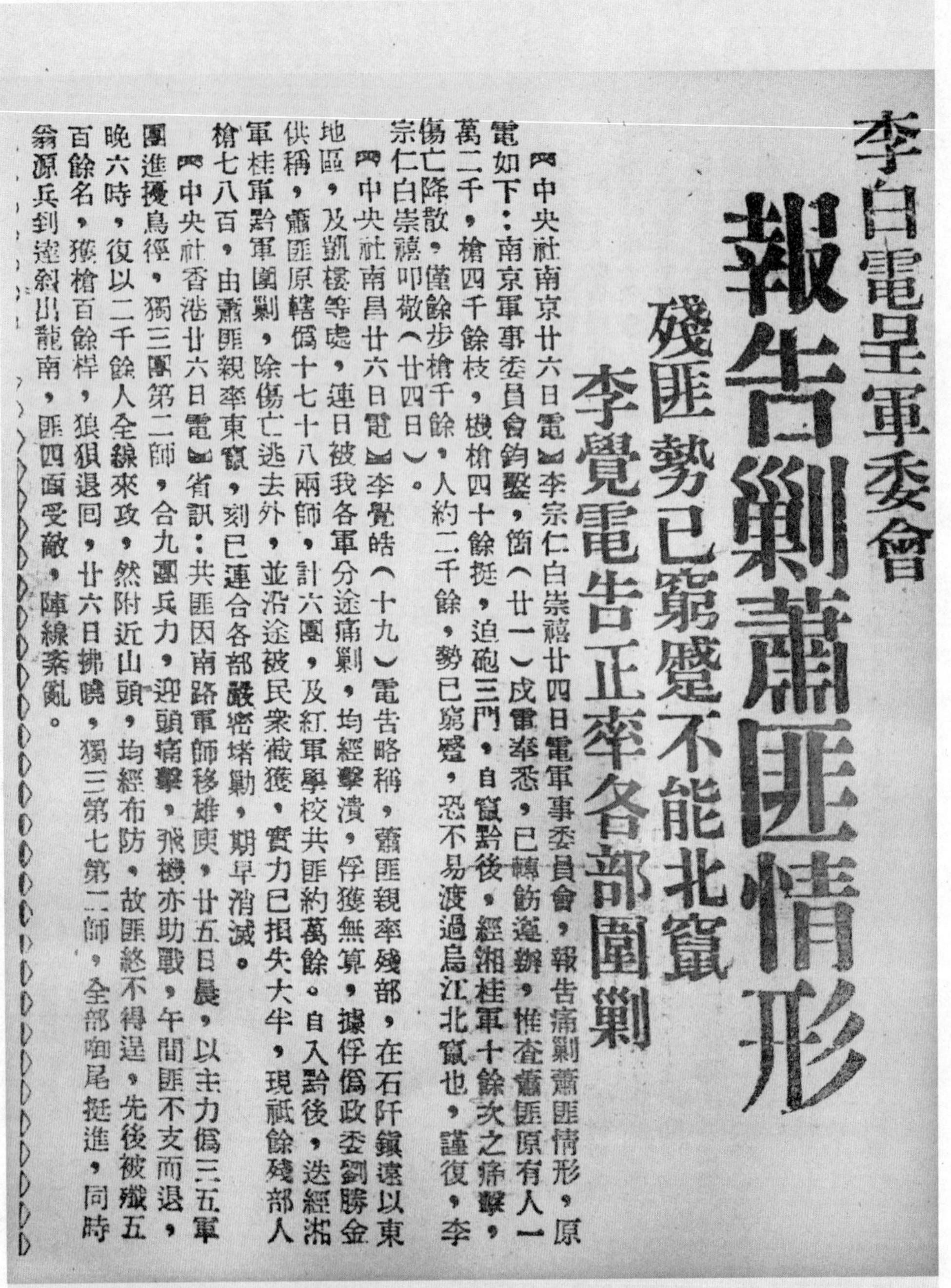

李白電呈軍委會
報告剿蕭匪情形
殘匪勢已窮蹙不能北竄
李覺電告正率各部圍剿

【中央社南京廿六日電】李宗仁白崇禧廿四日電軍事委員會，報告痛剿蕭匪情形，原電如下：南京軍事委員會鈞鑒，箇（廿一）戌電奉悉，已轉飭遵辦，惟查蕭匪原有人一萬二千，槍四千餘枝，機槍四十餘挺，迫砲三門，自竄黔後，經湘桂軍十餘次之痛擊，傷亡降散，僅餘步槍千餘，人約二千餘，勢已窮蹙，恐不易渡過烏江北竄也，謹復，李宗仁白崇禧叩敬（廿四日）。

【中央社南昌廿六日電】李覺皓（十九）電告略稱，蕭匪親率殘部，在石阡鎮遠以東地區，及凱棠等處，連日被我各軍分途痛剿，均經擊潰，俘獲無算，據俘偽政委劉勝金供稱，蕭匪原轄偽十七十八兩師，計六團，及紅軍學校共匪約萬餘，自入黔後，迭經湘軍桂軍黔軍圍剿，除傷亡逃去外，並沿途被民衆截獲，實力已損失大半，現祇餘殘部人槍七八百，由蕭匪親率東竄，刻已連合各部嚴密堵剿，期早消滅。

【中央社香港廿六日電】省訊：共匪因南路軍師移雄庾，廿五日晨，以主力偽三五軍團進擾烏徑，獨三團第二師，合九團兵力，迎頭痛擊，飛機亦助戰，午間匪不支而退，晚六時，復以二千餘人全線來攻，然附近山頭，均經布防，故匪終不得逞，先後被殲五百餘名，獲槍百餘桿，狼狽退回，廿六日拂曉，獨三第七第二師，全部啣尾挺進，同時翁源兵到，遂斜出龍南，匪四面受敵，陣線紊亂。

9. 李（宗仁）、白（崇禧）电呈军委会报告剿萧匪情形，残匪势已穷蹙不能北窜，李觉电告正率各部围剿，1934 年 10 月 27 日第 3 版

東路軍昨收復長汀

瑞金雩都會昌殘匪刻正在包圍中

贛省府令各廳會擬復興農村計劃

蕭賀殘匪將全部竄秀山

【本報南昌一日電】㊀龍巖電：東路軍一日午刻，確實佔領長汀。㊁贛匪區石城，甯都，興國，先後收復，瑞金，雩都，會昌在包圍中，收復區域各設收容所，招撫流亡，施醫掩埋，衛生工農賑，依次施行，惟復興農村，極應統籌，省府已令各廳會擬整個計劃。㊂行營公布捷報，我李縱隊一日午前十一時，克復長汀，俘獲無算，現正在清查中云。

【本報廈門一日電】三十一日午後總部息，蔣鼎文廿九日到前方，下令促取汀城，大軍卅日全線向汀城前進，計三十一日或一日可全克長汀，匪大部已離瑞金巢穴，向大庾南雄竄去，汀境原無多匪，可不戰而下，北路克瑞金期亦不遠，頃總部續息，大軍前進，一日晨或晚准可克長汀城。

【本報香港一日電】㊀匪在烏徑新田中站鄧坊敗後，折向西北潰竄，現雄庾信豐殘匪，經搜索後，已肅清，決分三路追剿。㊁余漢謀三十日電，僞三五軍團，匪數千，二十九日晨在青龍附近，爲我軍截擊，匪憑險頑抗，戰竟日，午後七時，我軍肉搏衝擊，始不支退，斃匪數百，俘百餘，獲槍百餘，隨即督隊追擊。

【中央社貴陽卅一日電】㊀王家烈委參軍長劉康炎爲剿匪前敵總指揮，跟剿蕭賀兩匪，匪不支，有全部退秀山勢，此間已電川軍夾擊。㊁桂軍廖磊所部，湘軍李覺所部，奉湘桂當局分別電調返省，作截擊共匪一五軍團準備。

【南昌通訊】以贛南閩西邊境爲軍事根據及發展樞紐之赤匪，經東北兩路大軍之緊圍痛剿，僞一三五七八九九軍團處處受創，節節潰退，而匪區之日縮，匪[illegible]之日蹙，在在表現赤匪之日薄崦嵫，自我三路軍克石城，六路軍下甯岡，周縱隊佔興國後，匪都瑞金，即已動搖，而甯都因處四面包圍之中，匪軍更如驚弓之鳥，匪首一夕數遷，僞中央反動機關，悉避入深山窮谷中，頃據軍事機關消息，我廣昌驛前，興國屬古龍岡，及石城路進攻甯都之三六兩路，以穩紮穩打原則，碉堡公路節節推進方法，及到一處安定一處之方針，逐步向甯城推進，沿途赤匪雖預築工事頑抗，然堡多爲我所摧毀，俘匪又多無子彈，散匪因我寬爲招撫，紛紛投降，故赤匪一籌莫展，我則進行順利，頃行營得前方電話，北路軍第三路軍周[illegible]師，於二十六日申時攻入甯都城，斃匪極多，俘獲正清查中，入城時人民被匪逼走一空，斷壁頹垣，荒涼不堪，我軍一面修築環城工事，一面辦理善後，恢復秩序，並派軍向匪追擊，殘匪紛紛退入雩都，毫無鬥志，駐石城辦理善後之吕民政廳長，已派大批縣政會人員趕往清鄉編保甲，以清匪云。

10. 东路军昨收复长汀，瑞金、雩都、会昌残匪刻正在包围中，赣省府令各厅会拟复兴农村计划，萧（克）、贺（龙）残匪将全部窜秀山，1934 年 11 月 2 日第 3 版（残）

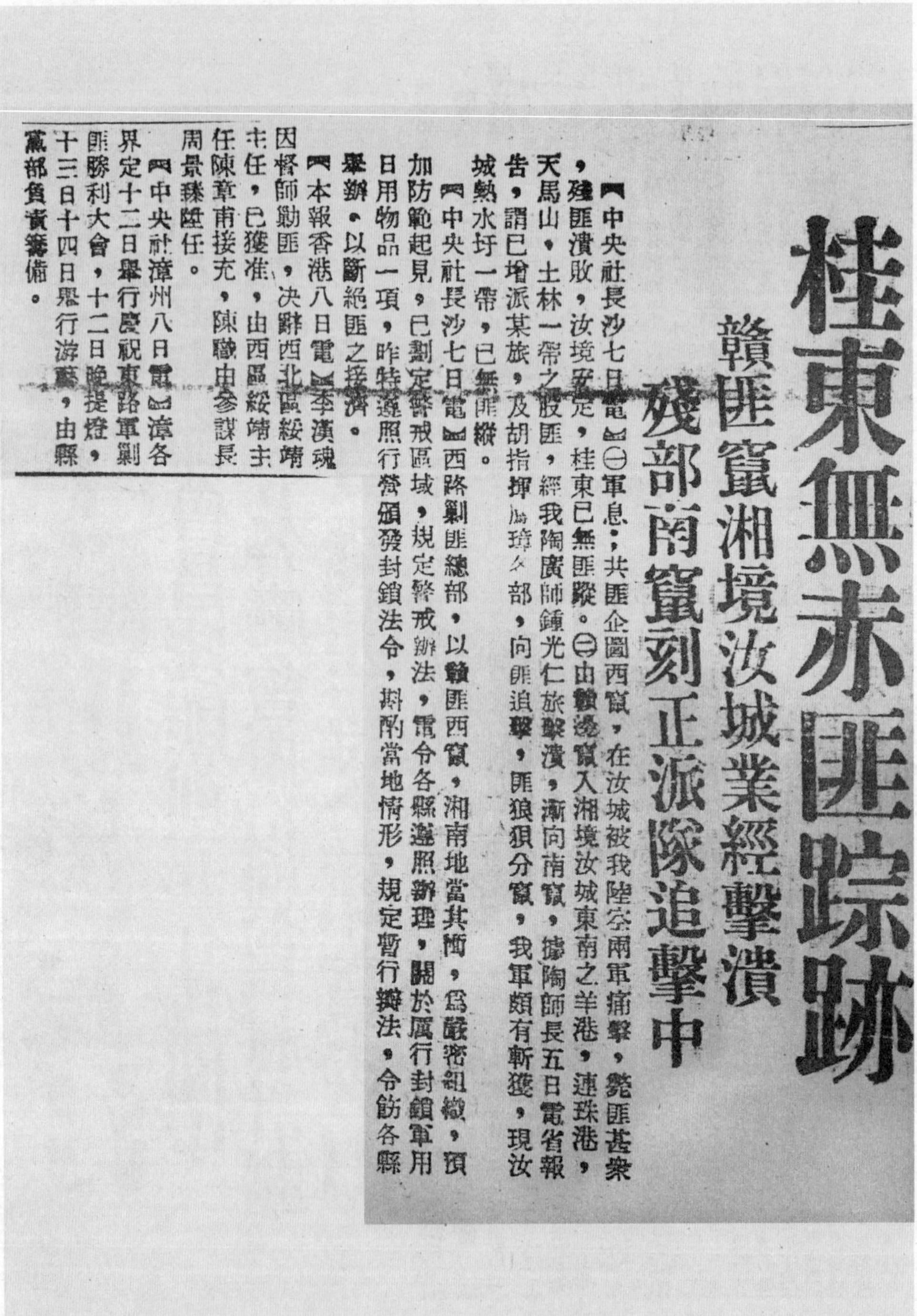

桂東無赤匪踪跡

贛匪竄湘境汝城業經擊潰

殘部南竄刻正派隊追擊中

【中央社長沙七日電】㈠軍息：共匪企圖西竄，在汝城被我陸空兩軍痛擊，斃匪甚衆，殘匪潰敗，汝境安定，桂東已無匪蹤。㈡由贛邊竄入湘境汝城東南之羊港，連珠港，天馬山，土林一帶之股匪，經我陶廣師鍾光仁旅擊潰，漸向南竄，據陶師長五日電省報告，謂已增派某旅，及胡指揮鳳璋々部，向匪追擊，匪狼狽分竄，我軍頗有斬獲，現汝城熱水圩一帶，已無匪蹤。

【中央社長沙七日電】西路剿匪總部，以贛匪西竄，湘南地當其衝，爲嚴密組織，預加防範起見，已劃定警戒區域，規定警戒辦法，電令各縣遵照辦理，關於厲行封鎖軍用日用物品一項，昨特遴照行營頒發封鎖法令，斟酌當地情形，規定暫行辦法，令飭各縣舉辦，以斷絕匪之接濟。

【本報香港八日電】李漢魂因督師剿匪，決辭西北區綏靖主任，已獲准，由西區綏靖主任陳章甫接充，陳職由參謀長周景臻陞任。

【中央社漳州八日電】漳各界定十二日舉行慶祝東路軍剿匪勝利大會，十二日晚提燈，十三日十四日舉行游藝，由縣黨部負責籌備。

11. 桂东无“赤匪”踪迹，赣匪窜湘境汝城业经击溃，残部南窜刻正派队追击中，1934 年 11 月 9 月第 3 版

英報稱譽蔣委員長

瑞金收復贛閩匪消滅不成問題

粵桂聯絡堵剿殘匪陷於包圍中

蔣鼎文電告擊潰朱毛股匪

【中央社倫敦十七日路透電】泰晤士報今日社論稱，中國中央政府，與贛閩兩省赤匪之長期戰爭，顯已達一頂點，截至去年秋間爲止，赤匪尚佔上風，然年來蔣介石將軍，加緊經濟及軍事壓迫之後，已被逐出老巢瑞金，刻以匪地日蹙，有西竄之勢，然幸而粵桂兩省當局，均與中央軍合作剿匪，故政府若能將赤匪加以大包圍，使其無法他竄，則完全剿滅，實無問題。該報又稱，赤匪冀圖竄入四川，故劉湘已決意請示於蔣介石將軍云。

【中央社福州十七日電】㈠蔣鼎文電省報告朱毛股匪，向仁化樂昌西竄，我西路軍王東原師，在萬會橋與匪激戰，匪潰退。㈡匪一軍團兩部八千人，在郴州宜章間之良田地方，爲西南兩路軍合圍，已消滅殆盡，三五七軍團竄出桂陽西去。

【本報長沙十七日電】郴縣十五日電稱：我王東原師張毅中旅，已收復良田萬會橋，斃匪甚衆，匪大部向宜章退竄，一部間臨武桂陽間保和圩方向西竄，據報匪之主力，似向我臨武方面西竄，我軍正堵剿中，又我歐冠部十三日到汝宜間文明司附近、僞五軍團第十三師槍約一千五百枝，機槍十餘挺，在白驛嶺深伏，圖襲我軍，當經擊潰，匪紛向赤石方面竄走，又在沙洲灣被我擊退之僞八軍團第廿二廿三兩部，現竄九峯附近，文明司已無匪蹤，我軍連日斬獲甚衆。

△△△……

12. 英报称誉蒋委员长，瑞金收复赣闽匪消灭不成问题，粤桂联络堵剿残匪陷于包围中，蒋鼎文电告击溃朱（德）、毛（泽东）股匪，1934 年 11 月 18 日第 3 版

東路軍攻克會昌

全贛已無赤匪踪跡

省府令收復縣區統辦清鄉善後

公路處優待難民免費乘車回籍

【中央社南昌廿四日電】㈠會昌克復後，全贛已無匪踪，該縣被匪佔據六年，縣政府曾遷筠門嶺辦公，省府已電令遷回縣治，責成縣長辦理地方善後，撫輯流亡，並併入特別政治區，與各收復縣區統籌清鄉善後。㈡龍巖電，東路軍第三師李玉堂部，二十三日午三時入會昌，殘匪向西南潰退，臨行將城內所積糧食悉燒毀，房屋破壞甚多。㈢福州電，東路追擊部隊，已迫近會昌，沿途與潰竄之殘匪，曾有小接觸。㈣廈門電，廈各界代表周廷洛等五人，本日赴前方慰勞東路軍將士，慰勞品頗豐。

【中央社福州廿四日電】㈠東路第四縱隊，收復瑞金後，匪主力分竄湘南粵北，及贛東一帶，瑞金附近五十里山間，仍有殘匪匿伏，現已派隊搜剿，瑞金善後，如甲等工作等，均在進行中，我軍直迫會昌，日內即可攻入會昌城。㈡長汀民衆廿三日舉行新選促進會，及軍民聯歡會，慶祝剿匪勝利，重見天日。

【中央社南昌廿四日電】公路處以全省各縣，相繼恢復，難民紛請免費乘車回籍，特規定辦法三項：㈠新收復及將收復縣區難民，應免費遣送，但以一個月內爲限。㈡遣送通常縣份回籍難民，酌收車費四分之一。㈢他省流落難民回籍收半價。又電：省會各界慶祝剿匪勝利，暨慰勞大會，爲擴大慶祝，並定下月二日舉行遊藝會，三日晚舉行提燈大會，通告各機關團體學校，屆時在體育場集合參加。

【中央社香港廿四日電】省訊；李宗仁廿四日電粵，謂殘匪已調勁旅圍剿，不日即可蕩清，本人現決留邕主持軍政，短期內不能來粵。

【本報長沙廿四日電】據報，我李雲杰師廿日午將洪觀圩土橋圩北高山之偽三軍團四五兩師擊潰後，佔領土橋圩洪觀圩間之三眼頭向洪觀圩追擊，廿一日午佔領洪觀圩，匪仍抵抗，偽三軍團第六師及偽一軍團旋亦相繼加入戰鬥甚烈，其竄永樂圩之匪，已被我軍擊潰，向盤石圩落山塘等處竄走，現正分途追截中，俘匪偽一三五八九軍團均有云。

【本報長沙廿四日電】㈠據報：我附指揮官渾元所部甄師、廿二日在甯遠城南之蓄石山黃家橋天堂圩兩河口一帶與匪激戰，我飛機隊由衡州開往轟炸，斃匪甚多云。㈡據王師長東原廿一日電稱，據俘匪供稱，匪軍編制系統，偽總司令轄一三五七八九六個軍團，一三軍團各轄一師，每師共計廿七連，每連輕機關鎗一挺，因長途轉戰逃亡落伍，現每連不滿四十人，偽五九軍團各轄二師，七軍團有留贛之說，八軍團係新成立，兵力未詳，朱德病重，現由彭德懷代理云。

【中央社南昌廿四日電】行營爲督察各部隊剿匪情形後方勤務及地方善後事宜，決按剿匪計劃所定，各清剿區每區派遣剿匪督察專員一人，特訂定服務規則十三條，並經派定劉一公爲皖贛浙邊區剿匪督察專員。

【中央社福州廿四日電】七區行政專員陳琮如來省報告該區行政狀況，陳談：所轄各縣，保甲已編組完竣，碉堡完成者四百餘座，各縣電話已通話，龍巖劫後人口減少可驚，以前約廿二萬，此次調查僅十三萬，智識份子被匪慘殺者，五千餘，農民被殺數萬人，商業蕭條，土地調查，定明年一月一日實行，本人在省請示今後行政方針後，約一週返龍巖。

13. 东路军攻克会昌，全赣已无“赤匪”踪迹，省府令收复县区统办清乡善后，公路处优待难民免费乘车回籍，1934 年 11 月 25 日第 3 版

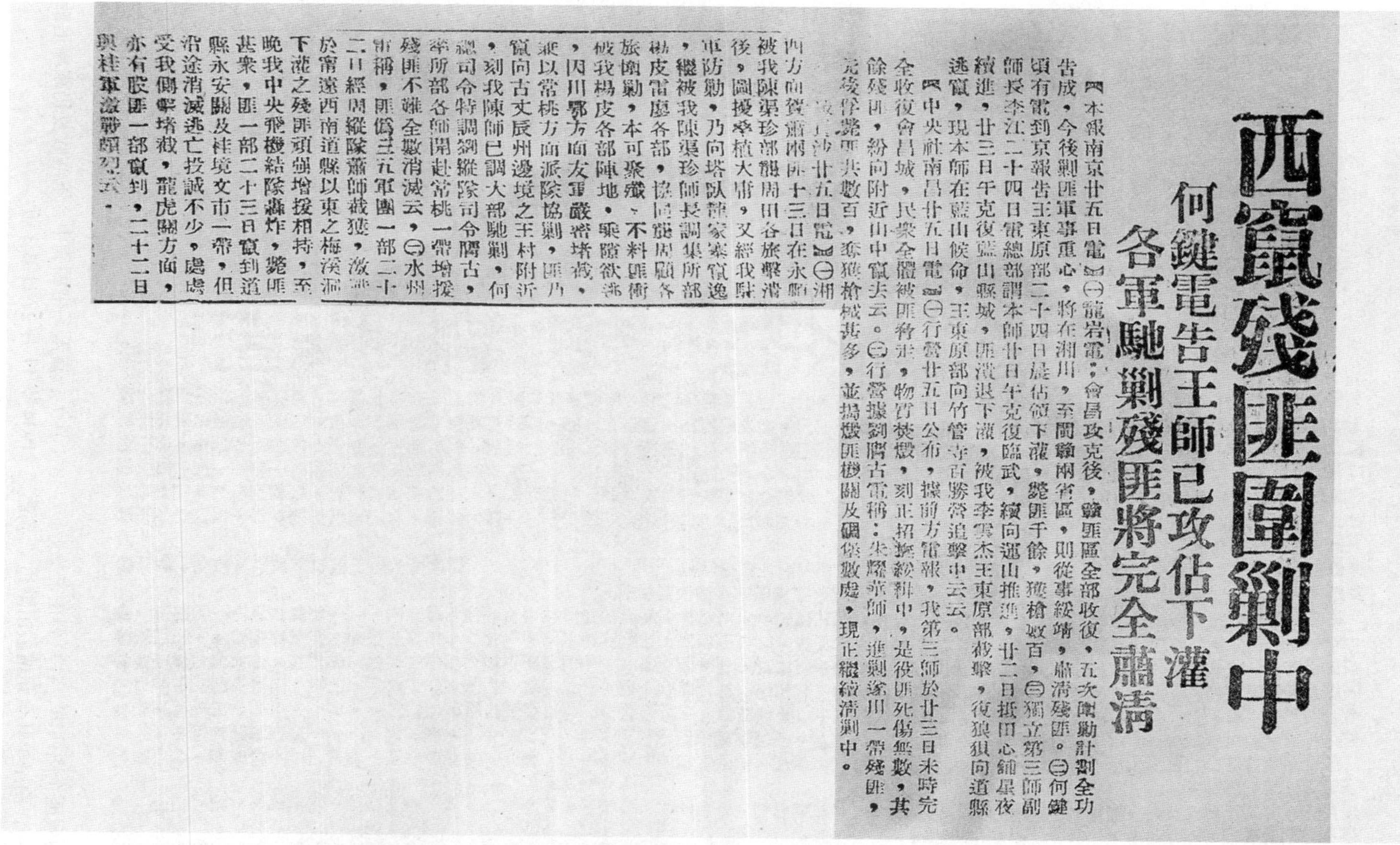

西竄殘匪圍剿中

何鍵電告王師已攻佔下灌

各軍馳剿殘匪將完全肅清

【本報南京廿五日電】㊀龍岩電：會昌攻克後，贛匪區全部收復，五次圍剿計劃全功告成，今後剿匪軍事重心，將在湘川，至閩贛兩省區，則從事綏靖，肅清殘匪。㊁何鍵頃有電到京報告王東原部二十四日晨佔領下灌，斃匪千餘，獲槍數百，㊂獨立第三師副師長李江二十四日電總部謂本師廿日午克復臨武，續向藍山推進，廿二日抵田心鋪星夜續進，廿三日午克復藍山縣城，匪潰退下灌，被我李雲杰王東原部截擊，復狼狽向道縣逃竄，現本師在藍山候命，王東原部向竹管寺百勝營追擊中云云。

【中央社南昌廿五日電】㊀行營廿五日公佈，據前方電報，我第三師於廿三日未時完全收復會昌城，民衆全體被匪脅走，物資焚燬，刻正招撫綏輯中，是役匪死傷無數，其餘殘匪，紛向附近山中竄去云。㊁行營據劉膺古電稱：朱耀華師，進剿遂川一帶殘匪，完竣俘斃匪共數百，奪獲槍械甚多，並搗燬匪機關及碉堡數處，現正繼續清剿中。

【□□社廿五日電】㊀湘西方面賀蕭兩匪十三日在永順被我陳渠珍部龔周田各旅擊潰後，圖援李植大庸，又經我駐軍防勦，乃向塔臥龔家寨竄逸，繼被我陳渠珍師長調集所部楊皮雷慶各部，協同龔周顧各旅痛勦，本可聚殲，不料匪衛被我楊皮各部陣地，乘隙欲逃，因川鄂方面友軍嚴密堵截，兼以常桃方面派隊協剿，匪乃竄向古丈辰州邊境之王村附近，刻我陳師已調大部馳剿，何總司令特調劉縱隊司令膺古，率所部各師開赴常桃一帶增援，殘匪不難全數消滅云，㊁永州電稱，匪僞三五軍團一部二十二日經周縱隊蕭師截獲，激戰於甯遠西南道縣以東之梅溪洞下灌之殘匪頑強增援相持，至晚我中央飛機結隊轟炸，斃匪甚衆，匪一部二十三日竄到道縣永安關及桂境文市一帶，但沿途消滅逃亡投誠不少，處處受我側擊堵截，龍虎關方面，亦有股匪一部竄到，二十二日與桂軍激戰頗烈云。

14. 西窜残匪围剿中，何键电告王师已攻占下灌，各军驰剿残匪将完全肃清，1934 年 11 月 26 日第 3 版

湘南殘匪企圖西竄

各軍刻在寧道嘉禾一帶圍剿中

下灌收復仍跟踪追抵大界要隘

南路軍駐全州堵截竄黔邊赤匪

【本報長沙廿六日電】㊀李雲杰王東原兩部，在寧遠，道縣，嘉禾間，與匪戰甚烈，擊斃匪俘匪各千餘名，匪首朱德彭德懷親在陣肉搏抗戰，因受我軍壓迫，不得逞。㊁陳渠珍電省，賀匪再越永順，已派□旅追至迫西坪，匪向石堤西潰竄。㊂衡州廿四日電稱，寧遠東南地區洪觀圩楠木橋之匪，查係朱德彭德懷在陣前指揮，抗戰激烈，經我□部痛擊，向落山廟逃竄，永樂圩之匪，大部亦被擊潰，一部仍在抗戰中，我□師二十三日追匪至東村胡家，遇偽五軍團全部，復令□旅痛擊。自巳至午，連奪數山，匪愈聚愈衆，偽一軍團來援，與我□旅沿下灌至寧遠大道左側高地雙方衝擊，異常猛烈，後匪陸續增至萬餘，幾經肉搏。我官兵沉着應戰。迭以機關槍手溜彈痛擊，相持於兩百米之間，左翼之匪被我□旅長督部猛力衝潰，退至距下灌里許之寶塔山東，計是日斃匪千餘名，獲槍數百枝。我方亦略有傷亡。二十四日拂曉，我□師向下灌攻擊，辰刻攻佔下灌，當派□旅跟追追抵大界要隘，匪受飢餓，向道縣西竄。

【中央社廣州廿六日路透電】先導社消息：湘南赤匪，自知無力堅守騎山等處，昨乃直撲永州，擬取道桂邊界之全州而竄入黔省，幸全州駐南路軍頗衆，早有預防，迎頭痛擊，赤匪頓即潰散，死傷不少，殘衆向道州與寧遠方面退走。

【中央社南昌廿六日電】行營今公佈進勦殘匪捷報如下：據劉寶古廿一日戌電稱，我朱耀華師各部最近進剿情況，及奪獲數目如下：㊀唐團十四日在永修馬淡塘擊潰偽獨立團六分區等部，在大山流擊潰偽特務隊，奪槍十餘枝，俘斃匪數十名，十六日在玉象山擊潰槍約二百餘之匪，俘偽指導員田純一名，匪兵十九名，又當晚該團陳營，抄剿罌界以北轎廠偽區蘇維埃，斃匪政委一，㊁許團十四日進剿南華山，將該處人槍百餘之殘匪擊散，搗毀偽機關數處，焚匪碉堡數座，又該團李營進剿永南茅園山之偽獨立第五團之一部。奪槍五枝，機槍及步炮數架，俘男女匪五十餘，十七日追該匪至西村一帶，斃二十餘，傷數十，俘五六十名，㊂唐團十七日率兵兩營，進剿盤踞遂川北鄉湘南之偽獨立第四團，於十九日在牛田以北，水口附近與偽警衛營游擊隊等遭遇，當經擊潰，斃匪十餘，傷二十餘，俘偽支部書記陳曉明一名，匪徒二十一，奪槍數支，刻正繼續偵匪清剿中。

【中央社廣州廿六日路透電】廣州市黨部昨晚發起各團體代表會議，討論派員慰勞南路軍事，議決，組織慰勞團，於十二月一日出發，分赴東北南陣線，向前敵軍士慰勞。

【中央社杭州廿六日電】浙省黨部等團體，以蔣委員長五次圍剿贛匪，節節勝利，自瑞金會昌收復後，贛境全無匪蹤，捷報傳來，國人慶忭，特發起舉行殲滅赤匪祝捷大會，定廿七日召集各界代表，開始籌備。

【中央社南昌廿六日電】各界慶祝剿匪勝利暨慰勞大會募集股，決定募集慰勞經費九萬元，熊式輝允另撥一萬元，募集辦法，除省協剿會担任五萬外，餘由省會商店住戶分等募集。

15. 湘南残匪企图西窜，各军刻在宁（远）、道（县）、嘉禾一带围剿中，下灌收复仍跟踪追抵大界要隘，南路军驻全州堵截窜黔边“赤匪”，1934 年 11 月 27 日第 3 版

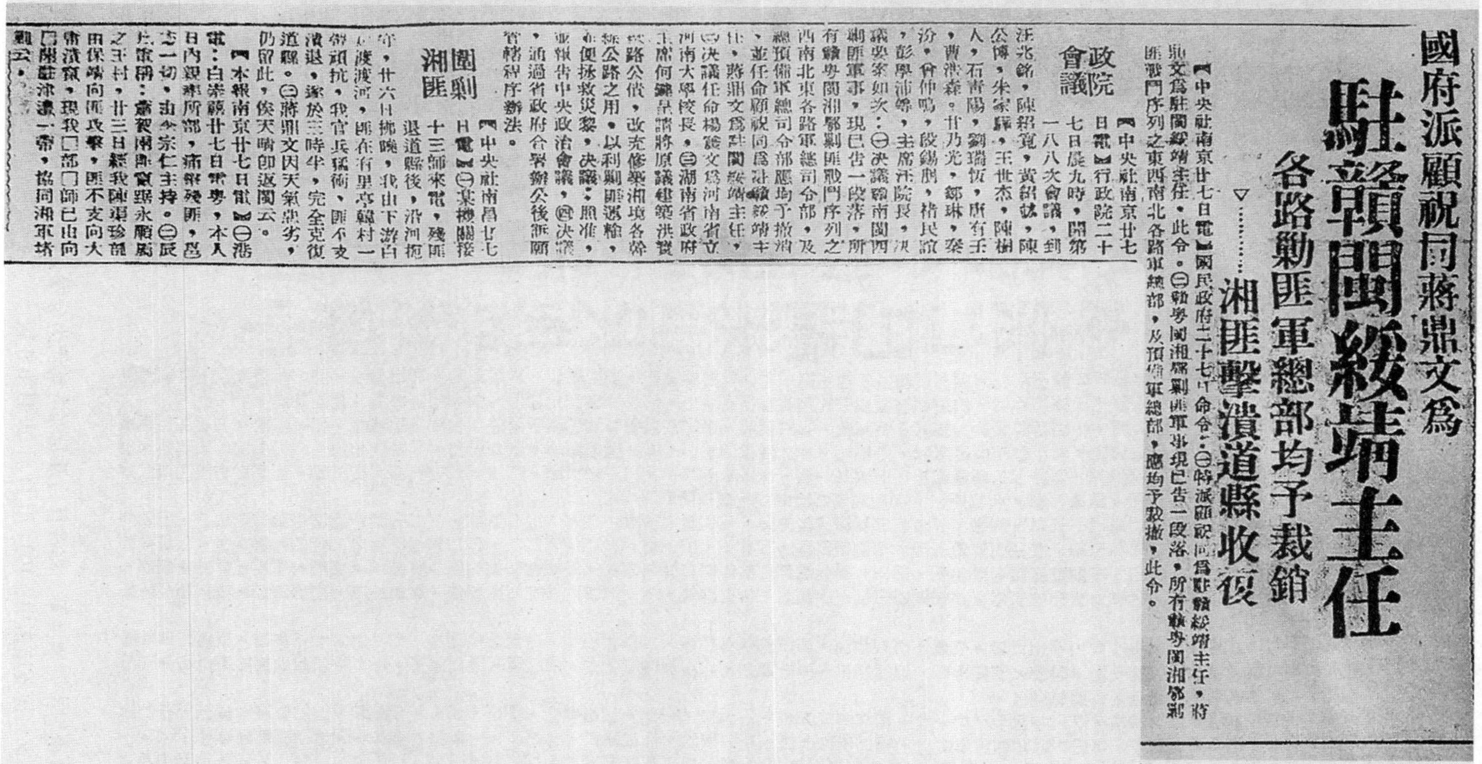

國府派顧祝同蔣鼎文為

駐贛閩綏靖主任

各路剿匪軍總部均予裁銷

▽……湘匪擊潰道縣收復

【中央社南京廿七日電】國民政府二十七日命令：㈠特派顧祝同為駐贛綏靖主任，蔣鼎文為駐閩綏靖主任，此令。㈡贛粵閩湘鄂剿匪軍事現已告一段落，所有贛粵閩湘鄂剿匪戰鬥序列之東西南北各路軍總部，及預備軍總部，應均予裁撤，此令。

政院會議

【中央社南京廿七日電】行政院二十七日晨九時，開第一八八次會議，到汪兆銘，陳紹寬，黃紹竑，陳公博，朱家驊，王世杰，陳樹人，石青陽，劉瑞恆，唐有壬，曹洪森，甘乃光，鄭琳，秦汾，曾仲鳴，段錫朋，褚民誼，彭學沛等，主席汪院長，決議要案如次：㈠決議贛南閩西剿匪軍事，現已告一段落，所有贛粵閩湘鄂剿匪戰鬥序列之西南北東各路軍總司令部，及總預備軍總司令部應均予撤消、並任命顧祝同為駐贛綏靖主任，蔣鼎文為駐閩綏靖主任，㈡決議任命楊震文為河南省立河南大學校長，㈢湖南省政府主席何鍵呈請將原議建築洪贛路公債，改充修築湘境各幹線公路之用，以利剿匪運輸，並便拯救災黎，決議：照准，並報告中央政治會議，㈣決議，通過省政府合署辦公後縣政府管轄秩序辦法。

圍剿湘匪

【中央社南昌廿七日電】㈠粟機關接十三師來電，殘匪退道縣後，沿河扼守，廿六日拂曉，我由下游白石渡渡河，匪在有里亭韓村一帶頑抗，我官兵猛衝，匪不支潰退，遂於三時半，完全克復道縣。㈡蔣鼎文因天氣惡劣，仍留此，俟天晴即返閩云。

【本報南京廿七日電】㈠港電：白崇禧廿七日電粵，本人日內親率所部，痛剿殘匪，邕寧一切，由李宗仁主持。㈡長沙電稱：蕭賀兩匪竄踞永順屬之王村，廿三日經我陳渠珍部出保靖向匪攻擊，匪不支向大庸潰竄，現我□部□師已由向門開赴沅陵一帶，協同湘軍堵剿云。

16. 国府派顾祝同、蒋鼎文为驻赣闽绥靖主任，各路剿匪军总部均予裁销，湘匪击溃道县收复，1934 年 11 月 28 日第 3 版

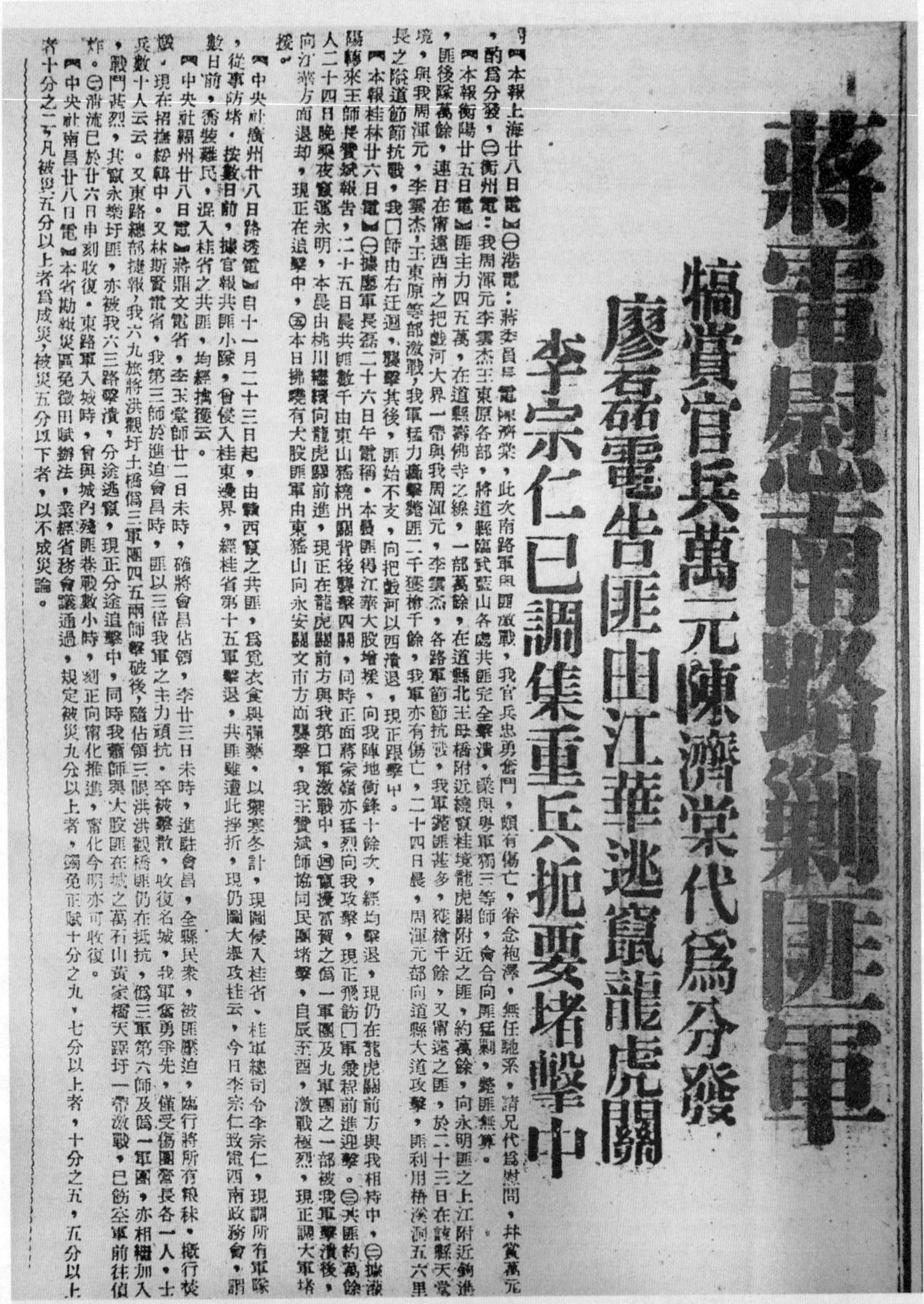

蔣電慰南路剿匪軍

犒賞官兵萬元陳濟棠代爲分發

廖磊電告匪由江華逃竄龍虎關

李宗仁已調集重兵扼要堵擊中

【本報上海廿八日電】㊀港電：蔣委員長電陳濟棠，此次南路軍與匪激戰，我官兵忠勇奮鬥，頗有傷亡，眷念袍澤，無任馳系，請兄代爲慰問，并賞萬元，酌爲分發，㊁衡州電：我周渾元李雲杰王東原各部，將道縣臨武藍山各處共匪完全擊潰，嗣與粵軍獨三等師，會合向匪猛剿，斃匪無算。

【本報衡陽廿五日電】匪主力四五萬，在道縣壽佛寺之線，一部萬餘，在道縣北王母橋附近繞竄桂境龍虎關附近之匪，約萬餘，向永明匪之上江附近鈎進，匪後隊萬餘，連日在甯遠西南之把截河大界一帶與我周渾元，李雲杰，各路軍節節抗戰，我軍斃匪甚多，獲槍千餘，又甯遠之匪，於二十三日在該縣天堂境，與我周渾元，李雲杰，王東原等部激戰，我軍猛力轟擊斃匪二千獲槍千餘，我軍亦有傷亡，二十四日晨，周渾元部向道縣大道攻擊，匪利用桥溪洞五六里長之隘道節節抗戰，我□師由右迂迴，襲擊其後，匪始不支，向把截河以西潰退，現正跟擊中。

【本報桂林廿六日電】㊀據廖軍長磊二十六日午電稱，本晨匪得江華大股增援，向我陣地衝鋒十餘次，經均擊退，現仍在龍虎關前方與我相持中，㊁據蒲陽轉來王師長贊斌報告，二十五日晨共匪數千由東山猺繞出關背後襲擊四關，同時正面蔣家嶺亦猛烈向我攻擊，現正飛飭□軍衆積前進迎擊。㊂共匪約萬餘人二十四日晚乘夜竄逐永明，本晨由桃川纜鎮向龍虎關前進，現正在龍虎關前方與我第□軍激戰中，㊃竄擾富賀之僞一軍團及九軍團之一部被我軍擊潰後，向江華方面退却，現正在追擊中，㊄本日拂曉有大股匪軍由東猺山向永安關文市方面襲擊，我王贊斌師協同民團堵擊，自辰至酉，激戰極烈，現正調大軍增援。

【中央社廣州廿八日路透電】自十一月二十三日起，由贛西竄之共匪，爲覓衣食與彈藥，以禦寒冬計，現圖侵入桂省、桂軍總司令李宗仁，現調所有軍隊，從事防堵，按數日前，據官報共匪小隊，曾侵入桂東邊界，經桂省第十五軍擊退，共匪雖遭此挫折，現仍圖大舉攻桂云，今日李宗仁致電西南政務會，謂數日前，喬裝難民，混入桂省之共匪，均經擒獲云。

【中央社福州廿八日電】蔣鼎文電省，李玉堂師廿二日未時，確將會昌佔領，李廿三日未時，進駐會昌，全縣民衆，被匪壓迫，隨行將所有糧秣，概行焚燬，現在招撫綏輯中。又林斯賢電省，我第三師於進迫會昌時，匪以三倍我軍之主力頑抗，卒被擊散，收復名城，我軍奮勇爭先，僅受傷團營長各一人，士兵數十人云云。又東路總部捷報，我六九旅將洪觀圩土橋僞三軍團四五兩師擊破後，隨佔領三隘洪洪觀橋匪仍在抵抗，僞三軍第六師及僞一軍團，亦相繼加入，戰鬥甚烈，共竄永樂圩匪，亦被我六三路擊潰，分途逃竄，現正分途追擊中，同時我蕭師與大股匪在城之萬石山黃家橋天躍圩一帶激戰，已飭空軍前往偵炸。㊁淸流已於廿六日申刻收復。東路軍入城時，曾與城內殘匪巷戰數小時，刻正向甯化推進，甯化今明亦可收復。

【中央社南昌廿八日電】本省勘報災區免徵田賦辦法，業經省務會議通過，規定被災九分以上者，蠲免正賦十分之九，七分以上者，十分之五，五分以上者十分之二，凡被災五分以上者爲成災，被災五分以下者，以不成災論。

17. 蒋（介石）电慰南路剿匪军，犒赏官兵万元陈济棠代为分发，廖磊电告匪由江华逃窜龙虎关，李宗仁已调集重兵扼要堵击中，1934 年 11 月 29 日第 3 版

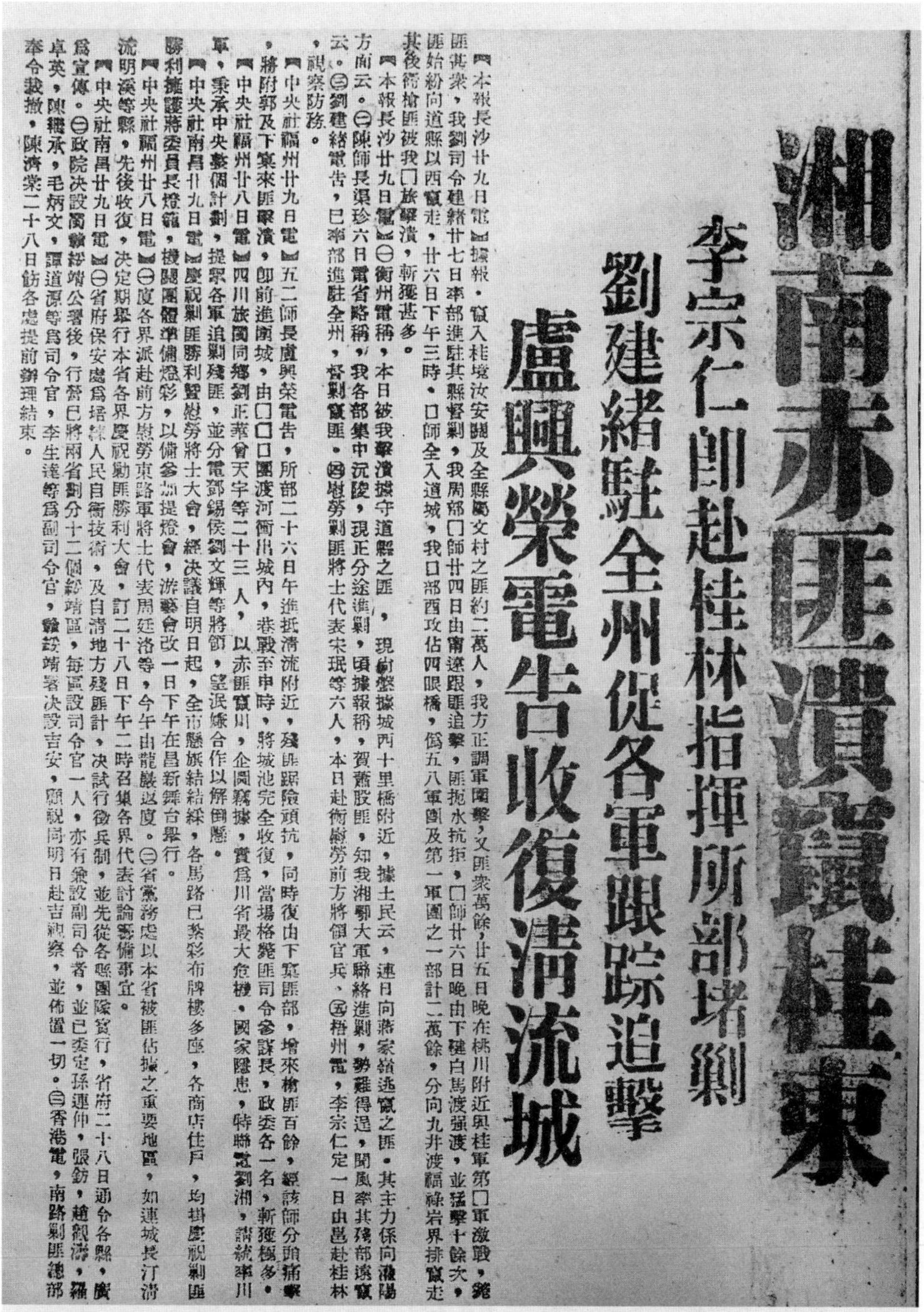

湘南赤匪潰竄桂東

李宗仁即赴桂林指揮所部堵剿

劉建緒駐全州促各軍跟踪追擊

盧興榮電告收復清流城

【本報長沙廿九日電】據報，竄入桂境汝安關及全縣屬文村之匪約二萬人，我方正調軍圍擊，又匪衆萬餘，廿五日晚在桃川附近與桂軍第口軍激戰，斃匪甚衆，我劉司令建緒廿七日率部進駐其縣督剿，我周部口師廿四日由甯遠跟匪追擊，匪拋水抗拒，口師廿六日晚由下礎白馬渡强渡，並猛擊十餘次，匪始紛向道縣以西竄走，廿六日下午三時，口師全入道城，我口部西攻佔四眼橋，僞五八軍團及第一軍團之一部計二萬餘，分向九井渡福祿岩界排竄走，其後衛槍匪被我口旅擊潰，斬獲甚多。

【本報長沙廿九日電】㈠衡州電稱，本日被我擊潰據守道縣之匪，現尙盤據城西十里橋附近，據土民云，連日向蔣家嶺逃竄之匪，其主力係向灌陽方面云。㈡陳師長渠珍六日電省略稱，我各部集中沅陵，現正分途進剿，頃據報稱，賀蕭股匪，知我湘鄂大軍聯絡進剿，勢難得逞，聞風率其殘部遠竄云。㈢劉建緒電告，已率部進駐全州，督剿竄匪。㈣慰勞剿匪將士代表宋珉等六人，本日赴衡慰勞前方將領官兵。㈤梧州電，李宗仁定一日由邕赴桂林，視察防務。

【中央社福州廿九日電】五二師長盧興榮電告，所部二十六日午進抵清流附近，殘匪踞險頑抗，同時復由下窠匪部，增來援匪百餘，經該師分頭痛擊，將附郭及下窠來匪擊潰，即前進團城，由口口團渡河衝出城內，巷戰至申時，將城池完全收復，當場格斃匪司令參謀長，政委各一名，斬獲極多。

【中央社福州廿八日電】四川旅閩同鄉劉正華曾天宇等二十三人，以赤匪竄川，企圖竊據，實爲川省最大危機，國家隱患，特聯電劉湘，請統率川軍，秉承中央整個計劃，提眾各軍追剿殘匪，並分電鄧錫侯劉文輝等將領，望泯嫌合作以解倒懸。

【中央社南昌廿九日電】慶祝剿匪勝利暨慰勞將士大會，經決議自明日起，全市懸旗結綵，各馬路已紮彩布牌樓多座，各商店住戶，均掛慶祝剿匪勝利擁護蔣委員長燈籠，機關團體準備燈彩，以備參加提燈會，游藝會改一日下午在昌新舞台舉行。

【中央社福州廿八日電】㈠廈各界派赴前方慰勞東路軍將士代表周延洛等，今午由龍巖返廈。㈡省黨務處以本省被匪佔據之重要地區，如連城長汀清流明溪等縣，先後收復，決定期舉行本省各界慶祝剿匪勝利大會，訂二十八日下午二時召集各界代表討論籌備事宜。

【中央社南昌廿九日電】㈠省府保安處爲培練人民自衛技術，及自清地方殘匪計，決試行徵兵制，並先從各縣團隊實行，省府二十八日通令各縣，廣爲宣傳。㈡政院決設閩贛粵綏靖公署後，行營已將兩省劃分十二個綏靖區，每區設司令官一人，亦有兼設副司令者，並已委定孫連仲，張鈁，趙觀濤，羅卓英，陳繼承，毛炳文，譚道源等爲司令官，李生達等爲副司令官，贛設靖署決設吉安，顧祝同明日赴吉視察，並佈置一切。㈢香港電，南路剿匪總部奉令裁撤，陳濟棠二十八日飭各處提前辦理結束。

18. 湘南“赤匪”溃窜桂东，李宗仁即赴桂林指挥所部堵剿，刘建绪驻全州促各军跟踪追击，卢兴荣电告收复清流城，1934 年 11 月 30 日第 3 版

各軍追剿西竄殘匪

王李兩部渡沱河西進尾匪追擊

李漢魂軍由藍山大橋直趨江華

白崇禧電告桂邊股匪已被擊潰

【本報長沙卅日電】㈠衡州廿七日亥電稱，本晨有匪便衣隊二千餘人到石塘圩，大部仍在文市將軍嶺間。又匪約萬餘人由文市向灌陽竄走，前竄王母渡之匪，已向壽佛圩移動，其一部廿六日晨在五里界附近，與我唐保安團頑抗，經該團衝擊，斬獲甚衆。周司令渾元所部萬耀煌師廿六日收復道縣城。我王東原及李杰雲部尾匪追擊，已渡沱河西進。我李司令韞珩所部本日由下灌向前推進。我粵軍李漢魂葉肇兩師廿五日由藍山經大橋向江華急進。㈡衡州廿八日電稱：本日空軍飛赴永安關至文村一帶偵炸，在西流地方見匪數千，正在午餐，當投擲炸彈，斃匪無數，匪先頭於廿六日廿七日兩日由全州興安之幻牌山沙子嶺一帶向西延灘四板橋山企圖偷渡，被我擊潰。後續部隊經我章亮基師趕追截擊，斃匪甚多，匪一部由新安關左邊竄黃腰洞，廿六日午被陳光中部擊潰，㈢行營剿匪宣傳大隊劉道琳率隊抵長沙，晚在省公映革命影片，定明日赴衡陽工作。

【中央社香港廿九日電】㈠省訊，白崇禧廿九日電粵報告桂邊共匪已被擊散，匪衆死傷甚夥，刻仍飭所部追剿，㈡粵前擬派兩師入桂，協助桂軍清剿共匪，現因匪已潰敗，故暫時中止出發，僅警戒小北江一帶。㈢李揚敬定一日在汕召集東區各縣長開綏靖會議。

【中央社香港卅日電】㈠白崇禧二十九日由平樂返桂林謁李宗仁，商剿匪軍事，日內仍赴前方督師，李宗仁亦擬出發龍虎關視察。㈡白崇禧二十九日晚電粵，略謂二十九日午永安關之役，王蘇兩師協殲殘匪，斃匪甚多，俘六百餘，繳獲步槍八百餘支，輕重機關槍二十餘挺，夏師已繞出石塘轉道道縣與周渾元部聯絡堵剿，㈢省訊，獨二旅長陳章諒余漢謀張弛定一日在贛宣誓就第六七兩區綏靖主任職。

【中央社贛州卅日電】清流經五二師收復後，已分兵向寧化推進。盧興榮返省報告，匪偽閩贛游擊司令陳蕃珍，政委林勝佑，參謀長王發春等，及重要匪員兵四十餘名，確被擊斃，清邑陷匪日久，丁口流離，田園荒蕪，民房被毀，無一完者，清查全城老幼，不及二百人，現我軍除派隊搜剿殘孽，並撫輯流亡外，一面趕速修城築碉堡，烏村泉上，偽第一八團，及游擊隊千餘，寧城四百餘人，來去不定，現正在追剿中。

【本報贛州卅日電】長汀留省同鄉電蔣委員長，慰勞剿匪勝利，並請賑濟災民，又電東路軍將領，謝收復汀屬匪區。

【中央社南昌卅日電】各界慶祝剿匪勝利暨慰勞蔣委員長及將士代表大會，定明晨十時舉行，下午舉行遊藝大會，飛機將於開會時，盤旋天空，發散傳單，行營於明晨在體育場檢閱軍訓學生，音樂推廣會管絃隊，亦於晚間演奏助興，今日全市張燈結綵懸旗，滿呈太平氣象，被匪蹂躪之江西，民衆重見天日，故均熱烈慶祝，警備處擬定提案五項，並發告同胞書。

【中央社上海卅日電】滬市黨部以瑞金克復，剿匪勝利，特籌開慶祝剿匪勝利大會，定四日召集各團體代表共商推行辦法。

19. 各军追剿西窜残匪，王（东原）、李（云杰）① 两部渡沱河西进尾匪追击，李汉魂军由蓝山大桥直趋江华，白崇禧电告桂边股匪已被击溃，1934 年 12 月 1 日第 3 版

① 报刊正文写作“李杰云”，当误。

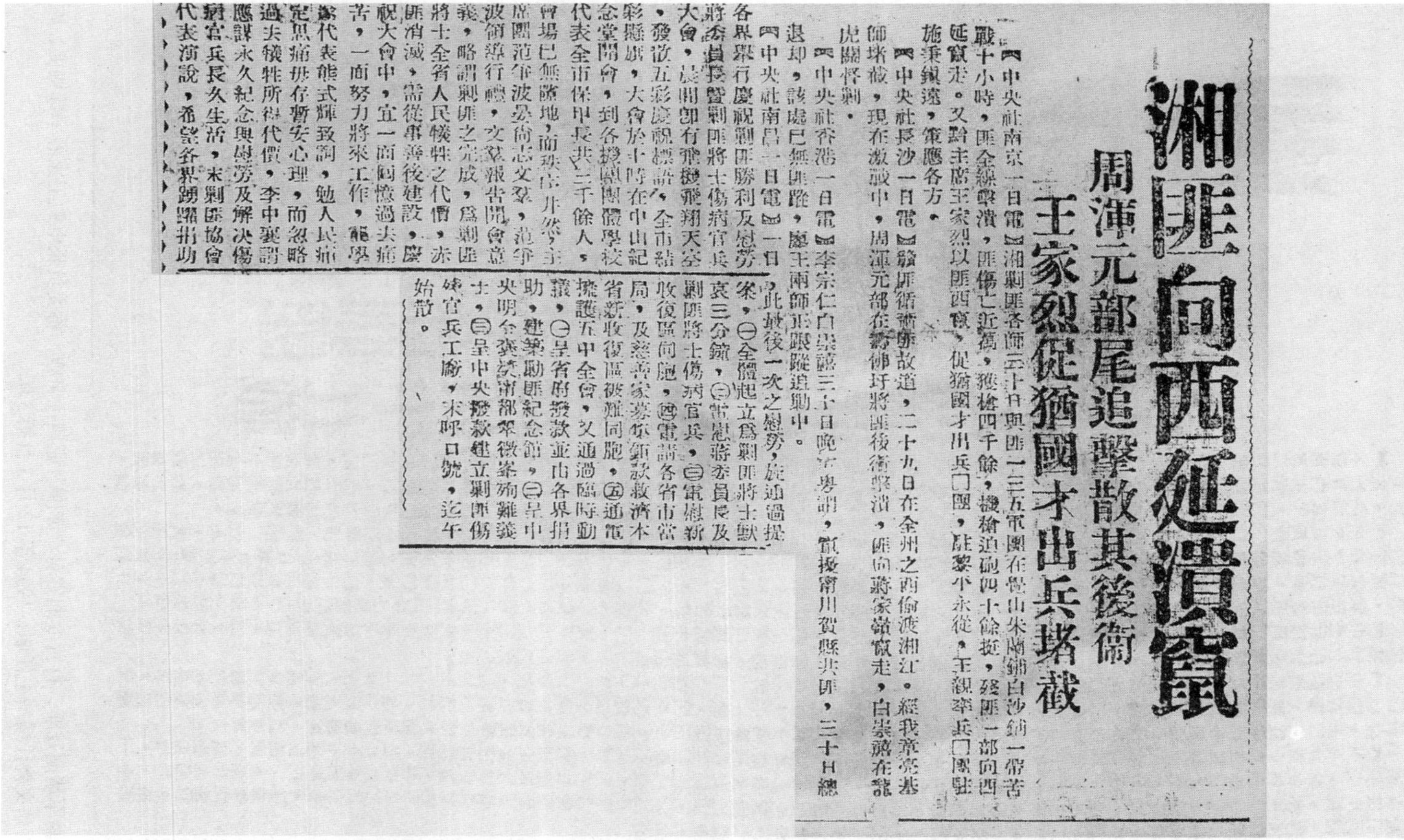

湘匪向西延潰竄

周渾元部尾追擊散其後衛

王家烈促猶國才出兵堵截

【中央社南京一日電】湘剿匪各師三十日與匪一三五軍團在覺山朱蘭鋪白沙鋪一帶苦戰十小時，匪全線崩潰，匪傷亡近萬，獲槍四千餘，機槍迫砲四十餘挺，殘匪一部向西延竄走。又黔主席王家烈以匪西竄，促猶國才出兵門團，駐黎平永從，王親率兵門團駐施秉鎮遠，策應各方。

【中央社長沙一日電】竄匪循蕭匪故道，二十九日在全州之西偷渡湘江。經我薛岳某師堵截，現在激戰中，周渾元部在新圩將匪後衛擊潰，匪向蔣家嶺竄走，白崇禧在龍虎關督剿。

【中央社香港一日電】李宗仁白崇禧三十日晚電粵訓，寬撥甯川賀縣共匪，三十日總退却，該處已無匪蹤，廖王兩師正跟蹤追剿中。

【中央社南昌一日電】一日各界舉行慶祝剿匪勝利及慰勞蔣委員長暨剿匪將士傷病官兵大會，是日晨間即有飛機飛翔天空，發散五彩慶祝標語，全市結彩懸旗，大會於十時在中山紀念堂開會，到各機關團體學校代表全市保甲長共二千餘人，會場已無隙地，而秩序井然，主席團范爭波晏尚志文羣，范爭波領導行禮，文羣報告開會意義，略謂剿匪之完成，為剿匪將士全省人民犧牲之代價，亦需從事善後建設，慶祝大會中，宜一面回憶過去痛苦，一面努力將來工作，龍學涵代表熊式輝致詞，勉人民痛定思痛，毋存暫安心理，而忽略過去犧牲所得代價，李中襄謂應謀永久紀念與慰勞及解決傷病官兵長久生活，末剿匪協會代表演說，希望各界踴躍捐助此地後一次之慰勞，旋通過提案，㈠全體起立為剿匪將士默哀三分鐘，㈡電慰蔣委員長及剿匪將士傷病官兵，㈢電慰新收復區同胞，㈣電請各省市當局，及慈善家募集鉅款救濟本省新收復區被難同胞，㈤通電擁護五中全會，又通過臨時動議，㈠呈省府撥款並由各界捐助，建築剿匪紀念館，㈡呈中央明令褒獎衛部犁徵案殉難義士，㈢呈中央撥款建立剿匪傷殘官兵工廠，末呼口號，迄午始散。

20. 湘匪向西延溃窜，周浑元部尾追击散其后卫，王家烈促犹国才出兵堵截，1934 年 12 月 2 日第 3 版

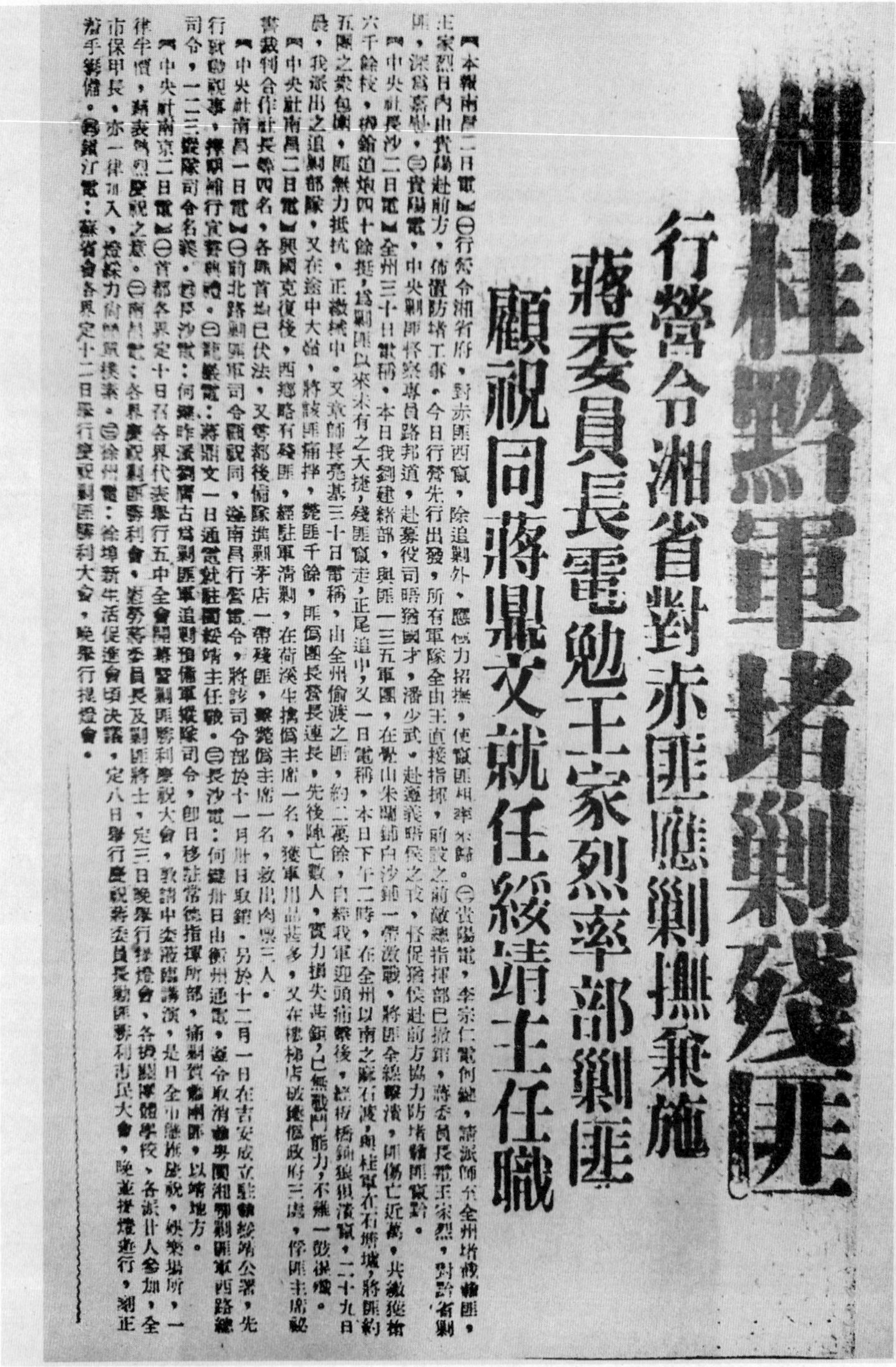

湘桂黔軍堵剿殘匪

行營令湘省對赤匪應剿撫兼施

蔣委員長電勉王家烈率部剿匪

顧祝同蔣鼎文就任綏靖主任職

【本報南昌二日電】㊀行營令湘省府，對赤匪西竄，除追剿外，應恃力招撫，使竄匪相率來歸。㊁貴陽電，李宗仁電何鍵，請派師至全州堵截赣匪，王家烈日內由貴陽赴前方，佈置防堵工事。今日行營先行出發，所有軍隊全由王直接指揮，前設之前敵總指揮部已撤銷，蔣委員長電王家烈，對黔省剿匪，深爲嘉慰。㊂貴陽電，中央剿匪督察專員路邦道，赴募役司晤猶國才，潘少武，赴遵義晤侯之擔，督促猶侯赴前方協力防堵赣匪竄黔。

【中央社長沙二日電】全州三十日電稱，本日我劉建緒部，與匪一三五軍團，在覺山朱蘭鋪白沙鋪一帶激戰，將匪全線擊潰，匪傷亡近萬，共繳獲槍六千餘枝，機槍迫炮四十餘挺，爲剿匪以來未有之大捷，殘匪竄走，正尾追中，又一日電稱，本日下午二時，在全州以南之麻石渡，與桂軍在石塘城，將匪約五團之衆包圍，匪無力抵抗，正繳械中。又章師長亮基三十日電稱，由全州偷渡之匪，約二萬餘，自經我軍迎頭痛擊後，經板橋鋪狼狽潰竄，二十九日晨，我派出之追剿部隊，又在途中大敗，將該匪痛擊，斃匪千餘，匪僞團長營長連長，先後陣亡數人，實力損失甚鉅，已無戰鬥能力，不難一鼓殲滅。

【中央社南昌二日電】興國克復後，西鄉略有殘匪，經駐軍清剿，在荷溪生擒僞主席一名，獲軍用品甚多，又在樓梯店破獲僞政府三處，俘匪主席秘書裁判合作社長等四名，各匪首均已伏法，又寧都後備隊進剿茅店一帶殘匪，擊斃僞主席一名，救出肉票三人。

【中央社南昌一日電】㊀前北路剿匪軍司令顧祝同，遵南昌行營電令，將該司令部於十一月卅日取銷，另於十二月一日在吉安成立駐贛綏靖公署，先行就職視事，辦理綏靖事宜暨與贛[illegible]。㊁龍巖電：蔣鼎文一日通電就駐閩綏靖主任職。㊂長沙電：何鍵卅日由衡州通電，遵令取消湘粵閩湘鄂剿匪軍西路總司令，一二三縱隊司令名義。㊃長沙電：何鍵昨派劉膺古爲剿匪軍追剿預備軍縱隊司令，即日移駐常德指揮所部，痛剿賀蕭兩匪，以靖地方。

【中央社南京二日電】㊀首都各界定十日召各界代表舉行五中全會開幕暨剿匪勝利慶祝大會，敦請中委蒞臨講演，是日全市懸旗慶祝，娛樂場所，一律半價，藉表熱烈慶祝之意。㊁南昌電：各界慶祝剿匪勝利會，電蔣委員長及剿匪將士，定三日晚舉行提燈會，各機關團體學校，各派廿人參加，全市保甲長，亦一律加入，燈綵力尚[illegible]。㊂徐州電：徐埠新生活促進會頃決議，定八日舉行慶祝蔣委員長剿匪勝利市民大會，晚舉提燈遊行，潮正着手籌備。㊃鎮江電：蘇省會各界定十二日舉行慶祝剿匪勝利大會，晚舉行提燈會。

21. 湘桂黔军堵剿残匪，行营令湘省对“赤匪”应剿抚兼施，蒋委员长电勉王家烈率部剿匪，顾祝同、蒋鼎文就任绥靖主任职，1934 年 12 月 3 日第 3 版

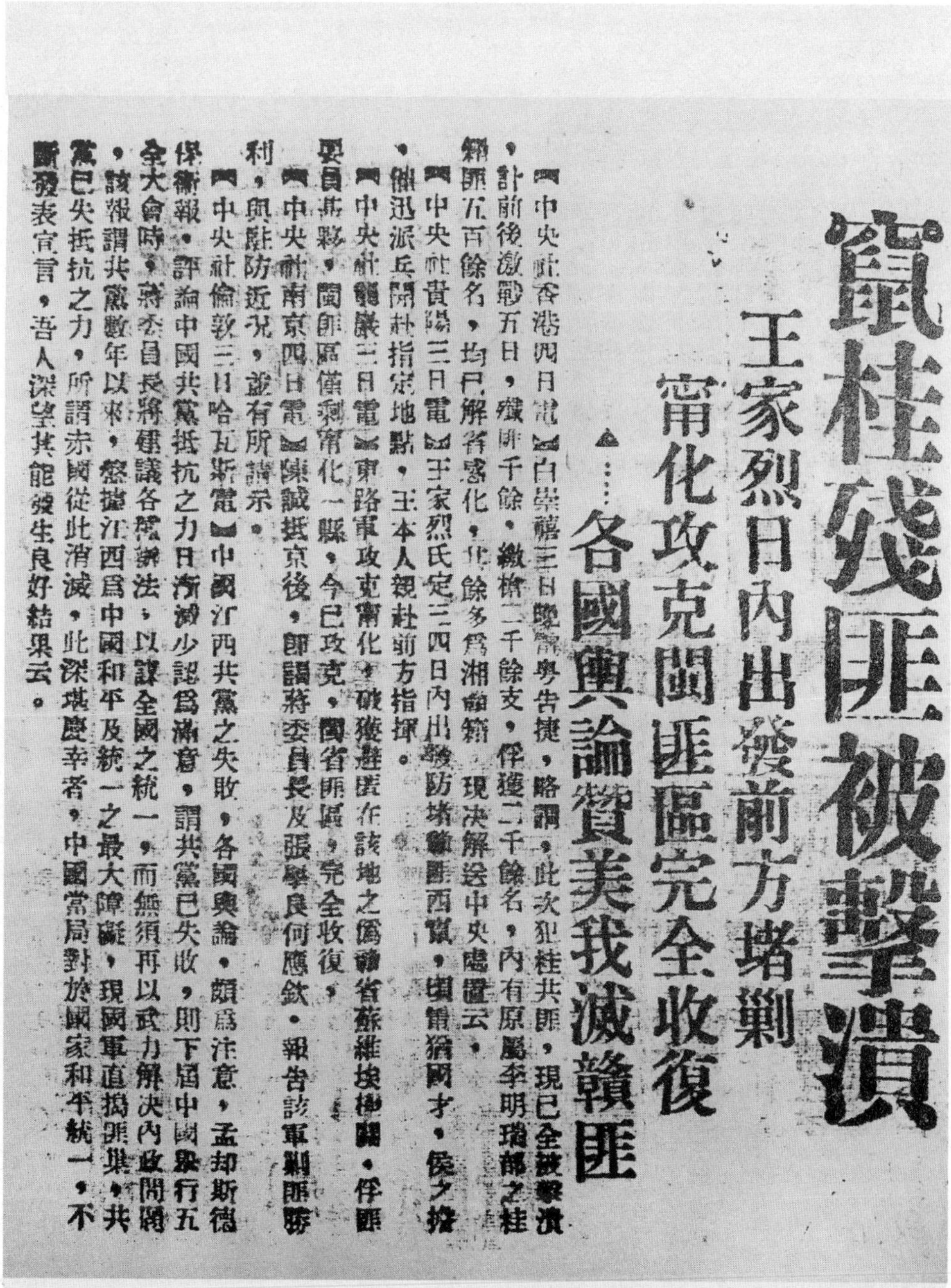

竄桂殘匪被擊潰

王家烈日內出發前方堵剿

甯化攻克閩匪區完全收復

▲……各國輿論贊美我滅贛匪

【中央社香港四日電】白崇禧三日晚向粵告捷，略謂，此次犯桂共匪，現已全被擊潰，計前後激戰五日，殲匪千餘，繳槍二千餘支，俘獲二千餘名，內有原屬李明瑞部之桂籍匪五百餘名，均已解省感化，其餘多爲湘贛籍，現決解送中央處置云。

【中央社貴陽三日電】王家烈氏定三四日內出發防堵贛匪西竄，與猶國才，侯之擔、猶迅派兵開赴指定地點，王本人親赴前方指揮。

【中央社福州三日電】東路軍攻克甯化，破獲匪匿在該地之僞贛省蘇維埃機關，俘匪要員甚夥，閩匪區僅剩甯化一縣，今已攻克，閩省匪區，完全收復，

【中央社南京四日電】陳誠抵京後，即謁蔣委員長及張學良何應欽，報告該軍剿匪勝利，與匪防近況，並有所請示。

【中央社倫敦三日哈瓦斯電】中國江西共黨之失敗，各國輿論，頗爲注意，孟却斯德保衛報，評論中國共黨抵抗之力日漸減少認爲滿意，謂共黨已失敗，則下屆中國舉行五全大會時，蔣委員長將建議各種辦法，以謀全國之統一，而無須再以武力解決內政問題，該報謂共黨數年以來，盤據江西爲中國和平及統一之最大障礙，現國軍直搗匪巢，共黨已失抵抗之力，所謂赤國從此消滅，此深堪慶幸者，中國當局對於國家和平統一，不斷發表宣言，吾人深望其能發生良好結果云。

22. 窜桂残匪被击溃，王家烈日内出发前方堵剿，宁化攻克闽匪区完全收复，各国舆论赞美我灭赣匪，1934 年 12 月 5 日第 3 版

李覺往晤白崇禧

商協剿西竄殘匪

匪潰大埠附近刻正追擊中

猶國材部開黎平一帶防堵

【中央社南京六日電】㊀貴陽電、猶國才派所部周文彬團於今日開赴黎平永從一帶，防堵竄匪西竄。㊁唐淮源電省稱：所部廿九日起，由道縣向永安關追擊，迭在楊家橋高明橋蔣家市等地，與匪千餘人激戰，均經擊潰。

【本報長沙六日電】衡州三日亥刻電報稱、匪大部已由西延北竄大埠頭附近，一部由龍勝方面分竄，我劉部本日抵西甯附近，我章師經四版橋新甯向西岩市前進中，我陶師在大帽嶺附近，擊潰匪五六百，俘獲匪各數十名，獲槍十餘枝，匪向大埠潰竄，仍在尾追中，李覺率補充一二團及章師杜旅陶師陳旅本日抵全縣，奉何總司令命令，與桂軍白副司令商商協剿計劃。

【本報長沙六日電】羅啓疆旅開赴津澧，向□□推進，羅本人昨由鄂抵湘，本日赴常督部協剿，我空軍連日向桑永大庸境內偵炸，據報，蕭賀本人率大部確向永順回竄，已與永順駐軍陳渠珍接觸，激戰甚烈，正追甚中。

【中央社長沙六日電】㊀陳渠珍電我軍破匪於四喜河，湘鄂川軍夾擊賀匪，慈桃方面無匪蹤。㊁省府決定限期肅清桑宜兩縣散匪，劃桑宜爲特區以歐冠爲主任。㊂殘匪被我軍擊潰後，分向龍勝城步方面大山中分竄，情形狼狽，各軍仍進追剿中，沿途斬獲甚多，據俘匪軍官供，此次在湘境實力損失極重，匪部傷亡確在三萬以上，對窮追猛剿，極具畏心。

23. 李觉往晤白崇禧商协剿西窜残匪，匪溃大埠附近刻正追击中，犹国才部开黎平一带防堵，1934 年 12 月 7 日第 3 版

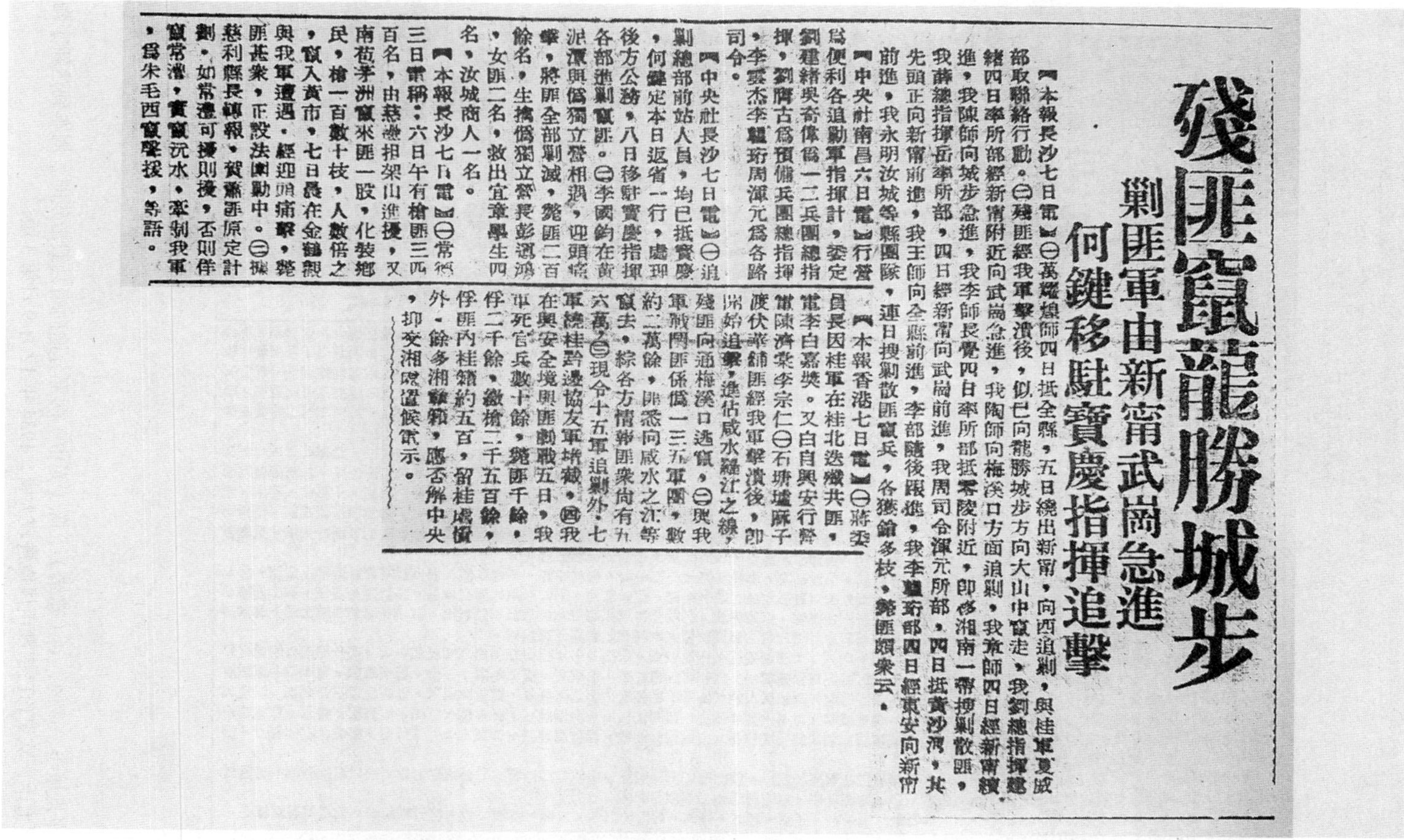

殘匪竄龍勝城步

劉匪軍由新甯武崗急進
何鍵移駐寶慶指揮追擊

【本報長沙七日電】㈠萬耀煌師四日抵全縣，五日繞出新甯，向西追剿，與桂軍夏威部取聯絡行動。㈡殘匪經我軍擊潰後，似已向龍勝城步方向大山中竄走，我劉總指揮建緒四日率所部經新甯附近向武崗急進，我陶師向梅溪口方面追剿，我章師四日經新甯續進，我陳師向城步急進，我李師長覺四日率所部抵零陵附近，即移湘南一帶搜剿散匪，我薛總指揮岳率所部，四日經新甯向武崗前進，我周司令渾元所部，四日抵黃沙河，其先頭正向新甯前進，我王師向全縣前進，李部隨後跟進，我李韞珩部四日經東安向新甯前進，我永明汝城等縣團隊，連日搜剿散匪竄兵，各獲槍多枝，殘匪頗衆云。

【中央社南昌六日電】行營為便利各追剿軍指揮計，委定劉建緒與奇偉為一二兵團總指揮，劉膺古為預備兵團總指揮，李雲杰李韞珩周渾元為各路司令。

【中央社長沙七日電】㈠追剿總部前站人員，均已抵寶慶，何鍵定本日返省一行，處理後方公務，八日移駐寶慶指揮各部進剿竄匪。㈡李國鈞在黃泥潭與偽獨立營相遇，迎頭痛擊，將匪全部剿滅，斃匪二百餘名，生擒偽獨立營長彭遇鴻，女匪二名，救出宜章學生四名，汝城商人一名。

【本報長沙七日電】㈠常德三日電稱：六日午有槍匪三四百名，由慈邑扫架山進擾，又南莅茅洲竄來匪一股，化裝鄉民，槍一百數十枝，人數倍之，竄入黃市，七日晨在金雞觀與我軍遭遇，經迎頭痛擊，斃匪甚衆，正設法剿辦中。㈡據慈利縣長轉報，賀蕭匪原定計劃，如常澧可擾則擾，否則佯竄常澧，實竄沅水，牽制我軍，爲朱毛西竄聲援，等語。

【本報香港七日電】㈠蔣委員長因桂軍在桂北迭殲共匪，電李白嘉奬。又白自興安行營電陳濟棠李宗仁㈠石塘墟麻子渡伏擊，殘匪經我軍擊潰後，即開始追擊，進佔咸水綏江之線，殘匪向通梅溪口逃竄，㈡與我軍戰鬥匪係偽一三五軍團，數約二萬餘，匪悉向咸水之江等竄去，綜各方情報匪衆尚有九六萬，㈢現令十五軍追剿外，七軍繞桂黔邊協友軍堵截，㈣我在興安全境與匪劇戰五日，我軍死官兵數十餘，斃匪千餘，俘二千餘，繳槍二千五百餘，俘匪內桂籍約五百，留桂處置外，餘多湘籍，應否解中央，抑交湘處還候電示。

24. 残匪窜龙胜、城步，剿匪军由新宁、武冈急进，何键移驻宝庆指挥追击，1934 年 12 月 8 日第 3 版

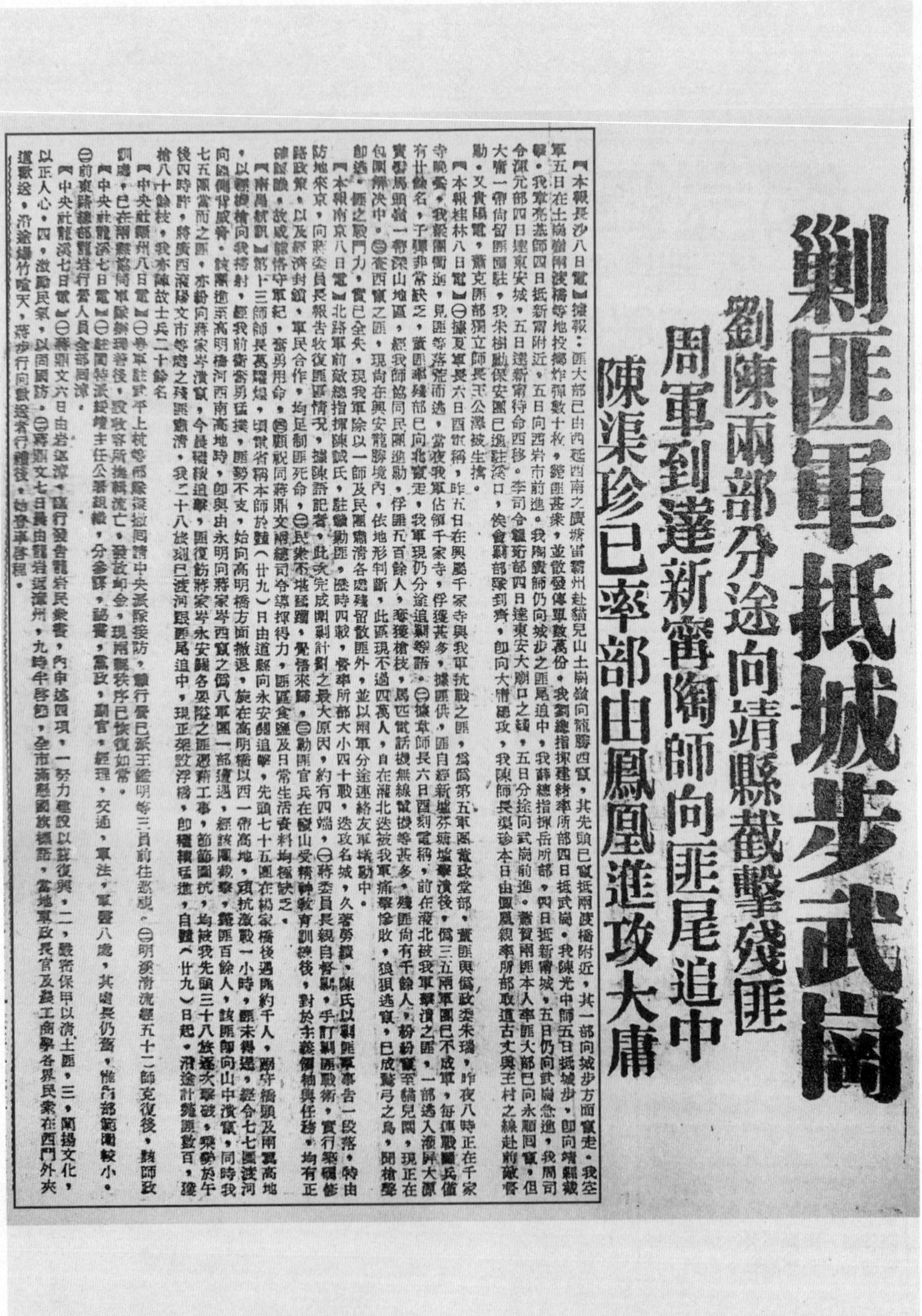

剿匪軍抵城步武岡

劉陳兩部分途向靖縣截擊殘匪

周軍到達新甯陶師向匪尾追中

陳渠珍已率部由鳳凰進攻大庸

【本報長沙八日電】據報：匪大部已由西延西南之廣漿當霸州赴貓兒山土崗嶺向龍勝西竄，其先頭已竄抵兩渡橋附近，其一部向城步方面竄走，我空軍五日在土崗嶺兩渡橋等地投擲炸彈數十枚，斃匪甚衆，並散發傳單數萬份。我劉總指揮建緒率所部四日抵武崗。我陳光中師五日抵城步，即向靖縣截擊。我章亮基師四日抵新甯附近，五日向西岩市前進。我陶廣師仍向城步之匪尾追中，我薛總指揮岳所部，四日抵新甯城，五日仍向武崗急進，我周司令渾元部四日達東安城，五日遂新甯待命西移。李司令韞珩部四日達東安大廟口之線，五日分途向武崗前進。蕭賀兩匪本人率匪大部已向永順回竄，但大庸一帶尚留匪團駐，我朱樹勳保安團已進駐溪口，俟會剿部隊到齊，即向大庸總攻，我陳師長渠珍本日由鳳凰親率所部取道古丈與王村之線赴前敵督勦。又貴陽電，蕭克匪部獨立師長王公灤被生擒。

【本報桂林八日電】㊀據夏軍長六日酉電稱，昨五日在興屬千家寺與我軍抗戰之匪，爲僞第五軍團蕭政堂部，蕭匪與僞政委朱瑞，昨夜八時正在千家寺晚餐，我驟圍衝進，見匪等落荒而逃，當夜我軍佔領千家寺，俘獲甚多，據匪供，匪自經新墟芬塘壚擊潰後，僞三五兩軍團已不成軍，每連戰鬥兵僅有廿餘名，子彈非常缺乏，蕭匪率殘部已向北竄走，我軍現仍分途追剿等語。㊁據韋師長六日酉刻電稱，前在灌北被我軍擊潰之匪，一部逃入灌陽大源實繫馬頭嶺一帶深山地區，經我師協同民團進剿，俘匪五百餘人，奪獲槍枝，馬匹電話機無線電機等甚多，殘匪尚有千餘人，紛紛竄至貓兒關，現正在包圍解決中。㊂查西竄之匪，現尚在興安龍勝境內，依地形判斷，此區現不過四萬人，自在灌北迭被我軍痛擊慘敗，狼狽逃竄，已成驚弓之鳥，聞槍聲即逃，匪之戰鬥力，實已全失，現我軍除以一師及民團肅清各處殘留散匪外，並以兩軍分途連絡友軍堵剿中。

【本報南京八日電】北路軍前敵總指揮陳誠氏，駐贛剿匪，歷時四載，督率所部大小四十戰，迭攻名城，久著勞績，陳氏以剿匪軍事告一段落，特由防地來京，向蔣委員長報告收復匪區情況，據陳語記者，此次完成圍剿計劃之最大原因，約有四端，㊀蔣委員長親自督剿，手訂剿匪戰術，實行碉堡路政策，以及經濟封鎖，軍民合作，均足制匪死命，㊁民衆不堪蹂躪，覺悟來歸，㊂剿匪官兵在廬山受精神教育訓練後，對於主義領袖與任務，均有正確認識，故咸能恪守軍紀，奮勇用命，㊃顧祝同蔣鼎文兩總司令導揮得力，匪區食鹽及日常生活資料均極缺乏。

【南昌航訊】第十三師師長萬耀煌，頃電省稱本師於豔（廿九）日由道縣向永安關追擊，先頭七十五團在枇家橋後遇匪約千人，踞守橋頭及兩翼高地，以輕機槍向我掃射，經我前衛奮勇猛撲，匪勢不支，始向高明橋方面撤退，旋在高明橋以西一帶高地，頑抗激戰一小時，匪未得逞，經令七七團渡河向匪側背威脅，該團迅至高明橋河西南高地時，即與由永明向蔣家岑西竄之僞八軍團一部遭遇，經該團截擊，斃匪百餘人，該匪即向山中潰竄，同時我七五團當面之匪，亦紛向蔣家岑潰竄，今晨繼續追擊，匪復飭蔣家岑永安關各要隘之匪趕築工事，節節圍抗，均被我先頭三十八旅逐次擊破，乘勢於午後四時許，將廣西灌陽文市等處之殘匪肅清，我二十八旅刻已渡河跟匪尾追中，現正架設浮橋，即繼續猛進，自豔（廿九）日起，沿途計獲匪數百，獲槍八十餘枝，我亦陣故士兵二十餘名

【中央社贛州八日電】㊀粵軍駐武平上杭等部隊，擬同請中央派隊接防，贛行營已派王鑑明等三員前往蒞視。㊁明溪清流經五十二師克復後，該師政訓處，已在兩縣協同軍隊辦理善後，設收容所搜輯流亡，發放卹金，現兩縣秩序已恢復如常。

【中央社龍溪七日電】㊀駐閩特派綏靖主任公署組織，分參謀，秘書，黨政，副官，經理，交通，軍法，軍醫八處，其處長仍舊，惟內部範圍較小。㊁前東路總部暨岩行營人員全部回漳。

【中央社龍溪七日電】㊀蔣鼎文六日由岩返漳，臨行發告龍岩民衆書，內申述四項，一努力建設以蘇復興，二，嚴密保甲以清土匪，三，闡揚文化，以正人心，四，激勵民氣，以固國防。㊁蔣鼎文七日晨由龍岩返漳州，九時半啓節，全市滿懸國旗標語，當地軍政長官及各工商學各界民衆在西門外夾道歡送，沿途爆竹喧天，蔣步行向歡送者行禮後，始登車啓程。

25. 剿匪军抵城步、武冈，刘（建绪）、陈（光中）两部分途向靖县截击残匪，周军到达新宁陶师向匪尾追中，陈渠珍已率部由凤凰进攻大庸，1934 年 12 月 9 日第 3 版

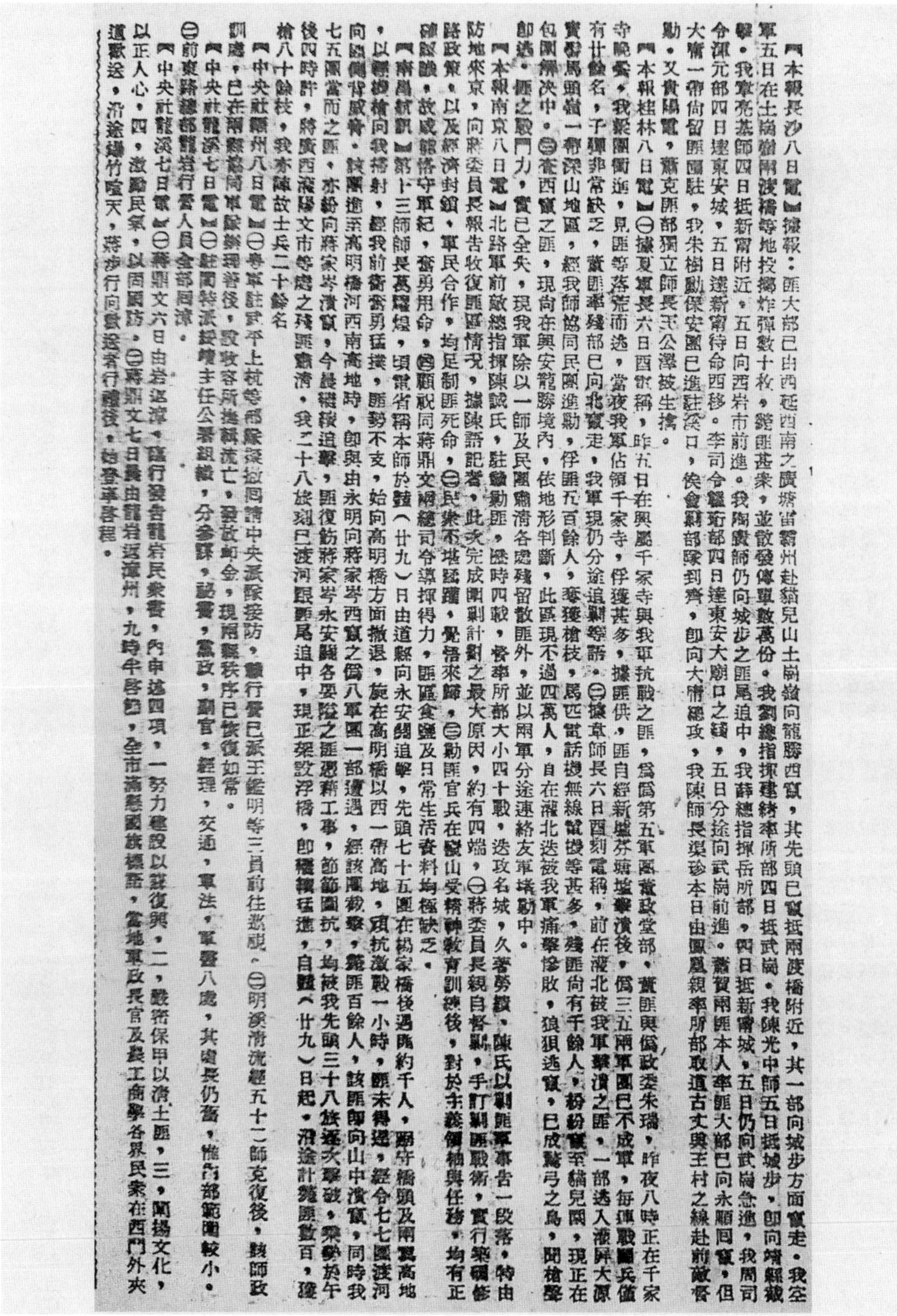
【本報長沙八日電】據報：匪大部已由西延西南之廣塘甾霸州赴貓兒山土嶺嶺向龍勝西竄，其先頭已竄抵兩渡橋附近，其一部向城步方面竄走。我空軍五日在土嶺嶺兩渡橋等地投擲炸彈數十枚，毙匪甚衆，並散發傳單數萬份。我劉總指揮建緒率所部四日抵武崗。我陳光中師五日抵城步，即向靖縣截擊。我韋亮基師四日抵新甯附近，五日向西岩市前進。我陶廣師仍向城步之匪尾追中，我薛總指揮岳所部，四日抵新甯城，五日仍向武崗急進，我周司令渾元部四日逮東安城，五日達新甯待命西移。李司令韞珩部四日達東安大廟口之鏡，五日分途向武崗前進。蕭賀兩匪本人率匪大部已向永順回竄，但大庸一帶尚留匪團駐，我朱樹勳保安團已進駐溪口，俟會齊部隊到齊，即向大庸總攻，我陳師長渠珍本日由鳳凰親率所部取道古丈與王村之線赴前敵督勦。又貴陽電，蕭克匪部獨立師長王公濹被生擒。

【本報桂林八日電】㈠據夏軍長六日酉電稱，昨五日在興屬千家寺與我軍抗戰之匪，爲僞第五軍團董政堂部，董匪與僞政委朱瑞，昨夜八時正在千家寺晚餐，我擬團衝進，見匪等落荒而逃，當夜我軍佔領千家寺，俘獲甚多，據匪供，匪自經新墟芬塘墟擊潰後，僞三五兩軍團已不成軍，每連戰鬭兵僅有廿餘名，子彈非常缺乏，董匪率殘部已向兆竄走，我軍現仍分途追勦等語。㈡據章師長六日酉刻電稱，前在灌北被我軍擊潰之匪，一部逃入灌陽大源實嶺馬頭嶺一帶深山地區，經我師偕同民團進勦，俘匪五百餘人，奪獲槍枝，馬匹，無綫電機等甚多，殘匪尚有千餘人，紛紛竄至貓兒關，現正在包圍解決中。㈢奄西竄之匪，現尚在興安龍勝境內，依地形判斷，此匪現不過四萬人，自在灌北迭被我軍痛擊慘敗，狼狽逃竄，已成驚弓之鳥，聞槍聲即逃，匪之戰鬥力，實已全失，現我軍除以一師及民團肅清各處殘留散匪外，並以兩軍分途連絡友軍堵勦中。

【本報南京八日電】北路軍前敵總指揮陳誠氏，駐贛勦匪，歷時四載，督率所部大小四十戰，迭攻名城，久著勞績，陳氏以剿匪軍事告一段落，特由防地來京，向蔣委員長報告收復匪區情況，據陳語記者，此次完成剿匪計劃之最大原因，約有四端，㈠蔣委員長親自督勦，手訂剿匪戰術，實行築碉修路政策，以及經濟封鎖，軍民合作，均足制匪死命，㈡民衆不堪匪擾，覺悟來歸，㈢勦匪官兵在廬山受精神教育訓練後，對於主義領袖與任務，均有正確認識，故咸能恪守軍紀，奮勇用命，㈣顧祝同蔣鼎文兩總司令導揮得力，匪區食鹽及日常生活資料均極缺乏。

【南昌航訊】第十三師師長萬耀煌，頃電省稱本師於豔（廿九）日由道縣向永安關追擊，先頭七十五團在楊家橋後遇匪約千人，踞守橋頭及兩翼高地，以機關槍向我掃射，經我前衛奮勇猛撲，匪勢不支，始向高明橋方面撤退，旋在高明橋以西一帶高地，頑抗激戰一小時，匪未得逞，經令七七團渡河向匪側背威脅，該團進至高明橋河西南高地時，即與由永明向蔣家岑西竄之僞八軍團一部遭遇，經該團截擊，斃匪百餘人，該匪即向山中潰竄，同時我七五團當面之匪，亦紛向蔣家岑潰竄，今晨繼續追擊，匪復飭蔣家岑永安關各要隘之匪趕築工事，節節圖抗，均被我先頭三十八旅逐次擊破，乘勢於午後四時許，將廣西灌陽文市等處之殘匪肅清，我二十八旅刻已渡河跟匪尾追中，現正架設浮橋，即繼續猛進，自豔（廿九）日起，沿途計斃匪數百，獲槍八十餘枝，我亦陣故士兵二十餘名

【中央社郴州八日電】㈠粵軍駐武平上杭等縣部隊擬撥回請中央派隊接防，贛行營已派王鑑明等三員前往巡視。㈡明溪清流經五十二師克復後，該師政訓處，已在兩縣辦理善後，設收容所招撫流亡，發放賑金，現兩縣秩序已恢復如常。

【中央社龍溪七日電】㈠駐閩特派綏靖主任公署組織，分參謀，秘書，黨政，副官，經理，交通，軍法，軍醫八處，其處長仍舊，惟各部範圍較小。㈡前東路總部暨駐岩行營人員全部回漳。

【中央社龍溪七日電】㈠蔣鼎文六日由岩返漳，臨行發告龍岩民衆書，內申述四項，一努力建設以謀復興，二，嚴密保甲以清土匪，三，闡揚文化，以正人心，四，激勵民氣，以固國防，㈡蔣鼎文七日晨由龍岩返漳州，九時半啓節，全市高懸國旗標語，當地軍政長官及農工商學各界民衆在西門外夾道歡送，沿途鞭竹喧天，蔣步行向歡送者行禮後，始登車啓程。

（局部图）

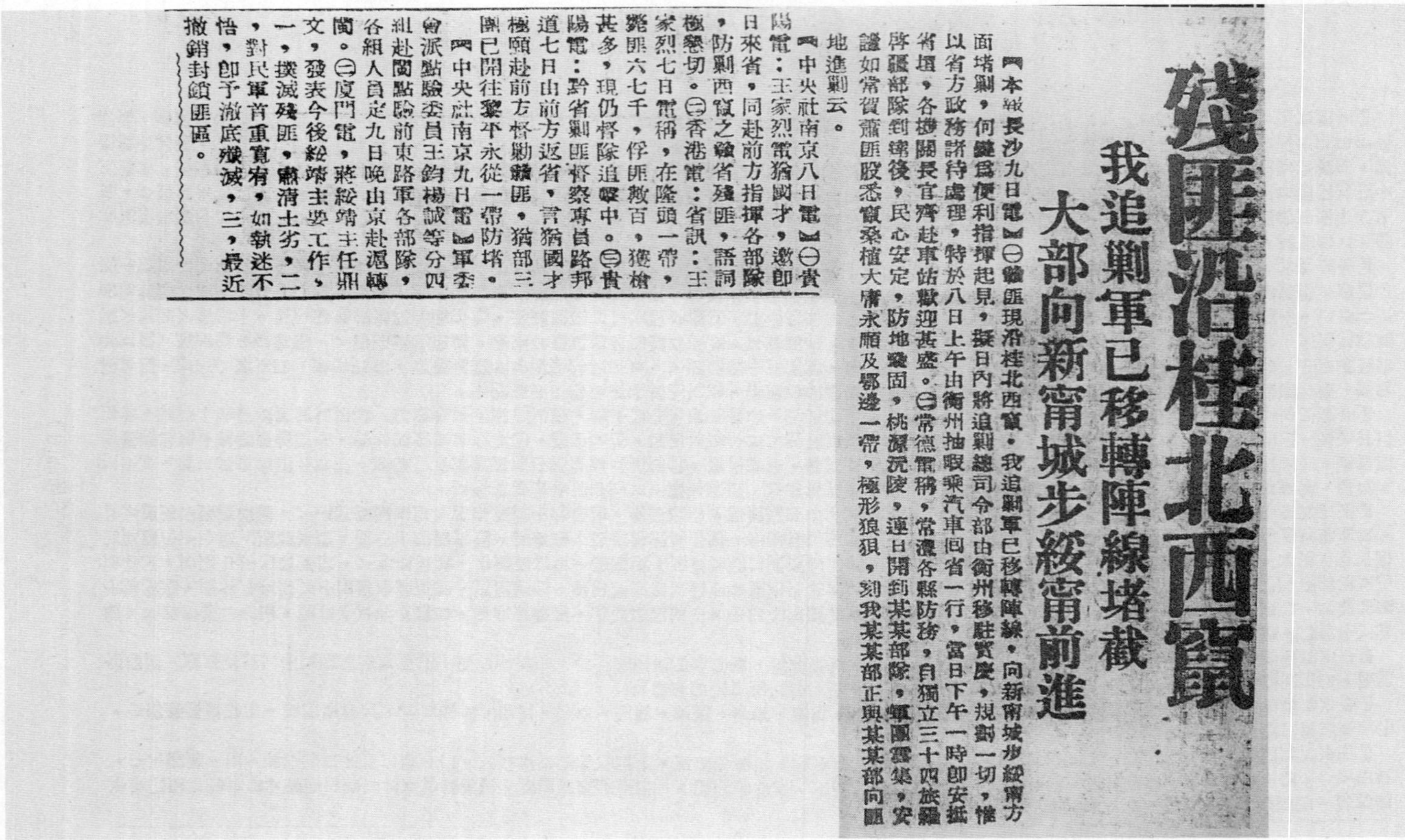

殘匪沿桂北西竄

我追剿軍已移轉陣線堵截

大部向新甯城步綏甯前進

【本報長沙九日電】㈠贛匪現沿桂北西竄。我追剿軍已移轉陣線。向新甯城步綏甯方面堵剿，何鍵爲便利指揮起見，擬日內將追剿總司令部由衡州移駐寶慶，規劃一切，惟以省方政務諸待處理，特於八日上午由衡州抽暇乘汽車回省一行，當日下午一時即安抵省垣，各機關長官齊赴車站歡迎甚盛。㈡常德電稱，常澧各縣防務，自獨立三十四旅羅啓疆部隊到達後，民心安定，防地鞏固，桃源沅陵，連日開到某某部隊，軍團雲集，安謐如常，賀蕭匪股悉竄桑植大庸永順及鄂邊一帶，極形狼狽，刻我某某部正與某某部向匪地進剿云。

【中央社南京八日電】㈠貴陽電：王家烈電猶國才，邀即日來省，同赴前方指揮各部隊，防剿西竄之贛省殘匪，語詞極懇切。㈡香港電：省訊：王家烈七日電稱，在隆頭一帶，斃匪六七千，俘匪數百，獲槍甚多，現仍督隊追擊中。㈢貴陽電：黔省剿匪督察專員路邦道七日由前方返省，言猶國才極願赴前方督剿贛匪，猶部三團已開往黎平永從一帶防堵。

【中央社南京九日電】軍委會派點驗委員王鈞楊誠等分四組赴閩點驗前東路軍各部隊，各組人員定九日晚由京赴滬轉閩。㈡廈門電，蔣綏靖主任鼎文，發表今後綏靖主要工作、一，撲滅殘匪，肅清土劣，二，對民軍首重寬宥，如執迷不悟，即予澈底殲滅，三，最近撤銷封鎖匪區。

26. 残匪沿桂北西窜，我追剿军已移转阵线堵截，大部向新宁、城步、绥宁前进，1934 年 12 月 10 日第 3 版

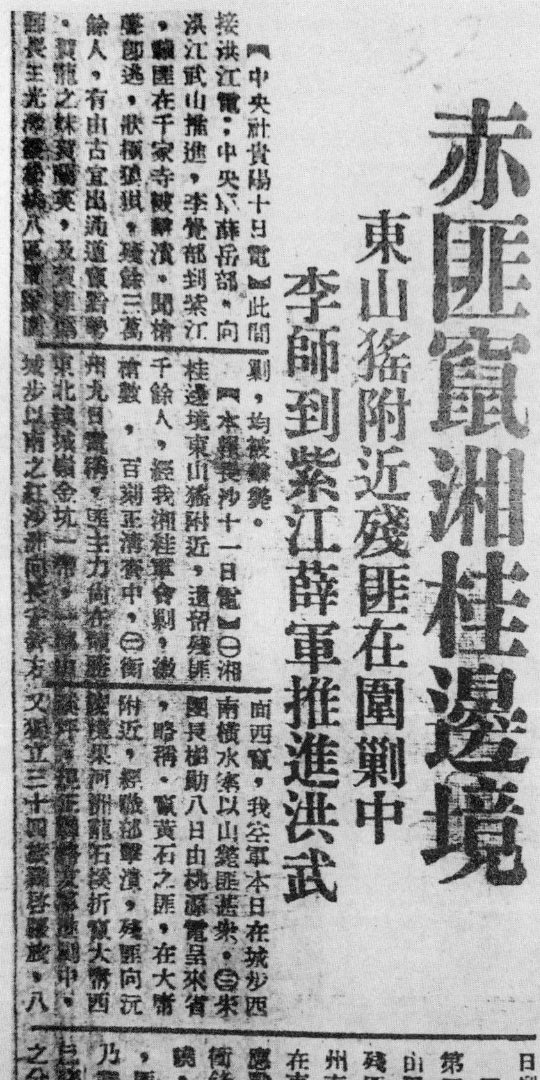

赤匪竄湘桂邊境

東山猺附近殘匪在圍剿中

李師到紫江薛軍推進洪武

【中央社貴陽十日電】此間接洪江電：中央軍薛岳部，向洪江武山推進，李覺部到紫江，[illegible]匪在千家寺被擊潰，聞[illegible]聲即逃，狀極狼狽，殘餘三萬餘人，有由古宜幽通道竄黔[illegible]，賀龍之妹賀[illegible]英，及[illegible]師長王光[illegible]八[illegible]剿，均被擊斃。

【本報長沙十一日電】㈠湘桂邊境東山猺附近，遺留殘匪千餘人，經我湘桂軍會剿，激[illegible]數，百[illegible]中，㈡衡州九日電稱，匪主力尚在[illegible]東北[illegible]城嶺金坑一帶，[illegible]城步以南之紅沙[illegible]向長安[illegible]右面西竄，我空軍本日在城步西南橫水寨以山猺匪甚衆。㈢朱團長樹勳八日由桃源電呈來省，略稱，竄黃石之匪，在大庸附近，經我[illegible]擊潰，殘匪向沅[illegible]渠河[illegible]龍石後折竄大庸西[illegible]中。又獨立三十四[illegible]八日到桃源，縣境安謐。

【本報長沙十一日電】新編第三十四師師長陳渠珍，八日由鳳凰電呈來省，略稱，賀蕭殘匪由[illegible]邊四都坪馬[illegible]水向辰州直犯，七日午後與[illegible]兩各部在東門外接觸，經我守兵沉着應戰射擊，激戰至夜半，該匪衝鋒五次，均被擊退，本日[illegible]曉，匪復三路衝鋒，戰鬥極烈，匪因傷亡甚衆，迄未得逞，乃乘大霧完全潰退，我顧旅長已[illegible]由古丈[illegible]之分路，尾[illegible]追擊中。

27.“赤匪”窜湘桂边境，东山瑶附近残匪在围剿中，李师到紫江薛军推进洪（江）、武（山），1934年12月12日第3版

粤桂追勦部隊

由李宗仁統率

陳李白電五中全會報告

請中央頒明令用專責成

【本報香港十二日電】陳濟棠李宗仁白崇禧十一日電中央及五全會，西南執行部，政委會，國府林主席，行政院汪院長，軍委會蔣委員長，詳述匪竄川黔危機，謂此時若不趁匪徬徨未定之際，加以猛烈攻剿，則匪將赤化西南，擾亂黔桂，而禍國民族之危亡，勢將無法挽救，粵桂兩省已另抽調勁旅，編組追剿部隊，由宗仁統率，會同各路友軍，繼續窮追，以竟全功，如蒙採納，即請頒佈明令，用專責成，並請蔣委員長隨時指示機宜。

28. 粤桂追剿部队由李宗仁统率，陈（济棠）、李（宗仁）、白（崇禧）电五中全会报告，请中央颁明令用专责成，1934 年 12 月 13 日第 3 版

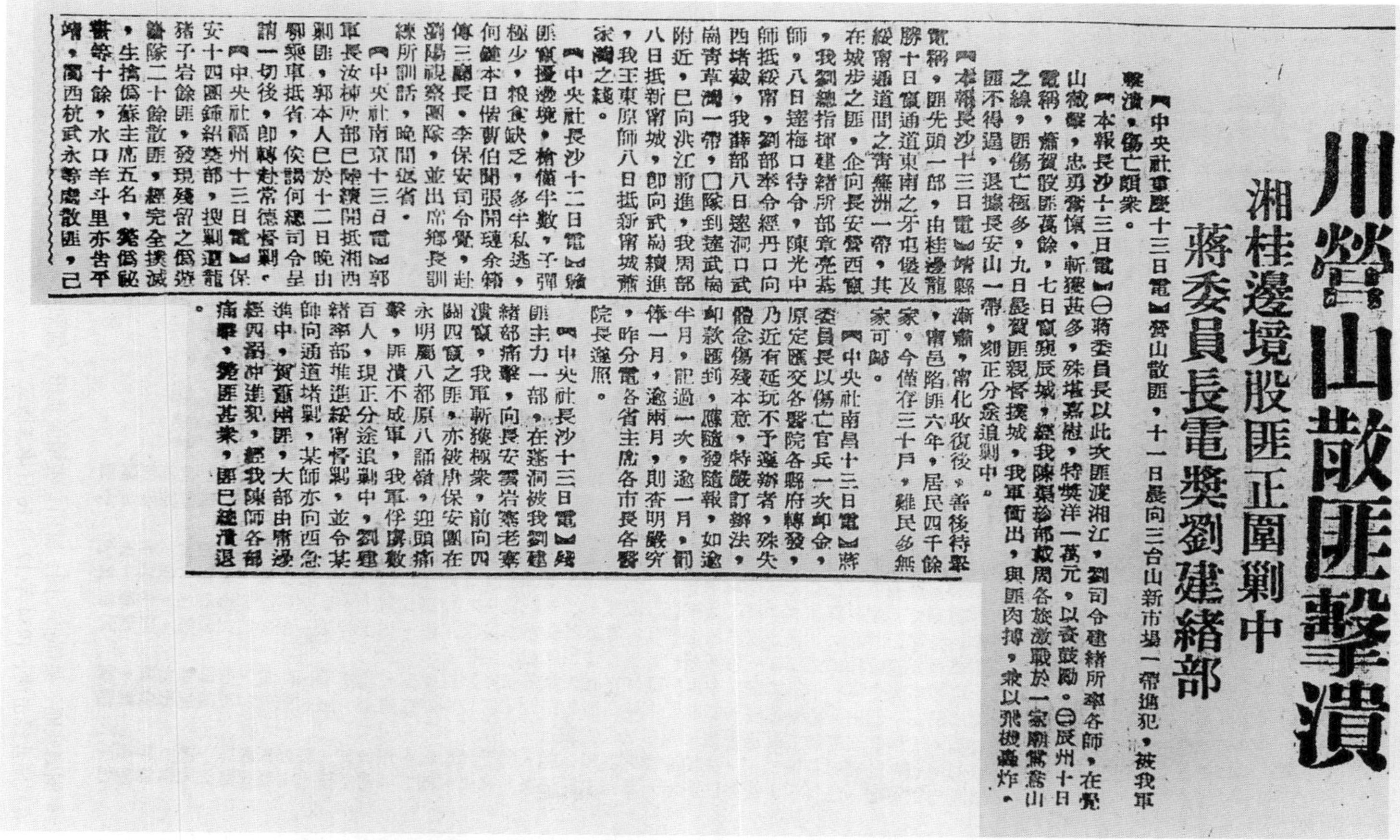

川營山散匪擊潰

湘桂邊境股匪正圍剿中

蔣委員長電獎劉建緒部

【中央社重慶十三日電】營山散匪，十一日晨向三台山新市場一帶進犯，被我軍擊潰，傷亡頗衆。

【本報長沙十三日電】㈠蔣委員長以此次匪渡湘江，劉司令建緒所率各師，在覺山御擊，忠勇奮憤，斬獲甚多，殊堪嘉慰，特獎洋一萬元，以資鼓勵。㈡辰州十日電稱，蕭賀股匪萬餘，七日竄窺辰城，經我陳渠珍部截周各旅激戰於一家廟鴛鴦山之線，匪傷亡極多，九日蕭賀匪親督撲城，我軍衝出，與匪肉搏，並以飛機轟炸，匪不得逞，退據長安山一帶，刻正分途追剿中。

【本報長沙十三日電】靖縣電稱，匪先頭一部，由桂邊龍勝十日竄通道東南之牙屯堡及綏甯通道間之青蕪洲一帶，其在城步之匪，企向長安營西竄，我劉總指揮建緒所部章亮基師，八日達梅口待令，陳光中師抵綏甯，劉部奉令經丹口向西堵截，我薛部八日達洞口武崗青草灣一帶，□隊到達武崗附近，已向洪江前進，我周部八日抵新甯城，即向武崗續進，我王東原師八日抵新甯城蕭家灣之綫。

【中央社長沙十二日電】綏匪竄擾邊境，槍械半數，子彈極少，糧食缺乏，多半私逃，何鍵本日偕謝伯開張開璉余籍傳三師長，李保安司令覺，赴瀏陽視察團隊，並出席鄉長訓練所訓話，晚間返省。

【中央社南京十三日電】郭軍長汝棟所部已陸續開抵湘西剿匪，郭本人已於十二日晚由鄂乘車抵省，俟謁何總司令呈請一切後，即轉赴常德督剿。

【中央社福州十三日電】保安十四團鍾紹葵部，搜剿連龍豬子岩餘匪，發現殘留之僞遊擊隊二十餘散匪，經完全撲滅，生擒僞蘇主席五名，斃僞秘書等十餘，水口羊斗里亦告平靖，閩西杭武永等處散匪，已漸蘇，甯化收復後，善後待舉，甯邑陷匪六年，居民四千餘家，今僅存三十戶，難民多無家可歸。

【中央社南昌十三日電】蔣委員長以傷亡官兵一次卹金，原定匯交各醫院各縣府轉發，乃近有延玩不予遵辦者，殊失體念傷殘本意，特嚴訂辦法，如逾半月，記過一次，逾一月，罰俸一月，逾兩月，則查明嚴究，昨分電各省主席各市長各醫院長遵照。

【中央社長沙十三日電】綏匪主力一部，在蓮洞被我劉建緒部痛擊，向長安營岩寨老寨潰竄，我軍斬獲極衆，前向四竄四竄之匪，亦被唐保安團在永明屬八都原八踊嶺，迎頭痛擊，匪潰不成軍，我軍俘虜數百人，現正分途追剿中，劉建緒率部推進綏甯督剿，並令某某師向通道堵剿，某師亦向西急進中，賀蕭兩匪，大部由甯邊經四溜沖進犯，經我陳師各部痛擊，斃匪甚衆，匪已總潰退。

29. 川营山散匪击溃，湘桂边境股匪正围剿中，蒋委员长电奖刘建绪部，1934 年 12 月 14 日第 3 版

湘桂黔軍圍剿殘匪

吳部抵會同黔陽一帶堵匪北竄

何知重昨赴前方指揮黔軍剿匪

白崇禧電告桂境殘匪業經擊潰

【本報長沙十五日電】㈠劉建緒部在城步以南主涎洞，擊破匪一部，斬獲極多。㈡前向四關回竄湘南散匪，現經我成鐵俠部，由大河向匪進剿匪圍洞戰一小時，一股向詹觀洞萬金山方向潰竄，是役奪獲水機關槍一架，自動步槍兩架，撈殼步槍共五十餘枝，行李輜重無算，又義勇隊獲步槍十餘枝，小無線電一架，斃匪百餘，俘偽營長一名，匪共七十餘名。

【本報長沙十五日電】㈠湘西方面，蕭匪大部向永順塔窩移動，賀匪大部向辰州急竄，經我陸空軍擊潰竄至洪水坪，有竄回大庸之模樣，李匪吉宇，仍守庸城，我軍由溪口向庸城攻擊。㈡貴陽電，匪十日起已竄抵青無洲牙屯堡通道城一帶地區，有轉新廠馬路口竄貴州錦屏之模樣，我第一兵團陳光中師十一日午抵靖縣，先頭抵靖通間之鳩安橋扼堵，陶章兩師九日均到綏甯續向西進，王東原師十二日抵長舖子，李雲杰師隨後跟進，李韞珩師由武崗大道向綏靖續進，我第二兵團吳司令奇偉所部已抵洪江，並令梁師進駐會同，韓歐兩師推進黔陽一帶，堵匪北竄，兼向黔東截擊，我周司令渾元所部，已抵武崗，續向洪江前進，我劉總指揮建緒率部推進新甯，向通道堵截，同時並向西急進中。

【本報貴陽十五日電】㈠中央所派黔省剿匪督察專員潘少武，十二日偕二十五軍副軍長侯之擔，由遵義抵貴陽，訪晤王家烈氏，商剿匪計劃，據潘語人，侯對剿匪意志，頗為堅決，所部已由遵義出動。㈡王家烈委猶國才為貴州全省剿匪總指揮，何知重為副指揮，侯之擔為貴州剿匪後備總指揮，何知重十五日由貴陽出發，在猶國才未到以前，所有貴州省前敵剿匪部隊，概由何知重指揮。

【本報香港十五日電】㈠白崇禧十三日電李宗仁，此次俘匪在七千以上，擬解粵轉送贛省處置，㈡桂林行營十三日電，西竄匪號稱十萬，實數不過五六萬，自經本軍在富賀渡全興龍痛擊，先後斃匪三千餘，俘六千，獲槍四千餘，殘匪分兩路竄，大股至通道下鄉一帶，一部由廣南長安堡饒江口竄牙屯堡，已出桂境。

30. 湘桂黔军围剿残匪，吴部抵会同、黔阳一带堵匪北窜，何知重昨赴前方指挥黔军剿匪，白崇禧电告桂境残匪业经击溃，1934 年 12 月 16 日第 3 版

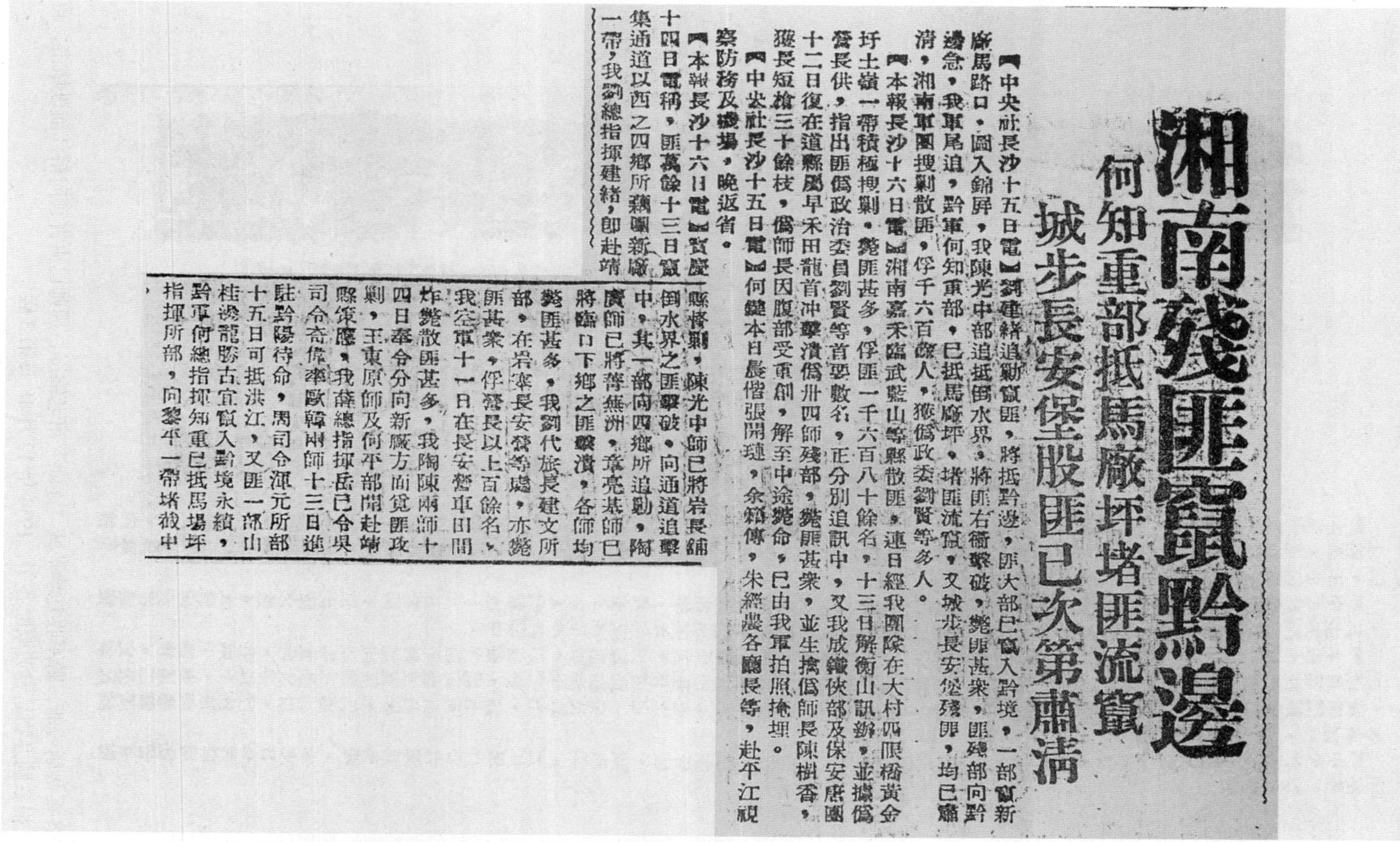

湘南殘匪竄黔邊

何知重部抵馬廠坪堵匪流竄

城步長安堡股匪已次第肅清

【中央社長沙十五日電】劉建緒追剿竄匪，將抵黔邊，匪大部已竄入黔境，一部竄新廠馬路口，圖入錦屏，我陳光中部追抵倒水界，將匪右衛擊破，斃匪甚衆，匪殘部向黔邊急，我軍尾追，黔軍何知重部，已抵馬廠坪，堵匪流竄，又城步長安堡殘匪，均已肅清，湘南軍團搜剿散匪，俘千六百餘人，獲偽政委劉賢等多人。

【本報長沙十六日電】湘南嘉禾臨武藍山等縣散匪，連日經我團隊在大村四眼橋黃金圩土嶺一帶積極搜剿，斃匪甚多，俘匪一千六百八十餘名，十三日解衡山訊辦，並擄偽營長供，指出匪偽政治委員劉賢等首要數名，正分別追訊中，又我成鐵俠部及保安團十二日復在道縣屬早禾田龍首沖擊潰偽卅四師殘部，斃匪甚衆，並生擒偽師長陳樹香，獲長短槍三十餘枝，偽師長因腹部受重創，解至中途斃命，已由我軍拍照掩埋。

【中央社長沙十五日電】何鍵本日晨偕張開璉，余籍傳，朱經農各廳長等，赴平江視察防務及機場，晚返省。

【本報長沙十六日電】寶慶十四日電稱，匪萬餘十三日竄集通道以西之四鄉所[illegible]團新廠一帶，我劉總指揮建緒，即赴靖縣督剿，陳光中師已將岩長舖倒水界之匪擊破，向通道追擊中，其一部向四鄉所追剿，陶廣師已將菁蕪洲，章亮基師已將臨口下鄉之匪擊潰，各師均斃匪甚多，我劉代旅長建文所部，在岩寨長安營等處，亦斃匪甚衆，俘營長以上百餘名，我空軍十一日在長安營車田間炸斃散匪甚多，我陶陳兩師十四日奉令分向新廠方面覓匪攻剿，王東原師及何平部開赴靖縣綏寧，我薛總指揮岳已令吳司令奇偉率歐韓兩師十三日進駐黔陽待命，周司令渾元所部十五日可抵洪江，又匪一部由桂邊龍勝古宜竄入黔境永績，黔軍何總指揮知重已抵馬場坪，指揮所部，向黎平一帶堵截中。

31. 湘南残匪窜黔边，何知重部抵马场坪堵匪流窜，城步、长安堡股匪已次第肃清，1934 年 12 月 17 日第 3 版

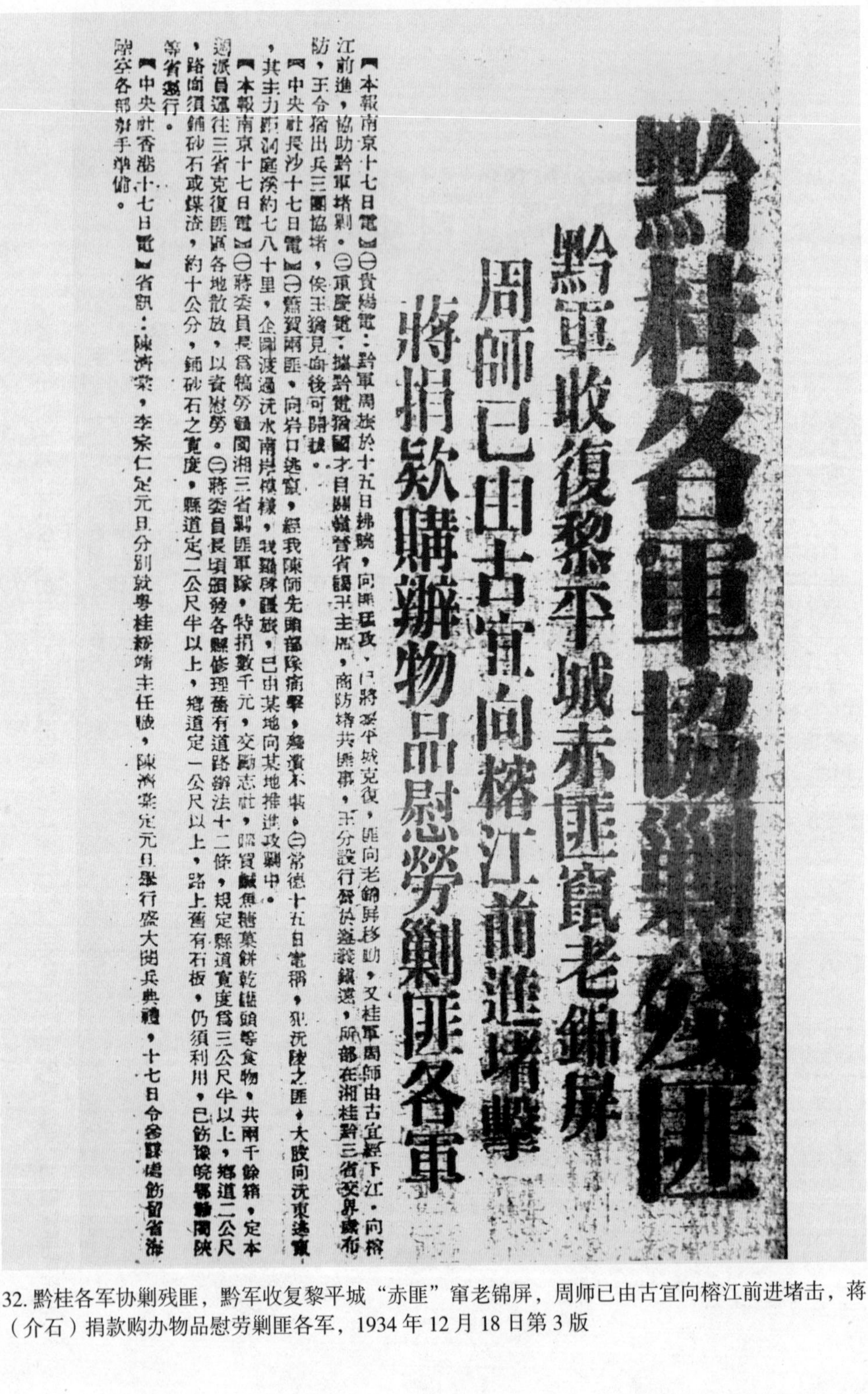

黔桂各軍協剿殘匪

黔軍收復黎平城赤匪竄老錦屏

周師已由古宜向榕江前進堵擊

蔣捐款購辦物品慰勞剿匪各軍

【本報南京十七日電】㈠貴陽電：黔軍周旅於十五日拂曉，向匪猛攻，已將黎平城克復，匪向老錦屏移動，又桂軍周師由古宜經下江，向榕江前進，協助黔軍堵剿。㈡重慶電：據黔覺猶國才自黔返省謁王主席，商防堵共匪事，王分設行營於鎮遠，所部在湘桂黔三省交界處布防，王令猶出兵三團協堵，俟王猶見面後可歸決。

【中央社長沙十七日電】㈠蕭賀兩匪，向岩口逃竄，經我陳師先頭部隊痛擊，殘潰不堪。㈡常德十五日電稱，犯沅陵之匪，大股向沅東逃竄，其主力距洞庭溪約七八十里，企圖渡過沅水南岸模樣，我羅啓疆旅，已由某地向某地推進攻剿中。

【本報南京十七日電】㈠蔣委員長爲犒勞粵閩湘三省剿匪軍隊，特捐數千元，交勵志社，購買鹹魚糖菓餅乾罐頭等食物，共兩千餘箱，定本週派員運往三省克復匪區各地散放，以資慰勞。㈡蔣委員長頃頒發各縣修理舊有道路辦法十二條，規定縣道寬度爲三公尺半以上，鄉道二公尺，路面須鋪砂石或煤渣，約十公分，鋪砂石之寬度，縣道定二公尺半以上，鄉道定一公尺以上，路上舊有石板，仍須利用，已飭豫皖鄂贛閩陝等省遵行。

【中央社香港十七日電】省訊：陳濟棠、李宗仁定元旦分別就粵桂綏靖主任職，陳濟棠定元旦舉行盛大閱兵典禮，十七日令參謀處飭留省海陸空各部着手準備。

32. 黔桂各军协剿残匪，黔军收复黎平城“赤匪”窜老锦屏，周师已由古宜向榕江前进堵击，蒋（介石）捐款购办物品慰劳剿匪各军，1934 年 12 月 18 日第 3 版

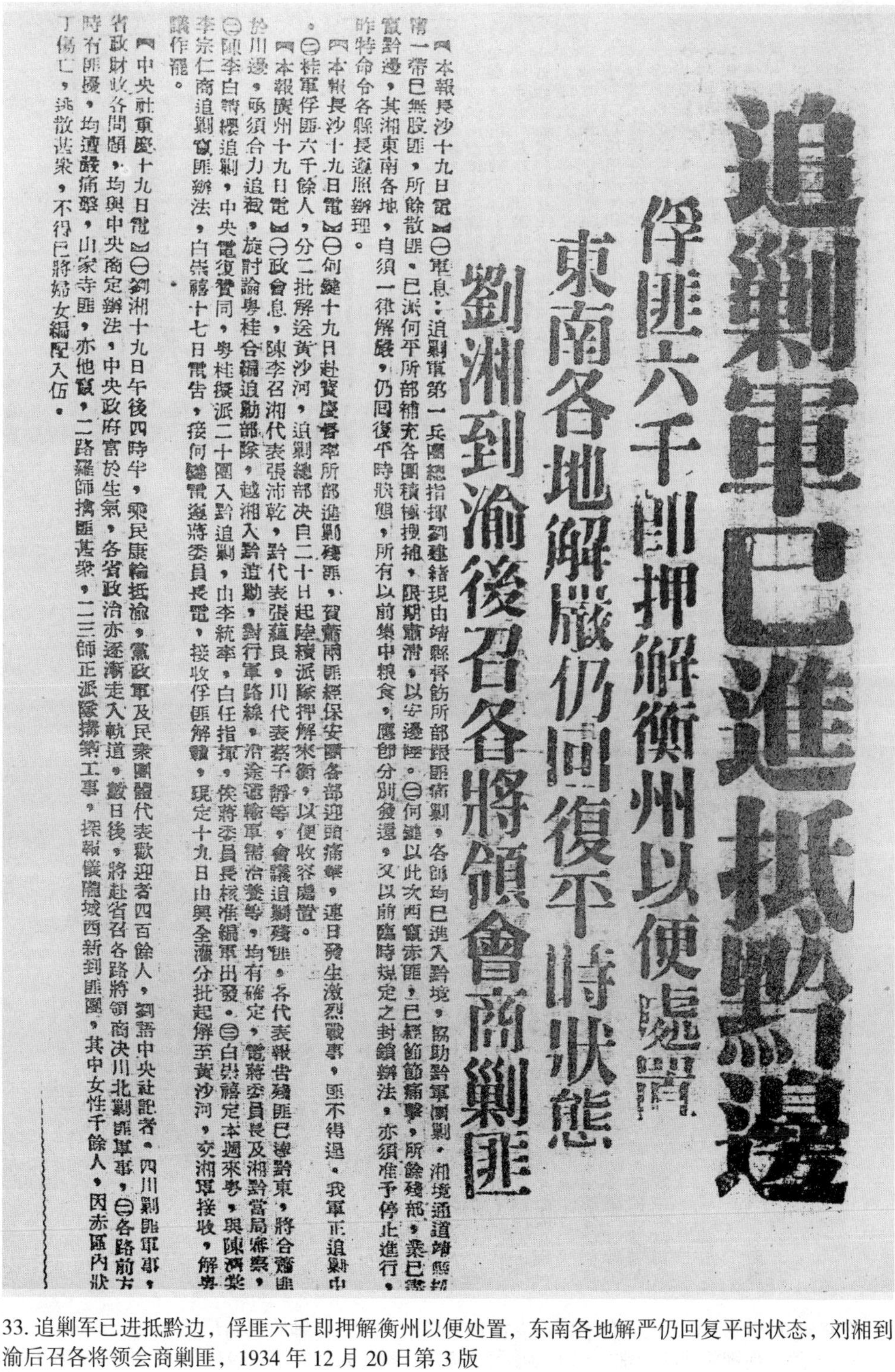

追剿軍已進抵黔邊

俘匪六千即押解衡州以便處置

東南各地解嚴仍回復平時狀態

劉湘到渝後召各將領會商剿匪

【本報長沙十九日電】㈠軍息：追剿軍第一兵團總指揮劉建緒現由靖縣督飭所部跟匪痛剿，各部均已進入黔境，協助黔軍圍剿。湘境通道靖縣綏甯一帶已無股匪，所餘散匪，已派何平所部補充各團積極搜捕，限期肅清，以安邊陲。㈡何鍵以此次西竄赤匪，已經節節痛擊，所餘殘部，業已竄竄黔邊，其湘東南各地，自須一律解嚴，仍回復平時狀態，所有以前集中粮食，應即分別發還，又以前臨時規定之封鎖辦法，亦須准予停止進行，昨特命令各縣長遵照辦理。

【本報長沙十九日電】㈠何鍵十九日赴寶慶督率所部追剿殘匪，賀蕭兩匪經保安團各部迎頭痛擊，連日發生激烈戰事，匪不得逞。我軍正追剿中。㈡桂軍俘匪六千餘人，分二批解送黃沙河，追剿總部決自二十日起陸續派隊押解來衡，以便收容處置。

【本報廣州十九日電】㈠政會息，陳李召湘代表張沛乾，黔代表張蘊良，川代表蔡子靜等，會議追剿殘匪，各代表報告殘匪已竄黔東，將合蕭匪於川邊，亟須合力追截，旋討論粵桂合編追剿部隊，越湘入黔追剿，對行軍路線，沿途運輸軍需給養等，均有確定，電蔣委員長及湘黔當局察照，㈡陳李白請纓追剿，中央電復贊同，粵桂擬派二十團入黔追剿，由李統率，白任指揮，俟蔣委員長核准編軍出發。㈢白崇禧定本週來粵，與陳濟棠李宗仁商追剿竄匪辦法，白崇禧十七日電告，接何鍵電遵蔣委員長電，接收俘匪解贛，現定十九日由興全灌分批起解至黃沙河，交湘軍接收，解專議作罷。

【中央社重慶十九日電】㈠劉湘十九日午後四時半，乘民康輪抵渝，黨政軍及民衆團體代表歡迎者四百餘人，劉語中央社記者：四川剿匪軍事，省政財政各問題，均與中央商定辦法，中央政府富於生氣，各省政治亦逐漸走入軌道，數日後，將赴省召各路將領商決川北剿匪軍事，㈡各路前方時有匪擾，均遭嚴痛擊，山家寺匪，亦他竄，二路羅師擒匪甚衆，一二三師正派隊構築工事，探報儀隴城西新到匪團，其中女性千餘人，因赤匪區內壯丁傷亡，逃散甚衆，不得已將婦女編配入伍。

33. 追剿军已进抵黔边，俘匪六千即押解衡州以便处置，东南各地解严仍回复平时状态，刘湘到渝后召各将领会商剿匪，1934 年 12 月 20 日第 3 版

王家烈部堵剿殘匪

追剿各軍已由龍溪口廣平夾擊

陳師收復新廠王部由會廣入黔

何鍵派兵團赴常協剿蕭賀股匪

【中央社南京廿日電】㈠王家烈自黔馬場坪軍次電京報告，略謂，匪企圖强渡清江河，向劍河台拱方面沿蕭匪舊道北竄，我部杜旅尾追，並令李旅推進施洞劍河截堵，錦屏駐軍，並督團隊守錦屏及清江河下流，周旅由婆廟追剿。㈡貴陽電：蕭匪竄入黔境後，由平黃瑤光南家堡三處偷渡清水江，中央追擊部隊已到龍溪口，湘軍一部到廣平夾擊。

【中央社長沙廿日電】㈠劉建緒電告，赤匪大股，均竄入黔境，被我軍猛追痛勦，不敢回顧，陳光中電，十六日收復新廠，並與黔桂軍聯絡圍勦。㈡蕭賀股匪經羅啓疆及保安團各部迎頭痛擊，匪勢不支，十八日退河伏，何鍵又派兵團赴常協剿，將匪擊潰，一部竄擊龍橋，刻我大軍雲集，將匪包剿，不難殲滅。

【本報長沙廿日電】㈠軍息，竄經通道之匪，經我軍節節痛擊，分三路向黔境潰竄，十四日竄抵黎平，一部向南嘉堡劍河竄走，我王東原師分途經會同廣平向黔境追勦，我陳光中師將新廠之匪擊潰，十五日佔領新廠，仍尾追中。㈡賀蕭股匪萬餘人，十七日經桃源鳳龍潭水舍家塘三陽港吾溪河等處竄犯桃城，我羅啓疆旅大部在三陽港吾溪河一帶迎戰，竟日肉搏十餘次，我羅旅長及劉司令運乾督部固守，激戰甚烈，我郭軍長汝棟所部，已馳往援勦，其守大庸之李匪吉平，亦由庸向老鴉口岩山溪口進犯，我朱指揮樹勛仍在督部扼守，我何總司令爲便利指揮進剿起見，特委郭軍長爲追剿軍第七路司令，以資統率，並增派大軍馳赴常桃一帶協剿。

【中央社南京廿日電】㈠軍息：第三路軍剿匪陣亡將士追悼會，定二十五日在甯都舉行，蔣委員長派陳調元代表致祭。㈡汪院長派彭學沛代表參加三路軍追悼陣亡將士大會，彭定廿一日晨由京乘輪赴滬，轉往甯都，汪並備有祭品交彭帶往。

【中央社福州廿日電】㈠廈電：西區綏靖司令衛立煌，副司令李默庵，決設司令部於長汀，元旦成立，第十師李部已全部抵漳，第七區行政專員陳逸凡，擬本月內就任。㈡蔣鼎文電王敬久，嘉慰就十二綏靖區司令官職，並勗努力，王因天氣不佳，改期飛漳謁蔣。㈢省府撥款五千元，交明溪縣政府辦理工賑，在省難民，定廿二日遣送回籍。

34. 王家烈部堵剿残匪，追剿各军已由龙溪口、广平夹击，陈师收复新厂王部由会（同）、广（平）入黔，何键派兵团赴常（德）协剿萧（克）、贺（龙）股匪，1934 年 12 月 21 日第 3 版

黔軍扼要截擊赤匪

猶國才部已由貴順開赴馬場坪

追剿各軍由鎮遠瓦寨跟踪前進

粵桂復王家烈即抽調勁旅追擊

本報南京廿五日電　㊀王家烈廿四日自黔電京報告，匪一部由劍河竄革東，匪大部三四萬人，由中方橋鰲魚嘴向劍河附近有繼續渡河模樣，已令各部扼要截擊，猶國才部因前方情況緊張，逕同安順清鎮之綫，自貴順附近兼程開赴馬場坪待命。㊁港電：王家烈二十二日電粵，請調勁旅助剿，陳濟棠李宗仁二十四日復電云，共匪西竄，迭經兩粵軍隊堵擊，予以重創，惟餘匪數萬，凶焰仍張，恐其北進，擾亂黔桂，足貽國家民族無窮禍患。經擬抽調兩粵勁旅，組織追剿部隊，掃蕩餘孽，以竟全功，頃接養電，藉悉匪西竄至爲可慮，務盼吾兄指揮貴部，竭力抵禦，毋任蔓延。㊂港電，黔代表張羅良談，猶國才王家烈切實合作，黔軍已集中□□一帶堵勦，劉建緒薛岳等部已抵黔邊，桂追擊隊與黔軍取得聯絡，深望粵桂續調大軍追勦。㊃香港電，省訊，桂省前俘獲共匪，除湘籍者解湘處置外，餘將遣粵轉送饑收容所施行感化。

本報長沙廿五日電　貴陽廿二日電：竄黔匪部主力，十九日起由南嘉堡柳霄分黎等處分批渡河，其先頭十九日竄抵大小廣附近，瑤光有偽三軍團一部人槍三千，掩護渡河，我第一兵團陳光中王東原兩師，分由新廠雞園及瓮平會同向黔竄境追剿，並堵匪回竄，我第二兵團自廿二日起以吳司令奇偉所部由晃縣至玉屏向鎮遠堵剿，以周司令渾元所部由天柱向瓦寨三穗追勦，共總指揮部及郭師惠支隊由清溪鎮遠跟進。前由瀘陽回竄永道甯藍一帶之偽三十四師業經我成鐵俠部及團隊分途剿滅。十五日由通道西南播揚所被我截擊回竄之偽五九軍團一部，人槍二千餘，亦經我章師及劉建文旅於十五日十六日十八日等日痛擊殲滅云。

本報長沙廿五日電　㊀常德二十四日電，李司令覺，郭司令汝棟二十三日先後進抵常城，當分派部隊向河洑陬市一帶搜索出擊，本日已將常屬附近之匪完全肅清，頗多斬獲，現大兵向桃源推進，匪向慈溪竄之模樣云。㊁羅旅長啓疆二十一日電省，略稱，賀蕭股匪竄犯常德，幸我大軍雲集，分路圍剿，先後於河洑陬市武陵山等處斃匪無數，獲槍甚多，同時我空軍向匪到處轟炸，匪受極重大之損失，於十九日晨向羊毛灘溪口等處潰退。

中央社南昌廿五日電　㊀贛省匪患，行將次第肅清，勦匪軍事，告一段落，軍委會委員長南昌行營準備撤銷，賀國光廿五日下午在行營召開結束會議，處長以上均出席，討論結束事宜。㊁贛東殘匪僞獨立團，自我軍攻下葛源，即退據靈山水晶嶺，經十二師所部鑿路攀登，匪徒滾死崖下，俘獲亦多，該嶺唐代所建之城垣猶存，形勢險要，被我軍攻克後，殘匪在贛東者，已失其最後依據云。

中央社福州廿五日電　㊀蔣主任（鼎文）到省後，省府廿四日晚設宴洗塵，聞蔣來省任務，係與陳主席商軍政聯絡辦法，在限期內肅清全省散匪及收復匪區施政計劃，制定方案，並擬召集各綏靖區司令官開會，面示方針，蔣之隨從副官祕書等，廿四日乘輪隨到，蔣廿四日電漳州綏靖公署，召參謀李家鼐乘機來省。㊁新十師師長甯乾，廿五日在福安師部視事，定元旦宣誓。

35. 黔军扼要截击“赤匪”，犹国才部已由贵顺开赴马场坪，追剿各军由镇远、瓦寨跟踪前进，粤桂复王家烈即抽调劲旅追击，1934 年 12 月 26 日第 3 版

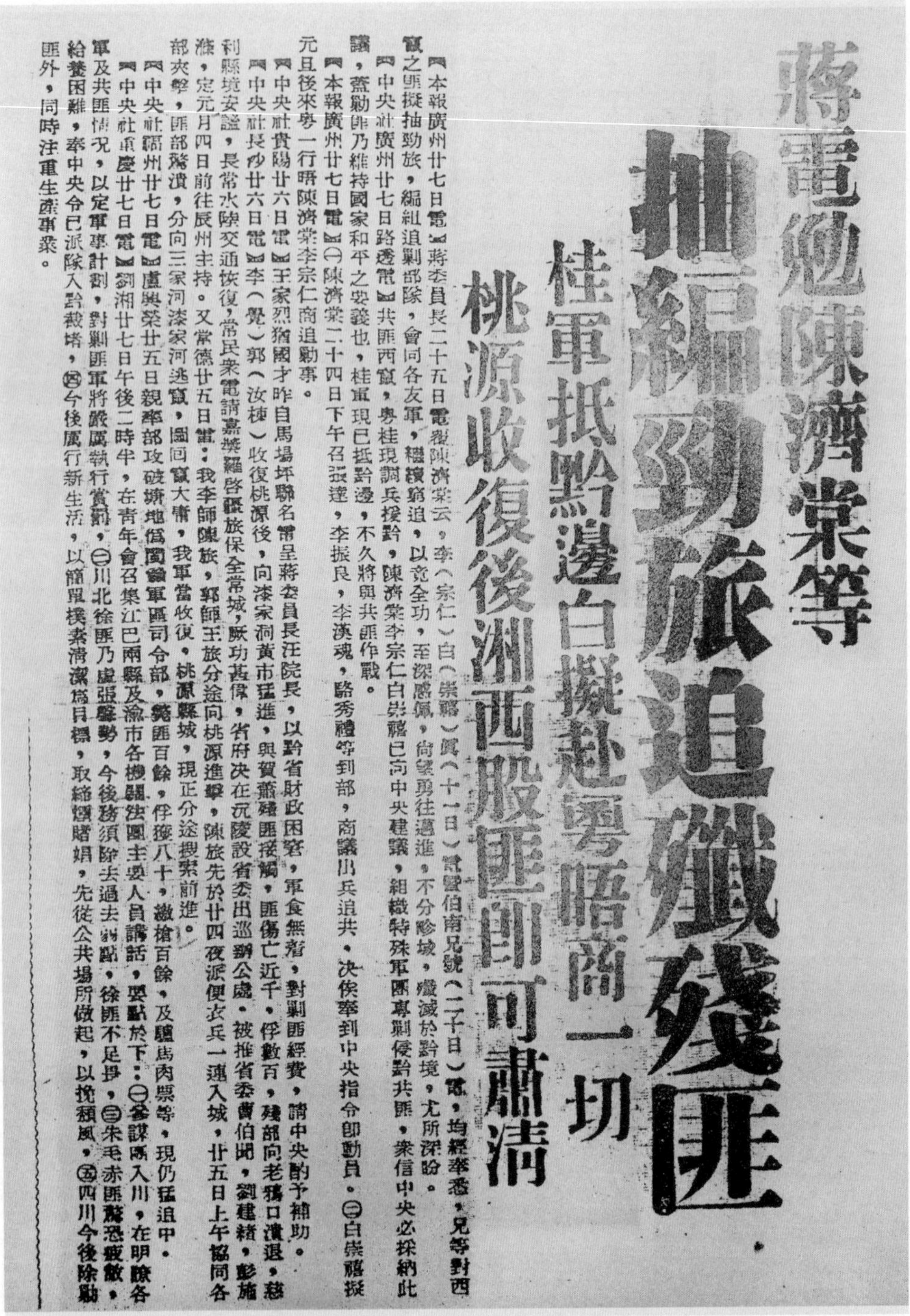

蔣電勉陳濟棠等

抽編勁旅追殲殘匪

桂軍抵黔邊白擬赴粵晤商一切

桃源收復後湘西股匪即可肅清

【本報廣州廿七日電】蔣委員長二十五日電復陳濟棠云，李（宗仁）白（崇禧）買（十一日）電暨伯南兄號（二十日）電，均經奉悉，兄等對西竄之匪擬抽勁旅，編組追剿部隊，會同各友軍，繼續窮追，以竟全功，至深感佩，尚望勇往邁進，不分畛域，殲滅於黔境，尤所深盼。

【中央社廣州廿七日路透電】共匪西竄，粵桂現調兵援黔，陳濟棠李宗仁白崇禧已向中央建議，組織特殊軍隊專剿侵黔共匪，衆信中央必採納此議，蓋勦匪乃維持國家和平之要義也，桂軍現已抵黔邊，不久將與共匪作戰。

【本報廣州廿七日電】㈠陳濟棠二十四日下午召張達，李振良，李漢魂，駱秀禮等到部，商議出兵追共，決俟奉到中央指令即動員。㈡白崇禧擬元旦後來粵一行晤陳濟棠李宗仁商追勦事。

【中央社貴陽廿六日電】王家烈猶國才昨自馬場坪聯名電呈蔣委員長汪院長，以黔省財政困窘，軍食無着，對剿匪經費，請中央酌予補助。

【中央社長沙廿六日電】李（覺）郭（汝棟）收復桃源後，向漆家祠黃市猛進，與賀蕭殘匪接觸，匪傷亡近千，俘數百，殘部向老鴉口潰退，慈利縣境安謐，長常水陸交通恢復，常民衆電請嘉獎羅啓疆旅保全常城，厥功甚偉，省府決在沅陵設省委出巡辦公處，被推省委曹伯聞，劉建緒，彭施滌，定元月四日前往辰州主持。又常德廿五日電：我李師陳旅，郭師王旅分途向桃源進擊，陳旅先於廿四夜派便衣兵一連入城，廿五日上午協同各部夾擊，匪部驚潰，分向三家河漆家河逃竄，圖回竄大庸，我軍當收復，桃源縣城，現正分途搜索前進。

【中央社福州廿七日電】盧興榮廿五日親率部攻破塘地偽閩贛軍區司令部，斃匪百餘，俘獲八十，繳槍百餘，及驢馬肉票等，現仍猛追中。

【中央社重慶廿七日電】劉湘廿七日午後二時半，在青年會召集江巴兩縣及渝市各機關法團主要人員講話，要點於下：㈠參謀團入川，在明瞭各軍及共匪情況，以定軍事計劃，對剿匪軍將嚴厲執行賞罰，㈡川北徐匪乃虛張聲勢，今後務須除去過去弱點，徐匪不足患，㈢朱毛赤匪驚恐疲敝，給養困難，奉中央令已派隊入黔截堵，㈣今後厲行新生活，以簡單樸素清潔為目標，取締煙賭娼，先從公共場所做起，以挽頹風，㈤四川今後除勦匪外，同時注重生產事業。

36. 蒋（介石）电勉陈济棠等抽编劲旅追歼残匪，桂军抵黔边白（崇禧）拟赴粤晤商一切，桃源收复后湘西股匪即可肃清，1934 年 12 月 28 日第 3 版

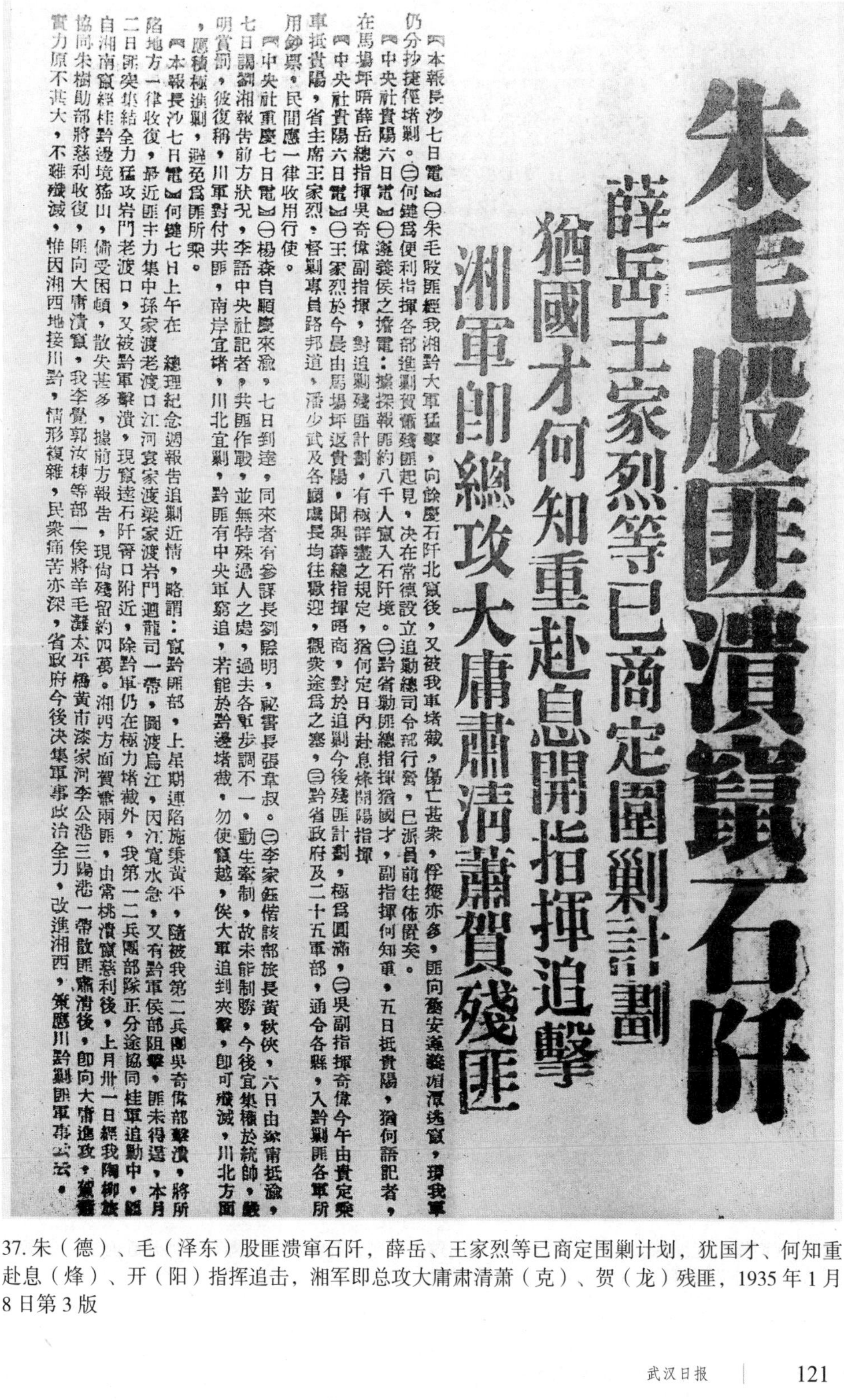

朱毛股匪潰竄石阡

薛岳王家烈等已商定圍剿計劃

猶國才何知重赴息開指揮追擊

湘軍即總攻大庸肅清蕭賀殘匪

【本報長沙七日電】㈠朱毛股匪經我湘黔大軍猛擊，向餘慶石阡北竄後，又被我軍堵截，傷亡甚衆，俘獲亦多，匪向鎮安遂義湄潭逃竄，現我軍仍分抄捷徑堵剿。㈡何鍵爲便利指揮各部進剿賀蕭殘匪起見，決在常德設立追剿總司令部行營，已派員前往佈置矣。

【中央社貴陽六日電】㈠遵義侯之擔電：據探報匪約八千人竄入石阡境。㈡黔省剿匪總指揮猶國才，副指揮何知重，五日抵貴陽，猶何語記者，在馬場坪晤薛岳總指揮吳奇偉副指揮，對追剿殘匪計劃，有極詳盡之規定，猶何定日內赴息烽開陽指揮

【中央社貴陽六日電】㈠王家烈於今晨由馬場坪返貴陽，聞與薛總指揮晤商，對於追剿今後殘匪計劃，極爲圓滿，㈡吳副指揮奇偉今午由貴定乘車抵貴陽，省主席王家烈，督剿專員路邦道，潘少武及各廳處長均往歡迎，觀衆途爲之塞，㈢黔省政府及二十五軍部，通令各縣，入黔剿匪各軍所用鈔票，民間應一律收用行使。

【中央社重慶七日電】㈠楊森自順慶來渝，七日到達，同來者有參謀長劉賡明，秘書長張章叔。㈡李家鈺偕該部旅長黃秋俠，六日由遂甯抵渝，七日謁劉湘報告前方狀況，李語中央社記者，共匪作戰，並無特殊過人之處，過去各軍步調不一，動生牽制，故未能制勝，今後宜集權於統帥，嚴明賞罰，彼復稱，川軍對付共匪，南岸宜堵，川北宜剿，黔匪有中央軍窮追，若能於黔邊堵截，勿使竄越，俟大軍追到夾擊，即可殲滅，川北方面，應積極進剿，避免爲匪所乘。

【本報長沙七日電】何鍵七日上午在 總理紀念週報告追剿近情，略謂：竄黔匪部，上星期連陷施秉黃平，隨被我第二兵團吳奇偉部擊潰，將所陷地方一律收復，最近匪主力集中孫家渡老渡口江河袁家渡梁家渡岩門週龍司一帶，圖渡烏江，因江寬水急，又有黔軍侯部阻擊，匪未得逞，本月二日匪突集結全力猛攻岩門老渡口，又被黔軍擊潰，現竄達石阡嘴口附近，除黔軍仍在極力堵截外，我第一二兵團部隊正分途協同桂軍追剿中，匪自湘南竄經桂黔邊境猫山，備受困頓，散失甚多，據前方報告，現尚殘留約四萬。湘西方面賀蕭兩匪，由常桃潰竄慈利後，上月卅一日經我陶柳旅協同朱樹勛部將慈利收復，匪向大庸潰竄，我李覺郭汝棟等部一俟將羊毛灘太平橋黃市漆家河李公港三陽港一帶散匪肅清後，即向大庸進攻，賀蕭實力原不甚大，不難殲滅，惟因湘西地接川黔，情形複雜，民衆痛苦亦深，省政府今後決集軍事政治全力，改進湘西，策應川黔剿匪軍事云云。

37. 朱（德）、毛（泽东）股匪溃窜石阡，薛岳、王家烈等已商定围剿计划，犹国才、何知重赴息（烽）、开（阳）指挥追击，湘军即总攻大庸肃清萧（克）、贺（龙）残匪，1935 年 1 月 8 日第 3 版

烏江南岸已無匪踪

湘黔各軍循汽車道向遵義進剿

陳濟棠電告粵軍三師開赴前線

參謀團抵渝賀國光謂匪即殲滅

（中央社長沙十二日電）㈠錦屛電稱，朱毛匪部，我追剿軍及黔軍已抄徑分別堵擊猛追，袁家渡梁家渡江海界一帶殘匪，業經我軍分途擊潰，將所陷地方，一律收復，岩門老渡口匪衆，連日亦經我軍將其擊潰斃匪千餘，俘虜無數，現烏江南岸已無匪踪，㈡洪江電稱，烏江南岸殘留之匪，經我追剿軍及黔軍相機將其殲滅，斃匪數百，俘虜二三千，正循汽車大道向遵義猛剿中，桃源電稱，辛毛灘三陽港一帶散匪，昨經我軍分途包剿，斃匪五百餘名，殘匪四散，該處小股，業已肅清，黃石安家河太平家一帶，均已收復，刻我軍已向蕭境暫某某等處推進，又據張萬信師亦由慈利推進大庸境，與匪一部遭於安福鋪，當場斃匪七八百名，殘匪紛向常桑邊界朝天山柴家橋等處逃走，又據永順屬猛洞沆一帶之匪，現經我陳渠珍師分途由列夕浙溪等處，向匪圍剿，斃匪四百餘名，殘匪向萬窈山方向潰去。

（本報廣州十二日電）陳濟棠十一日通電，略謂，濟棠前電中央，請由兩粵抽調勁旅，編組追剿部隊，協同友軍繼續追剿，以期肅清餘孽，甯我邦家，謹奉蔣委員長電令照准，請纓志銳，百戰何辭，今追剿部隊已集中準備完畢，定於本月十一日由第二軍副軍長張達督率全軍四五六三師，從廣州出發，取道梅仰，會合廣西追剿部隊，盪盡奸氛云。

（中央社重慶十二日電）參謀團主任賀國光，率各處長及參謀秘書二百餘人，分乘民主民康輪於十二日午後四時十分到渝，賀乘民主輪泊朝天門麻兒石躉船，到碼頭歡迎者，有劉湘楊森及黨政軍各機關團體人員，熱烈情况為川中前所未有，賀當乘汽車至大溪溝官邸休息，中央社記者於重慶下游三十里之唐家沱上民主輪迎迓賀氏，賀談：朱毛所餘槍只萬餘，竄川不足畏，吾人且望其速入彀中，可以早日殲滅，今年應為四川剿匪年，須嚴明賞罰，黨政軍打成一氣，匪可速平。

（本報南京十二日電）㈠川省府定本月底改組成立，中央補助川剿匪軍費月八十萬，已確定，自本月起撥付，㈡滬電：川旅滬同鄉會十二日電府院軍會，請中央派員由宜萬兼程入川堵剿，勿使匪共因地形之利形成負隅。

（中央社貴陽九日電）貴陽各界民衆昨午假省黨部大禮堂開會歡迎薛岳總指揮吳奇偉副指揮，及六路軍武裝同志，到省主席王家烈，及各界民衆千餘人，薛吳及四軍副軍長陳芝馨均有演說，對中央軍追剿經過及任務，暨今後剿匪應注意之點，講釋頗詳。

38. 乌江南岸已无匪踪，湘黔各军循汽车道向遵义进剿，陈济棠电告粤军三师开赴前线，参谋团抵渝贺国光谓匪即歼灭，1935 年 1 月 13 第 3 版

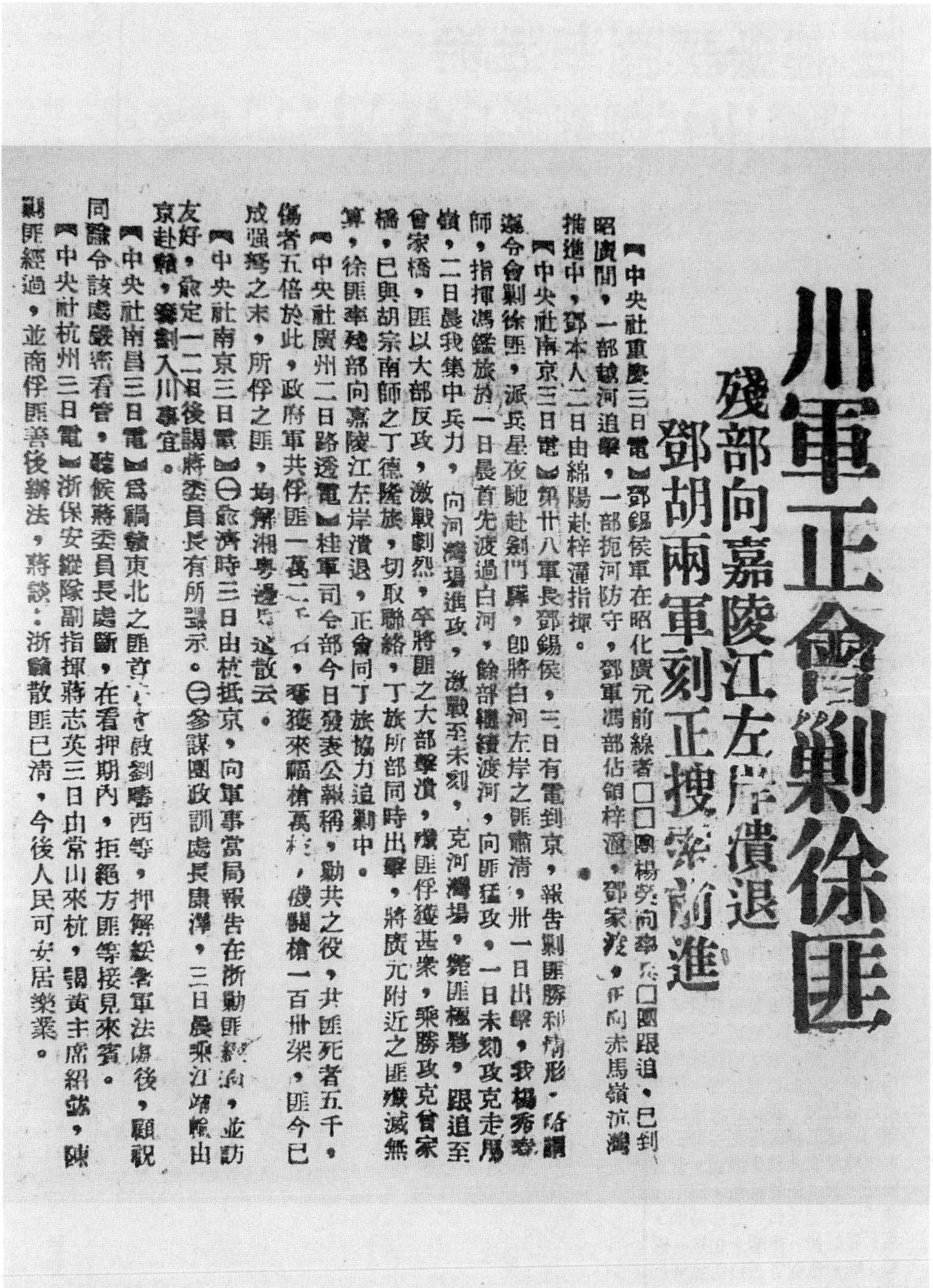

川軍正會剿徐匪

殘部向嘉陵江左岸潰退

鄧胡兩軍刻正搜索前進

【中央社重慶三日電】鄧錫侯軍在昭化廣元前線者□□團楊[illegible]向率[illegible]□團跟追，已到昭廣間，一部越河追擊，一部扼河防守，鄧軍馮部佔領梓潼，鄧家[illegible]，正向赤馬嶺流灣推進中，鄧本人二日由綿陽赴梓潼指揮。

【中央社南京三日電】第廿八軍長鄧錫侯，三日有電到京，報告剿匪勝利情形，略謂遙令會剿徐匪，派兵星夜馳赴劍門驛，即將白河左岸之匪肅清，卅一日出擊，我楊秀春師，指揮馮鑑旅於一日晨首先渡過白河，餘部繼續渡河，向匪猛攻，一日未刻攻克走馬嶺，二日晨我集中兵力，向河灣場進攻，激戰至未刻，克河灣場，斃匪極夥，跟追至曾家橋，匪以大部反攻，激戰劇烈，卒將匪之大部擊潰，殲匪俘獲甚衆，乘勝攻克曾家橋，已與胡宗南師之丁德隆旅，切取聯絡，丁旅所部同時出擊，將廣元附近之匪殲滅無算，徐匪率殘部向嘉陵江左岸潰退，正會同丁旅協力追剿中。

【中央社廣州二日路透電】桂軍司令部今日發表公報稱，勦共之役，共匪死者五千，傷者五倍於此，政府軍共俘匪一萬二[illegible][illegible]，奪獲來福槍萬[illegible]，機關槍一百卅架，匪今已成强弩之末，所俘之匪，均解湘粵邊[illegible]遣散云。

【中央社南京三日電】㈠俞濟時三日由杭抵京，向軍事當局報告在浙勦匪經過，並訪友好，俞定一二日後謁蔣委員長有所請示。㈡參謀團政訓處長康澤，三日晨乘江輪由京赴贛，籌劃入川事宜。

【中央社南昌三日電】爲禍贛東北之匪首[illegible]敵劉疇西等，押解綏靖軍法處後，顧祝同諭令該處嚴密看管，聽候蔣委員長處斷，在看押期內，拒絕方匪等接見來賓。

【中央社杭州三日電】浙保安縱隊副指揮蔣志英三日由常山來杭，謁黃主席紹竑，陳剿匪經過，並商俘匪善後辦法，蔣談：浙贛散匪已清，今後人民可安居樂業。

39. 川军正会剿徐匪，残部向嘉陵江左岸溃退，邓（锡侯）、胡（宗南）两军刻正搜索前进，1935 年 2 月 4 日第 3 版

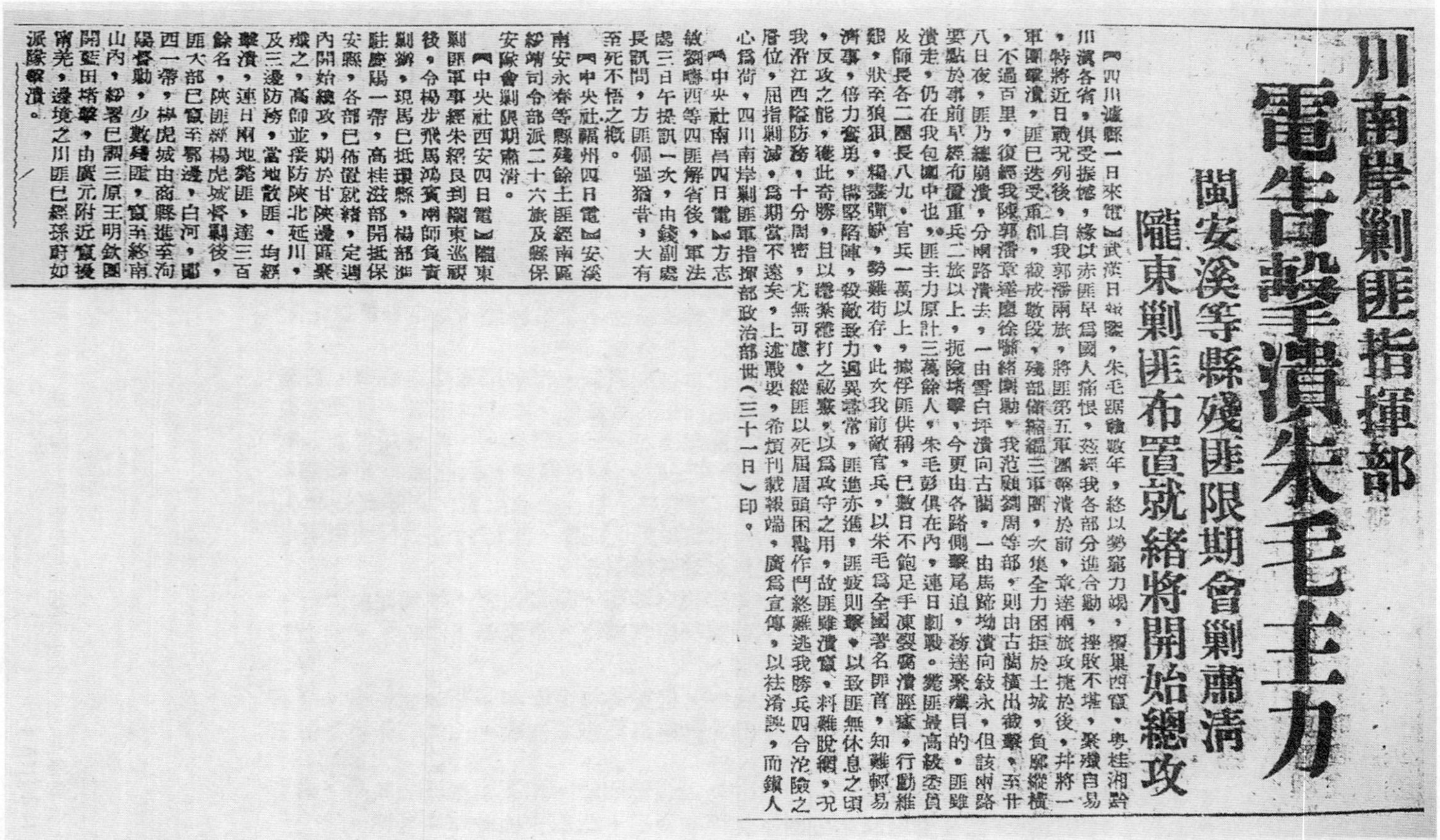

川南岸剿匪指揮部電告擊潰朱毛主力

閩安溪等縣殘匪限期會剿肅清

隴東剿匪布置就緒將開始總攻

〔四川瀘縣一日來電〕武漢日報鑒，朱毛踞贛數年，終以勢窮力竭，擬巢西竄，粵桂湘黔川滇各省，俱受振憾，緣以赤匪早爲國人痛恨，茲經我各部分進合勦，挫敗不堪，棄殘自易，特將近日戰况列後，自我郭潘兩旅，將匪第五軍團擊潰於前，章達兩旅攻擁於後，并將一軍團擊潰，匪已迭受重創，殺成數段，殘部僅縮編三軍團，次集全力困拒於土城，負嵎縱橫，不過百里，復經我陳郭潘章達廖徐嚙絡圍勦，我范顧劉周等部，則由古藺橫出截擊，至廿八日夜，匪乃總崩潰，分兩路潰去，一由雪白坪潰向古藺，一由馬蹄坳潰向敘永，但該兩路要點於事前早經布置重兵二旅以上，扼險堵擊，今更由各路側擊尾追，務達聚殲目的，匪雖潰走，仍在我包圍中也，匪主力原計三萬餘人，朱毛彭俱在內，連日劇戰，斃匪最高級委員及師長各二團長八九，官兵一萬以上，據俘匪供稱，已數日不飽足手凍裂腐潰膿瘡，行動維艱，狀至狼狽，彈盡彈缺，勢難荷存，此次我前敵官兵，以朱毛爲全國著名匪首，知難輕易濟事，倍力奮勇，衝堅陷陣，殺敵致力，迥異尋常，匪進亦進，匪疲則擊，以致匪無休息之頃，反攻之能，獲此奇勝，且以穩紮穩打之秘籙，以爲攻守之用，故匪雖潰竄，料難脫網，况我沿江西險防務，十分周密，尤無可慮，縱匪以死屈屈頭困獸作鬥終難逃我勝兵四合沱險之層位，屈指剿滅，爲期當不遠矣，上述戰要，希煩刊載報端，廣爲宣傳，以袪淆誤，而鎮人心爲荷，四川南岸剿匪軍指揮部政治部世（三十一日）印。

〔中央社南昌四日電〕方志敏劉疇西等四匪解省後，軍法處三日午提訊一次，由錢副處長訊問，方匪倔强猶昔，大有至死不悟之概。

〔中央社福州四日電〕安溪南安永春等縣殘餘土匪，經南區綏靖司令部派二十六旅及縣保安隊會剿，限期肅清。

〔中央社西安四日電〕隴東剿匪軍事，經朱紹良到隴東巡視後，令楊步飛馬鴻賓兩師負責剿辦，現馬已抵環縣，楊部進駐慶陽一帶，高桂滋部開抵保安縣，各部已佈置就緒，定週內開始總攻，期於甘陝邊區聚殲之，高師並擔防陝北延川及三邊防務，當地散匪，均經擊潰，連日兩地斃匪，達三百餘名，陝匪經楊虎城督剿後，匪大部已竄至鄠邊，白河，鄖西一帶，楊虎城由商縣進至河陽督剿，少數殘匪，竄至終南山內，綏署已飭三原王明欽團開藍田堵擊，由廣元附近竄擾甯羌，邊境之川匪已經孫蔚如派隊擊潰。

40. 川南岸剿匪指挥部电告击溃朱（德）、毛（泽东）主力，闽安溪等县残匪限期会剿肃清，陇东剿匪布置就绪将开始总攻，1935 年 2 月 5 日

青岛时报

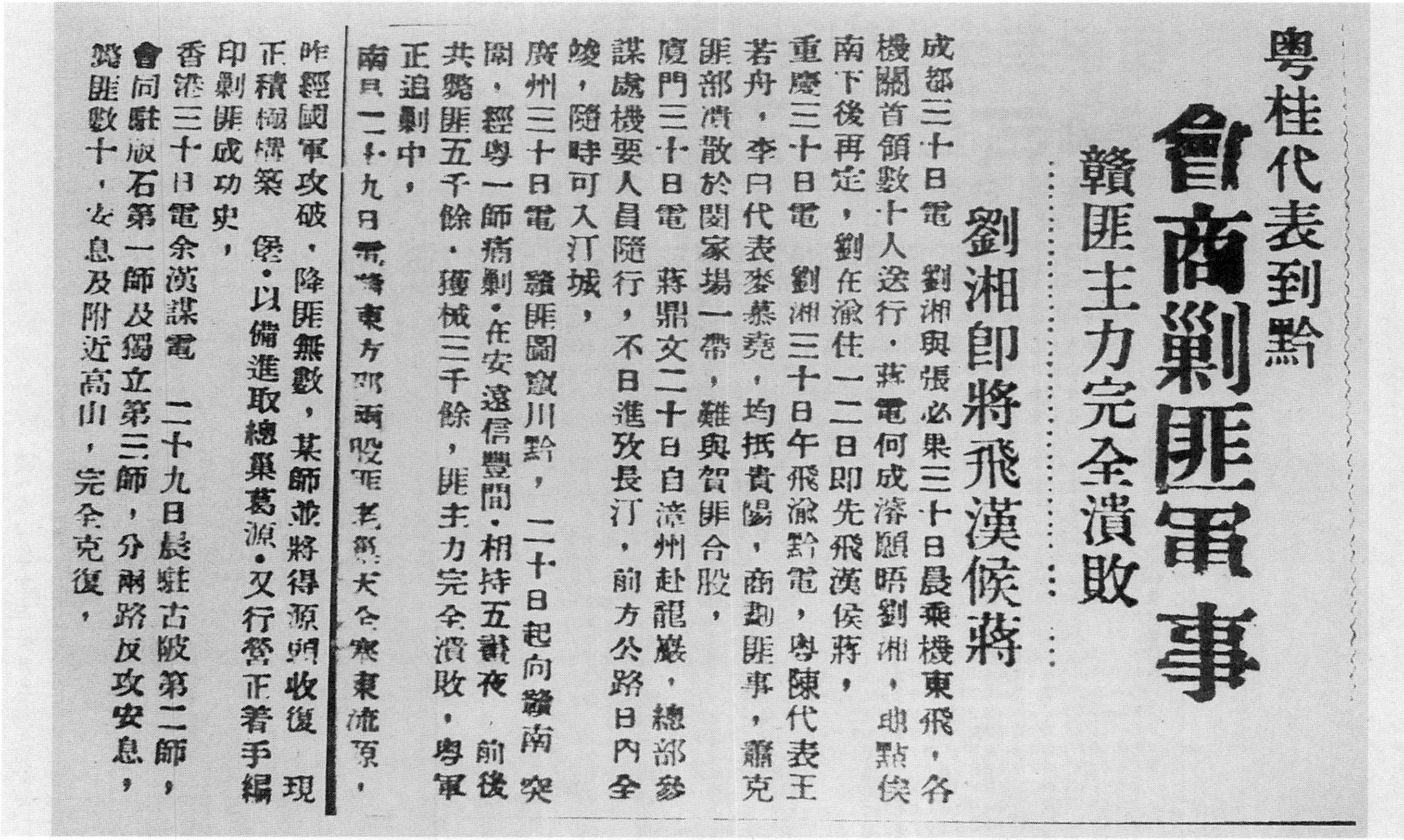

粤桂代表到黔

會商剿匪軍事

贛匪主力完全潰敗

劉湘即將飛漢候蔣

成都三十日電　劉湘與張必果三十日晨乘機東飛，各機關首領數十人送行．蔣電何成濬頤晤劉湘，地點俟南下後再定，劉在渝住一二日即先飛漢候蔣，

重慶三十日電　劉湘三十日午飛渝黔電，粵陳代表王若舟，李白代表麥燕堯，均抵貴陽，商剿匪事，蕭克匪部潰散於閔家場一帶，雖與賀匪合股，

廈門三十日電　蔣鼎文二十日自漳州赴龍巖，總部參謀處機要人員隨行，不日進攻長汀，前方公路日內全竣，隨時可入汀城，

廣州三十日電　贛匪圖竄川黔，二十日起向贛南突閩，經粵一師痛剿，在安遠信豐間，相持五晝夜，前後共斃匪五千餘，獲械三千餘，匪主力完全潰敗，粵軍正追剿中，

南昌二十九日電　[illegible]東方邵兩股匪[illegible]合衆東流竄，

昨經國軍攻破，降匪無數，某師並將得源頭收復　現正積極構築　堡，以備進取總巢葛源，又行營正着手編印剿匪成功史，

香港三十日電余漢謀電　二十九日晨駐古陂第二師，會同駐版石第一師及獨立第三師，分兩路反攻安息，斃匪數十，安息及附近高山，完全克復，

1. 粤桂代表到黔会商剿匪军事，赣匪主力完全溃败，刘湘即将飞汉候蒋（介石），1934 年 11 月 1 日第 2 版

劉湘向中央建議
整理川中財政辦法
請發公債七千萬元並設四川造幣分厰
劉湘轉贛謁蔣湘粵邊境有激戰

【重慶十三日電】劉湘等一行，於十三日乘軍艦赴漢轉贛進謁蔣委員長，茲探得劉氏對整理財政向中建議辦法有四，(一)以鹽稅交中央爲交換，請發公債七千萬元，由滬銀行團認購，(二)設四川造幣分廠，由中央接濟銀條鼓鑄合法銀幣，打破省界，一律通用，(三)四川省府前次發行之公債券等，一律由中央追認，以堅信用，(四)中央銀行來川設立分行，發行合法兌換券，取締私家銀行濫發存單及變象銀券。

【福州十四日電】東路軍駐省辦事處公布，蔣鼎文十一日電稱，我第十第三十六兩師占據瑞金時，頗有搜獲，據匪供，僞中央於十月十九日遷往雩都，已令嚴密掃蕩，並顧及善後。

【南昌十四日電】蔣十四日晨自體育場返私邸後，即親書出手諭，令贛省府關于省會清潔道路及新生等項詳加指示。

【香港十四日電】余漢謀十二日電，昨在距九峯二十餘里延壽與我相持之僞一軍團及九軍團，今午爲葉師及獨立第三師獨立第二旅夾擊，獲槍八千餘，俘數千，該兩僞軍團，已全部消滅，利樹宗十二日戌電，匪一軍團林彪部十二日與二師獨立第二旅獨立第三師在延壽九峯間激戰一晝夜，被我軍完全消滅，獲槍六七千，匪傷亡無算，現我軍仍在追剿中，匪以該軍團戰鬥力最强，此次被我軍消滅，殘匪不成問題。

(香港十三日電)粵教導師全部及桂軍王贊斌廖磊兩部，十一、十二兩日開小北江，截擊殘匪，又僞五軍團殘匪千餘名竄良泳後，獨立第三師跟蹤追擊，匪傷亡過半，

(南京十四日電)何鍵電行政院報告，赤匪僞三軍彭德懷率部犯湘，在湘邊汝城一帶接觸後，擊退逃竄，劉西路軍已集合重兵，扼守要地堵截，中央所派兩縱隊已到達協剿，汪接電後，特復電何氏慰勉。

廣州十四日電　贛匪經粵軍連日包圍夾擊，已成甕中之鼈，十一日晨粵軍獨立第二師及第二旅在恩溪擊潰匪八千人，十二日晨將匪全部解決，獲械三千餘，俘匪數千。

廈門十四日電　第四縱隊克瑞金後，副指揮李默庵入城辦理善後，另派一部向會昌推進，與南路夾擊，即可收復，又十二日東路總部紀念週報告，匪全部西竄，現抵汝城仁化間，南路西路正截擊中，雩都會昌僅餘零星散匪及老弱民衆，十二、十三兩日漳廈均開剿匪祝捷大會。

福州十四日電　汀屬旅省同鄉電慰東路軍將領，並議決閩汀屬收復後，請求政府施行工賑，並飭令四省農民銀行於收復各縣設辦事處，一面酌撥大宗款項在各縣各鄉設立農民借貸所，以救濟農村。

漢口十四日電　劉湘十三日晨乘巴渝艦離渝，晚宿萬縣，召集駐萬各將領訓話，十五日可經宜沙來漢，何成濬派飛機一架，兵艦一艘赴宜迎劉，徐源泉亦在沙歡迎，將陪劉東下。又楊永泰十三日晨偕陳延炯乘專車來漢，楊當晚乘輪返贛，

2. 刘湘向中央建议整理川中财政办法，请发公债七千万元并设四川造币分厂，刘湘转赣谒蒋（介石）湘粤边境有激战，1934 年 11 月 15 日第 2 版

【重慶十三日電】劉湘等一行，於十三日乘軍艦赴漢轉贛進謁蔣委員長，茲探得劉氏對整理財政向中建議辦法有四，(一)以鹽稅交中央爲交換，請發公債七千萬元，由滬銀行團認購，(二)設四川造幣分廠，由中央接濟銀條鼓鑄合法銀幣，打破省界，一律通用，(三)四川省府前次發行之公債券等，一律由中央追認，以堅信用，(四)中央銀行來川設立分行，發行合法兌換券，取締私家銀行濫發存單及變象銀券。

【福州十四日電】東路軍駐省辦事處公布，蔣鼎文十一日電稱，我第十第三十六兩師占據瑞金時，頗有搜獲，據匪供，僞中央於十月十九日遷往雩都，已令嚴密掃蕩，並顧及善後。

【南昌十四日電】蔣十四日晨自體育場返私邸後，即親書出手諭，令贛省府關于省會清潔道路及新生等項詳加指示。

【香港十十四日電】余漢謀十二日電，昨在距九峯二十餘里延壽與我相持之僞一軍團及九軍團，今午爲葉師及獨立第三師獨立第二旅夾擊，獲槍八千餘，俘數千，該兩僞軍團，已全部消滅，利樹宗十二日戌電，匪一軍團林彪部十二日與二師獨立第二旅獨立第三師在延壽九峯間激戰一晝夜，被我軍完全消滅，獲槍六七千，匪傷亡無算，現我軍仍在追剿中，匪以該軍團戰鬥力最強，此次被我軍消滅，殘匪不成問題。

（香港十三日電）粵教導師全部及桂軍王贊斌廖磊兩部，十一、十二兩日開小北江，截擊殘匪，又俘五軍團殘匪千餘名僞良泳後•獨立第三師跟蹤追擊，匪傷亡過半，

（南京十四日電）何鍵電行政院報告，赤匪僞三軍彭德懷率部犯湘，在湘邊汝城一帶接觸後，擊退逃竄，刻西路軍已集合重兵，扼守要地堵截，中央所派兩縱隊已到遂協剿，汗接電後，特復電何氏慰勉，

廣州十四日電　贛匪經粵軍連日包圍夾擊，已成甕中之鼈，十一月晨粵軍獨立第二師及第二旅在恩溪擊潰匪八千人，十二日晨將匪全部解決，獲械三千餘，俘匪數千。

廈門十四日電　第四縱隊克瑞金後，副指揮李默庵入城辦理善後，另派一部向會昌推進，與南路夾擊，即可收復，又十二日東路總部紀念週報告，匪全部西竄，現抵汝城仁化間，南路西路正截擊中，雩都會昌僅餘零星散匪及老弱民衆，十二、十三兩日漳廈均開剿匪祝捷大會。

福州十四日電　汀屬旅省同鄉電慰東路軍將領，並議決關汀屬收復後，請求政府施行工賑，並飭令四省農民銀行於收復各縣設辦事處，一面酌撥大宗款項在各縣各鄉設立農民借貸所，以救濟農村。

漢口十四日電　劉湘十三日晨乘巴渝艦離渝，晚宿萬縣，召集駐萬各將領訓話，十五日可經宜沙來漢，何成濬派飛機一架，兵艦一艘赴宜迎劉，徐源泉亦在沙歡迎，將陪劉東下•又楊永泰十三日晨偕陳延炯乘專車來漢•楊當晚乘輪返贛，

（局部图）

蔣委員長電各路軍
合圍堵剿並指定陣線
南路軍剿匪空前大勝利
何健將就追剿總司令職

廣州十四日電 總部息，蔣委員長電陳濟棠李宗仁白崇禧東南西北路軍合圍堵剿，指定陣線，毋使匪漏網入川。

廣州十五日電 韶行營捷報，十一日林彪率匪萬餘，再犯城口西北之延壽線，與我獨二旅激戰晝夜，十二日晨獨三師出九峯側擊，將匪截數段，獨二旅將匪一部包圍，午後四時將匪擊潰，俘三千餘，爲兩路軍空前大捷，又報，城口長江坪石線，被我軍三路擊退後，餘匪肅清，坪樂間電話復通。

長沙十四日電 將委員長十二日，任何健爲追剿總司令，追剿西竄股匪，所有北路入湘部隊，統歸指揮，何健日內即赴衡州就追剿總司令職。

廣州十四日電 連山探報，彭匪率萬餘侵小北江，圖犯桂邊鍾山富川灌陽，以牽制桂軍截擊，並護前隊，由湘西竄黔川，李實陳匪侵小北江圖犯桂邊，令□師迎擊外，派□□□師入□□□□堵截。

廣州十四日電 湘何鍵派張沛乾乘機抵粵謁陳，商西南路軍堵匪機宜，詳情未悉。

香港十四日電 匪自延壽慘敗，殘部向宜章臨武竄，南路軍現從事搜索工作。

廣州十四日電 韶行營報稱，犯九峯城口北延壽匪，被我李葉兩師及陳旅會同擊潰後，匪向宜章汝城退，余縱隊路駐樂昌指揮追擊。

廣州十四日電 余漢謀電陳，我李漢魂葉肇師陳章旅，十一十二兩日在湘邊九峯口延壽與匪激戰兩晝夜，我軍卒獲大勝，俘數千，繳鎗約六千，匪主力一軍團全消滅，又李漢魂電稱，僞一軍團十一日犯延壽職會同獨二旅劇戰竟日，十二日，我葉師由九峯出延壽，向匪陣側擊，午後四時，匪全部受殲，傷斃匪無算，俘三千餘，獲鎗四五千，刻仍追擊中，

廣州十四日電 九峯探報，匪首林彪彭德懷率僞一三軍團約二萬，突犯我延壽，保柰制我軍追擊，掩護大部西竄，激戰兩日後，僞一軍團退路被我獨三師截斷，殲滅無算，

長沙十四日電 何鍵偕劉文島率李覺及總部高級人員乘汽車十七輛赴衡，正午到達，定十五日早就追剿總司令職，蔣派劉文島監誓，省府主席曹典球代行，長沙後方及總部事由吳家駿代行，省會治安由保安部會同警備部負責。

南京十日電 何鍵電京稱，據俘匪供稱，匪三軍團彭德懷部共三師九團，團三營，營步兵三連，機鎗一排，每步兵連鎗六七十枝，自動步鎗一枝，機鎗排有機鎗二挺，團直轄機鎗連，有機鎗十六挺，口號打倒湖南省，匪竄由贛至湘邊，已跑十三天，晝畏飛奔，兵在夜間行動，兵力極疲敝。

長汀十四日電 四師入城後，積極調查戶口，編組保用，已全部竣事，公賣會已成立，民衆自動組織善後委員會，秉承軍政當局辦理善後，脅從登記自新者，達千餘人，由四師訓政處，編爲剿共鐵血團，從事訓練，各界正籌備軍民聯歡，及新生活運動大會。

3. 蒋委员长电各路军合围堵截并指定阵线，南路军剿匪空前大胜利，何键将就追剿总司令职，1934 年 11 月 16 日第 2 版

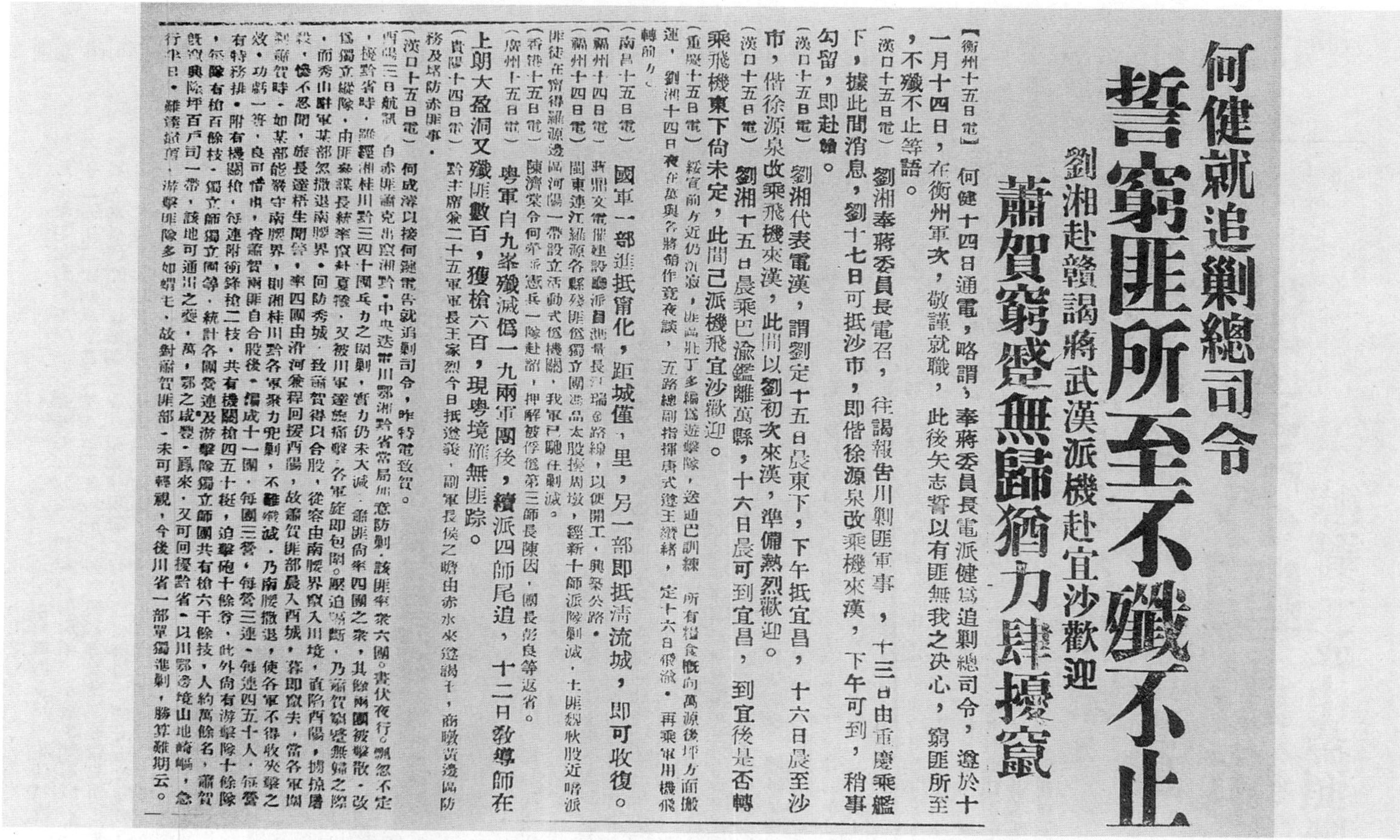

何健就追剿總司令

誓窮匪所至不殲不止

劉湘赴贛謁蔣武漢派機赴宜沙歡迎

蕭賀窮蹙無歸猶力肆擾竄

【衡州十五日電】何健十四日通電，略謂、奉蔣委員長電派健爲追剿總司令，遂於十一月十四日，在衡州軍次，敬謹就職，此後矢志誓以有匪無我之決心，窮匪所至，不殲不止等語。

（漢口十五日電）劉湘奉蔣委員長電召，往謁報告川剿匪軍事，十三日由重慶乘艦下，據此間消息，劉十七日可抵沙市，即偕徐源泉改乘機來漢，下午可到，稍事勾留，即赴贛。

（漢口十五日電）劉湘代表電漢，謂劉定十五日晨東下，下午抵宜昌，十六日晨至沙市，偕徐源泉改乘飛機來漢，此間以劉初次來漢，準備熱烈歡迎。

（漢口十五日電）劉湘十五日晨乘巴渝艦離萬縣，十六日晨可到宜昌，到宜後是否轉乘飛機東下尚未定，此間已派機飛宜沙歡迎。

（重慶十五日電）綏宣前方近仍沉寂，匪品壯丁多編爲遊擊隊，送通巴訓練，所有糧食概向萬源後坪方面搬運，劉湘十四日夜在萬與各將領作竟夜談，五路總副指揮唐式遵王纘緒，定十六日飛渝，再乘軍用機飛轉前方。

（南昌十五日電）國軍一部進抵甯化，距城僅[illegible]里，另一部即抵清流城，即可收復。

（福州十四日電）蔣鼎文電催建設廳派員測量長汀瑞金路線，以便開工，興築公路。

（福州十四日電）閩東連江羅源各縣殘匪僞獨立團丁品太股據周墩，經新十師派隊剿滅，土匪魏秋股近嗜派匪徒在甯德羅源邊區河陽一帶設立活動式僞機關，我軍已飭往剿滅。

（香港十五日電）陳濟棠令何犖派憲兵一隊赴韶，押解被俘僞第三師長陳因，團長彭良等返省。

（廣州十五日電）粵軍自九峯殲滅僞一九兩軍團後，續派四師尾追，十二日教導師在上朗大盆洞又殲匪數百，獲槍六百，現粵境確無匪踪。

（貴陽十四日電）黔主席王家烈今日抵遵義，副軍長侯之擔由赤水來遵謁王，商瞰黃邊區防務及堵防赤匪事。

（漢口十五日電）何成濬以接何鍵電告就追剿司令，昨特電致賀。

酉陽三日航訊 自赤匪蕭克出竄湘黔，中央迭電川鄂湘黔省當局注意防剿，該匪率衆六團，晝伏夜行，飄忽不定，擾黔省時，雖經湘桂川黔三四十團兵力之兜剿，實力仍未大減，蕭匪尙率四團之衆，其餘兩團被擊散，改爲獨立縱隊，由匪參謀長統率竄赴夏[illegible]，又被川軍邀擊痛擊，各軍旋即包圍，壓迫竄斷，乃蕭賀窮蹙無歸之際，而秀山駐軍某部忽撤退南腰界，回防秀城，致蕭賀得以合股，從容由南腰界竄入川境，直陷酉陽，擄掠屠殺，慘不忍聞，旅長達桥生聞警，率四團由涪河兼程回援酉陽，故蕭賀匪部晨入西城，暮即竄去，當各軍幽剿蕭賀時，如某部能嚴守南腰界，則湘桂川黔各軍聚力兜剿，不難殲滅，乃南腰撤退，使各軍不得收夾擊之效，功虧一簣，良可惜也，查蕭賀兩匪自合股後，編成十一團，每團三營，每營三連，每連四五十人，征營有特務排，附有機關槍，每連附衛鋒槍二枝，共有機關槍四五十挺，迫擊砲十餘尊，此外尙有游擊隊十餘隊，每隊有槍百餘枝，獨立師獨立團等，統計各團營連及游擊隊獨立師團共有槍六千餘枝，人約萬餘名，蕭賀既竄興隆坪百戶司一帶，該地可通川之秀山、萬、鄂之咸豐、鳳來，又可回擾黔省，以川鄂邊境山地崎嶇，急行半日，難達[illegible]，游擊匪隊多如蝟毛，故對蕭賀匪部，未可輕視，今後川省一部單獨進剿，勝算難期云。

4. 何键就追剿总司令，誓穷匪所至不歼不止，刘湘赴赣谒蒋（介石），武汉派机赴宜（昌）、沙（市）欢迎，萧（克）、贺（龙）穷蹙无归犹力肆扰窜，1934 年 11 月 17 日第 2 版

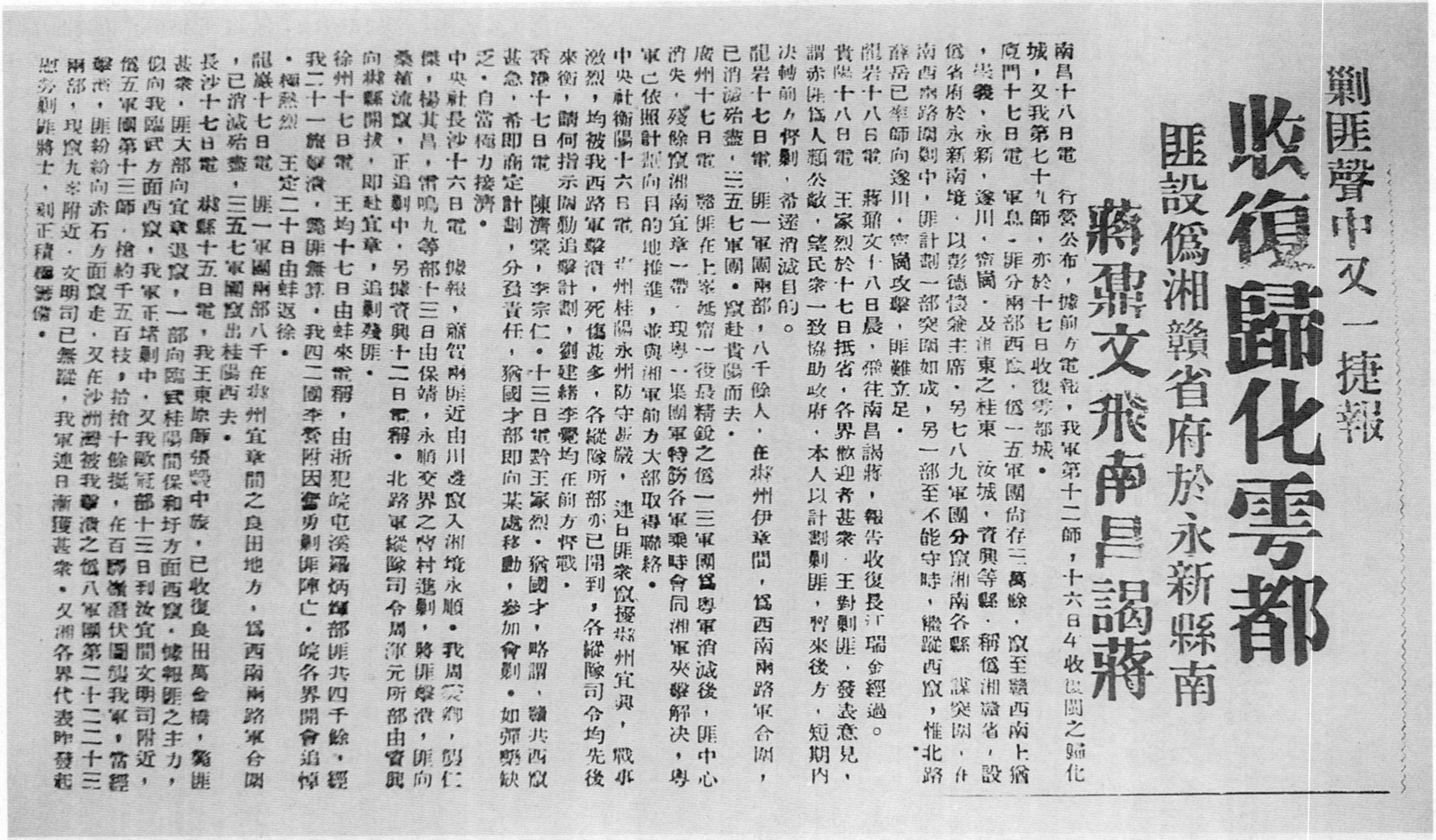

剿匪聲中又一捷報

收復歸化雩都

匪設僞湘贛省府於永新縣南

蔣鼎文飛南昌謁蔣

南昌十八日電 行營公布，據前方電報，我軍第十二師，十六日午收復關之歸化城，又我第七十九師，亦於十七日收復雩都城。

[illegible]門十七日電 軍息，匪分兩部西竄，僞一五軍團尚存三萬餘，竄至贛西南上猶，崇義，永新，遂川，甯岡，及湘東之桂東汝城，資興等縣，稱僞湘贛省，設僞省府於永新南境，以彭德懷爲主席，另七八九軍團分竄湘南各縣，謀突圍，在南西兩路圍剿中，匪計劃一部突圍如成，另一部至不能守時，總蹤西竄，惟北路薛岳已率師向遂川，甯岡攻擊，匪難立足。

南昌十八日電 蔣鼎文十八日晨，飛往南昌謁蔣，報告收復長汀瑞金經過。

貴陽十八日電 王家烈於十七日抵省，各界歡迎者甚衆，王對剿匪，發表意見，謂赤匪爲人類公敵，望民衆一致協助政府，本人以計劃剿匪，暫來後方，短期內決轉前方督剿，希達消滅目的。

龍岩十七日電 匪一軍團兩部，八千餘人，在郴州伊章間，爲西南兩路軍合圍，已消滅殆盡，三五七軍團，竄赴貴陽而去。

廣州十七日電 粵匪在上峯猶甯一役最精銳之僞一三軍團爲粵軍消滅後，匪中心消失，殘餘竄湘南宜章一帶，現粵一集團軍特飭各軍乘時會同湘軍夾擊解決，粵軍已依照計劃向目的地推進，並與湘軍前方大部取得聯絡。

中央社衡陽十六日電 郴州桂陽永州防守甚嚴，連日匪衆竄擾郴州宜興，戰事激烈，均被我西路軍擊潰，死傷甚多，各縱隊所部亦已開到，各縱隊司令均先後來衡，請何指示圍勦追擊計劃，劉建緒李覺均在前方督戰。

香港十七日電 陳濟棠，李宗仁，十三日電黔王家烈，猶國才，略謂，贛共西竄甚急，希即商定計劃，分負責任，猶國才部即向某處移動，參加會剿，如彈藥缺乏，自當極力接濟。

中央社長沙十六日電 據報，蕭賀兩匪近由川邊竄入湘境永順，我周燮卿，與楊其昌，雷鳴九等部十三日由保靖，永順交界之昔村進剿，將匪擊潰，匪向桑植流竄，正追剿中，另據資興十二日電稱，北路軍縱隊司令周渾元所部由資興向郴縣開拔，即赴宜章，追剿殘匪。

徐州十七日電 王均十七日由蚌來電稱，由浙犯皖屯溪羅炳輝部匪共四千餘，經我二十一旅擊潰，斃匪無算，我四二團李營附因奮勇剿匪陣亡，皖各界開會追悼，極熱烈 王定二十日由蚌返徐。

龍巖十七日電 匪一軍團兩部八千在郴州宜章間之良田地方，爲西南兩路軍合圍，已消滅殆盡，三五七軍團竄出桂陽西去。

長沙十七日電 郴縣十五日電，我王東原師張戰中旅，已收復良田萬會橋，斃匪甚衆，匪大部向宜章退竄，一部向臨武桂陽間保和圩方面西竄，據報匪之主力，似向我臨武方面西竄，我軍正堵剿中，又我歐冠部十三日到汝宜間文明司附近，僞五軍團第十三師，槍約千五百枝，拾搶十餘挺，在百勝嶺潛伏圖襲我軍，當經擊潰，匪紛紛向赤石方面竄走，又在沙洲灣被我擊潰之僞八軍團第二十一二二十三兩部，現竄九峯附近，文明司已無蹤，我軍連日漸獲甚衆，又湘各界代表昨發起慰勞剿匪將士，刻正積極籌備。

5. 剿匪声中又一捷报，收复归化、雩都，匪设“伪湘赣省府”于永新县南，蒋鼎文飞南昌谒蒋（介石），1934 年 11 月 19 日第 2 版

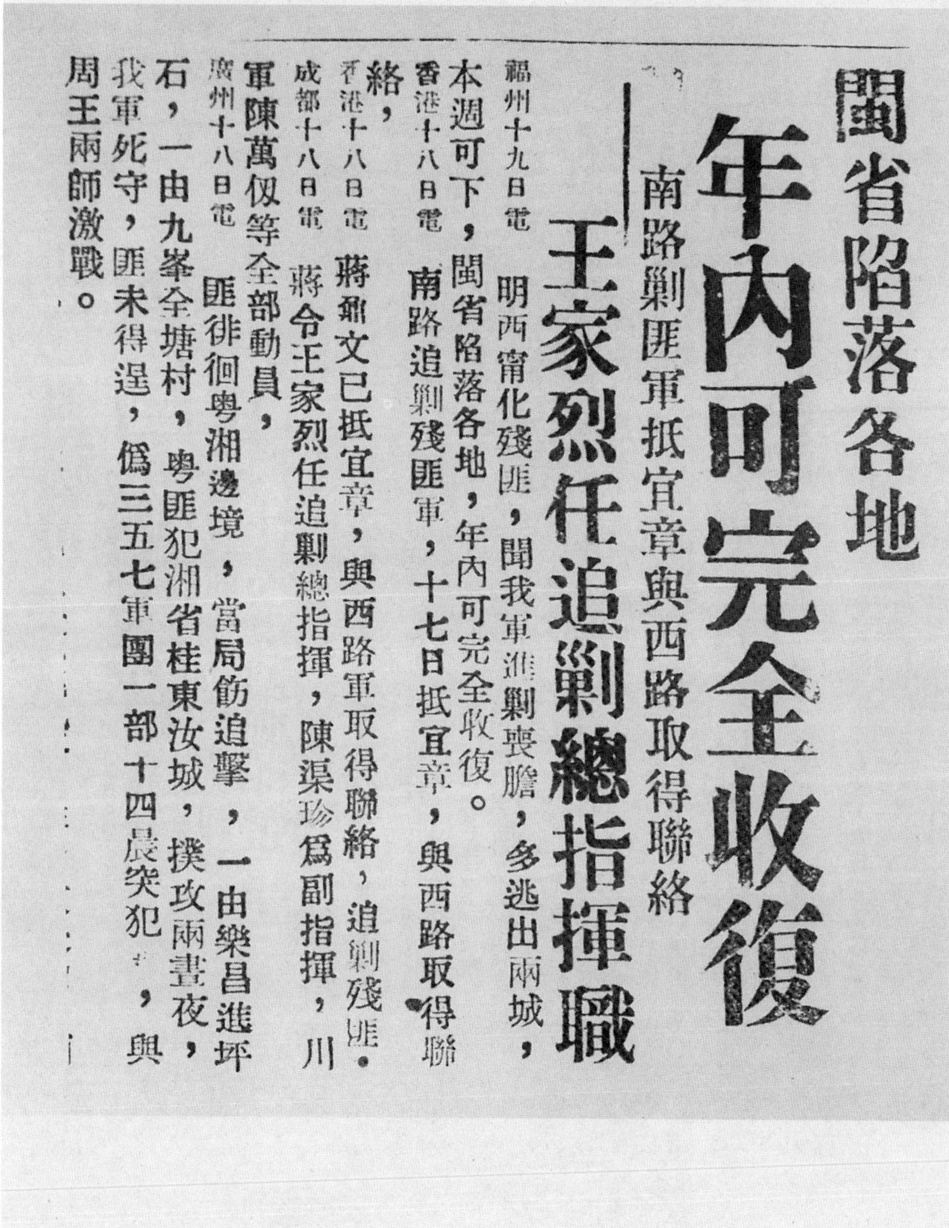

閩省陷落各地年內可完全收復

南路剿匪軍抵宜章與西路取得聯絡

王家烈任追剿總指揮職

福州十九日電 明西甯化殘匪，聞我軍進剿喪膽，多逃出兩城，本週可下，閩省陷落各地，年內可完全收復。

香港十八日電 南路追剿殘匪軍，十七日抵宜章，與西路取得聯絡，

香港十八日電 蔣鼎文已抵宜章，與西路軍取得聯絡，追剿殘匪。

成都十八日電 蔣令王家烈任追剿總指揮，陳渠珍爲副指揮，川軍陳萬仞等全部動員，

廣州十八日電 匪徘徊粵湘邊境，當局飭追擊，一由樂昌進坪石，一由九峯至塘村，粵匪犯湘省桂東汝城，撲攻兩晝夜，我軍死守，匪未得逞，僞三五七軍團一部十四晨突犯[illegible]，與周王兩師激戰。

6. 闽省陷落各地年内可完全收复，南路剿匪军抵宜章与西路取得联络，王家烈任追剿总指挥职，1934 年 11 月 20 日第 2 版

贛匪已無險可守

會昌收復在即

粵軍進攻臨武湘桂民團一致動員

李白抵桂林策劃剿匪軍事

南昌十九日電 前方訊雩都收復後、我軍繼進會昌，指日可下，按贛八十三縣，僅會昌一縣未收復，匪無險可守，指顧間可收復。

香港十九日電 梧息，李宗仁白崇禧十七日抵桂林，策劃剿匪軍事・李來粵期未定。

廣州十九日電 粵軍參謀長繆培南今日發表文告，謂共匪前鋒已抵藍山臨武，惟宜章尚無匪蹤，粵軍刻向臨武出發・今日開始進攻臨武匪共，雖臨武與藍山皆密近連州與連山邊境城邑，但目前未有共匪竄入粵省之危險，因重兵現已集於邊境一帶也，現向西竄之共匪，約六萬人云，桂省鑒於湘省西南之最近發展，恐共匪竄入，現已採行各種防禦方法，湘桂邊界之民團業已動員。

重慶十九日電 蕭賀匪竄湘屬搭禾，湘軍部前往追剿、正激戰中。

成都十九日電 赤匪進犯陝南鄭巴蜂場黑頭山一帶・被軍團擊潰，仍退回川境。

長沙十九日電 **蔣委員長來電，嘉慰西路軍作戰將士，**

南昌二十日電 省政府以全省匪區，即將完全收復，亟應辦理各縣善後清鄉工作，已飭各廳處，合擬計劃，二十日全部可擬定，省府定二十一日開會審查，並呈行營核准施行，現教建兩廳，計劃已擬妥，建設方面，側重各收復匪區道路業務及農村建設，教育方面・力求推廣各縣教育・並有特種教育處・在省部設特教推行處推進教養衛等教育工作，並在各縣廣設民校。

長沙十九日電 湘省黨部，全體委員，二十日出發前方，督率湘南各省縣黨部，協剿殘匪。

長沙十九日電 宜章之匪・經王東原師痛剿，向臨武潰退，我軍十六日進駐宜城，現正分途追剿。

7. 赣匪已无险可守，会昌收复在即，粤军进攻临武湘桂民团一致动员，李（宗仁）、白（崇禧）抵桂林策划剿匪军事，1934 年 11 月 21 日第 2 版

追擊軍克復臨武

贛匪將放棄會昌

贛南匪化最深六縣劃為特別區政治局

何鍵招撫投誠已製發標語

廣州二十日電 粵獨立第三師，第二師各部抵湘宜章後，大隊向臨武推進，十九日分路向殘匪猛攻，激戰半日，匪卒不支，被我軍斬獲甚衆，正午克臨武，殘匪分向蔴山潰竄，現正追擊中。

衡州二十日電 西路軍李雲杰部十九日在距嘉禾三十餘里之冷水鋪與數千股匪激戰，四時擊退，六時半匪復來襲，當用機槍掃射，獲槍二百餘支，斃匪甚衆，現進駐嘉禾，

南昌二十日電 蔣以甯都，石城，興國，瑞金，雩都，會昌六縣匪化最深，決劃為特別區政治局，饬省府迅令擬具施政綱要，從教養衛着手，實行校長，鄉長，保甲長三制。

長沙二十日電 何鍵以贛匪西竄，其中被匪裹脅份子頗多，昨製定招撫投誠標語多種，令防最前線部隊加緊散發。召其來歸，又據蔴山電稱，匪一部十七日晨由臨武楚江墟向縣屬田心鋪，火田渡方向竄走，我各軍團正在嚴密堵剿。

南昌二十日電 竄擾贛皖邊之方志敏匪部，經別動隊及新七旅痛剿後，浮梁散匪即可肅清，又贛浙皖邊董源為方匪唯一最後根據，一如偽都瑞金，梁師趙旅十五日向董源挺進，與偽十軍八三團上饒偽獨立營等股遇，被呂團猛烈砲攻，趙旅又奮勇追擊，占李灘廖村，距董祇十里，獲地雷工廠兩處，偽上饒勞動感化院一所，販賣部二處，所至人民歡迎，

漢口二十日電 湘軍王東原陶廣兩師收復 宜間之良田萬會橋汝宜間之文明司後，跟蹤追剿，沿途斃匪甚衆，大部向臨武及粵邊土橋鷓鴣坪西竄，正與粵軍聯絡會剿，又賀匪曾一度竄陷永順，經陳師克復，匪竄桑植邊境。

廈門二十日電 漳訊，東路軍第三師十九日自瑞金，古城南進，抵會昌城郊，殘匪有放棄西竄模樣，預料二十或二十一日可收復，河田至長汀公路已竣工，長汀至瑞金公路亦續築中。

香港二十日電 軍訊，西竄共匪仍徘徊蔴山，臨武間，有竄何小北江意，陳濟棠令警衛旅即日回師，集中韶關，候命開小北江防禦。

8. 追击军克复临武，赣匪将放弃会昌，赣南匪化最深六县划为特别区政治局，何键招抚投诚已制发标语，1934 年 11 月 22 日第 2 版

殘匪竄近桂邊

盧部入明溪後搜剿殘匪

閩傳會昌收復現尚待證

（龍巖二十二日電）匪第十九軍團由宜章經石子嶺向蔴田西竄，僞第八軍團經廖家灣黃茅向桂陽竄走，又電，臨武經南路軍克復後，西竄之匪，一部由藍山竄道縣，一部由嘉木竄甯遠。

（福州二十二日電）五二師長盧興邦電省，所部由湖坊進入明溪後，沿途搜剿殘匪，俘獲甚多，現在築碉造路中。

（廈門二十二日電）漳廈軍息，第三師二十一日晨收復會昌城，頃據龍巖電，某師已到達會昌附近，日內即可入城，克會昌說待證。

長沙二十一日電 贛匪在汝南宜章受創後，竄臨武藍山嘉禾，又被李雲杰痛擊，現竄甯遠，正追剿中。

長沙二十二日電 甯遠二十日電稱，在嘉禾決水舖一帶經李雲杰師擊潰之匪，十九日竄抵甯遠總管廟大水坪一帶，我李師正追蹤痛剿，沿途頗多斬獲，又宜章十八日電稱，宜章城附近之匪，被王東原師截擊，向臨武連縣潰竄，正跟蹤追剿中。

香港二十二日電 陳漢光二十二日晨八時由韶關返省，下午三時半抵省，即謁陳濟棠報告剿匪經過。據陳談，一、共匪南犯失敗，我軍已過藍山，可爲小北江屏障。二、我軍所以能敏捷殲共，由於調動神速，步隊有一日夜間行二百餘里者，三，共匪西竄後，本部已調駐樂昌，仁化，韶關，罣衛後方，四，是役除城口外，其餘無大損失，共匪被斃甚多，現竄湘，亦五六萬。

9. 殘匪窜近桂边，卢部入明溪后搜剿残匪，闽传会昌收复现尚待证，1934 年 11 月 24 日第 2 版

東路軍已克復會昌

殘匪竟將城內積糧房屋焚燬

蔣昨接見魯滌平何應欽等有所垂詢

劉湘晉謁汪院長對川政務請示機宜

【南京二十四日電】蔣委員長，今日先後接見浙江省政府主席魯滌平，軍政部長何應欽及陳調元，周志柔，委員蕭吉山，及出席五全大會海外代表邱正歐等，有所垂詢。

【南京二十四日電】四川善後督辦劉湘，於今日午後赴行政院，晉謁汪院長，對川省政務，有所商談，晚間應中委陳立夫石瑛王世杰等歡宴。

【龍岩二十四日電】東路軍第三師李玉堂部，二十三日下午三時入會昌，殘匪向西南潰退，臨行將城內積存粮食，燒燬房屋，損壞甚多。

【南京二十四日電】劉湘代表傅眞吾談，劉頃謁蔣委員長，請示川省剿匪軍事，大體已相當決定，劉約再留京三四日，即返川，主持剿匪軍事，林主席二十三日賜劉酒筵一席，由參軍處派員送劉旅寓。

【南京二十四日電】劉湘連日與中央商洽川剿匪等問題，并會見友好，酬酢甚忙，胃部微覺不適，二十三日特延聘名醫檢察身體，二十三日午後與楊杰作長時間談話，并接見記者談，中央當局擬改組川省府，改進行政，至對進剿川匪大計，當按照中央整個計劃做去，并設法補充整理剿匪各軍，早日蕩平匪患，總之，四川爲中央之四川，一切聽命中央，又謂剿匪事平後，川省建設首要，爲修築鐵路公路，末稱，此次出川，經皖贛鄂各省，建設猛進，深爲感動，惟生產建設，若在川推行，所得代價，諒更驚人，余甚歡迎各處金融界從事開發四川富源，抵京後，見蔣委員長與中央要人埋頭苦幹，極端敬佩，又逢首都防空演習，參加軍民，精神極佳，令人讚許。

【漢口廿三日電】據捷報，僞念五念八兩軍，自念一年以還，竄擾三省邊區各地，聲勢浩大，雖經迭次痛剿，而仍未能將該匪殲滅淨盡，本年十月間，蔣委員長蒞漢，特召集三省各將領面授機宜，即委上官雲相追剿隊總指揮共轄五支隊，於十月十五日向該匪開始合剿，裴汪兩支隊，於十月念七日陶家河一役，斃匪五百餘名，該匪自知前途机陷，遂即飄忽逃竄，企圖避戰，而我軍則調隊進擊，使無喘息餘地，我郝支隊王旅十一月四日於紅旗山一役，又斃匪六百餘名，並將匪之行李及鐵廠婦女隊等均行潰散，殘匪全是窮形狼狽，十一月八日，潛竄光山縣屬雲陂山，以圖恃險頑抗，而爲困獸之鬥，但該匪警覺未及山腰，而我那劉二支隊已跟蹤趕至，雙方肉搏，激戰之烈，爲歷來所罕見，是役斃匪達六七百以上，殘匪遂將傷病匪兵悉數活埋，僞軍要政治人員狼狽逃竄，我各追剿隊爲永絕根株計，仍整隊窮追，於十一月十六日羅古砦一役，復擒劉支隊斃匪百餘名，殘餘不及千名，於十一月十七日越平漢綫道西竄，現正由我各追擊隊及各地駐軍堵截痛剿中。

【南昌二十四日電】省會慶祝剿匪勝利並慰勞將士大會，爲擴大舉行，定下月二日舉遊藝會三日，晚舉行提燈大會，並通過各機關職員，屆時在體育場集合參加。

【南京二十四日電】追剿總司令何鍵昨由衡州電京報告，一，僞李師長雲杰二十一日電稱，我六十九旅二十一日正午，佔領橫觀圩，其竄永後圩方面之匪，爲我六十七團擊潰，向石圩落山剛紛紛逃竄，現正分頭追剿中，二，周指官二十二日電稱師長，劉正督率部隊，在甯城之萬石山黃家橋兩河口一帶，與匪激戰。

【廣州二十二日電】余漢謀電總部，贛南匪軍殘匪數千，二十日晚由雩溪魚嶺抵古陂，向剿共團猛攻，鄧琪昌軍部往救，將匪擊潰，僞政委會長徐某一，排長十餘，匪三百餘，俘百餘，獲步槍二百，機槍二挺，匪向魚嶺竄，

【廣州二十三日電】南路大軍由宜章向臨武藍山推進，匪向江華永明急退，三獨師及二師兼程追擊，

【廣州二十二日電】李漢魂由星子電陳，我李副師長率部二十日克臨武率部進駐，葉師向藍山追擊，職率部駐星子，

【廣州二十二日電】湘南探報，匪因南路軍追擊，分途西竄，一沿江華犄永明，一由郴州竄甯遠，匪左翼前隊與桂軍黃師接觸，戰情未悉。

【長沙二十三日電】劉建緒電，匪大部竄道縣沿河東岸，匪兵逃亡，擄收容二千餘，朱德病重，由彭德懷代理。

【吉安二十三日電】總部二十三日接前軍報，一，匪一部在道縣士馬甚狼狽，二，王鎮國師已在士馬與匪接觸，我佔優勢，三，僞六軍團由會昌竄退安遠。

10. 东路军已克复会昌，残匪竟将城内积粮房屋焚毁，蒋（介石）昨接见鲁涤平、何应钦等有所垂询，刘湘晋谒汪院长对川政务请示机宜，1934年11月25日第2版

【南京二十四日電】蔣委員長，今日先後接見浙江省政府主席爲灤平，軍政部長何應欽及陳調元，周志柔，委員蕭吉山，及出席五全大會海外代表邱正歐等，有所垂詢。

【南京二十四日電】四川善後督辦劉湘，於今日午後赴行政院，晉謁汪院長，對川省政務，有所商談，晚間應中委陳立夫石瑛王世杰等歡宴。

【龍岩二十四日電】東路軍第三師李玉堂部，二十三日下午三時入會昌，殘匪向西南潰退，臨行將城內積存粮食，燒燬房屋，損壞甚多。

【南京二十四日電】劉湘代表傅眞吾談，劉頃謁蔣委員長，請示川省剿匪軍事，大體已相當決定。劉約再留京三四日，即返川，主持剿匪軍事，林主席二十三日賜劉酒筵一席，由參軍處派員送劉旅寓。

【南京二十四日電】劉湘連日與中央商洽川剿匪等問題，幷會見友好，酬酢甚忙。胃部微覺不適，二十三日特延滬名醫檢察身體，二十三日午後與楊杰作長時間談話，幷接見記者談，中央當局擬改組川省府，改進行政，至對進剿川匪大計。當按照中央整個計劃做去，幷設法補充整理剿匪各軍，早日蕩平匪患，總之，四川爲中央之四川，一切聽命中央。又謂剿匪事平後，川省建設首要，爲修築鐵路公路，末稱，此次出川，經皖贛鄂各省，建設猛進，深爲感動，惟生產建設，若在川推行。所得代價，諒更驚人，余甚歡迎各處金融界從事開發四川富源，抵京後，見蔣委員長與中央要人埋頭苦幹，極端敬佩，又逢首都防空演習，參加軍民，精神極佳，令人讚許。

【漢口廿三日電】據捷報，僞念五念八兩軍，自念一年以還，竄擾三省邊區各地，聲勢浩大，雖經迭次痛剿，而仍未能將該匪殲滅淨盡。本年十月間，蔣委員長蒞漢，特召集三省各將領面授機宜，即委上官雲相追剿隊總指揮共轄五支隊，於十月十五日向該匪開始合剿，裴汪兩支隊，於十月念七日陶家河一役，斃匪五百餘名，該匪自知前途杌隉。遂即飄忽逃竄，企圖避戰，而我軍則調隊進擊，使無喘息餘地，我郝支隊王旅十一月四日於紅旗山一役，又斃匪六百餘名，並將匪之行李及雜產除婦女隊等均行截散，殘匪全是鳩形狼狽，十一月八日，潛竄光山縣屬雲陬山，以圖恃險頑抗，而爲困獸之鬥。但該匪鑿壁未及山腹，而我郝劉二支隊已跟踪趕至，雙方肉搏，激戰之烈，爲歷來所罕見，是役斃匪達六七百以上，殘匪遂將傷病匪兵悉數活埋，僞擄僞重要政治人員狼狽逃竄。我各追剿隊爲永絕根株計，仍整隊窮追，於十一月十六日羅古砦一役，復經劉支隊斃匪百餘名，殘餘不及千名，於十一月十七日越平漢鐵道西竄，現正由我各追擊隊及各地駐軍堵截痛剿中。

【南昌二十四日電】省會慶祝剿匪勝利並慰勞將士大會，爲擴大舉行，定下月二日舉遊藝會三日，晚舉行提燈大會，並通過各機關職員，屆時在體育場集合參加。

【南京二十四日電】追剿總司令何鍵昨由衡州電京報告，一，據李師長雲杰二十一日電稱，我六十九旅二十一日正午，佔領橫嶺圩，其竄永後圩方面之匪，爲我六十七旅擊潰，向石圩落山剛紛紛逃竄，現正分頭追剿中。二，周指官二十二日電鄒師長，劉正督率部隊，在甯城之萬石山黃家橋兩河口一帶，與匪激戰。

（廣州二十二日電）余漢謀電總部，贛南匪軍殘匪數千，二十日晚由金溪魚嶺抵古陂，向劇共團關攻，鄧琪昌軍部往救，將匪圍住斃僞政委會長徐某一，排長十餘，匪三百餘，俘百餘，獲步槍二百，機槍二挺，匪向魚潰竄。

（廣州二十三日電）南路大軍由宜章向臨武藍山推進，匪向江華永明急退，三獨師及二師兼程追擊。

（廣州二十二日電）李漢魂由星子電陳，我李副師長率部二十日克臨武率部進駐，葉師向藍山追擊，職率部駐星子。

【廣州二十三日電】湘南探報，匪因南路軍追擊，分途西竄，一沿江華趨永明，一由桃州竄甯遠，匪左翼前隊與桂軍黄師接觸，戰情未悉。

【長沙二十三日電】劉建緒電，匪大部竄道縣沿河東岸，匪兵逃亡，經收容二千餘，朱德病重，由彭德懷代理。

【晉江二十三日電】總部二十三日接韶軍報，一，匪一部在道縣土馬甚狼狽，二，王鎮國師已在土馬與匪接觸，我佔優勢，三，僞六軍團由會昌竄退安遠。

（局部图）

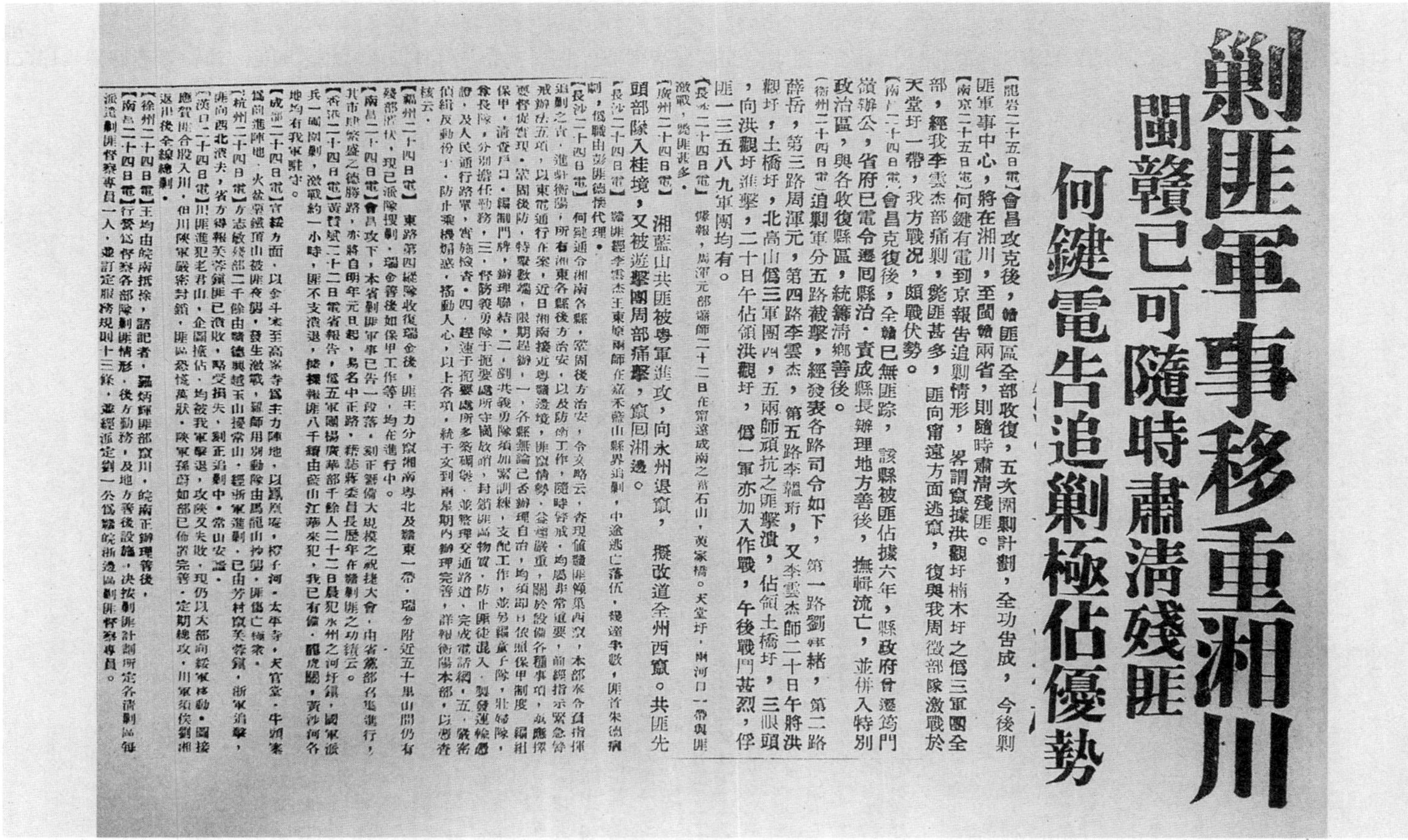

剿匪軍事移重湘川

閩贛已可隨時肅清殘匪

何鍵電告追剿極佔優勢

【龍岩二十五日電】會昌攻克後，贛匪區全部收復，五次圍剿計劃，全功告成，今後剿匪軍事中心，將在湘川，至閩贛兩省，則隨時肅清殘匪。

【南京二十五日電】何鍵有電到京報告追剿情形，略謂竄據洪觀圩楠木圩之偽三軍團全部，經我李雲杰部痛剿，斃匪甚多，匪向甯遠方面逃竄，復與我周徵部隊激戰於天堂圩一帶，我方戰況，頗佔優勢。

【南昌二十四日電】會昌克復後，全贛已無匪蹤，該縣被匪佔據六年，縣政府曾遷筠門嶺辦公，省府已電令遷回縣治，責成縣長辦理地方善後，撫輯流亡，並併入特別政治區，與各收復縣區，統籌清鄉善後。

【衡州二十四日電】追剿軍分五路截擊，經發表各路司令如下，第一路劉建緒，第二路薛岳，第三路周渾元，第四路李雲杰，第五路李韞珩，又李雲杰師二十日午將洪觀圩，土橋圩，北高山偽三軍團四，五兩師頑抗之匪擊潰，佔領土橋圩，三眼頭，向洪觀圩進擊，二十日午佔領洪觀圩，偽一軍亦加入作戰，午後戰鬥甚烈，俘匪一三五八九軍團均有。

【長沙二十四日電】俘報，周渾元部謝師二十二日在甯遠成南之雞石山，夾家橋。天堂圩，兩河口一帶與匪激戰，斃匪甚多。

【廣州二十四日電】湘藍山共匪被粵軍進攻，向永州退竄，擬改道全州西竄。共匪先頭部隊入桂境，又被遊擊團周部痛擊，竄回湘邊。

【長沙二十四日電】贛匪經李雲杰王東原兩師在嘉禾藍山縣界追剿，中途逃亡落伍，幾達半數，匪首朱德病劇，偽職由彭匪德懷代理。

【長沙二十四日電】何鍵通令湘南各縣，鞏固後方治安，以及防禦工作，隨時警戒，均屬非常重要，前經指示緊急警戒辦法五項，以東電通行在案，近日湘南接近粵贛邊境，匪竄情勢，益趨嚴重，關於設備各種事項，亟應擇要督促實現，鞏固後防，特舉數端，限期趕辦，一，各縣無論已否辦理自治，均須剋日依照保甲制度，編組保甲，清查戶口，編制門牌，辦理聯結，二，剷共義勇隊須加緊訓練，支配工作，並另編童子隊，壯婦隊，參長隊，分別擔任勤務，三，督防義勇隊于扼要處所守隘放哨，封鎖匪區物質，防止匪徒混入，製發運輸憑證，及人民通行路單，實施檢查，四，趕速于扼要處所多築碉壘，並整理交通路道，完成電話網，五，嚴密偵緝反動份子，防止乘機煽惑，搖動人心，以上各項，統于文到兩星期內辦理完善，詳報衡陽本部，以憑查核云。

【贛州二十四日電】東路第四縱隊收復瑞金後，匪主力分竄湘南粵北及贛東一帶，瑞金附近五十里山間仍有殘部潛伏，現已派隊搜剿，瑞金善後如保甲工作等，均在進行中。

【南昌二十四日電】會昌攻下，本省剿匪軍事已告一段落，刻正籌備大規模之祝捷大會，由省黨部召集進行，其市肆繁盛之德勝路，亦將自明年元旦起，易名中正路，藉誌蔣委員長歷年在贛剿匪之功績云。

【香港二十四日電】黃贊斌二十二日電省報告，偽五軍團楊廣華部千餘人二十二日晨犯永州之河圩鎮，國軍派兵一團圍剿，激戰約一小時，匪不支潰退，據俘報匪八千續由蓮山江華來犯，我已有備，龍虎關，黃沙河各地均有我軍駐守。

【成都二十四日電】宣綏方面，以金斗寨至高家寺為主力陣地，以鳳凰寨，榨子河，太平寺，天官堂，牛頭寨為前進陣地，火燒壩鐵頂山被匪夜襲，發生激戰，羅師用別動隊由馬龍山抄擊，匪傷亡極衆。

【杭州二十四日電】方志敏殘部二千餘由贛德興越玉山擾常山，經浙軍進剿，已由芳村竄芙蓉嶺，浙軍追擊，匪向西北潰去，省方得報芙蓉嶺匪已潰散，略受損失，刻正追剿中，常山安謐。

【漢口二十四日電】川匪進犯老君山，企圖擴佔，均被我軍擊退，攻陝又失敗，現仍以大部向綏軍移動，圖接應賀匪合股入川，但川陝軍嚴密封鎖，匪恐慌萬狀，陝軍孫蔚如部已佈置完善，定期總攻，川軍須俟劉湘返川後全線總剿。

【徐州二十四日電】王均由皖南抵徐，語記者，羅炳輝匪部竄川，皖南正辦理善後，

【南昌二十四日電】行營以督察各部隊剿匪情形，後方勤務，及地方善後設施，決按剿匪計劃所定各清剿區每派遣剿匪督察專員一人，並訂定服務規則十三條，並經派定劉一公為贛皖浙邊區剿匪督察專員。

11. 剿匪军事移重湘川，闽赣已可随时肃清残匪，何键电告追剿极占优势，1934 年 11 月 26 日第 2 版

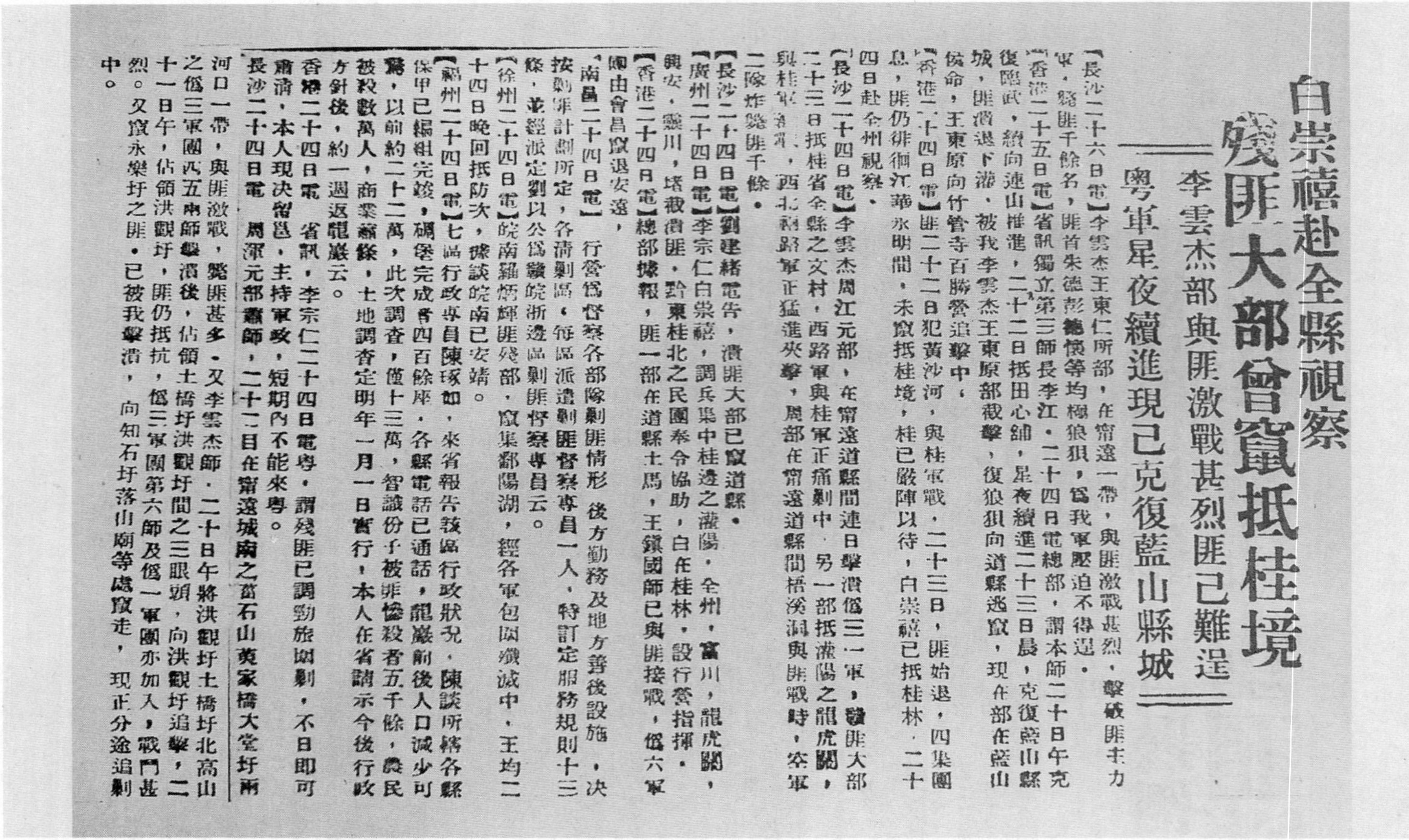

白崇禧赴全縣視察

殘匪大部曾竄抵桂境

李雲杰部與匪激戰甚烈匪已難逞

粵軍星夜續進現已克復藍山縣城

【長沙二十六日電】李雲杰王東仁所部，在甯遠一帶，與匪激戰甚烈，擊破匪主力軍，斃匪千餘名，匪首朱德彭德懷等均極狼狽，爲我軍壓迫不得逞。

【香港二十五日電】省訊獨立第三師長李江，二十四日電總部，謂本師二十日午克復臨武，續向連山推進，二十二日抵田心鋪，是夜續進二十三日晨，克復藍山縣城，匪潰退下灌，被我李雲杰王東原部截擊，復狼狽向道縣逃竄，現在部在藍山候命，王東原向竹管寺百勝營追擊中。

【香港二十四日電】匪二十二日犯黃沙河，與桂軍戰，二十三日，匪始退，四集團息，匪仍徘徊江華永明間，未竄抵桂境，桂已嚴陣以待，白崇禧已抵桂林，二十四日赴全州視察。

【長沙二十四日電】李雲杰周江元部，在甯遠道縣間連日擊潰僞三一軍，殘匪大部二十三日抵桂省全縣之文村，西路軍與桂軍正痛剿中，另一部抵灌陽之龍虎關，與桂軍接觸，西北兩路軍正猛進夾擊，周部在甯遠道縣間楊溪洞與匪戰時，空軍二隊炸斃匪千餘。

【長沙二十四日電】劉建緒電告，潰匪大部已竄道縣。

【廣州二十四日電】李宗仁白崇禧，調兵集中桂邊之灌陽，全州，富川，龍虎關，興安，靈川，堵截潰匪，黔東桂北之民團奉令協助，白在桂林，設行營指揮。

【香港二十四日電】總部據報，匪一部在道縣土馬，王鎮國師已與匪接戰，僞六軍團由會昌竄退安遠，

【南昌二十四日電】 行營爲督察各部隊剿匪情形 後方勤務及地方善後設施，決按剿匪計劃所定，各清剿區，每區派遣剿匪督察專員一人，特訂定服務規則十三條，並經派定劉以公爲贛皖浙邊區剿匪督察專員云。

【徐州二十四日電】皖南羅炳輝匪殘部，竄集鄱陽湖，經各軍包圍殲滅中，王均二十四日晚回抵防次，據談皖南已安靖。

【福州二十四日電】七區行政專員陳琢如，來省報告該區行政狀況，陳談所轄各縣保甲已編組完竣，碉堡完成者四百餘座，各縣電話已通話，龍巖前後人口減少可驚，以前約二十二萬，此次調查，僅十三萬，智識份子被匪慘殺者五千餘，農民被殺數萬人，商業蕭條，土地調查定明年一月一日實行，本人在省請示今後行政方針後，約一週返龍巖云。

香港二十四日電 省訊，李宗仁二十四日電粵，謂殘匪已調勁旅協剿，不日即可肅清，本人現決留邕，主持軍政，短期內不能來粵。

長沙二十四日電 周渾元部蕭師，二十二日在甯遠城南之雷石山黃家橋大堂圩兩河口一帶，與匪激戰，斃匪甚多，又李雲杰師，二十日午將洪觀圩土橋圩北高山之僞三軍團四五兩師擊潰後，佔領土橋圩洪觀圩間之三眼頭，向洪觀圩追擊，二十一日午，佔領洪觀圩，匪仍抵抗，僞三軍團第六師及僞一軍團亦加入，戰鬥甚烈。又竄永樂圩之匪，已被我擊潰， 向知石圩落山廟等處竄走，現正分途追剿中。

12. 白崇禧赴全县视察，残匪大部曾窜抵桂境，李云杰部与匪激战甚烈匪已难逞，粤军星夜续进现已克复蓝山县城，1934年11月27日第2版

潰匪企圖越黔竄川
桂北湘西連日激戰
英美砲艦現駐梧州已準備保僑
東路軍克復清流寧化即下

【香港二十九日電】剿共政府軍在贛省迭獲勝利後，共匪分爲許多小股，現向數方面流竄，有一部流寇有侵入桂省之勢，桂當局刻已設法防禦之，梧州現駐英美炮艦各一艘以保護該地外僑生命，如遇必要，尚有英炮艦兩艘亦將開往梧州，以便事急時載外人出境，梧州所有外僑，大都爲教士，共匪實在地位，現不詳悉，預料不致有嚴重危險，但種種戒備，刻已舉行，

（廣州廿九日電）四集團參謀長張任民語記者，大隊匪現抵湘桂邊境，圖越黔邊竄川，湘桂大軍，正分途截擊，桂北湘西連日發生激戰，白崇禧赴平樂督戰，

【龍岩廿八日電】清流已於廿六日申刻收復，東路軍入城時，曾與城內殘匪巷戰數小時、刻正向甯化推進，甯化今明亦可收復，

【福州二十八日電】明溪清流一帶殘匪告清，五三師現續向甯化搜剿，

（福州二十七日電）建陽屬溪洲前發現殘赤數百，破壞建浦交通，現經新十一師將該匪擊殲，建浦交通已恢復，

（廣州二十八日電）坪石諜報、李師長漢魂，率部由藍山向匪跟追，前鋒抵典華，會同國湘軍截擊，正激戰中，又報，匪抵湘後，分前後左右衛四路西竄，掩護僞中央紅軍委會及朱毛等匪首前進，大隊現抵湘西桂北，被國湘桂大軍分道截擊，

（廣州二十八日電）白崇禧自平樂電粵稱，僞一九軍團廿三四日擾我富川賀縣邊境，被我十五軍夏部擊潰，斬獲甚多，廿五日龍虎關方面匪與我七軍激戰，彭林匪主力復攻我永安關清水關，與我王贊斌黄鎮國師接觸，各綫激戰中，

【廣州二十八日電】自十二月二十三日起，由贛西竄之共匪，爲衣食與彈藥以度寒冬計，現圖侵入桂省，桂軍總司令李宗仁現調所有軍隊，從事防堵，按數日前據官報，共匪小隊曾侵入桂東邊界數縣，鐵桂省第十五軍激戰擊退，共匪雖遭此挫折，現仍圖大舉攻桂云，今日李宗仁致電西南政務會，謂數日前喬裝難民混入桂境之共匪，均經擒獲云，

【長沙二十七日電】我李雲杰等部二十六日收復道縣，正渡河急追，劉建緒部聯絡桂軍，在第七軍將桃川匪部擊潰，斃匪甚衆，匪先頭漸向西延逃竄。

【桂林二十八日電】廖軍長二十六日午電稱，今晨匪得大股增援，向我陣地衝鋒十餘次均經擊退，現仍在龍虎關前方，與我相持中，

13. 溃匪企图越黔窜川，桂北湘西连日激战，英美炮舰现驻梧州已准备保侨，东路军克复清流，宁化即下，1934 年 11 月 30 日第 2 版

湘鄂大軍聯絡圍剿

蕭賀率部遠竄

豫鄂皖邊區殘匪竄保安驛附近陷重圍中

行營劃閩贛綏靖區爲十二

(福州三十日電)清流經五十二師收復後，已分頭向寧化進推，匯興榮電省報告，據城匪衆，業經擊斃，惟匪據時久，丁口流亡，田園荒蕪，民房被毁，無一完者，經清查全城老幼，不及二百人，現我軍除派隊追剿，安撫流亡外，並一面修築碉堡。

【衡州二十九日電】前方情報，一，二十八日午，空軍飛赴永安關至文村一帶偵炸，在西流見匪數千正在午餐，投彈轟炸，斃匪無數，二，匪先頭部隊於二十二六十七兩日由全州興安之勾牌山，山頭，上米頭，四套圩，沙子包向西延溯四版橋偷渡二千餘人，其後續部隊經我章師趕在路板鋪蔣村一帶截擊，三，匪一部由永安關右邊竄抵黃騰洞，二十六日午被陳光中部擊退，四，匪數千人在文市架橋，被我側擊，將浮橋撤去。

【長沙二十九日電】劉建緒電告，已率部進駐全州，督剿竄匪。

【長沙二十九日電】據衡州二十七日電稱，一，本日被我擊潰據守道縣之匪，現尚盤據城四十里橋附近，據土民云，連日向蔣家嶺逃竄之匪，其主力保向瀟陽方面逃竄，二，陳渠珍二十六日電稱，我各部均集中沅陵(辰州)，現正分途進剿，頃據報稱，賀蕭股匪知我湘鄂大軍聯絡圍剿，勢難得逞，聞風率其殘部遠竄。

(南京二十九日電)西路黨政處二十八日電京，據陳渠珍電告，此次蕭賀聯合竄擾西陽秀山，由川邊進逼龍山桑植，突陷永順，當調龔周徐楊各部往援，隨即收復永城，詎追至永屬之龍溪寨，而該匪又乘夜回竄，並一部竄王村北河流域，始飛令駐防大庸之白何兩團星夜趕人辰(州)防，又令顧雷兩部趕赴保靖，俾收夾擊之效，二十三日拂曉，雙方同時動作，激戰至五六小時之久，匪勢不支，紛向大庸方面潰竄顧旅追至會溪坪，又激戰二小時，匪即向石堤西潰竄，惟匪尚在賀松柏場，現決定兩路圍剿。

【廣州二十九日電】共匪連日數次進犯桂邊，皆爲桂軍擊潰，現流竄江華，陳濟棠昨令第一軍向某方前進，協助桂省圍剿。

(香港二十八日電)梧州電，李宗仁定一日由邕赴桂林，視察防務。

【香港二十八日電】南路剿匪總部奉令裁撤，陳濟棠二十八日訪各處揭前辦理結束，粵軍獨立第一師師部隊已分別集中上杭，永定，武平，準備回駐粵境，前方軍官各屬連日均啓程回省，

【福州二十九日電】閩綏靖主任公署明年元旦可成立，衛立煌，李延年，王敬玖等分任閩省四綏靖區司令官，衛立煌兼駐閩預備軍總指揮，均歸綏靖主任蔣鼎文指揮，

14. 湘鄂大军联络围剿，萧（克）、贺（龙）率部远窜，豫鄂皖边区残匪窜保安驿附近陷重围中，行营划闽赣绥靖区为十二，1934 年 12 月 1 日第 2 版

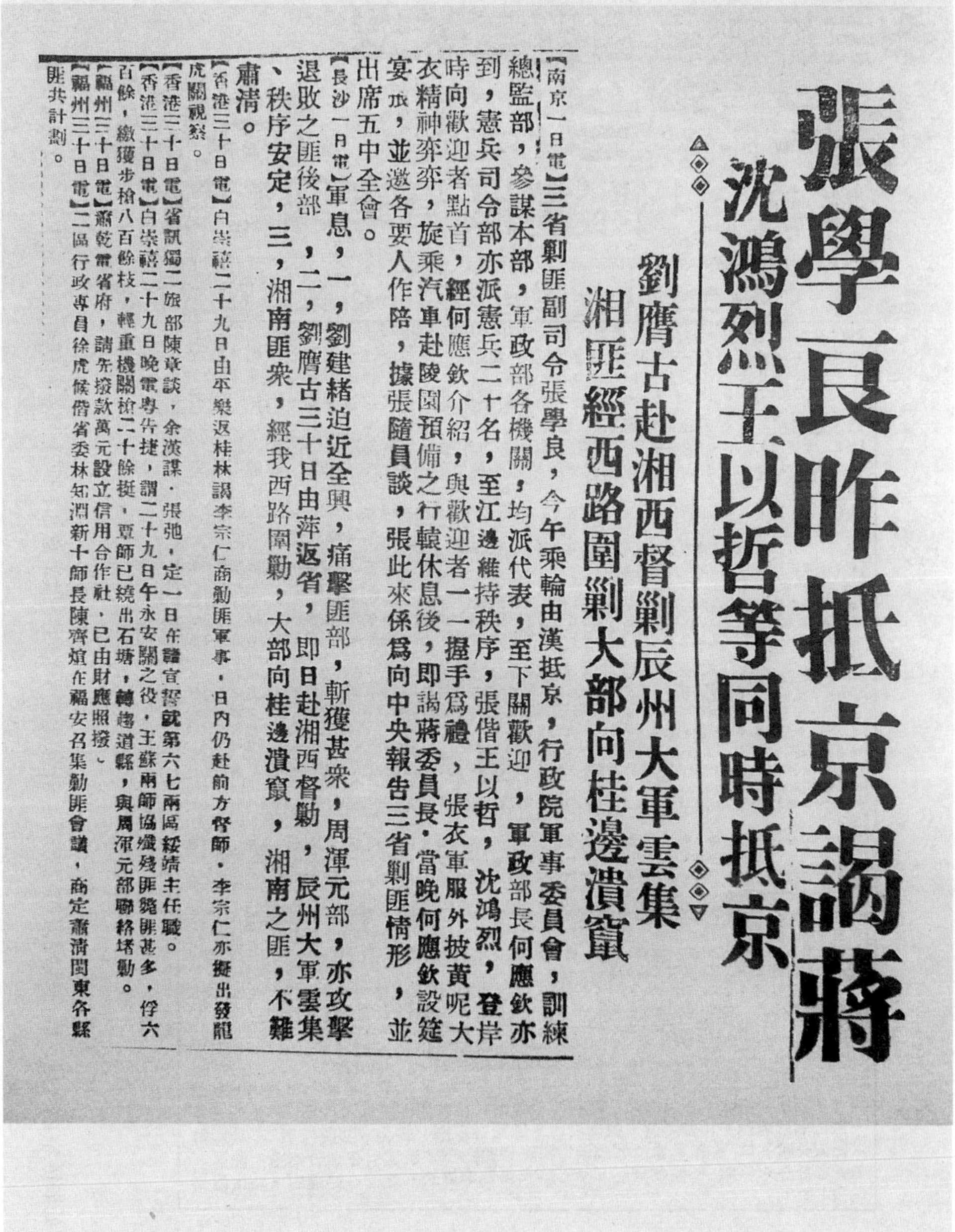

張學良昨抵京謁蔣

沈鴻烈王以哲等同時抵京

劉膺古赴湘西督剿辰州大軍雲集

湘匪經西路圍剿大部向桂邊潰竄

【南京一日電】三省剿匪副司令張學良，今午乘輪由漢抵京，行政院軍事委員會，訓練總監部，參謀本部，軍政部各機關，均派代表，至下關歡迎，軍政部長何應欽亦到，憲兵司令部亦派憲兵二十名，至江邊維持秩序，張偕王以哲，沈鴻烈，登岸時向歡迎者點首，經何應欽介紹，與歡迎者一一握手爲禮，張衣軍服外披黃呢大衣精神弈弈，旋乘汽車赴陵園預備之行轅休息後，即謁蔣委員長·當晚何應欽設筵宴張，並邀各要人作陪，據張隨員談，張此來係爲向中央報告三省剿匪情形，並出席五中全會。

【長沙一日電】軍息，一，劉建緒迫近全興，痛擊匪部，斬獲甚衆，周渾元部，亦攻擊退敗之匪後部，二，劉膺古三十日由萍返省，即日赴湘西督剿，辰州大軍雲集、秩序安定，三，湘南匪衆，經我西路圍剿，大部向桂邊潰竄，湘南之匪，不難肅清。

【香港三十日電】白崇禧二十九日由平樂返桂林謁李宗仁商剿匪軍事·日內仍赴前方督師·李宗仁亦擬出發龍虎關視察。

【香港三十日電】省訊獨二旅部陳章談，余漢謀·張弛，定一日在韶宣誓就第六七兩區綏靖主任職。

【香港三十日電】白崇禧二十九日晚電粵告捷，謂二十九日午永安關之役，王蘇兩師協殲殘匪斃匪甚多，俘六百餘，繳獲步槍八百餘枝，輕重機關槍二十餘挺，覃師已繞出石塘，轉趨道縣，與周渾元部聯絡堵剿。

【福州三十日電】蕭乾電省府，請先撥款萬元設立信用合作社，已由財廳照撥、

【福州三十日電】二區行政專員徐虎候偕省委林知淵新十師長陳齊煊在福安召集剿匪會議，商定肅清閩東各縣匪共計劃。

15. 张学良昨抵京谒蒋（介石），沈鸿烈、王以哲等同时抵京，刘膺古赴湘西督剿辰州大军云集，湘匪经西路围剿大部向桂边溃窜，1934 年 12 月 2 日第 2 版

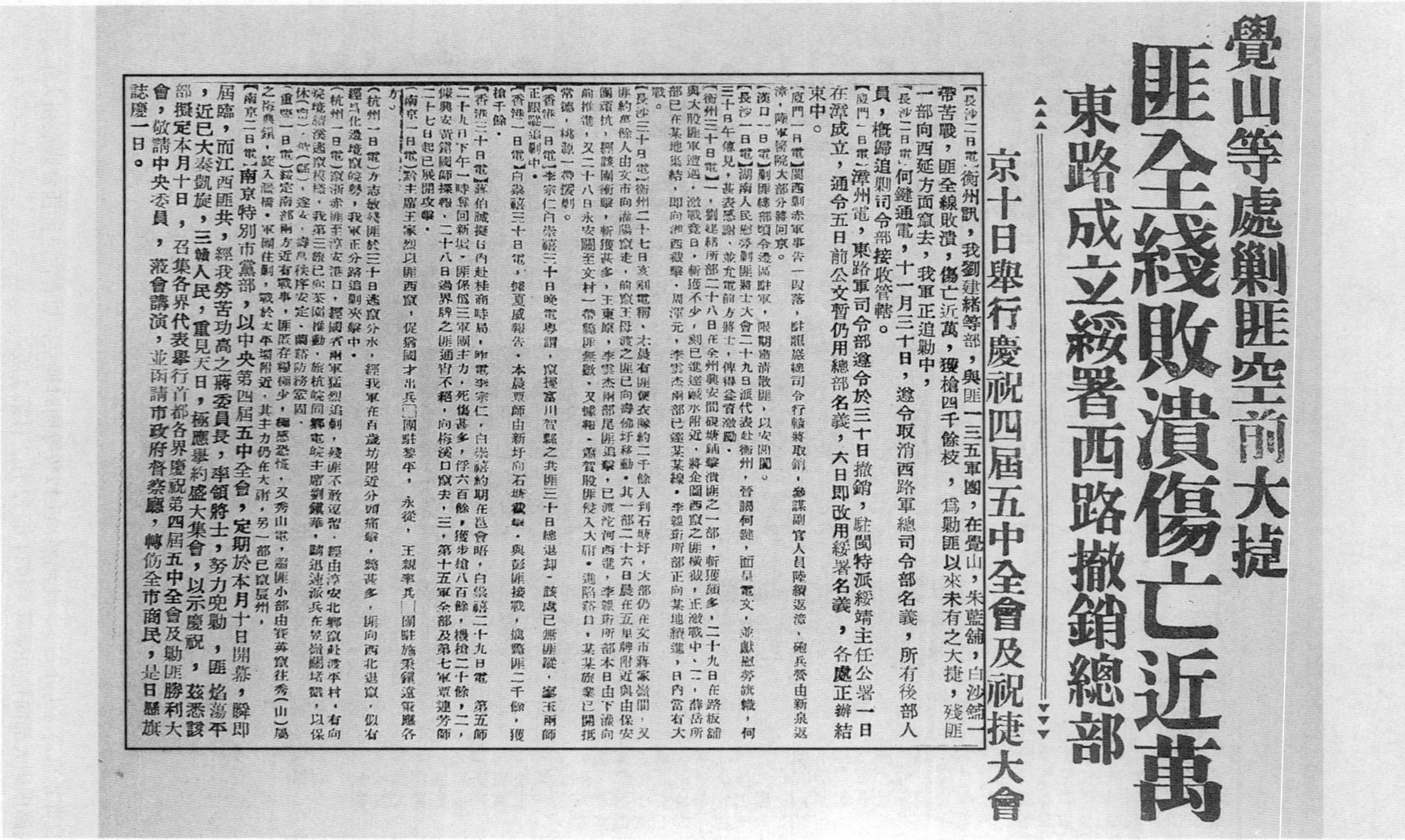

覺山等處勦匪空前大捷
匪全綫敗潰傷亡近萬
東路成立綏署西路撤銷總部
京十日舉行慶祝四屆五中全會及祝捷大會

【長沙二日電】衡州訊，我劉建緒等部，與匪一三五軍團，在覺山，朱藍舖，白沙舖一帶苦戰，匪全線敗潰，傷亡近萬，獲槍四千餘枝，爲勦匪以來未有之大捷，殘匪一部向西延方面竄去，我軍正追勦中。

【長沙二日電】何鍵通電，十一月三十日，遵令取消西路軍總司令部名義，所有後部人員，概歸追勦司令部接收管轄。

【廈門一日電】漳州電，東路軍司令部遵令於三十日撤銷，駐閩特派綏靖主任公署一日在漳成立，通令五日前公文暫仍用總部名義，六日即改用綏署名義，各處正辦結束中。

【廈門一日電】閩西剿赤軍事告一段落，駐浙綏靖總司令行轅將取銷，參謀副官人員陸續返漳，砲兵營由新泉返漳，陸軍醫院大部分將回京。

【漢口一日電】劉膺總部頃令湘邊區駐軍，限期肅清散匪，以安閭閻。

【長沙一日電】湖南人民慰勞剿匪將士大會二十九日派代表赴衡州，晉謁何鍵，面呈電文，並獻慰勞旗幟，何三十日傳見，甚表感謝，並允電前方將士，俾得全資激勵。

【衡州三十日電】一、劉建緒所部二十八日在全州與安間硯塘鋪擊潰匪之一部，斬獲頗多，二十九日在路板舖與大股匪軍遭遇，激戰竟日，斬獲不少，刻已進逼鹹水附近，將企圖西竄之匪橫截，正激戰中。二、薛岳所部已在某地集結，即向湘西截擊，周渾元，李雲杰兩部已達某某線。李韞珩所部正向某地續進，日內當有大戰。

【長沙三十日電】衡州二十七日亥刻電稱，尤晨有匪便衣隊約二千餘人到石塘圩，大部仍在文市蔣家嶺間，又匪約數千餘人由文市向灌陽竄走，前竄王母渡之匪已向壽佛圩移動。其一部二十六日晨在五里牌附近與由保安團頑抗，經該團衛擊，斬獲甚多，王東原，李雲杰兩部尾匪追擊，已渡沱河西進，李韞珩所部本日由下灌向前推進，又二十八日永安關至文村一帶匪無數，又據報，蕭賀股匪侵入大庸，進陷溪口，某某旅業已開抵常德，桃源一帶援剿。

【香港一日電】李宗仁白崇禧三十日晚電粵謂，竄擾富川賀縣之共匪三十日總退却，該處已無匪蹤，廖磊兩師正跟蹤追剿中。

【香港一日電】白崇禧三十日電，據夏威報告，本晨覃師由新圩向石塘截擊，與彭匪接戰，擒匪二千，獲槍千餘。

【香港三十日電】蔣伯誠據白內赴桂商時局，昨電李宗仁，白崇禧約期在邕會晤，白崇禧二十九日電，第五師二十九日下午一時奪回新圩，匪係偽三軍團主力，死傷甚多，俘六百餘，獲步槍八百餘，機槍二十餘，二、據興安黃鎮國師探報，二十八日過界牌之匪通宵不絕，向梅溪口竄去，三、第十五軍全部及第七軍覃連芳師二十七日起已展開攻擊。

【南京一日電】黔主席王家烈以匪西竄，促猶國才出兵□關駐黎平，永從，王親率兵□關駐施秉鎮遠策應各方。

【杭州一日電】方志敏殘匪於三十日逃竄分水，經我軍在百歲坊附近分頭痛擊，斃甚多，匪向西北退竄，似有經昌化邊境竄皖勢，我軍正分路追剿夾擊中。

【杭州一日電】竄浙赤匪自淳安港口，經國軍猛烈追剿，殘匪不敢逗留，經由淳安北鄉竄赴渡平村，有向皖境績溪邊竄模樣，我第三旅已向某處推動，旅杭皖同鄉電皖主席劉鎮華，請迅速派兵在昱嶺關堵截，以保休(寧)，歙(縣)，績(溪)，旌(德)等處秩序安定，團務防務鞏固。

【重慶一日電】綏定南部兩方近有戰事，匪匿存碼頭少，穩愿恐慌，又秀山電，蕭匪小部由酉陽竄往秀(山)屬之梅典鎮，旋入湘境，軍團住剿，戰於太平壩附近，其主力仍在大庸，另一部已竄辰州。

【南京二日電】南京特別市黨部，以中央第四屆五中全會，定期於本月十日開幕，瞬即屆臨，而江西匪共，經我勞苦功高之蔣委員長，率領將士，努力兜勦，匪焰蕩平，近已大奏凱旋，三贛人民，重見天日，極應舉行盛大集會，以示慶祝，茲悉該部，擬定本月十日，召集各界代表舉行首都各界慶祝第四屆五中全會及勦匪勝利大會，敬請中央委員，蒞會講演，並函請市政府督察廳，轉飭全市商民，是日懸旗誌慶一日。

16. 觉山等处剿匪空前大捷，匪全线败溃伤亡近万，东路成立绥署西路撤销总部，京十日举行庆祝四届五中全会及祝捷大会，1934 年 12 月 3 日第 2 版

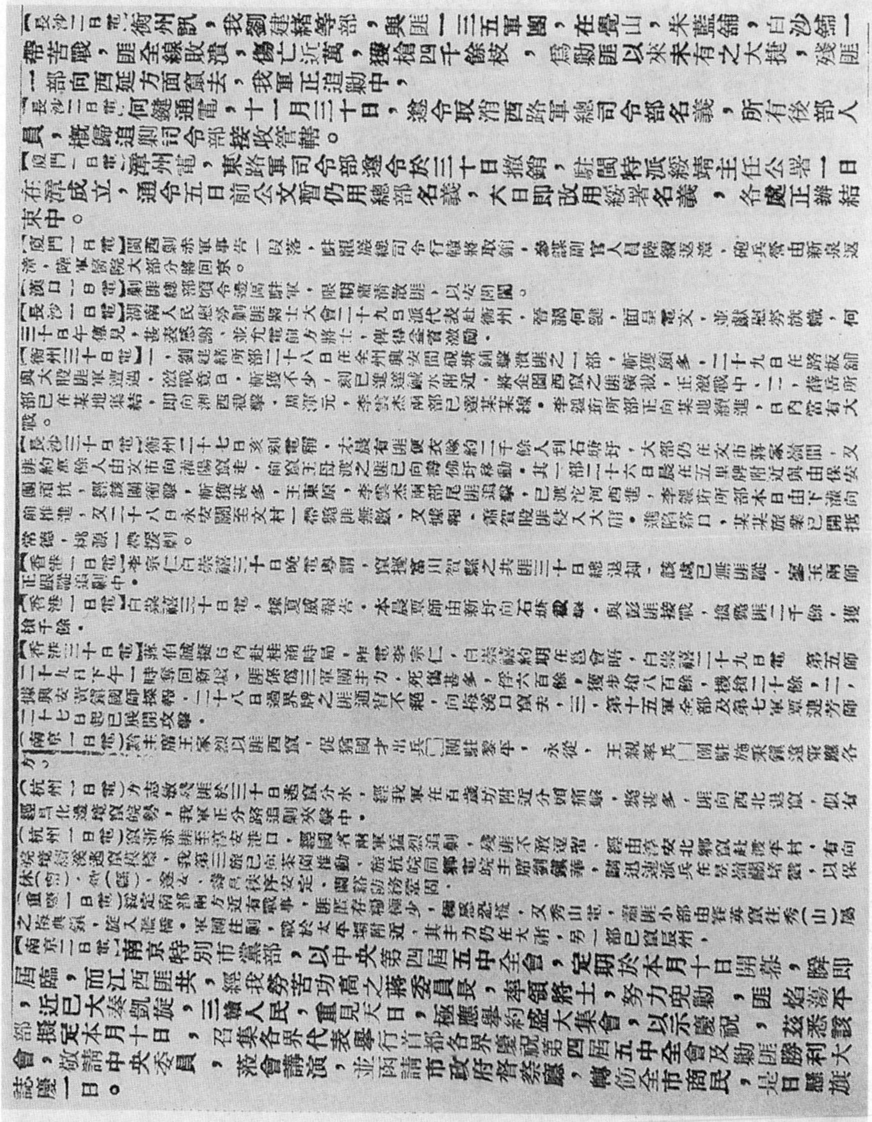

【長沙二日電】衡州訊，我劉建緒等部，與匪一三五軍團，在鷹山，米蘭舖，白沙舖一帶苦戰，匪全線敗潰，傷亡近萬，獲槍四千餘枝，為剿匪以來未有之大捷，殘匪一部向西延方面竄去，我軍正追剿中，

【長沙二日電】何鍵通電，十一月三十日，遵令取消西路軍總司令部名義，所有該部人員，概歸追剿司令部接收管轄。

【厦門一日電】漳州訊，東路軍司令部遵令於三十日撤銷，駐閩特派綏靖主任公署一日在漳成立，通令五日前公文暫仍用總部名義，六日即改用綏署名義，各處正辦結束中。

【南京二日電】南京特別市黨部，以中央第四屆五中全會，定期於本月十日開幕，際即屆臨，而江西匪共，經我勞苦功高之蔣委員長，率領將士，努力兜剿，匪焰蕩平，近已大奏凱旋，三贛人民，重見天日，極應舉行盛大集會，以示慶祝，茲悉該部，擬定本月十日，召集各界代表舉行首都各界慶祝第四屆五中全會及剿匪勝利大會，敬請中央委員，蒞會講演，並函請市政府督飭全市商民，是日懸旗誌慶一日。

（局部图）

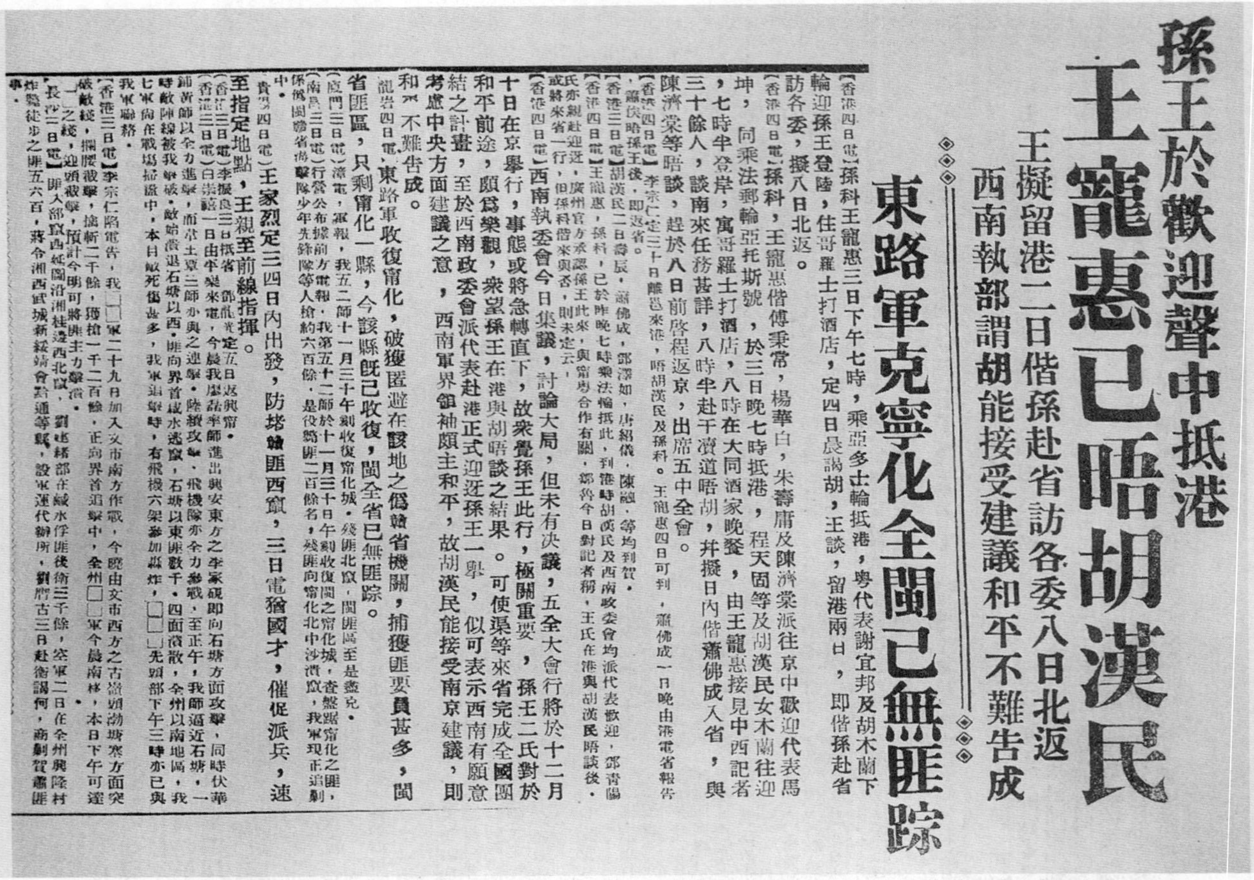

孫王於歡迎聲中抵港

王寵惠已晤胡漢民

王擬留港二日偕孫赴省訪各委八日北返

西南執部謂胡能接受建議和平不難告成

東路軍克寧化全閩已無匪踪

【香港四日電】孫科王寵惠三日下午七時，乘亞多士輪抵港，粵代表謝宜邦及胡木蘭下輪迎孫王登陸，住哥羅士打酒店，定四日晨謁胡，王談，留港兩日，即偕孫赴省訪各委，擬八日北返。

【香港四日電】孫科，王寵惠偕傅秉常，楊華白，朱壽庸及陳濟棠派往京中歡迎代表馬坤，同乘法郵輪亞托斯號，於三日晚七時抵港，程天固等及胡漢民女木蘭往迎，七時半登岸，寓哥羅士打酒店，八時在大同酒家晚餐，由王寵惠接見中西記者三十餘人，談南來任務甚詳，八時半赴干諾道晤胡，并擬日內偕蕭佛成入省，與陳濟棠等晤談，趕於八日前啓程返京，出席五中全會。

【香港四日電】李宗仁定三十日離邕來港，晤胡漢民及孫科。王寵惠四日可到，蕭佛成一日晚由港電省報告，蕭俟晤孫王後，即返省。

【香港三日電】胡漢民二日壽辰，蕭佛成，鄧澤如，唐紹儀，陳融，等均到賀。

【香港四日電】王寵惠，孫科，已於昨晚七時乘法輪抵此，到港時胡漢民及西南政委會均派代表歡迎，鄧青陽氏亦親赴迎迓，廣州官方承認孫王此來，與甯粵合作有關，鄧昨今日對記者稱，王氏在港與胡漢民晤談後，或將來省一行，但孫科偕來與否，則未定云。

【香港四日電】西南執委會今日集議，討論大局，但未有決議，五全大會行將於十二月十日在京舉行，事態或將急轉直下，故衆覺孫王此行，極關重要，孫王二氏對於和平前途，頗爲樂觀，衆望孫王在港與胡晤談之結果。可使渠等來省完成全國團結之計畫，至於西南政委會派代表赴港正式迎迓孫王一舉，似可表示西南有願意考慮中央方面建議之意，西南軍界領袖頗主和平，故胡漢民能接受南京建議，則和平不難告成。

龍岩四日電，東路軍收復甯化，破獲匿避在該地之僞贛省機關，捕獲匪要員甚多，閩省匪區，只剩甯化一縣，今該縣旣已收復，閩全省已無匪踪。

（廈門三日電）漳電，軍報，我五二師十一月三十午剿收復甯化城，殘匪北竄，閩匪區至是盡克。

（南昌三日電）行營公布據前方電報，我第五十二師於十一月三十日午剿收復閩之甯化城，查盤踞甯化之匪係僞閩贛省偽警衛隊少年先鋒隊等人槍約六百餘，是役斃匪二百餘名，殘匪向甯化北中沙潰竄，我軍現正追剿中。

（貴陽四日電）王家烈定三四日內出發，防堵贛匪西竄，三日電猶國才，催促派兵，速至指定地點，王親至前線指揮。

（香港三日電）李振良三日抵省，鄧龍光定五日返興甯。

（香港三日電）白崇禧一日由平樂來電，今晨我廖磊率師進出興安東方之李家硯即向石塘方面攻擊，同時伏華鍾黃師以全力進擊，而常土章三師亦與之連擊，陸續攻擊，飛機隊亦全力參戰，至正午，我師逼近石塘，一時敵陣線被我擊破，敵始潰退石塘以西，匪向界首歳水逃竄，石塘以東匪數千，四面潰散，全州以南地區，我七軍尚在戰場掃蕩中，本日敵死傷甚多，我軍追擊時，有飛機六架參加轟炸，□□□先頭部下午三時亦已與我軍聯絡。

【香港三日電】李宗仁陷電告，我□□軍二十九日加入文市南方作戰，今晚由文市西方之古嶺頭渤塘寨方面突破敵綫，攔腰截擊，擄斬二千餘，獲槍一千二百餘，正向界首追擊中，全州□□軍今晨南移，本日下午可達□之綫，迎頭截擊，預計今明可將匪主力擊潰。

【長沙二日電】匪大部竄西延關沿湘桂邊西北竄，劉建緒部在鹹水俘匪後衛三千餘，空軍二日在全州興隆村炸斃徒步之匪五六百，蔣令湘西武城新綏靖會黔通等縣，設軍運代辦所，劉膺古三日赴衡謁何，商剿賀蕭匪事。

17. 孙（科）、王（宠惠）于欢迎声中抵港，王宠惠已晤胡汉民，王拟留港二日偕孙赴省访各委八日北返，西南执部谓胡能接受建议和平不难告成，东路军克宁化全闽已无匪踪，1934 年 12 月 5 日第 2 版

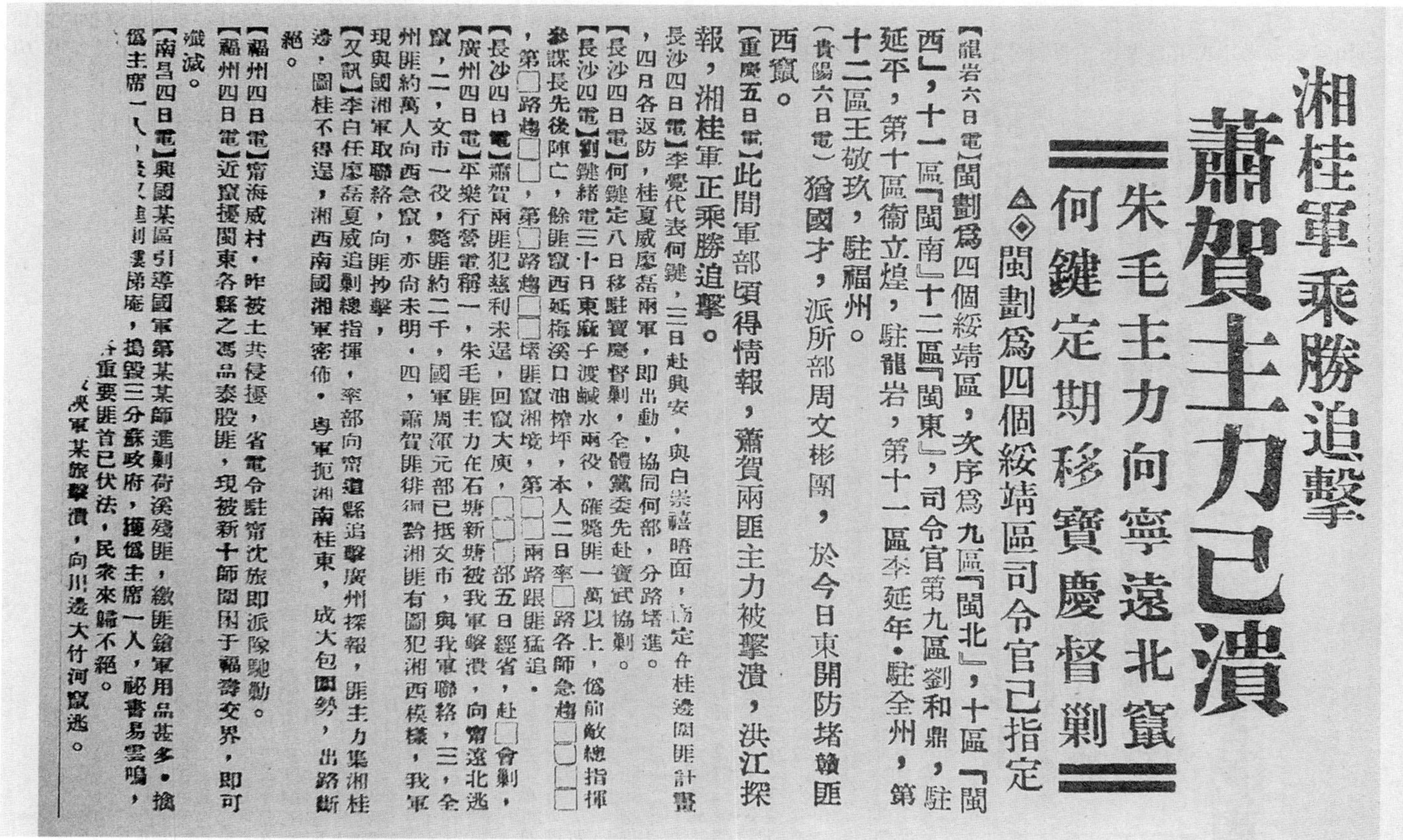

湘桂軍乘勝追擊

蕭賀主力已潰

朱毛主力向寧遠北竄

何鍵定期移寶慶督剿

△◈閩劃爲四個綏靖區司令官已指定

【龍岩六日電】閩劃爲四個綏靖區，次序爲九區『閩北』，十區『閩西』，十一區『閩南』十二區『閩東』，司令官第九區劉和鼎，駐延平，第十區衛立煌，駐龍岩，第十一區李延年，駐全州，第十二區王敬玖，駐福州。

（貴陽六日電）猶國才，派所部周文彬團，於今日東開防堵贛匪西竄。

【重慶五日電】此間軍部頃得情報，蕭賀兩匪主力被擊潰，洪江探報，湘桂軍正乘勝追擊。

長沙四日電】李覺代表何鍵，二日赴興安，與白崇禧晤面，商定合桂邊剿匪計畫，四月各返防，桂夏威廖磊兩軍，即出動，協同何部，分路堵進。

【長沙四日電】何鍵定八日移駐寶慶督剿，全體黨委先赴寶武協剿。

【長沙四日電】劉鍵緒電三十日東麻子渡鹹水兩役，確斃匪一萬以上，僞前敵總指揮參謀長先後陣亡，餘匪竄西延梅溪口油榨坪，本人二日率□路各師急趨□□□□，第□路趨□□，第□路趨□□堵匪竄湘境，第□□兩路跟匪猛追。

【長沙四日電】蕭賀兩匪犯慈利未逞，回竄大庸，□□□部五日經省，赴□會剿，

【廣州四日電】平樂行營電稱一，朱毛匪主力在石塘新塘被我軍擊潰，向甯遠北逃竄，二，文市一役，斃匪約二千，國軍周渾元部已抵文市，與我軍聯絡，三，全州匪約萬人向西急竄，亦尚未明，四，蕭賀匪徘徊黔湘匪有圖犯湘西模樣，我軍現與國湘軍取聯絡，向匪抄擊，

【又訊】李白任廖磊夏威追剿總指揮，率部向甯遠縣追擊廣州探報，匪主力集湘桂邊，圖桂不得逞，湘西南國湘軍密佈，粵軍扼湘南桂東，成大包圍勢，出路斷絕。

【福州四日電】甯海威村，昨被土共侵擾，省電令駐甯沈旅即派隊馳剿。

【福州四日電】近竄擾閩東各縣之馮品泰股匪，現被新十師圍困于福壽交界，即可殲滅。

【南昌四日電】興國某區引導國軍第某某師進剿荷溪殘匪，繳匪餘軍用品甚多，擒僞主席一人、[illegible]庵，搗毀三分蘇政府，擒僞主席一人，祕書易雲鳴，重要匪首已伏法，民衆來歸不絕。[illegible]軍某旅擊潰，向川邊大竹河竄逃。

18. 湘桂军乘胜追击，萧（克）、贺（龙）主力已溃，朱（德）、毛（泽东）主力向宁远北窜，何键定期移宝庆督剿，闽划为四个绥靖区司令官已指定，1934年12月7日第2版（残）

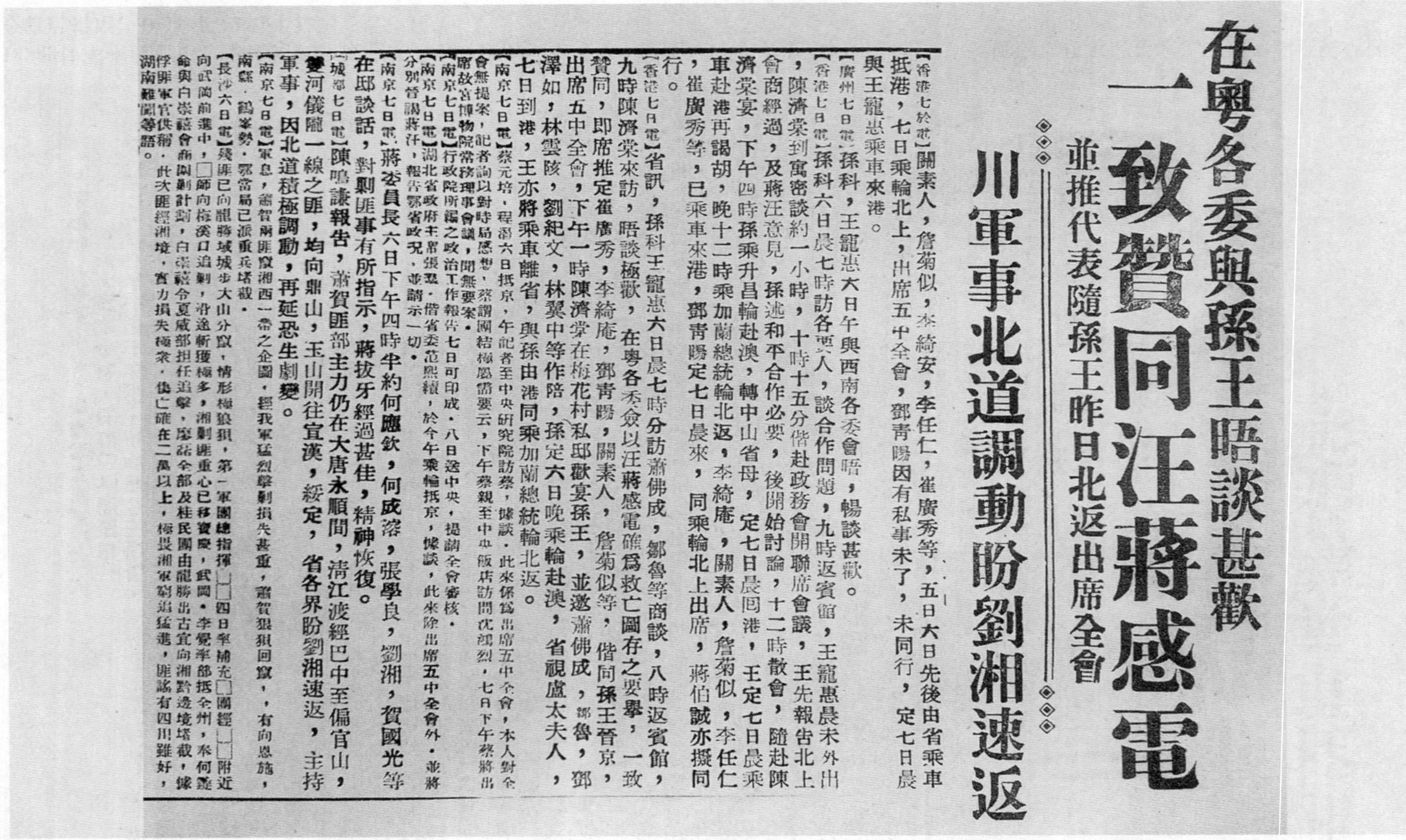

在粤各委與孫王晤談甚歡

一致贊同汪蔣感電

並推代表隨孫王昨日北返出席全會

川軍事北道調動盼劉湘速返

【香港七日專電】關素人，詹菊似，李綺安，李任仁，崔廣秀等，五日六日先後由省乘車抵港，七日乘輪北上，出席五中全會，鄧青陽因有私事未了，未同行，定七日晨與王寵惠乘車來港。

【廣州七日電】孫科，王寵惠六日午與西南各委會晤，暢談甚歡。

【香港七日電】孫科六日晨七時訪各要人，談合作問題，九時返賓館，王寵惠晨未外出，陳濟棠到寓密談約一小時，十時十五分偕赴政務會開聯席會議，王先報告北上會商經過，及蔣汪意見，孫述和平合作必要，後開始討論，十二時散會，隨赴陳濟棠宴，下午四時孫乘升昌輪赴澳，轉中山省母，定七日晨回港，王定七日晨乘車赴港再謁胡，晚十二時乘加蘭總統輪北返，李綺庵，關素人，詹菊似，李任仁，崔廣秀等，已乘車來港，鄧青陽定七日晨來，同乘輪北上出席，蔣伯誠亦擬同行。

【香港七日電】省訊，孫科王寵惠六日晨七時分訪蕭佛成，鄒魯等商談，八時返賓館，九時陳濟棠來訪，晤談極歡，在粵各委僉以汪蔣感電確爲救亡圖存之要舉，一致贊同，即席推定崔廣秀，李綺庵，鄧青陽，關素人，詹菊似等，偕同孫王晉京，出席五中全會，下午一時陳濟棠在梅花村私邸歡宴孫王，並邀蕭佛成，鄒魯，鄧澤如，林雲陔，劉紀文，林翼中等作陪，孫定六日晚乘輪赴澳，省視盧太夫人，七日到港，王亦將乘車離省，與孫由港同乘加蘭總統輪北返。

【南京七日電】蔡元培，程潛六日抵京，午記者至中央研究院訪蔡，據談，此來係爲出席五中全會，本人對全會無提案，記者詢以對時局感想，蔡謂團結極屬需要云，下午蔡親至中央飯店訪問程潛，七日下午蔡將出席故宮博物院常務理事會議，聞無要案。

【南京七日電】行政院所編之政治工作報告七日可印成，八日送中央，提請全會審核。

【南京七日電】湖北省政府主席張羣，偕省委范熙績，於今午乘輪抵京，據談，此來除出席五中全會外，並將分別晉謁蔣汪，報告鄂省政況，並請示一切。

【南京七日電】蔣委員長六日下午四時半約何應欽，何成濬，張學良，劉湘，賀國光等在邸談話，對剿匪事有所指示，蔣拔牙經過甚佳，精神恢復。

【成都七日電】陳鳴謙報告，蕭賀匪部主力仍在大唐永順間，清江渡經巴中至偏官山，雙河儀隴一線之匪，均向鼎山，玉山開往宣漢，綏定，省各界盼劉湘速返，主持軍事，因北道積極調動，再延恐生劇變。

【南京七日電】軍息，蕭賀兩匪竄湘西一帶之企圖，經我軍猛烈轟剿損失甚重，蕭賀狼狽回竄，，有向恩施，南縣，鶴峯勢，鄂當局已派重兵堵截。

【長沙六日電】殘匪已向龍勝城城步大山分竄，情形極狼狽，第一軍團總指揮□□四日率補充□團經□□附近向武岡前進中，□師向梅溪口追剿，沿途斬獲極多，湘剿匪重心已移寶慶，武岡，李覺率部抵全州，奉何鍵命與白崇禧會商剿計劃，白崇禧令夏威部担任追擊，廖磊全部及桂民團由龍勝出古宜向湘黔邊境堵截，據俘匪軍官供稱，此次匪經湘境，實力損失極衆，傷亡確在二萬以上，極畏湘軍窮追猛進，匪謠有四川雖好，湖南難鬬等語。

19. 在粤各委与孙（科）、王（宠惠）晤谈甚欢，一致赞同汪（精卫）、蒋（介石）感电，并推代表随孙、王昨日北返出席全会，川军事北道调动盼刘湘速返，1934 年 12 月 8 日第 2 版

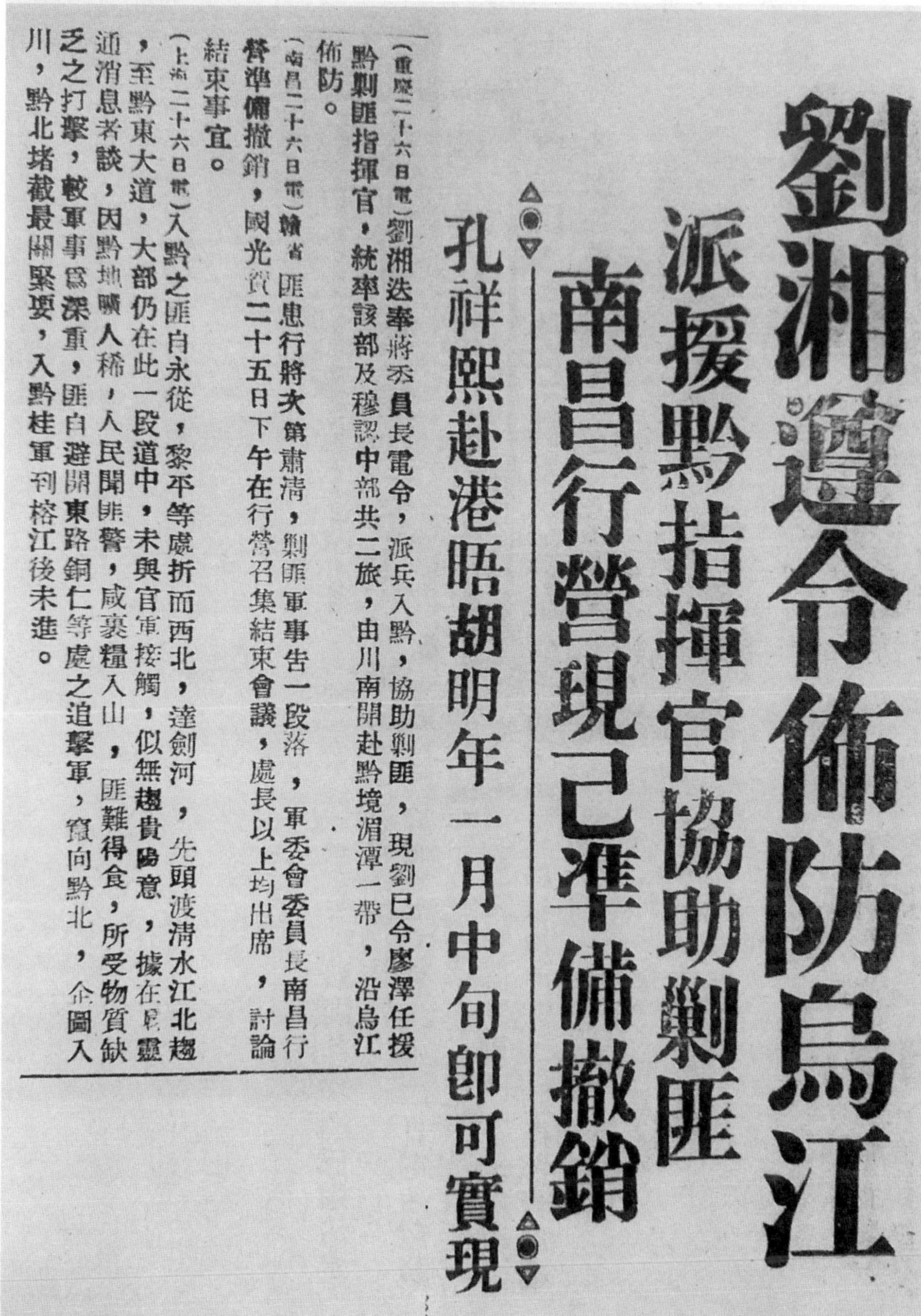

劉湘遵令佈防烏江

派援黔指揮官協助剿匪

南昌行營現已準備撤銷

孔祥熙赴港晤胡明年一月中旬即可實現

(重慶二十六日電)劉湘迭奉蔣委員長電令，派兵入黔，協助剿匪，現劉已令廖澤任援黔剿匪指揮官，統率該部及穆認中部共二旅，由川南開赴黔境湄潭一帶，沿烏江佈防。

(南昌二十六日電)贛省匪患行將次第肅清，剿匪軍事告一段落，軍委會委員長南昌行營準備撤銷，國光賀二十五日下午在行營召集結束會議，處長以上均出席，討論結束事宜。

(上海二十六日電)入黔之匪自永從，黎平等處折而西北，達劍河，先頭渡清水江北趨，至黔東大道，大部仍在此一段道中，未與官軍接觸，似無趨貴陽意，據在貴靈通消息者談，因黔地曠人稀，人民聞匪警，咸裹糧入山，匪難得食，所受物質缺乏之打擊，較軍事爲深重，匪自避開東路銅仁等處之追擊軍，竄向黔北，企圖入川，黔北堵截最關緊要，入黔桂軍到榕江後未進。

20. 刘湘遵令布防乌江，派援黔指挥官协助剿匪，南昌行营现已准备撤销，孔祥熙赴港晤胡（汉民）明年一月中旬即可实现，1934 年 12 月 27 日第 2 版

朱毛前鋒竄過淸水
粵陳復黔派隊協剿

(重慶二十六日電)朱毛殘匪前鋒，已過淸水河，二十六日西竄，

(廣州二十五日電)王家烈二十二日電西政務會及胡漢民，陳濟棠，李宗仁，白崇禧，請迅調勁旅入黔協助剿匪，胡陳李二十四日復電謂，『此間正調部隊繼續追剿，粵省部隊已積極前進，請指揮貴部竭力抵敵，勿任蔓延，』

21. 朱（德）、毛（泽东）前锋窜过清水，粤陈（济棠）复黔派队协剿，1934 年 12 月 27 日第 2 版

上海晨报

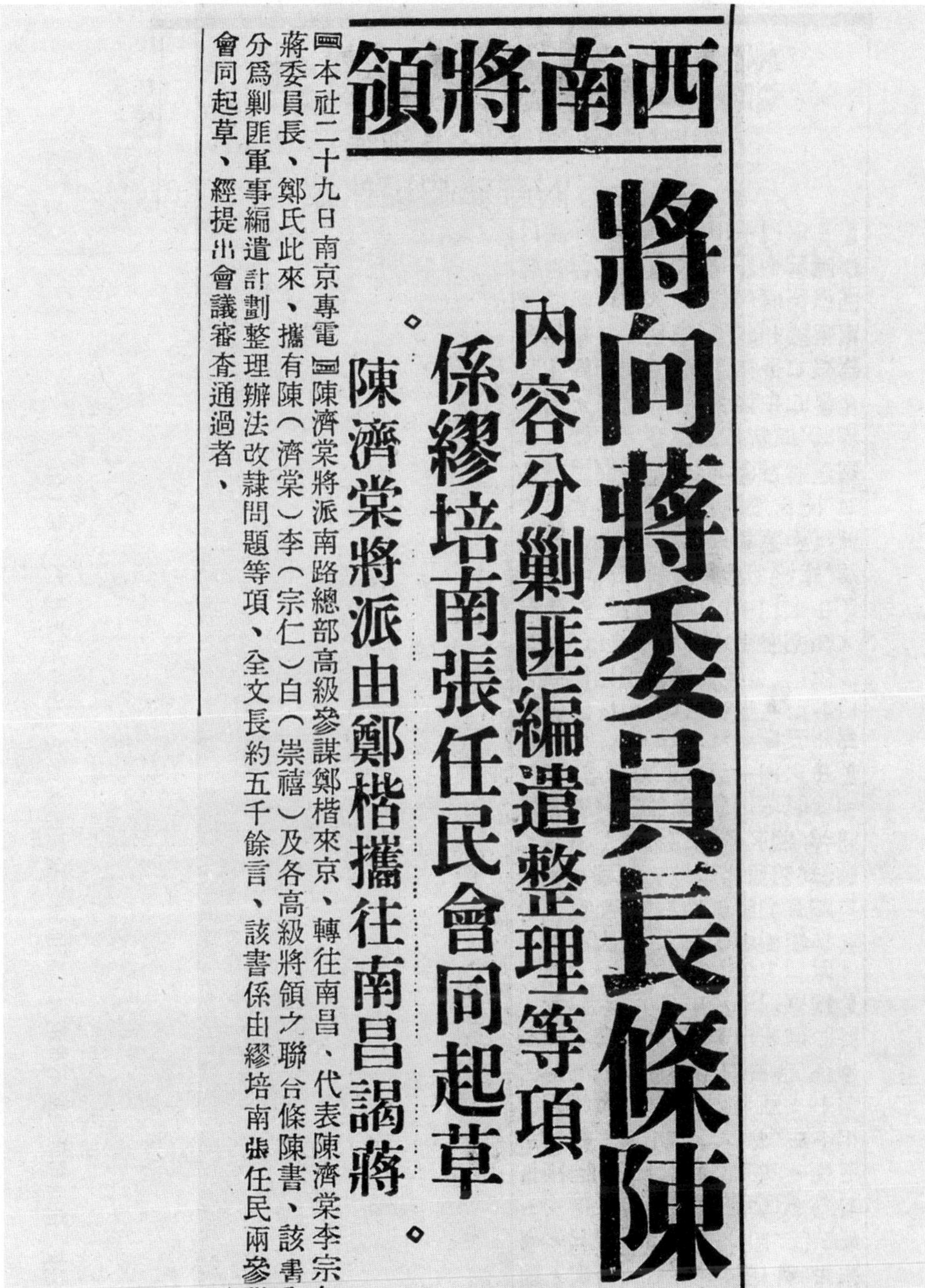

西南將領將向蔣委員長條陳

內容分剿匪編遣整理等項
係繆培南張任民會同起草
。陳濟棠將派由鄭楷攜往南昌謁蔣。

國本社二十九日南京專電 國陳濟棠將派南路總部高級參謀鄭楷來京、轉往南昌、代表陳濟棠李宗仁謁蔣委員長、鄭氏此來、攜有陳（濟棠）李（宗仁）白（崇禧）及各高級將領之聯合條陳書、該書內容分爲剿匪軍事編遣計劃整理辦法改隸問題等項、全文長約五千餘言、該書係由繆培南張任民兩參謀長會同起草、經提出會議審查通過者、

1. 西南将领将向蒋委员长条陈，内容分剿匪、编遣、整理等项，系缪培南、张任民会同起草，陈济棠将派由郑楷携往南昌谒蒋，1934 年 7 月 13 日第 1 版

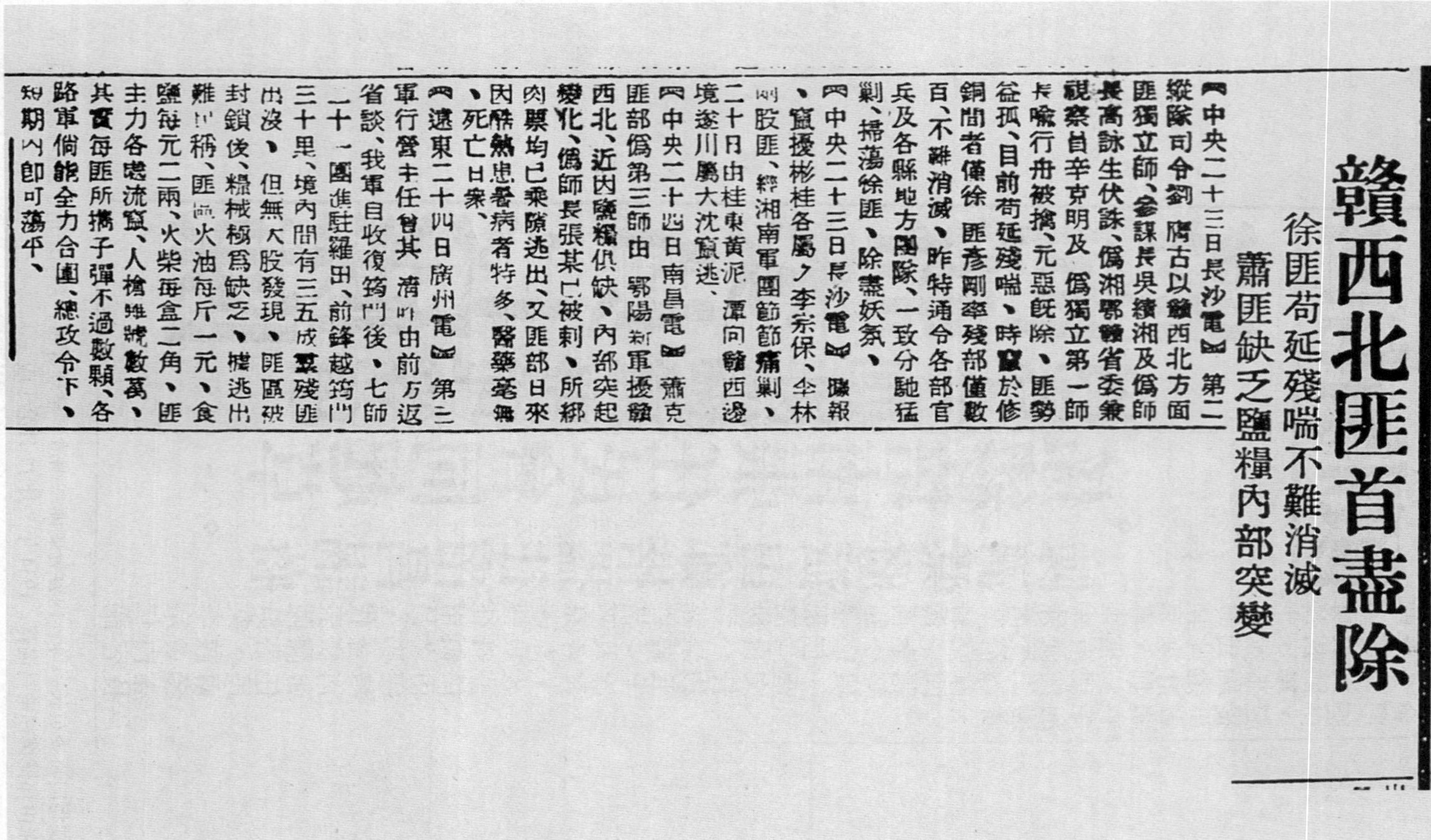

贛西北匪首盡除

徐匪苟延殘喘不難消滅

蕭匪缺乏鹽糧內部突變

【中央二十三日長沙電】第二縱隊司令劉膺古以贛西北方面匪獨立師、參謀長吳績湘及僞師長高詠生伏誅、僞湘鄂贛省委兼視察員辛京明及僞獨立第一師長喻行舟被擒、元惡既除、匪勢益孤、目前苟延殘喘、時竄於修銅間者僅徐匪彥剛率殘部僅數百、不難消滅、昨特通令各部官兵及各縣地方團隊、一致分馳猛剿、掃蕩徐匪、除盡妖氛、

【中央二十三日長沙電】據報、竄擾郴桂各屬之李宗保、伞林刚股匪、經湘南軍團節節痛剿、二十日由桂東黃泥潭向贛西邊境遂川鵬大沈竄逃、

【中央二十四日南昌電】蕭克匪部僞第三師由鄂陽新軍擾贛西北、近因鹽糧供缺、內部突起變化、僞師長張某已被刺、所綁肉票均已乘隙逃出、又匪部日來因酷熱患病者特多、醫藥毫無、死亡日衆、

【遂東二十四日廣州電】第三軍行營主任曾其清此由前方返省談、我軍自收復筠門後、七師一十一團進駐羅田、前鋒越筠門三十里、境內間有三五成羣殘匪出沒、但無大股發現、匪區被封鎖後、糧械極爲缺乏、據逃出難民稱、匪區火油每斤一元、食鹽每元二兩、火柴每盒二角、匪主力各處流竄、人槍號稱數萬、其實每匪所携子彈不過數顆、各路軍倘能全力合圍、總攻令下、刻期內即可蕩平、

2. 赣西北匪首尽除，徐匪苟延残喘不难消灭，萧匪缺乏盐粮内部突变，1934 年 7 月 25 日第 1 版

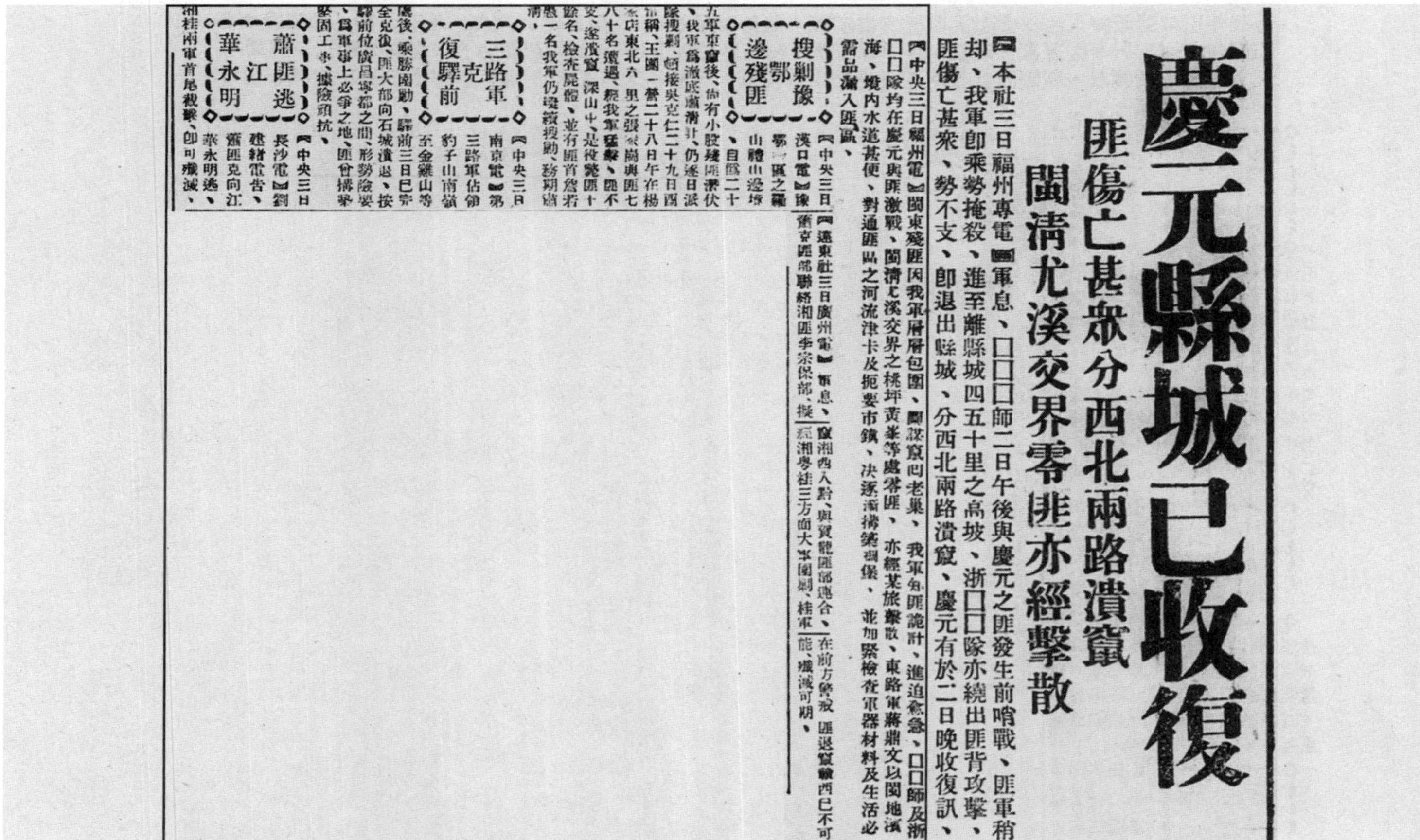

慶元縣城已收復

匪傷亡甚衆分西北兩路潰竄

閩清尤溪交界零匪亦經擊散

【本社三日福州專電】軍息、口口口師二日午後與慶元之匪發生前哨戰、匪軍稍却、我軍即乘勢掩殺、進至離縣城四五十里之高坡、浙口口隊亦繞出匪背攻擊、匪傷亡甚衆、勢不支、即退出縣城、分西北兩路潰竄、慶元有於二日晚收復訊、

【中央三日福州電】閩東殘匪因我軍層層包圍、圖謀竄回老巢、我軍知匪詭計、進迫愈急、口口師及浙口口隊均在慶元與匪激戰、閩清尤溪交界之梯坪黃峯等處零匪、亦經某旅擊散、東路軍蔣鼎文以閩地濱海、境內水道甚便、對通匪品之河流津卡及扼要市鎮、決逐漸擇築碉堡、並加緊檢查軍器材料及生活必需品瀉入匪區、

【遠東社三日廣州電】軍息、竄湘西入黔、與賀龍匪部匯合、衛京匪部聯絡湘匪李宗保部、擬經湘粵桂三方面大軍圍剿、桂軍在前方堵截、匪退竄黔西已不可能、殲滅可期、

搜剿豫鄂邊殘匪

【中央三日漢口電】豫鄂皖三省邊區之羅山禮山邊境、自餓二十五軍東竄後、尚有小股殘匪潛伏、我軍為澈底肅清計、仍逐日派隊搜剿、頃接吳克仁二十九日西信稱、王團一營二十八日午在楊家店東北六里之張家嶺與匪七八十名遭遇、經我軍猛擊、匪不支、遂潰竄深山中、是役斃匪十餘名、檢查屍體、並有匪首徐若愚一名、我軍仍繼續搜剿、務期肅清、

三路軍克復驛前

【中央三日南京電】第三路軍佔領豹子山南嶺至金雞山等處後、乘勝圍剿、驛前三日已完全克復、匪大部向石城潰退、按驛前位廣昌寧都之間、形勢險要、為軍事上必爭之地、匪曾構築堅固工事、據險頑抗、

蕭匪江華永明逃

【中央三日長沙電】劉建緒電告、蕭匪克向江華永明逃、湘桂兩軍首尾截擊、即可殲滅、

3. 庆元县城已收复，匪伤亡甚众分西北两路溃窜，闽清、尤溪交界零匪亦经击散，1934 年 9 月 4 日第 1 版

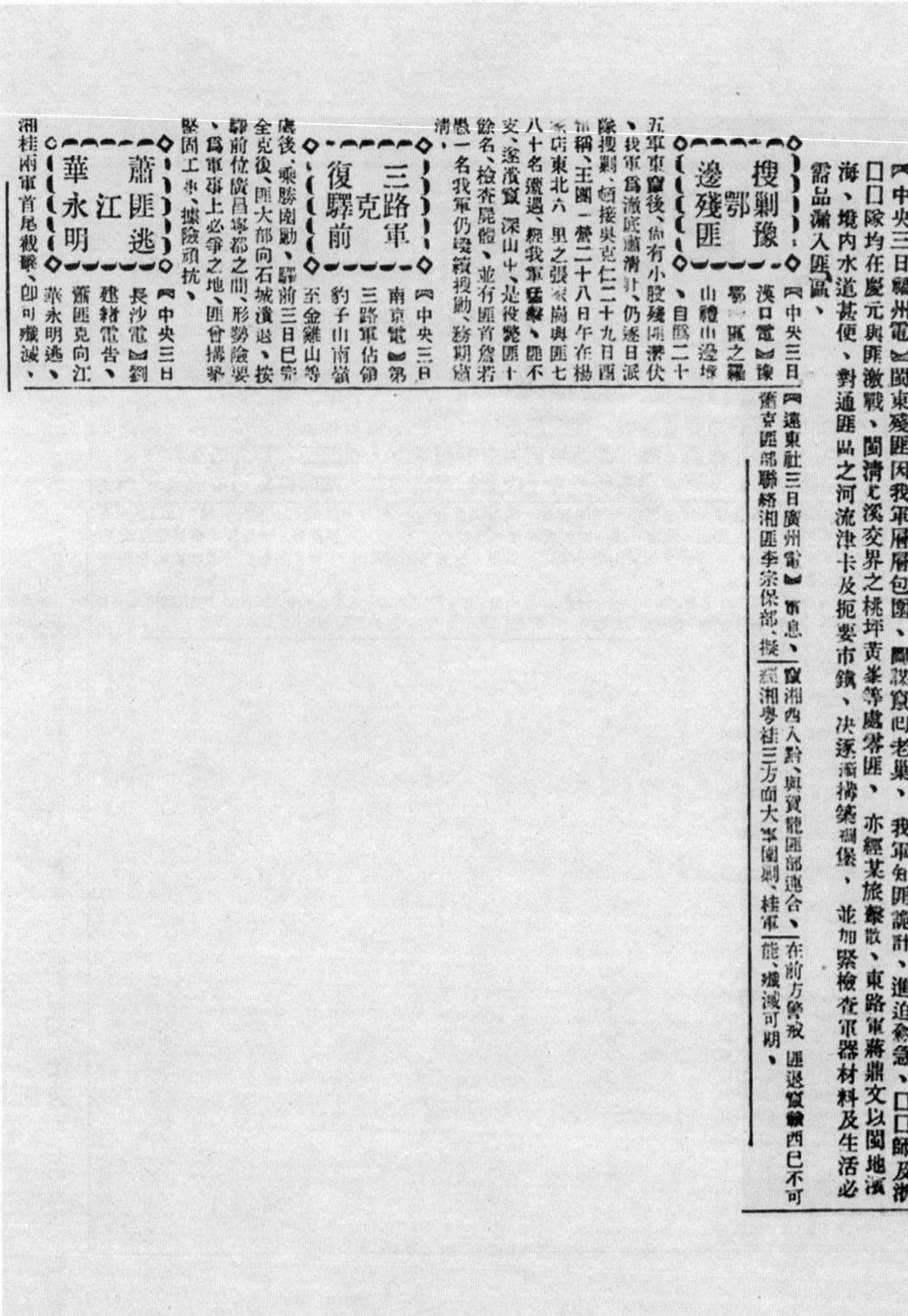

【中央三日福州電】閩東殘匪因我軍層層包圍、鬬謀竄回老巢、我軍知匪詭計、進迫愈急、□□師及浙□□隊均在慶元與匪激戰、閩清尤溪交界之桃坪黃峯等處零匪、亦經某旅擊散、東路軍蔣鼎文以閩地濱海、境內水道甚便、對通匪區之河流津卡及扼要市鎮、决逐漸構築碉堡、並加緊檢查軍器材料及生活必需品滲入匪區、

搜剿豫鄂邊殘匪

【中央三日漢口電】豫鄂皖區之羅山禮山邊境、自匪二十五軍東竄後、尚有小股殘匪潛伏、我軍爲澈底肅清計、仍逐日派隊搜剿、頃接吳克仁二十九日酉電稱、王團一營二十八日午在楊家店東北六里之張家崗與匪七八十名遭遇、經我軍猛擊、匪不支、遂潰竄深山中、是役斃匪十餘名、檢查屍體、並有匪首詹若愚一名、我軍仍繼續搜剿、務期肅清、

【遠東社三日廣州電】訊息、竄湘西入黔、與賀龍匪部連合、在前方警戒 匪退竄贛西已不可
蕭克匪部聯絡湘匪李宗保部、擬經湘粵桂三方面大軍圍剿、桂軍能、殲滅可期、

三路軍克復驛前

【中央三日南京電】第三路軍佔領豹子山南嶺至金雞山等處後、乘勝圍剿、驛前三日已完全克復、匪大部向石城潰退、按驛前位廣昌寧都之間、形勢險要、爲軍事上必爭之地、匪曾構築堅固工事、據險頑抗、

蕭匪逃江華永明

【中央三日長沙電】劉建緒電告、蕭匪克向江華永明逃、湘桂兩軍首尾夾擊、即可殲滅、

（局部图）

羅匪擾浙閩邊境

慶元收復後匪圖竄龍泉 松溪源尾鄉亦發現匪踪

我軍兩面夾擊以期一鼓殲滅

【本社四日杭州專電】羅匪退出慶元後、一股三日晚竄抵浦城忠信街、一股由政和松溪亦向浦城竄擾、我軍正追蹤部隊會合兜剿。【本報四日杭州電】閩匪羅炳輝方志敏殘部因受我剿匪軍重重壓迫、乃自閩北逃竄慶元、且有擾亂龍泉企圖、後經我軍截擊後、遂於二日克復慶元、省府接麗水電話 現我軍正在窮追、並電口口方面國軍夾擊、以期一鼓殲滅、【本社四日福州專電】軍息、閩浙軍克復慶元後、匪竄至新窑市以北之竹口小梅兩鎮、距龍泉松溪各九十里、浙方已調重兵、出動夾擊、某師亦由慶元跟蹤追剿、又松溪縣長三日電、匪在小梅與浙軍相持、松北離城四十里之源尾鄉亦發現赤匪五百餘人、鎗數未詳。至流竄閩西北之彭德懷股匪、經我兜剿後 匪主力竄清流方面 據盧興榮電、匪有向竄瑞金模樣、惟安砂附近尚有匪千餘、現我各軍已加緊剿辦、

小梅鎮有接觸

【中央四日福州電】盧興榮由永安電省報告、赤匪主力竄清流後、有向瑞金移動模樣、安砂附近殘匪正在追剿中、方羅殘匪在龍泉小梅與浙保安隊方志英部在激戰中、匪有向北潰竄勢、隔安獲溪柏柱溪北等處之匪、經新十師搜剿後、紛紛竄匿寧德之赤溪、企圖未明、

霞浦殘匪潰退

【中央四日福州電】霞浦石門坑之匪七百餘人、被八十七師鄧團猛剿、斃匪甚多、餘匪狼狽向裏洋潰退、我部在追剿中、【中央四日福州電】第二區行政專員徐虎侯電省報告、在柏柏匪巢搜獲方志敏羅炳輝二匪與土匪馬烈風任鐵峯等來往信札多件、馬任邀羅方入閩東、羅答尚有其他任務、暫不能來、並贈馬任兩匪洋一千元、快槍二十架、受傷匪卒百餘、俟病愈即留閩東南助任馬云云、我駐軍已加緊搜剿、以清匪孽、

彭澤殘匪肅清

【中央四日南昌電】皖贛邊區剿匪總指揮官譚士翹、對彭澤殘匪完全肅清、皖贛邊區剿匪軍事已告一段落、特呈准行營將指揮部移駐浮梁、

蕭匪竄擾桂邊

【中央四日南京電】京中三日接桂電稱、蕭匪因我軍不斷追擊、渡江不成、退入陽明山、復迂迴於藍山嘉禾江華道縣全縣永明之間、但從未進犯縣城、現其主力竄至桂邊之黃沙河文市一帶、我十五十六兩師連日在零東之水汾坳白泥坳桐子坪瀨江嶺白通市石家洞等處與匪接觸、頗有斬獲、劉正協同桂軍於全州東安新寧一帶堵剿中、又三日未電稱、蕭匪有企圖竄擾湘黔川邊區之模樣、劉正令各部分途追剿、並電桂軍派隊協同堵截中、

4. 罗匪扰浙闽边境，庆元收复后匪图窜龙泉，松溪源尾乡亦发现匪踪，我军两面夹击以期一鼓歼灭，1934 年 9 月 5 日第 1 版

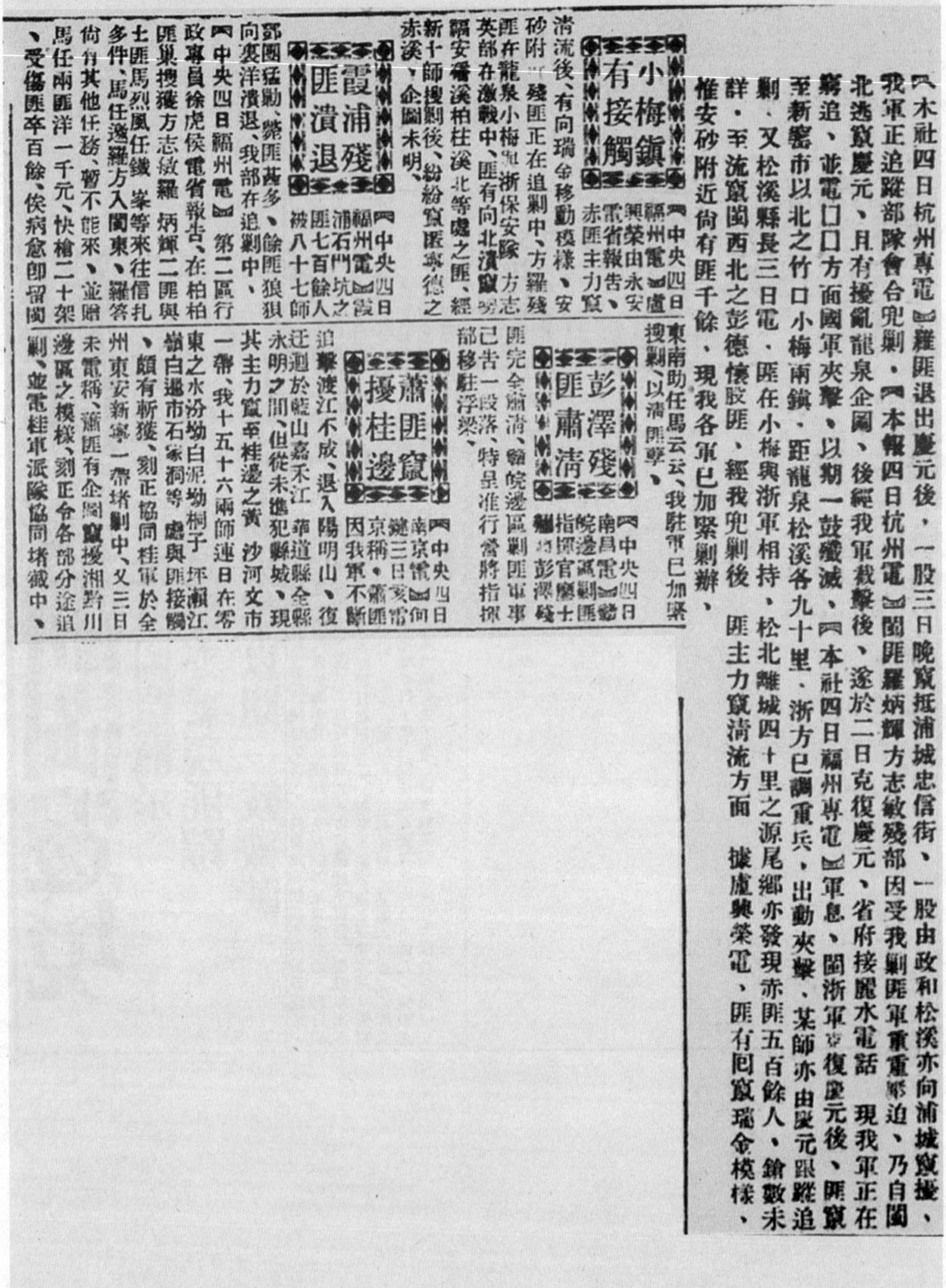

〔本社四日杭州專電〕羅匪退出慶元後、一股三日晚竄抵浦城忠信街、一股由政和松溪亦向浦城竄擾、我軍正追蹤部隊會合兜剿。〔本報四日杭州電〕閩匪羅炳輝方志敏殘部因受我剿匪軍重重壓迫、乃自閩北逃竄慶元、且有擾亂龍泉企圖、後經我軍截擊後、遂於二日克復慶元、省府接麗水電話 現我軍正在窮追、並電□□方面國軍夾擊、以期一鼓殲滅、〔本社四日福州專電〕軍息、閩浙軍克復慶元後、匪竄至新窰市以北之竹口小梅兩鎮、距龍泉松溪各九十里、浙方已調重兵、出動夾擊、某師亦由慶元跟蹤追剿、又松溪縣長三日電、匪在小梅與浙軍相持、松北離城四十里之源尾鄉亦發現赤匪五百餘人、鎗數未詳。至流竄閩西北之彭德懷股匪、經我兜剿後 匪主力竄清流方面 據盧興榮電、匪有回竄瑞金模樣、惟安砂附近尚有匪千餘、現我各軍已加緊剿辦、

小梅鎮有接觸

〔中央四日福州電〕盧興榮由永安電省報告、赤匪主力竄清流後、有向瑞金移動模樣、安砂附近殘匪正在追剿中、方羅殘匪在龍泉小梅與浙保安隊方志英部在激戰中、匪有向北潰竄勢、福安壽溪柏柱溪北等處之匪、經新十師搜剿後、紛紛竄匿寧德之赤溪、企圖未明、

霞浦殘匪潰退

〔中央四日福州電〕霞浦石門坑之匪七百餘人、被八十七師鄧團猛勦、斃匪甚多、餘匪狼狽向褒洋潰退、我部在追剿中、〔中央四日福州電〕第二區行政專員徐虎侯電省報告、在柏柏匪巢搜獲方志敏羅炳輝二匪與土匪馬烈風任鐵峯等來往信扎多件、馬任邀羅方入閩東、羅答尚有其他任務、暫不能來、並贈馬任兩匪洋一千元、快槍二十架、受傷匪卒百餘、俟病愈即留閩東南助任馬云云、我駐軍已加緊搜剿、以清匪孽、

彭澤殘匪肅清

〔中央四日南昌電〕贛皖邊區剿匪指揮官鄭士琦電、彭澤殘匪完全肅清、贛皖邊區剿匪軍事已告一段落、特呈准行營將指揮部移駐浮梁、

蕭匪竄擾桂邊

〔中央四日南京電〕何鍵三日亥電京稱、蕭匪因我軍不斷追擊渡江不成、退入陽明山、復迂迴於藍山嘉禾江華道縣全縣永明之間、但從未進犯縣城、現其主力竄至桂邊之黃沙河文市一帶、我十五十六兩師連日在零東之水汾坳白泥坳桐子坪瀨江嶺白邁市石家洞等處與匪接觸、頗有斬獲、劉正協同桂軍於全州東安新寧一帶堵剿中、又三日未電稱、蕭匪有企圖竄擾湘黔川邊區之模樣、劉正令各部分途追剿、並電桂軍派隊協同堵截中、

（局部图）

蕭匪竄桂在圍剿中

何鍵電王祺等解釋誤會

【中央十一日長沙電】蕭克匪部突圍流竄湘南 旅京同鄉王祺鄧飛黃等二日代電何鍵、條陳三事、何八日將蕭匪流竄、我軍追剿及整理團防、與並無預徵二十四年田賦、分別電復、以免誤會

【中央十一日長沙電】零陵六日電稱、蕭匪經過道縣偷渡竄入桂省灌陽全縣間、桂軍由龍沿進剿、湘軍同時跟擊、當遇匪於距龍沿二十里地方、激戰整日、斃匪四百餘名、奪獲槍枝三百餘枝、軍用品甚多、匪受重創、狼狽已極、現被我湘桂軍團團圍困中

5. 萧匪窜桂在围剿中，何键电王祺等解释误会，1934 年 9 月 12 日第 1 版

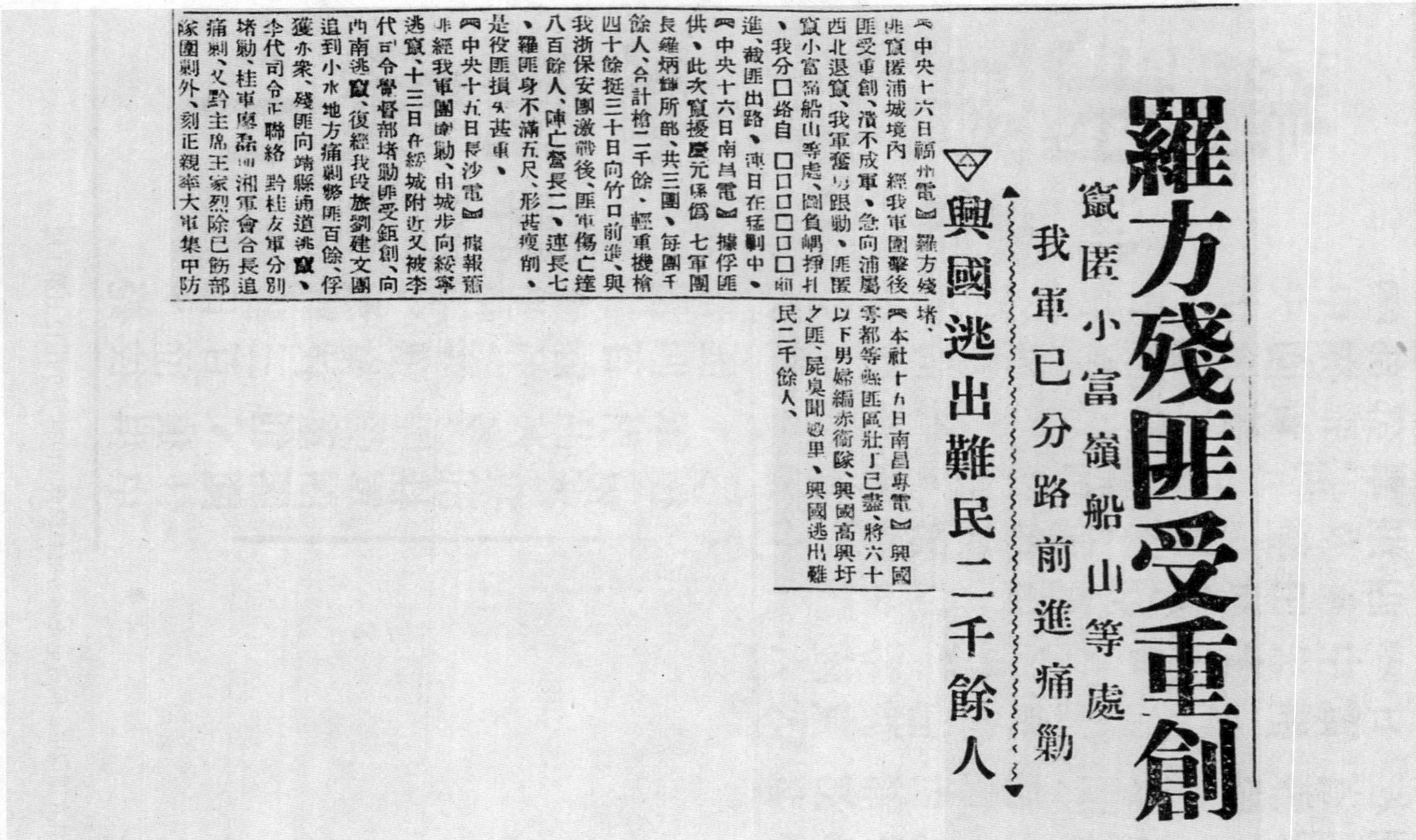

羅方殘匪受重創

竄匿小富嶺船山等處 我軍已分路前進痛勦

〔中央十六日福州電〕羅方殘匪竄匿浦城境內、經我軍圍擊後、匪受重創、潰不成軍、急向浦屬西北退竄、我軍奮勇跟勦、匪匿竄小富嶺船山等處、圖負嵎掙扎、我分□路自□□□□□□前進、截匪出路、連日在猛勦中、

〔中央十六日南昌電〕據俘匪供、此次竄擾慶元係偽七軍團長羅炳輝所部、共三團、每團千餘人、合計槍二千餘、輕重機槍四十餘挺、三十日向竹口前進、與我浙保安團激戰後、匪軍傷亡達八百餘人、陣亡營長二、連長七、羅匪身不滿五尺、形甚瘦削、是役匪損失甚重、

〔中央十五日長沙電〕據報竄匪經我軍會勦、由城步向綏寧逃竄、十三日在綏城附近又被李代司令督部堵勦、匪受鉅創、向西南逃竄、復經我段旅劉建文團追到小水地方痛勦、斃匪百餘、俘獲亦眾、殘匪向靖縣通道逃竄、李代司令正聯絡黔桂友軍分別堵勦、桂軍廖磊[illegible]湘軍會合長追痛勦、又黔主席王家烈除已飭部隊圍勦外、刻正親率大軍集中防堵、

興國逃出難民二千餘人

〔本社十九日南昌專電〕興國零都等處匪區壯丁已盡、將六十以下男婦編赤衛隊、興國高興圩之匪、屍臭聞數里、興國逃出難民二千餘人、

6. 罗（炳辉）、方（志敏）残匪受重创，窜匿小富岭、船山等处，我军已分路前进痛剿，兴国逃出难民二千余人，1934 年 9 月 17 日第 1 版

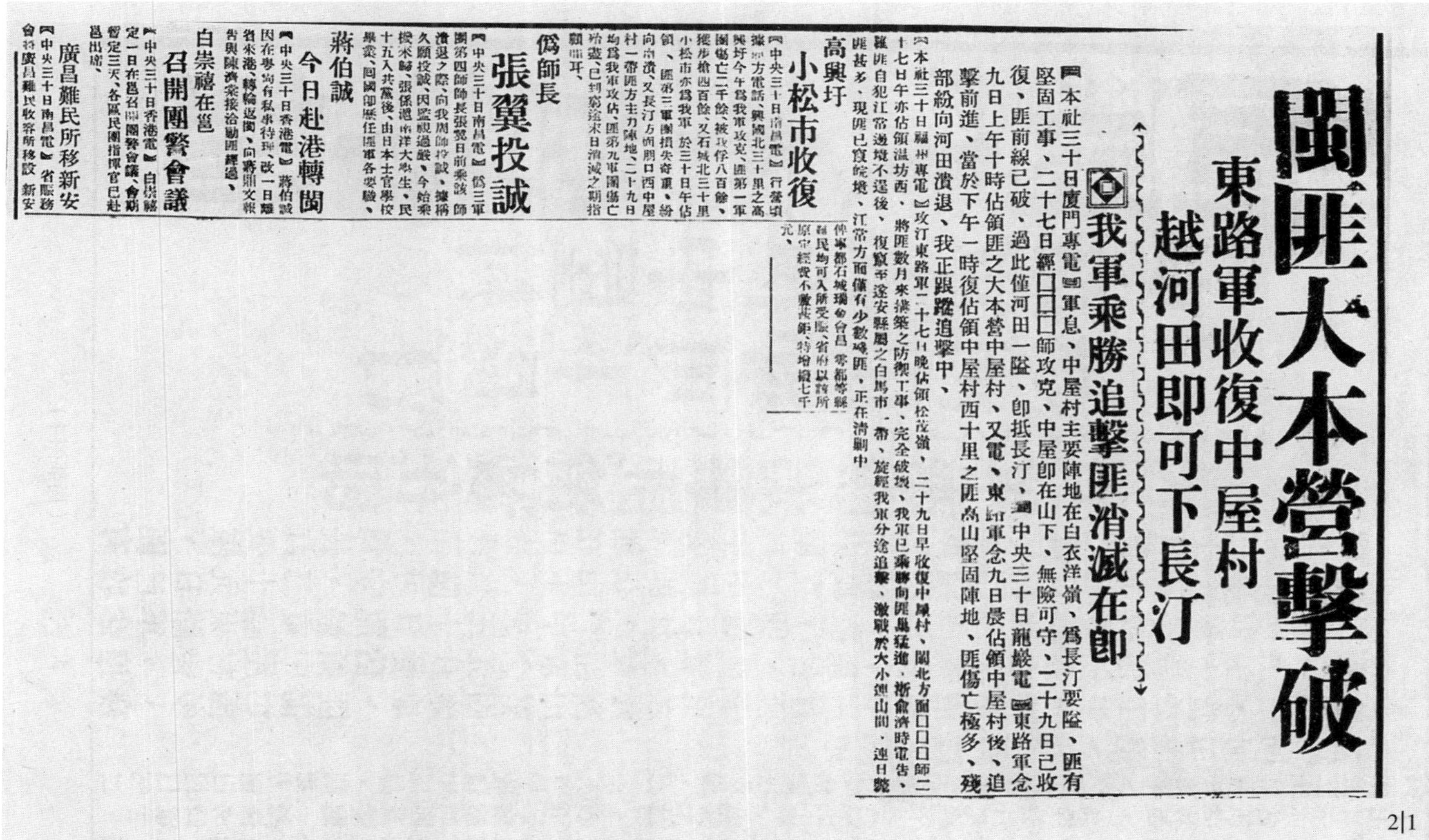

閩匪大本營擊破

東路軍收復中屋村 越河田即可下長汀

我軍乘勝追擊匪消滅在即

【本社三十日廈門專電】軍息、中屋村主要陣地在白衣洋嶺、爲長汀要隘、匪有堅固工事、二十七日經□□□師攻克、中屋卽在山下、無險可守、二十九日已收復、匪前線已破、過此僅河田一隘、卽抵長汀、【中央三十日龍巖電】東路軍念九日上午十時佔領匪之大本營中屋村、又電、東路軍念九日晨佔領中屋村後、追擊前進、當於下午一時復佔領中屋村西十里之匪高山堅固陣地、匪傷亡極多、殘部紛向河田潰退、我正跟蹤追擊中、

【本社三十日福州專電】攻汀東路軍二十七日晚佔領松茂嶺、二十九日早收復中屋村、閩北方面□□□師二十七日午亦佔領溫坊西、將匪數月來搆築之防禦工事、完全破壞、我軍已乘勝向匪巢猛進、浙省濟時電告、盤踞匪自犯江常邊境不還後、復竄至遂安縣屬之白馬市一帶、旋經我軍分途追擊、激戰於大小連山間、連日斃匪甚多、現匪已竄皖境、江常方面僅有少數殘匪、正在清剿中、

俾寧都石城瑞金會昌雩都等縣難民均可入所受賑、省府以該所原定經費不敷甚鉅、特增撥七千元、

高興圩 小松市收復

【中央三十日南昌電】行營頃據□方電話、興國北三十里之高興圩今午爲我軍攻克、匪第一軍團傷亡二千餘、被我俘八百餘、獲步槍四百餘、又石城北三十里小松市亦爲我軍於三十日午佔領、匪第三軍團損失奇重、紛向南潰、又長汀方面朋口西中屋村一帶匪方主力陣地、二十九日均爲我軍攻佔、匪第九軍團傷亡殆盡、已到窮途末日消滅之期指顧間耳、

僞師長 張翼投誠

【中央三十日南昌電】僞三軍團第四師師長張翼日前乘該師潰退之際、向我周師投誠、據稱久願投誠、因監視過嚴、今始乘機來歸、張係暹羅南洋大學生、民十五入共黨後、由日本士官學校畢業、回國即歷任匪軍各要職、

蔣伯誠 今日赴港轉閩

【中央三十日香港電】蔣伯誠因在粵尚有私事待理、改一日離省來港、轉輪返閩、向蔣鼎文報告與陳濟棠接洽勦匪經過、

白崇禧在邕 召開團警會議

【中央三十日香港電】白崇禧定一日在邕召開團警會議、會期暫定三天、各區民團指揮官已赴邕出席、

廣昌難民所移新安

【中央三十日南昌電】省賑務會將廣昌難民收容所移設新安、

2|1

7. 闽匪大本营击破，东路军收复中屋村，越河田即可下长汀，我军乘胜追击匪消灭在即，1934 年 10 月 1 日第 2 版

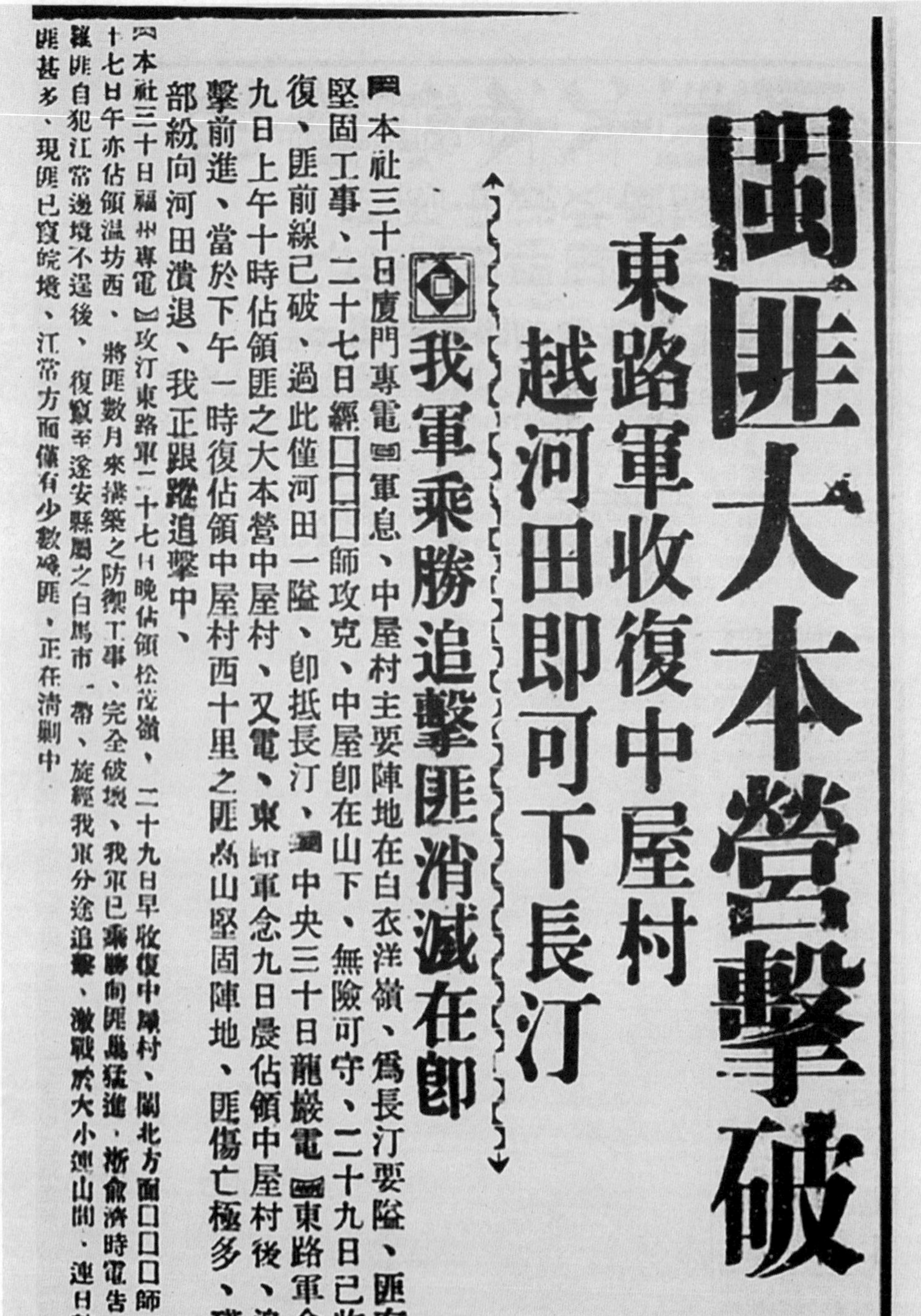

閩匪大本營擊破

東路軍收復中屋村

越河田即可下長汀

我軍乘勝追擊匪消滅在即

本社三十日廈門專電 軍息、中屋村主要陣地在白衣洋嶺、爲長汀要隘、匪有堅固工事、二十七日經□□師攻克、中屋即在山下、無險可守、二十九日已收復、匪前線已破、過此僅河田一隘、即抵長汀、中央三十日龍巖電 東路軍念九日上午十時佔領匪之大本營中屋村、又電、東路軍念九日晨佔領中屋村後、追擊前進、當於下午一時復佔領中屋村西十里之匪烏山堅固陣地、匪傷亡極多、殘部紛向河田潰退、我正跟蹤追擊中、

本社三十日福州專電 攻汀東路軍二十七日晚佔領松茂嶺、二十九日早收復中屋村、閩北方面□□□師二十七日午亦佔領溫坊西、將匪數月來構築之防禦工事、完全破壞、我軍已乘勝向匪巢猛進、浙俞濟時電告、殘匪自犯江常邊境不逞後、復竄至遂安縣屬之白馬市一帶、旋經我軍分途追擊、激戰於大小連山間、連日斃匪甚多、現匪已竄皖境、江常方面僅有少數殘匪、正在清剿中

（局部图 1）

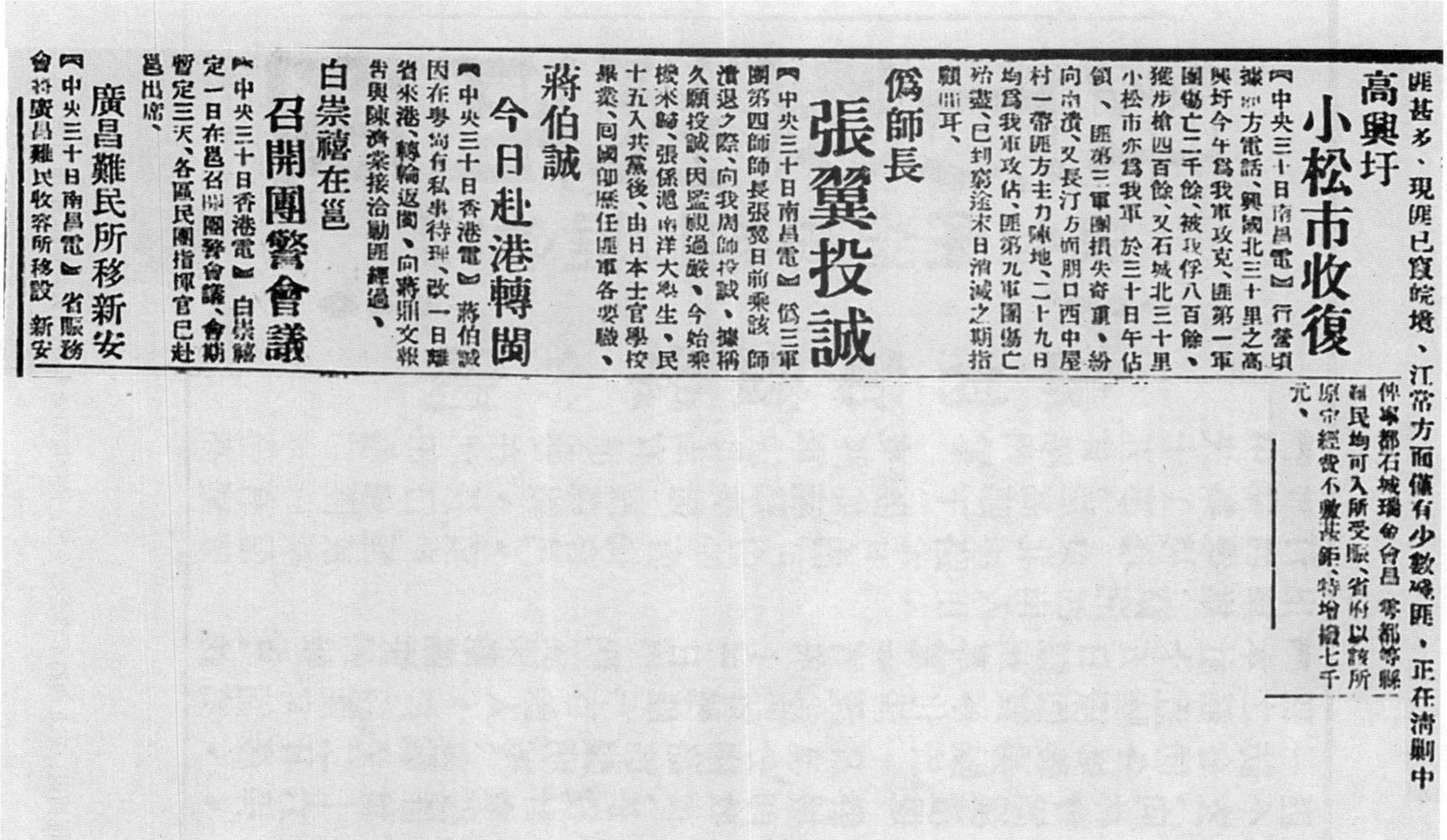

匪甚多、現匪已竄皖境、江常方面僅有少數殘匪、正在清剿中

高興圩 小松市收復

【中央三十日南昌電】行營頃據[illegible]方電話、興國北三十里之高興圩今午爲我軍攻克、匪第一軍團傷亡二千餘、被我俘八百餘、獲步槍四百餘、又石城北三十里小松市亦爲我軍 於三十日午佔領、匪第三軍團損失奇重、紛向南潰、又長汀方面朋口西中屋村一帶匪方主力陣地、二十九日均爲我軍攻佔、匪第九軍團傷亡殆盡、已到窮途末日消滅之期指顧間耳、

偽師長 張翼投誠

【中央三十日南昌電】偽三軍團第四師師長張翼日前乘該師潰退之際、向我周師投誠、據稱久願投誠、因監視過嚴、今始乘機來歸、張係暹南洋大學生、民十五入共黨後、由日本士官學校畢業、回國即歷任匪軍各要職、

蔣伯誠 今日赴港轉閩

【中央三十日香港電】蔣伯誠因在粵尚有私事待理、改一日離省來港、轉輪返閩、向蔣鼎文報告與陳濟棠接洽勦匪經過、

白崇禧在邕 召開團警會議

【中央三十日香港電】白崇禧定一日在邕召開團警會議、會期暫定三天、各區民團指揮官已赴邕出席、

廣昌難民所移新安

【中央三十日南昌電】省賑務會將廣昌難民收容所移設 新安 併寧都石城瑞金會昌 雩都等縣難民均可入所受賑、省府以該所原定經費不敷甚鉅、特增撥七千元、

（局部图 2）

長汀殘匪西退

東北兩路軍將會師會昌

◇◇◇ 蕭匪潰竄紫金關 ◇◇◇

【中央十五日福州電】東路軍連日均有進展、在河田蔡坊一帶高地構築工事、居高臨下、匪如籠雞甕鼈、據諜報、長汀殘匪確有棄汀西退模樣、東北兩路本月內可會師直搗會昌、預料匪或經信豐出南雄、竄湘西南入川、

【本社十五日福州專電】省府十三日得明溪保衛團快郵報告、該縣之匪近陸續回竄寧化清流、僅留殘匪二三百餘人、經該團常備第一防會同各鄉義勇隊於一日晚分兩路進襲明城、激戰至二日晨、匪不支、向林會嵩溪潰退、縣城即收復、是役計繳獲匪槍十六桿、斃匪數十人、請飭大軍進駐、並派員攜款來辦善後、

【中央十五日長沙電】蕭匪經湘桂黔軍團剿潰竄紫金關、

8. 长汀残匪西退，东北两路军将会师会昌，萧匪溃窜紫金关，1934 年 10 月 16 日第 1 版

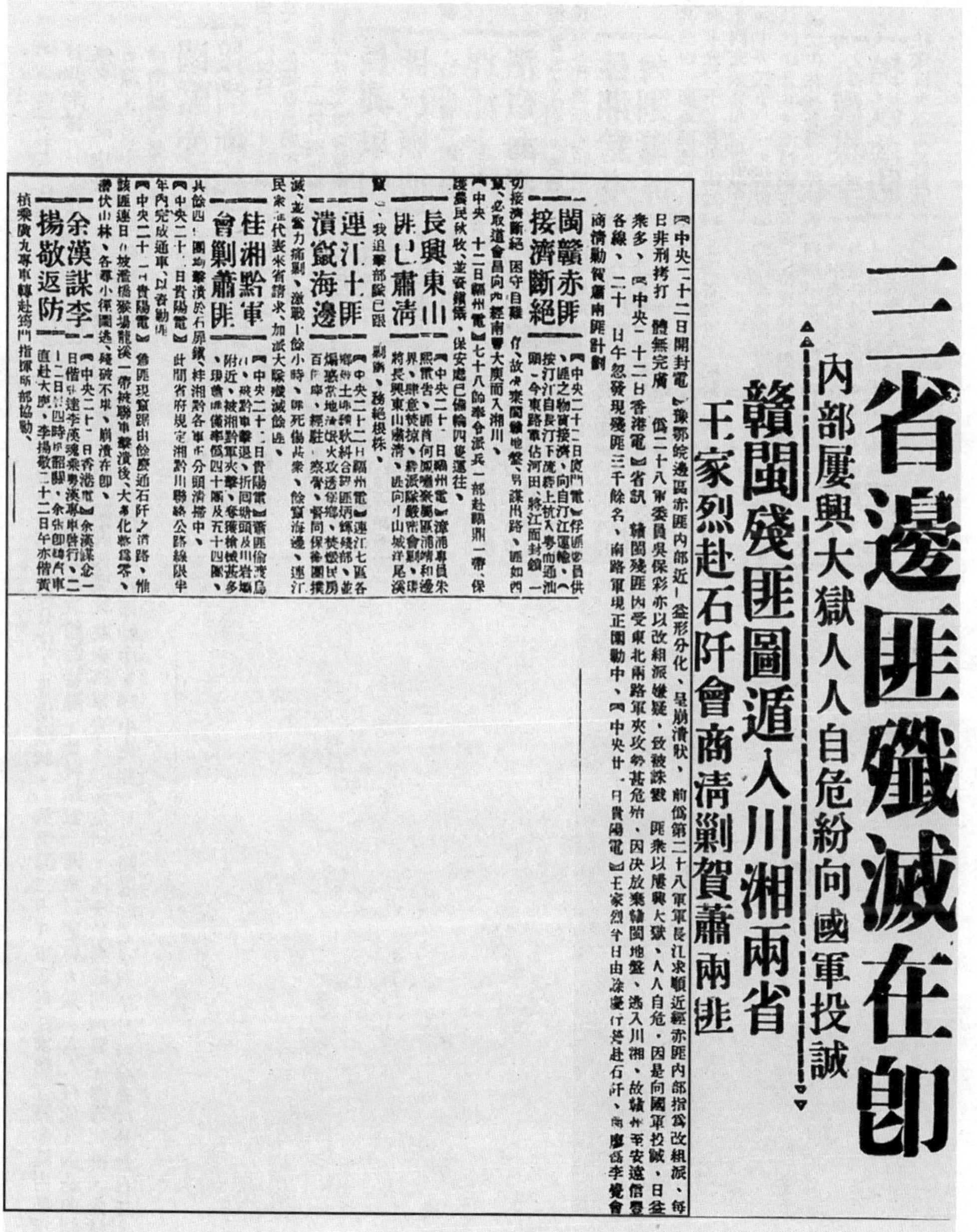

三省邊匪殲滅在卽

内部屢興大獄人人自危紛向國軍投誠

贛閩殘匪圖遁入川湘兩省

王家烈赴石阡會商清剿賀蕭兩匪

【中央二十二日開封電】豫鄂皖邊區赤匪內部近已益形分化、呈崩潰狀、前僞第二十八軍軍長汪求順近經赤匪內部指爲改組派、每日非刑拷打、體無完膚、僞二十八軍委員吳保彩亦以改組派嫌疑、致被誅戮、匪衆以屢興大獄、人人自危、因是向國軍投誠、日益衆多、【中央二十二日香港電】省訊、贛閩殘匪內受東北兩路軍夾攻、甚危殆、因決放棄贛閩地盤、逃入川湘、故贛省至安遠信豐各線、二十日午忽發現殘匪三千餘名、南路軍現正圍剿中、【中央廿二日貴陽電】王家烈今日由遵義行營赴石阡、商廖磊李覺會商清剿賀蕭兩匪計劃

閩贛赤匪接濟斷絕

長興東山匪已肅淸

連江土匪潰竄海邊

桂湘黔軍會剿蕭匪

余漢謀李揚敬返防

9. 三省边匪歼灭在即，内部屡兴大狱人人自危纷向国军投诚，赣闽残匪图遁入川湘两省，王家烈赴石阡会商清剿贺（龙）、萧（克）两匪，1934 年 10 月 23 日第 1 版

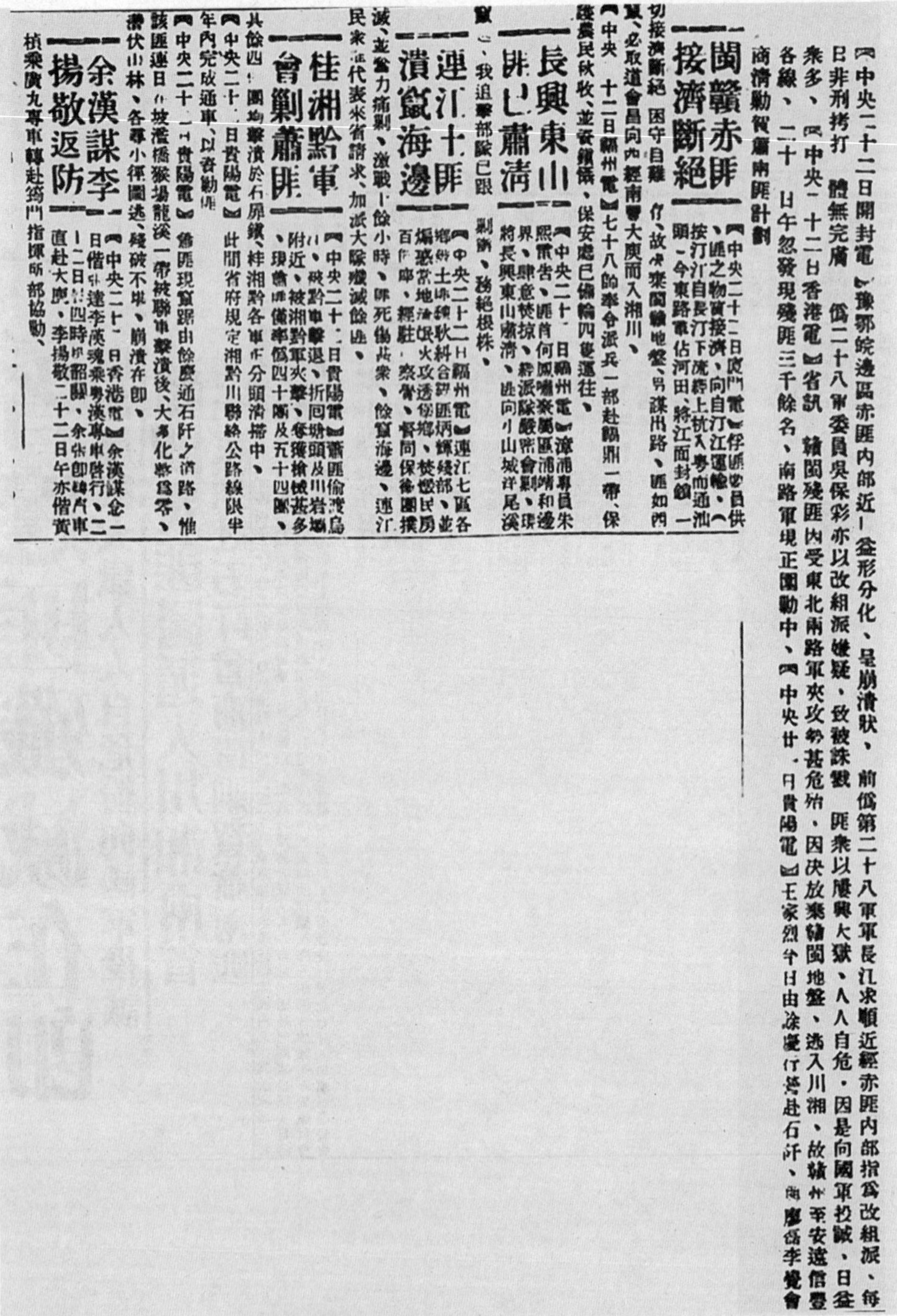

【中央二十二日開封電】豫鄂皖邊區赤匪內部近日益形分化、呈崩潰狀、前偽第二十八軍軍長江求順近經赤匪內部指為改組派、每日非刑拷打、體無完膚、偽二十八軍委員吳保彩亦以改組派嫌疑、致被誅戮、匪衆以屢興大獄、人人自危、因是向國軍投誠、日益衆多、【中央二十二日香港電】省訊、贛閩殘匪內受東北兩路軍夾攻、勢甚危殆、因決放棄贛閩地盤、逃入川湘、故贛州至安遠信豐各線、二十日午忽發現殘匪三千餘名、南路軍現正圍勦中、【中央廿二日貴陽電】王家烈今日由涂慶行營赴石阡、與廖磊李覺會商清勦賀蕭兩匪計劃

閩贛赤匪 接濟斷絕

【中央二十二日廈門電】偽匪委員供、匪之物資接濟、向自汀江運輸、(一)按汀江自長汀下流經上杭入粵而通汕頭、今東路軍佔河田、將江面封鎖、一切接濟斷絕、困守自難 作、故決棄閩贛地盤、另謀出路、匪如西竄、必取道會昌向內經南雄大庾而入湘川、

【中央二十二日贛州電】七十八師奉令派兵一部赴贛縣一帶、保護農民秋收、並發鐵儀、保安處已備輪四艘運往、

長興東山 匪已肅清

【中央二十二日贛州電】遵浦專員朱熙電告、匪首何鳳鳴率屬匪擾浦靖和邊界、肆意焚掠、當派隊嚴密會剿、現將長興東山肅清、匪向小山城洋尾溪竄、我追擊部隊已跟剿辦、務絕根株、

連江土匪 潰竄海邊

【中央二十二日贛州電】連江七區各鄉鄰土匪趁秋糾合殘匪炳輝殘部、並煽惑當地流氓火攻透堡鄉、焚燬民房百餘座、經駐軍察覺、督同保衛團撲滅、並奮力痛剿、激戰十餘小時、匪死傷甚衆、餘竄海邊、連江民衆推代表來省請求、加派大隊殲滅餘匪、

桂湘黔軍 會剿蕭匪

【中央二十二日貴陽電】蕭匪偷渡烏江、被黔軍擊退、折回塘頭及川岩壩附近、被湘黔軍夾擊、俘獲槍械甚多、現蕭匪僅率偽四十團及五十四團、共餘四千、圖均擊潰於石阡鎮、梓湘黔各軍正分頭清剿中、

【中央二十二日貴陽電】此間省府規定湘黔川聯絡公路線限半年內完成通車、以資勦匪

【中央二十二日貴陽電】蕭匪現竄踞由餘慶通石阡之清路、惟該匪連日在坡潘橋猴場龍溪一帶被聯軍擊潰後、大都化整為零、潛伏山林、各尋小徑圖逃、殘破不堪、崩潰在即、

余漢謀李 揚敬返防

【中央二十二日香港電】余漢謀念一日偕朱達李漢魂乘粵漢專車啓行、二十二日下午四時抵韶關、余即轉汽車直赴大庾、李揚敬二十二日午亦偕黃楨乘廣九專車轉赴筠門指揮所部協勦、

（局部图）

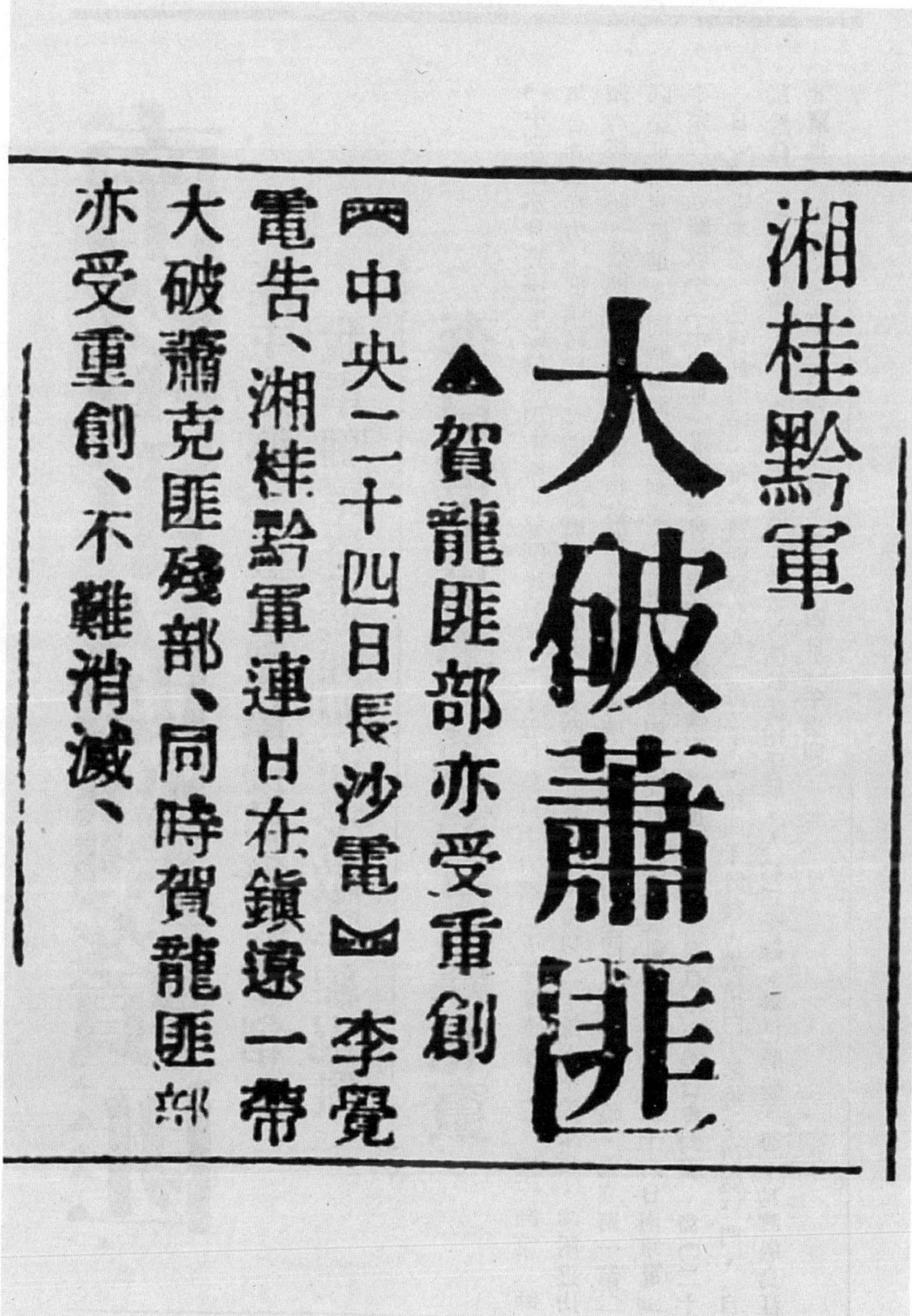

湘桂黔軍

大破蕭匪

▲賀龍匪部亦受重創

【中央二十四日長沙電】李覺電告、湘桂黔軍連日在鎮遠一帶大破蕭克匪殘部、同時賀龍匪部亦受重創、不難消滅、

10. 湘桂黔军大破萧匪，贺龙匪部亦受重创，1934 年 10 月 25 日第 1 版

南路軍協剿贛匪

匪主力偽三五軍團竄擾烏徑受重創
我軍啣尾挺進匪四面受敵陣線混亂

李白電告蕭匪勢窮已難北竄

〔中央念六日香港電〕贛匪因南路軍移師雄庚、二十五日晨以主力偽三五軍團進擾烏徑、獨三師第二師集合九團兵力、迎頭痛擊、飛機亦助戰、午間匪不支而退、晚六時、復以二千餘人全線來攻、幸附近山頭均經佈防、故匪終不得逞、先後被殲五百餘名、獲槍百餘桿、狼狽退回、廿六日拂曉、獨立第一第二師全部啣尾挺進、同時翁源援兵到達、斜出龍南、匪四面受敵、陣綫混亂、〔中央社二十六日南京電〕李宗仁白崇禧敬（二十四日）電軍委會報告痛剿蕭匪情形、原電如下、南京軍事委員會鈞鑒、箇（二十一日）戌電奉悉、已轉飭遵辦、惟查蕭匪原有人一萬二千、槍四千餘枝、機槍四十餘挺、迫砲三門、自竄黔後、經湘桂軍十餘次之痛擊、傷亡降散、僅餘步槍千餘、人約二千餘、勢已窮蹙、恐不易渡過烏江北竄也、謹復、李宗仁白崇禧叩敬、（二十四日）午叅印、

11. 南路军协剿赣匪，匪主力“伪三、五军团”窜扰乌径受重创，我军衔尾挺进匪四面受敌阵线混乱，李（宗仁）、白（崇禧）电告萧匪势穷已难北窜，1934 年 10 月 27 日第 1 版

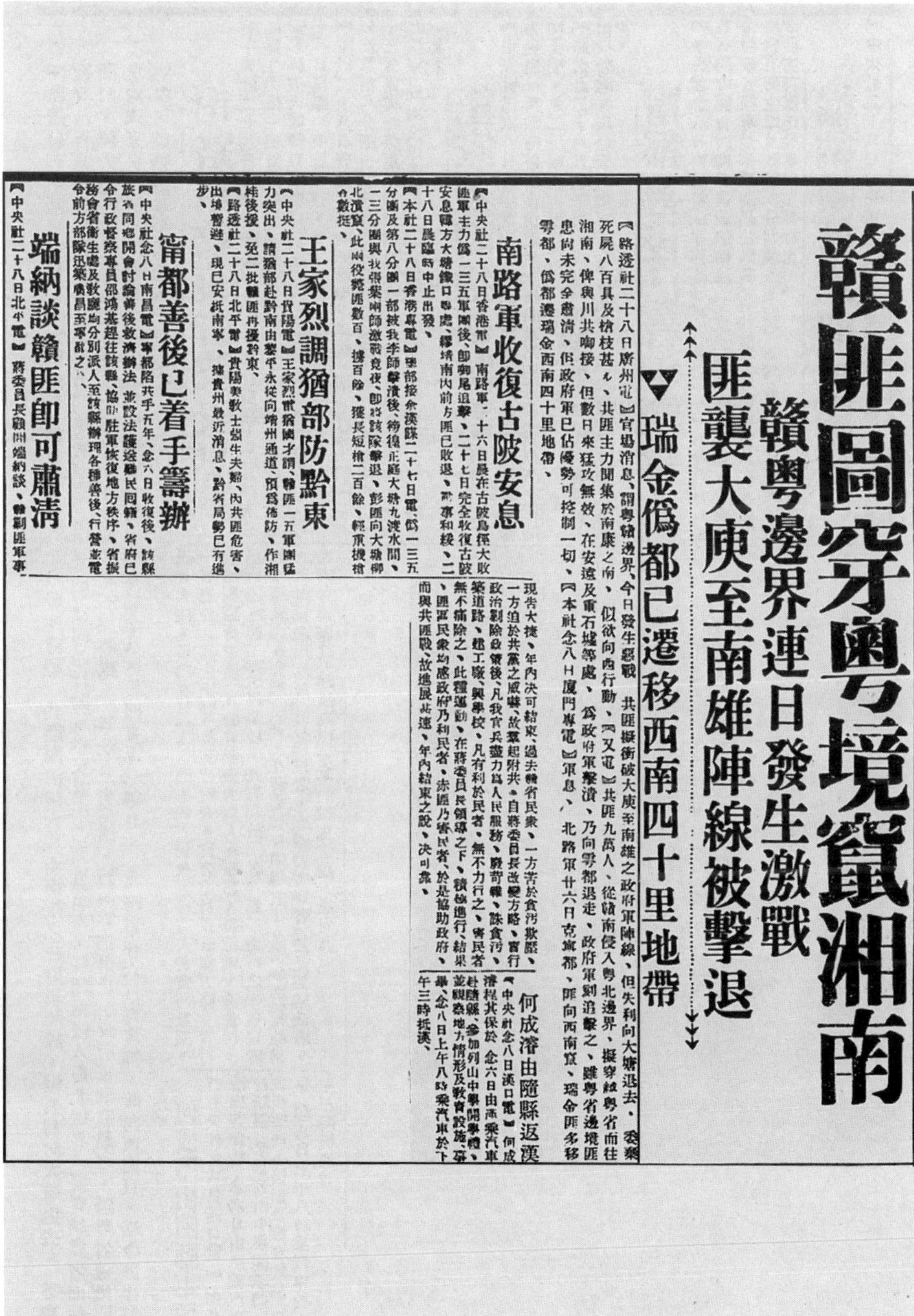

贛匪圖穿粵境竄湘南

贛粵邊界連日發生激戰

匪襲大庾至南雄陣線被擊退

瑞金僞都已遷移西南四十里地帶

【路透社二十八日廣州電】官場消息、謂粵贛邊界、今日發生惡戰 共匪擬衝破大庾至南雄之政府軍陣線、但失利向大塘退去、委棄死屍八百具及槍枝甚夥、共匪主力聞集於南康之南、似欲向西行動、【又電】共匪九萬人、從贛南侵入粵北邊界、擬穿越粵省而往湘南、俾與川共聯接、但數日來猛攻無效、在安遠及重石墟等處、爲政府軍擊潰、乃向雩都退走、政府軍刻追擊之、雖粵省邊境匪患尚未完全肅清、但政府軍已佔優勢可控制一切、【本社念八日廈門專電】軍息、北路軍廿六日克寧都、匪向西南竄、瑞金匪多移雩都、僞都遷瑞金西南四十里地帶、

南路軍收復古陂安息

【中央社二十八日香港電】南路軍二十六日晨在古陂烏徑大敗匪軍主力僞一三五軍團後、即銜尾追擊、二十七日完全收復古陂安息轄方大塘饒口等處、據稱南內前方匪已敗退、戰事和緩、二十八日晨臨時中止出發、【本社二十八日香港專電】粵部接余漢謀二十七日電、僞一三五分團及第八分團一部被我李師擊潰後、務復正庭大塘九渡水間、一三分團與我張葉兩師激戰竟夜、即將該隊擊退、彭匪向大塘鄉北潰竄、此兩役斃匪數百、擄百餘、獲長短槍二百餘、輕重機槍合數挺、

王家烈調猶部防黔東

【中央社二十八日貴陽電】王家烈電猶國才調、贛匪一五軍團猛力突出、請猶部赴黔南由黎平永從向靖州通道、預爲佈防、作湘桂後援、免二批贛匪再擾黔東、【路透社二十八日北平電】貴陽美教士與牛夫婦、因共匪危害、出境暫避、現已安抵南寧、據貴州最近消息、黔省局勢已有進步、

甯都善後已着手籌辦

【中央社念八日南昌電】寧都陷共手五年、念六日收復後、該縣旅省同鄉開會討論善後救濟辦法、並設法護送難民回籍、省府已令行政督察專員邵鴻基趕往該縣、協助駐軍恢復地方秩序、省擬務會省衛生處及教廳均分別派人至該縣辦理各種善後、行營並電令前方部隊迅築甯昌至寧都之公、

端納談贛匪即可肅清

【中央社二十八日北平電】蔣委員長顧問端納談、贛剿匪軍事現告大捷、年內決可結束、過去贛省民衆、一方苦於貪污欺壓、一方迫於共黨之威脅、故羣起附共、自蔣委員長改變方略、實行政治剷除貪污後、凡我官兵盡力爲人民服務、廢苛雜、誅貪污、築道路、建工廠、興學校、凡有利於民者、無不力行之、害民者無不痛除之、此種運動、在蔣委員長領導之下、積極進行、結果、匪區民衆均感政府乃利民者、赤匪乃害民者、於是協助政府、而與共匪戰、故進展甚速、年內結束之說、決可靠、

何成濬由隨縣返漢

【中央社念八日漢口電】何成濬程共保於念六日由漢乘汽車赴隨縣、參加列山中學開學禮、並視察地方情形及教育設施、事畢、念八日上午八時乘汽車於下午三時抵漢、

12. 贛匪图穿粤境窜湘南，赣粤边界连日发生激战，匪袭大庾至南雄阵线被击退，瑞金“伪都”已迁移西南四十里地带，1934 年 10 月 29 日第 1 版

〔路透社二十八日廣州電〕官場消息、謂粤贛邊界、今日發生惡戰 共匪擬衝破大庾至南雄之政府軍陣線、但失利向大塘退去、委棄死屍八百具及槍枝甚多、共匪主力聞集於南康之南、似欲向西行動、〔又電〕共匪九萬人、從贛南侵入粤北邊界、擬穿越粤省而往湘南、俾與川共啣接、但數日來猛攻無效、在安遠及重石墟等處、爲政府軍擊潰、乃向雩都退走、政府軍刻追擊之、雖粤省邊境匪患尚未完全肅清、但政府軍已佔優勢可控制一切、〔本社念八日廈門專電〕軍息、北路軍廿六日克寧都、匪向西南竄、瑞金匪多移雩都、僞都遷瑞金西南四十里地帶、

南路軍收復古陂安息

〔中央社二十八日香港電〕南路軍二十六日晨在古陂鳥徑大敗匪軍主力僞一三五軍團後、即啣尾追擊、二十七日完全收復古陂安息韓方大塘饒口等處、稱將南內前方匪已敗退、戰事和緩、二十八日晨臨時中止出發、〔本社二十八日香港專電〕粤部接余漢謀二十七日電、僞一三五分團及第八分團一部被我李師擊潰後、務復正廳大塘九渡水間、一三分團與我張葉兩師激戰竟夜、即將該隊擊退、彭匪向大塘柳北潰竄、此兩役斃匪數百、擄百餘、獲長短槍二百餘、輕重機槍合數挺、

王家烈調猶部防黔東

〔中央社二十八日貴陽電〕王家烈電猶國才謂、贛匪一五軍團猛力突出、請猶部赴黔南由黎平永從向靖州通道、預爲佈防、作湘桂後援、免二批贛匪再援黔東、〔路透社二十八日北平電〕貴陽美教士弧牛夫婦、因共匪危害、出境暫避、現已安抵南寧、據貴州最近消息、黔省局勢已有進步、

寧都善後已着手籌辦

〔中央社念八日南昌電〕寧都陷共手五年、念六日收復後、該縣旅省同鄉開會討論善後救濟辦法 並設法護送難民回籍、省府已令行政督察專員邵鴻基赴往該縣、協助駐軍恢復地方秩序、省振務會省衛生處及教廳均分別派人至該縣辦理各種善後、行營並電令前方部隊迅築廣昌至寧都公路、

端納談贛匪即可肅清

〔中央社二十八日北平電〕蔣委員長顧問端納談、贛剿匪軍事現告大捷、年內決可結束、過去贛省民衆、一方苦於貪污擬歷、一方迫於共黨之威嚇、故羣起附共、自蔣委員長改變方略、實行政治剿除政策後、凡我官兵盡力爲人民服務、嚴苛雜、誅貪污、築道路、建工廠、興學校、凡有利於民者、無不力行之、害民者無不痛除之、此種運動、在蔣委員長領導之下、積極進行、結果、匪區民衆均感政府乃利民者、赤匪乃害民者、於是協助政府、而與共匪戰、故進展益速、年內結束之說、決可靠、

何成濬由隨縣返漢

〔中央社念八日漢口電〕何成濬程共保於念六日由燕乘汽車赴隨縣、參加列山中學開學禮、並視察地方情形及教育設施、事畢、念八日上午八時乘汽車於下午三時抵漢、

（局部图）

東路軍昨午克復長汀

蕭賀殘匪有全部潰退秀山之勢

黔省軍事當局已電請川軍夾擊

【本社一日南昌專電】李縱隊一日午克長汀、【中央社一日龍巖電】東路軍一日午刻確實佔領長汀、【中央社一日南昌電】行營公布捷報、據前方電報、我李縱隊一日午前十一時克復長汀、俘獲無算、現正在清查中、【本社一日廈門專電】前方電、我李縱隊一日向長汀進展、一日晚或二日晨定可收復、贛匪西竄、又總部息、一日晚至遲二日晨準可克長汀、正式捷報、如晨入城晚可發出、晚入城次晨發出、前方直接通電各處、贛滬電局可先到、【中央社一日貴陽電】王家烈委參軍長劉維炎爲剿匪前敵總指揮、跟剿蕭賀兩匪、匪不支、有全部退秀山勢、此間已電川軍夾擊、【中央社一日貴陽電】桂軍廖磊所部、湘軍李覺所部、奉湘桂當局分別電調返省、作截擊共匪一五軍團準備、

編者按：中央軍今日已克復長汀矣。在國軍圍剿贛閩赤匪，自本年實施公路封鎖及封鎖三大政策後，匪勢窮蹙，已至最後階段，贛省匪區已逐漸縮小，其惟一巢穴，在今日以前，僅餘瑞金、寧都、會昌、汀州而已。匪方要隘，如筠門嶺、連城、河田、興國、石城、寧都等要邑，已早爲我軍收復，並連城於六月一日爲我軍所攻克。而匪視爲生命線之龍岡，又被我軍於八月上旬克復，迫匪退入興國。此役也，匪首朱德親率之匪部僞一軍團主力，幾完全消滅。如是以後，國軍復於十月十三日收復興國縣城，而石城則上旬即已收復，更於十月念七日克復寧都，此爲北路軍十日內之戰績。連克三城，匪勢益窮，最近匪由粵北竄入湘川，但南路軍已出動堵截，料難免脫。現赤匪處於東北南三路大軍包圍夾剿之下，已如甕中之鼈，絕難逃生，而中央軍今日又克復長汀，則今後匪區但餘瑞金寧都會昌三邑而已。今汀州既下，更進取瑞金，從此直搗黃龍，盤據三年之赤巢，必完全破碎蕩盡無疑。而餘匪之肅清與剿匪計劃之完成指日可待矣。

13. 东路军昨午克复长汀，萧（克）、贺（龙）残匪有全部溃退秀山之势，黔省军事当局已电请川军夹击，1934 年 11 月 2 日第 1 版

【本社一日南昌專電】李縱隊一日午克長汀、【中央社一日龍巖電】東路軍一日午到確實佔領長汀、【中央社一日南昌電】行營公布捷報、據前方電報、我李縱隊一日午前十一時克復長汀、俘獲無算、現正在清查中、【本社一日廈門專電】前方電、我李縱隊一日向長汀進展、一日晚或二日晨定可收復、贛匪西竄、又總部息、一日晚至遲二日晨準可克長汀、正式捷報、如晨入城晚可發出、晚入城次晨發出、前方直接通電各處、贛滬電局可先到、【中央社一日貴陽電】王家烈委參軍長劉維炎為剿匪前敵總指揮、跟蹤蕭賀兩匪、匪不支、有全部退秀山勢、此間已電川軍夾擊、【中央社一日貴陽電】桂軍廖磊所部、湘軍李覺所部、奉湘桂當局分別電調返省、作截擊共匪一五軍團準備、

編者按：中央軍今日已克復長汀矣。在國軍圍剿贛閩赤匪、自本年實施公路碉堡及封鎖二大政策後，匪勢窮蹙，已至最後階段，贛省匪區已逐漸縮小，其惟一巢穴，在今日以前，僅餘瑞金，雩都，會昌，汀州而已。匪方重鎮，如筠門嶺，連城，河田，興國，石城，寧都等要邑，已早為我軍收復，蓋連城於六月一日為我軍所攻克。而匪視為生命線之龍岡，又被我軍於八月上旬克復，迫匪退入興國。此役也，匪首朱德親率之匪部偽一軍團主力，幾完全消滅。如是以後，國軍復於十月十三日收復興國縣城，而石城則上旬即已收復，更於十月念七日克復寧都，此為北路軍十日內之戰績，連克三城，匪勢益窮，最近匪由粵北竄入湘川，但南路軍已出動堵截，料難兔脫，現赤匪處於東北南三路大軍包圍剿之下，已如甕中之鱉，絕難逃生，而中央今日又克復長汀，則今後匪區僅餘瑞金雩都會昌三邑而已，今汀州既下，更進取瑞金，從此直搗黃龍，盤據三年之赤巢，必完全破碎蕩盡無疑。而餘匪之肅清與剿匪計劃之完成指日可待矣。

（局部图）

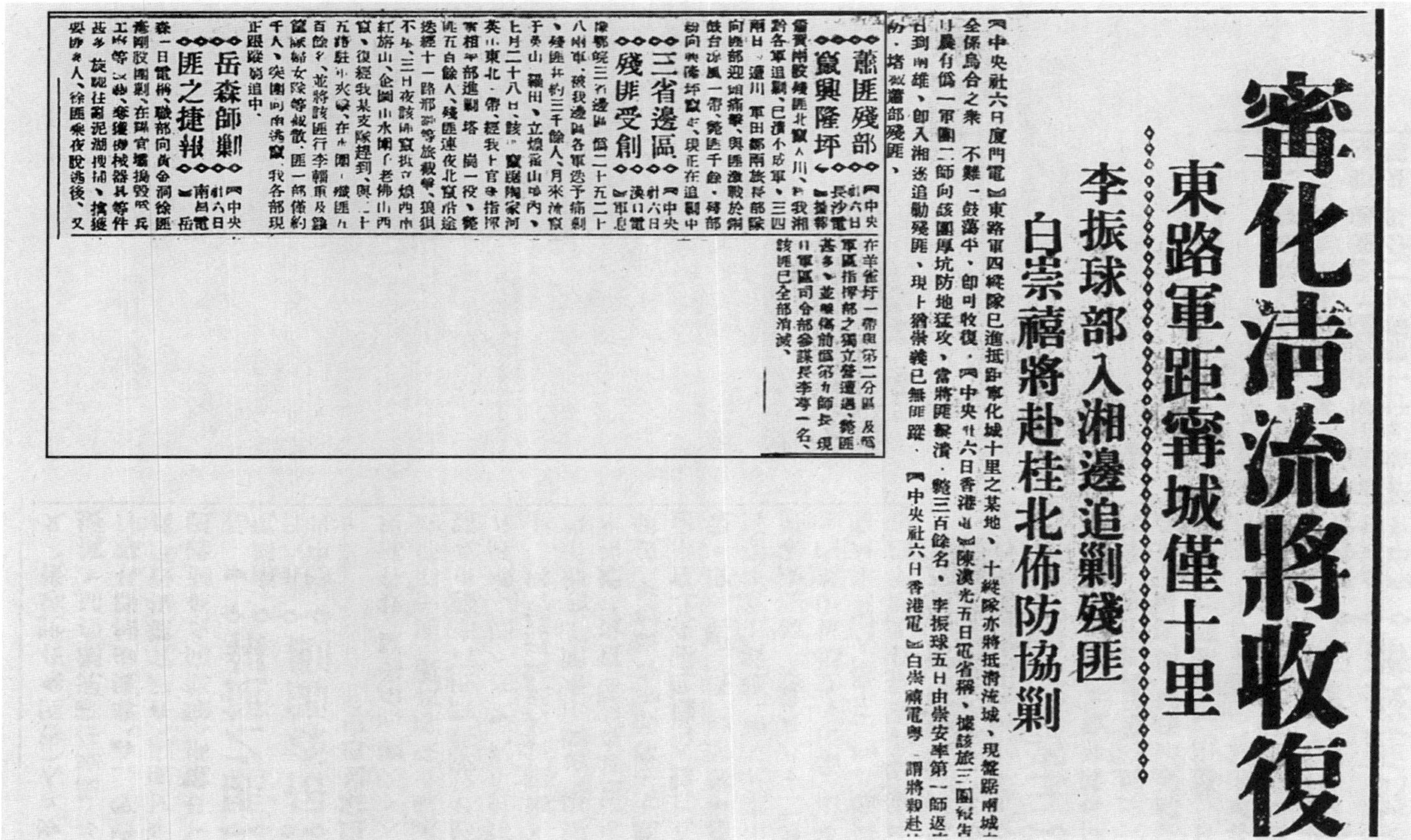

寧化清流將收復

東路軍距寧城僅十里

李振球部入湘邊追勦殘匪

白崇禧將赴桂北佈防協勦

【中央社六日廈門電】東路軍四縱隊已進抵距寧化城十里之某地、十縱隊亦將抵清流城、現盤踞兩城之匪全係烏合之衆、不難一鼓蕩平、即可收復．【中央社六日香港電】陳濟光五日電省稱、據該旅三團報告、月晨有僞一軍團二師向該團厚坑防地猛攻、當將匪擊潰、斃三百餘名、李振球五日由崇安率第一師返日到兩雄、即入湘邊追勦殘匪、現卜猶崇義已無匪蹤．【中央社六日香港電】白崇禧電粵、謂將親赴防、堵徵蕭部殘匪、

蕭匪殘部竄興隆坪

三省邊區殘匪受創

岳森師勦匪之捷報

14. 宁化、清流将收复，东路军距宁城仅十里，李振球部入湘边追剿残匪，白崇禧将赴桂北布防协剿，1934 年 11 月 7 日第 1 版（残）

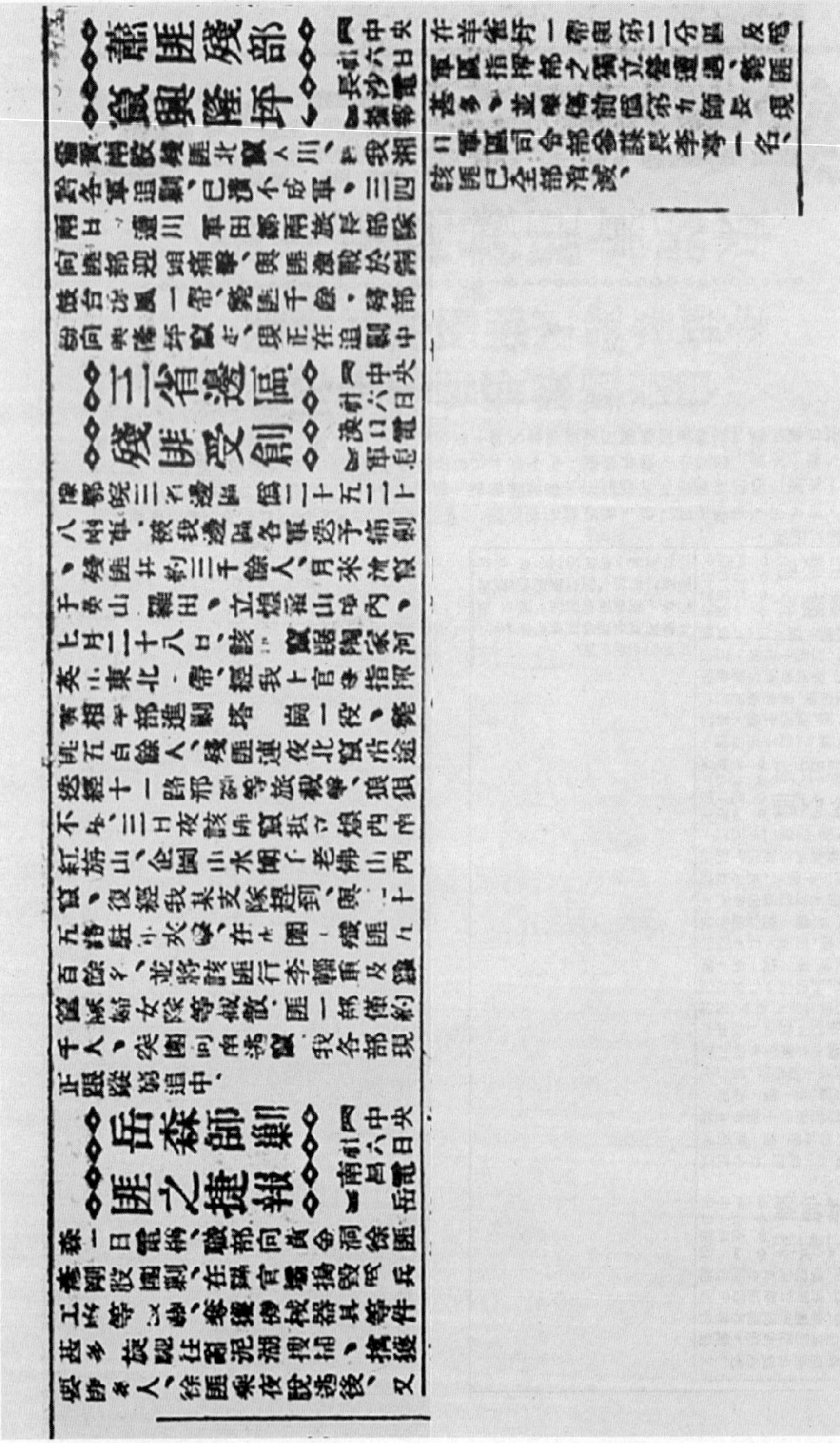
蕭匪殘部竄興隆坪

中央社長沙六日電

三省邊區殘匪受創

岳森師剿匪之捷報

（局部图）

贛殘匪竄擾湘南

西路總部劃定警戒辦法

厲行封鎖軍事日用物品

【本社八日北平專電】某方接漢電、稱僞三軍團匪一部竄湘南、當局已派兵追擊、

【中央社七日長沙電】軍息、共匪企圖西竄於汝城、被我陸空軍痛擊、斃匪甚衆、殘匪潰敗、汝境安定、桂東已無匪蹤、

【中央社七日長沙電】由贛邊竄入湘邊汝城東南之羊港連珠港天馬山土橋一帶之股匪、經我陶廣師鍾光仁旅擊潰、漸向南竄、據陶師長五日電省報告、謂已增派某旅及胡指揮鳳璋各部向匪追擊、匪狼狽分竄、我軍頗有斬獲、現汝城熱水六圩一帶已無匪踪

【中央七日長沙電】西路剿匪總部以贛匪西竄、湘南地當孔道、爲嚴密組織預加防範起見、已劃定警戒區域、規定警戒辦法、電令各縣遵照辦理、關於厲行封鎖軍用日用物品一項、昨特遵照行營頒發封鎖法令、斟酌當地情形規定暫行辦法、令飭各縣舉辦、斷匪接濟、

15. 赣残匪窜扰湘南，西路总部划定警戒办法，厉行封锁军事日用物品，1934 年 11 月 9 日第 1 版

中華民國二十三 晨報 星期一

東路軍十日克復瑞金

李默庵師已刻入城宋希濂師續進 匪竄上猶遂川間雩川會昌即可下

余漢謀駐韶關指揮勦匪軍事

〔本社十一日廈門專電〕據十一日午九時東路總部捷報、我十師三十六旅十日確實佔領瑞金、同時北路取雩都、南路取會昌、均日內可下、匪主力現竄上猶遂川間、〔本社十一日南昌電〕軍息、李默庵師於十日已剋佔領瑞金、匪向雩都會昌潰竄、該師入城時、民衆夾道歡迎、〔中央社十一日南昌電〕行營公布捷報、據前方電報、我東路軍先頭李默庵師於十日已剋克瑞金縣城、我宋希濂師亦到淨斧頭咀及瑞金城南羅米街一帶、沿途與僞地方獨立營游擊隊等時有接觸、均被擊潰、匪分向雩都會昌逃竄、正追擊中、〔中央社十一日贛州電〕軍息、勦匪軍事續有進展、東路軍部隊已向勳田推進、此後祇會昌雩都匪區、不久可望肅清、〔本社十一日香港專電〕我軍向九峯坪石進、余漢謀駐韶關指揮、官方謂匪已向汝城桂東逃竄、

贛省勦匪軍事 短期內可結束

〔中央社十一日南昌電〕此間接到瑞金克復消息後、軍政各界俱極興奮、蓋瑞金爲赤匪盤踞數載、發號施令、今匪巢毀傾、而滅殘共已不成問題、今日雖屆例假、但行營各級職員、仍全體工作、蒐取各方報告、並指示機宜、據某高級將領談、自上月先後克復石城寧國寧都後、匪巢早呈動搖之勢、迨東路軍克復長汀、匪喉被扼益不能支、殘匪乃先後由瑞金西竄、此次克復匪巢、沿途雖時有接觸、但大都極爲順利、西竄殘匪中有若干匪首在內、我軍正跟蹤追擊、以期一鼓成擒、現贛省匪區祇餘雩都會昌二處、不難乘勝而下、贛省勦匪軍事、極短期內便可告一結束、

行營派員監督 閩省封鎖工作

〔中央社十日贛州電〕南昌行營派委員七人來閩、監督各縣封鎖工作、五日由贛啓程、監察區份計張冠文監察清流明溪永安漳平、詹榮啓監察建甌南平順昌沙縣、鄭李濂監察浦城崇安建陽邵武、伊爲甫監察將樂泰寧建寧、辛其顯監察尤溪大田德化寧洋、唐英國監察龍巖連城詔安南靖、王耀存監察武平上杭永定平和、到省後、即分赴各縣、將來如發覺各縣中有封鎖不力或縱容情弊者、即與當地軍事長官或各軍司令部呈報處理、

赤匪離長汀前 屠殺商民千餘

〔中央社十日龍溪電〕長汀來人談、匪上月卅一日退出前、曾捕殺勒索不遂之商民、不下千餘人、縉紳士篤居前清秀才、在汀頗有聲望、匪因某種懷恨、臨行將其全家大小十餘口悉數殺戮、橫屍滿街、慘不忍睹、我國軍入城埋葬、二日始畢、匪退走時、並將四橋梁（按汀城傍汀江而築三面環水）全行燒燬、阻國軍前進、現正趕修河田至汀四十華里公路、晝夜開工趕築、刻日可完工、汀城市況蕭條、但人心安定、前逃亡在外之難民回籍者甚衆、

16. 东路军十日克复瑞金，李默庵师已刻入城宋希濂师续进，匪窜上犹、遂川间，雩川[①]、会昌即可下，余汉谋驻韶关指挥剿匪军事，1934 年 11 月 12 日第 1 版

① “雩川”疑为“雩都”。

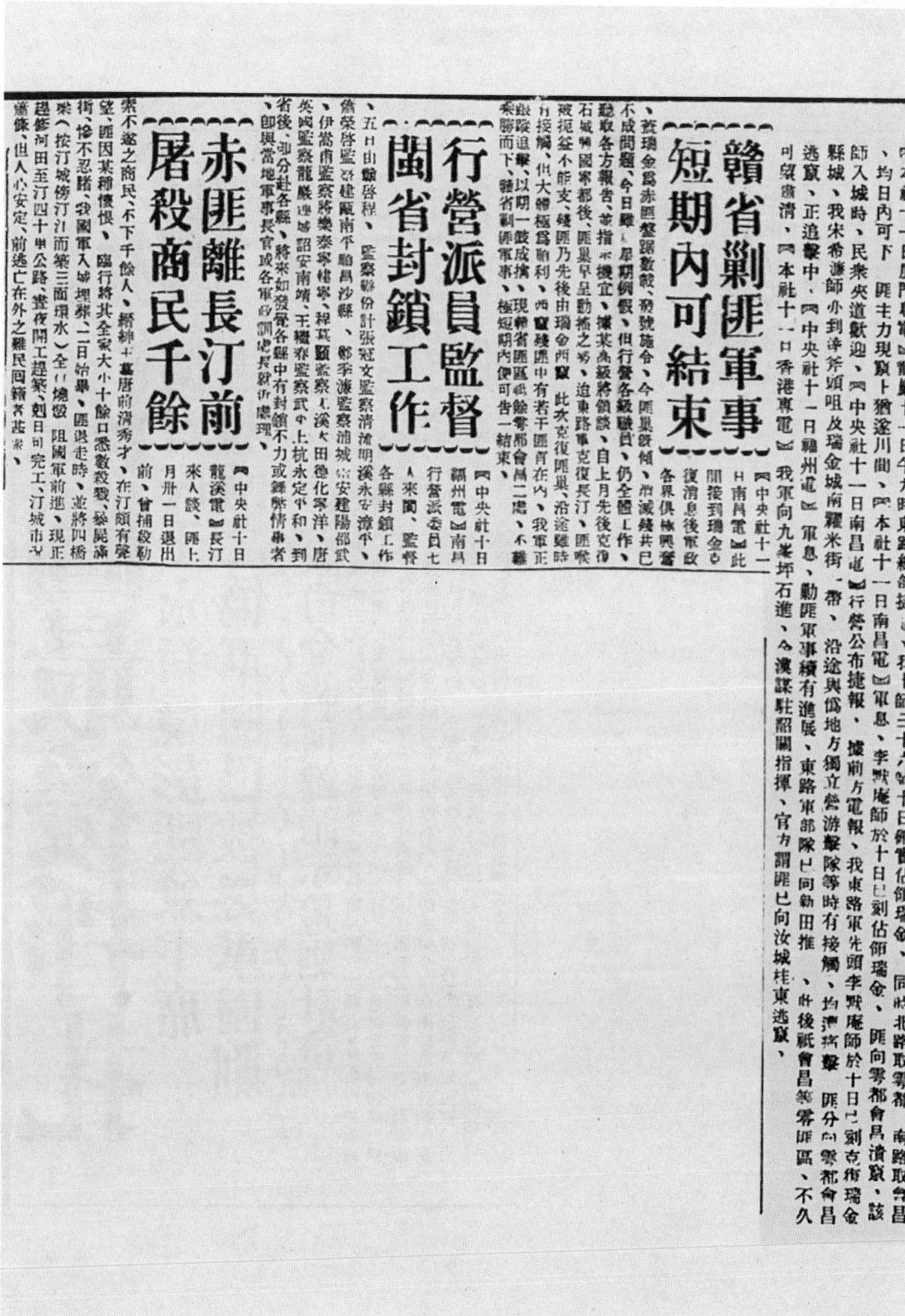

贛省勦匪軍事 短期內可結束

【本社十一日廈門專電】粵嚴十一日午九時東路總部捷訊、我十師三十六師十日確實佔領瑞金、同時北路取雩都 南路取會昌、均日內可下 匪主力現竄卜猶遂川間、【本社十一日南昌電】軍息、李默庵師於十日已剋佔領瑞金、匪向雩都會昌潰竄、該師入城時、民衆夾道歡迎、【中央社十一日南昌電】行營公佈捷報、據前方電報、我東路軍先頭李默庵師於十日已剋克衛瑞金縣城、我宋希濂師亦到達斧頭咀及瑞金城南羅米街一帶、沿途與僞地方獨立營游擊隊等時有接觸、均經擊 匪分向雩都會昌逃竄、正追擊中、【中央社十一日贛州電】軍息、勦匪軍事續有進展、東路軍部隊已向勒田推 、此後祗會昌與雩都匪區、不久可望肅清、【本社十一日香港專電】我軍向九峯坪石進、今漢謀駐韶關指揮、官方謂匪已向汝城桂東逃竄、

【中央社十一日南昌電】此間接到瑞金克復消息後軍政各界俱極興奮、蓋瑞金爲赤匪盤踞數載、發號施令、今匪巢既傾、亦滅殘共已不成問題、今日雖星期例假、但行營各級職員、仍全體工作、聽取各方報告、並指示機宜、據某高級將領談、自上月先後克復石城興國寧都後、匪巢早呈動搖之勢、迨東路軍克復長汀、匪喉被扼益不能支、殘匪乃先後由瑞金西竄 此次克復匪巢、沿途雖時有接觸、但大體極爲順利、西竄殘匪中有若干匪首在內、我軍正跟蹤追擊、以期一鼓成擒、現贛省匪區祗餘雩都會昌二處、不難乘勝而下、贛省勦匪軍事、極短期內便可告一結束、

行營派員監督 閩省封鎖工作

【中央社十日贛州電】南昌行營派委員七人來閩、監督各縣封鎖工作、五日由贛啓程、監察縣份計張冠文監察清流明溪永安漳平、詹榮啓監察建甌南平順昌沙縣、鄒季濂監察浦城崇安建陽邵武、伊嵩甫監察將樂泰寧建寧、祥其顯監察尤溪大田德化寧洋、唐英興監察龍巖連城詔安南靖、王繼春監察武平上杭永定平和、到省後、即分赴各縣、將來如發覺各縣中有封鎖不力或舞弊情事者、即與當地軍事長官或各軍政訓處長就近處理、

赤匪離長汀前 屠殺商民千餘

【中央社十日龍溪電】長汀來人談、匪上月卅一日退出前、曾捕殺勒索不遂之商民、不下千餘人、鄉紳士嘉唐前清秀才、在汀頗有聲望、匪因某種懷恨、臨行將其全家大小十餘口悉數殺戮、暴屍滿街、慘不忍睹、我國軍入城埋葬、二日始畢、匪退走時、並將四橋梁（按汀城傍汀江而築三面環水）全行燒毀、阻國軍前進、現正趕修河田至汀四十里公路、晝夜開工趕築、剋日可完工、汀城市面蕭條、但人心安定、前逃亡在外之難民回籍者甚衆、

（局部图）

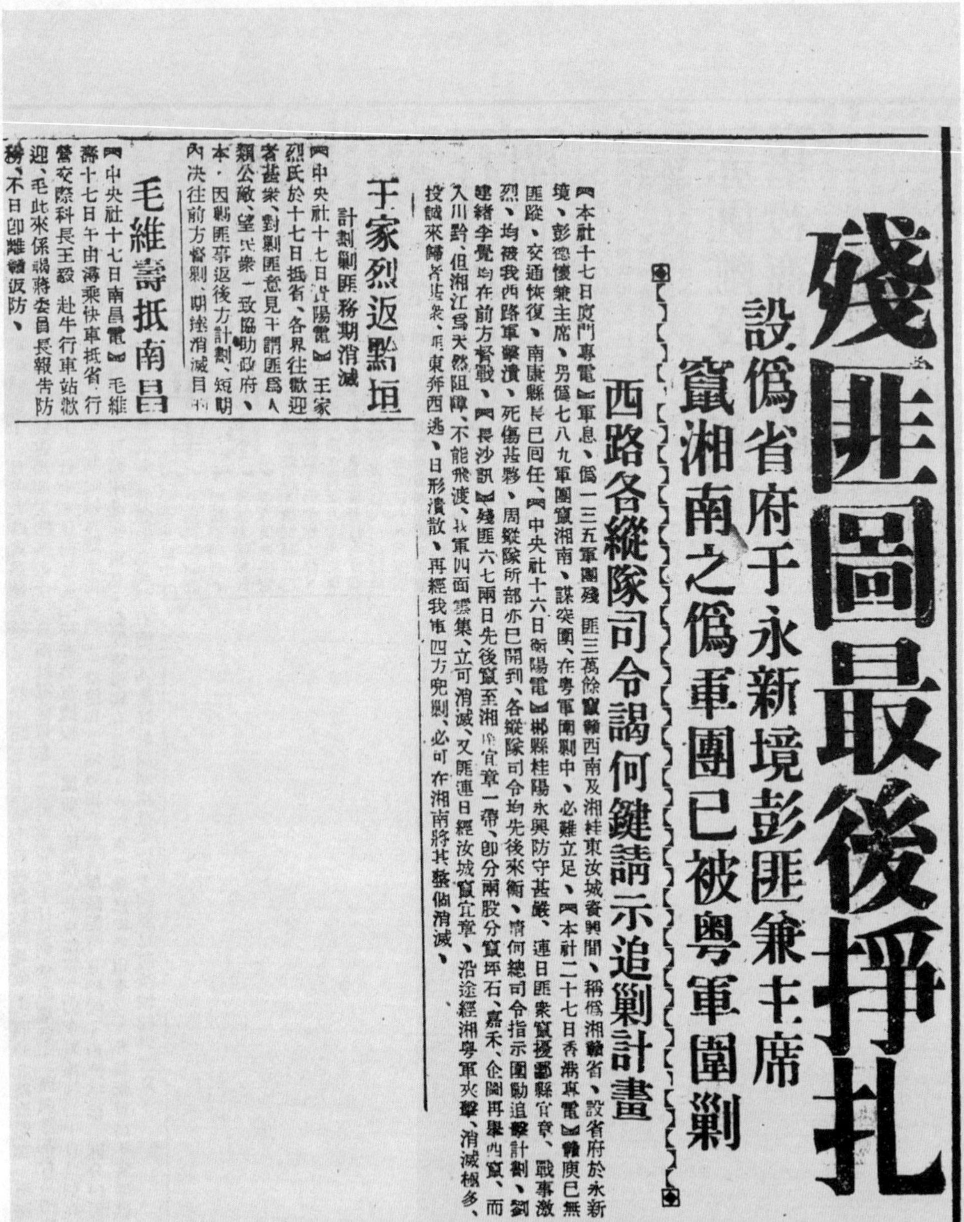

殘匪圖最後掙扎

設僞省府于永新境彭匪兼主席

竄湘南之僞軍團已被粵軍圍勦

西路各縱隊司令謁何鍵請示追勦計畫

〔本社十七日廈門專電〕軍息、僞一三五軍團殘匪三萬餘竄贛西南及湘桂東汝城資興間、稱僞湘贛省、設省府於永新境、彭德懷兼主席、另僞七八九軍團竄湘南、謀突圍、在粵軍圍剿中、必難立足、〔本社二十七日香港專電〕贛庾已無匪蹤、交通恢復、南康縣長已回任、〔中央社十六日衡陽電〕郴縣桂陽永興防守甚嚴、連日匪衆竄擾郴縣宜章、戰事激烈、均被我西路軍擊潰、死傷甚夥、周縱隊所部亦已開到、各縱隊司令均先後來衡、請何總司令指示圍勦追擊計劃、劉建緒李覺均在前方督戰、〔長沙訊〕殘匪六七兩日先後竄至湘粵宜章一帶、即分兩股分竄坪石、嘉禾、企圖再舉西竄、而入川黔、但湘江爲天然阻障、不能飛渡、我軍四面雲集、立可消滅、又匪連日經汝城竄宜章、沿途經湘粵軍夾擊、消滅極多、投誠來歸者甚衆、匪東奔西逃、日形潰散、再經我軍四方兜剿、必可在湘南將其整個消滅、

王家烈返黔垣

計劃勦匪務期消滅

〔中央社十七日貴陽電〕王家烈氏於十七日抵省、各界往歡迎者甚衆、對勦匪意見干謂匪爲人類公敵、望民衆一致協助政府、本·因勦匪亟返後方計劃、短期內決往前方督剿、期達消滅目的

毛維壽抵南昌

〔中央社十七日南昌電〕毛維壽十七日午由潯乘快車抵省、行營交際科長王毅赴牛行車站歡迎、毛此來係謁蔣委員長報告防務、不日即離贛返防、

17. 残匪图最后挣扎，设“伪省府”于永新境彭匪兼主席，窜湘南之“伪军团”已被粤军围剿，西路各纵队司令谒何键请示追剿计划，1934 年 11 月 18 日第 1 版

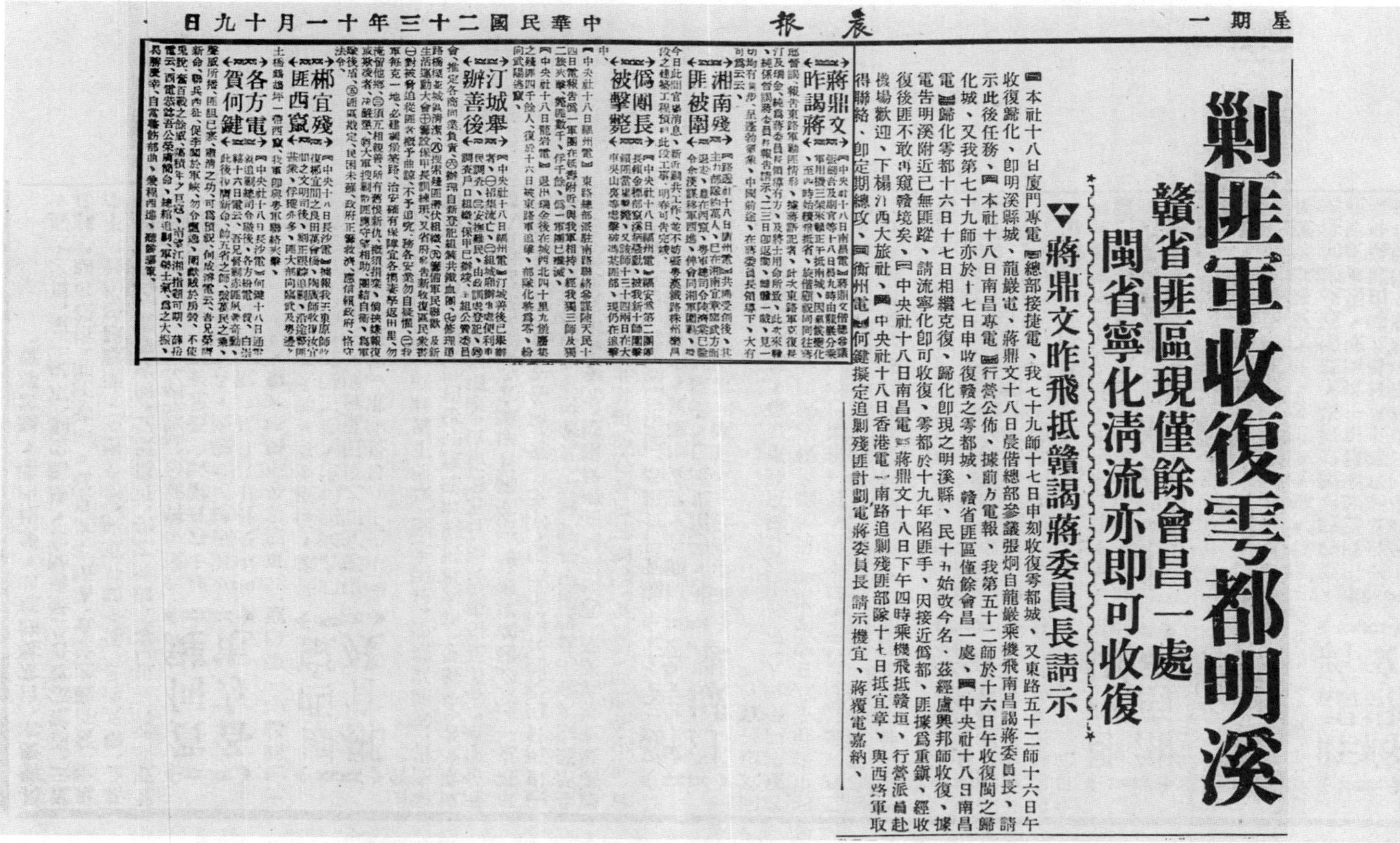

星期一　晨報　中華民國二十三年十一月十九日

剿匪軍收復雩都明溪

贛省匪區現僅餘會昌一處
閩省寧化清流亦即可收復

▽蔣鼎文昨飛抵贛謁蔣委員長請示

【本社十八日廈門專電】總部接捷電、我七十九師十七日申刻收復雩都城、又東路五十二師十六日午收復歸化、即明溪縣城、龍巖電、蔣鼎文十八日晨偕總部參議張炯自龍巖乘機飛南昌謁蔣委員長、請示此後任務、【本社十八日南昌專電】行營公佈、據前方電報、我第五十二師於十六日午收復閩之歸化城、又我第七十九師亦於十七日申收復贛之雩都城、贛省匪區僅餘會昌一處、【中央社十八日南昌電】歸化雩都十六日十七日相繼克復、歸化即現之明溪縣、民十九始改今名、茲經盧興邦師收復、據電告明溪附近已無匪蹤、請流寧化即可收復、雩都於十九年陷匪手、因接近偽都、匪據為重鎮、經收復後匪不敢再窺贛境矣、【中央社十八日南昌電】蔣鼎文十八日下午四時乘機飛抵贛垣、行營派員赴機場歡迎、下榻江西大旅社、【中央社十八日香港電】南路追剿殘匪部隊十七日抵宜章、與西路軍取得聯絡、即定期總攻、【衢州電】何鍵擬定追剿殘匪計劃電蔣委員長請示機宜、蔣覆電嘉納、

蔣鼎文昨謁蔣

湘南殘匪被圍

偽閩長被擊斃

汀城舉辦善後

郴宜殘匪西竄

各方電賀何鍵

18. 剿匪军收复雩都、明溪，赣省匪区现仅余会昌一处，闽省宁化、清流亦即可收复，蒋鼎文昨飞抵赣谒蒋委员长请示，1934年11月19日第1版

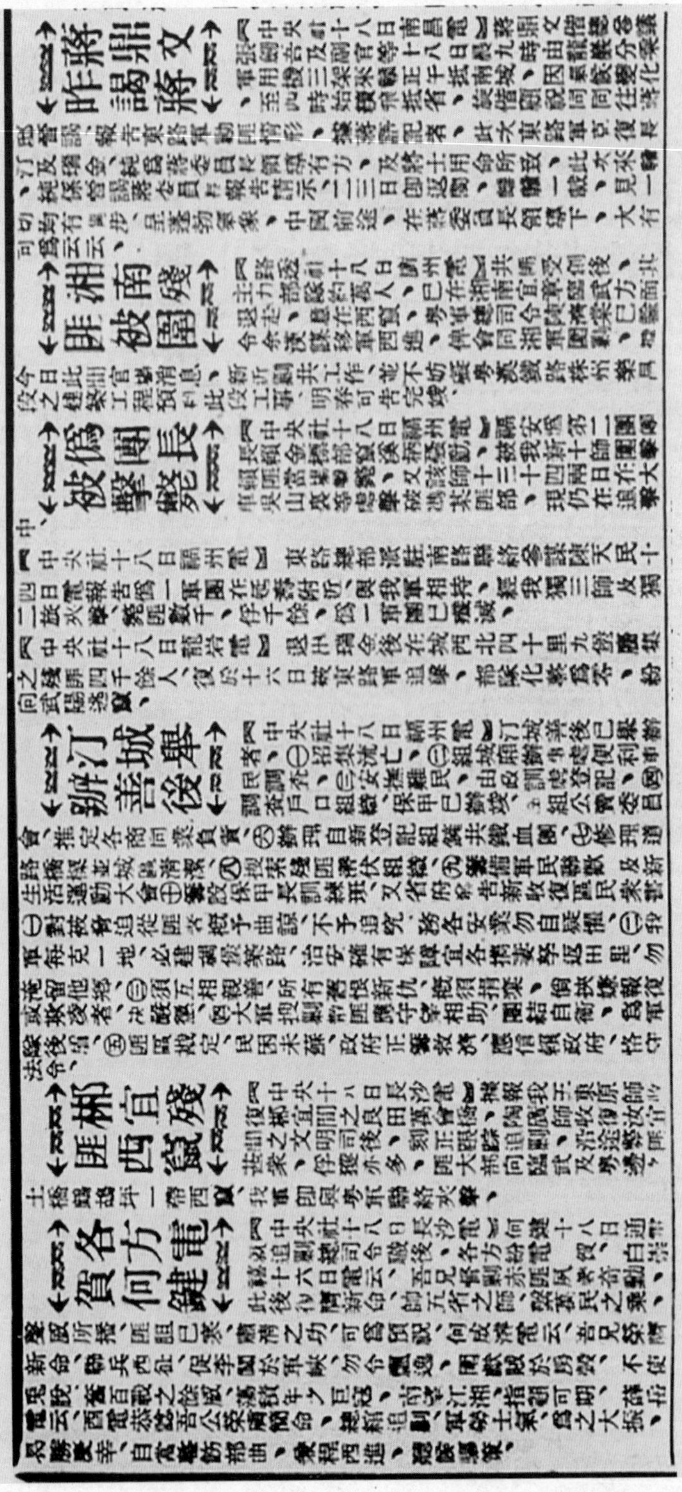

（局部图）

殘匪仍圍困湘粵邊境

前晚沿溱水圖襲朱崗圩等處未逞
粵軍向臨武進發桂省民團亦動員

▼東路軍續進會昌指日可下

【本社十九日香港專電】殘匪仍徘徊湘粵邊、十八日晚一部由臨武沿溱水趨茅廠嶺犯星子附近之朱崗圩十字鋪等處、與我□□師□團戰頗烈、我軍由□□開到增援、匪向茅廠嶺退、【□路透社十九日廣州電】粵軍參謀長繆培南今日發表文告、謂共匪前鋒已抵藍山臨武、惟宜章尚無匪蹤、粵軍刻向臨武進發、今日開始進攻臨武匪共、雖臨武與藍山皆密近連州、但目前未有共匪竄入粵省之危險、因重兵現已集於邊境一帶也、現向西竄之共匪、約六萬人云、桂省鑒於湘省西南之最近發展、恐共匪竄入、現已採行各種防禦方法、湘桂邊界之民團業已動員、【中央社十九日南昌電】前方電訊、雩都收復後、我軍續進、會昌指日可下、按贛八十三縣僅會昌一縣未收復、匪無險可守、指顧間即可收復、【中央社十九日香港電】陳濟棠任獨三師長李漢魂任南路軍勦匪前敵指揮、十九日電令前方各部知照、【中央社十九日長沙電】宜章之匪、經我王東原師痛擊、向臨武潰退　我軍十六日進駐宜城、現正分途追勦中、

劉湘今午可抵首都

部隨員昨午乘江順輪先到

【中央社十九日南京電】劉湘由渝乘瑞和輪東下、二十日午可抵京、行政院將派陳銘迎接、軍委會備勵志社爲劉下榻之所、何應欽及川軍駐京代表李定宇多人將赴碼頭迎接、與劉同來者有何成濬曾擴情孫蔚如 及劉之原要隨員等、據聞劉此來向中央請示川省勦匪財政等問題、惟因川勦匪軍事諸待親自處理、未便久離、在京留一週即返川、又劉之一部隨員傅眞吾陳松雲等、十九日乘江順輪抵京、

贛行營擴大紀念週

蔣勉各同志繼續努力
俾剷匪之功成於一簣

【中央社十九日南昌電】南昌黨政軍各界十九日晨九時在行營舉行擴大紀念週、聆取蔣委員長遠巡歸來第一次報告、蔣氏首謂江西黨政軍及各界同志三年來共同努力、本使剿匪工作得告一段落、應同各同志特別表示敬意、現值剿匪工作即將完成之際、尤應加倍努力、自强不息、否則諸位過去之勞苦功績、將一筆勾消、本謂過去剿匪期間、曾提三分軍事七分政治之口號、但事實上或者還是用了七分軍事三分政治的力量、今後黨政兩方務須協同一致、至少做到七分的努力、以掃除殘匪、從事整理與建設、末謂此次到華北各省視察、覺各省政治均有進步、有幾省人才經濟俱感缺乏、但成績特別良好、更爲難得、江西方面、就更加緊工作云云、

19. 残匪仍围困湘粤边境，前晚沿溱水图袭朱岗圩等处未逞，粤军向临武进发桂省民团亦动员，东路军续进会昌指日可下，1934 年 11 月 20 日第 1 版

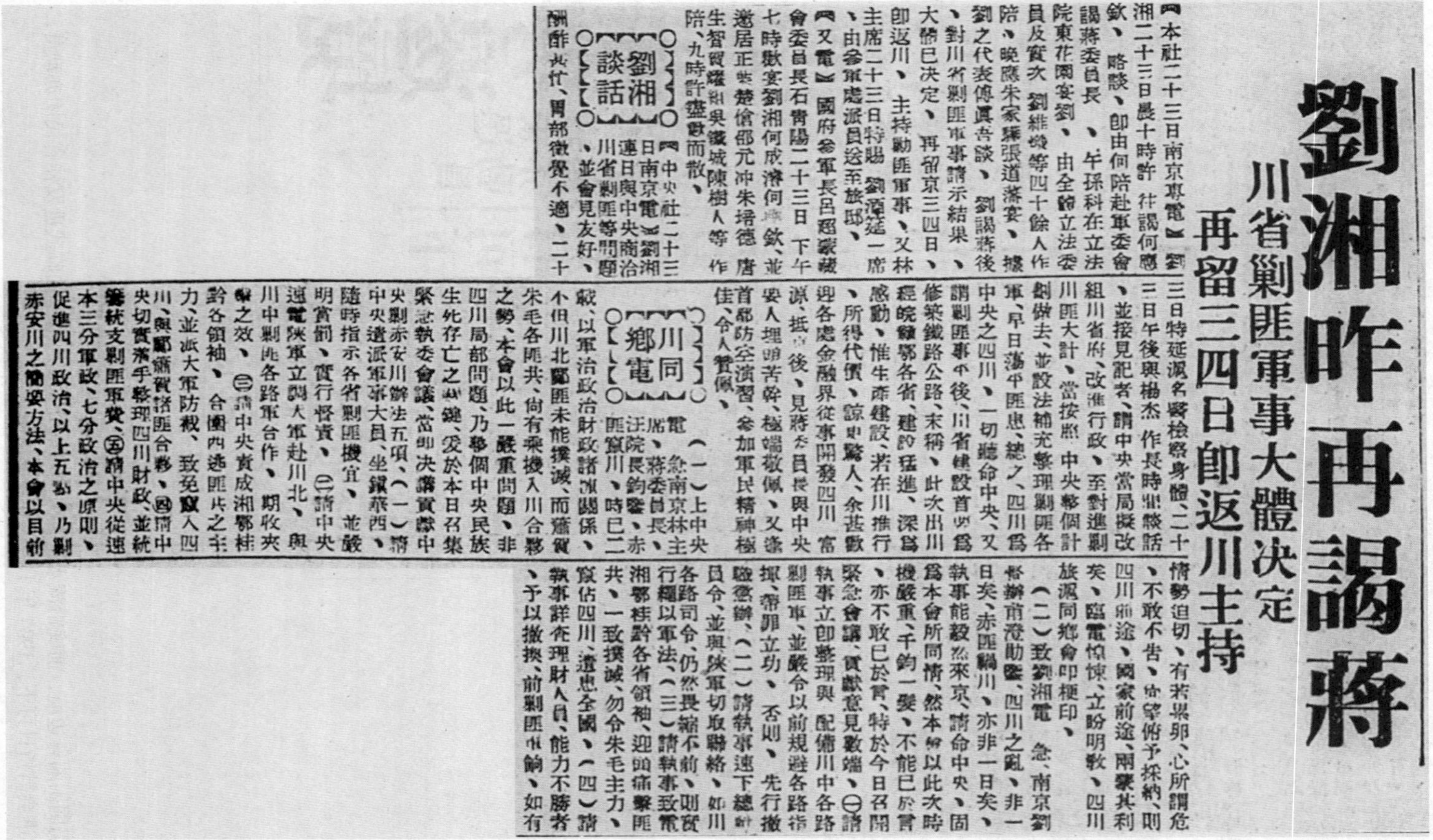

劉湘昨再謁蔣

川省剿匪軍事大體決定
再留三四日卽返川主持

【本社二十三日南京專電】劉湘二十三日晨十時許往謁何應欽、略談、卽由何陪赴軍委會謁蔣委員長、午孫科在立法院東花園宴劉、由全體立法委員及賓次劉維熾等四十餘人作陪、晚應朱家驊張道藩宴、據劉之代表傳眞吾談、劉謁蔣後、對川省剿匪軍事請示結果、大體已決定、再留京三四日、卽返川、主持剿匪軍事、又林主席二十三日特賜劉酒筵一席、由參軍處派員送至旅邸、

【又電】國府參軍長呂超蒙藏會委員長石青陽二十三日下午七時歡宴劉湘何成濬何應欽、並邀居正葉楚傖邵元冲朱培德唐生智賀耀組吳鐵城陳樹人等作陪、九時許盡歡而散、

劉湘談話

【中央社二十三日南京電】劉湘連日與中央商洽川省剿匪等問題、並會見友好、酬酢頗忙、胃部微覺不適、二十三日特延滬名醫檢察身體、二十三日午後與楊杰作長時間談話、並接見記者、謂中央當局擬改組川省府、改進行政、至對進剿川匪大計、當按照中央整個計劃做去、並設法補充整理剿匪各軍、早日蕩平匪患、總之、四川爲中央之四川、一切聽命中央、又謂剿匪事平後、川省建設首要爲修築鐵路公路、末稱、此次出川經皖贛鄂各省、建設猛進、深爲感動、惟生產建設、若在川推行、所得代價、諒必驚人、余甚歡迎各處金融界從事開發四川富源、抵京後、見蔣委員長與中央要人埋頭苦幹、極端敬佩、又逢首都防空演習、參加軍民精神極佳、令人贊佩、

川同鄉電

（一）上中央電 急、南京林主席、蔣委員長、汪院長鈞鑒、赤匪竄川、時已二載、以軍治政治財政諸端關係、不但川北邊匪未能撲滅、而猖獗朱毛各匪共、尙有乘機入川合夥之勢、本會以此一嚴重問題、非四川局部問題、乃整個中央民族生死存亡之關鍵、爰於本日召集緊急執委會議、當卽決議貢獻中央剿赤安川辦法五項、（一）請中央遣派軍事大員、坐鎭蓉西、隨時指示各省剿匪機宜、並嚴明賞罰、實行督責、㊁請中央通電陝軍立調大軍赴川北、與川中剿匪各路軍合作、期收夾擊之效、㊂請中央責成湘鄂桂黔各領袖、合圍內逃匪共之主力、並派大軍防截、致免竄入四川、與鄂贛賀諸匪合夥、㊃請中央切實着手整理四川財政、並統籌統支剿匪軍費、㊄請中央從速本三分軍政、七分政治之原則、促進四川政治、以上五端、乃剿赤安川之簡要方法、本會以目前情勢迫切、有若累卵、心所謂危、不敢不告、尙望俯予採納、則四川前途、國家前途、兩蒙其利矣、臨電惶悚、立盼明教、四川旅滬同鄉會叩梗印、

（二）致劉湘電 急、南京劉督辦甫澄勛鑒、四川之亂、非一日矣、赤匪竄川、亦非一日矣、執事能毅然來京、請命中央、固爲本會所同情、然本會以此次時機嚴重、千鈞一髮、不能已於言、亦不敢已於言、特於今日召開緊急會議、貢獻意見數端、㊀請執事立卽整理與配備川中各路剿匪軍、並嚴令以前規避各路指揮、帶罪立功、否則、先行撤職懲辦、（二）請執事速下總動員令、並與陝軍切取聯絡、如川各路司令、仍然畏縮不前、則實行繩以軍法、（三）請執事致電湘鄂桂黔各省領袖、迎頭痛擊匪共、一致撲滅、勿令朱毛主力、竄佔四川、遺患全國、（四）請執事詳查理財人員、能力不勝者、予以撤換、前剿匪軍餉、如有

20. 刘湘昨再谒蒋（介石），川省剿匪军事大体决定，再留三四日即返川主持，1934 年 11 月 24 日第 1 版（残）

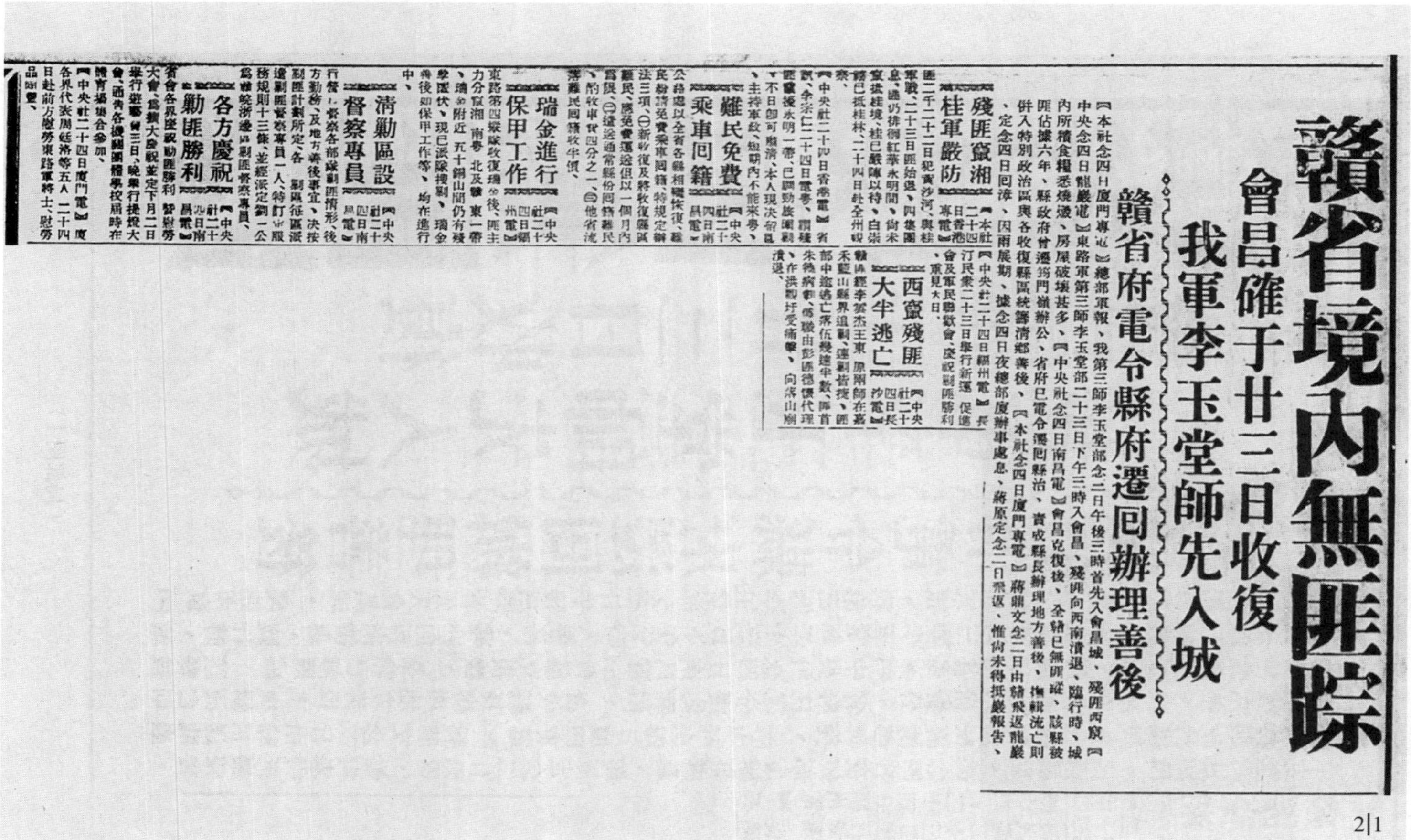

贛省境內無匪蹤

會昌確于廿三日收復

我軍李玉堂師先入城

贛省府電令縣府遷回辦理善後

〔本社念四日廈門專電〕總部軍報、我第三師李玉堂部念三日午後三時首先入會昌城、殘匪西竄〔中央社念四日龍巖電〕東路軍第三師李玉堂部二十三日下午三時入會昌、殘匪向西南潰退、臨行時、城內所積食糧悉燒燬、房屋破壞甚多、〔中央社念四日南昌電〕會昌克復後、全贛已無匪蹤、該縣被匪佔據六年、縣政府曾遷筠門嶺辦公、省府已電令遷回縣治、責成縣長辦理地方善後、撫輯流亡則併入特別政治區與各收復縣區統籌清鄉善後、〔本社念四日廈門專電〕蔣鼎文念二日由贛飛返龍巖、定念四日回漳、因雨展期、據念四日夜總部廈辦事處息、蔣原定念二日飛返、惟尚未得抵巖報告、

殘匪竄湘 桂軍嚴防

〔本社二十四日香港專電〕匪二千二十二日犯賀沙河、與桂軍戰、二十三日匪始退、四集團息、匪仍徘徊紅華永明間、尚未竄抵桂境、桂已嚴陣以待、白崇禧已抵桂林、二十四日赴全州視察、

〔中央社二十四日香港電〕省訊、余漢謀二十四日電粵、稱殘匪竄擾永明一帶、已調勁旅圍剿、不日即可肅清、本人現決留贛、主持軍政、短期內不能來粵、

難民免費 乘車回籍

〔中央社二十四日南昌電〕省府以全省各縣相繼恢復、難民紛請免費乘車回籍、特規定辦法三項、㈠新收復及將收復縣區難民、應免費運送但以一個月內爲限、㈡運送通常縣份回籍難民、酌收車費四分之一、㈢他省流落難民回籍收半價、

瑞金進行 保甲工作

〔中央社二十四日福州電〕東路第四縱隊收復瑞金後、匪主力分竄湘南粵北及贛東一帶、瑞金附近五十餘山間仍有殘孽匿伏、現已派隊搜剿、瑞金善後如保甲工作等、均在進行中、

清剿區設 督察專員

〔中央社二十四日南昌電〕行營以督察各部隊剿匪情形、後方勤務、及地方善後事宜、決按剿匪計劃所定、各剿區徑區派遣剿匪督察專員一人、特訂定服務規則十三條、並經派定劉一公爲贛皖浙邊區剿匪督察專員、

各方慶祝 剿匪勝利

〔中央社二十四日南昌電〕省會各界慶祝剿匪勝利暨慰勞大會、爲擴大慶祝並定下月二日舉行遊藝會三日、晚舉行提燈大會、函告各機關團體學校屆時在體育場集合參加、〔中央社二十四日廈門電〕廈各界代表周廷杰等五人二十四日赴前方慰勞東路軍將士、慰勞品甚豐、

西竄殘匪 大半逃亡

〔中央社二十四日長沙電〕贛匪經李雲杰王東原兩師在嘉禾藍山縣界追剿、連剿皆捷、匪部中途逃亡者佔幾達半數、匪首朱毛病劇、偽職由彭德懷代理、作洪觀圩受痛擊、向寧山嶺潰退、

〔中央社二十四日福州電〕長汀民衆二十三日舉行新運促進會及軍民聯歡會、慶祝剿匪勝利、頗見大日、

2|1

21. 赣省境内无匪踪，会昌确于廿三日收复，我军李玉堂师先入城，赣省府电令县府迁回办理善后，1934 年 1 月 25 日第 1 版

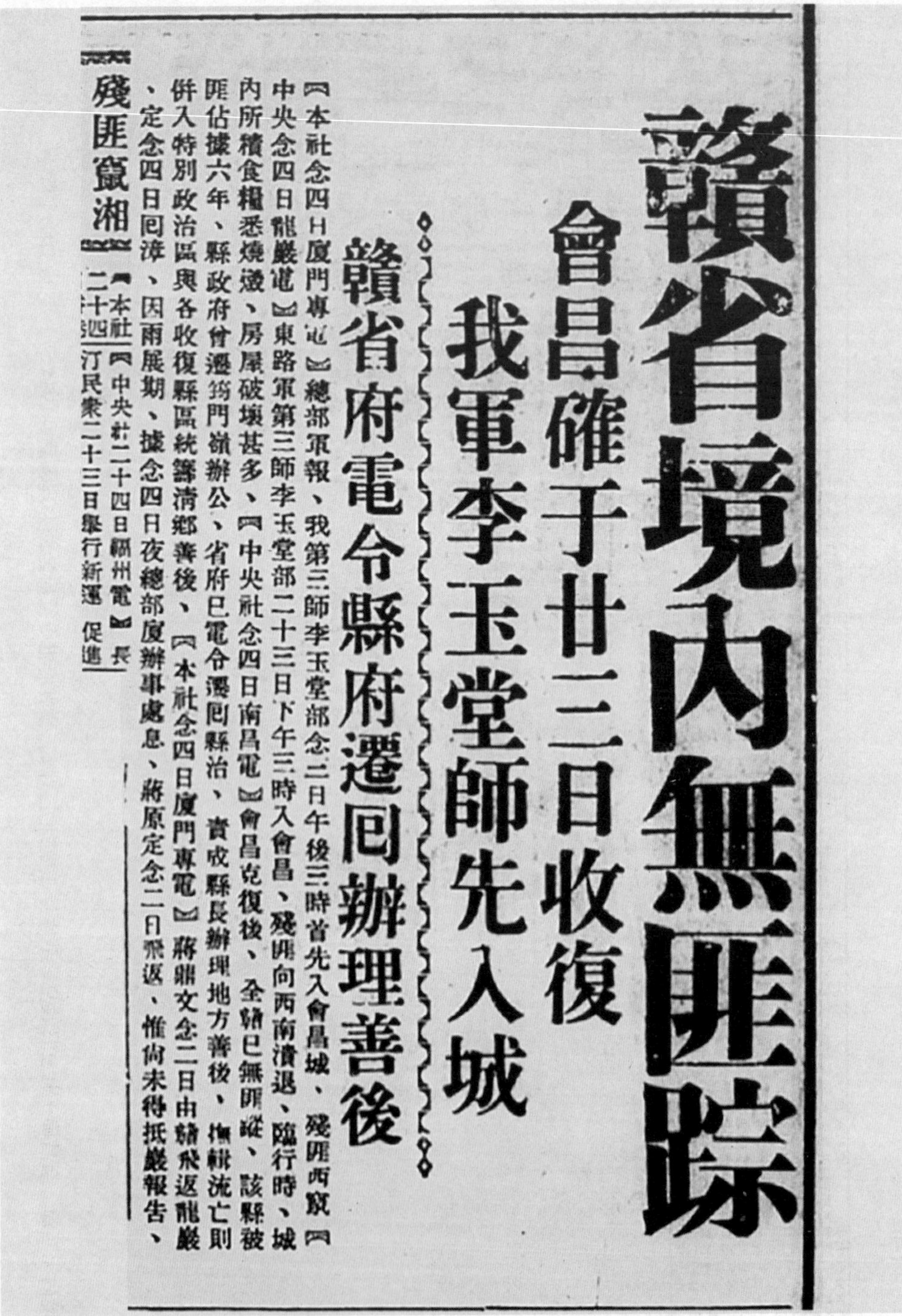
贛省境內無匪蹤

會昌確于廿三日收復

我軍李玉堂師先入城

贛省府電令縣府遷回辦理善後

【本社念四日廈門專電】總部軍報、我第三師李玉堂部念二日午後三時首先入會昌城、殘匪西竄【中央念四日龍巖電】東路軍第三師李玉堂部二十三日下午三時入會昌、殘匪向西南潰退、臨行時、城內所積食糧悉燒燬、房屋破壞甚多、【中央社念四日南昌電】會昌克復後、全贛已無匪蹤、該縣被匪佔據六年、縣政府曾遷筠門嶺辦公、省府已電令遷回縣治、責成縣長辦理地方善後、撫輯流亡則併入特別政治區與各收復縣區統籌清鄉善後、【本社念四日廈門專電】蔣鼎文念二日由贛飛返龍巖、定念四日回漳、因雨展期、據念四日夜總部廈辦事處息、蔣原定念二日飛返、惟尚未得抵巖報告、

殘匪竄湘

【本社二十四【中央社二十四日福州電】長汀民衆二十三日舉行新運 促進

（局部图 1）

湘匪防嚴軍桂殘匪

賴民乘車回籍免費

瑞金進工作行

清剿匪區員設

各方慶祝勝利

匪殘西華半逃亡

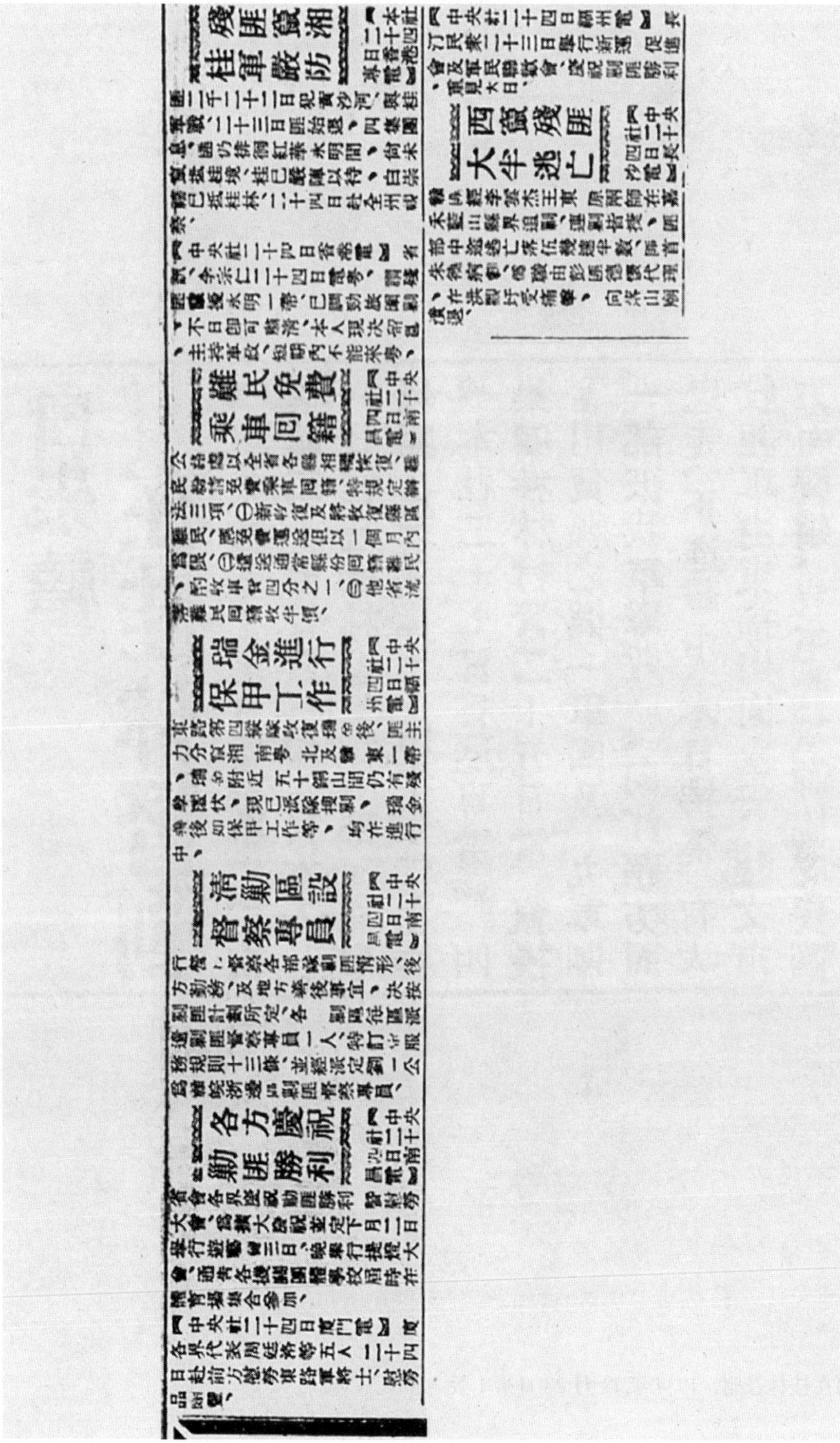

（局部图 2）

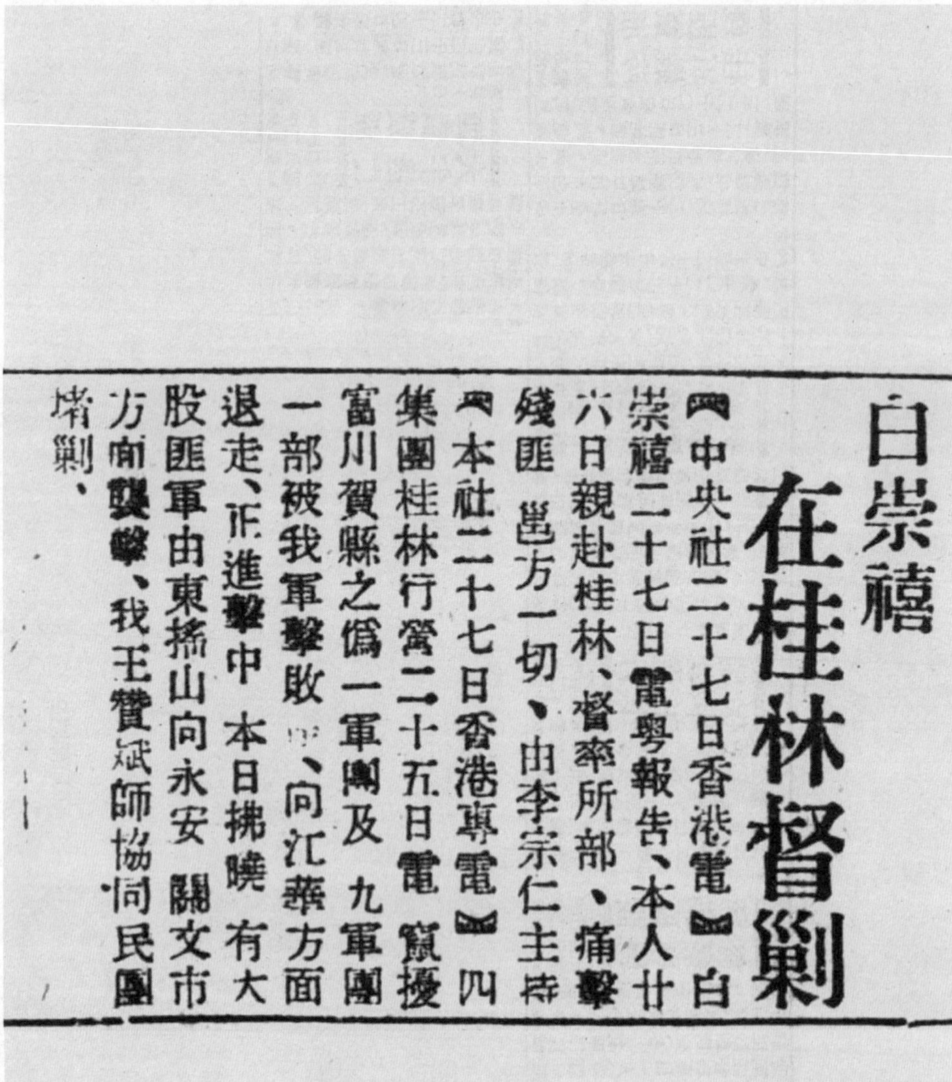

白崇禧在桂林督剿

【中央社二十七日香港電】白崇禧二十七日電粵報告、本人廿六日親赴桂林、督率所部、痛擊殘匪 邕方一切、由李宗仁主持

【本社二十七日香港專電】四集團桂林行營二十五日電 竄擾富川賀縣之僞一軍團及 九軍團一部被我軍擊敗 [illegible]、向江華方面退走、正進擊中 本日拂曉 有大股匪軍由東搖山向永安 關文市方面襲擊、我王贊斌師協同民團堵剿、

22. 白崇禧在桂林督剿，1934 年 11 月 28 日第 1 版

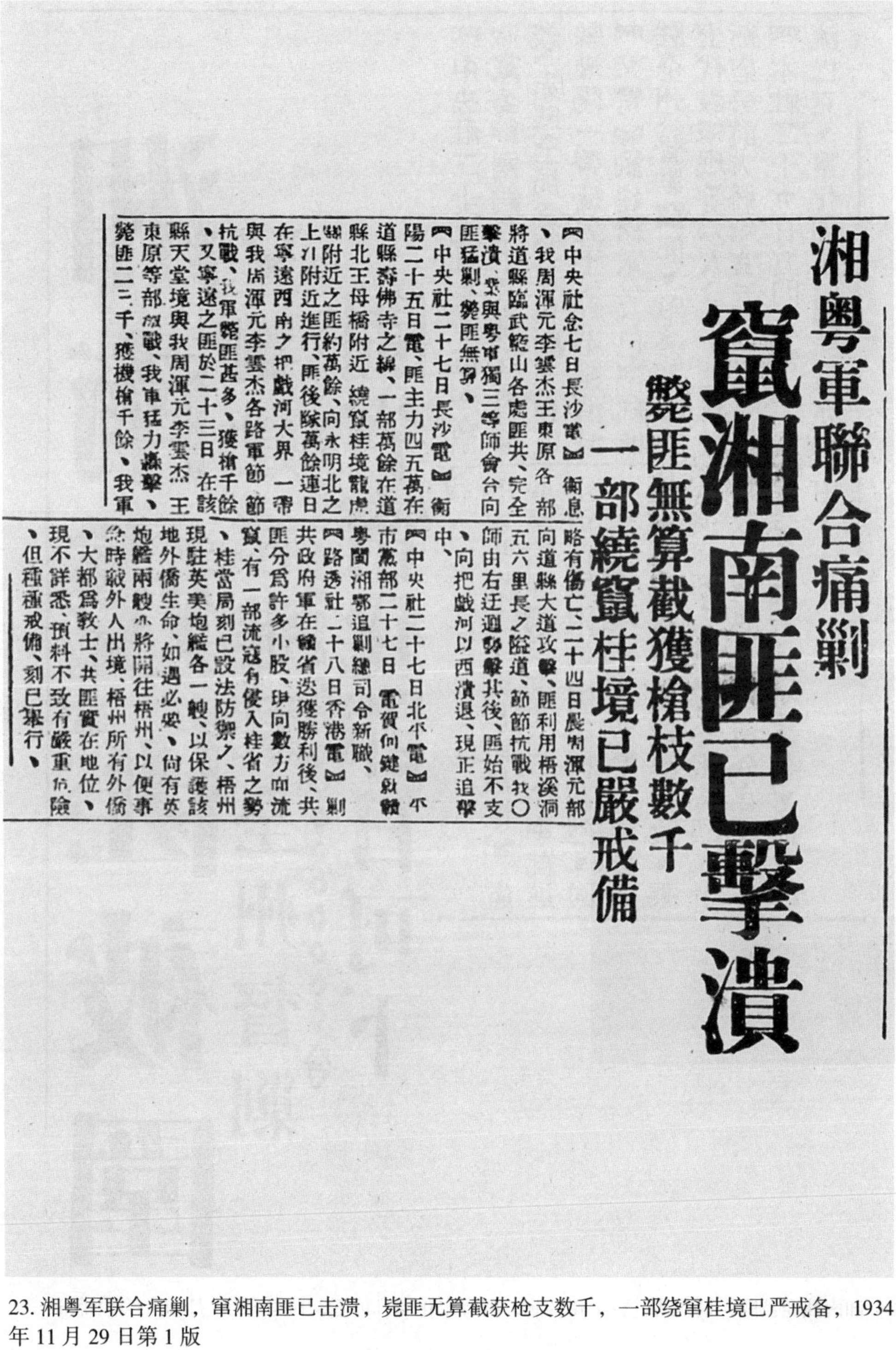

湘粵軍聯合痛剿
竄湘南匪已擊潰
斃匪無算截獲槍枝數千
一部繞竄桂境已嚴戒備

【中央社念七日長沙電】衡息、我周渾元李雲杰王東原各部將道縣臨武藍山各處匪共、完全擊潰、並與粵軍獨三等師會合向匪猛剿、斃匪無算、

【中央社二十七日長沙電】衡陽二十五日電、匪主力四五萬在道縣壽佛寺之線、一部萬餘在道縣北王母橋附近繞竄桂境龍虎關附近之匪約萬餘、向永明北之上川附近進行、匪後隊萬餘連日在寧遠西南之把截河大界一帶與我周渾元李雲杰各路軍節節抗戰、我軍斃匪甚多、獲槍千餘、又寧遠之匪於二十三日在該縣天堂境與我周渾元李雲杰王東原等部激戰、我軍猛力轟擊、斃匪二三千、獲機槍千餘、我軍略有傷亡、二十四日晨周渾元部向道縣大道攻擊、匪利用梧溪洞五六里長之隘道、節節抗戰我〇師由右迂迴夾擊共後、匪始不支、向把截河以西潰退、現正追擊中、

【中央社二十七日北平電】平市黨部二十七日電賀何鍵就贛粵閩湘鄂追剿總司令新職、

【路透社二十八日香港電】剿共政府軍在贛省迭獲勝利後、共匪分爲許多小股、現向數方面流竄、有一部流寇有侵入桂省之勢、桂當局刻已設法防禦之、梧州現駐英美炮艦各一艘、以保護該地外僑生命、如遇必要、尚有英炮艦兩艘亦將開往梧州、以便事急時載外人出境、梧州所有外僑、大都爲教士、共匪實在地位、現不詳悉、預料不致有嚴重危險、但種種戒備、刻已舉行、

23. 湘粤军联合痛剿，窜湘南匪已击溃，毙匪无算截获枪支数千，一部绕窜桂境已严戒备，1934年11月29日第1版

湘南殘匪被圍

劉建緒進駐全州督剿

閩省甯化即日可下

〔中央社二十九日長沙電〕協剿黨委彭國鈞二十八日返省、據談、赤匪全局爲國軍包圍、在道縣瀟陽一帶疲鈍不堪、不難消滅

〔又電〕劉建緒電告、已率部進駐全州、督勦竄匪、慰勞剿匪將士代表宋琨等六人、二十九日赴衡慰勞前方將領官兵、

〔本社二十九日廈門專電〕清流已克、甯化即下、閩匪區亦全復、

〔中央社二十九日南昌電〕盧興榮電贛稱、二十六日午率部進至清流城附近、匪頑抗甚烈、同時由下窠增來槍匪數百、經分頭痛擊匪退城中、盧親率精銳、乘勝渡河衝入城內、巷戰甚烈、申時收復城池、斃僞司令官參謀長政委各一名、斬獲甚多、正清理中、

24. 湘南残匪被围，刘建绪进驻全州督剿，闽省宁化即日可下，1934 年 11 月 30 日第 1 版

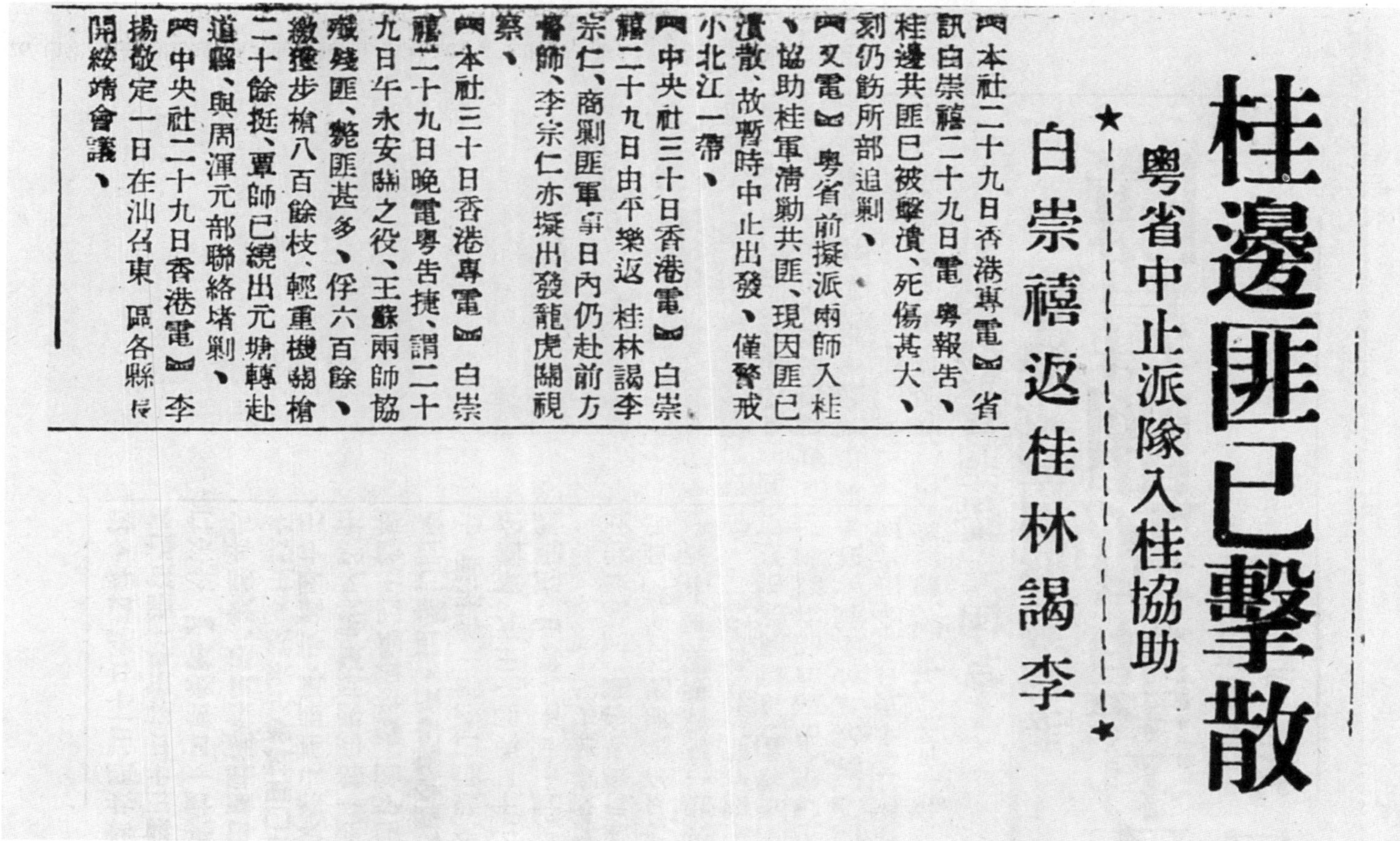

桂邊匪已擊散

粵省中止派隊入桂協助

白崇禧返桂林謁李

【本社二十九日香港專電】省訊、白崇禧二十九日電粵報告、桂邊共匪已被擊潰、死傷甚大、刻仍飭所部追剿、

【又電】粵省前擬派兩師入桂、協助桂軍清剿共匪、現因匪已潰散、故暫時中止出發、僅警戒小北江一帶、

【中央社三十日香港電】白崇禧二十九日由平樂返桂林謁李宗仁、商剿匪軍事、日內仍赴前方督師、李宗仁亦擬出發龍虎關視察、

【本社三十日香港專電】白崇禧二十九日晚電粵告捷、謂二十九日午永安關之役、王蘇兩師協殲殘匪、斃匪甚多、俘六百餘、繳獲步槍八百餘枝、輕重機關槍二十餘挺、覃師已繞出元塘轉赴道縣、與周渾元部聯絡堵剿、

【中央社二十九日香港電】李揚敬定一日在汕召東區各縣長開綏靖會議、

25. 桂边匪已击散，粤省中止派队入桂协助，白崇禧返桂林谒李（宗仁），1934 年 12 月 1 日第 1 版

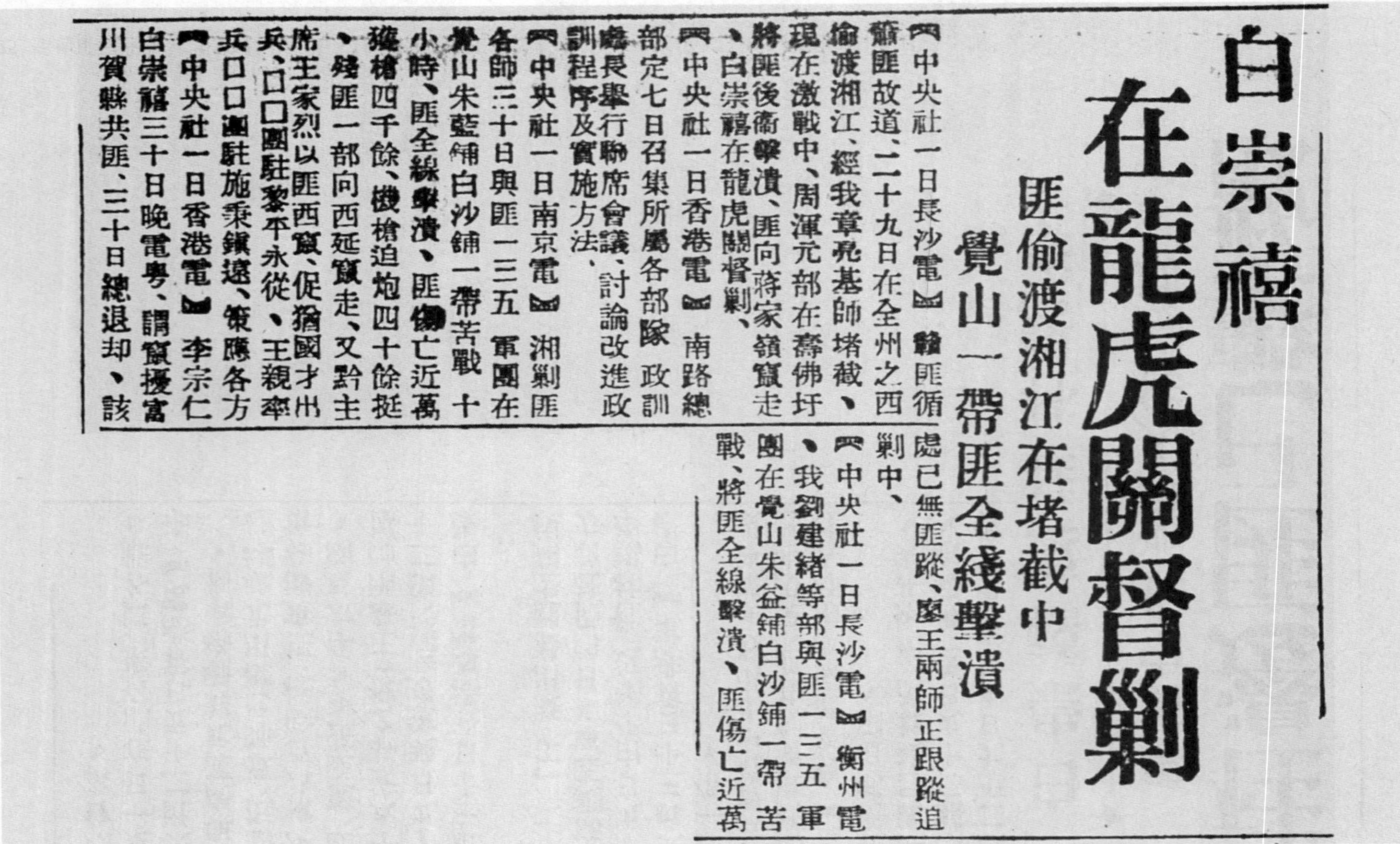

白崇禧在龍虎關督剿

匪偷渡湘江在堵截中 覺山一帶匪全綫擊潰

【中央社一日長沙電】贛匪循蕭匪故道、二十九日在全州之西偷渡湘江、經我章亮基師堵截、現在激戰中、周渾元部在壽佛圩將匪後衛擊潰、匪向蔣家嶺竄走、白崇禧在龍虎關督剿、

【中央社一日香港電】南路總部定七日召集所屬各部隊政訓處長舉行聯席會議、討論改進政訓程序及實施方法、

【中央社一日南京電】湘剿匪各師三十日與匪一三五軍團在覺山朱藍鋪白沙鋪一帶苦戰十小時、匪全線擊潰、匪傷亡近萬、獲槍四千餘、機槍迫炮四十餘挺、殘匪一部向西延竄走、又黔主席王家烈以匪西竄、促猶國才出兵、□□團駐黎平永從、王親率兵□□團駐施秉鎮遠、策應各方、

【中央社一日香港電】李宗仁白崇禧三十日晚電粵、謂竄擾富川賀縣共匪、三十日總退却、該

處已無匪蹤、廖王兩師正跟蹤追剿中、

【中央社一日長沙電】衡州電、我劉建緒等部與匪一三五軍團在覺山朱益鋪白沙鋪一帶苦戰、將匪全線擊潰、匪傷亡近萬

26. 白崇禧在龙虎关督剿，匪偷渡湘江在堵截中，觉山一带匪全线击溃，1934年12月2日第1版

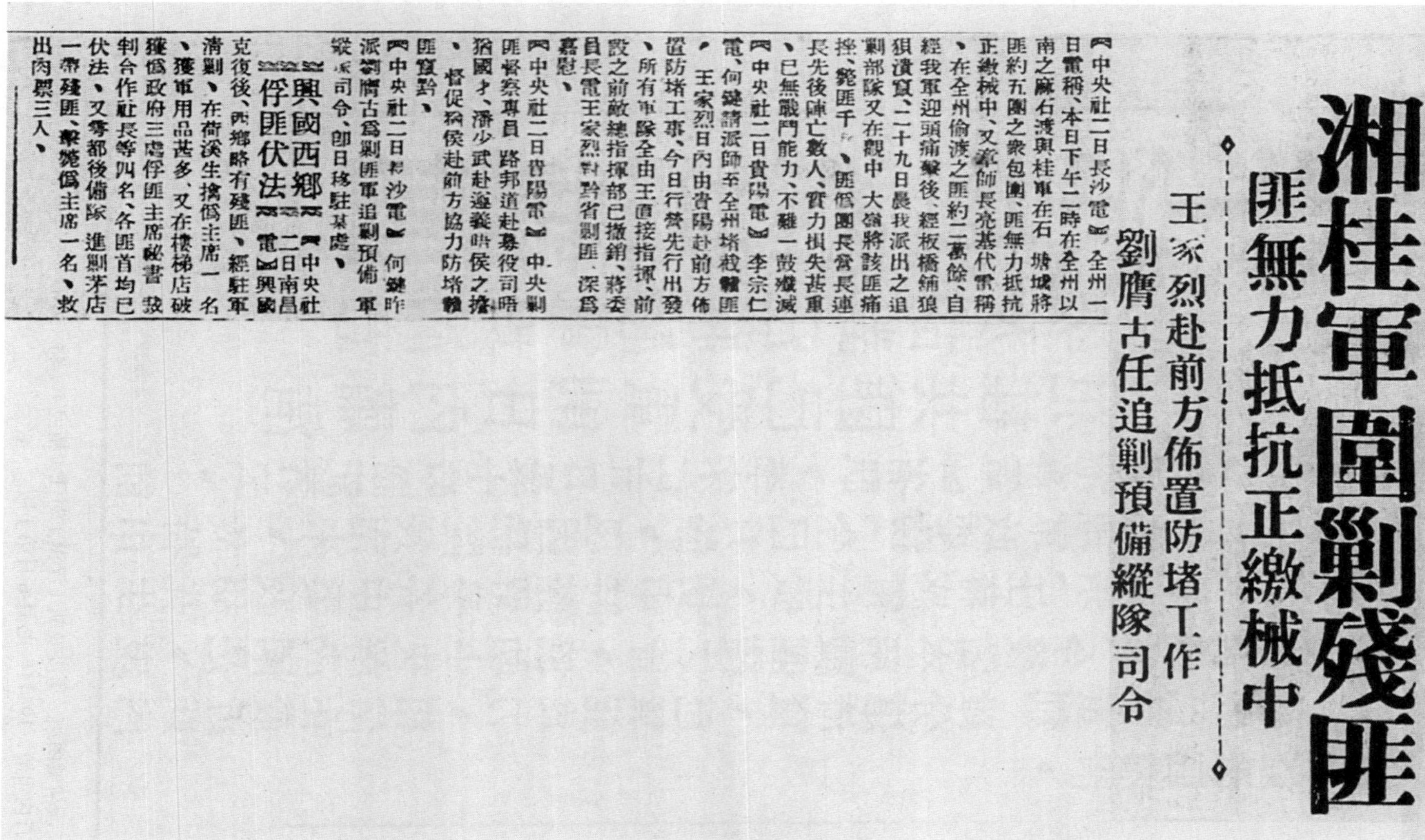

湘桂軍圍剿殘匪

匪無力抵抗正繳械中

王家烈赴前方佈置防堵工作　劉膺古任追剿預備縱隊司令

【中央社二日長沙電】全州一日電稱、本日下午二時在全州以南之麻石渡與桂軍在石塘城將匪約五團之衆包圍、匪無力抵抗正繳械中、又羅師長亮基代電稱、在全州偷渡之匪約二萬餘、自經我軍迎頭痛擊後、經板橋鋪狼狽潰竄、二十九日晨我派出之追剿部隊又在覩中 大嶺將該匪痛擊、斃匪千餘、匪僞團長營長連長先後陣亡數人、實力損失甚重、已無戰鬥能力、不難一鼓殲滅、

【中央社二日貴陽電】李宗仁電、何鍵請派師至全州堵截贛匪、王家烈日內由貴陽赴前方佈置防堵工事、今日行營先行出發、所有軍隊全由王直接指揮、前敵之前敵總指揮部已撤銷、蔣委員長電王家烈對黔省剿匪、深爲嘉慰、

【中央社二日貴陽電】中央剿匪督察專員路邦道赴桑役司晤猶國才、潘少武赴遵義晤侯之擔、督促猶侯赴前方協力防堵贛匪竄黔、

【中央社二日長沙電】何鍵昨派劉膺古爲剿匪軍追剿預備軍縱隊司令、即日移駐某處、

興國西鄉俘匪伏法

【中央社二日南昌電】興國克復後、西鄉略有殘匪、經駐軍清剿、在荷溪生擒僞主席一名、獲軍用品甚多、又在樓梯店破獲僞政府三處俘匪主席秘書裁判合作社長等四名、各匪首均已伏法、又雩都後備隊進剿茅店一帶殘匪、擊斃僞主席一名、救出肉票三人、

27. 湘桂军围剿残匪，匪无力抵抗正缴械中，王家烈赴前方布置防堵工作，刘膺古任追剿预备纵队司令，1934 年 12 月 3 日第 1 版

李宗仁談精誠團結

粵委及胡對汪蔣感電均滿意

犯桂共匪已受重創日內肅清

【本社五日香港專電】省訊、李宗仁五日晨十時語記者云、前請假回桂、處理軍政要務、今已月餘、現因孫院長南來、故特由邕乘機來粵一晤、汪蔣感電主張、切中時弊留粵各中委及胡先生到之均甚滿意、今後當本精誠團結之旨、協助中央解決國是、現犯桂殘匪已受重創　雖分道流竄、已無能爲力、相信在最近期內、必能澈底肅清、

28. 李宗仁谈精诚团结，粤委及胡（汉民）对汪（精卫）、蒋（介石）感电均满意，犯桂“共匪”已受重创日内肃清，1934 年 12 月 6 日第 1 版

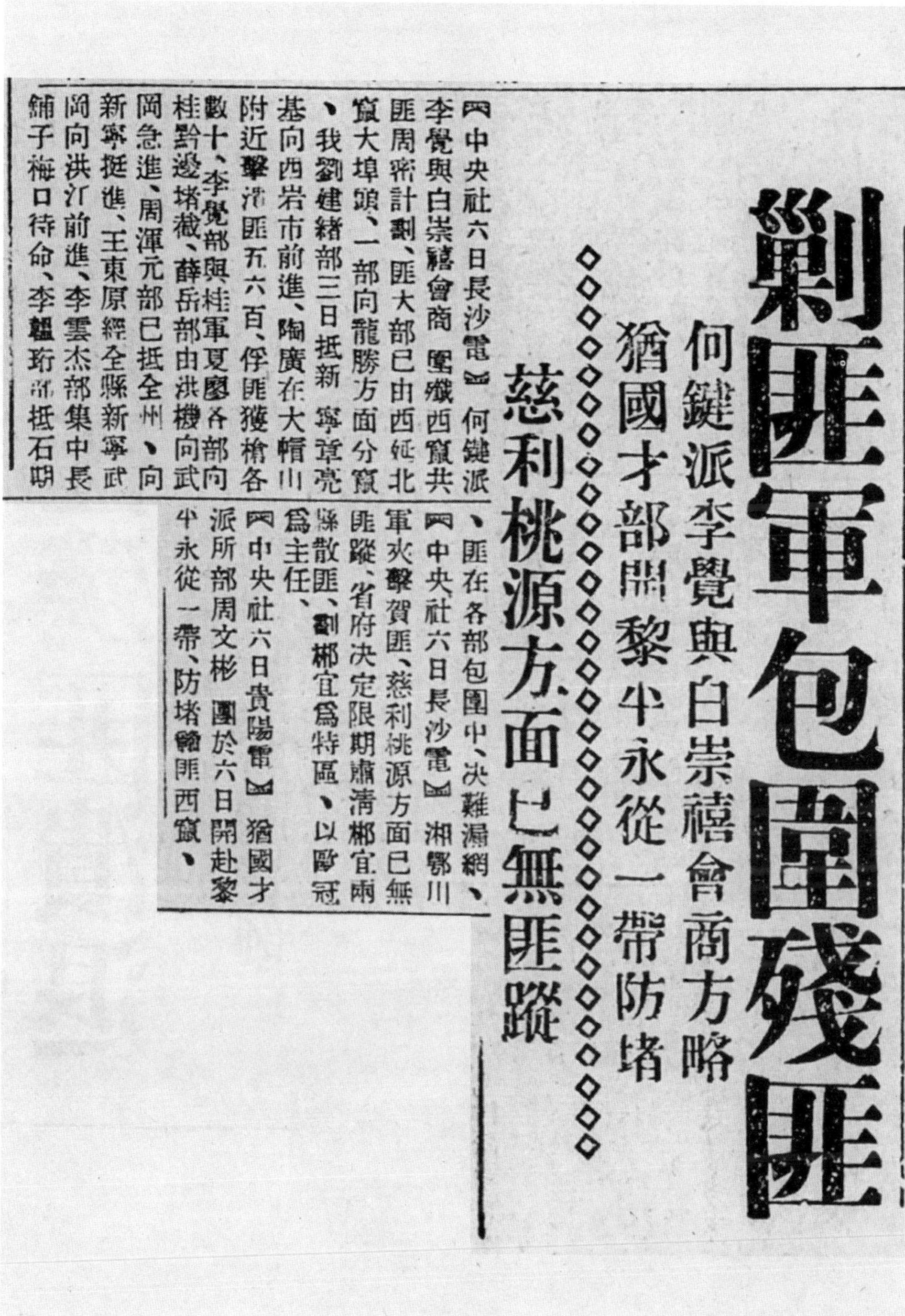

剿匪軍包圍殘匪

何鍵派李覺與白崇禧會商方略
猶國才部開黎平永從一帶防堵
慈利桃源方面已無匪蹤

【中央社六日長沙電】何鍵派李覺與白崇禧會商 圍殲西竄共匪周密計劃、匪大部已由西延北竄大埠頭、一部向龍勝方面分竄、我劉建緒部三日抵新 寧章亮基向西岩市前進、陶廣在大帽山附近擊潰匪五六百、俘匪獲槍各數十、李覺部與桂軍夏威各部向桂黔邊堵截、薛岳部由洪機向武岡急進、周渾元部已抵全州、向新寧挺進、王東原經全縣新寧武岡向洪江前進、李雲杰部集中長鋪子梅口待命、李韞珩部抵石門、匪在各部包圍中、決難漏網、

【中央社六日長沙電】湘鄂川軍夾擊賀匪、慈利桃源方面已無匪蹤、省府決定限期肅清郴宜兩縣散匪、劃郴宜爲特區、以歐冠爲主任、

【中央社六日貴陽電】猶國才派所部周文彬團於六日開赴黎平永從一帶、防堵餘匪西竄、

29. 剿匪军包围残匪，何键派李觉与白崇禧会商方略，犹国才部开黎平、永从一带防堵，慈利、桃源方面已无匪踪，1934 年 12 月 7 日第 1 版

竄桂殘匪潰退

湘黔各軍已佈防協剿

白崇禧在龍勝關督師

【本社七日香港專電】白崇禧六日申刻電與全縣一帶戰場、四日經我軍掃蕩後、已無匪蹤匪敗退時、遺屍一千餘正派員掩埋現殘匪數萬仍急竄中、五日七軍軍師與匪後衛戰烈、湘黔友軍亦開達相當地帶、佈防協剿、禧即發龍勝關前線指揮、

【路透社七日廣州電】共匪現分兩股竄湘桂邊界、而入黔省、故政府軍與共匪已在黔境 接戰、據今日公報、黔省第二十五軍昨夜在黔邊擊退共匪、擒獲偽師長王某一人、

30. 窜桂残匪溃退，湘黔各军已布防协剿，白崇禧在龙胜关督师，1934 年 12 月 8 日第 1 版

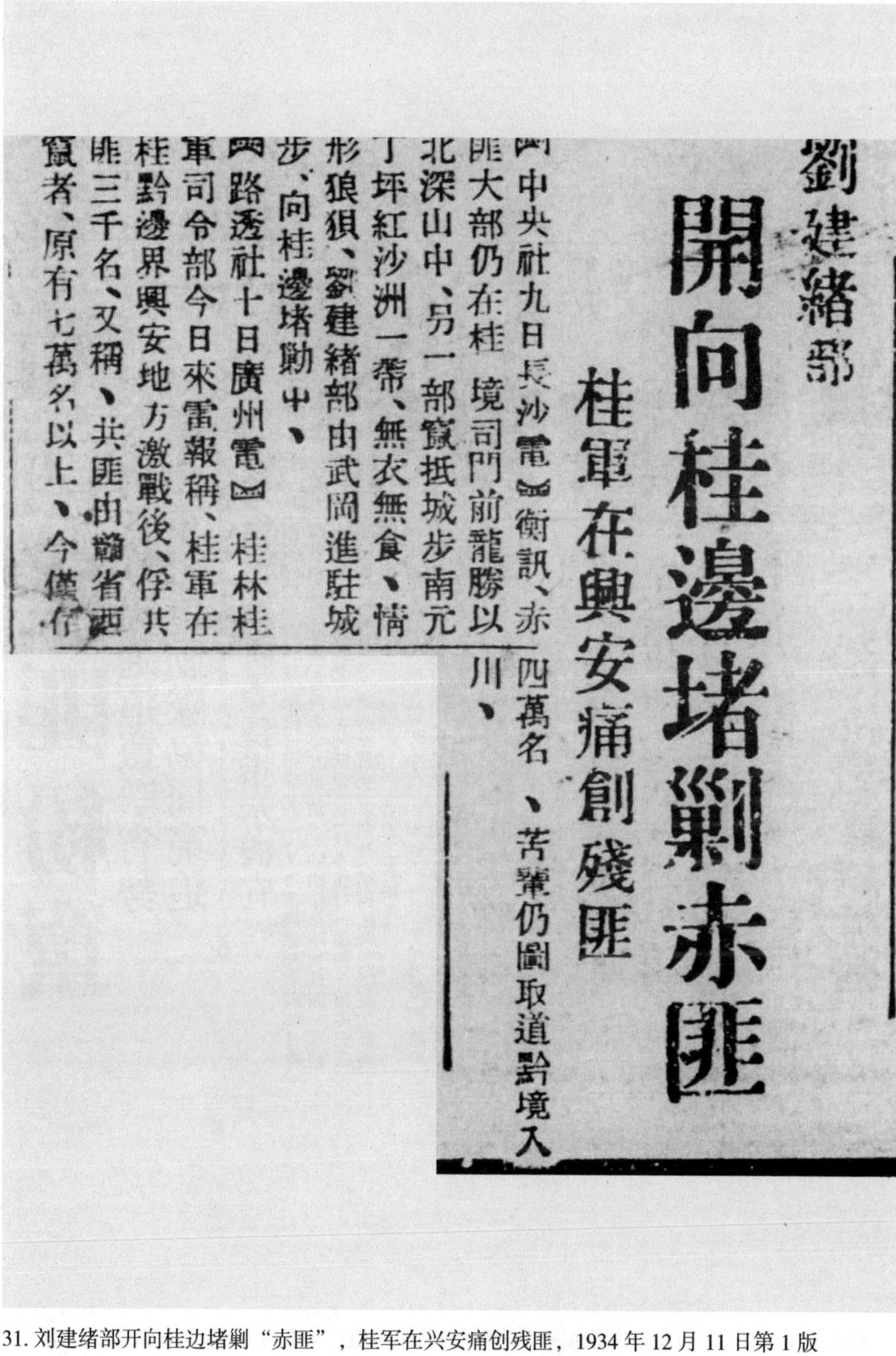

劉建緒部

開向桂邊堵剿赤匪

桂軍在興安痛創殘匪

【中央社九日長沙電】衡訊、赤匪大部仍在桂 境司門前龍勝以北深山中、另一部竄抵城步南元丁坪紅沙洲一帶、無衣無食、情形狼狽、劉建緒部由武岡進駐城步、向桂邊堵勦中、

【路透社十日廣州電】 桂林桂軍司令部今日來電報稱、桂軍在桂黔邊界興安地方激戰後、俘共匪三千名、又稱、共匪由贛省西竄者、原有七萬名以上、今僅存四萬名、若輩仍圖取道黔境入川、

31. 刘建绪部开向桂边堵剿“赤匪”，桂军在兴安痛创残匪，1934 年 12 月 11 日第 1 版

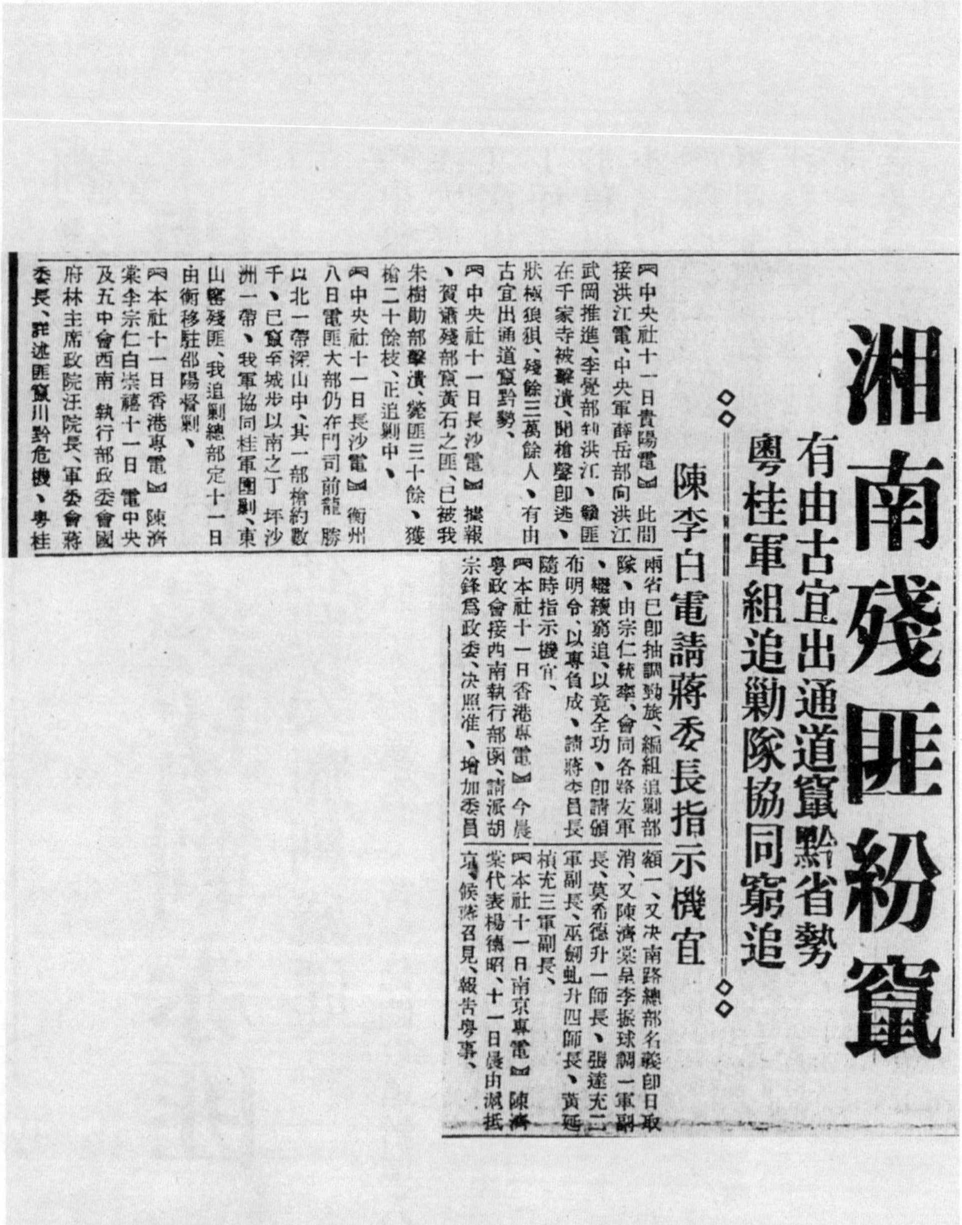

湘南殘匪紛竄

有由古宜出通道竄黔省勢

粵桂軍組追勦隊協同窮追

陳李白電請蔣委長指示機宜

【中央社十一日貴陽電】此間接洪江電、中央軍薛岳部向洪江武岡推進、李覺部抵洪江、贛匪在千家寺被擊潰、聞槍聲即逃、狀極狼狽、殘餘三萬餘人、有由古宜出通道竄黔勢、

【中央社十一日長沙電】據報、賀蕭殘部竄黃石之匪、已被我朱樹勛部擊潰、斃匪三十餘、獲槍二十餘枝、正追勦中、

【中央社十一日長沙電】衡州八日電匪大部仍在門司前龍勝以北一帶深山中、其一部槍約數千、已竄至城步以南之丁坪沙洲一帶、我軍協同桂軍團勦、東山竄殘匪、我追勦總部定十一日由衡移駐邵陽督勦、

【本社十一日香港專電】陳濟棠李宗仁白崇禧十一日電中央及五中會西南執行部政委會國府林主席政院汪院長、軍委會蔣委長、詳述匪竄川黔危機、粵桂兩省已即抽調勁旅、編組追勦部隊、由宗仁統率、會同各路友軍、繼續窮追、以竟全功、即請頒布明令、以專負成、請蔣委員長隨時指示機宜、

【本社十一日香港專電】今晨粵政會接西南執行部函、請派胡宗鐸為政委、決照准、增加委員額一、又決南路總部名義即日取消、又陳濟棠呈李振球調一軍副長、莫希德升一師長、張達充二軍副長、巫劍虹升四師長、黃延禎充三軍副長、

【本社十一日南京專電】陳濟棠代表楊德昭、十一日晨由滬抵京、候蔣召見、報告粵事、

32. 湘南残匪纷窜，有由古宜出通道窜黔省势，粤桂军组追剿队协同穷追，陈（济棠）、李（宗仁）、白（崇禧）电请蒋委员长指示机宜，1934 年 12 月 12 日第 1 版

中華民國二十三年十二月十八日

黔軍周旅收復黎平城

桂軍周師向榕江前進協剿

猶國才晉省商防堵共匪事

（本社十七日貴陽專電）黔軍周旅於十五日拂曉向匪猛攻、已將黎平城克復、匪向老錦屏移動、又桂軍周師由古宜經下江向榕江前進、協助黔軍堵勦、（中央社十七日重慶電）據黔電、猶國才自關嶺晉省謁王主席、商防堵共匪事、王分設行營于遵義鎮遠、所部在湘桂黔三省交界處布防、王令猶出兵三團協堵、須王猶見面後可開拔、

湘南嘉禾臨武藍山等縣殘匪在搜剿中

（中央社十六日長沙電）陳光中師已將岩門鋪倒水界之匪擊破、章亮基師已將臨口下鄉之匪擊潰、各師均俘匪斃匪甚多、我劉代旅長建文所部在岩寨長安營等處亦斃匪甚衆、俘營長以上百餘名、又訊、湘南嘉禾臨武藍山等縣散匪、連日經我團隊在大村四眼橋黃金圩八嶺一帶積極搜剿、斃匪甚多、俘匪一千六百八十餘名、十三日解衡山訊辦、並據僞營長供出匪僞政治委員劉賢等首要數名正分別追訊中、又我成鐵俠部及保安唐團在道縣屬之早禾田龍首冲擊潰僞三十四師殘部、斃匪甚衆、並生擒僞師長陳樹香、獲長短槍三十餘架、僞師長因腹部前受重傷、解至中途斃命、已經我軍拍照掩埋、

（又電）竄賀向匪向巖口逃竄、經我陳師先頭部隊痛擊、殘潰不堪、李覺赴醴陵檢閱團隊、

（中央社十六日重慶電）二十一軍部決先建梁山萬縣開江開縣宣漢達縣六縣公路、已令公路局着手測量、由六縣分擔經費、又達縣大竹間達縣梁岳間大路、已着手修理、限兩月完成、以利交通、

33. 黔军周旅收复黎平城，桂军周师向榕江前进协剿，犹国才晋省商防堵“共匪”事，湘南嘉禾、临武、蓝山等县残匪在搜剿中，1934 年 12 月 18 日第 2 版

贛匪西竄不難殲滅

何鍵委定兩路追剿司令

黔軍與團隊正尾追截堵

【中央社二十日長沙電】何鍵委李覺郭汝棟爲六七路追剿司令、薦賀股匪經羅略疆及保安團各部迎頭痛擊、匪勢不支、十六日返河伏、何鍵又派兵團赴常協剿、將匪擊潰、一部竄盤龍橋、刻我大軍雲集、將匪包剿、不難殲滅、劉建緒電告、赤匪大股均竄入黔境、被我軍猛進痛剿、不敢回視、陳光中電、十六日收復新廠及與黔桂軍聯絡圍剿、保安部電令各縣、限本月底肅清散匪、以靖地方、曾伯聞定明年舉辦保甲、清查戶口、

【中央社二十日南京電】王家烈自黔馬場坪軍次電京報稱、略謂匪企圖强渡湾江河、向劍河侍拱方面沿蕭匪舊道北竄、我部杆旅尾追、並令李旅推進施洞劍河截堵、錦屏駐軍暨督團隊守錦屏及清江河下流周旅由黎平追剿、

【中央社二十日貴陽電】贛匪竄入黔境後、由平略瑤光南家堡三處偷渡清〃江、中央追擊隊已到龍溪口、湘軍一部到廣平次晉

34. 赣匪西窜不难歼灭，何键委定两路追剿司令，黔军与团队正尾追截堵，1934 年 12 月 21 日第 1 版

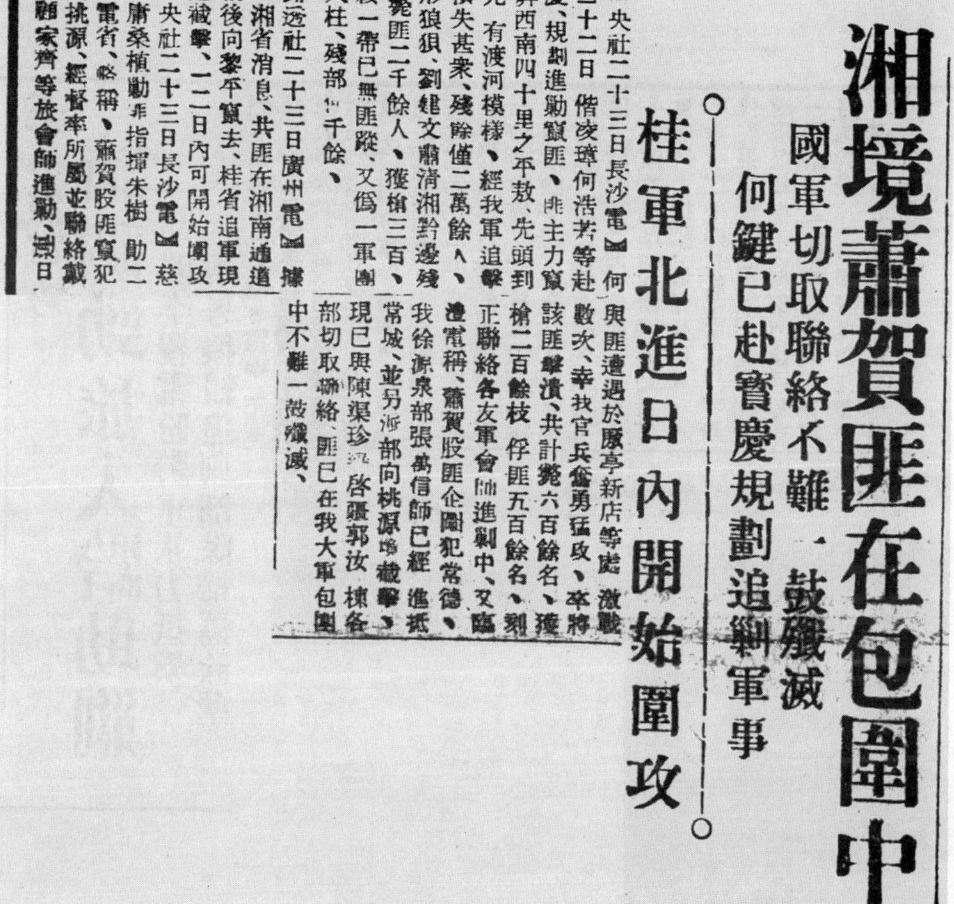

湘境蕭賀匪在包圍中

國軍切取聯絡不難一鼓殲滅 何鍵已赴寶慶規劃追剿軍事

桂軍北進日內開始圍攻

【中央社二十三日長沙電】何鍵二十二日偕凌璋何浩若等赴寶慶、規劃進勦竄匪、匪主力竄錦屛西南四十里之平敖、先頭到瑤光有渡河模樣、經我軍追擊、損失甚衆、殘餘僅二萬餘人、情形狼狽、劉建文勦清湘黔邊殘匪、斃匪二千餘人、獲槍三百、通綏一帶已無匪蹤、又僞一軍團竄天柱、殘部約千餘、

【路透社二十三日廣州電】據今日湘省消息、共匪在湘南通道受創後向黎平竄去、桂省追軍現北進截擊、一二日內可開始圍攻

【中央社二十三日長沙電】慈利大庸桑植勦匪指揮朱樹勛二十日電省、略稱、蕭賀股匪竄犯沅陵桃源、經督率所屬並聯絡戴季韜顧家齊等旅會師進勦、頃日與匪遭遇於廠亭新店等處激戰數次、幸我官兵奮勇猛攻、卒將該匪擊潰、共計斃六百餘名、獲槍二百餘枝俘匪五百餘名、刻正聯絡各友軍會師進勦中、又臨澧電稱、蕭賀股匪企圖犯常德、我徐源泉部張萬信師已經進抵常城、並另派部向桃源堵截擊、現已與陳渠珍派啓張郭汝棟各部切取聯絡、匪已在我大軍包圍中不難一鼓殲滅、

35. 湘境萧（克）、贺（龙）匪在包围中，国军切取联络不难一鼓歼灭，何键已赴宝庆规划追剿军事，桂军北进日内开始围攻，1934 年 12 月 24 日第 1 版

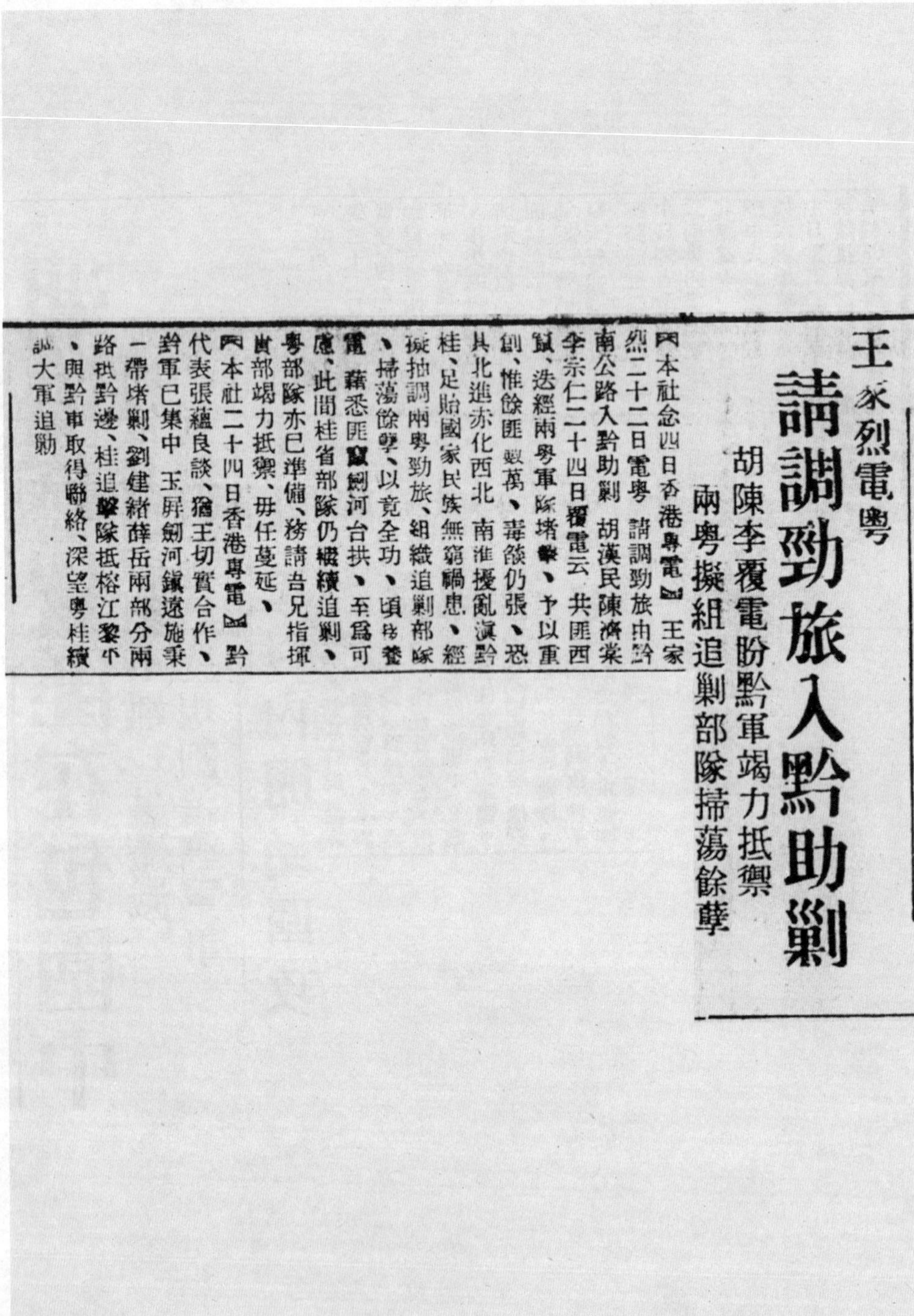

請調勁旅入黔助剿

王家烈電粵

胡陳李覆電盼黔軍竭力抵禦

兩粵擬組追剿部隊掃蕩餘孽

【本社念四日香港專電】王家烈二十二日電粵、請調勁旅由黔南公路入黔助剿、胡漢民陳濟棠李宗仁二十四日覆電云、共匪西竄、迭經兩粵軍隊堵擊、予以重創、惟餘匪數萬、毒燄仍張、恐其北進赤化西北、南淮援亂滇黔桂、足貽國家民族無窮禍患、經擬抽調兩粵勁旅、組織追剿部隊、掃蕩餘孽、以竟全功、頃接養電、藉悉匪竄劍河台拱、至爲可慮、此間桂省部隊仍繼續追剿、粵部隊亦已準備、務請吾兄指揮貴部竭力抵禦、毋任蔓延、

【本社二十四日香港專電】黔代表張蘊良談、猶王切實合作、黔軍已集中、玉屏劍河鎮遠施秉一帶堵剿、劉建緒薛岳兩部分兩路挺黔邊、桂追擊隊抵榕江黎平、與黔軍取得聯絡、深望粵桂續派大軍追勦

36. 王家烈电粤请调劲旅入黔助剿，胡（汉民）、陈（济棠）、李（宗仁）复电盼黔军竭力抵御，两粤拟组追剿部队扫荡余孽，1934 年 12 月 25 日第 1 版

黔軍截擊偷渡殘匪

猶國才部開馬場坪待命
粵桂兩軍亦將出師協剿

【中央社二十五日南京電】王家烈二十四日自黔電京報告、匪一部由劍河竄革東、匪大部三四萬人由中方橋鰲魚嘴向劍河附近、有繼續渡河模樣、已令各部扼要截擊、猶國才部因前方情況緊張、逕向安順清鎮之線、自貴陽附近兼程開赴馬場坪待命、

【本社二十五日香港專電】蕭佛成談、粵桂即將出師助黔剿匪、

【中央社二十五日香港電】獨立第二師師長張瑞貴二十五日晨由汕抵港、午乘車入省謁陳濟棠報告、並請示冬防計劃、

37. 黔军截击偷渡残匪，犹国才部开马场坪待命，粤桂两军亦将出师协剿，1934 年 12 月 26 日第 1 版

贛殘匪竄擾黔東

中央軍在靑溪黔軍在施秉向匪夾擊

蔣電令粵桂軍勇往邁進殲匪于黔境

【中央社二十六日貴陽電】贛匪先頭部隊已由施洞口竄到鎭遠、中央軍薛岳縱隊在　溪、黔軍在施秉、現正齊進向匪夾擊中、又王家烈念五日赴麻　江巡視、猶國才已抵馬場坪、

【本社念六日香港專電】蔣委員長二十五日電覆陳濟棠李宗仁、崇禧云、眞電暨伯南兄號電均經奉悉、兄等對西竄之匪、擬抽勁旅編組追勦部隊、會同各友軍繼續窮追　以竟全功、至深感佩　尙望勇往邁進、不分畛域、殲滅於黔境　尤所深盼、

蔣委長電勉入川參謀團埋頭苦幹

【中央社念六日南昌電】蔣委員長電諭入川參謀團人員　務須抱定決心不陞官不發財　及埋頭苦幹精神、如違背此種精神、決予最嚴厲之懲罰、倘努力奉行、待川匪肅淸、當從優獎勵、

【中央社念六日南昌電】行營參謀團、定念八日離省赴潯、轉輪西上入川、

之匪、決在最近期內　令各綏靖區部隊同時總搜剿、先將各區軍隊調動完竣、然後聯絡出動、蔣主任在省并無綏靖會、議之召集、僅對東北兩區軍事　機宜有所指示、北區劉和鼎係派汪參謀長

桃源縣城收復

【中央二十五日長沙電】李覺郭汝棟二十三日進駐常城、派隊肅淸附近散匪、二十四日收復可伏取市

38. 赣残匪窜扰黔东，中央军在青溪黔军在施秉向匪夹击，蒋（介石）电令粤桂军勇往迈进歼匪于黔境，蒋委长电勉入川参谋团埋头苦干，1934 年 12 月 27 日第 1 版（残）

滇軍出發黔邊剿匪

已於十五日前開拔各縣滿貼出師佈告

【中央社十八日昆明電】本省出發黔邊剿匪部隊、十五日以前一律開拔、各縣鄉鎮滿貼總部省府出師佈告、及赤匪罪惡佈告、省黨部組織宣傳隊、將赴羅平彝良等六縣宣傳指導、並編印剿赤宣傳大綱分發各縣、協助政府盡力剿赤、

川剿匪總部委定各指揮長官

原有援黔名義即日取消

【中央十八日重慶電】剿匪總部委潘文華爲川 剿匪軍總指揮、郭勳祺爲總預備隊指揮、范士傑、陳萬仞、廖澤分任一二三路指揮、田鍾毅爲左側指揮、徐國宣爲特遣支隊長、原有援黔名義即日取消、

領事、於晉謁有吉公使之後、當晚即乘快車晉京、昨晨可以到達、並將於今日 晉謁汪兼外長云

熊執中圖推進兒剿、

閩省搜剿殘匪

【本社十八日福州專電】福鼎縣長電告、十五日晨匪一二百餘由龜洋團攻油坑、經當地義勇隊擊退、

【本社十八日福州專電】軍息、蕭乾十七日晨電、新十師進抵官洋、已將馮品泰各股匪包圍、連羅間嘯聚大獲鄉之匪 經沈發藻旅擊潰後竄往北山、沈旅已會同

桂境俘匪運贛

千餘人送行營感化

【中央社十八日南昌電】桂軍前在桂境俘獲贛籍匪徒甚多、特由粵解送來贛感化、共第一批千餘人現已解至贛縣、不日即遞解來省、送行營發落、第二批八百餘日內亦可解到、

39. 滇军出发黔边剿匪已于十五日前开拔，各县满贴出师布告，川剿匪总部委定各指挥长官，原有援黔名义即日取消，1935 年 1 月 19 日第 1 版

北平晨报

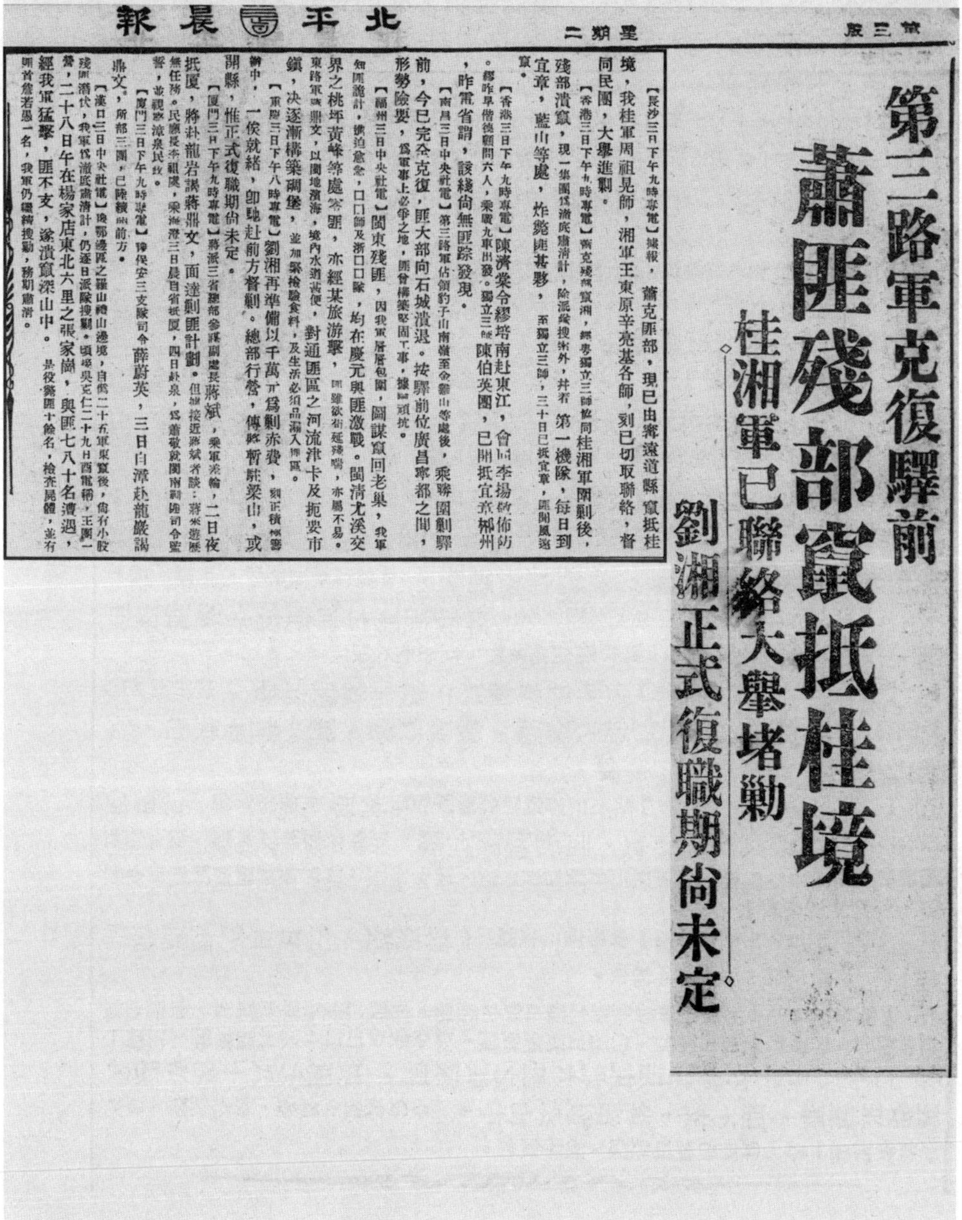

北平晨報　星期二　第三版

第三路軍克復驛前

蕭匪殘部竄抵桂境

桂湘軍已聯絡大舉堵剿

劉湘正式復職期尚未定

【長沙三日下午九時專電】據報，蕭克匪部，現已由寧遠道縣竄抵桂境，我桂軍周祖晃師，湘軍王東原章亮基各師，刻已切取聯絡，督同民團，大舉進剿。

【香港三日下午九時專電】蕭克殘部竄湘，經粵獨立三師協同桂湘軍圍剿後，殘部潰竄，現一集團爲澈底肅清計，除派飛機搜索外，并着第一機隊，每日到宜章，藍山等處，炸斃匪甚夥，至獨立三師，三十日已抵宜章，匪聞風逃竄。

【香港三日下午九時專電】陳濟棠令繆培南赴東江，會同李揚敬佈防。繆昨早偕總顧問六人，乘廣九車出發。獨立三師陳伯英團，已開抵宜章郴州，昨電省謂，該綫尚無匪蹤發現。

【南昌三日中央社電】第三路軍佔領豹子山南嶺至金雞山等處後，乘勝圍剿驛前，今已完全克復，匪大部向石城潰退。按驛前位廣昌寧都之間，形勢險要，爲軍事上必爭之地，匪曾構築堅固工事，據以頑抗。

【福州三日中央社電】閩東殘匪，因我軍層層包圍，圖謀竄回老巢，我軍知匪詭計，擴迫愈急，口口師及浙口口隊，均在慶元與匪激戰。閩清尤溪交界之桃坪黃峰等處零匪，亦經某旅游擊，匪雖欲苟延殘喘，亦屬不易。東路軍蔣鼎文，以閩地濱海，境內水道甚便，對通匪區之河流津卡及扼要市鎮，決逐漸構築碉堡，並加緊檢驗食料，及生活必須品漏入匪區。

【重慶三日下午八時專電】劉湘再準備以千萬元爲剿赤費，刻正積極籌辦中，一俟就緒，即馳赴前方督剿。總部行營，傳將暫駐梁山，或閬縣，惟正式復職期尚未定。

【廈門三日下午九時專電】蔣派三省總部參謀副處長蔣斌，乘軍差輪，二日夜抵廈，將赴龍岩謁蔣鼎文，面達剿匪計劃。但據接近蔣斌者談：蔣來並無任務。民廳長李組虞，乘海澄三日晨自省抵廈，四日赴泉，爲蕭敬就閩南剿匪司令監誓，並視察漳泉民政。

【廈門三日下午九時專電】據保安三支隊司令薛蔚英，三日自漳赴龍巖謁鼎文，所部三團，已陸續開前方。

【漢口三日中央社電】豫鄂邊匪之羅山禮山邊境，自僞二十五軍東竄後，尚有小股殘匪潛伏，我軍爲澈底肅清計，仍逐日派隊搜剿。頃據吳克仁二十九日酉電稱，王團一營，二十八日午在楊家店東北六里之張家崗，與匪七八十名遭遇，經我軍猛擊，匪不支，遂潰竄深山中。是役斃匪十餘名，檢查屍體，並有匪首詹若愚一名，我軍仍繼續搜剿，務期肅清。

1. 第三路军克复驿前，萧匪残部窜抵桂境，桂湘军已联络大举堵剿，刘湘正式复职期尚未定，1934 年 9 月 4 日第 3 版

【長沙三日下午九時專電】據報，蕭克匪部，現已由寧遠道縣竄抵桂境，我桂軍周祖晃師，湘軍王東原章亮基各師，刻已切取聯絡，督同民團，大舉進剿。

【香港三日下午九時專電】蕭克殘部竄湘，經粵獨立三師協同桂湘軍圍剿後，殘部潰竄，現一集團為徹底肅清計，除派隊搜索外，并着第一機隊，每日到宜章，藍山等處，炸斃匪甚夥，至獨立三師，三十日已抵宜章，匪聞風遠竄。

【香港三日下午九時專電】陳濟棠令繆培南赴東江，會同李揚敬佈防。繆昨早偕德顧問六人，乘廣九車出發。獨立三師陳伯英團，已開抵宜章郴州，昨電省謂，該綫尚無匪踪發現。

【南昌三日中央社電】第三路軍佔領豹子山南嶺至金雞山等處後，乘勝圍剿驛前，今已完全克復，匪大部向石城潰退。按驛前位廣昌寧都之間，形勢險要，為軍事上必爭之地，匪曾構築堅固工事，據守頑抗。

【福州三日中央社電】閩東殘匪，因我軍層層包圍，圖謀竄回老巢，我軍知匪詭計，進迫愈急，□□師及浙□□隊，均在慶元與匪激戰。閩清尤溪交界之桃坪黃峰等處零匪，亦經某旅游擊，匪雖欲苟延殘喘，亦屬不易。東路軍蔣鼎文，以閩地濱海，境內水道甚便，對通匪區之河流津卡及扼要市鎮，決逐漸構築碉堡，並加緊檢驗食料，及生活必須品漏入匪區。

【重慶三日下午八時專電】劉湘再準備以千萬元為剿赤費，刻正積極籌辦中，一俟就緒，卽馳赴前方督剿。總部行營，傳將暫駐梁山，或開縣，惟正式復職期尚未定。

【廈門三日下午九時專電】蔣派三省總部參謀副處長蔣斌，乘軍差輪，二日夜抵廈，將赴龍岩謁蔣鼎文，面達剿匪計劃。但據接近蔣斌者談：蔣來遊歷無任務。民廳長李祖虞，乘海澄三日晨自省抵廈，四日赴泉，為蕭敬就閩南剿匪司令監誓，並視察漳泉民政。

【廈門三日下午九時專電】閩保安三支隊司令薛蔚英，三日自漳赴龍巖謁鼎文，所部三團，已陸續開前方。

【漢口三日中央社電】豫鄂邊匪之羅山禮山邊境，自偽二十五軍東竄後，尚有小股殘匪潛伏，我軍為徹底肅清計，仍逐日派隊搜剿。頃據吳克仁二十九日酉電稱，王團一營，二十八日午在楊家店東北六里之張家崗，與匪七八十名遭遇，經我軍猛擊，匪不支，遂潰竄深山中。是役斃匪十餘名，檢查屍體，並有匪首詹若愚一名，我軍仍繼續搜剿，務期肅清。

（局部图）

北平晨報　第三版　星期三

蔣通令五省掩護割稻
使絕秋收匪自崩潰
湘桂軍堵截蕭匪向西急竄
閩匪紛紛竄匿寧德之赤溪

【漢口四日下午九時專電】蔣令贛閩粵湘鄂五省，謂通來各部隊，掩護民衆，深入匪區，只知收割少數禾稻。屬後務盡量收割，並注意宣傳，招徠民衆，使絕秋收，民衆解體，匪自崩潰。

【長沙四日下午九時專電】蕭克匪部竄桂後，企圖沿湘桂邊境向西急竄，湘桂軍劉正分途堵截。

【南京四日中央社電】何鍵三日支時電京稱，蕭克匪因我軍不斷追擊，渡江不成，退入陽明，復迂廻於藍山嘉禾江華道縣至縣永明之間，但從未進犯縣城。現其主力竄至桂邊之黃沙河文市一帶，我十五十六兩旅連日在零陵東之水浒坳，白泥坳，桐子坪，瀨江嶺，白果市，石家洞等處，與匪接觸，頗有斬獲，劉正協同桂軍，於全州東安新寧一帶堵剿中。又三日未時電稱，蕭匪有企圖竄擾湘黔川邊區之模樣，劉正令各部分途追剿，並電桂軍，派隊協同堵截中。

【廈門四日下午八時專電】砲兵第一團兩營，携新式砲，三日由升安輪抵廈，四日到漳，即開攻長汀前綫。四日晨機自漳携傳單二十萬份，飛長汀寧化散放。總攻令卽可下。

【福州四日中央社電】盧興邦由永安電省報告，赤匪主力竄清流後，有向瑞金移動模樣，安砂附近殘匪，正在追剿中。方志敏羅炳輝殘匪在龍泉小梅與浙保安隊方志英部，在激戰中，匪有向北潰竄勢。福安，穆溪，柏柳溪北等處之匪，經新十師搜剿後，紛紛竄匿寧德之赤溪，企圖未明。

【福州四日中央社電】霞浦坑之石門匪七百餘人，被八七師鄧部猛剿，斃匪甚多，餘匪狙擊，向裹洋潰退，我部在追剿中。

【福州四日中央社電】第二區行政專員徐虎供報省報告，在柏柳溪匪巢搜獲方志敏，羅炳輝二匪，與土匪馬烈鳳，任鐵峰等來往信札多件，任馬邀羅方入閩東，羅答尚有共他任務，暫不能來，並贈馬任兩洋一千元，快槍二十枝，受傷兵卒百餘，俟病愈即留閩東，協助任馬云。我駐軍已加緊搜剿，以清匪孽。

【漳州三日中央社電】連城電，記者一日由發連城觀察，上午七時由巖啓行，一路沿途早出事，貨担絡繹於途，三十里至小池鎮。又二十里至大池鎮，該地曾遭匪浩劫，被毀民房甚多，越朵眉嶺四十里至古田鎮，又五十里至前鎮，再十六里至泉坑口口，師駐其地。由新泉俯瞰匯溪而上，六十里至[illegible]口，第[illegible]師師部在焉。朋[illegible]午[illegible]後復前進，又六十里抵連城，全程計二百十六里，車行七小時餘。沿途農民正忙於秋收，田隴間尤多婦女操作，縱目所及，不復有村落為墟田疇荒蕪之象，足證閩西匪區，元氣日漸恢復。

【安慶四日中央社電】皖贛邊區剿匪指揮官鄒士魁，以彭澤殘匪，完全肅清，皖贛邊區剿匪軍事，已告一段落，特呈准行營，將指揮部移駐浮梁。

【南京四日中央社電】劉湘對川剿匪極關切，四日電成都曾篤齋等，痛切陳詞，略謂，今川命危如垂露，果各軍主將，肯一其心志，誓與民共生死，誓不與匪共天日，誓為國家效忠誠，誓不為己報恩怨，則共信既立，互信斯存，全川全國，自成一體，望諸長者，為國為民，切實圖之等語。

2. 蒋（介石）通令五省掩护割稻，使绝秋收匪自崩溃，湘桂军堵截萧匪向西急窜，闽匪纷纷窜匿宁德之赤溪，1934 年 9 月 5 日第 3 版

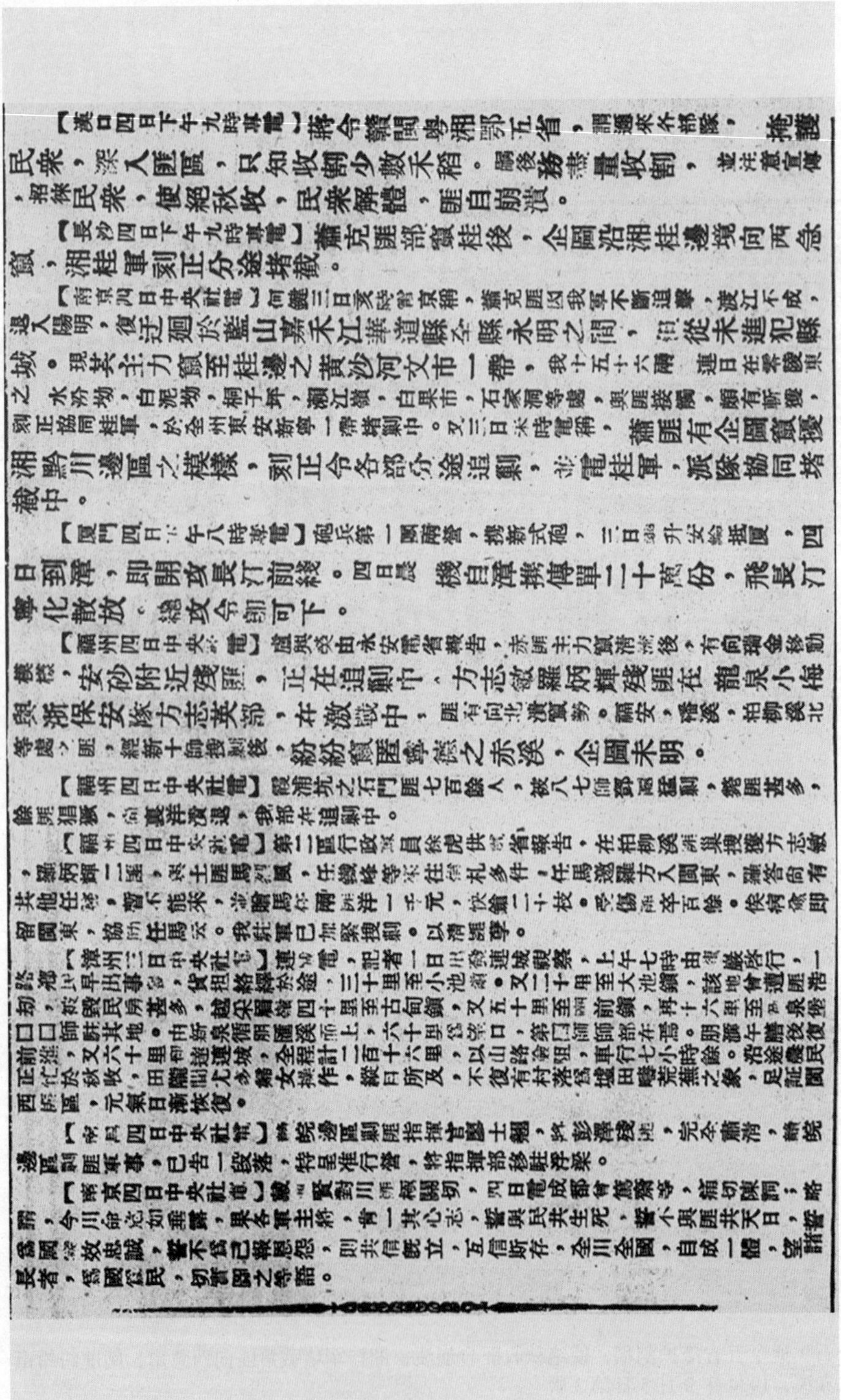

【漢口四日下午九時專電】蔣令贛閩粵湘鄂五省，調遣[illegible]部隊，掩護民衆，深入匪區，只知收割少數禾稻。嗣後務盡量收割，並沿途宣傳，招徠民衆，使絕跡收，民衆解體，匪自崩潰。

【長沙四日下午九時專電】蕭克匪部竄桂後，企圖沿湘桂邊境向西急竄，湘桂軍刻正分途堵截。

【南京四日中央社電】何鍵三日自衡陽電京稱，蕭克匪以我軍不斷追擊，渡江不成，退入陽明，復迂迴於藍山嘉禾江華道縣至縣永明之間，沿途未進犯縣城。現其主力竄至桂邊之黃沙河文市一帶，我十五十六兩師連日在零陵東之水亦坳、白泥坳、桐子坪、瀟江鋪、白果市、石家渡等處，與匪接觸，頗有斬獲。刻正協同桂軍，於全州東安新寧一帶堵剿中。又二日[illegible]電稱，蕭匪有企圖竄擾湘黔川邊區之模樣，刻正令各部分途追剿，並電桂軍，派隊協同堵截中。

【廈門四日下午八時專電】砲兵第一團兩營，携新式砲，二日由汕乘安輪抵廈，四日到漳，即開攻長汀前綫。四日晨機自漳携傳單二十萬份，飛長汀寧化散放，總攻令刻可下。

【福州四日中央社電】建甌來由永安電省報告，赤匪主力竄清流後，有向瑞金移動模樣，安砂附近殘匪，正在追剿中，方志敏羅炳輝殘匪在龍泉小梅與浙保安隊方志英部，在激戰中，匪有向北進竄勢。福安、壽寧、柘柳洋北等處少匪，經新十師搜剿後，紛紛竄匪寧德之赤溪，企圖未明。

【福州四日中央社電】綏浦坑之石門匪七百餘人，被八七師痛擊殲剿，竄匪甚多，餘匪狽竄，向壽寧渡竄，我部正追剿中。

【福州四日中央社電】第一區行政專員[illegible]省報告，在柘柳溪一帶搜殘方志敏，擊斃第二區，共土匪馬烈虜，任鐵峰等[illegible]扎多件，任馬遂擁方入閩東，擁各向有共他任務，但不能來，並贈馬[illegible]兩洋一千元，及槍二十枝。受傷降卒百餘，候將來即留閩東，協助任馬安。我駐軍已加緊搜剿，以清匪孽。

【漳州三日中央社電】建甌電，記者一日出發建城觀察，上午七時由建城起行，一路，[illegible]貨物搬遷於途，三十里至小池鋪，又二十里至大池鋪，該地曾遭匪禍一劫，民房[illegible]甚多，[illegible]四十里至古田鎮，又五十里至關前鎮，再十六里至泉後，[illegible]口師既其地。由新泉[illegible]而上，六十里至[illegible]口，[illegible]。[illegible]全程計一百十六里，以山路[illegible]，車行[illegible]小時餘。沿途農民[illegible]西[illegible]所[illegible]，[illegible]不復有村落，[illegible]荒蕪之象，[illegible]區，元氣日漸恢復。

【南昌四日中央社電】贛皖邊匪剿匪指揮官[illegible]士鈞，於彭澤殘匪，完全肅清，贛皖邊匪剿匪軍事，已告一段落，將呈准行營，將指揮部移駐浮梁。

【南京四日中央社電】[illegible]電劉湘鄧錫侯等，[illegible]：[illegible]罰，今川省[illegible]，具各軍主將，當一致共心志，誓與民共生死，誓不與匪共天日，諸將同[illegible]救患誠，誓不為己報恩怨，即共信既立，互信斯存，全川全國，自成一體，望長者，為國為民，切實遵之為盼。

（局部图）

北平晨報　　　　星期四　　　　第三版

劉湘將起用王陵基

撥交重兵聽其指揮

蔣電川將領保守原陣地

蕭匪大部竄抵羊角山一帶

【重慶五日下午十一時專電】傳劉湘挽王陵基，復任艱鉅，並撥兵三旅，交其指揮，王尚未表示。劉湘認剿赤應軍民一致，已令各縣抽調相當民團，擔任防堵工作。渝已大捕濫兵流氓、押解前方，充當夫役。匪攻宣漢綏定不逞，又移兵攻通江巴中，三四兩路陣綫一帶，均有激戰。川退伍軍人，及耆老抵渝，促劉湘復職，劉湘允即赴前方。劉從雲派親信李孔陟來渝活動，被劉湘拒絕。孫蔚如電告，陝南防務無變更，僅有少數匪竄擾。

【漢口五日下午九時專電】蔣致電川各將領，保守原陣地，堅令劉湘復職，主持軍事。彭誠孚三部，均調前方，劉湘為調和兩派，將委王陵基代劉為前敵軍委長。蔣派駐川之軍事特派員程澤，由滬過漢飛渝，授剿匪機宜。

【重慶五日下午九時專電】劉湘部第一獨立旅長在梅坡辭職調部。賀匪又由沾河竄至兩河口，傳將進竄秀山。

【長沙五日下午九時專電】電報，蕭克匪部因湘桂軍追堵緊急，匪受重創，逃亡甚多，三日已由廣西興安縣境渡河西竄，大部竄抵羊角山，蓮花塘一帶，仍在我湘桂軍層層堵剿中。

【贛州五日中央社電】軍方捷報，偽第三軍團之四五兩師，及偽五軍團之十三師，此次在驛前以北，貫橋以南一帶地區，利用復雜地形構築數線堅固工事，頑強抵抗，希圖前進，經我綏靖各縱隊由貫橋南地區開始向匪陣綫地猛烈攻擊。我軍聯絡確實，動作協調，於三小時內，衝破匪所築二十餘里之堅固陣地，該偽精銳之偽第三軍團第四五兩師，潰不成軍，殘匪狼狽向石城退竄，我軍已完全收復驛前。是役斃匪在千名以上，生擒六七百名，獲槍六百餘桿。

【贛州五日中央社電】五十二師派隊向大練，洪田，桂山，張邊嶂，大小陶等處，搜索前進，匪被我壓迫向安砂五岐逃匿，我四九師亦在小陶開始衝擊，兩部隊伍均聯成一氣，日內將有極順利之進展。盧興榮電省報告，已親率一部隊抵會剿。

【贛州五日中央社電】閩垣近郊碉樓，決增設十座，土堡望亭，亦分別添設，防衛益見週密。

【南昌五日中央社電】此次驛前之役，國軍將共匪網狀陣地主堡輔壘，完全攻毀，斃匪三千餘，俘虜中壯丁稀少。

【漢口五日中央社電】陳繼承三日申時電稱，三十一日我陳耀漢師李旅，在宋山一帶游擊，斃匪偽鄂城副主席朱萬源一名，匪兵三名，並搜獲偽縣府木質關印一顆，及文件多件。又陳師工兵營，在麻貫「流水當」一帶搜剿，獲匪偽大冶縣農會事務長魏茂隆一名，偽鄂東南省工會委員長盛本友一名。

【杭州五日中央社電】擾慶元之匪，已被浙保安隊擊退，現已跟踪追剿，不難盡數撲滅。俞濟時五日晚出發赴浙東玉山視察，並督剿。

3. 刘湘启用王陵基，拨交重兵听其指挥，蒋（介石）电川将领保守原阵地，萧匪大部窜抵羊角山一带，1934 年 9 月 6 日第 3 版

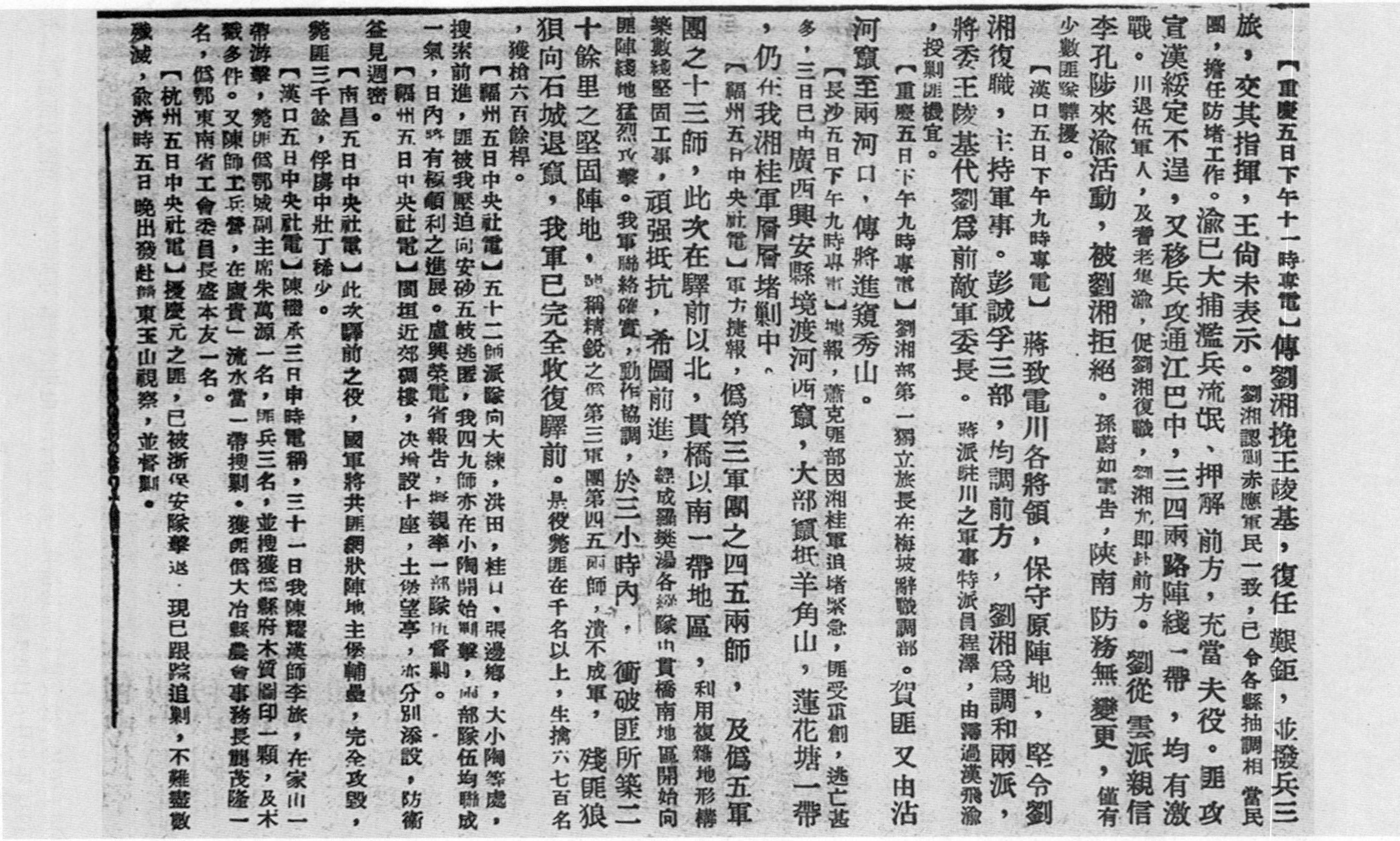

【重慶五日下午十一時專電】傳劉湘挽王陵基，復任艱鉅，並撥兵三旅，交其指揮，王尚未表示。劉湘認剿赤應軍民一致，已令各縣抽調相當民團，擔任防堵工作。渝已大捕濫兵流氓、押解前方，充當夫役。匪攻宣漢綏定不逞，又移兵攻通江巴中，三四兩路陣綫一帶，均有激戰。川退伍軍人，及耆老集渝，促劉湘復職，劉湘允即赴前方。劉從雲派親信李孔陟來渝活動，被劉湘拒絕。孫蔚如電告，陝南防務無變更，僅有少數匪踪騷擾。

【漢口五日下午九時專電】蔣致電川各將領，保守原陣地，堅令劉湘復職，主持軍事。彭誠孚三部，均調前方，劉湘爲調和兩派，將委王陵基代劉爲前敵軍委長。蔣派赴川之軍事特派員程澤，由蓉過漢飛渝，授剿匪機宜。

【重慶五日下午九時專電】劉湘部第一獨立旅長在梅坡嶺鏖戰調部。賀匪又由沾河竄至兩河口，傳將進窺秀山。

【長沙五日下午九時專電】據報，蕭克匪部因湘桂軍追堵緊急，匪受重創，逃亡甚多，三日已由廣西興安縣境渡河西竄，大部竄抵羊角山，蓮花塘一帶，仍在我湘桂軍層層堵剿中。

【福州五日中央社電】軍方捷報，僞第三軍團之四五兩師，及僞五軍團之十三師，此次在驛前以北，貫橋以南一帶地區，利用複雜地形構築數綫堅固工事，頑强抵抗，希圖前進，經我羅漢湯各縱隊由貫橋南地區開始向匪陣綫地猛烈攻擊。我軍聯絡確實，動作協調，於三小時內，衝破匪所築二十餘里之堅固陣地，號稱精銳之僞第三軍團第四五兩師，潰不成軍，殘匪狼狽向石城退竄，我軍已完全收復驛前。是役斃匪在千名以上，生擒六七百名，獲槍六百餘桿。

【福州五日中央社電】五十二師派隊向大練，洪田，桂山，張邊鄉，大小陶等處，搜索前進，匪被我壓迫向安砂五岐逃匿，我四九師亦在小陶開始剿擊，兩部隊伍均聯成一氣，日內將有極順利之進展。盧興榮電省報告，將親率一部隊由會剿。

【福州五日中央社電】閩垣近郊碉樓，決增設十座，土堡望亭，亦分別添設，防衛益見週密。

【南昌五日中央社電】此次驛前之役，國軍將共匪網狀陣地主堡輔壘，完全攻毀，斃匪三千餘，俘虜中壯丁稀少。

【漢口五日中央社電】陳繼承三日申時電稱，三十一日我陳耀漢師李旅，在家山一帶游擊，斃匪僞鄂城副主席朱萬源一名，匪兵三名，並搜獲僞縣府木質圖印一顆，及木戳多件。又陳師工兵營，在廣貴一流水當一帶搜剿，獲匪僞大冶縣農會事務長龔茂隆一名，僞鄂東南省工會委員長盛本友一名。

【杭州五日中央社電】擾慶元之匪，已被浙保安隊擊退，現已跟踪追剿，不難盡數殲滅，俞濟時五日晚出發赴龍東玉山視察，並督剿。

（局部图）

北平晨報　星期五　第三版

湘桂軍夾擊中　蕭匪餘孽潰竄灌陽

劉湘調集民團組勦赤隊

陝東米脂等縣發現共匪

【南昌六日下午九時專電】北路剿匪軍迭獲勝利，前鋒距瑞金僅九十里，匪開緊急會議，僞府將遷往寧化。

【長沙六日下午九時專電】劉建緒四日電省略稱：我章亮基師，追剿蕭匪，三日晨抵全縣文市附近與匪大隊遭遇。匪據優越地勢，拒我進追，激戰至午，適桂軍周師馳到夾擊，將匪擊潰，當場斃匪六百餘名，餘匪紛向灌陽西邊潰竄，現仍在追剿中。

【長沙六日下午九時專電】何鍵爲防匪西竄起見，除會同王東原章亮基兩師，及胡達旅，分途兼程近剿外，並令代理全省保安司令李覺馳赴寶慶督剿，李已於五日起程。

【漢口六日下午八時專電】劉湘抽調川東十三縣團隊約一萬名，開赴前方，組織剿共義勇隊，由唐式遵范紹增指揮，分配防禦工作。又萬源匪部，近向三四路方面移動，已發生激戰。

【重慶六日下午十時專電】劉湘電調通江巴中等十七縣民團一萬人，及綏屬六縣民團，全部限三日集中，組剿赤義勇隊，並委唐式遵，范紹增任民團總指揮。封鎖攻擊並進。五日夜，匪以一部竄入三路陣地，渡溪雙僑河一帶，正激戰中。

【贛縣六日中央社電】連城由四師李延年部收復後，當時城內人口，不及一千，最近調查，全邑約八萬，城廂二萬强，女多於男，超過兩倍以上。日來長汀，清流，寧化匪區難民來歸者甚多，城內有大街二，商店均已營業，外來生意之貨惟尤多入夜無市。食鹽，火油，火柴，設公賣所，限制綦嚴。食鹽每人每日一錢，火油一角四分，火柴每盒四分。新米上市，每元十一斤餘。四郊均有碉樓，警戒嚴密，城防鞏固，民衆團結，有商會，教育會，有學校，僅初小兩所，人民對匪，深惡痛恨，故我軍極受民衆歡迎。

【太原六日下午十一時專電】陝東米脂等縣前發現共匪，近在各縣鄉村設立支部，威脅農民加入，稍有不服即行殺戮，匪勢益猛，稍有富戶，被掠一空，人民紛紛東逃赴晉避難，日均數百餘人，晉西沿河各縣，誠恐匪雜其中，祇准老幼婦女上岸，年壯者不准。匪因陝東各縣人民逃空，給養斷絕，現有渡河入晉境搶掠企圖，並在黃河西岸，築有掩護渡河工事，曾作一度東渡，當被石樓駐軍擊退。此間綏署爲防範周密，已調七師一團速開沿河防堵，並令沿河各縣嚴防，勿令漏網，否則嚴懲。米脂前莊等十餘村，已被匪完全佔據，陝軍正在圍剿中。

4. 湘桂军夹击中，萧匪余孽溃窜灌阳，刘湘调集民团组剿赤队，陕东米脂等县发现“共匪”，1934 年 9 月 7 日第 3 版

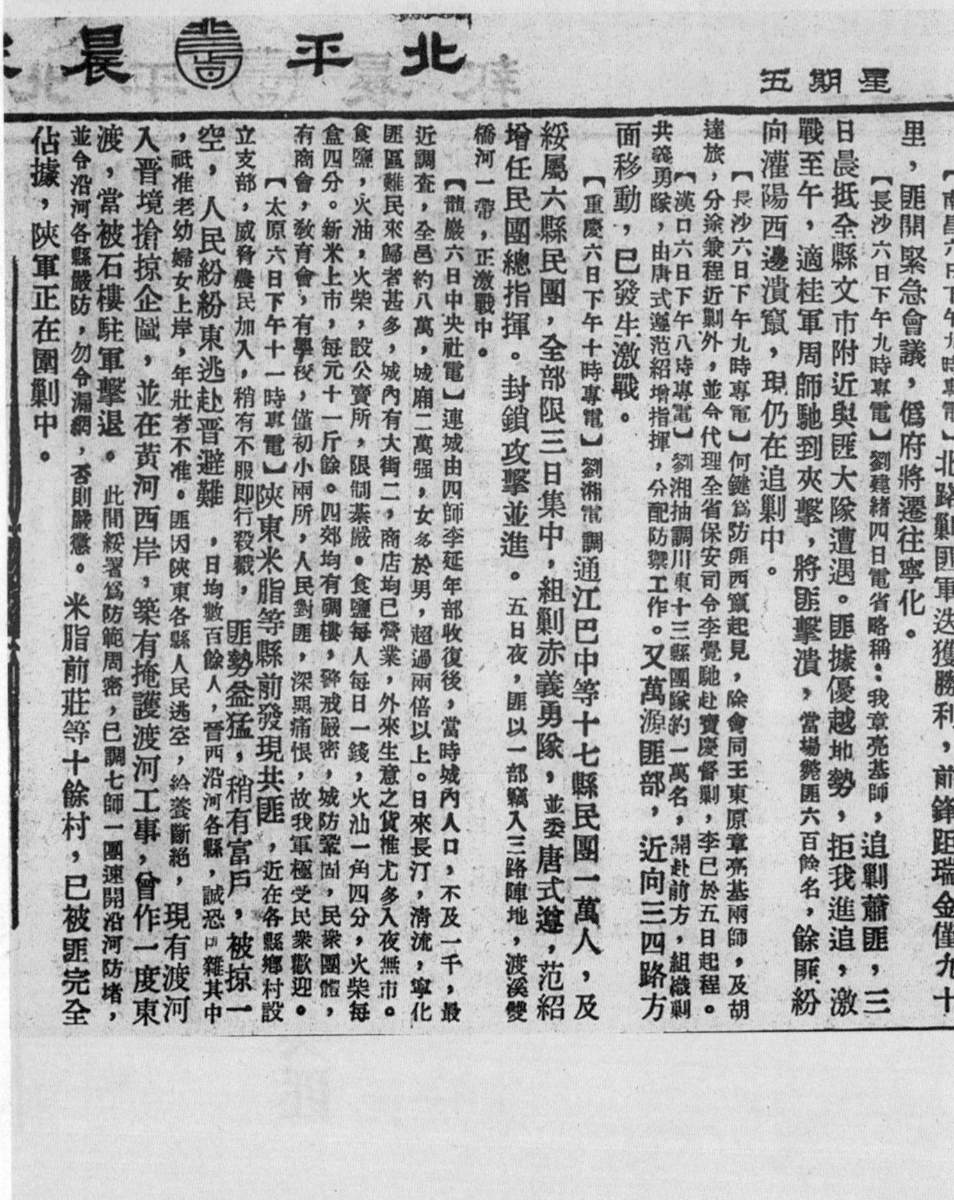

北平晨報　星期五

【南昌六日下午九時專電】北路剿匪軍迭獲勝利，前鋒距瑞金僅九十里，匪開緊急會議，僞府將遷往寧化。

【長沙六日下午九時專電】劉建緒四日電省略稱：我章亮基師，追剿蕭匪，三日晨抵全縣文市附近與匪大隊遭遇。匪據優越地勢，拒我進追，激戰至午，適桂軍周師馳到夾擊，將匪擊潰，當場斃匪六百餘名，餘匪紛向灌陽西邊潰竄，現仍在追剿中。

【長沙六日下午九時專電】何鍵爲防匪西竄起見，除會同王東原章亮基兩師，及胡達旅，分途兼程近剿外，並令代理全省保安司令李覺馳赴寶慶督剿，李已於五日起程。

【漢口六日下午八時專電】劉湘抽調川東十三縣團隊約一萬名，開赴前方，組織剿共義勇隊，由唐式遵范紹增指揮，分配防禦工作。又萬源匪部，近向三四路方面移動，已發生激戰。

【重慶六日下午十時專電】劉湘電調通江巴中等十七縣民團一萬人，及綏屬六縣民團，全部限三日集中，組剿赤義勇隊，並委唐式遵，范紹增任民團總指揮。封鎖攻擊並進。五日夜，匪以一部竄入三路陣地，渡溪雙橋河一帶，正激戰中。

【龍巖六日中央社電】連城由四師李延年部收復後，當時城內人口，不及一千，最近調查，全邑約八萬，城廂二萬强，女多於男，超過兩倍以上。日來長汀，淸流，寧化匪區難民來歸者甚多，城內有大街二，商店均已營業，外來生意之貨惟尤多入夜無市。食鹽，火油，火柴，設公賣所，限制綦嚴。食鹽每人每日一錢，火油一角四分，火柴每盒四分。新米上市，每元十一斤餘。四郊均有碉樓，警戒嚴密，城防鞏固，民衆團體，有商會，教育會，有學校，僅初小兩所，人民對匪，深惡痛恨，故我軍極受民衆歡迎。

【太原六日下午十一時專電】陝東米脂等縣前發現共匪，近在各縣鄉村設立支部，威脅農民加入，稍有不服即行殺戮，匪勢益猛，稍有富戶，被掠一空，人民紛紛東逃赴晉避難，日均數百餘人，晉西沿河各縣，誠恐匪雜其中，祇准老幼婦女上岸，年壯者不准。匪因陝東各縣人民逃空，給養斷絕，現有渡河入晉境搶掠企圖，並在黃河西岸，築有掩護渡河工事，曾作一度東渡，當被石樓駐軍擊退。此間綏署爲防範周密，已調七師一團速開沿河防堵，並令沿河各縣嚴防，勿令漏網，否則嚴懲。米脂前莊等十餘村，已被匪完全佔據，陝軍正在圍剿中。

（局部图）

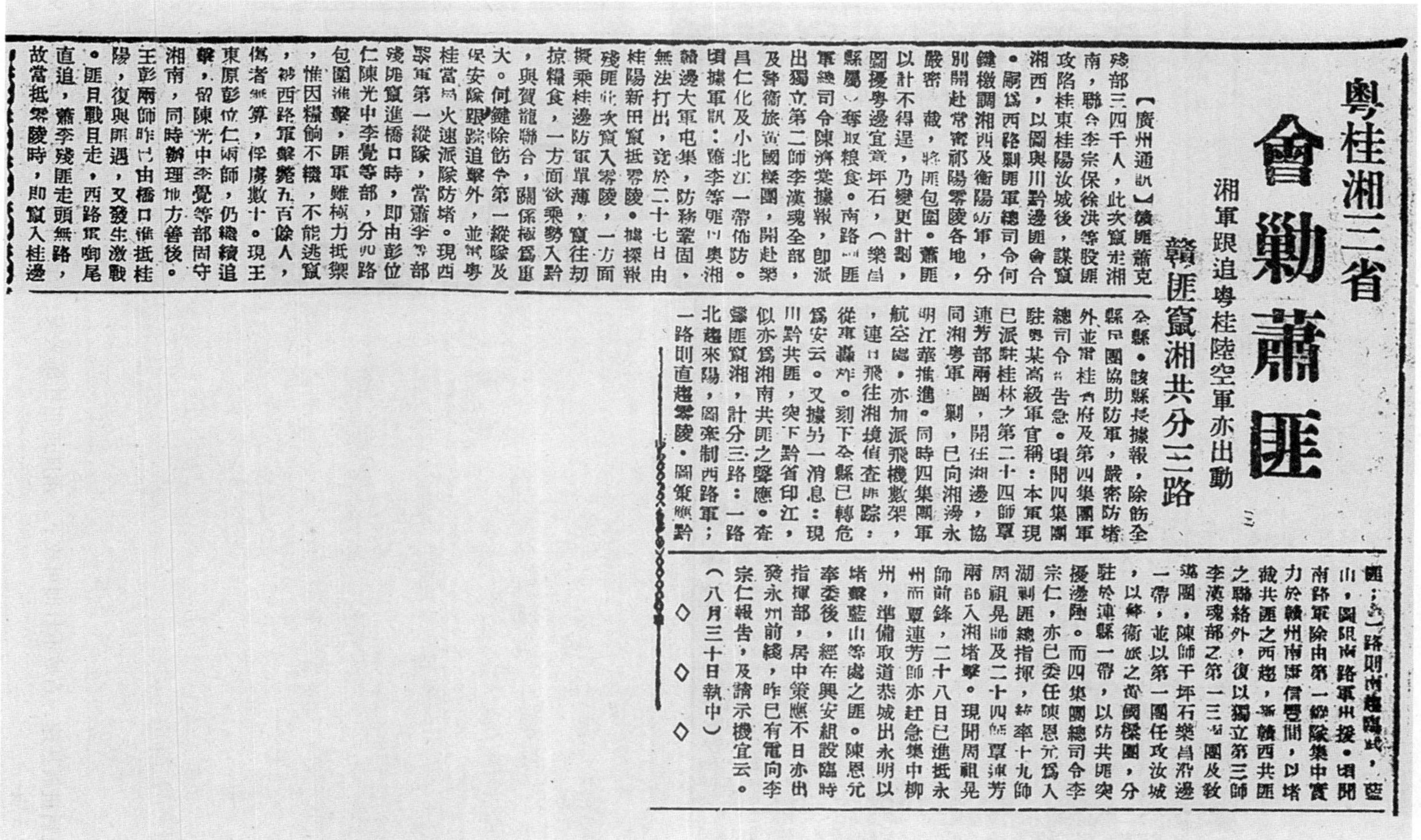

粵桂湘三省會勦蕭匪

湘軍跟追粵桂陸空軍亦出動

贛匪竄湘共分三路

【廣州通訊】贛匪蕭克殘部三四千人，此次竄往湘南，聯合李宗保徐洪等股匪攻陷桂東桂陽汝城後，謀竄湘西，以圖與川黔邊匪會合。剛爲西路剿匪軍總司令何鍵機調湘西及衡陽防軍，分別開赴常寧祁陽零陵各地，嚴密截，將匪包圍。蕭匪以計不得逞，乃變更計劃，圖擾粵邊宜章坪石，（樂昌縣屬）奪取糧食。南路剿匪軍總司令陳濟棠據報，即派出獨立第二師李漢魂全部，及警衛旅暨國樑團，開赴樂昌仁化及小北江一帶佈防。頃據軍訊：蕭李等匪以與湘粵邊大軍屯集，防務鞏固，無法打出，遂於二十七日由桂陽新田竄抵零陵。據探報殘匪此次竄入零陵，一方面擬乘桂邊防軍單薄，竄往劫掠糧食，一方面欲乘勢入黔，與賀龍聯合，關係極爲重大。何鍵除飭令第一縱隊及保安隊跟踪追擊外，並電粵桂當局火速派隊防堵。現西路軍第一縱隊，當蕭李等部殘匪竄進橋口時，即由彭位仁陳光中李覺等部，分四路包圍進擊，匪軍雖極力抵禦，惟因糧餉不繼，不能逃竄，被西路軍擊斃五百餘人，傷者無算，俘虜數十。現王東原彭位仁兩師，仍繼續追擊，留陳光中李覺等部固守湘南，同時辦理地方善後。王彭兩師昨已由橋口進抵桂陽，復與匪遇，又發生激戰。匪且戰且走，西路軍啣尾直追，蕭李殘匪走頭無路，故當抵零陵時，即竄入桂邊全縣。該縣長據報，除飭全縣民團協助防軍，嚴密防堵外，並電桂省府及第四集團軍總司令部告急。頃聞四集團駐粵某高級軍官稱：本軍現已派駐桂林之第二十四師覃連芳部兩團，開往湘邊，協同湘粵軍剿，已向湘邊永明江華推進。同時四集團軍航空處，亦加派飛機數架，，連日飛往湘境偵查匪踪；從事轟炸。刻下全縣已轉危爲安云。又據另一消息：現川黔共匪，突下黔省印江，似亦爲湘南共匪之聲應。查贛匪竄湘，計分三路：一路北趨來陽，圖牽制西路軍；一路則直趨零陵，圖策應黔匪；另一路則由南趨臨武，藍山，圖阻南路軍出援。頃聞南路軍除由第一縱隊集中實力於贛州南康信豐間，以堵截共匪之西趨，並與贛西共匪之聯絡外，復以獨立第三師李漢魂部之第一三兩團及教導團，陳師于坪石樂昌沿邊一帶，並以第一團任攻汝城，以警衛旅之黃國樑團，分駐於連縣一帶，以防共匪突擾邊陲。而四集團總司令李宗仁，亦已委任陳恩元爲入湘剿匪總指揮，統率十九師周祖晃師及二十四師覃連芳兩部入湘堵擊。現聞周祖晃師前鋒，二十八日已進抵永州，而覃連芳師亦赶急集中柳州，準備取道恭城出永明以堵擊藍山等處之匪。陳恩元奉委後，經在興安組設臨時指揮部，居中策應，不日亦出發永州前綫，昨已有電向李宗仁報告，及請示機宜云。（八月三十日執中）

5. 粤桂湘三省会剿萧匪，湘军跟追粤桂陆空军亦出动，赣匪窜湘共分三路，1934 年 9 月 7 日第 5 版

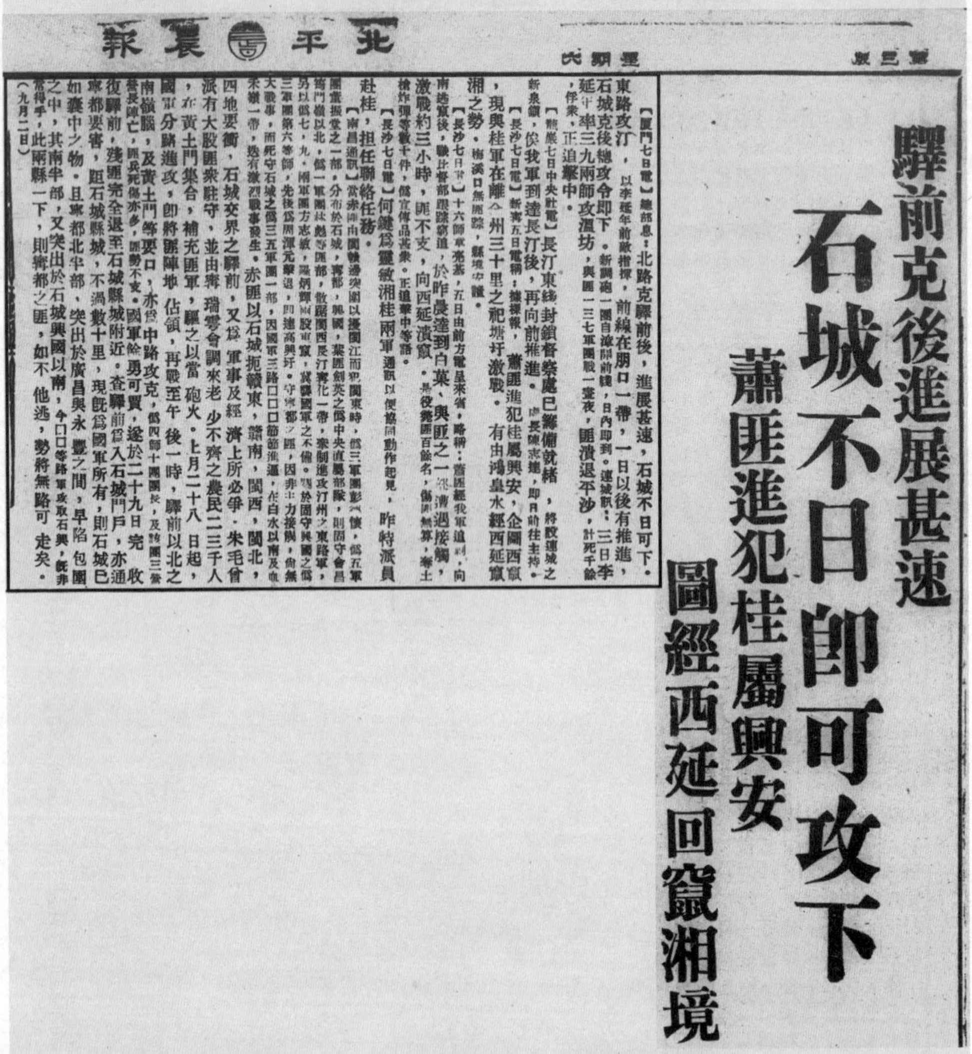

北平晨報　第三版　星期六

驛前克後進展甚速

石城不日即可攻下

蕭匪進犯桂屬興安

圖經西延回竄湘境

【廈門七日電】總部息：北路克驛前後，進展甚速，石城不日可下。東路攻汀，以李延年前敵指揮，前線在朋口一帶，一日以後有推進，石城克後總攻令即下。新調砲一團自漳開前綫，日內即到。連城訊：三日李延年率三九兩師攻溫坊，與匪一三七軍團戰一晝夜，匪潰退平沙，計死千餘，俘衆，正追擊中。

【龍巖七日中央社電】長汀東綫封鎖督察處已籌備就緒，將設連城之新泉鎮，俟我軍到達長汀後，再向前推進。處長陳志達，即日前往主持。

【長沙七日電】新寧五日電稱：據探報，蕭匪進犯桂屬興安，企圖西竄，現與桂軍在離全州三十里之祀塘圩激戰。有由鴻臯水經西延竄湘之勢。梅溪口無匪踪，縣境安謐。

【長沙七日電】十六師章亮基，五日由前方電呈來省，略稱：蕭匪經我軍追剿，向南逃竄後，職仍督部跟蹤窮追，於昨晨達到白菓，與匪之一部遭遇接觸，激戰約三小時，匪不支，向西延潰竄。是役斃匪百餘名，傷俘無算，奪獲槍炸彈等數十件，僞宣傳品甚衆。正追擊中等語。

【長沙七日電】何鍵爲靈敏湘桂兩軍通訊以便協同動作起見，昨特派員赴桂，担任聯絡任務。

【南昌通訊】當赤匪由閩贛邊突圍以援閩江而犯閩東時，僞三軍團彭德懷，僞五軍團董振堂之一部，分布於石城，寧都，興國，葉匪劍英之僞中央直屬部隊，則固守會昌筠門嶺以北，僞一軍團林彪等匪部，散踞閩西長汀寧化一帶，牽制進攻汀州之東路軍，另以僞七，九，兩軍團方志敏，羅炳輝兩股東竄，冀擾國軍之不備。對於固守興國之僞三軍團第六等師，先後爲周渾元擊退，即逮高興圩。守寧都之匪，因非主力接觸，尚無大戰事，而死守石城之僞三五軍團一部，因國軍三路口口口節節進逼，在白水以南及血木嶺一帶，迭有激烈戰事發生。赤匪以石城扼贛東，贛南，閩西，閩北，四地要衝，石城交界之驛前，又爲軍事及經濟上所必爭，朱毛曾派有大股匪衆駐守，並由寧瑞雩會調來老少不齊之農民二三千人，在黃土門集合，補充匪軍，驅之以當砲火。上月二十八日起，國軍分路進攻，即將匪陣地佔領，再戰至午後一時，驛前以北之南嶺腦，及黃土門等要口，亦爲中路攻克，僞四師十團團長，及該團三營營長陣亡，匪兵死傷亦多，匪勢不支。國軍餘勇可賈，遂於二十九日完全收復驛前，殘匪完全退至石城縣城附近。查驛前爲入石城門戶，亦通寧都要害，距石城縣城，不過數十里，現既爲國軍所有，則石城已如囊中之物。且寧都北半部，突出於廣昌與永豐之間，早陷包圍之中，其南半部，又突出於石城興國以南，今口口等路軍攻取石興，既非常得手，此兩縣一下，則寧都之匪，如不他逃，勢將無路可走矣。（九月二日）

6. 驿前克后进展甚速，石城不日即可攻下，萧匪进犯桂属兴安，图经西延回窜湘境，1934 年 9 月 8 日第 3 版

【厦門七日電】總部息：北路克驛前後，進展甚速，石城不日可下。東路攻汀，以李延年前敵指揮，前線在朋口一帶，一日以後有推進，石城克後總攻令即下。新調砲一團自漳開前綫，日內即到。連城訊：三日李延年率三九兩師攻溫坊，與匪一三七軍團戰一晝夜，匪潰退平沙，計死千餘，俘衆，正追擊中。

【龍巖七日中央社電】長汀東綫封鎖督察處已籌備就緒，將設連城之新泉鎮，俟我軍到達長汀後，再向前推進。處長陳志達，即日前往主持。

【長沙七日電】新寧五日電稱：據諜報，蕭匪進犯桂屬興安，企圖西竄，現與桂軍在離全州三十里之祀塘圩激戰。有由鴻皇水經西延竄湘之勢。梅溪口無匪踪，縣境安謐。

【長沙七日[illegible]】十六師章亮基，五日由前方電呈來省，略稱：蕭匪經我軍追剿，向南逃竄後，職比督部跟踪窮追，於昨晨達到白菓，與匪之一部遭遇接觸，激戰約三小時，匪不支，向西延潰竄。是役斃匪百餘名，傷匪無算，奪土槍炸彈等數十件，偽宣傳品甚衆。正追擊中等語。

【長沙七日電】何鍵爲靈敏湘桂兩軍通訊以便協同動作起見，昨特派員赴桂，担任聯絡任務。

【南昌通訊】當赤匪由閩贛邊突圍以援閩江而犯閩東時，偽三軍團彭德懷，偽五軍團董振堂之一部，分布於石城，寧都，興國，葉匪劍英之偽中央直屬部隊，則固守會昌筠門嶺以北，偽一軍團林彪等匪部，散踞閩西長汀寧化一帶，牽制進攻汀州之東路軍，另以偽七，九，兩軍團方志敏，羅炳輝兩股東竄，冀攖國軍之不備。關於固守興國之偽三軍團第六等師，先後爲周渾元擊退，即達高興圩。守寧都之匪，因非主力接觸，尚無大戰事，而死守石城之偽三五軍團一部，因國軍三路□□節節進逼，在白水以南及血禾嶺一帶，迭有激烈戰事發生。赤匪以石城扼贛東，贛南，閩西，閩北，四地要衝，石城交界之驛前，又爲軍事及經濟上所必爭。朱毛曾派有大股匪衆駐守，並由寧瑞雩會調來老少不齊之農民二三千人，在黃土門集合，補充匪軍，驅之以當砲火。上月二十八日起，國軍分路進攻，即將匪陣地佔領，再戰至午後一時，驛前以北之南嶺腦，及黃土門等要口，亦爲中路攻克，偽四師十團團長，及該團三營營長陣亡，匪兵死傷亦多，匪勢不支。國軍餘勇可賈，遂於二十九日完收復驛前，殘匪完全退至石城縣城附近。查驛前爲入石城門戶，亦通寧都要害，距石城縣城，不過數十里，現既爲國軍所有，則石城已如囊中之物。且寧都北半部，突出於廣昌與永豐之間，早陷包圍之中，其南半部，又突出於石城興國以南，今□□等路軍攻取石興，既非常得手，此兩縣一下，則寧都之匪，如不他逃，勢將無路可走矣。

（九月二日）

（局部图）

平晨報

中華民國二十

蕭匪流竄湘桂近情

【長沙通訊】蕭克匪部自由贛西竄入湘南後，原擬由零陵郴陽之間，渡過湘水，竄過湘西，以達川黔。不料湘軍在湘水沿岸防範甚嚴，後追部隊，亦復趕至，計不得逞，乃退竄陽明山，以圖負固。此時桂軍周祖晃師，亦開抵零陵，會同湘軍堵剿，蕭匪不得已，放棄陽明山，轉道南竄。適粵軍李漢魂部亦開抵宜章臨武一帶，會同湘軍堵截，匪本流竄主張，避與官軍接觸，乃由寧遠道縣方面，向桂邊西竄，現已抵全州之文村黃沙河一帶，似有由此竄入川黔企圖。湘省府主席何鍵，三日在擴大紀念週中，特將最近追剿情形，詳爲報告，茲錄如次：

蕭匪因在江西迭受巨創，而國軍又圍剿逼急，不能存在，故率全部匪衆約六千人槍三千餘支，竄入湘境。最初由汝城資興經郴縣而到桂陽，企圖渡過湘水，竄入川黔，我國軍除第十五六兩師由贛跟追之外，本人並調有許多軍隊，沿湘水一帶防堵，匪不得逞，遂竄往陽明山。繼而仍欲在祁零之間渡河，因防堵甚嚴，不能偷渡，又竄回陽明山，意欲在山稍事停息，再圖突竄。查陽明山地勢險峻，匪則竄入，剿滅較易，故我十五六師毫不停息的積極向山上緊逼，使其無喘息的機會，匪因之不能在山停留，又折而南竄，預備仍回老巢。適粵軍已開抵宜章，而郴縣方面，我方又加駐重兵，匪見難以竄過。乃於二十七日向新田以南之石古圩廣發坪方面竄走。二十九日即竄經嘉禾以南之土橋圩。三十日早竄抵藍山之南坑圩，勢有竄入廣東連州星子模樣。因知此處地勢，竄入之後，不易竄出，故又於三十一日折竄九井渡州背過沱水而竄道縣，因瀟水沱水均可徒涉，而桂軍駐於道縣者僅一團人，沱水又僅少數廣西團隊防守，所以匪衆竟得竄過道縣。我十五六兩師跟蹤緊追，十六師馬上可追抵道縣，匪乃很急促的由高明橋沙田向寧西竄去。剛才本人接到前方電話報告，匪已竄抵全州文村。查蕭匪自竄湘以來。我十五六師始終跟追，時東時西。時左時右，追逐數千里。因爲匪衆只圖急竄，故僅在零陵之東分水坳，白泥坳，劉子坪石家洞等處，稍有接觸。雖均有所斬獲，其沿途携械投誠者亦不乏人。但從未遇其主力。予以重大打擊，因爲匪部大部是在較優的地勢，以很少數的匪部堵守，俾與國軍接觸，其實完全是使大部份匪的主力，可以乘機急遁，藉以遲緩國軍的追程，現我十五師已由藍山尾匪追剿，十六師由臨（武）桂（陽）大道直趨道縣，大概今天可以追到廣西，同時並令胡司令達，率部由東安開到黃沙河協剿，猶是最近蕭匪潰竄與國軍追剿的大概情形。

7. 萧匪流窜湘桂近情，1934 年 9 月 9 日第 3 版

北平晨報　星期一　第三版

石城縣已完全收復

匪將棄長汀走瑞金

連城北匪向淸寧邊境散竄

王家烈派兵入桂會剿蕭匪

【福州九日中央社電】僞第一三七各軍團，確逃竄溪坊經我軍向匪猛攻，激戰一晝夜，匪死傷五千餘名，俘獲無數，匪再退平沙，現我軍在追剿中。□□□部亦由閩邊間道向石城推進，中途截擊匪衆，匪向雩都邊境逃竄。現石城縣已完全收復，長汀之匪，勢成孤立，有放棄長汀走瑞金模樣。羅炳輝方志敏殘匪，沿途集結千餘人，二日由小梅八都黨溪忠信逃竄西鄉匪區，六日入漁梁，四五兩日該師在黨溪忠信一帶激戰兩晝夜，將匪節節截斷，現該師已佔入漁梁，再籌圍攻計劃。政和浦城及四週，現甚平靜。

【福州九日中央社電】閩西各地匪衆，近以閩北方面匪部爲我軍各部猛剿，紛紛敗竄，恐後路被我軍截斷，故連城北赤匪，均向淸流寧化邊境散竄，掩護閩北殘匪退却，並圖犯筠門嶺，以爲牽掣現在東南兩路軍陣線。

【福州八日中央社電】閩西各匪，近經蔣鼎文總司令，親抵龍巖督率各部極力進剿，大獲勝利。東路總部，近據寧洋頓縣長報告：竄擾陳地坑鄒家山一帶赤匪，係僞新編第九團，團長羅德民，匪衆約千餘人，槍約七八百枝，每槍子彈不及十發，僞團部現在龍巖屬之白沙，與寧洋屬之小溪間。該匪在陳地坑鄒家山等處，所有糧米牲畜，擄掠一空，並壓迫各地民衆工作。經由東路總部飭派□□□□勁派，前往剿辦。至小溪永安情況，現甚安謐，各鄉匪散拖，亦經次第擊退。駐永安城部隊，現正向小陶推進。

【福州八日中央社電】四十九師伍誠仁部抵浦城，該師在慶元壽寧交界之小梅等處，跟剿殘匪，劇戰多次，匪傷亡在五百以上，被我俘獲甚多。

【長沙九日電】劉建緒四日電省，略稱：蕭匪自三日經我章師及桂軍周師擊潰於廣西之文村後，當夜竄興安之界首附近，仍向西北急竄。我章師現仍協同桂軍，繼續進剿。王師已抵某地，蕭濤散匪，正由李代保安司令覺指揮各部，向某地堵截中。

【長沙八日電】據報：蕭匪竄入廣西全州興安間，仍圖西竄，湘桂兩軍，刻正大舉圍剿。黔王亦派黎平駐軍開入廣西，聯絡會剿。

8. 石城县已完全收复，匪将弃长汀走瑞金，连城北匪向清（流）、宁（化）边境散窜，王家烈派兵入桂会剿萧匪，1934 年 9 月 10 日第 3 版

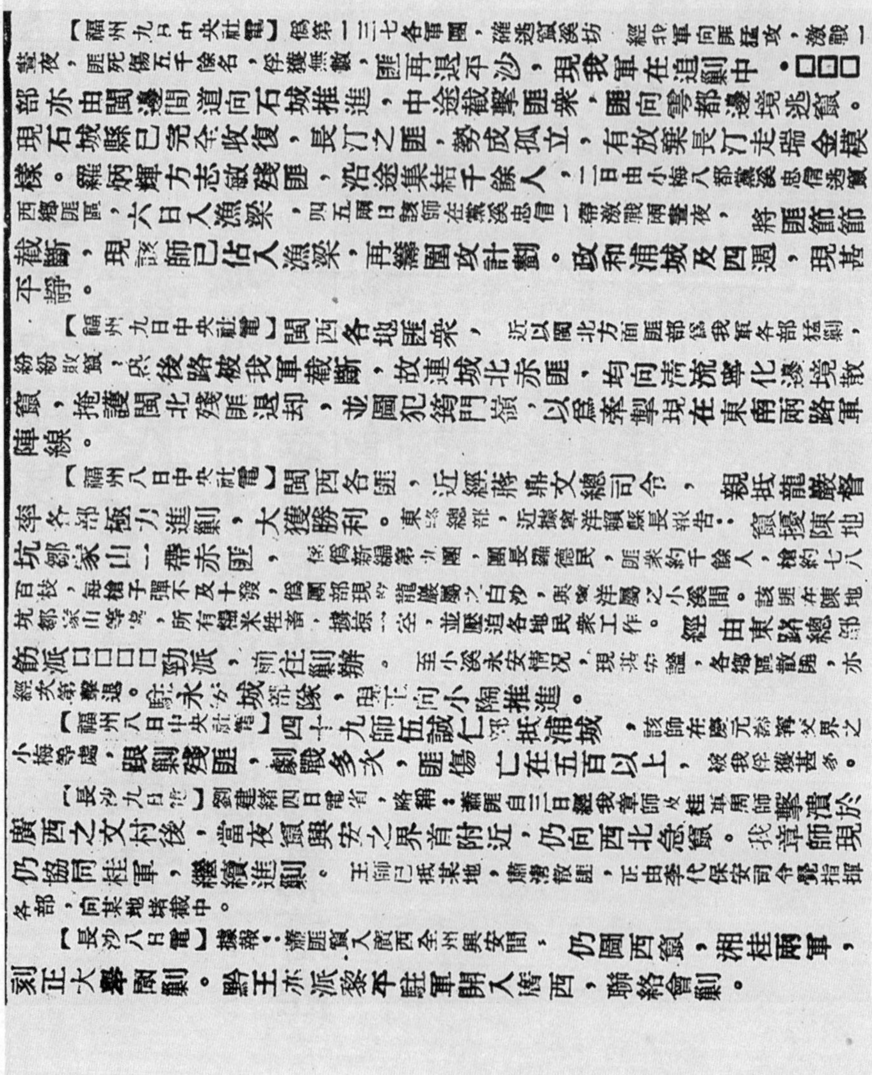

【福州九日中央社電】偽第一二七各軍團，從逃竄汀坊經我軍向匪猛攻，激戰一晝夜，匪死傷五千餘名，俘獲無數，匪再退平沙，現我軍在追剿中。□□□部亦由閩邊間道向石城推進，中途截擊匪衆，匪向寧都邊境逃竄。現石城縣已完全收復，長汀之匪，勢成孤立，有放棄長汀走瑞金模樣。羅炳輝方志敏殘匪，沿途集結千餘人，二日由小梅八都竄窺忠信逃竄西鄉匪區，六日入漁梁，四五兩日該師在窺溪忠信一帶激戰兩晝夜，將匪節節截斷，現該師已佔入漁梁，再籌圍攻計劃。政和浦城及四週，現甚平靜。

【福州九日中央社電】閩西各地匪衆，近以閩北方面匪部經我軍各部猛剿，紛紛敗竄，恐後路被我軍截斷，故連城北赤匪，均向清流寧化邊境敗竄，掩護閩北殘匪退却，並圖犯篛門嶺，以爲牽掣現在東南兩路軍陣線。

【福州八日中央社電】閩西各匪，近經蔣鼎文總司令，親抵龍巖督率各部極力進剿，大獲勝利。東路總部，近據寧洋縣長報告：竄擾陳地坑鄒家山一帶赤匪，係偽新編第卅團，團長羅德民，匪衆約千餘人，槍約七八百枝，每槍子彈不及十發，偽團部現駐龍巖屬之白沙，與寧洋屬之小溪間。該匪在陳地坑鄒家山等處，所有糧米牲畜，擄掠一空，並壓迫各地民衆工作。經由東路總部飭派□□□勁旅，前往剿辦。至小溪永安情況，現尚安謐，各鄉匪散匪，亦經我第□擊退。臨永分城部隊，現正向小陶推進。

【福州八日中央社電】四十九師伍誠仁部抵浦城，該師在與元[illegible]交界之小梅等處，跟剿殘匪，劇戰多次，匪傷亡在五百以上，被我俘獲甚多。

【長沙九日電】劉建緒四日電省，略稱：蕭匪自二日經我章師及桂軍周師擊潰於廣西之文村後，當夜竄興安之界首附近，仍向西北急竄。我章師現仍協同桂軍，繼續進剿。王師已抵某地，堵擊散匪，正由李代保安司令覺指揮各部，向某地堵截中。

【長沙八日電】據報：蕭匪竄入廣西全州興安間，仍圖西竄，湘桂兩軍，刻正大舉圍剿。黔王亦派黎平駐軍開入榕西，聯絡會剿。

（局部图）

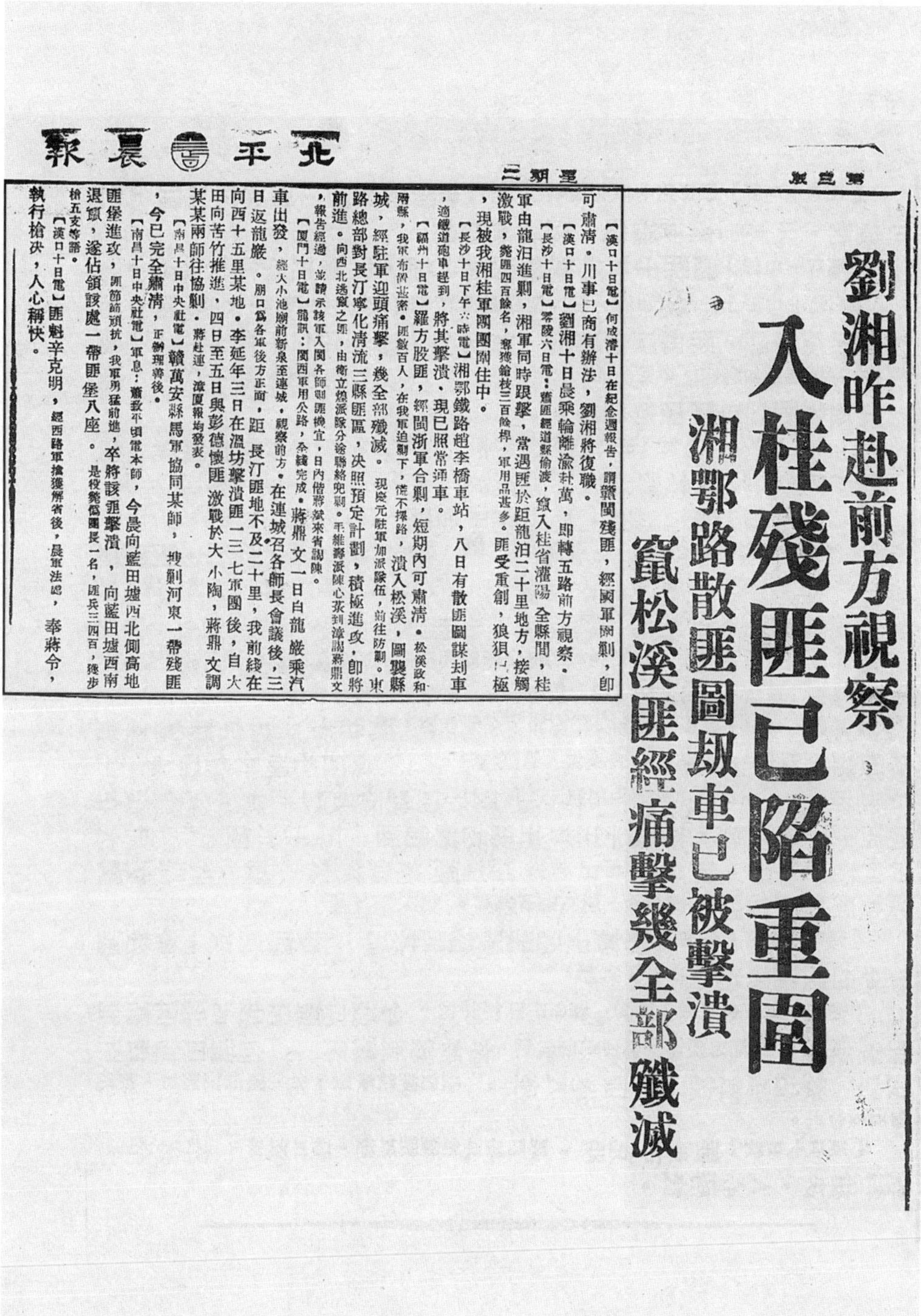

北平晨報

第三版　星期二

劉湘昨赴前方視察

入桂殘匪已陷重圍

湘鄂路散匪圖刼車已被擊潰

竄松溪匪經痛擊幾全部殲滅

【漢口十日電】何成濬十日在紀念週報告，謂贛閩殘匪，經閩軍兜剿，即可肅清。川事已商有辦法，劉湘將復職。

【漢口十日電】劉湘十日晨乘輪離渝赴萬，即轉五路前方視察。

【長沙十日電】零陵六日電：殘匪經道縣偷渡，竄入桂省灌陽全縣間，桂軍由龍沿進剿，湘軍同時跟擊，當遇匪於距龍泊二十里地方，接觸激戰，斃匪四百餘名，奪獲槍枝三百餘桿，軍用品甚多。匪受重創，狼狽已極，現被我湘桂軍圍困剿住中。

【長沙十日下午六時電】湘鄂鐵路趙李橋車站，八日有散匪圖謀刼車，適鐵道砲車趕到，將其擊潰，現已照常通車。

【福州十日電】羅方股匪，經閩浙軍合剿，短期內可肅清。松溪政和兩縣，我軍布防嚴密。匪數百人，在我軍迫剿下，慌不擇路，潰入松溪，圖襲縣城，經駐軍迎頭痛擊，幾全部殲滅。現從元駐軍加派隊伍，前往防剿。東路總部對長汀寧化清流三縣匪區，決照預定計劃，積極進攻，即將前進。向西北逃竄之匪，由衛立煌派隊分途聯絡兜剿。毛維壽派陳心芬到漳謁蔣鼎文，報告經過，並請示該軍入閩各師剿匪機宜，日內偕蔣來省謁陳。

【廈門十日電】龍訊：閩西軍用公路，全綫完成。蔣鼎文一日自龍巖乘汽車出發，經大小池廟前新泉至連城，視察前方。在連城召各師長會議後，三日返龍巖。朋口為各軍後方正面，距長汀匪地不及二十里，我前綫在向西十五里某地。李延年三日在溫坊擊潰匪一三七軍團後，自大田向苦竹推進，四日至五日與彭德懷匪激戰於大小陶，蔣鼎文調某某兩師往協剿。蔣赴連，漳廈報均發表。

【南昌十日中央社電】贛萬安縣馬軍協同某師，搜剿河東一帶殘匪，今已完全肅清，正辦理善後。

【南昌十日中央社電】軍息：蕭叔平頃電本師，今晨向藍田墟西北側高地匪堡進攻，匪節節頑抗，我軍勇猛前進，卒將該匪擊潰，向藍田墟西南退竄，遂佔領該處一帶匪堡八座。是役斃偽團長一名，匪兵三四百，獲步槍五支等語。

【漢口十日電】匪魁辛克明，經西路軍擒獲解省後，晨軍法處，奉蔣令，執行槍决，人心稱快。

9. 刘湘昨赴前方视察，入桂残匪已陷重围，湘鄂路散匪图劫车已被击溃，窜松溪匪经痛击几全部歼灭，1934 年 9 月 11 日第 3 版

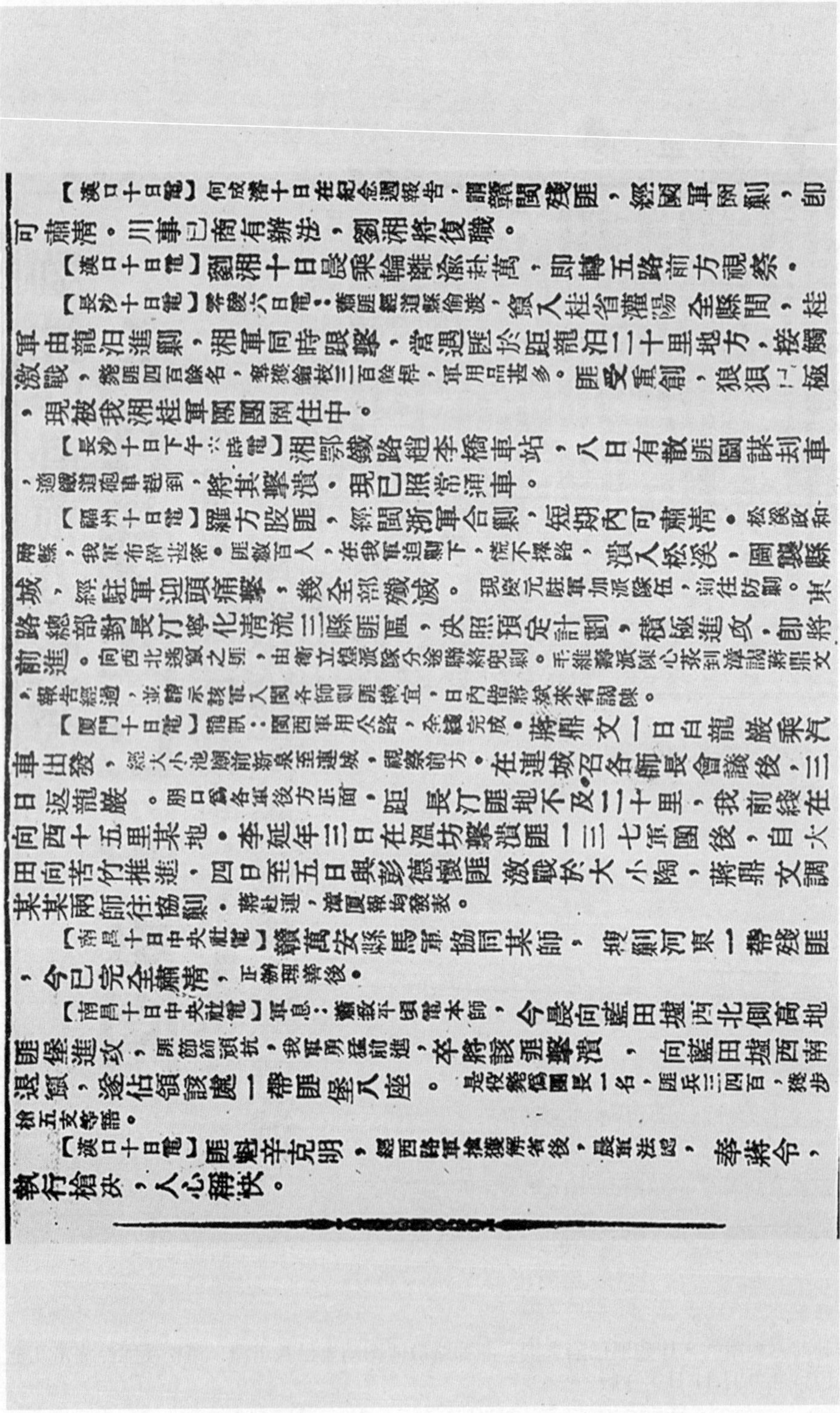
【漢口十日電】何應欽十日在紀念週報告，謂贛閩殘匪，經國軍圍剿，即可肅清。川事已商有辦法，劉湘將復職。

【漢口十日電】劉湘十日晨乘輪離渝赴蓉，即轉五路前方視察。

【長沙十日電】零陵六日電：蕭匪經道縣偷渡，竄入桂省灌陽全縣間，桂軍由龍泊進剿，湘軍同時跟擊，當遇匪於距龍泊二十里地方，接觸激戰，斃匪四百餘名，奪獲槍枝三百餘桿，軍用品甚多。匪受重創，狼狽已極，現被我湘桂軍圍困附住中。

【長沙十日下午六時電】湘鄂鐵路趙李橋車站，八日有散匪圖謀劫車，適鐵道砲車趕到，將其擊潰。現已照常通車。

【福州十日電】羅方股匪，經閩浙軍合剿，短期內可肅清。松溪政和兩縣，我軍布防甚密。匪數百人，在我軍追剿下，慌不擇路，竄入松溪，圍攻縣城，經駐軍迎頭痛擊，幾全部殲滅。現政元駐軍加派隊伍，前往防剿。某路總部對長汀寧化清流三縣匪區，決照預定計劃，積極進攻，即將前進。向西北逃竄之匪，由衛立煌派隊分途聯絡兜剿。毛維壽派隊心來到連謁蔣鼎文，報告經過，並請示該軍入閩各師剿匪機宜，日內偕蔣鼎文來省謁陳。

【廈門十日電】龍訊：閩西軍用公路，全線完成。蔣鼎文一日自龍巖乘汽車出發，經大小池赴前新泉至連城，視察前方。在連城召各師長會議後，三日返龍巖。朋口為各軍後方正面，距長汀匪地不及二十里，我前線在向西十五里某地。李延年三日在溫坊擊潰匪一三七軍團後，自火田向苦竹推進。四日至五日與彭德懷匪激戰於大小陶，蔣鼎文調某某兩師往協剿。蔣赴連，這廈報均發表。

【南昌十日中央社電】贛萬安縣馬軍協同某師，搜剿河東一帶殘匪，今已完全肅清，正辦理善後。

【南昌十日中央社電】軍息：贛敵平與龍本師，今晨向藍田墟西北側高地匪堡進攻，匪節節頑抗，我軍勇猛前進，卒將該匪擊潰，向藍田墟西南退竄，遂佔領該處一帶匪堡八座。是役斃匪團長一名，匪兵三四百，獲步槍五支等器。

【漢口十日電】匪魁辛克明，經西路軍擒獲解省後，嚴加法訊，奉諭令，執行槍決，人心稱快。

（局部图）

蕭匪流竄如水

有竄城步模樣

湘桂派長追部隊跟剿

羅方殘匪圖攻松溪

【長沙十一日電】何鍵昨在紀念週，報告蕭匪西竄近狀。略謂：蕭匪西竄桂境，經過文村興安，而到西延。七日晚又由西延折竄湘桂交界之車田與蓬洞一帶。現桂省除調集許多民團堵截外，並派有兩師軍隊剿擊。湘省第十六師已跟踪尾追，經興安達到全縣，又由全縣追到西延，同時胡旅長達率部，由東安經新寧抵梅溪口，以期將匪迎頭痛擊，一鼓消滅。詎匪偵知胡旅在此，又折出車田一帶竄去。據最近報告，匪已至大南山，有竄城步模樣，惟匪流竄如水，是否竄向城步，亦難斷定。現桂省派廖軍長磊，率兵兩師，作為長追部隊。湘省除以十五師留在湘南清剿殘匪，以十六師跟匪追剿外，並派李師長覺，率軍六團，作為長追部隊。無論蕭匪竄桂，竄黔，竄湘，竄到何處，即追到何處，務必將其消滅而後已。李師長早已進駐武岡指揮一切。

【漢口十一日電】劉湘十日離渝赴前方視察，調度軍事，但堅不復職，已派潘文華郭昌明分別維持蓉渝治安。劉代表鄧鳴階邱甲等，十一日由渝飛漢，即赴贛謁蔣。

【福州十一日中央社電】方羅股匪，被伍師追擊後，現竄浦城西鄉羊溪尾上下洋左樓，我軍已由魚梁等處前進包抄。匪另一股，企圖闖攻松溪，我口口口旅已開到，殘匪不難聚殲。由寧洋境竄上石之匪僞一零一團，圖擾菁城，盧興榮據報，已派勁旅堵擊。

【福州十一日中央社電】方匪志敏，以國軍四圍兜擊，有由龍泉經浦城崇安，回竄贛東老巢企圖，國軍已跟踪追剿。

10. 萧匪流窜如水有窜城步模样，湘桂派长追部队跟剿，罗（炳辉）、方（志敏）残匪围攻松溪，1934 年 9 月 12 日第 3 版

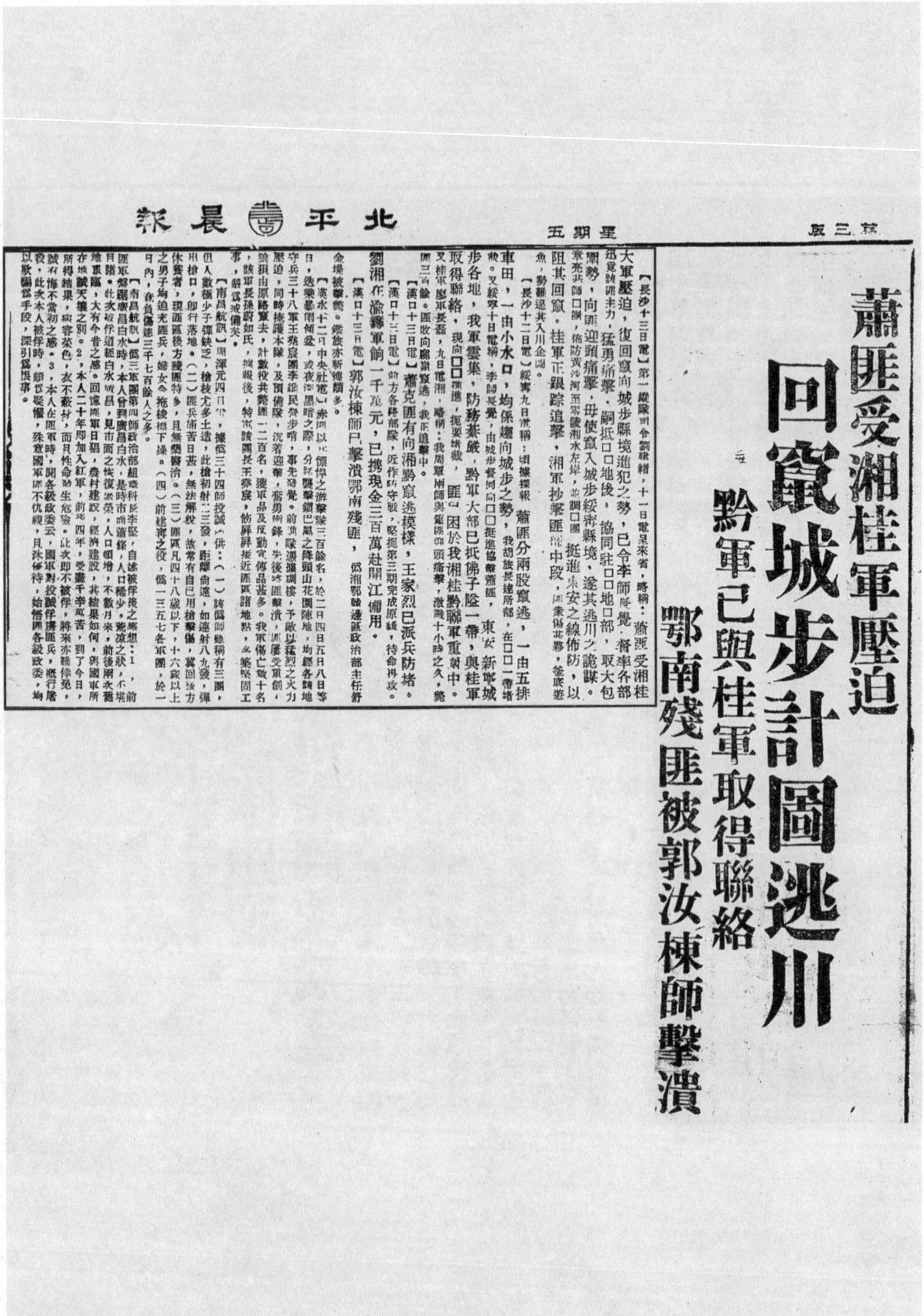

北平晨報　　星期五　　第三版

蕭匪受湘桂軍壓迫 回竄城步計圖逃川
黔軍已與桂軍取得聯絡
鄂南殘匪被郭汝棟師擊潰

【長沙十三日電】第一縱隊司令劉建緒，十一日電呈來省，略稱：蕭匪受湘桂大軍壓迫，復回竄向城步縣境進犯之勢，已令李師長覺，督率各部迅負該匪主力，猛勇痛擊，嗣抵□□地後，協同駐□□地□部，取大包圍勢，向匪迎頭痛擊，毋使竄入城步綏寧縣境，遂其逃川之詭謀。章亮基師□渡，佈防黃沙河至零陵湘水左岸，並調□團挺進東安之線佈防，以阻其回竄。桂軍正跟踪追擊，湘軍抄擊匪之中段，匪衆傷甚夥，釜底游魚，勢難逃其入川企圖。

【長沙十二日電】綏寧九日電稱：頃據探報，蕭匪分兩股竄逃，一由五排車田，一由小水口，均係趨向城步之勢，我胡旅長達所部，在□□一帶堵剿。又綏寧十日電稱，李師長覺，由城步督同向□□挺進協剿蕭匪，東安新寧城步各地，我軍雲集，防務綦嚴，黔軍大部已抵佛子隘一帶，與桂軍取得聯絡，現向□□推進，扼要堵截，匪□困於我湘桂黔聯軍重圍中。又桂軍廖軍長磊，九日電湘，略稱：我周軍兩師與蕭匪迎頭痛擊，激戰十小時之久，斃匪三百餘。匪敗向廟嶺竄逃，我正追擊中。

【漢口十三日電】蕭克匪有向湘黔竄逃模樣，王家烈已派兵防堵。

【漢口十二日電】前方各路部隊，近作防守戰，堅扼第三期完成原綫，待命再攻。

劉湘在渝籌軍餉一千萬元，已携現金三百萬赴開江備用。

【漢口十三日電】郭汝棟師已擊潰鄂南殘匪，偽湘鄂贛邊區政治部主任舒金塲被擊斃。傑旅亦斬獲頗多。

【漢水十二日中央社電】赤匪以□悍之游擊隊三百餘名，於二日四日五日八日等日，趁藥昏闌黑暗之際，分路襲擊鎖巴嶺之降頭山花園陣地，均經各該地守兵三十八軍王堯宸團李鐵民營步哨，事先發覺。前哨隊憑據碉樓，予敵以猛烈之火力壓迫，同時掩護本隊，及預備隊，沉着迎擊，奮勇衝鋒，先後將匪擊潰，匪屢受重創，狼狽由原路竄去，計斃傷共斃匪一二百名，獲軍品及反動宣傳品甚多。我軍傷亡數十名，該軍長孫蔚如氏，據報後，特飭該團長王堯宸，飭屏屏接近匪區諸地點，亟築堅固工事，嚴為戒備矣。

【南昌航訊】南潯元四日午，據偽三十四師投誠□供：（一）該偽師號稱有三團，但人數極少，子彈缺乏，槍枝尤多土造，此槍初射二三發，距離尚遠，如連射八九發，彈出槍口，即行落地。（二）匪兵痛苦日甚，無法解救，故常有自己用槍擊傷，冀回後方休養者，現匪區後方殘匪特多，且無藥醫治。（三）匪區凡四十八歲以下，十六歲以上之男子均迫充匪兵，婦女令拖梭標下操。（四）前建寧之役，偽一三五七各軍團，於一日內，在負傷達三千七百餘人之多。

【南昌航訊】偽三軍團第四師政治部組織科長李堅，自述被俘後之感想：1，前匪軍盤踞廣昌白水時，本人曾到廣昌白水，是時市面蕭條，人口稀少，荒涼之狀，不堪目睹。此次被俘道經白水廣昌，見市面之恢復繁榮，人口個增，不數月來，前後兩次舊地重臨，大有今昔之感。回憶匪軍日猖，農村建設，經濟建設，其結果如何，與國軍所在地誠天壤之別。2，本人二十年即加入紅軍，前後四年，受盡千辛萬苦，到了今日，所得結果，病容菜色，衣不蔽身，而且性命猶生危險。此次即不被俘，將來亦難倖免，誠有悔不當初之感。3，本人在匪軍時，聞各級政委云，國軍對投誠俘虜匪兵，概行屠殺，此次本人被俘時，即恐懼，殊意國軍並不仇視，且殊優待，始悟匪各級政委，均以欺騙為手段，深引為恨事。

11. 蕭匪受湘桂军压迫，回窜城步计图逃川，黔军已与桂军取得联络，鄂南残匪被郭汝栋师击溃，1934 年 9 月 14 日第 3 版

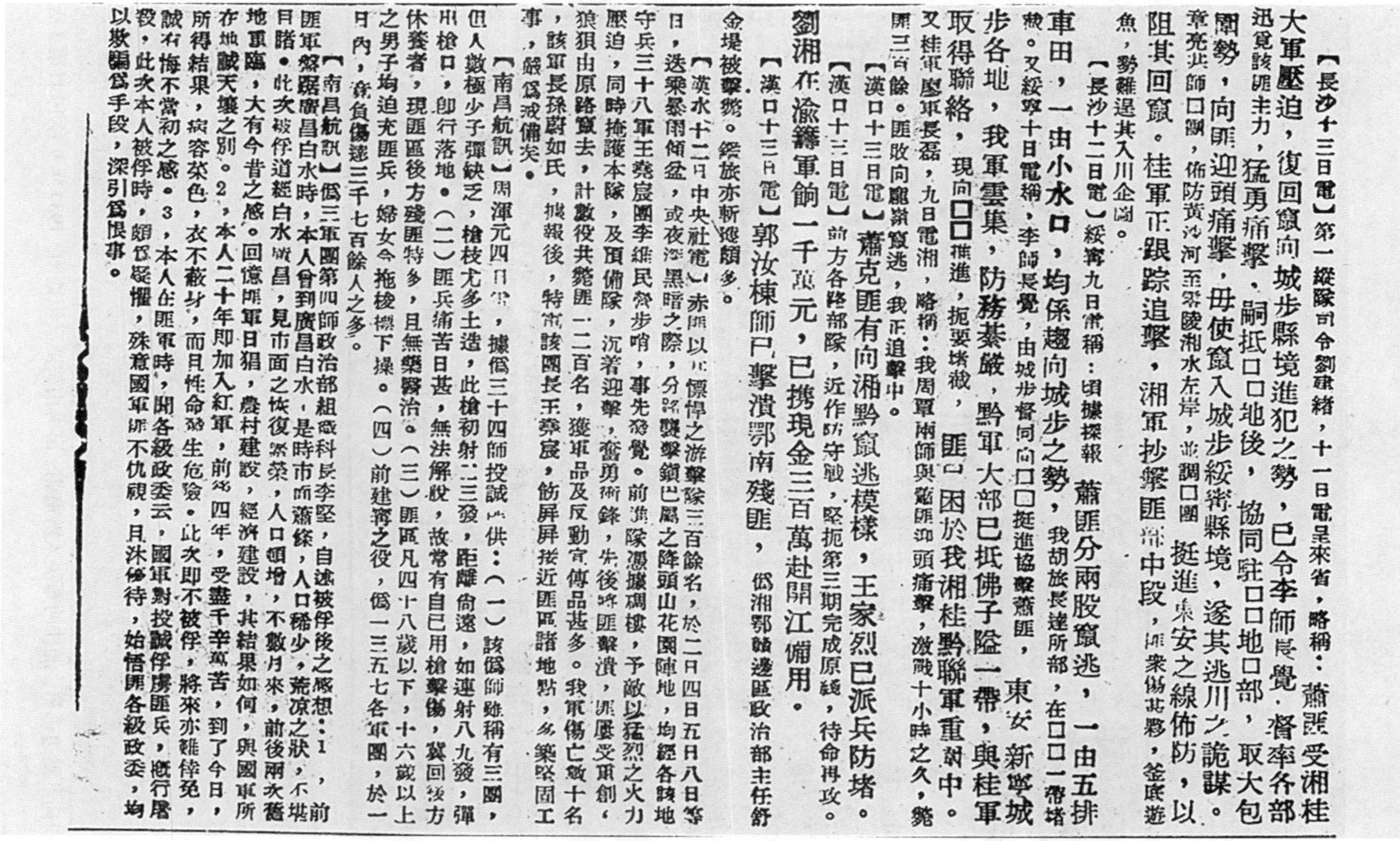

【長沙十三日電】第一縱隊司令劉建緒，十一日電呈來省，略稱：蕭匪受湘桂大軍壓迫，復回竄向城步縣境進犯之勢，已令李師長覺，督率各部迅覓該匪主力，猛勇痛擊，嗣抵口口地後，協同駐口口地口部，取大包圍勢，向匪迎頭痛擊，毋使竄入城步綏甯縣境，遂其逃川之詭謀。章亮基師口關，佈防黃沙河至零陵湘水左岸，並調口團挺進東安之線佈防，以阻其回竄。桂軍正跟踪追擊，湘軍抄擊匪部中段，匪衆傷甚夥，釜底遊魚，勢難遂其入川企圖。

【長沙十二日電】綏甯九日電稱：頃據探報蕭匪分兩股竄逃，一由五排車田，一由小水口，均係趨向城步之勢，我胡旅長達所部，在口口一帶堵剿。又綏甯十日電稱，李師長覺，由城步督同向口口挺進協擊蕭匪，東安新寧城步各地，我軍雲集，防務綦嚴，黔軍大部已抵佛子隘一帶，與桂軍取得聯絡，現向口口推進，扼要堵剿，匪口困於我湘桂黔聯軍重圍中。又桂軍廖軍長磊，九日電湘，略稱：我周覃兩師與蕭匪迎頭痛擊，激戰十小時之久，斃匪三百餘。匪敗向龍嶺竄逃，我正追擊中。

【漢口十三日電】蕭克匪有向湘黔竄逃模樣，王家烈已派兵防堵。

【漢口十三日電】前方各路部隊，近作防守戰，堅扼第三期完成原綫，待命再攻。

劉湘在渝籌軍餉一千萬元，已携現金三百萬赴開江備用。

【漢口十三日電】郭汝棟師已擊潰鄂南殘匪，偽湘鄂贛邊區政治部主任舒金堤被擊斃。綏旅亦斬獲頗多。

【漢水十二日中央社電】赤匪以[illegible]慓悍之游擊隊三百餘名，於二日四日五日八日等日，迭乘暴雨傾盆，或夜深黑暗之際，分路襲擊鎖巴鳳之降頭山花園陣地，均經各該地守兵三十八軍王堯宸團李維民營步哨，事先發覺。前進隊憑據碉樓，予敵以猛烈之火力壓迫，同時掩護本隊，及預備隊，沉着迎擊，奮勇衝鋒，先後將匪擊潰，匪屢受重創，狼狽由原路竄去，計數役共斃匪一二百名，獲軍品及反動宣傳品甚多。我軍傷亡數十名，該軍長孫蔚如氏，據報後，特電該團長王堯宸，飭屏屏接近匪區諸地點，多築堅固工事，嚴爲戒備矣。

【南昌航訊】周渾元四日電，據偽三十四師投誠匪供：（一）該偽師雖稱有三團，但人數極少，子彈缺乏，槍枝尤多土造，此槍初射二三發，距離尚遠，如連射八九發，彈出槍口，即行落地。（二）匪兵痛苦日甚，無法解脫，故常有自己用槍擊傷，冀回後方休養者，現匪區後方殘匪特多，且無藥醫治。（三）匪區凡四十八歲以下，十六歲以上之男子均迫充匪兵，婦女令拖梭標下操。（四）前建寧之役，偽一三五七各軍團，於一日內，計負傷達三千七百餘人之多。

【南昌航訊】偽三軍團第四師政治部組織科長李堅，自述被俘後之感想：1，前匪軍盤踞廣昌白水時，本人曾到廣昌白水，是時市面蕭條，人口稀少，荒凉之狀，不堪目睹。此次被俘道經白水廣昌，見市面之恢復繁榮，人口頓增，不數月來，前後兩次舊地重臨，大有今昔之感。回憶匪軍日猖，農村建設，經濟建設，其結果如何，與國軍所在地誠天壤之別。2，本人二十年即加入紅軍，前後四年，受盡千辛萬苦，到了今日，所得結果，病容菜色，衣不蔽身，而且性命發生危險。此次即不被俘，將來亦難倖免，誠有悔不當初之感。3，本人在匪軍時，聞各級政委云，國軍對投誠俘虜匪兵，概行屠殺，此次本人被俘時，頗爲疑懼，殊意國軍非不仇視，且沐優待，始悟匪各級政委，均以欺騙爲手段，深引爲恨事。

（局部图）

蕭匪紛向
湘黔邊逃竄
湘桂兩軍決入黔追剿
竄秀山賀匪又竄酉陽

【長沙十八日電】據報蕭匪經我軍追剿，現由通道紛向湘黔邊境之牙屯堡雙江口一帶逃潰。湘桂兩軍，決定入黔追剿。何鍵昨已派員赴黔，擔任聯絡，接洽一切剿匪軍事，俾赴事機。

【漢口十八日電】川三路軍刻在雙鳳場鼎山一帶堅工固守，左右翼依次移動，聯成一氣。各路軍擇定險要，準備多層工事，待劉湘統籌再總攻。

【重慶十八日電】關於整理陣線工作，業經決定，二十日開始發餉，士氣大振。竄入秀山西區之賀匪，現經軍御圍剿，又竄酉陽。

12. 萧匪纷向湘黔边逃窜，湘桂两军决入黔追剿，窜秀山贺匪又窜酉阳，1934 年 9 月 19 日第 3 版

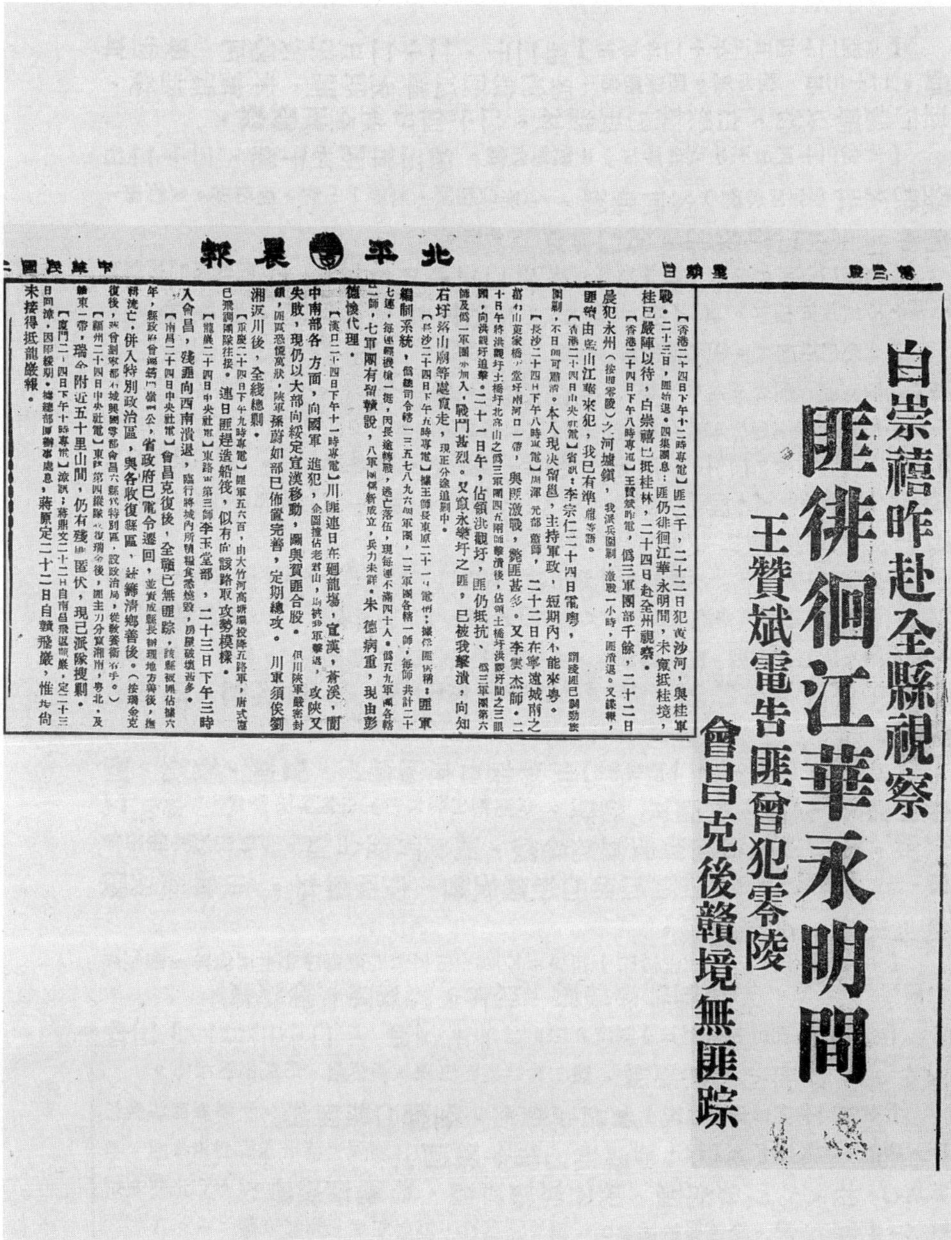

北平晨報

中華民國二…　星期日　第三版

白崇禧昨赴全縣視察

匪徘徊江華永明間

王贊斌電告匪曾犯零陵

會昌克後贛境無匪蹤

【香港二十四日下午十二時專電】匪二千，二十二日犯黃沙河，與桂軍戰。二十三日，匪始退。四集團息：匪仍徘徊江華永明間，未竄抵桂境，桂已嚴陣以待，白崇禧已抵桂林，二十四日赴全州視察。

【香港二十四日下午八時專電】王贊斌昨電，僞三軍團部千餘，二十二日晨犯永州（按即零陵）之河墟鎮，我派兵圍剿，激戰一小時，匪潰退。又諜報，匪確由藍山江華來犯，我已有準備等語。

【香港二十四日中央社電】省訊：李宗仁二十四日電粵，謂該匪已飄忽旗開剿，不日即可肅清。本人現決留邕，主持軍政，短期內不能來粵。

【長沙二十四日下午八時專電】周渾元部薛師，二十二日在寧遠城南之嶺背山黃家橋下堂圩兩河口一帶，與匪激戰，斃匪甚多。又李雲杰師，二十日午將洪觀圩土橋圩北齋山之僞三軍團四五兩師擊潰後，佔領土橋圩洪觀圩間之三眼圍，向洪觀圩追擊。二十一日午，佔領洪觀圩，匪仍抵抗，僞三軍團第六師及僞一軍團亦加入，戰鬥甚烈。又竄永樂圩之匪，已被我擊潰，向知石圩將山廟等處竄走，現正分途追剿中。

【長沙二十四日下午五時專電】據王師長東原二十一日電稱：據俘匪供稱：匪軍編制系統，僞總司令轄一三五七八九六個軍團，一三軍團各轄一師，每師共計二十七連，每連輕機槍一挺，因長途轉戰，逃亡落伍，現每連不滿四十人。僞五九軍團各轄二師，七軍團有留贛說，八軍團係新成立，兵力未詳。朱德病重，現由彭德懷代理。

【漢口二十四日下午十一時專電】川匪連日在廻龍場，宣漢，蒼溪，閬中南部各方面，向國軍進犯，企圖搶佔老君山，均被我軍擊退，攻陝又失敗，現仍以大部向綏定宣漢移動，圖與賀匪合股。但川陝軍嚴密封鎖，匪甚恐慌萬狀，陝軍孫蔚如部已佈置完善，定期總攻。川軍須俟劉湘返川後，全綫總剿。

【重慶二十四日下午九時專電】匪軍五六百，由大竹河高城壩投降五路軍，唐式遵已飛調隊往接。連日匪趕造船筏，似有由該路取攻勢模樣。

【龍巖二十四日中央社電】東路軍第三師李玉堂部，二十三日下午三時入會昌，殘匪向西南潰退，臨行將城內所積糧食悉燒毀，房屋破壞甚多。

【南昌二十四日中央社電】會昌克復後，全贛已無匪蹤，該縣被匪佔據六年，縣政府會商嶺門嶺四公，省政府已電令遷回，並責成縣長辦理地方善後，撫輯流亡，併入特別政治區，與各收復縣區，一律清鄉善後。（按瑞金克復後，與會剿寧都石城興國雩都會昌六縣爲特別區，設政治局，從散養衛著手。）

【贛州二十四日中央社電】東路第四縱隊收復瑞金後，匪主力分竄湘南，粵北，及贛東一帶，瑞金附近五十里山間，仍有殘匪匿伏，現已派隊搜剿。

【廈門二十四日下午十時專電】漳訊：蔣鼎文二十二日自南昌飛返龍巖，定二十三日回漳，因師綏靖，綏總部事繁息，蔣原定二十二日自贛飛巖，惟尚未接得抵龍巖報。

13. 白崇禧昨赴全县视察，匪徘徊江华、永明间，王赞斌电告匪曾犯零陵，会昌克后赣境无匪踪，1934 年 11 月 25 日第 3 版

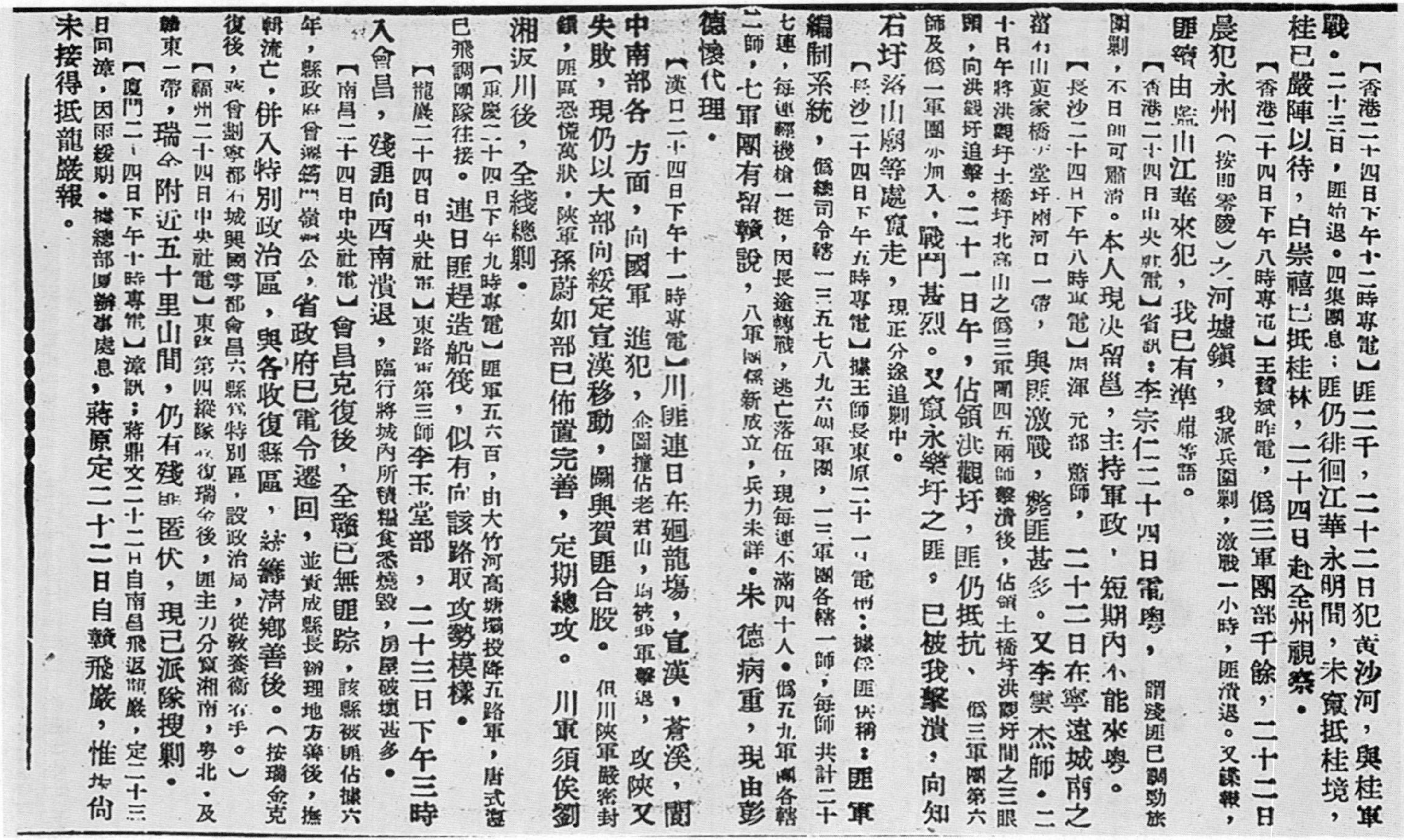

【香港二十四日下午十二時專電】匪二千，二十二日犯黄沙河，與桂軍戰。二十三日，匪始退。四集團息：匪仍徘徊江華永明間，未竄抵桂境，桂已嚴陣以待，白崇禧已抵桂林，二十四日赴全州視察。

【香港二十四日下午八時專電】王贊斌昨電，僞三軍團部千餘，二十二日晨犯永州（按即零陵）之河墟鎮，我派兵圍剿，激戰一小時，匪潰退。又諜報，匪續由臨山江華來犯，我已有準備等語。

【香港二十四日中央社電】省訊：李宗仁二十四日電粵，謂該匪已調勁旅圍剿，不日即可肅清。本人現決留邕，主持軍政，短期內不能來粵。

【長沙二十四日下午八時專電】周渾元部薛師，二十二日在寧遠城南之岱口山夏家橋下堂圩兩河口一帶，與匪激戰，斃匪甚多。又李雲杰師，二十日午將洪觀圩土橋圩北高山之僞三軍團四五兩師擊潰後，佔領土橋圩洪觀圩間之三眼閉，向洪觀圩追擊。二十一日午，佔領洪觀圩，匪仍抵抗、僞三軍團第六師及僞一軍團亦加入，戰鬥甚烈。又竄永樂圩之匪，已被我擊潰，向知石圩洛山嶺等處竄走，現正分途追剿中。

【長沙二十四日下午五時專電】據王師長東原二十一日電稱：據俘匪供稱：匪軍編制系統，僞總司令轄一三五七八九六個軍團，一三軍團各轄一師，每師共計二十七連，每連輕機槍一挺，因長途轉戰，逃亡落伍，現每連不滿四十人。僞五九軍團各轄二師，七軍團有留贛說，八軍團係新成立，兵力未詳。朱德病重，現由彭德懷代理。

【漢口二十四日下午十一時專電】川匪連日在廻龍場，宣漢，蒼溪，閬中南部各方面，向國軍進犯，企圖攙佔老君山，均被我軍擊退，攻陝又失敗，現仍以大部向綏定宣漢移動，圖與賀匪合股。但川陝軍嚴密封鎖，匪區恐慌萬狀，陝軍孫蔚如部已佈置完善，定期總攻。川軍須俟劉湘返川後，全綫總剿。

【重慶二十四日下午九時專電】匪軍五六百，由大竹河高塘壩投降五路軍，唐式遵已飛調兩隊往接。連日匪趕造船筏，似有向該路取攻勢模樣。

【龍巖二十四日中央社電】東路軍第三師李玉堂部，二十三日下午三時入會昌，殘匪向西南潰退，臨行將城內所積糧食悉燒毀，房屋破壞甚多。

【南昌二十四日中央社電】會昌克復後，全縣已無匪踪，該縣被匪佔據六年，縣政府會議錫門嶺辦公，省政府已電令遷回，並責成縣長辦理地方善後，撫輯流亡，併入特別政治區，與各收復縣區，統籌清鄉善後。（按瑞金克復後，該會劃寧都石城與國雩都會昌六縣爲特別區，設政治局，從教養衛着手。）

【福州二十四日中央社電】東路第四縱隊收復瑞金後，匪主力分竄湘南，粵北，及贛東一帶，瑞金附近五十里山間，仍有殘匪匿伏，現已派隊搜剿。

【廈門二十四日下午十時專電】漳訊：蔣鼎文二十二日自南昌飛返龍巖，定二十三日回漳，因匪綏剿，綏靖部內辦事處息，蔣原定二十二日自贛飛巖，惟抄尚未接得抵龍巖報。

（局部图）

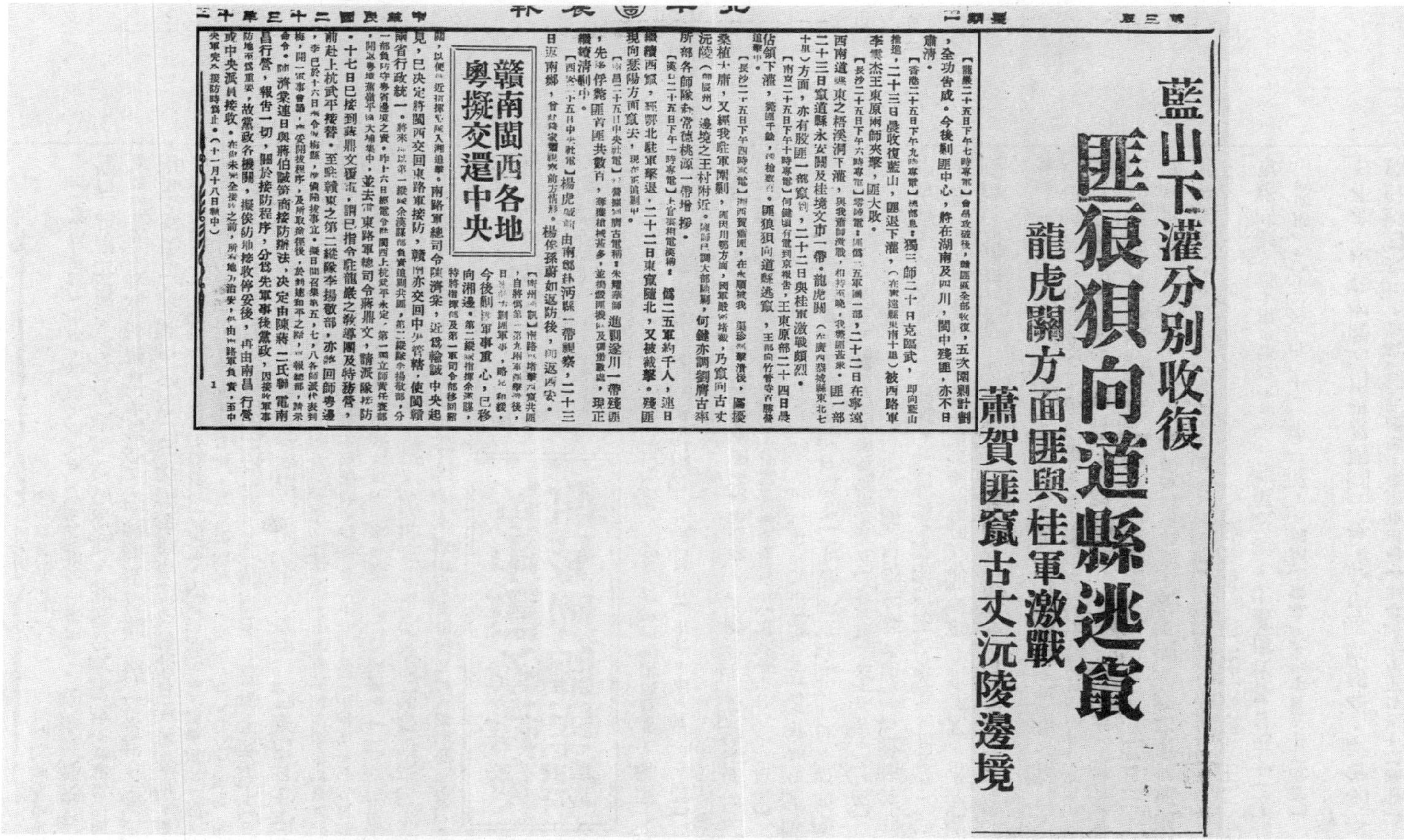

中華民國二十三年十一月二十六日　星期一　北平晨報　第三版

藍山下灌分別收復
匪狼狽向道縣逃竄
龍虎關方面匪與桂軍激戰
蕭賀匪竄古丈沅陵邊境

【龍巖二十五日下午七時專電】會昌攻破後，贛匪區全部收復，五次圍剿計劃，全功告成。今後剿匪中心，將在湖南及四川，閩中殘匪，亦不日肅清。

【香港二十五日下午九時專電】粵訊：獨三師二十日克臨武，即向藍山推進，二十三日晨收復藍山，匪退下灌，（在寧遠縣東南十里）被西路軍李雲杰王東原兩師夾擊，匪大敗。

【長沙二十五日下午六時專電】零陵電：匪偽一五軍團一部，二十二日在寧遠西南道縣東之梧溪洞下灌，與我蕭師激戰，相持至晚，我殲匪甚眾。匪一部二十三日竄道縣永安關及桂境文市一帶。龍虎關（在廣西恭城縣東北七十里）方面，亦有股匪一部竄到，二十二日與桂軍激戰頗烈。

【南京二十五日下午十時專電】何鍵頃有電到京報告，王東原部二十四日晨佔領下灌，斃匪千餘，獲槍數百。匪狼狽向道縣逃竄，王部向竹管寺方面追擊中。

【長沙二十五日下午四時專電】湘西賀蕭匪，在永順被我陳渠珍部擊潰後，圖擾桑植大庸，又經我駐軍阻剿，匪因川鄂方面，國軍嚴密堵截，乃竄向古丈沅陵（即辰州）邊境之王村附近。陳師已調大部兜剿，何鍵亦調劉膺古率所部各師隊赴常德桃源一帶增援。

【漢口二十五日下午一時專電】上官雲相電漢稱：偽二五軍約千人，連日繼續西竄，經鄂北駐軍擊退，二十二日東竄隨北，又被截擊。殘匪現向瑟陽方面竄去，現在正追剿中。

【南昌二十五日中央社電】吉營報劉膺古電稱：朱耀華師進剿遂川一帶殘匪，先後俘斃匪首匪共數百，奪獲槍械甚多，並搗毀匪機關及彈藥廠，現正繼續清剿中。

【西安二十五日中央社電】楊虎城前由南鄭赴沔縣一帶視察，二十三日返南鄭，曾赴陸家灣視察前方情形。楊偕孫蔚如返防後，即返西安。

贛南閩西各地
粵擬交還中央

【廣州通訊】南路已堵擊西竄共匪，自將偽第一第九兩軍團擊潰後，日內當可對匪軍事，略見和緩，今後剿匪軍事重心，已移向湘邊。第二縱隊指揮余漢謀，特將指揮部及第一軍司令部移回韶關，以便就近指揮部隊入湘追擊。南路軍總司令陳濟棠，近爲輸誠中央起見，已決定將閩西交回東路軍接防，贛南亦交回中央管轄，使閩贛兩省行政統一。將來粵以第一縱隊余漢謀部負責追剿共匪，第二縱隊李揚敬部分一部負防守粵省邊境之責。昨十六日經電令駐閩西上杭武平永定之第一獨立師黃任寰部，開返粵境蕉嶺平遠大埔集中，並去電東路軍總司令蔣鼎文，請派隊接防。十七日已接到蔣鼎文覆電，謂已指令駐龍巖之教導團及特務營，前赴上杭武平接替。至駐贛東之第二縱隊李揚敬部，亦擬回師粵邊，李已於十六日奉令回梅縣，準備辦理接替事宜。擬日間召集第五，七，八各師派代表到梅，開一軍事會議，商妥開拔程序，及所取途徑後，於剿建和平之際，呈報總部，請示命令。陳濟棠連日與蔣伯誠籌商接防辦法，決定由陳蔣二氏聯電南昌行營，報告一切，關於接防程序，分爲先軍事後黨政，因接防軍事防地爲重要，故黨政各機關，擬俟防地接收停妥後，再由南昌行營或中央派員接收。在中央未完全接收之前，所有地方治安，仍由南路軍負責，至中央軍完全接防時爲止。（十一月十八日寄中）

14. 蓝山、下灌分别收复，匪狼狈向道县逃窜，龙虎关方面匪与桂军激战，萧（克）、贺（龙）匪窜古丈、沅陵边境，1934年11月26日第3版

【龍巖二十五日下午七時專電】會昌攻破後，贛匪區全部收復，五次圍剿計劃，全功告成。今後剿匪中心，將在湖南及四川，閩中殘匪，亦不日肅清。

【香港二十五日下午九時專電】總部息：獨三師二十日克臨武，即向藍山推進，二十三日晨收復藍山，匪退下灌，（在寧遠縣東南十里）被西路軍李雲杰王東原兩師夾擊，匪大敗。

【長沙二十五日下午六時專電】零陵電：匪偽三五軍團一部，二十二日在寧遠西南道縣東之梧溪洞下灌，與我章師激戰，相持至晚，我斃匪甚衆。匪一部二十三日竄道縣永安關及桂境文市一帶。龍虎關（在廣西恭城縣東北七十里）方面，亦有股匪一部竄到，二十二日與桂軍激戰頗烈。

【南京二十五日下午十時專電】何鍵頃有電到京報告，王東原部二十四日晨佔領下灌，斃匪千餘，獲槍數百。匪狼狽向道縣逃竄，王部向竹管寺方面追擊中。

【長沙二十五日下午四時專電】湘西賀蕭匪，在永順被我渠珍部擊潰後，圖擾桑植大庸，又經我駐軍堵剿，匪因川鄂方面，國軍嚴密堵截，乃竄向古丈沅陵（即辰州）邊境之王村附近。陳師已調大部馳剿，何鍵亦調劉膺古率所部各師隊赴常德桃源一帶增援。

【漢口二十五日下午一時專電】上官雲相電漢稱：偽二五軍約千人，連日繼續西竄，經鄂北駐軍擊退，二十二日東竄隨北，又被截擊。殘匪現向瑟陽方面竄去，現在正追剿中。

【南昌二十五日中央社電】贛營據劉膺古電稱：朱耀華師進剿遂川一帶殘匪，先後俘斃匪首匪共數百，奪獲槍械甚多，並搗毀匪機關及碉堡數處，現正繼續清剿中。

【西安二十五日中央社電】楊虎城前由南鄭赴沔縣一帶視察，二十三日返南鄭，曾赴魏家壩視察前方情形。楊偕孫蔚如返防後，即返西安。

贛南閩西各地 粵擬交還中央

【廣州通訊】南路軍堵擊西竄共匪，自將偽第一第九兩軍團擊潰後，日來贛南方面剿匪軍事，略見和緩，今後剿匪軍事重心，已移向湘邊。第二縱隊指揮余漢謀，特將指揮部及第一軍司令部移回韶關，以便就近指揮部隊入湘追擊。南路軍總司令陳濟棠，近為輸誠中央起見，已決定將閩西交回東路軍接防，贛南亦交回中央管轄，使閩贛兩省行政統一。將來仍以第一縱隊余漢謀部負責追剿共匪，第二縱隊余揚敬部，分一部負防守粵省邊境之責。昨十六日經電令駐閩西上杭武平永定，第一獨立師黃任寰部，開返粵境蕉嶺平遠大埔集中，並去電東路軍總司令蔣鼎文，請派隊接防。十七日已接到蔣鼎文覆電，謂已指令駐龍巖之教導團及特務營，前赴上杭武平接替。至駐贛東之第二縱隊李揚敬部，亦將回師粵邊，李已於十六日電令催梅縣，準備開拔事宜。擬日間召集第五，七，八各師派代表到梅，開一軍事會議，商妥開拔程序，及所取途徑後，於到達和平之際，即報總部，請示命令。陳濟棠連日與蔣伯誠等商接防辦法，決定由陳蔣二氏聯電南昌行營，報告一切，關於接防程序，分為先軍事後黨政，因接收軍事防地至為重要，故黨政各機關，擬俟防地接收停妥後，再由南昌行營或中央派員接收。在尚未完全接收之前，所有地方治安，仍由南路軍負責，至中央軍完全接防時為止。（十一月十八日執中）

1

（局部图）

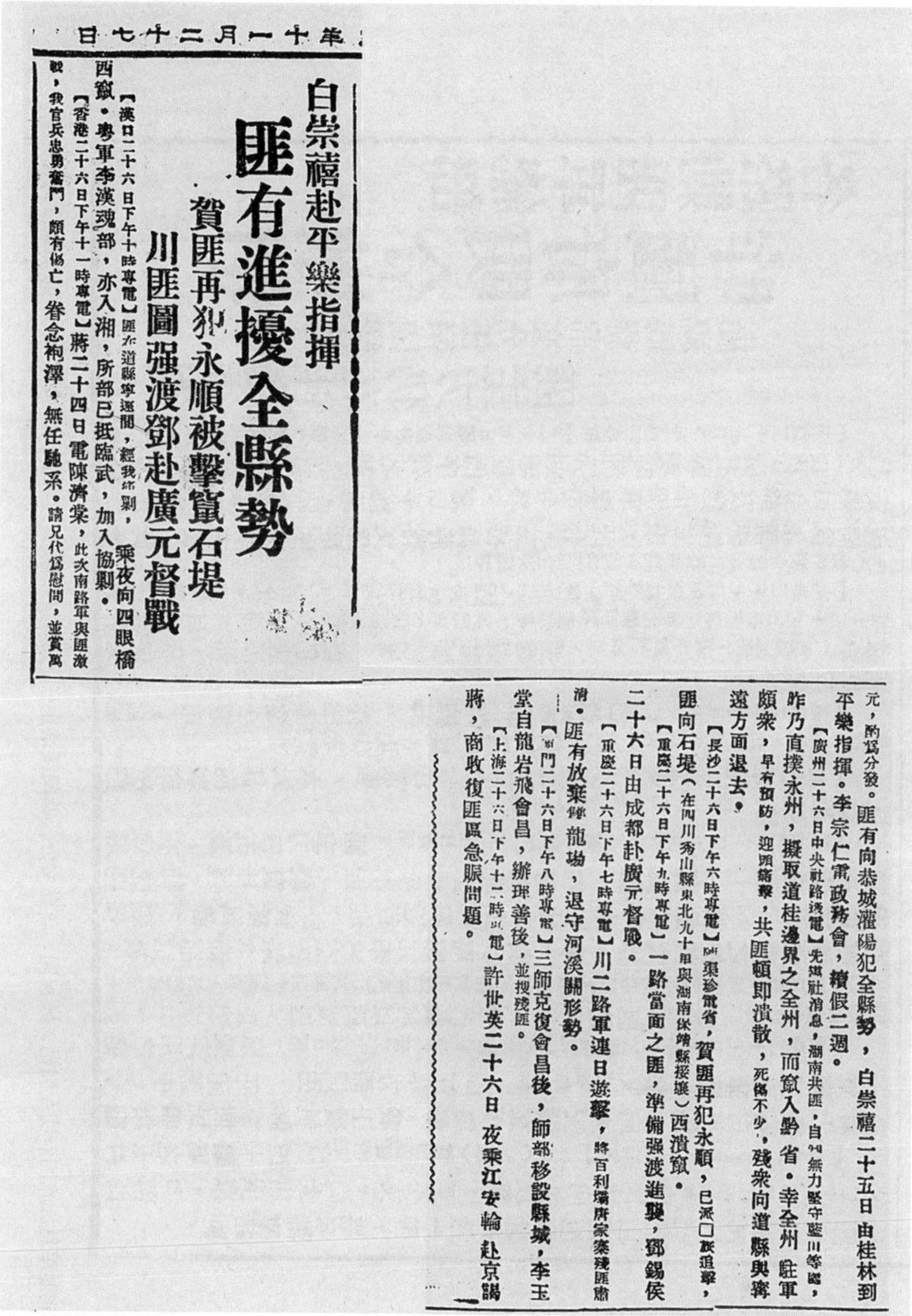

年十一月二十七日

白崇禧赴平樂指揮

匪有進擾全縣勢

賀匪再犯永順被擊竄石堤

川匪圖强渡鄧赴廣元督戰

【漢口二十六日下午十時專電】匪在道縣寧遠間，經我痛剿，乘夜向四眼橋西竄。粵軍李漢魂部，亦入湘，所部已抵臨武，加入協剿。

【香港二十六日下午十一時專電】蔣二十四日電陳濟棠，此次南路軍與匪激戰，我官兵忠勇奮鬥，頗有傷亡，眷念袍澤，無任馳系。請兄代爲慰問，並賞萬元，酌爲分發。匪有向恭城灌陽犯全縣勢，白崇禧二十五日由桂林到平樂指揮。李宗仁電政務會，續假二週。

【廣州二十六日中央社路透電】先據社消息，湖南共匪，自知無力堅守藍山等處，昨乃直撲永州，擬取道桂邊界之全州，而竄入黔省。幸全州駐軍頗衆，早有預防，迎頭痛擊，共匪頓即潰散，死傷不少，殘衆向道縣與寧遠方面退去。

【長沙二十六日下午六時專電】陳渠珍電省，賀匪再犯永順，已派□旅追擊，匪向石堤（在四川秀山縣東北九十里與湖南保靖縣接壤）西潰竄。

【重慶二十六日下午九時專電】一路當面之匪，準備强渡進襲，鄧錫侯二十六日由成都赴廣元督戰。

【重慶二十六日下午七時專電】川二路軍連日遊擊，將百利場唐家寨殘匪肅清。匪有放棄偉龍場，退守河溪關形勢。

【廈門二十六日下午八時專電】三師克復會昌後，師部移設縣城，李玉堂自龍岩飛會昌，辦理善後，並搜殘匪。

【上海二十六日下午十二時專電】許世英二十六日夜乘江安輪赴京謁蔣，商收復匪區急賑問題。

15. 白崇禧赴平乐指挥，匪有进扰全县势，贺匪再犯永顺被击窜石堤，川匪图强渡邓（锡侯）赴广元督战，1934 年 11 月 27 日第 3 版

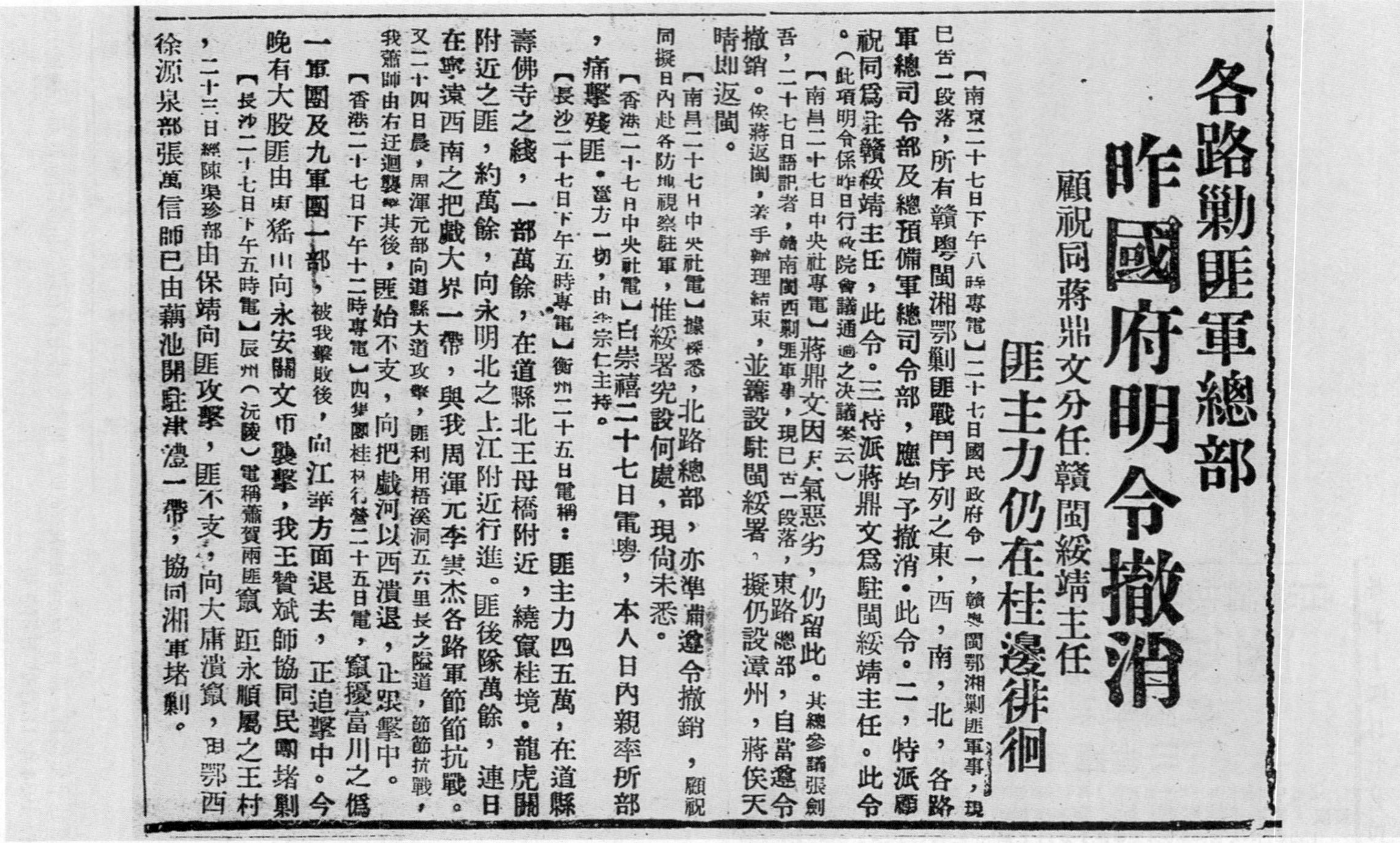

各路剿匪軍總部
昨國府明令撤消
顧祝同蔣鼎文分任贛閩綏靖主任
匪主力仍在桂邊徘徊

【南京二十七日下午八時專電】二十七日國民政府令一、贛粵閩鄂湘剿匪軍事，現已告一段落，所有贛粵閩湘鄂剿匪戰鬥序列之東、西、南、北，各路軍總司令部及總預備軍總司令部，應均予撤消。此令。二、特派顧祝同為駐贛綏靖主任，此令。三、特派蔣鼎文為駐閩綏靖主任。此令。（此項明令係昨日行政院會議通過之決議案云）

【南昌二十七日中央社專電】蔣鼎文因天氣惡劣，仍留此。其總參議張劍吾，二十七日語記者，贛南閩西剿匪軍事，現已告一段落，東路總部，自當遵令撤銷。俟蔣返閩，着手辦理結束，並籌設駐閩綏署，擬仍設漳州，蔣俟天晴即返閩。

【南昌二十七日中央社電】據確悉，北路總部，亦準備遵令撤銷，顧祝同擬日內赴各防地視察駐軍，惟綏署究設何處，現尚未悉。

【香港二十七日中央社電】白崇禧二十七日電粵，本人日內親率所部，痛擊殘匪。邕方一切，由李宗仁主持。

【長沙二十七日下午五時專電】衡州二十五日電稱：匪主力四五萬，在道縣壽佛寺之綫，一部萬餘，在道縣北王母橋附近，繞竄桂境。龍虎關附近之匪，約萬餘，向永明北之上江附近行進。匪後隊萬餘，連日在寧遠西南之把截大界一帶，與我周渾元李雲杰各路軍節節抗戰。又二十四日晨，周渾元部向道縣大道攻擊，匪利用梧溪洞五六里長之隘道，節節抗戰，我薛師由右迂迴襲擊其後，匪始不支，向把截河以西潰退，正跟擊中。

【香港二十七日下午十二時專電】四集團桂林行營二十五日電，竄擾富川之僞一軍團及九軍團一部，被我擊敗後，向江華方面退去，正追擊中。今晚有大股匪由東猺山向永安關文市襲擊，我王贊斌師協同民團堵剿。

【長沙二十七日下午五時電】辰州（沅陵）電稱蕭賀兩匪竄距永順屬之王村，二十三日經陳渠珍部由保靖向匪攻擊，匪不支，向大庸潰竄，由鄂西徐源泉部張萬信師已由藕池開駐津澧一帶，協同湘軍堵剿。

16. 各路剿匪军总部昨国府明令撤销，顾祝同、蒋鼎文分任赣闽绥靖主任，匪主力仍在桂边徘徊，1934 年 11 月 28 日第 3 版

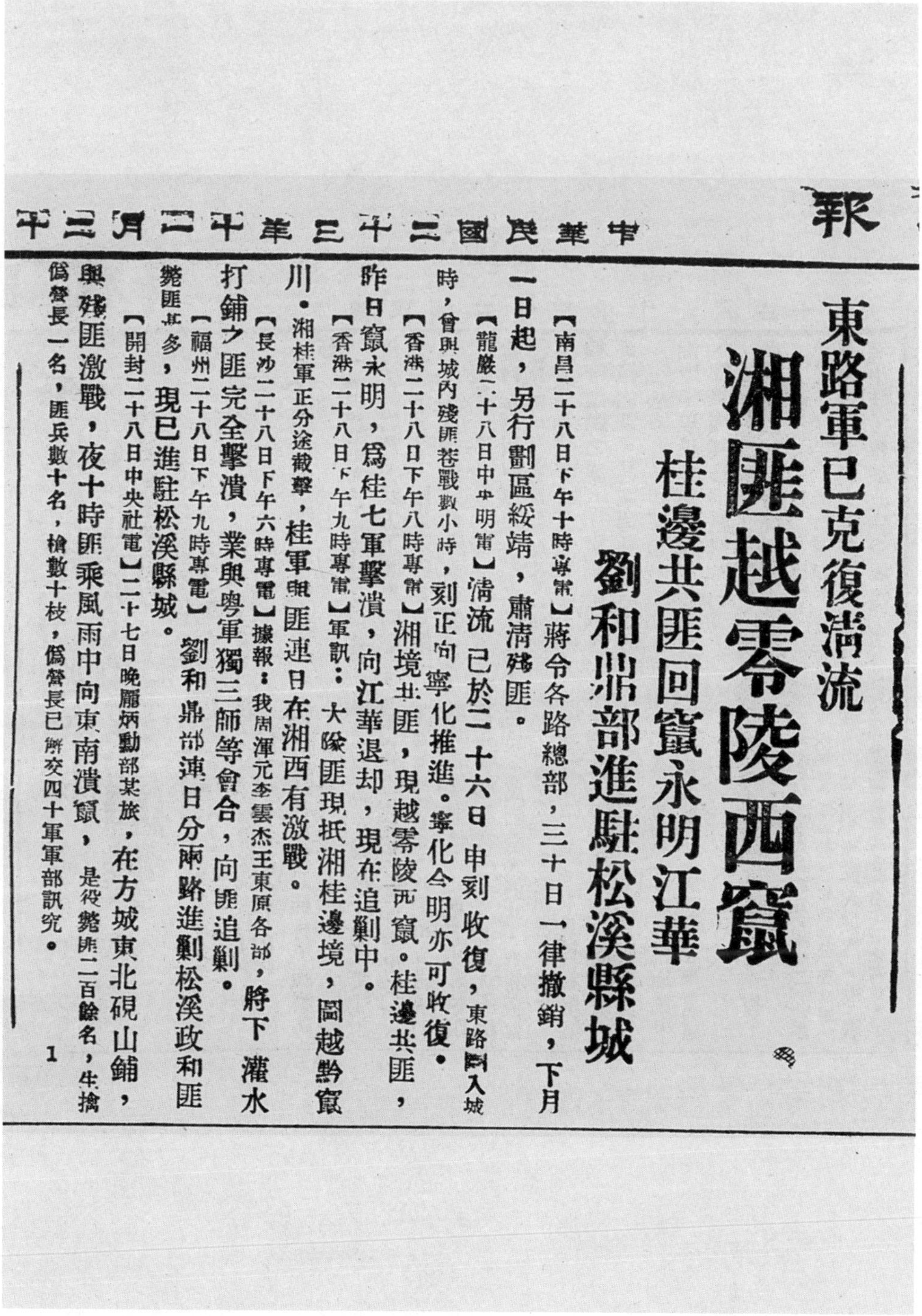

中華民國二十三年十一月二十

東路軍已克復清流
湘匪越零陵西竄
桂邊共匪回竄永明江華
劉和鼎部進駐松溪縣城

【南昌二十八日下午十時專電】蔣令各路總部，三十日一律撤銷，下月一日起，另行劃區綏靖，肅清殘匪。

【龍巖二十八日中央明電】清流已於二十六日申刻收復，東路軍入城時，曾與城內殘匪巷戰數小時，刻正向寧化推進。寧化今明亦可收復。

【香港二十八日下午八時專電】湘境共匪，現越零陵西竄。桂邊共匪，昨日竄永明，為桂七軍擊潰，向江華退却，現在追剿中。

【香港二十八日下午九時專電】軍訊：大隊匪現抵湘桂邊境，圖越黔竄川。湘桂軍正分途截擊，桂軍與匪連日在湘西有激戰。

【長沙二十八日下午六時專電】據報：我周渾元李雲杰王東原各部，將下灌水打鋪之匪完全擊潰，業與粵軍獨三師等會合，向匪追剿。

【福州二十八日下午九時專電】劉和鼎部連日分兩路進剿松溪政和匪，斃匪甚多，現已進駐松溪縣城。

【開封二十八日中央社電】二十七日晚龐炳勳部某旅，在方城東北硯山鋪，與殘匪激戰，夜十時匪乘風雨中向東南潰竄，是役斃匪二百餘名，生擒偽營長一名，匪兵數十名，槍數十枝，偽營長已解交四十軍軍部訊究。

1

17. 东路军已克复清流，湘匪越零陵西窜，桂边“共匪”回窜永明、江华，刘和鼎部进驻松溪县城，1934 年 11 月 29 日第 3 版

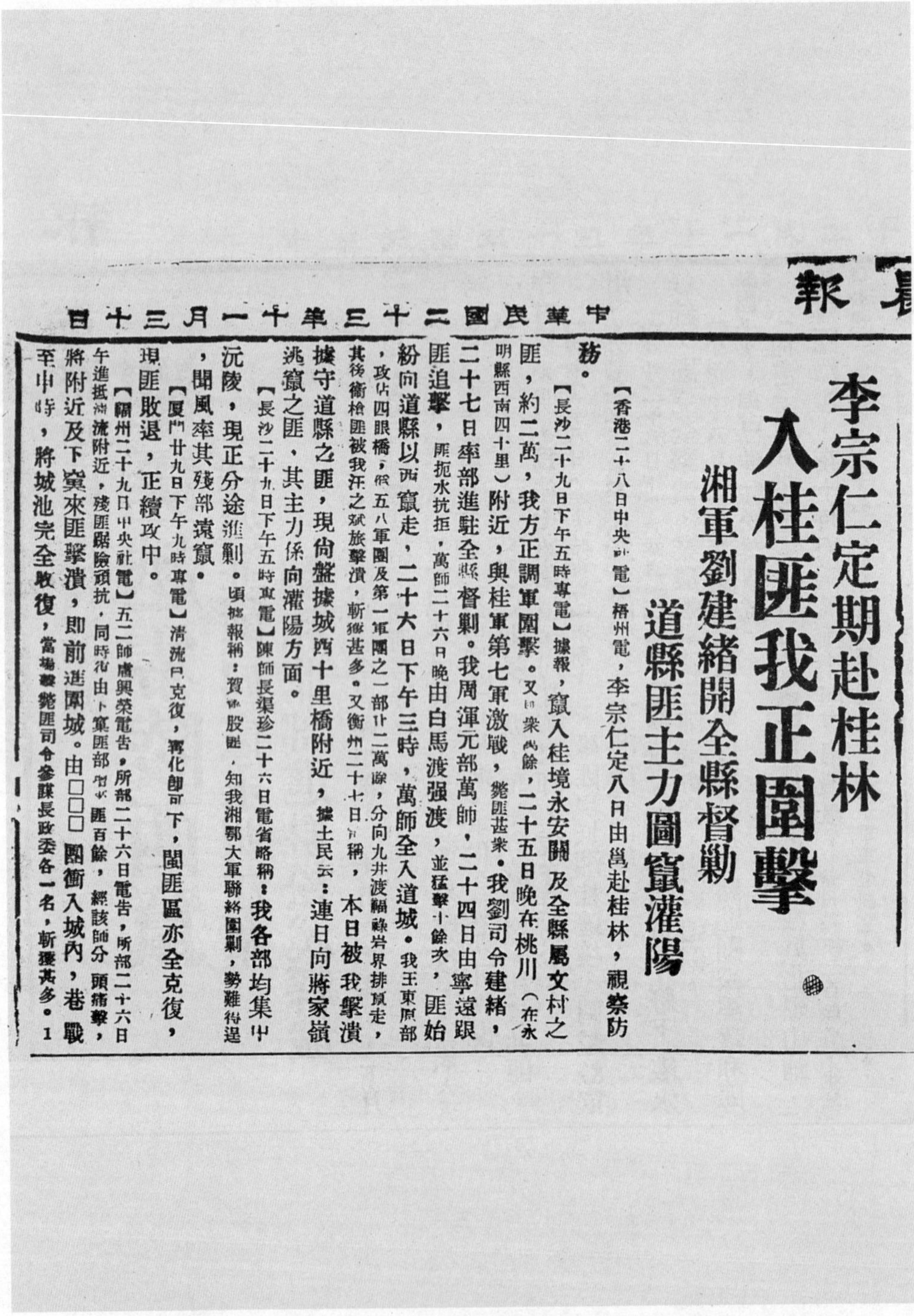

報

中華民國二十三年十一月三十日

李宗仁定期赴桂林

入桂匪我正圍擊

湘軍劉建緒開全縣督剿

道縣匪主力圖竄灌陽

【香港二十八日中央社電】梧州電，李宗仁定八日由邕赴桂林，視察防務。

【長沙二十九日下午五時專電】據報，竄入桂境永安關及全縣屬文村之匪，約二萬，我方正調軍圍擊。又匪衆尚餘，二十五日晚在桃川（在永明縣西南四十里）附近，與桂軍第七軍激戰，斃匪甚衆。我劉司令建緒，二十七日率部進駐全縣督剿。我周渾元部萬師，二十四日由寧遠跟匪追擊，匪扼水抗拒，萬師二十六日晚由白馬渡强渡，並猛擊十餘次，匪始紛向道縣以西竄走，二十六日下午三時，萬師全入道城。我王東原部，攻佔四眼橋，俄五八軍團及第一軍團之一部廿二萬餘，分向九井渡[illegible]岩界排竄走，其後衛槍匪被我汪之斌旅擊潰，斬獲甚多。又衡州二十七日訊稱，本日被我擊潰據守道縣之匪，現尚盤據城西十里橋附近，據土民云：連日向蔣家嶺逃竄之匪，其主力係向灌陽方面。

【長沙二十九日下午五時專電】陳師長渠珍二十六日電省略稱：我各部均集中沅陵，現正分途進剿。頃據報稱：賀蕭股匪，知我湘鄂大軍聯絡圍剿，勢難得逞，聞風率其殘部遠竄。

【廈門廿九日下午九時專電】清流已克復，寧化即可下，閩匪區亦全克復，現匪敗退，正續攻中。

【福州二十九日中央社電】五二師盧興榮電告，所部二十六日電告，所部二十六日午進抵清流附近，殘匪踞險頑抗，同時復由下窠匪部增步匪百餘，經該師分頭痛擊，將附近及下窠來匪擊潰，即前進圍城。由□□□圍衝入城內，巷戰至中時，將城池完全收復，當場擊斃匪司令參謀長政委各一名，斬獲甚多。1

18. 李宗仁定期赴桂林，入桂匪我正围击，湘军刘建绪开全县督剿，道县匪主力图窜灌阳，1934年11月30日第3版

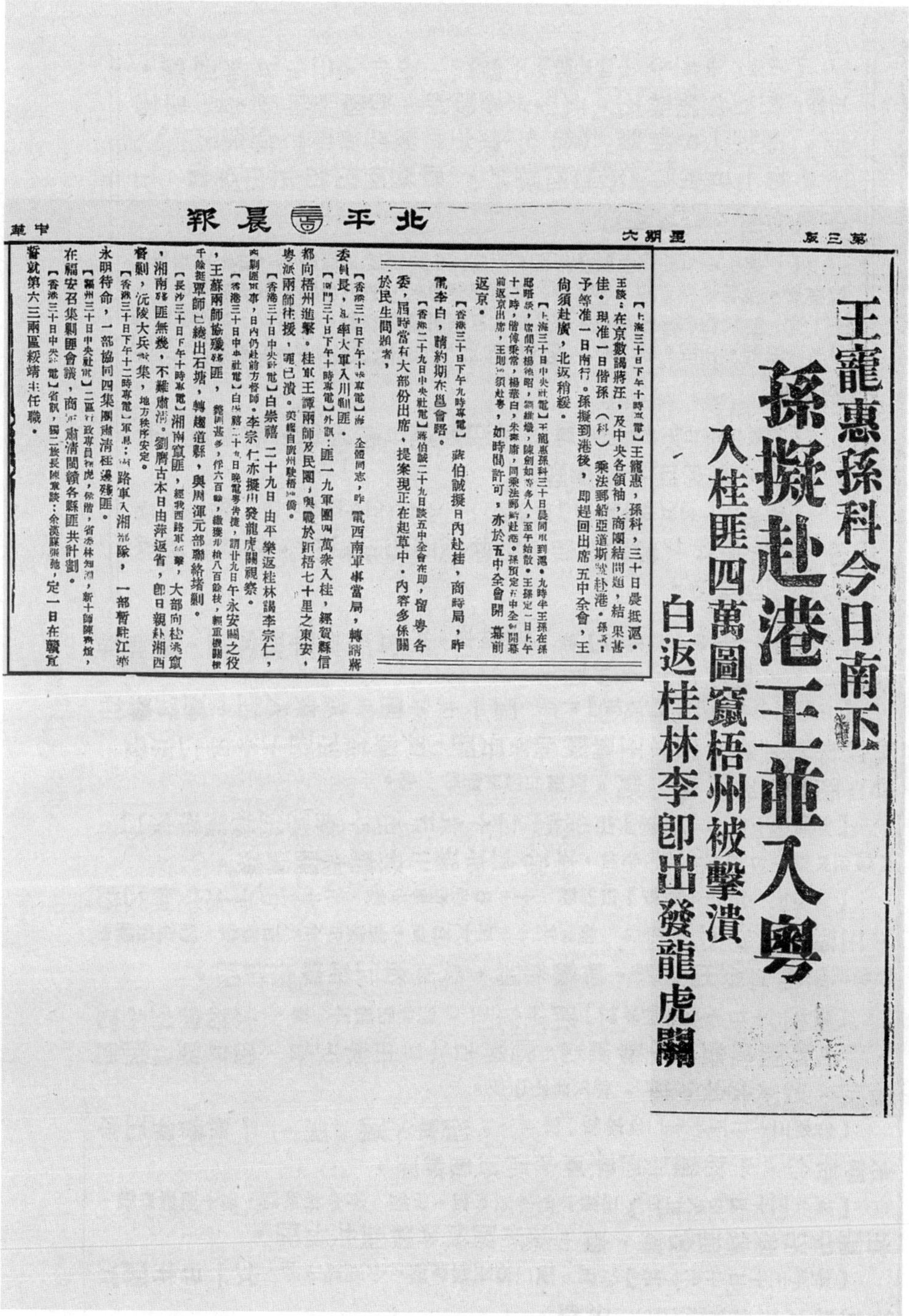

第三版　星期六　北平晨報　中華

王寵惠孫科今日南下

孫擬赴港王並入粵

入桂匪四萬圖竄梧州被擊潰

白返桂林李即出發龍虎關

【上海三十日下午十時專電】王寵惠，孫科，三十日晨抵滬。王談：在京數謁蔣汪，及中央各領袖，商關結問題，結果甚佳。現准一日偕孫（科）乘法郵船亞道斯號赴港。孫談：予等准一日南行。孫擬到港後，即趕回出席五中全會，王尚須赴廣，北返稍緩。

【上海三十日中央社電】王寵惠孫科三十日晨同車到滬。九時半王孫在孫邸晤談，席間有楊德昭，劉維熾，陳劍如等多人，至午始散。王孫定一日上午十一時，偕傅秉常，楊蔭白，朱家康，同乘法郵船赴港。孫預定五中全會開幕前返京出席，王則尚須赴粵，如時間許可，亦於五中全會開幕前返京。

【香港三十日下午九時專電】蔣伯誠擬日內赴桂，商時局，昨電李白，請約期在邕會晤。

【香港二十九日中央社電】蔣伯誠二十九日談五中全會在即，留粵各委，屆時當有大部份出席，提案現正在起草中。內容多係關於民生問題者。

【香港三十日下午十時專電】海□全體同志，昨電西南軍事當局，轉請蔣委員長，速率大軍入川剿匪。

【廣門三十日下午十時專電】外訊：匪一九軍團四萬衆入桂，經賀縣信都向梧州進擊。桂軍王譚兩師及民團，與戰於距梧七十里之東安，粵派兩師往援，匪已潰。吳毓自廣州駛梧□僑。

【香港三十日中央社電】白崇禧二十九日由平樂返桂林謁李宗仁，商剿匪軍事，日內仍赴前方督師。李宗仁亦擬川發龍虎關視察。

【香港三十日中央社電】白崇禧二十九日晚電粵告捷，謂廿九日午永安關之役，王蘇兩師協殲殘匪，斃匪甚多，俘六百餘，繳獲步槍八百餘枝，輕重機關槍千餘挺匪師已繞出石塘，轉趨道縣，與周渾元部聯絡堵剿。

【長沙三十日下午十時專電】湘南竄匪，經我西路軍猛擊，大部向杜洗竄，湘南殘匪無幾，不難肅清。劉膺古本日由萍返省，即日親赴湘西督剿，沅陵大兵雲集，地方秩序安定。

【香港三十日下午十二時專電】軍息：兩路軍入湘部隊，一部暫駐江華永明待命，一部協同四集團肅清桂邊殘匪。

【福州三十日中央社電】二區行政專員林虎，保僧，省委林知淵，新十師陳齊煊，在福安召集剿匪會議，商定肅清閩贛各縣匪共計劃。

【香港三十日中央社電】省訊，獨二旅長陳章談：余漢謀張弛，定一日在韶宣誓就第六三兩區綏靖主任職。

19. 王宠惠、孙科今日南下，孙拟赴港王并入粤，入桂匪四万图窜梧州被击溃，白（崇禧）返桂林李（宗仁）即出发龙虎关，1934 年 12 月 1 日第 3 版

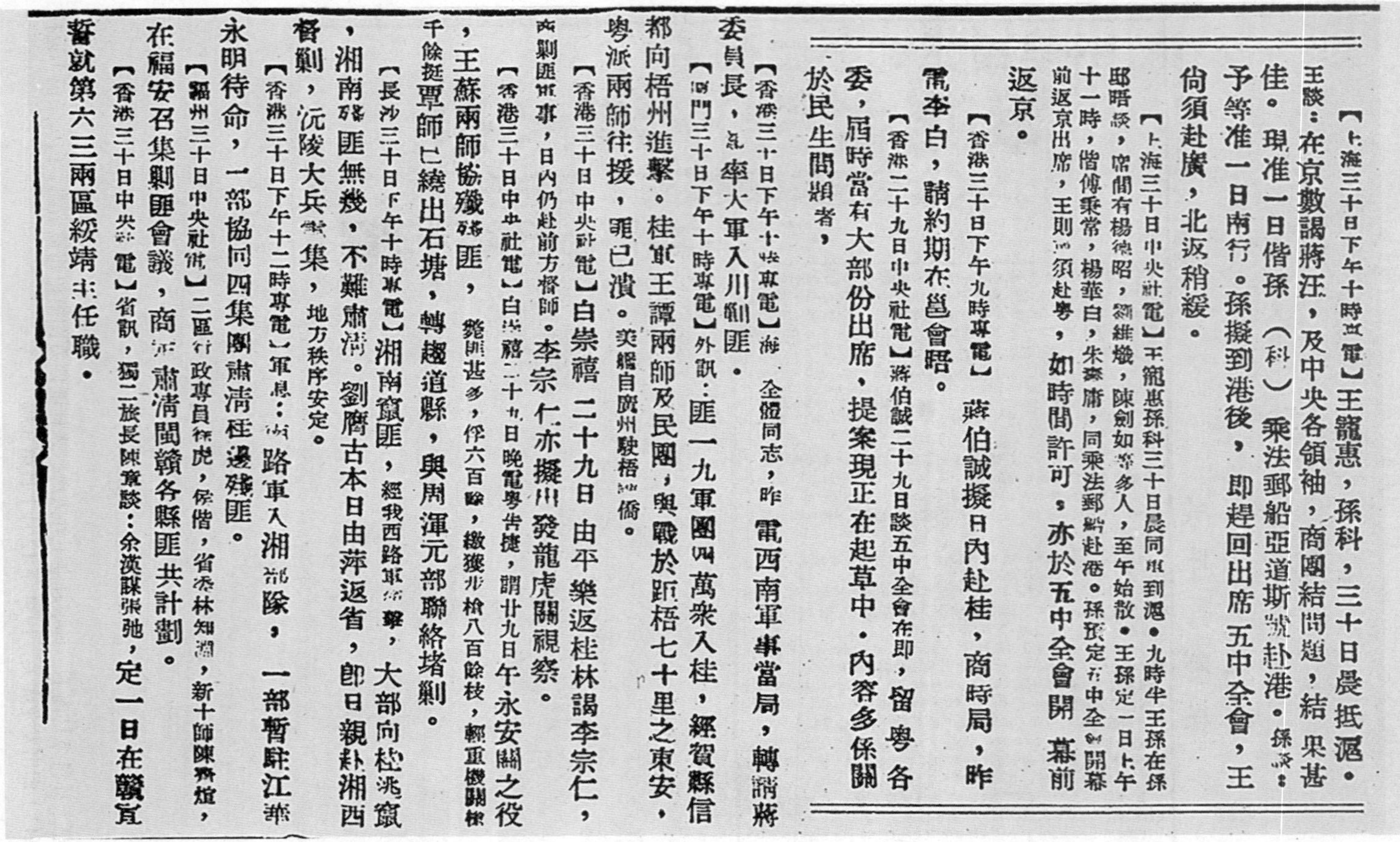

【上海三十日下午十時專電】王寵惠，孫科，三十日晨抵滬。王談：在京數謁蔣汪，及中央各領袖，商團結問題，結果甚佳。現准一日偕孫（科）乘法郵船亞道斯號赴港。孫談：予等准一日南行。孫擬到港後，即趕回出席五中全會，王倘須赴廣，北返稍緩。

【上海三十日中央社電】王寵惠孫科三十日晨同[illegible]到滬。九時半王孫在孫邸晤談，席間有楊德昭，劉維熾，陳劍如等多人，至午始散。王孫定一日上午十一時，偕傅秉常，楊華白，朱家[illegible]，同乘法郵船赴港。孫預定在中全會開幕前返京出席，王則[illegible]須赴粵，如時間許可，亦於五中全會開幕前返京。

【香港三十日下午九時專電】蔣伯誠擬日內赴桂，商時局，昨電李白，請約期在邕會晤。

【香港二十九日中央社電】蔣伯誠二十九日談五中全會在即，留粵各委，屆時當有大部份出席，提案現正在起草中，內容多係關於民生問題者，

【香港三十日下午十一時專電】海[illegible]全體同志，昨電西南軍事當局，轉請蔣委員長，[illegible]率大軍入川剿匪。

【[illegible]門三十日下午十時專電】外訊：匪一九軍團四萬衆入桂，經賀縣信都向梧州進擊。桂軍王譚兩師及民團，與戰於距梧七十里之東安，粵派兩師往援，匪已潰。[illegible]艦自廣州駛梧[illegible]僑。

【香港三十日中央社電】白崇禧二十九日由平樂返桂林謁李宗仁，商剿匪軍事，日內仍赴前方督師。李宗仁亦擬川發龍虎關視察。

【香港三十日中央社電】白崇禧二十九日晚電粵告捷，謂廿九日午永安關之役，王蘇兩師協殲殘匪，斃匪甚多，俘六百餘，繳獲步槍八百餘枝，輕重機關槍千餘挺，覃師已繞出石塘，轉趨道縣，與周渾元部聯絡堵剿。

【長沙三十日下午十時專電】湘南竄匪，經我西路軍[illegible]擊，大部向松洮竄，湘南殘匪無幾，不難肅清。劉膺古本日由萍返省，即日親赴湘西督剿，沅陵大兵[illegible]集，地方秩序安定。

【香港三十日下午十二時專電】軍息：[illegible]路軍入湘[illegible]隊，一部暫駐江華永明待命，一部協同四集團肅清桂邊殘匪。

【福州三十日中央社電】二區行政專員徐虎，偕省委林知淵，新十師陳齊煊，在福安召集剿匪會議，商[illegible]肅清閩贛各縣匪共計劃。

【香港三十日中央社電】省訊，獨二旅長陳章談：余漢謀張弛，定一日在韶宣誓就第六三兩區綏靖主任職。

（局部图）

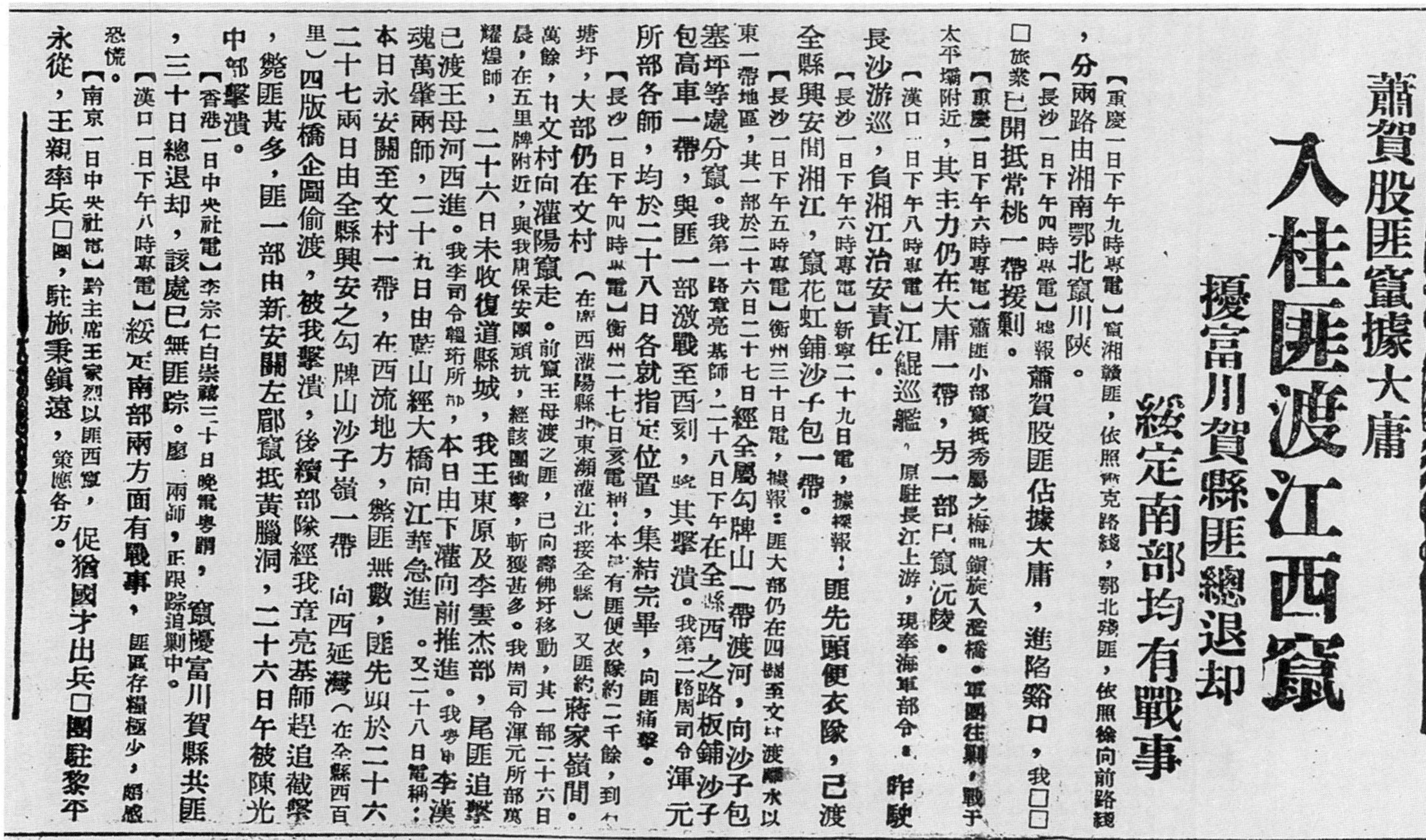

蕭賀股匪竄據大庸

入桂匪渡江西竄

擾富川賀縣匪總退却

綏定南部均有戰事

【重慶一日下午九時專電】竄湘贛匪，依照蕭克路綫，鄂北殘匪，依照徐向前路綫，分兩路由湘南鄂北竄川陝。

【長沙一日下午四時專電】地報蕭賀股匪佔據大庸，進陷谿口，我□□□旅業已開抵常桃一帶援剿。

【重慶一日下午六時專電】蕭匪小部竄抵秀屬之梅樹鎮旋入澀橋，軍團往剿，戰于太平壩附近，其主力仍在大庸一帶，另一部已竄沅陵。

【漢口一日下午八時專電】江緝巡艦，原駐長江上游，現奉海軍部令，昨駛長沙游巡，負湘江治安責任。

【長沙一日下午六時專電】新寧二十九日電，據探報：匪先頭便衣隊，已渡全縣興安間湘江，竄花虹鋪沙子包一帶。

【長沙一日下午五時專電】衡州三十日電，據報：匪大部仍在四關至文市渡灕水以東一帶地區，其一部於二十六日二十七日經全屬勾牌山一帶渡河，向沙子包塞坪等處分竄。我第一路韋亮基師，二十八日下午在全縣西之路板鋪沙子包高車一帶，與匪一部激戰至酉刻，將其擊潰。我第二路周司令渾元所部各師，均於二十八日各就指定位置，集結完畢，向匪痛擊。

【長沙一日下午四時專電】衡州二十七日亥電稱：本日有匪便衣隊約二千餘，到六塘圩，大部仍在文村（在廣西灌陽縣北，東瀕灌江北接全縣）又匪約蔣家嶺間。萬餘，由文村向灌陽竄走。前竄王母渡之匪，已向壽佛圩移動，其一部二十六日晨，在五里牌附近，與我廂保安團頑抗，經該團衝擊，斬獲甚多。我周司令渾元所部萬耀煌師，二十六日未收復道縣城，我王東原及李雲杰部，尾匪追擊已渡王母河西進。我李司令韞珩所部，本日由下灌向前推進。我粵軍李漢魂萬肇兩師，二十九日由藍山經大橋向江華急進。又二十八日電稱：本日永安關至文村一帶，在西流地方，殘匪無數，匪先頭於二十六二十七兩日由全縣興安之勾牌山沙子嶺一帶向西延灣（在全縣西百里）四版橋企圖偷渡，被我擊潰，後續部隊經我韋亮基師趕追截擊，斃匪甚多，匪一部由新安關左鄺竄抵黃臘洞，二十六日午被陳光中部擊潰。

【香港一日中央社電】李宗仁白崇禧三十日晚電粵聞，竄擾富川賀縣共匪，三十日總退却，該處已無匪踪。廖、兩師，正跟踪追剿中。

【漢口一日下午八時專電】綏定南部兩方面有戰事，匪區存糧極少，頗感恐慌。

【南京一日中央社電】黔主席王家烈以匪西竄，促猶國才出兵□圖駐黎平永從，王親率兵□圖，駐施秉鎮遠，策應各方。

20. 萧（克）、贺（龙）股匪窜据大庸，入桂匪渡江西窜，扰富川、贺县匪总退却，绥定南部均有战事，1934 年 12 月 2 日第 3 版

北平晨報　　星期二　　第三版

五中全會期已迫近
各方準備入京參加
李宗仁明日赴港晤孫王
偷渡湘江匪全綫崩潰

【上海二日下午十一時專電】五中全會期近，留滬中委蔡元培等，準備日內入京出席。程潛，張知本，何世楨，薛篤弼等，今日曾一度集議，對出席問題，有所商訂。

【上海二日下午十一時專電】李烈鈞午由潯到滬談：在原籍療宿疾，以醫藥供應不便，血壓曾高至一八七度，故回滬調治。五中全會出席否，尚未定。

【上海二日中央社電】張貞一日由厦乘渣華公司芝加拿輪來滬，三日可到，休息二三日，即入京出席五中全會。

【上海二日下午十時專電】可靠息：西南已決推鄧青陽等，代表出席五中全會，劉蘆隱亦將携各委員提案北來。

【香港二日下午九時專電】鄒魯昨夜乘輪抵港。現蕭佛成，鄧澤如，鄒魯，李仙根，劉蘆隱，鄧青陽，陳耀垣等，均集港。

【香港二日中央社電】省訊，李宗仁因孫科王寵惠三日可抵港，擬四日由桂乘輪赴港會晤。

【長沙二日下午四時專電】全縣三十日電，本日我劉建緒部與匪一三五軍團在覺山朱蘭舖白沙舖一帶，自辰苦戰至酉，將匪全綫擊潰。匪傷亡近兵，我軍略有傷亡，共繳獲槍六千餘支，機槍迫砲四十餘挺，為剿匪以來未有之大捷。殘匪一部，向西延方面竄走，正尾追中。又一日電：本日下午二時，在全縣以南之鹹石渡，與桂軍在石塘墟，將匪約五團之衆包圍，匪無力抵抗，正繳械中。又章師長亮基三十日電稱：在全縣偷渡之匪，約二萬餘，自經我軍迎頭痛擊後，經板橋舖狼狽潰竄。昨晨我所派之追剿部隊，又在途中大嶺將該匪痛擊，斃匪近千餘，傷匪無算，奪獲亦衆。匪偽團長營長連長以後陣亡數名，實力損失甚重。已無戰鬥能力，不難一鼓殲滅。

【貴陽三十日中央社電】王家烈日內由貴陽赴前方佈置防堵工事。今日由行營先行出發所有軍隊全由王直接指揮，前設之前敵總指揮部已撤銷。

【重慶二日下午九時專電】蕭賀匪一股回竄秀山，被川軍圍擊於太平壩，偽六軍團獨立師長王公澤被生擒，匪已潰不成軍。巴中自秋徂冬，饑寒而死者已達數萬。

【長沙二日下午六時專電】何鍵派劉膺古為剿匪軍追剿預備軍縱隊司令，即日移駐常德，指揮各部痛剿賀蕭兩匪。

【福州二日下午十時專電】閩南剿匪部，決肅清散匪，對漳浦，和平，南靖三縣邊境土共，限期肅清。

21. 五中全会期已迫近，各方准备入京参加，李宗仁明日赴港晤孙（科）、王（宠惠），偷渡湘江匪全线崩溃，1934 年 12 月 3 日第 3 版

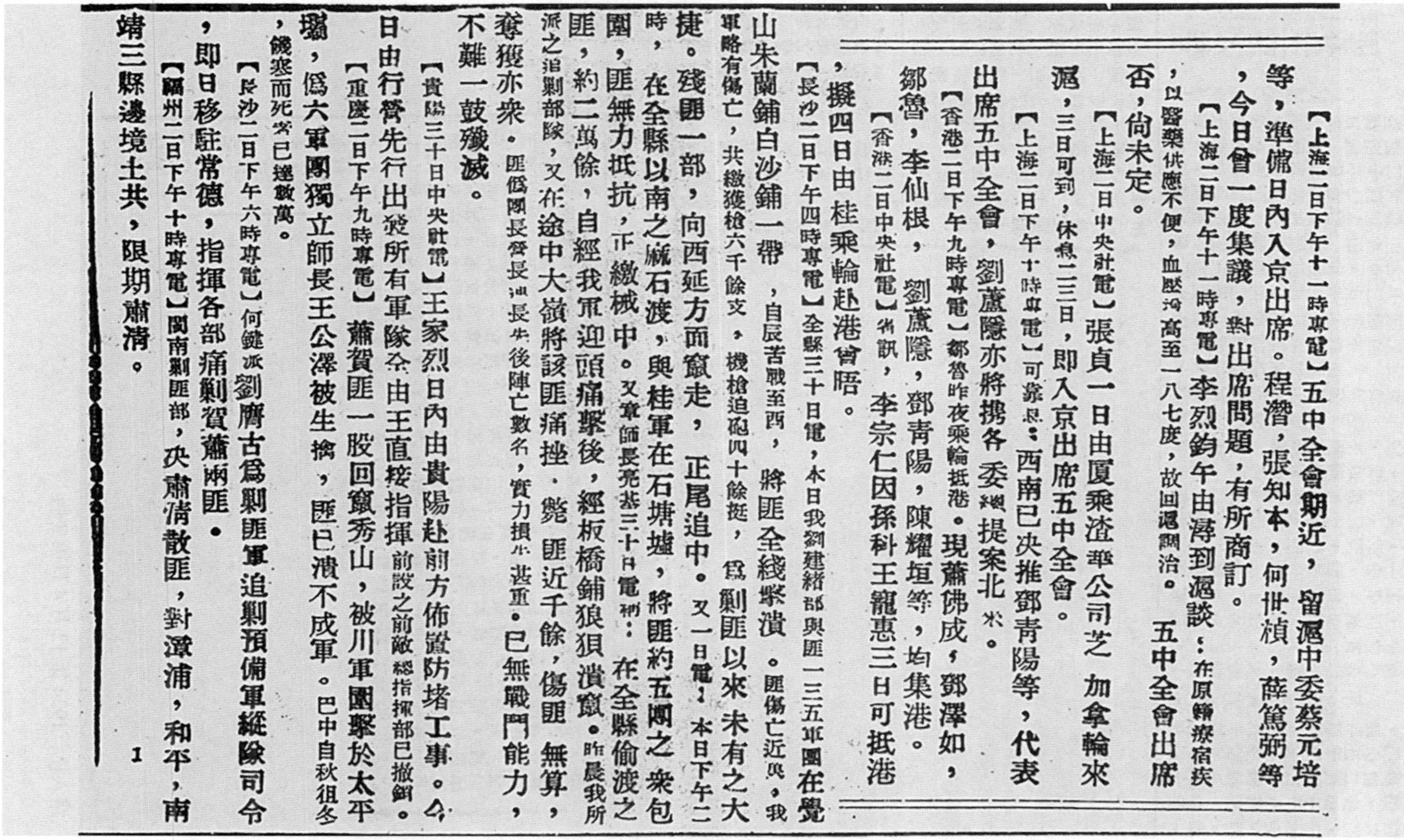
【上海二日下午十一時專電】五中全會期近，留滬中委蔡元培等，準備日內入京出席。程潛，張知本，何世楨，薛篤弼等，今日曾一度集議，對出席問題，有所商訂。
【上海二日下午十一時專電】李烈鈞午由潯到滬談：在原籍療宿疾，以醫藥供應不便，血壓漲高至一八七度，故回滬調治。五中全會出席否，尚未定。
【上海二日中央社電】張貞一日由厦乘渣華公司芝加拿輪來滬，三日可到，休息二三日，即入京出席五中全會。
【上海二日下午十時專電】可靠息：西南已決推鄧青陽等，代表出席五中全會，劉蘆隱亦將携各委提案北來。
【香港二日下午九時專電】鄒魯昨夜乘輪抵港。現蕭佛成，鄧澤如，鄒魯，李仙根，劉蘆隱，鄧青陽，陳耀垣等，均集港。
【香港二日中央社電】省訊，李宗仁因孫科王寵惠三日可抵港，擬四日由桂乘輪赴港會晤。
【長沙二日下午四時專電】全縣三十日電，本日我劉建緒部與匪一三五軍團在覺山朱蘭鋪白沙鋪一帶，自辰苦戰至酉，將匪全綫擊潰。匪傷亡近萬，我軍略有傷亡，共繳獲槍六千餘支，機槍追砲四十餘挺，為剿匪以來未有之大捷。殘匪一部，向西延方面竄走，正尾追中。又一日電：本日下午二時，在全縣以南之鹹石渡，與桂軍在石塘墟，將匪約五團之衆包圍，匪無力抵抗，正繳械中。又章師長亮基三十日電稱：在全縣偷渡之匪，約二萬餘，自經我軍迎頭痛擊後，經板橋鋪狼狽潰竄。昨晨我所派之追剿部隊，又在途中大嶺將該匪痛擊，斃匪近千餘，傷匪無算，奪獲亦衆。匪偽團長營長連長先後陣亡數名，實力損失甚重。已無戰鬥能力，不難一鼓殲滅。
【貴陽三十日中央社電】王家烈日內由貴陽赴前方佈置防堵工事。今日由行營先行出發所有軍隊今由王直接指揮，前設之前敵總指揮部已撤銷。
【重慶二日下午九時專電】蕭賀匪一股回竄秀山，被川軍圍擊於太平壩，偽六軍團獨立師長王公澤被生擒，匪已潰不成軍。巴中自秋徂冬，饑寒而死者已達數萬。
【長沙二日下午六時專電】何鍵派劉膺古為剿匪軍追剿預備軍縱隊司令，即日移駐常德，指揮各部痛剿賀蕭兩匪。
【福州二日下午十時專電】閩南剿匪部，決肅清散匪，對漳浦，和平，南靖三縣邊境土共，限期肅清。
1

（局部图）

匪分三路入桂

【長沙通訊】此次贛匪全部竄入湘南，以我大軍到處堵截，匪已受創甚鉅，據二十六日我軍飛機報告，匪大部已過道縣之西江道間祥霖舖大盤舖附近，大有循蕭匪故道，冲破全縣興安西竄之勢。其最前兩部，左方二十三日午到桂境灌陽屬龍虎關附近，與桂軍接觸；右方先頭亦抵桂境全縣屬文市附近。匪在寧遠道縣一帶與我周渾元李雲杰王東原等部，迭次激戰，我中央飛機隊，亦相機轟擊，斃匪無算。我追剿總司令何鍵，爲防匪突圍，由桂境再竄湘西起見，已於東安，新寧，城步，武岡，綏寧，通道，會同一帶，節節佈防，加緊碉堡工事，如匪到來，即予痛擊，匪欲回竄，殊非易易。至匪之實力及其行動，經我方所得各種情報，大略如次：

甲，匪之實力：一，匪一軍團人數八千餘人步馬槍五千餘支，手槍及自動步槍二百餘支，機槍百五十挺，梭標一千八百桿，步兵砲六門，平射砲四門。二，匪三軍團人數九千餘，步馬槍五千餘支，手槍及自動步槍七十餘支，機槍八十挺，梭標一千桿，山砲二門，迫擊砲六門。三，匪五軍團人數六千餘，步馬槍三千五百支，機槍五十挺。四，匪八軍團人數六千，步馬槍三千支，機槍二三十挺。五，匪九軍團人數二千六七百，步馬槍三千餘支機槍十餘挺。其他尚有教導師幹部團，瑞金司令部獨立營，總衛生部，政治部，保衛局，勤務部等，人數未詳。

乙，匪之行動：一，僞三五八九等軍團共槍約二萬餘支於二三等日竄至汝城境內，經會合後，再分兩路西竄。至宜良之線，又稍停頓。至十三十四等日，再分三路西竄。但其僞中央各機關，似以僞五軍團及僞一軍團大部，由其南北兩路之中間地區行進，二，僞一三兩軍團及僞八軍團，大部，相繼取消延壽文明赤石至良田後，其僞一軍團大部與僞五軍團，由宜章西進，其餘仍由桂陽南境及嘉禾寧遠西竄，是爲匪北路，更於其北，另派右側衛。三，僞九軍團及僞八軍團之一部在右路之左側，稍後行進，由城口，沙木洞經茶料蔚，關溯，塘村圩，坪石，宜章，梅田，臨武，藍山西竄，是爲匪南路。四，僞中央各機關及僞病兵等無戰鬥能力部隊，似隨僞五軍團及僞一軍團殘部，掩護行進，經由宜臨，兩僞隊由中央行進，可認爲僞中央隊，五，現在匪軍除沿途遺留有少數槍匪，交由次等匪首率領，收容落伍匪兵，併作擴大騷亂外，其大股現已完全竄過臨武嘉禾之線，到達寧遠以南，江華道縣以東地區中。（二十九日）

5

22. 匪分三路入桂，1934 年 12 月 4 日第 3 版

中華民國二十三年十二月四日

寧化縣城一日收復

湘南現已無匪蹤

何鍵令派兩兵團總指揮

入桂匪主力殲滅殆盡

【南昌三日中央社電】行營公布，据前方電報，我軍五十二師，于十二月一日午，收復閩之寧化城。本盤踞寧化之匪，係偽閩贛省游擊隊少年先鋒隊等，人槍約六百餘。是役斃匪二百餘名，俘匪百餘名，殘匪向寧化北中沙潰竄。我軍現正追剿中。

【南昌三日中央社電】盧興邦電稱，所部二十九日在大基頭地方附近，擊潰匪[illegible]後，三十日親率所部，続向寧化縣城前進。午後，在上壟遇匪四五百人，據險頑抗，相持至一日巳時，匪始不支，紛向中沙潰竄。一日午，確實佔領寧化縣城。此役斃匪百餘，俘匪數十，獲步槍數十枝。

【長沙三日下午六時專電】我劉建緒所部，三十日在全縣西南之黨山大捷後，某師長率補充各團，星夜躡追，東抵鹹水麻子渡，與匪激戰，斃匪二千餘，獲槍千餘枝。又麻子渡與石塘圩之間，有匪四五千，我正與桂軍圍剿。匪一股由麻子渡界首等處，渡過離水口西北竄逃。文市界首間，尚有匪大部希圖跟竄，我正截剿中。全縣南大肚嶺白沙之匪一部，一日經我擊潰，頗多斬獲。我空軍三十日在麻子渡南渡馬鞍山蓬塘及文市至石塘圩大嶺背，各發現匪數千，當投彈並開機槍掃射，斃匪甚多。匪在山頭附近搭游動浮橋四座，又全縣南循藕塘附近浮橋五座，均經我軍摧毀，湘南現已無股匪。我□師一日赶赴城步，堵匪西竄。□師□代旅長□□，已派兵扼新寧及梅溪口界牌等處，構築工事固守。

【長沙三日下午六時專電】何鍵爲便利指揮起見，昨更定，追剿總司令直轄追剿軍第一第二兩兵團，預備兵團，及湖南保安部所屬團隊。派劉建緒薛岳分任第一第二兵團總指揮，劉膺古任預備兵團指揮。

【香港三日下午七時專電】桂四集團軍連日大敗犯桂邊之殘匪二萬餘人，西竄主力，已爲桂軍殲滅殆盡。黔軍總預備隊結集於重安江，其餘部隊已向東推進。

23. 宁化县城一日收复，湘南现已无匪踪，何键令派两兵团总指挥，入桂匪主力歼灭殆尽，1934年12月4日第3版

李宗仁電告 堵剿殘匪經過

【本市消息】李宗仁昨有通電到平，報告堵剿殘匪經過。原電如下：（銜略）均鑒。共匪盤踞贛閩，荼毒七年，自九次圍剿以來，節節潰敗，仍企圖西竄，另派赤區。乃令偽軍長蕭克，率匪萬餘，作西竄之先鋒，偵察途徑，取道湘桂邊境。本軍經派廖軍長磊，率領七軍，協同湘黔友軍追剿。

沿

桂湘黔邊境山地，深入黔省東北地區，轉戰月餘，幸將該匪主力消滅，剩餘匪衆，不及千人，槍械僅存數百枝。方冀一鼓盪平，以絕後患，適遇赤匪主力，又復由興西竄。桂省昆連湘粵方面，五嶺綿亘逾七百餘里，防綫太寬，兵力單薄，除遵委座電令，一兩集中十五軍全部于全桂，力面，協同民團從事佈防外，並機調第七軍兼程回桂，參加堵截，功虧一簣，遺恨實深。第七軍上月十六日回抵桂林，共適匪主力已進至湘南寧遠藍山之綫，復奉委座電令，以追剿各軍，偏西北，須防共匪避實就虛，南繞富賀西竄，更難剿辦等因，

同

時以兵力不足，若處處佈防，必處處薄弱，遂一面分兵協同民團守備湘桂江沿岸及邊境既設堡壘，同時集中兩軍主力，佈置於龍虎關恭城一帶堵匪，相機策應富賀及全興兩方，冀以推動作戰，捕捉匪之主力，一舉將其擊破。而匪自抵寧遠後，竟為一九兩軍圍，由江華永明方面分擾富賀邊境及龍虎關，我經我軍數日力戰，將其擊潰，而其主力亦於斯時經道縣，突破我灌陽北方之四關，經全縣南方之文市西竄。我軍除仍以一部繼續掃盪江華永明方面之匪外，即將十五軍全部及第七軍一部，迅速轉移於興安灌陽以北，蘇江新墟鹹水界首之綫，向匪側面攻擊。同時與進入全縣附近之湘軍，約定兩方夾擊，冀乘全縣以西之山地阻匪之利，於全縣南方地區，將匪殲滅。七日以來，我十五軍主力在文市南方

廿

與偽三五各軍團全部及八軍團之一部接戰，彭匪德懷親自督戰，甚爲激烈，以新墟一地，彼此肉搏數次，得而復失者再，雙方死傷過千。而興全方面，沿湘水西岸佈防，長逾二百里，我軍僅有一師，協同民團堵截。二十七日以來，當面之匪，愈戰愈多，二十七日晚被匪四處突破，目下在興安北方之伏燕鋪之布坪之線，與敵對峙。現我第七軍主力，已于二十九日加入文市南方戰綫，今晨拂曉，由文市西方之古嶺頭渤塘墟方面突破敵之攔腰截擊，擒斬赤匪二千餘，獲槍一千二百餘枝，彭匪僅以身免，本軍官兵亦傷亡五百餘人，正向界首方面追擊中。刻據我連絡飛機報告，全縣附近之湘軍，今晨已開始向南推動，計程本日下午可達咸水界首之綫，迎頭堵截，料今明兩日，可望將匪之主力擊潰也。謹電略陳。李宗仁叩冬（二日）印。

24. 李宗仁电告堵剿残匪经过，1934 年 12 月 5 日第 3 版

晨報
中華民國二十三年十二月五日

湘軍大部開抵湘西

堵剿入桂匪西竄

蕭賀股匪由大庸竄桑永

竄昌化殘匪潰績溪邊境

【倫敦三日中央社哈瓦斯電】中國江西共黨之失敗，各國輿論，頗爲注意。曼徹斯他保衛報，評論中國共黨抵抗力之日漸減少，認爲滿意。謂共黨既已失敗，則下屆中國舉行五全大會時，蔣委員長將建議各種辦法，以謀全國之統一，而無須再以武力解決內政問題。該報謂共黨數年以來，盤據江西，爲中國和平及統一之最大障碍。現國軍直搗匪巢，共黨已失抵抗之力。所謂赤禍，從此消滅，此深堪慶幸者。中國當局，對於國家和平統一，不斷努力表宣言，吾人深望能發生良好結果云。

【貴陽三日中央社電】王家烈定三四日內出發防堵竄匪西竄，頃電猶國材，侯之擔，催派兵開赴指定地點，王本人親赴前方指揮。

【香港四日下午九時專電】軍訊：石塘東西匪均被擊潰，向界首鋪（在廣西全縣西南）咸水墟（廣西興安縣屬）全縣逃竄。七軍在文市分途掃蕩。

【長沙四日下午七時專電】衡州電，匪大部經我劉紀諸部擊潰後，經咸水墟向西延逃竄。我□師到新寧，□師取捷徑向西延追擊，□部開向新寧城武一帶堵剿。又□師二十九日經永安關前進，在瑀家灣高明橋節節擊潰股匪千餘，三十日申佔領文市，現已過石頭嶺蔣花塘西進中。又我軍一日在興隆村，見匪五六百正在徒涉，擊斃殆盡。咸水墟麻子渡等處，各發現匪二三千，亦斃孔衆。

【長沙四日下午九時專電】全州一日電，我□師大部在咸水墟白沙鋪，遇匪一部，當協同痛擊，斃匪甚多，尾追至咸水墟麻子渡間，復遇匪後援部隊，經我包圍痛擊，斃匪千餘，獲步槍四百支，及機槍迫砲自動步槍等，俘匪二千餘，即解全縣拍照。

【香港四日下午七時專電】秦二師獨立□旅追擊湘境殘匪，一日克復江華，匪向桂邊潰竄。

【長沙四日下午八時專電】蕭賀股匪，刻徘徊湘黔邊境，有向湘西進犯模樣。

【長沙四日下午十時專電】慈利一日電，二十八日進犯縣屬溪口之匪約千餘，經我朱指揮協助擊退，匪向大庸回竄。又三日電稱：匪大部確於三十日由大庸分向桑植永順兩方退竄，我軍刻正分路向匪進剿。

【漢口四日下午十時專電】湘鄂川黔軍聯合進剿賀匪，已將匪包圍。劉膺古就任預備軍縱隊司令，郭汝棟陝渠珍羅啓疆各部，均歸指揮督剿。

【重慶四日下午八時專電】川軍在秀山捕獲之匪師長王光澤，已解渝，經田旅審訊，原爲蕭克團長，願意反共。又川陝省蘇維埃，現移設通江毛浴鎮。

【漢口四日下午十一時專電】蕭之楚以川鄂防務重要，三日由鄖陽赴均縣，草店，黃龍灘鮑家店，鄖西上津，竹谿各處視察防務，按各地爲鄂省入川門戶。此後，鄂北邊防，當益鞏固。

【龍巖三日中央社電】東路軍攻克寧化，破獲潛匿在該地之僞閩省蘇維埃機關，俘匪偽員甚夥。閩匪區僅剩寧化一縣，今已攻克，閩省匪區，完全收復。

【杭州三日中央社電】潰竄昌化小八都殘匪，昨復向西北竄逃，正激我軍超關某營，激戰數小時，斃匪甚衆，並獲械彈甚多，匪不支，潰向績溪邊境竄退，我軍正在追擊中。

25. 湘军大部开抵湘西，堵剿入桂匪西窜，萧（克）、贺（龙）股匪由大庸窜桑永，窜昌化残匪溃绩溪边境，1934 年 12 月 5 日第 3 版

湘西大軍雲集
分別堵剿中
湘追剿預備軍名義取消
第十二綏靖區擬設福州

【長沙五日下午七時專電】全縣二日電稱：麻子渡咸水墟一帶之匪，經我李覺章亮基何平各部痛剿，共斃匪確在一萬以上。匪僞前敵指揮及僞參謀長，均先後陣亡。又衡州同日電稱：我第二路各師，已由東安向武關推進。我第三路周渾元部，二日過麻子渡經咸水墟尾匪猛追中。我第四路李王兩部，已過車水嶺，取捷徑向綏寧進。我第五路李韞珩部，一日抵零陵。我第一路總司令建緒，率所部於二日晨出發，向新寧前進，我李師長率各部，由白沙尾匪追剿。我劉代旅長建文，率所部二日開赴梅溪口（在全縣西北通湖南新寧）界牌一帶堵截。我陶廣師，已將大肚岑白沙之匪擊潰，斬獲甚多，一日抵寨圩，二日向梅溪口西延車田地區分途堵截。我章亮基師主力，取捷徑直趨西岩坊附近堵剿。我陳光中師，一日在四版橋司營，二日達城步。

【長沙五日下午七時專電】慈利電稱：我朱炳勛部廿九日晚，將溪口收復，匪受創紛向老鴉口方面潰竄。我陳渠珍師在貓村松柏場石堤等處，將匪痛擊匪向大庸逃竄。

【長沙五日下午七時專電】何鍵准劉司令膺古辭去剿匪軍追剿預備軍縱隊司令職，所有剿匪軍追剿預備軍名義，並經呈准委座，准予取銷，郭軍長汝棟所部，歸追剿總部直轄，獨立三十四旅，仍歸郭軍長指揮。

【福州九日中央社電】第十二綏靖區司令部擬設福州。

26. 湘西大军云集分别堵剿中，湘追剿预备军名义取消，第十二绥靖区拟设福州，1934年12月6日第3版

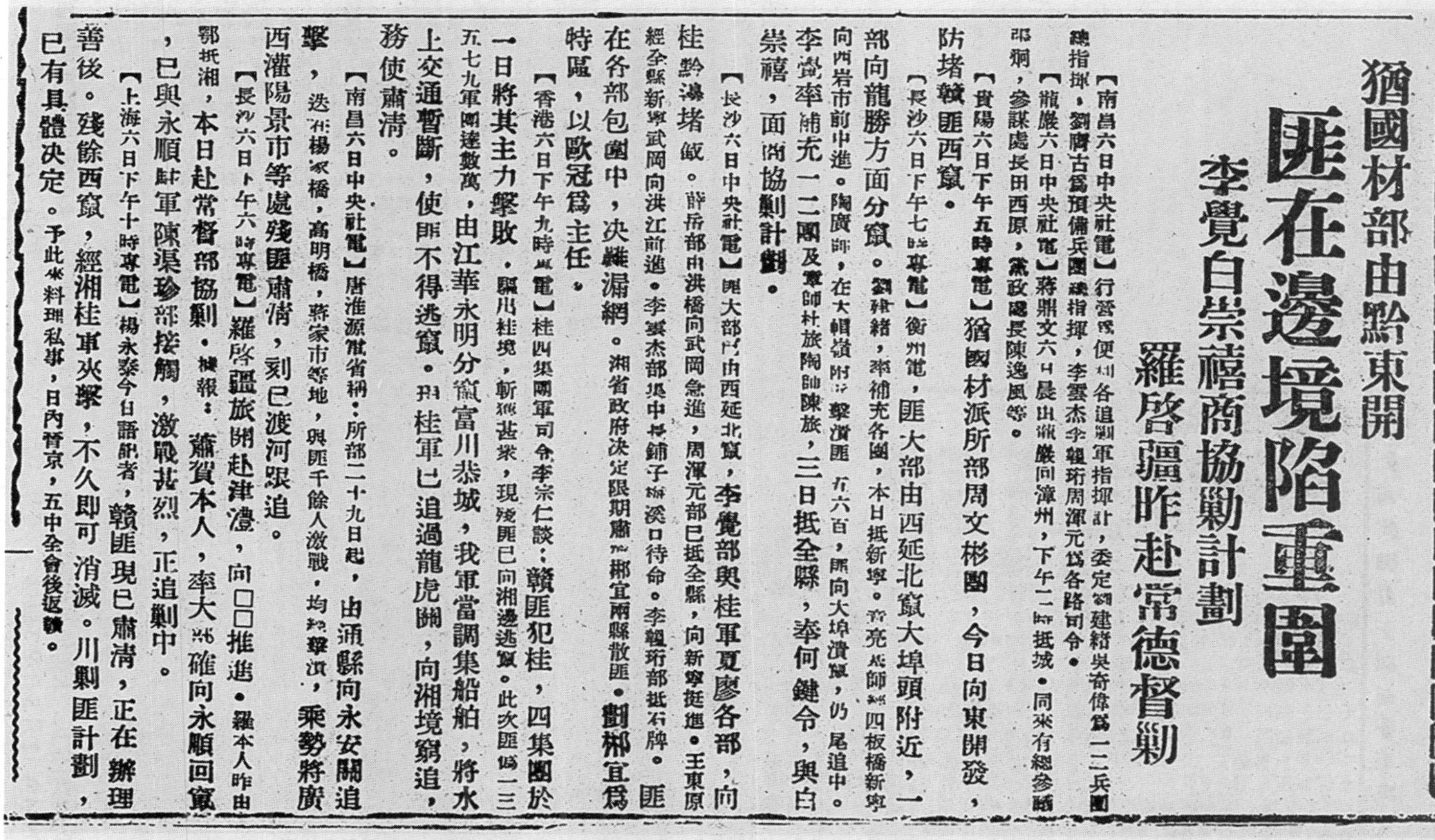

猶國材部由黔東開

匪在邊境陷重圍

李覺白崇禧商協勦計劃

羅啓疆昨赴常德督勦

【南昌六日中央社電】行營爲便利各追剿軍指揮計，委定劉建緒與奇偉爲一二兵團總指揮，劉膺古爲預備兵團總指揮，李雲杰李韞珩周渾元爲各路司令。

【龍巖六日中央社電】蔣鼎文六日晨由漳巖同漳州，下午二時抵城。同來有總參議邵洞，參謀處長田西原，黨政處長陳逸風等。

【貴陽六日下午五時專電】猶國材派所部周文彬團，今日向東開發，防堵贛匪西竄。

【長沙六日下午七時專電】衡州電，匪大部由西延北竄大埠頭附近，一部向龍勝方面分竄。劉建緒，率補充各團，本日抵新寧。章亮基師經四板橋新寧向西岩市前中進。陶廣師，在大帽嶺附近擊潰匪五六百，匪向大埠潰竄，仍尾追中。李覺率補充一二團及章師杜旅陶師陳旅，三日抵全縣，奉何鍵令，與白崇禧，面商協勦計劃。

【長沙六日中央社電】匪大部仍由西延北竄，李覺部與桂軍夏廖各部，向桂黔邊堵截。許岳部由洪橋向武岡急進，周渾元部已抵全縣，向新寧挺進。王東原經全縣新寧武岡向洪江前進。李雲杰部集中中鋪子西溪口待命。李韞珩部抵石牌。匪在各部包圍中，決難漏網。湘省政府決定限期肅清郴宜兩縣散匪。劃郴宜爲特區，以歐冠爲主任。

【香港六日下午九時專電】桂四集團軍司令李宗仁談：贛匪犯桂，四集團於一日將其主力擊敗，驅出桂境，斬獲甚衆，現殘匪已向湘邊逃竄。此次匪僞一三五七九軍團達數萬，由江華永明分竄富川恭城，我軍當調集船舶，將水上交通暫斷，使匪不得逃竄。刻桂軍已追過龍虎關，向湘境窮追，務使肅清。

【南昌六日中央社電】唐淮源電省稱：所部二十九日起，由涌縣向永安關追擊，迭在楊家橋，高明橋，蔣家市等地，與匪千餘人激戰，均經擊潰，乘勢將廣西灌陽景市等處殘匪肅清，刻已渡河跟追。

【長沙六日下午六時專電】羅啓疆旅開赴津澧，向□□推進。羅本人昨由鄂抵湘，本日赴常督部協勦。據報：蕭賀本人，率大部確向永順回竄，已與永順駐軍陳渠珍部接觸，激戰甚烈，正追勦中。

【上海六日下午十時專電】楊永泰今日語記者，贛匪現已肅清，正在辦理善後。殘餘西竄，經湘桂軍夾擊，不久即可消滅。川勦匪計劃，已有具體決定。予此來料理私事，日內晉京，五中全會後返贛。

27. 犹国才部由黔东开，匪在边境陷重围，李觉、白崇禧商协剿计划，罗启疆昨赴常德督剿，1934 年 12 月 7 日第 3 版

中華民國二十三年十二月八日

何鍵即日移駐寶慶

大軍集湘西圍剿

蕭賀匪圖竄沅水聲援

川匪亦擬偷渡嘉陵江

【長沙七日下午七時專電】何鍵以殘匪竄入湘桂交界，爲便指揮追剿起見，訂於日內將追剿總部移駐寶慶，前站人員，業已出發。

【長沙七日中央社電】追剿總部前站人員，均已抵寶慶。何鍵定本日返省一行，處理後方公務，八日移駐寶慶，指揮各部進剿竄匪。

【長沙七日下午六時專電】軍息：殘匪經我軍擊潰，似已向龍勝城步方面大小山中竄走。劉建緒四日率所部經新寧附近向武岡急進，陶廣師向梅溪口方面追剿，章亮基師四日經新寧續進，陳光中師向城步急進，李覺師四日率所部抵零陵附近，即移湘南一帶，搜剿散匪。曾岳率所部四日經新寧向武岡前進，周渾元所部四日抵黃沙河，其先頭正向新寧前進。王東原師向全縣前進，李雲杰部隨後跟進。李韞珩部四日經東安向新寧前進。

我永明汝城老縣團隊，連日搜剿散匪竄兵，各獲槍十餘枝，斃匪頗衆。

【長沙七日下午七時專電】羅霖師四日抵全縣，五日繞出新寧，向西追剿。桂夏威部，已與我軍聯絡追剿。

【長沙七日下午七時專電】據慈利縣長報，賀蕭匪原定計劃，如常澧可圖則圖，否則佯竄常澧，實竄沅水，牽制我軍，爲朱毛西竄聲援等語。

【長沙七日下午七時專電】常德三日電稱：昨午有槍匪三四百人由慈邊枞架山進擾，又南苞芬洲竄來匪一股，化裝難民，槍百數十支，人數倍之，竄入黃市，本處在金鶴觀與我軍遭遇，經迎頭痛擊，斃匪甚衆，正設法圍剿中。

【重慶七日下午十時專電】前綫各路軍事。已準備充分，俟劉湘返川後，即舉行總攻。劉昨由京電川，允盡量接濟田軍械彈，促田軍將領，從速回防。

【重慶七日下午十一時專電】匪向嘉陵江北岸增兵，似將再舉偷渡。陳匪昌浩，現駐廣元。渝對岸江北縣府，破獲共黨機關，獲男女犯五名，首要女犯黃華清七日槍決。

【香港七日下午九時專電】陳濟棠擬十五日通電，就綏靖主任。

【廈門七日下午九時專電】蔣鼎文昨由龍巖抵漳。閩西永定上杭武平粵軍，已全部回粵，由八三師劉勘部接防。

【廈門七日下午九時專電】漳訊，綏署照前總部組織，設八處，處長及各職員無更動。

28. 何键即日移驻宝庆，大军集湘西围剿，萧（克）、贺（龙）匪图窜沅水声援，川匪亦拟偷渡嘉陵江，1934 年 12 月 8 日第 3 版

何鍵昨返省今日赴寶慶

開始第二步圍剿

陳渠珍赴前線白崇禧返興安

川北匪又企圖突圍

【長沙八日中央社電】何鍵今午由衡專車返省，追剿總部全移寶慶，各部均已抵達目的地，即日開始向匪進剿。何鍵定九日赴寶督剿。

【南京八日中央社電】何鍵電告半月來追剿蕭匪經過。總計匪部實力，確已被我消滅三分之一，再督剿部遵照委座方略，作第二步圍剿。陳渠珍由鳳凰赴前綫，督剿賀匪。

【長沙八日下午八時專電】據報蕭賀本人率匪大部，已向永順回竄，大庸一帶，尚留匪囤駐。我朱樹勛保安團，已進駐溪口，俟會剿部隊到齊，即向大庸總攻。陳渠珍本日由鳳凰親率所部，取道古丈與王村之綫，赴前敵督剿。

【長沙八日下午六時專電】據報匪大部已由西延西南之廣塘甯埸州赴苗兒山土岡嶺向龍勝西竄，其先頭已竄抵兩渡橋附近，其一部分向城步方面竄走。我軍九日在土岡嶺兩渡橋等處，殲匪甚衆。我劉總指揮建緒，率所部四日抵武岡。我陳光中師，五日抵城步，即向靖縣截擊。我章亮基師，四日抵新寧附近，五日向西岩市前進。我陶廣師仍向城步之匪尾追中，我臨總指揮岳所部四日抵新寧城，五日仍向武岡急進。我周司令渾元部四日達東安城，五日達新甯，待命西移。我李司令韞珩部，四日達東安大廟口之線，五日分途向武岡前進。

【香港八日中央社電】粵入湘部隊，已陸續回抵粵邊，李漢魂部八日到韶關。白崇禧視察前方完畢，七日返興安行營。

【巴縣八日下午七時專電】楊虎臣電川陝南防務固鞏，決無可虞，俟孫蔚如回漢中，即分派進剿。川北之匪，向宣綏移動，有突破下東企圖。

29. 何键昨返省今日赴宝庆开始第二步围剿，陈渠珍赴前线白崇禧返兴安，川北匪又企图突围，1934 年 12 月 9 日第 3 版

【本市消息】

共匪目的

本市外人方面，近刊最近時州來函，述及共匪西竄情形及粵桂方面外人對該地戒備情態，大意如次：粵方第四集團軍與共匪仍在激戰中，現一般人士之注意點，集中湘桂邊境，共匪之形勢。因此處共匪，極力企圖打出一條血路竄往黔省。粵省西江（粵桂邊境）前線，已有嚴重戒備。大批海陸軍，已開往梧州，預防不測，據最近所接報告，梧州方面尚稱安謐，綜合各方消息一般形勢，可保無虞。官軍與共匪，現均在於全縣及灌陽一帶。共匪主力，正向全縣及興安進攻，其目的係佔領桂林，共匪希望佔領桂林後，可經義寧，古化及三江，侵入黔省。

30.“共匪”目的，1934年12月10日第3版

何鍵報告

匪圍湘桂邊

追剿總部今日移寶慶

川北匪主力漸移宣綏

【長沙十日下午八時專電】何鍵十日[illegible]在祝捷大會報告，謂匪入湘南時，號稱十萬，經[illegible]次[illegible]擊，所[illegible]有五六萬。現竄抵桂境龍勝以北，及湘境城步綏寧通道以南一帶地區。我湘桂大軍，正在聯合追剿，並電請[illegible]省[illegible]軍堵截。湘南殘匪尙多，由[illegible]師長覺積極搜剿，並辦理清鄉善後。

【長沙十日下午六時專電】衡州八日電：匪大部仍在門[illegible]前龍勝以北一帶深山中。共一[illegible]槍約數千，已竄至城步以南之丁坪沙洲一帶。我[illegible]總指揮[illegible]緒[illegible]所部七日由武岡向城[illegible]督剿。章亮基師七日抵西巖市，本日進駐水東，陶廣師已抵[illegible]步附近，陳光中師正向城步以南[illegible]區搜剿中，成鐵[illegible]旅本日可[illegible]道[illegible]，[illegible]同桂軍兜剿東山猺非，我追剿總部定十一日由衡[illegible]駐邵陽（[illegible]寶慶）督剿。

【長沙十日下午八[illegible]專電】據報賀匪大部尙在大庸，蕭匪主力仍在[illegible]西之丁家溪塘一帶，竄黄石[illegible]，被我朱樹[illegible]部擊潰，[illegible]匪三[illegible]餘，[illegible]槍二千餘枝，正追剿中。

【重慶十日下午九[illegible]專電】匪主力漸移宣綏，一二三四各路前綫，也入休戰狀態。

31. 何键报告匪围湘桂边，追剿总部今日移宝庆，川北匪主力渐移宣（汉）、绥（定），1934年12月11日第3版

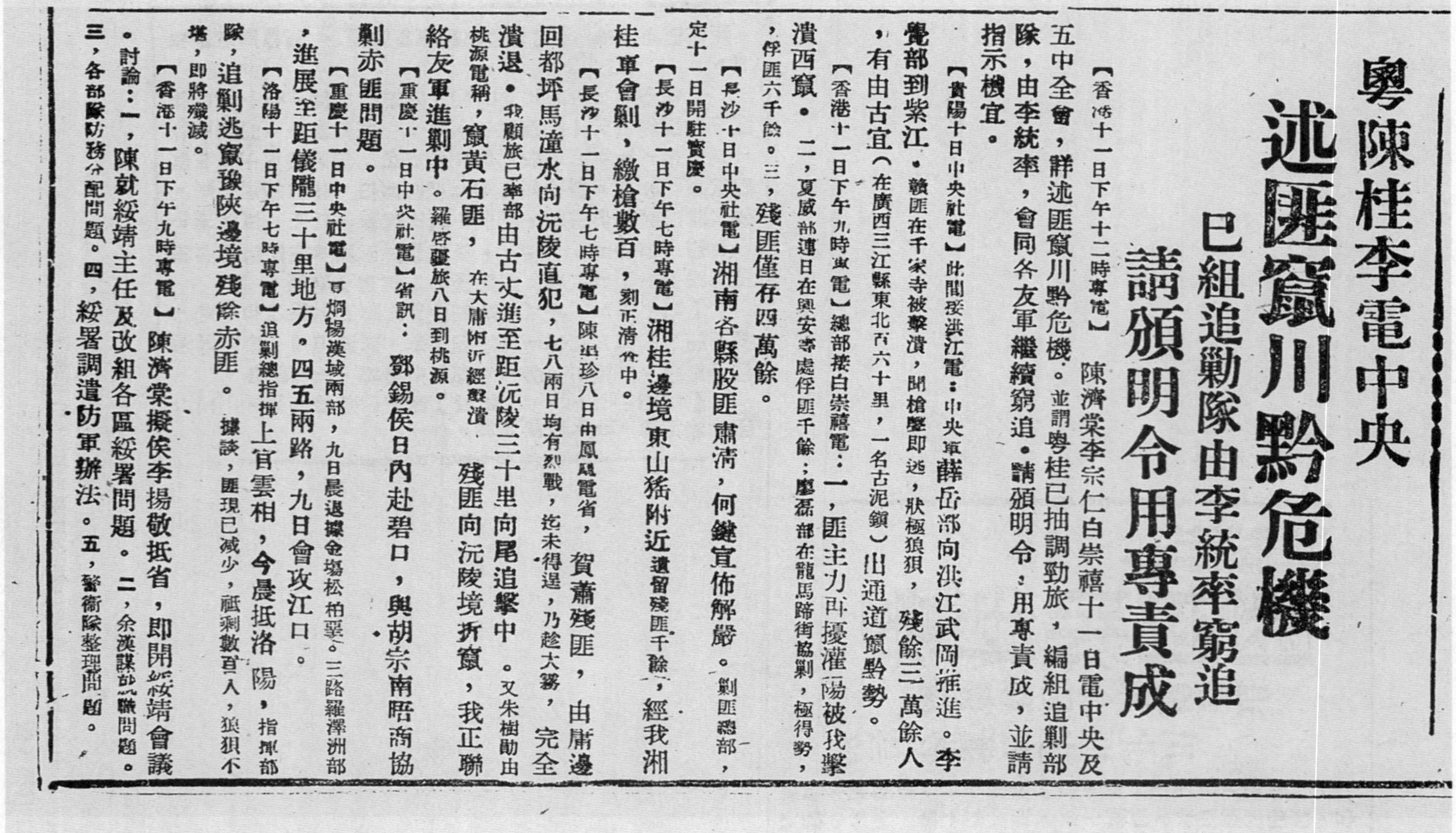

粵陳桂李電中央
述匪竄川黔危機
已組追勦隊由李統率窮追
請頒明令用專責成

【香港十一日下午十二時專電】陳濟棠李宗仁白崇禧十一日電中央及五中全會，詳述匪竄川黔危機。並謂粵桂已抽調勁旅，編組追勦部隊，由李統率，會同各友軍繼續窮追。請頒明令，用專責成，並請指示機宜。

【貴陽十日中央社電】此間接洪江電：中央軍薛岳部向洪江武岡推進。李覺部到紫江。贛匪在千家寺被擊潰，聞槍聲即逃，狀極狼狽，殘餘三萬餘人，有由古宜（在廣西三江縣東北百六十里，一名古泥鎮）出通道竄黔勢。

【香港十一日下午九時專電】總部接白崇禧電：一，匪主力由擾灌陽被我擊潰西竄。二，夏威部連日在興安等處俘匪千餘；廖磊部在龍馬蹄街協勦，極得勢，俘匪六千餘。三，殘匪僅存四萬餘。

【長沙十日中央社電】湘南各縣股匪肅清，何鍵宜佈解嚴。勦匪總部，定十一日開駐寶慶。

【長沙十一日下午七時專電】湘桂邊境東山猺附近遺留殘匪千餘，經我湘桂軍會勦，繳槍數百，勦正清查中。

【長沙十一日下午七時專電】陳渠珍八日由鳳凰電省，賀蕭殘匪，由庸邊回都坪馬溶水向沅陵直犯，七八兩日均有烈戰，卒未得逞，乃趁大霧，完全潰退。我顧旅已率部由古丈進至距沅陵三十里向尾追擊中。又朱樹勛由桃源電稱，竄黃石匪，在大庸附近經擊潰。殘匪向沅陵境折竄，我正聯絡友軍進勦中。羅啓疆旅八日到桃源。

【重慶十一日中央社電】省訊：鄧錫侯日內赴碧口，與胡宗南晤商協勦赤匪問題。

【重慶十一日中央社電】[illegible]炯楊漢域兩部，九日晨退據金壩松柏埡。三路羅澤洲部，進展至距儀隴三十里地方。四五兩路，九日會攻江口。

【洛陽十一日下午七時專電】追勦總指揮上官雲相，今晨抵洛陽，指揮部隊，追勦逃竄豫陝邊境殘餘赤匪。據談，匪現已減少，祇剩數百人，狼狽不堪，即將殲滅。

【香港十一日下午九時專電】陳濟棠擬俟李揚敬抵省，即開綏靖會議。討論：一，陳就綏靖主任及改組各區綏署問題。二，余漢謀就職問題。三，各部隊防務分配問題。四，綏署調遣防軍辦法。五，警衛隊整理問題。

32. 粤陈（济棠）、桂李（宗仁）电中央，述匪窜川黔危机，已组追剿队由李统率穷追，请颁明令用专责成，1934 年 12 月 12 日第 3 版

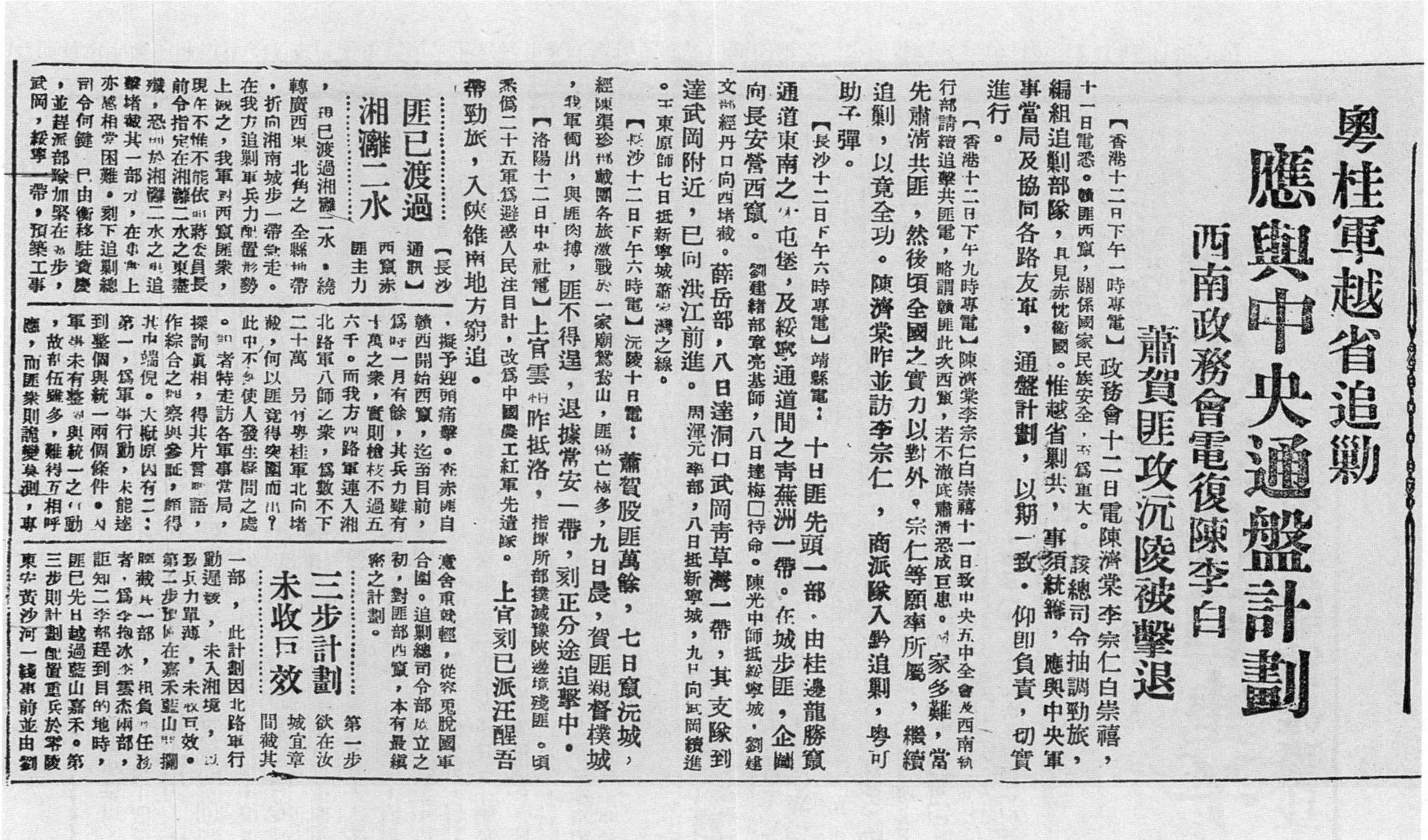

粵桂軍越省追剿
應與中央通盤計劃
西南政務會電復陳李白
蕭賀匪攻沅陵被擊退

【香港十二日下午一時專電】政務會十二日電陳濟棠李宗仁白崇禧，十一日電悉。贛匪西竄，關係國家民族安全，至爲重大。該總司令抽調勁旅，編組追剿部隊，具見赤忱衛國。惟越省剿共，事須統籌，應與中央軍事當局及協同各路友軍，通盤計劃，以期一致。仰即負責，切實進行。

【香港十二日下午九時專電】陳濟棠李宗仁白崇禧十一日致中央五中全會及西南執行部請續追擊共匪電，略謂贛匪此次西竄，若不澈底肅清恐成巨患。國家多難，當先肅清共匪，然後頃全國之實力以對外。宗仁等願率所屬，繼續追剿，以竟全功。陳濟棠昨並訪李宗仁，商派隊入黔追剿，粵可助子彈。

【長沙十二日下午六時專電】靖縣電：十日匪先頭一部，由桂邊龍勝竄通道東南之小屯堡，及綏寧通道間之青蕪洲一帶。在城步匪，企圖向長安營西竄。劉建緒部章亮基師，八日達梅口待命。陳光中師抵綏寧城，劉建文部經丹口向西堵截。薛岳部，八日達洞口武岡青草灣一帶，其支隊到達武岡附近，已向洪江前進。周渾元部，八日抵新寧城，九日向武岡續進。王東原師七日抵新寧城蕭家灣之線。

【長沙十二日下午六時電】沅陵十日電：蕭賀股匪萬餘，七日竄沅城，經陳渠珍部截團各旅激戰於一家廟鶯翁山，匪傷亡極多，九日晨，賀匪親督撲城，我軍衝出，與匪肉搏，匪不得逞，退據常安一帶，刻正分途追擊中。

【洛陽十二日中央社電】上官雲相昨抵洛，指揮所部撲滅豫陝邊境殘匪。頃悉係二十五軍爲避惑人民注目計，改爲中國農工紅軍先遣隊。上官刻已派汪醒吾帶勁旅，入陝維南地方窮追。

匪已渡過湘灕二水

【長沙通訊】西竄赤匪主力，現已渡過湘灕二水，繞轉廣西東北角之全縣地帶，折向湘南城步一帶竄走。在我方追剿軍兵力配置形勢上觀之，我軍對西竄匪衆，現在不惟不能依照蔣委員長前令指定在湘灕二水之東盡殲，恐即於湘灕二水之間追擊堵截其一部分，在事實上亦感相當困難。刻下追剿總司令何鍵，已由衡移駐寶慶，並趕派部隊加緊在城步，武岡，綏寧一帶，預築工事，擬予迎頭痛擊。查赤匪自贛西開始西竄，迄至目前，爲時一月有餘，其兵力雖有十萬之衆，實則槍枝不過五六千。而我方四路軍連入湘北路軍八師之衆，爲數不下二十萬，另有粵桂軍北向堵截，何以匪竟得突圍而出？此中不免使人發生疑問之處。記者特走訪各軍事當局，探詢眞相，得其片言隻語，作綜合之觀察與參証，頗得其中端倪。大概原因有二：第一，爲軍事行動，未能達到整個與統一兩個條件。以軍事未有整個與統一之行動，故部伍雖多，難得互相呼應，而匪衆則詭變莫測，事

三步計劃未收巨效

實舍重就輕，從容兎脫國軍合圍。追剿總司令部成立之初，對匪部西竄，本有最縝密之計劃。第一步欲在汝城宜章間截其一部，此計劃因北路軍行動遲緩，兵力單薄，未入湘境，未收巨效。第二步預備在嘉禾藍山間攔截其一部，但負責任務者，爲李抱冰李雲杰兩部，詎知二李部趕到目的地時，匪已先日越過藍山嘉禾。第三步則計劃配置重兵於零陵東安黃沙河一綫東前並由劉

33. 粤桂军越省追剿应与中央通盘计划，西南政务会电复陈（济棠）、李（宗仁）、白（崇禧），萧（克）、贺（龙）匪攻沅陵被击退，1934年12月13日第3版（残）

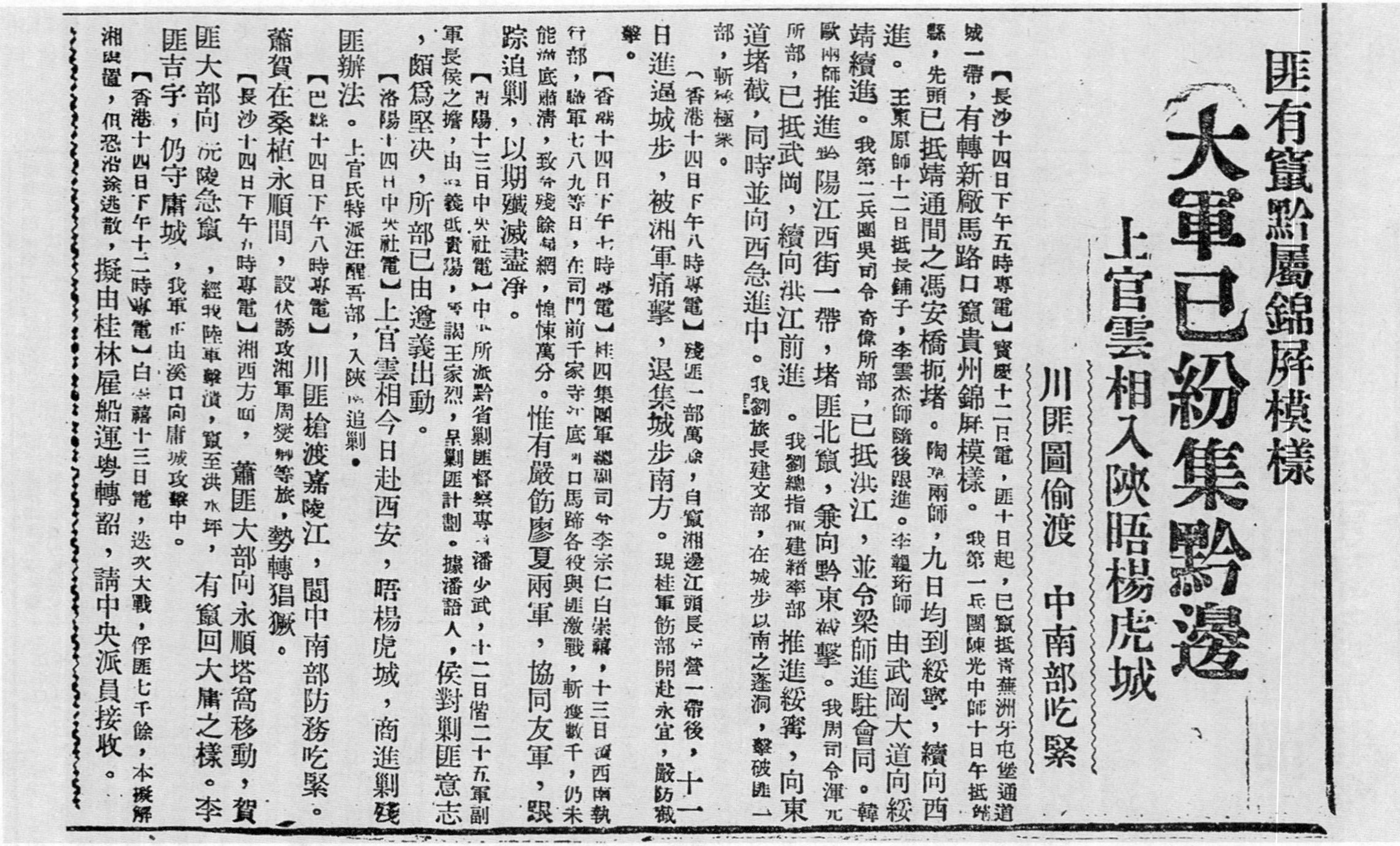

匪有竄黔屬錦屏模樣

大軍已紛集黔邊

上官雲相入陝晤楊虎城

川匪圖偷渡　中南部吃緊

【長沙十四日下午五時專電】寶慶十二日電，匪十日起，已竄抵靑蕪洲牙屯堡通道城一帶，有轉新廠馬路口竄貴州錦屏模樣。我第一兵團陳光中師十日午抵錦屏縣，先頭已抵靖通間之馮安橋扼堵。陶李兩師，九日均到綏寧，續向西進。王東原師十二日抵長鋪子，李雲杰師隨後跟進。李韞珩師由武岡大道向綏靖續進。我第二兵團吳司令奇偉所部，已抵洪江，並令梁師進駐會同。韓歐兩師推進黔陽江西街一帶，堵匪北竄，兼向黔東截擊。我周司令渾元所部，已抵武岡，續向洪江前進。我劉總指揮建緒率部推進綏寧，向東道堵截，同時並向西急進中。我劉旅長建文部，在城步以南之蓬洞，擊破匪一部，斬獲極衆。

〔香港十四日下午八時專電〕殘匪一部萬餘，自竄湘邊江頭長安營一帶後，十一日進逼城步，被湘軍痛擊，退集城步南方。現桂軍飭部開赴永宜，嚴防截擊。

【香港十四日下午七時專電】桂四集團軍總副司令李宗仁白崇禧，十三日通西南執行部，縷陳七八九等日，在司門前千家寺六底口馬蹄各役與匪激戰，斬獲數千，仍未能澈底肅清，致令殘餘漏網，惶悚萬分。惟有嚴飭廖夏兩軍，協同友軍，跟踪追剿，以期殲滅盡淨。

【貴陽十三日中央社電】中央所派黔省剿匪督察專員潘少武，十二日偕二十五軍副軍長侯之擔，由遵義抵貴陽，晤謁王家烈，呈剿匪計劃。據潘語人，侯對剿匪意志，頗爲堅決，所部已由遵義出動。

【洛陽十四日中央社電】上官雲相今日赴西安，晤楊虎城，商進剿殘匪辦法。上官氏特派汪醒吾部，入陝協追剿。

【巴縣十四日下午八時專電】川匪搶渡嘉陵江，閬中南部防務吃緊。蕭賀在桑植永順間，設伏誘攻湘軍周燮卿等旅，勢轉猖獗。

【長沙十四日下午九時專電】湘西方面，蕭匪大部向永順塔窩移動，有竄回大庸之樣。李匪大部向沅陵急竄，經我陸軍擊潰，竄至洪水坪，我軍正由溪口向庸城攻擊中。賀匪吉宇，仍守庸城。

【香港十四日下午十二時專電】白崇禧十三日電，迭次大戰，俘匪七千餘，本擬解湘處置，但恐沿途逃散，擬由桂林雇船運粵轉韶，請中央派員接收。

34. 匪有窜黔属锦屏模样，大军已纷集黔边，上官云相入陕晤杨虎城，川匪图偷渡，中南部吃紧，1934 年 12 月 15 日第 3 版

通道收復後

薛岳進駐黔陽

分令各師入黔追擊

王家烈進駐重安

蕭賀匪圖犯桃源

【長沙十八日下午八時專電】軍息：竄通道匪，經我軍堵擊，分經新廠馬路口竄入黔境，一部抵老錦屏，一部竄向劍河。劉建緒率王東原師十五日午抵靖縣，由王師及何平部，趕築靖縣會同間及靖縣綏寧間碉堡。五十三及二十三兩師，向綏寧急進。陳光中陶廣章亮基三師，十四日齊向通道進攻，激戰半日，於未刻收復通道城，匪大部分向新廠潰竄。陳師當尾匪近剿，陶章兩師，由牙屯堡雙江口向湘黔邊境追擊。十五日，陳師追抵新廠附近，與匪激戰，章師亦趕到族廠之綫。薛岳已進駐黔陽，比令各師分向湘黔邊界之玉屏銅仁天柱一帶，推進堵擊。

【香港十八日下午八時專電】黔訊：王家烈已將剿共計劃佈置完善，十三日出發重安督師。猶國材部二二日可抵黎平永從。侯之擔部集中貴陽，待命開拔。據桂空軍探悉，僞匪三五兩軍團，十二日晚進竄龍勝，即被桂軍迎擊，匪向洲邊潰退。

【長沙十八日下午八時專電】賀蕭兩匪大部，十四十五等日竄抵沅陵東面之洞庭溪附近，一部分竄桃源西南之丁家坊曾家冲等處，首犯桃源。劉運乾部現布置漆家河黃硫一帶，羅啓疆旅向三陽港進剿。又慈利十六日電稱：陳渠珍率部十五日進駐乾城，以一部推進古丈攔擊。大庸赤匪，又竄犯慈庸交界之岩觀，朱樹勛所部，正在與匪接觸中。

【重慶十八日下午九時專電】軍息：宣境匪在明月場開會。徐向前王維周均到，會畢，聲言決於陰歷正月十四五等日進攻宣綏。通江之匪總指揮部，移杏樹[illegible]，匪主力向宣境香爐山羅文[illegible]之綫移動連日襲彭范各師陣地未退。竄擾巫溪之王三春殘匪二千[illegible]人，經官軍進剿後，已退入[illegible]山房縣之綫。

35. 通道收复后薛岳进驻黔阳，分令各师入黔追击，王家烈进驻重安，萧（克）、贺（龙）匪图犯桃源，1934 年 12 月 19 日第 3 版

第三版　　　　星期二

入黔匪竄劍河台拱

中央分令川黔湘桂四省軍隊三綫包圍

犯常德匪已向大庸退竄

【重慶二十四日下午八時專電】贛殘匪竄黎平塲，約五萬人。中央令川黔湘桂四省軍隊，三綫包圍。湘守城步綏窜黔南，桂扼玉屏天柱台拱以南，爲第一綫。黔守天柱玉屏清溪思南遵義，爲第二綫。川推至沿河遵義，輔助扼守，爲第三綫。

【香港二十四日下午十二時專電】王家烈二十二日電請調勁旅助剿。胡漢民陳濟棠李宗仁二十四日復電，略謂匪竄劍河台拱，至爲可慮。桂部隊仍繼續追剿，粤部隊亦已積極準備，務請指揮貴部，極力抵禦。

【香港廿四日下午十二時專電】黔代表張緎良談：黔軍已開前方堵剿。劉建緒薛岳兩部，已抵黔邊。四集團追擊部隊抵榕江黎平。我軍已與友軍取得連絡，盼粤桂急調大軍追剿。

【長沙二十四日下午六時專電】湘省府代主席曹典球本日在紀念週報告，進犯常德匪，連日經我大軍水陸並進，向匪痛擊，匪勢不支。已由河袱向大庸方面退竄。我追剿軍第六路司令李覺二十三日進駐常城，正聯絡各路友軍，急進圍剿。

【長沙二十四日下午六時專電】竄犯常德股匪，經徐源泉張師聯絡各軍會剿，在常德臨澧間之大龍棧，與匪遭遇，激戰四小時，將匪擊潰。

36. 入黔匪窜剑河、台拱，中央分令川黔湘桂四省军队三线包围，犯常德匪已向大庸退窜，1934年12月25日第3版

汉口中西报

中外要訊

萬耀煌師克復興國

匪軍傷亡極衆紛向寗都逃竄

本報今晨二時接南昌行營來電：我方周縱隊於寒（十四）日午前收復興國縣城、俘獲無算、匪第一第五兩軍團、是役傷亡極衆、潰不成股、紛向龍崗頭及寧都方面逃竄、我軍除以一部清掃戰場外、其餘大部仍跟踪追剿中、南昌行營第二廳寒（十四）日印、

本報今晨四時接南昌行營來電：綜合贛南興國方面最近情報、自我周縱隊佔領沙村後、匪主力陸續竄集興國附近、自上巴以南沿老營盤高興圩迄興國大道兩側一帶深山、匪部均築有強固工事、而老營盤至高興圩一段、形勢尤稱險峻、匪所築工事、亦更稠密、滿山彌谷、棋佈星羅、形成一大堡壘、乃自上月以來、經我周縱隊連合空軍奮勇進擊、被我節節擊破、偽五軍團及偽八軍團之二十一師、經我先後痛擊、已屢敗不堪、即漸由長汀石城各方面先後調來增援之偽一三兩軍團、亦被我擊斃甚衆、我周縱隊先頭萬耀煌師、遂於本日午前九時乘勢進佔興國城、殘匪紛向寗都及龍崗頭各方面潰竄、刻正清掃戰場分途追剿中、南昌行營第一廳寒（十四）酉聯二印、

南昌十三日電：[illegible]集全力於興國高興圩各役、迭次敗潰、偽五軍團十三師三十八團長[illegible]投降、[illegible]十日七時克古龍岡、四軍最先抵達、偽八軍團全部向寗都青塘山退、仍跟追中、查此山與寗都興國縣城並行、該兩城亦即可下、

閩西近日無戰事要務在築路

中央社廈門十四日電：近日西線無戰事、國軍克河田後、先頭部隊、趕造碉堡、後方隊伍趕築公路、擬俟通車恢復、運輸暢利、再進取長汀、匪早認長汀困守爲難、決放棄、現長汀僅一空城、惟仍有警戒、崗哨未撤、

廈門十三日電：[illegible]周縱隊自河田推進、已至距汀十八里某地、匪無戰意、已漸向瑞金撤退、克汀無問題、要務在築路、我軍逐步進、逐步築路、否則早已入汀、現計亦一二日內可下矣、

南京十四日航訊：何鍵電京、謂湘廖軍長庾佳[illegible]、一萬匪七日在廿溪被我軍擊潰、續夜向大地方竄走、適周師趕到、當予截擊、激戰約三小時、匪大部即向路那方向逃竄、當令周師張團繞道至路那截擊、進到營盤山附近、與匪遭遇、經痛擊猛擊、匪不支、一部向[illegible]潰退、大部向羊塢方向逃竄、已令蘇秦兩團跟蹤尾追、且請李代司令催進[illegible]截擊 二、據俘匪供稱、蕭匪在黃中改編爲五團、將僞五十四團裁併、除僞五十團總編兩營外、餘每團三營、每營三連、機關槍一排、每連四班至六班不等、總計現有人數、約三千餘、廿溪之役、匪傷亡散逃、不下一團、大地方之役、逃亡亦屬不少、子彈極缺乏、

1. 万耀煌师克复兴国，匪军伤亡极众纷向宁都逃窜，闽西近日无战事要务在筑路，1934 年 10 月 15 日第 3 版

本報今晨二時接南昌行營來電：我方周縱隊於寒（十四）日午前收復興國縣城、俘獲無算、匪第一第五兩軍團、是役傷亡極衆、潰不成股、紛向龍崗頭及寧都方面逃竄、我軍除以一部清掃戰場外、其餘大部仍跟踪追剿中、南昌行營第二廳寒（十四）日印、

本報今晨四時接南昌行營來電：綜合贛南興國方面最近情報、自我周縱隊佔領沙村後、匪主力陸續竄集興國附近、自上屯以南沿老營盤高興圩通興國大道兩側一帶森山、匪部均築有强固工事、而老營盤至高興圩一段、形勢尤稱險峻、匪所築工事、亦更稠密、淺山褊谷、棋佈星羅、形成一大堡壘、乃自上月以來、經我周縱隊連合空軍奮勇進擊、被我節節摧殘、僞五軍團及僞八軍團之二十一師、經我先後痛擊、已屢敗不堪、即暫由長汀石城各方面先後調來增援之僞一三兩軍團、亦被我擊斃其衆、我周縱隊先鋒萬耀煌師、遂於本日午前九時乘勢進佔興國城、殘匪紛向寧都及龍崗頭各方面潰竄、刻正清掃戰場分途追剿中、南昌行營第一廳寒（十四）酉戰二印、

南昌十三日電：贛南匪現集全力於興國高興圩各役、迭次敗潰、僞五軍團十三師三十八團長[illegible]降、[illegible]路軍十日七時克古龍岡、四軍最先到達、僞八軍團全部向寧都青塘山退、仍跟追中、查此山與寧都興國縣城並行、該兩城亦即可下、

中央社廈門十四日電：近日西線無戰事、國軍克河田後、先頭部隊、趕造碉堡、後方隊伍趕築公路、擬俟通車恢復、運輸暢利、再進取長汀、匪早認長汀困守爲難、决放棄、現長汀僅一空城、惟仍有警戒、崗哨未撤、

廈門十三日電：東路軍四縱隊自河田推進、已至距汀十八里某地、匪無戰意、已漸向瑞金撤退、克汀無問題、要務在築路、我軍逐步進、逐步築路、否則早已入汀、現計亦一二日內可下矣、

南京十四日航訊：何鍵電京、謂准廖軍長康佳衛電、一萬匪七日在廿溪被我軍擊潰、星夜向大地方竄走、適周師趕到、當予截擊、激戰約三小時、匪大部即向路那方向逃竄、當令周師張團繞道至路那截擊、進到營盤山附近、與匪遭遇、經該團猛擊、匪不支、一部向河溪潰退、大部向羊場方向逃竄、已令蘇秦兩團隨後尾追、且請李代司令推進要□□□□□□覓匪截擊 二、據俘匪供稱、蕭匪在黃平改編爲五團、將僞五十四團歸併、除僞五十團總編兩營外、除每團三營、每營三連、機關槍一挺、每連四班至六班不等、總計現有人數、約三千餘、廿溪之役、匪傷亡敵逃、不下一團、大地方之役、逃亡亦屬不少、子彈極缺乏、

（局部图）

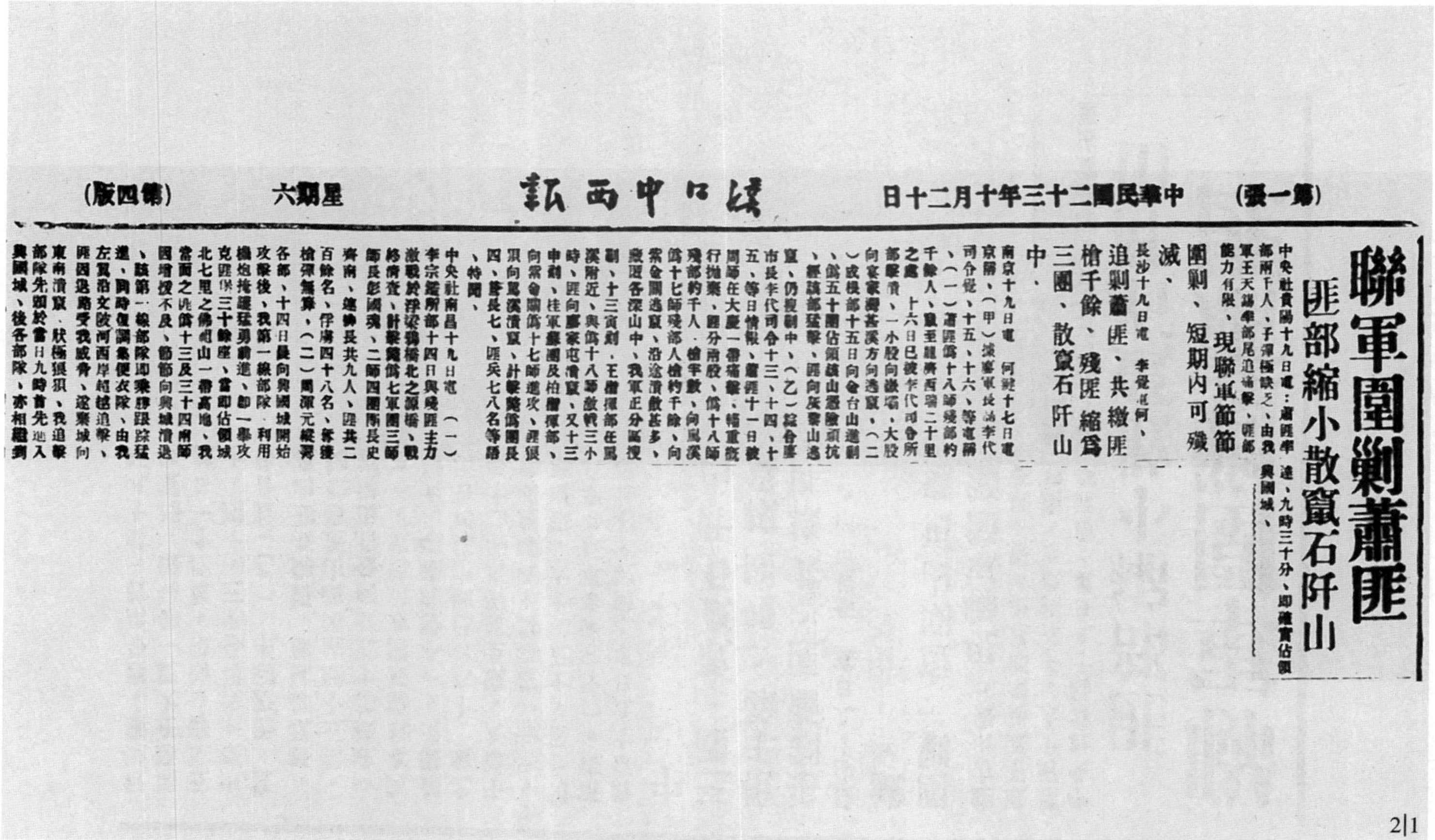

（第一張） 中華民國二十三年十月二十日 漢口中西報 星期六 （第四版）

聯軍圍剿蕭匪
匪部縮小散竄石阡山

中央社貴陽十九日電：蕭匪串部兩千人、子彈極缺乏、由我軍王天錫率部尾追痛擊、匪部能力有限、現聯軍節節圍剿、短期內可殲滅、

達、九時三十分、即確實佔領興國城、

長沙十九日電 李覺電何、追剿蕭匪、共繳匪槍千餘、殘匪縮為三團、散竄石阡山中、

南京十九日電 何鍵十七日電京稱、（甲）據審軍長湘李代司令覺、十五、十六、等電稱、（一）蕭匪偽十八師殘部約千餘人、竄至龍溪西瑞二十里之處 十六日已被李代司令所部擊潰、一小股向微塘、大股向寒家灣甚溪方向逃竄、（二）成模部十五日向金台山進剿、偽五十團佔領該山憑險頑抗、經該部猛擊、匪向灰黎山逃竄、仍搜剿中、（乙）綜合廖市長李代司令十三、十四、十五、等日情報、蕭匪十一日被周師在大慶一帶痛擊、輜重概行拋棄、匪分兩股、偽十八師殘部約千人、槍千數、向鳳溪偽十七師殘部人槍約千餘、向紫金關逃竄、沿途潰散甚多、殘匪各深山中、我軍正分區搜剿、十三寅刻、王指揮部在鳳溪附近、與偽十八師激戰三小時、匪向廖家屯潰竄、又十三申刻、桂軍廖團及柏指揮部、向紫金關偽十七師進攻、匪狼狽向爲溪潰竄、計擊斃偽團長四、營長七、匪兵七八名等語、特聞、

中央社南昌十九日電 （一）李宗鑑所部十四日與殘匪主力激戰於浮梁鶴橋北之源橋、戰終清查、計擊斃偽七軍團三師師長彭國魂、二師四團團長史齊南、連排長共九人、匪共二百餘名、俘擄四十八名、奪獲槍彈無算、（二）周渾元縱隊各部、十四日晨向興國城開始攻擊後、我第一線部隊、利用機炮掩護猛勇前進、卽一舉攻克匪堡三十餘座、當卽佔領城北七里之佛嶺山一帶高地、我當面之匪偽十三及三十四兩師因增援不及、節節向興城潰退、該第一線部隊卽乘勢跟踪猛進、同時復調集便衣隊、由我左翼沿文陂河西岸超越追擊、匪因退路受我威脅、遂棄城向東南潰竄、狀極狼狽、我追擊部隊先頭於當日九時首先進入興國城、後各部隊、亦相繼剩

2|1

2. 联军围剿萧匪，匪部缩小散窜石阡山，1934年10月20日第4版（残）

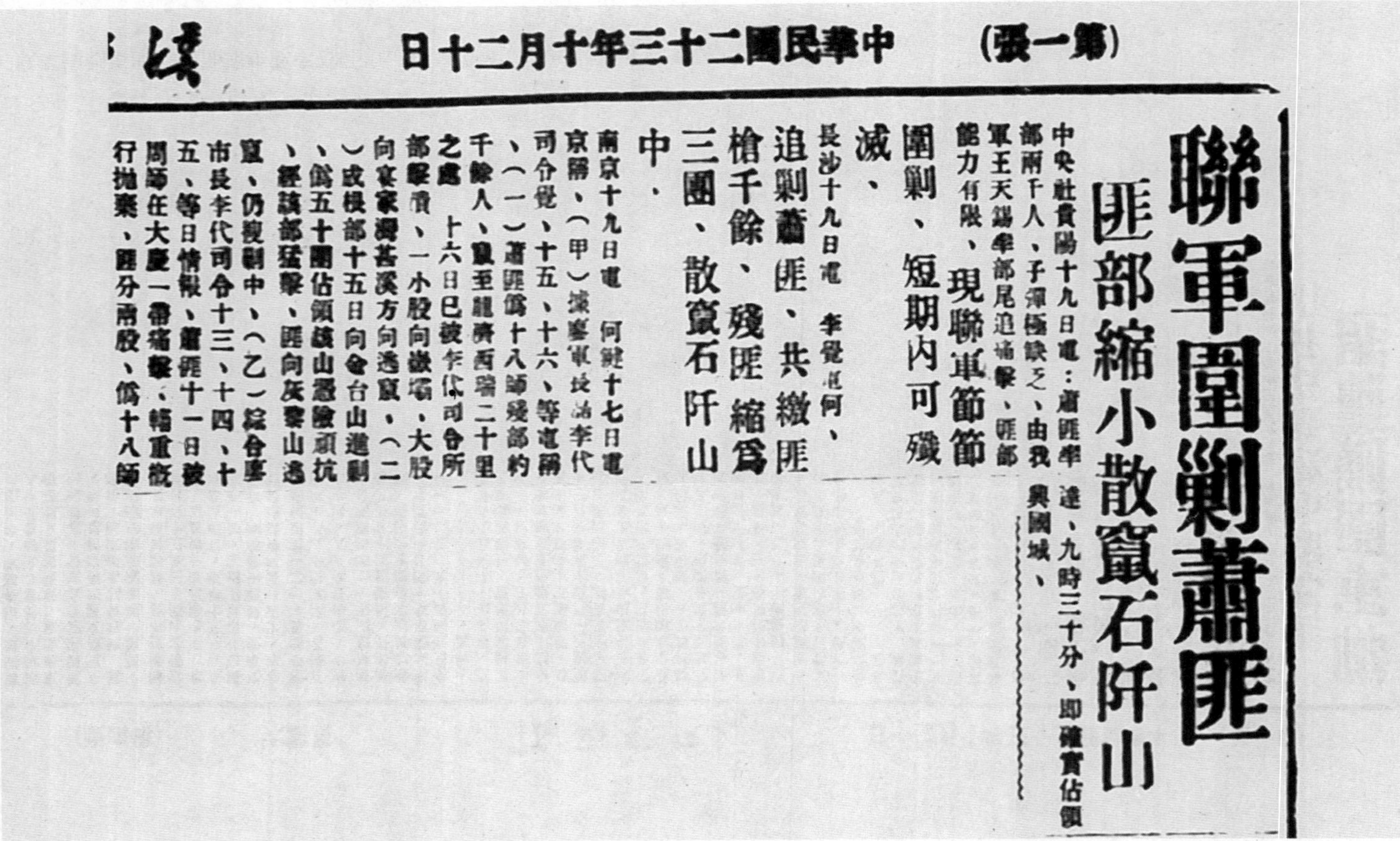

報　中華民國二十三年十月二十日　（第一張）

聯軍圍剿蕭匪

匪部縮小散竄石阡山

中央社貴陽十九日電：蕭匪率部兩千人、子彈極缺乏、由我軍王天錫率部尾追痛擊、匪部能力有限、現聯軍節節圍剿、短期內可殲滅、

長沙十九日電　李覺電何、追剿蕭匪、共繳匪槍千餘、殘匪縮爲三團、散竄石阡山中、

南京十九日電　何鍵十七日電京稱、（甲）據廖軍長湘李代司令覺、十五、十六、等電稱、（一）蕭匪僞十八師殘部約千餘人、竄至龍濟西端二十里之處　十六日已被李代司令所部擊潰、一小股向嶽塲、大股向寨家灣苦溪方向逃竄、（二）成根部十五日向金台山進剿、僞五十團佔領該山憑險頑抗、經該部猛擊、匪向灰寨山逃竄、仍複剿中、（乙）綜合廖市長李代司令十三、十四、十五、等日情報、蕭匪十一日被周師在大慶一帶痛擊、輜重概行拋棄、匪分兩股、僞十八師

達、九時三十分、即確實佔領興國城、

（局部图 1）

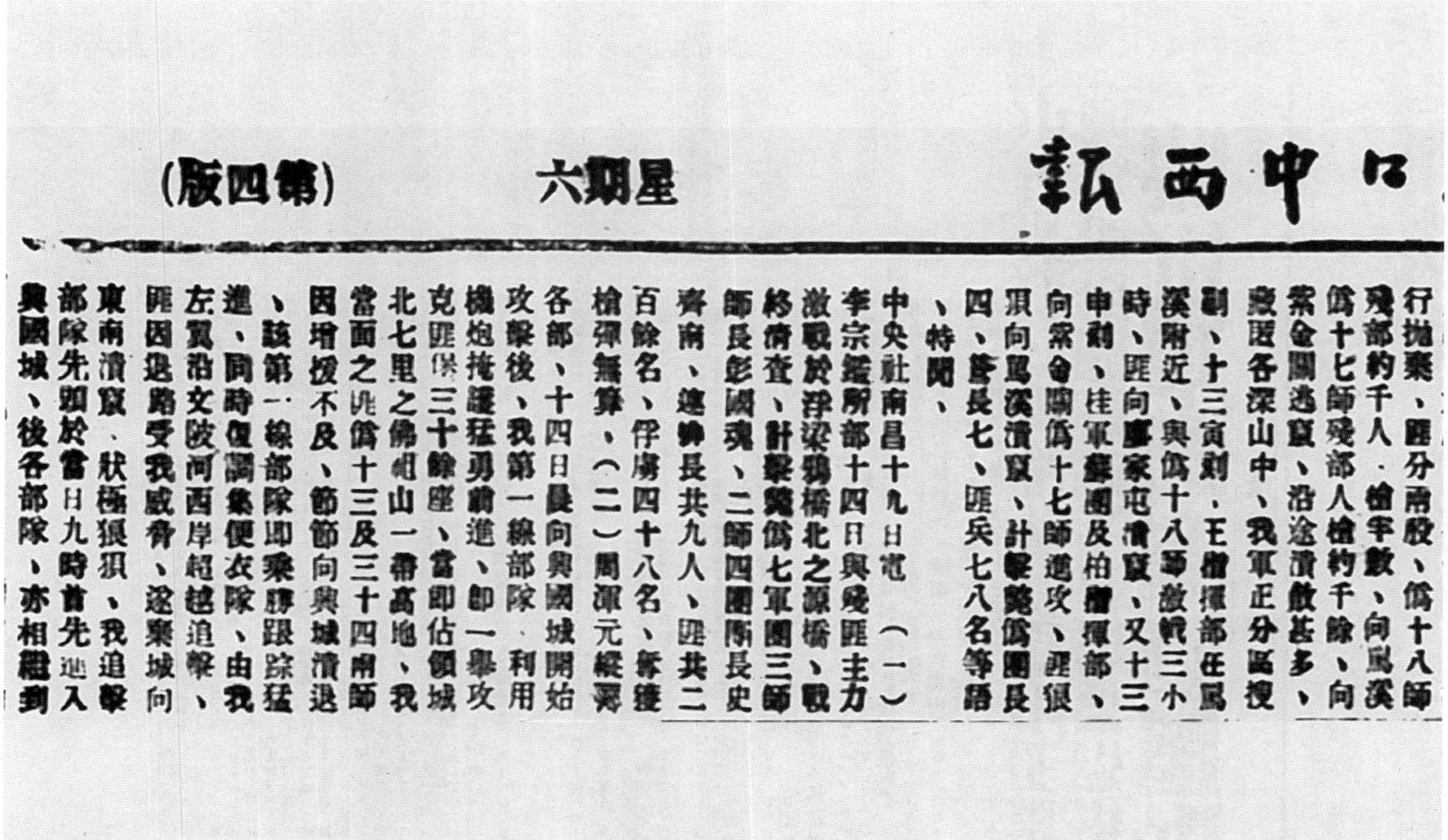

口中西報　星期六　(第四版)

行拋棄、匪分兩股、偽十八師殘部約千人.槍半數、向鳳溪偽十七師殘部人槍約千餘、向棠金關逃竄、沿途潰散甚多、殘匪各深山中、我軍正分區搜剿、十三寅刻.王指揮部在鳳溪附近、與偽十八師激戰三小時、匪向廖家屯潰竄、又十三申刻、桂軍韋團及柏指揮部、向棠金關偽十七師進攻、匪狼狽向鳳溪潰竄、計擊斃偽團長四、營長七、匪兵七八名等語、特聞、

中央社南昌十九日電 (一)李宗鑑所部十四日與殘匪主力激戰於浮梁鵝橋北之源橋、戰終清查、計擊斃偽七軍團三師師長彭國魂、二師四團團長史齊南、連排長共九人、匪共二百餘名、俘虜四十八名、餘獲槍彈無算、(二)周渾元縱隊各部、十四日晨向興國城開始攻擊後、我第一線部隊.利用機炮掩護猛勇前進、即一舉攻克匪堡三十餘座、當即佔領城北七里之佛岨山一帶高地、我當面之匪偽十三及三十四兩師因增援不及、節節向興城潰退、該第一線部隊即乘勝跟踪猛進、同時復調集便衣隊、由我左翼沿文陂河西岸超越追擊、匪因退路受我威脅、遂棄城向東南潰竄.狀極狼狽、我追擊部隊先頭於當日九時首先進入興國城、後各部隊、亦相繼到

（局部图 2）

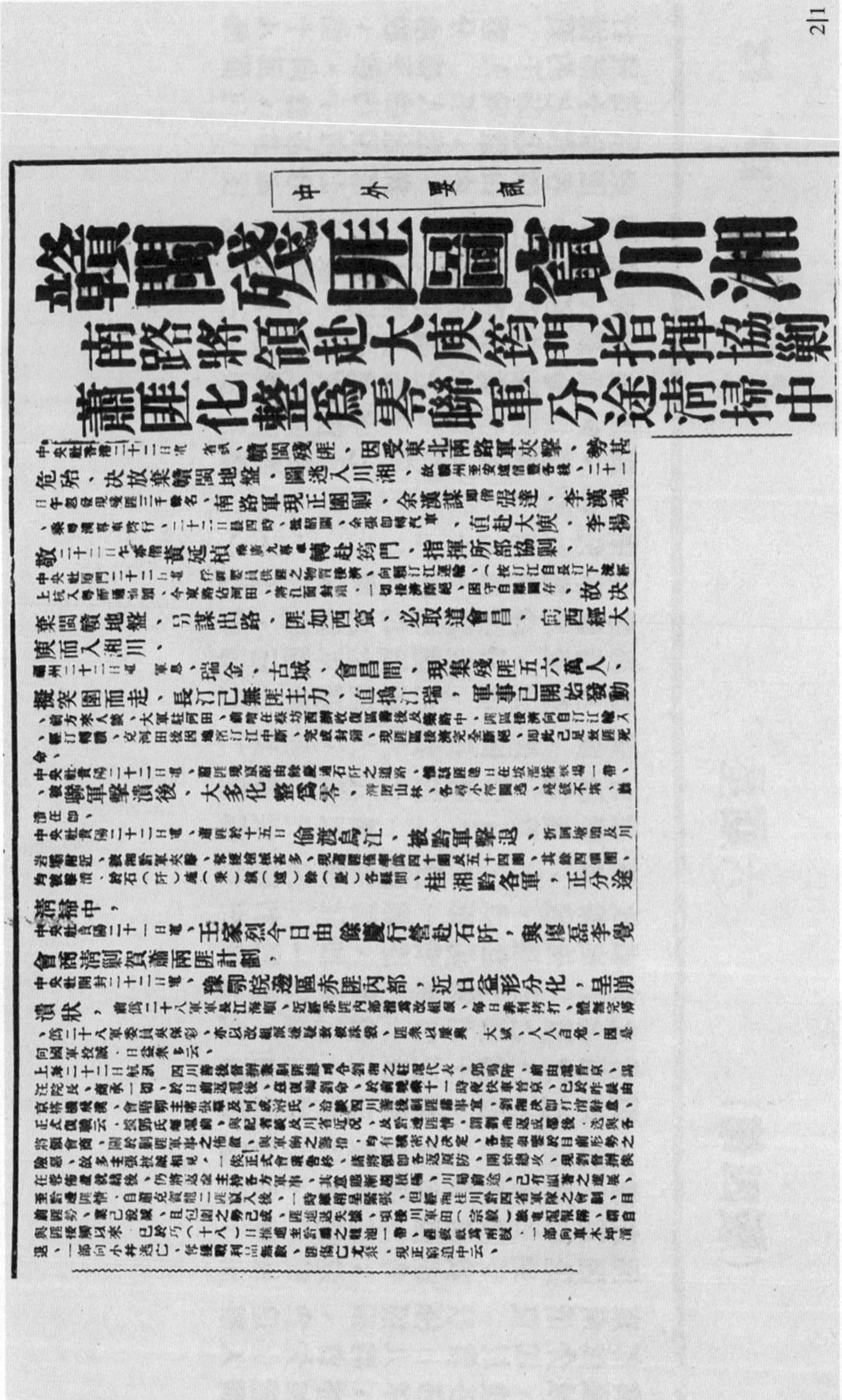
中外要聞

贛閩殘匪圖竄川湘

南路將領赴大庾筠門指揮協剿

蕭匪化整為零聯軍分途清掃中

3. 赣闽残匪图窜川湘，南路将领赴大庾、筠门指挥协剿，萧匪化整为零联军分途清扫中，1934 年 10 月 23 日第 3 版

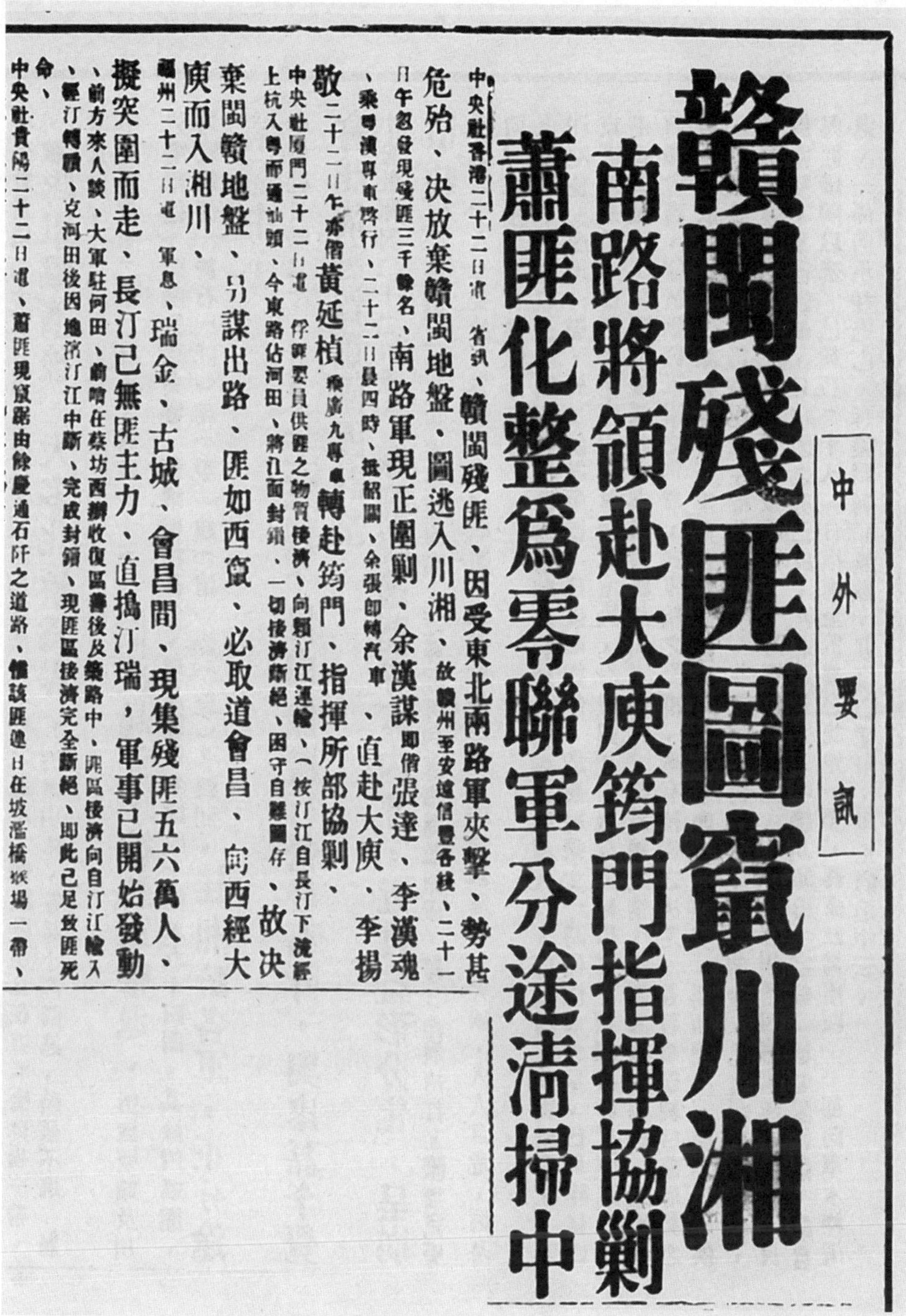

中外要訊

贛閩殘匪圖竄川湘

南路將領赴大庾筠門指揮協剿

蕭匪化整爲零聯軍分途清掃中

中央社香港二十二日電　省訊、贛閩殘匪、因受東北南路軍夾擊、勢甚危殆、決放棄贛閩地盤、圖逃入川湘、故贛州至安遠信豐各綫、二十一日午忽發現殘匪三千餘名、南路軍現正圍剿、余漢謀即偕張達、李漢魂、乘粵漢專車將行、二十二日晨四時、抵韶關、余張即轉汽車、直赴大庾、李揚敬二十二日午亦偕黃延楨乘廣九專車轉赴筠門、指揮所部協剿、

中央社厦門二十二日電　仔細要員供匪之物質接濟、向賴汀江運輸、（按汀江自長汀下流經上杭入粵而通汕頭、今東路佔河田、將孔面封鎖、一切接濟斷絕、困守自難圖存、故決棄閩贛地盤、另謀出路、匪如西竄、必取道會昌、向西經大庾而入湘川、

福州二十二日電　軍息、瑞金、古城、會昌間、現集殘匪五六萬人、擬突圍而走、長汀已無匪主力、直搗汀瑞，軍事已開始發動、前方來人談、大軍駐河田、前哨在蔡坊西擲收復區善後及築路中、匪區接濟向自汀江輸入、經汀轉贑、克河田後因地濱汀江中斷、完成封鎖、現匪區接濟完全斷絕、即此已足致匪死命、

中央社貴陽二十二日電、蕭匪現竄踞由餘慶通石阡之道路、惟該匪連日在坡溜橋猴場一帶、

（局部图 1）

中央社貴陽二十二日電、蕭匪現竄踞由餘慶通石阡之道路、惟該匪連日在坡潘橋猴場一帶、被聯軍擊潰後、大多化整爲零、潛匿山林、各尋小徑圖逃、殘破不堪、勦滅在卽、

中央社貴陽二十二日電、蕭匪於十五日偷渡烏江、被黔軍擊退、折回塘頭及川岩壩附近、被湘黔軍夾擊、奪獲槍械甚多、現蕭匪僅率僞四十團及五十四團、其餘四個團、均被擊潰、於石（阡）施（秉）鎭（遠）餘（慶）各縣間、桂湘黔各軍，正分途清掃中，

中央社貴陽二十一日電、王家烈今日由餘慶行營赴石阡，與廖磊李覺會商清剿賀蕭兩匪計劃，

中央社開封二十二日電、豫鄂皖邊區赤匪內部，近日益形分化，呈崩潰狀，前僞二十八軍軍長江海順、近經赤匪內部指爲改組派、每日非刑拷打、體無完膚、僞二十八軍委員與保彩、亦以改組派嫌疑致被誅戮、匪衆以屢興大獄、人人自危、因是向國軍投誠、日益衆多云、

上海二十二日航訊 四川善後督辦兼剿匪總司令劉湘之駐滬代表、鄧鳴階、前由滬晉京、謁汪院長、商承一切、於日前返滬後、並復電劉命、於前晚乘十一時夜快車晉京、已於昨晨由京搭機飛渝、會晤鄂主席張羣及何成濬氏、洽談四川善後剿匪諸事宜、劉湘決卽打消辭意、正式復職云、據鄧氏離滬前、與記者談及川省近況、及黔邊匪情、謂劉湘返成都後、迭與各將領會商、關於剿匪軍事之佈置、與軍餉之籌措、均有縝密之決定、各將領鑒於目前形勢之險惡、故多主張披誠相見、一俟正式會議告終、諸將領卽各返原防、開始總攻、現劉督辦俟在蓉佈置就緒後、仍將返渝主持各方軍事、其意態漸趨積極、川局前途、已有顯著之進展、至黔邊匪情、自蕭克賀龍二匪竄入後、一時雖稍呈緊張、但經湘桂川黔四省軍隊之會剿、目前匪勢、業己銳減、且包圍之勢己成、匪進退失據、頃接川軍田（宗毅）旅電滬報稱、謂自與匪接觸以來、已於巧（十八）日推進至黔屬之龍池一帶、匪被截爲兩段、一部向車木坪潰退、一部向小井逃亡、俘獲戰利品無數、匪僞亡尤衆、現正窮追中云、

（局部图 2）

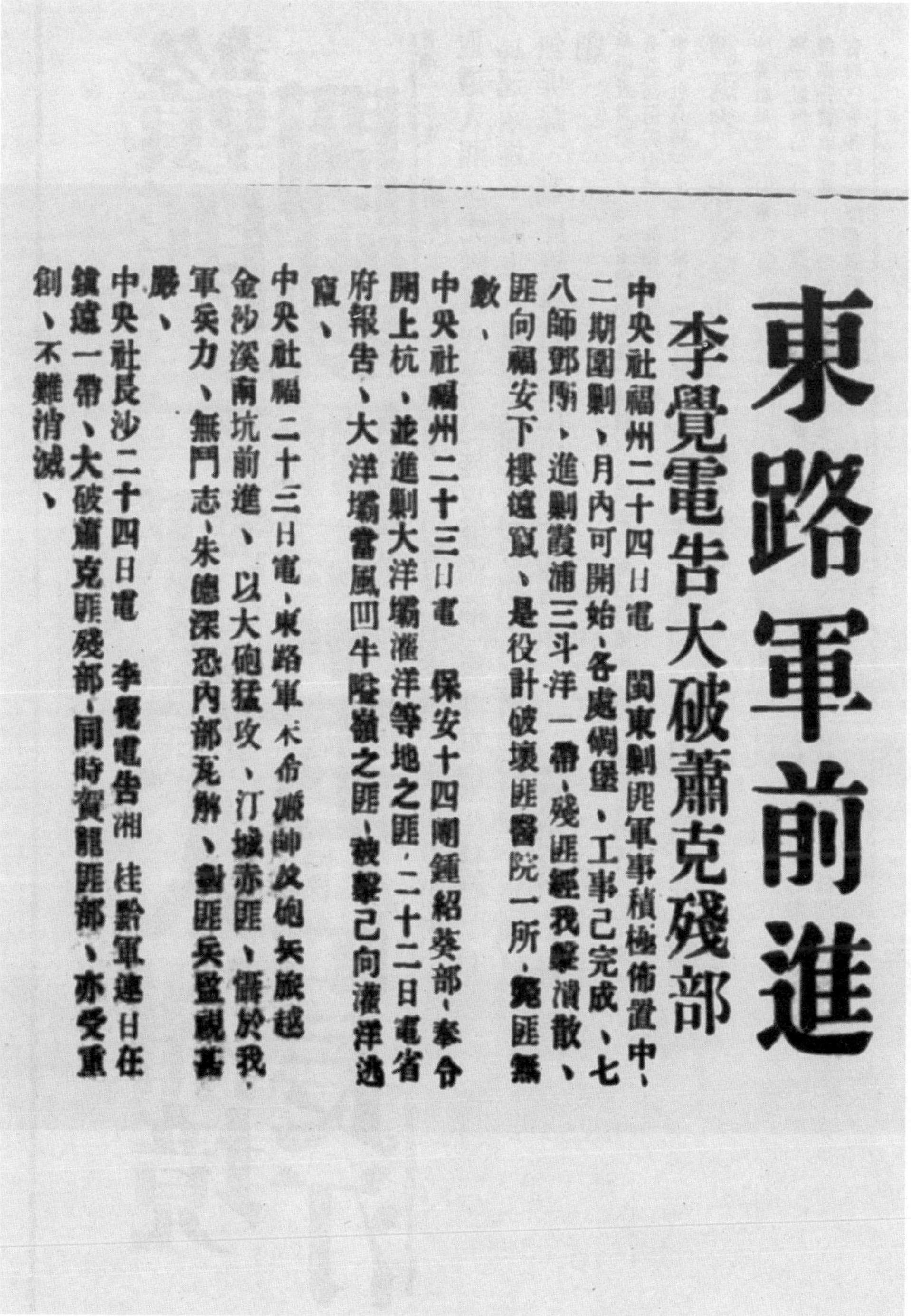

東路軍前進

李覺電告大破蕭克殘部

中央社福州二十四日電　閩東剿匪軍事積極佈置中、二期圍剿、月內可開始、各處碉堡、工事已完成、七八師鄧師、進剿霞浦三斗洋一帶、殘匪經我擊潰散、匪向福安下樓逃竄、是役計破壞匪醫院一所、斃匪無數、

中央社福州二十三日電　保安十四團鍾紹葵部、奉令開上杭、並進剿大洋壩灌洋等地之匪、二十二日電省府報告、大洋壩當風凹牛隆嶺之匪、被擊已向灌洋逃竄、

中央社福二十三日電、東路軍宋希濂師及砲兵旅越金沙溪南坑前進、以大砲猛攻、汀城赤匪、懾於我、軍兵力、無鬥志、朱德深恐內部瓦解、對匪兵監視甚嚴、

中央社長沙二十四日電　李覺電告湘桂黔軍連日在鎮遠一帶、大破蕭克匪殘部、同時賀龍匪部、亦受重創、不難消滅、

4. 东路军前进，李觉电告大破萧克残部，1934 年 10 月 25 日第 3 版

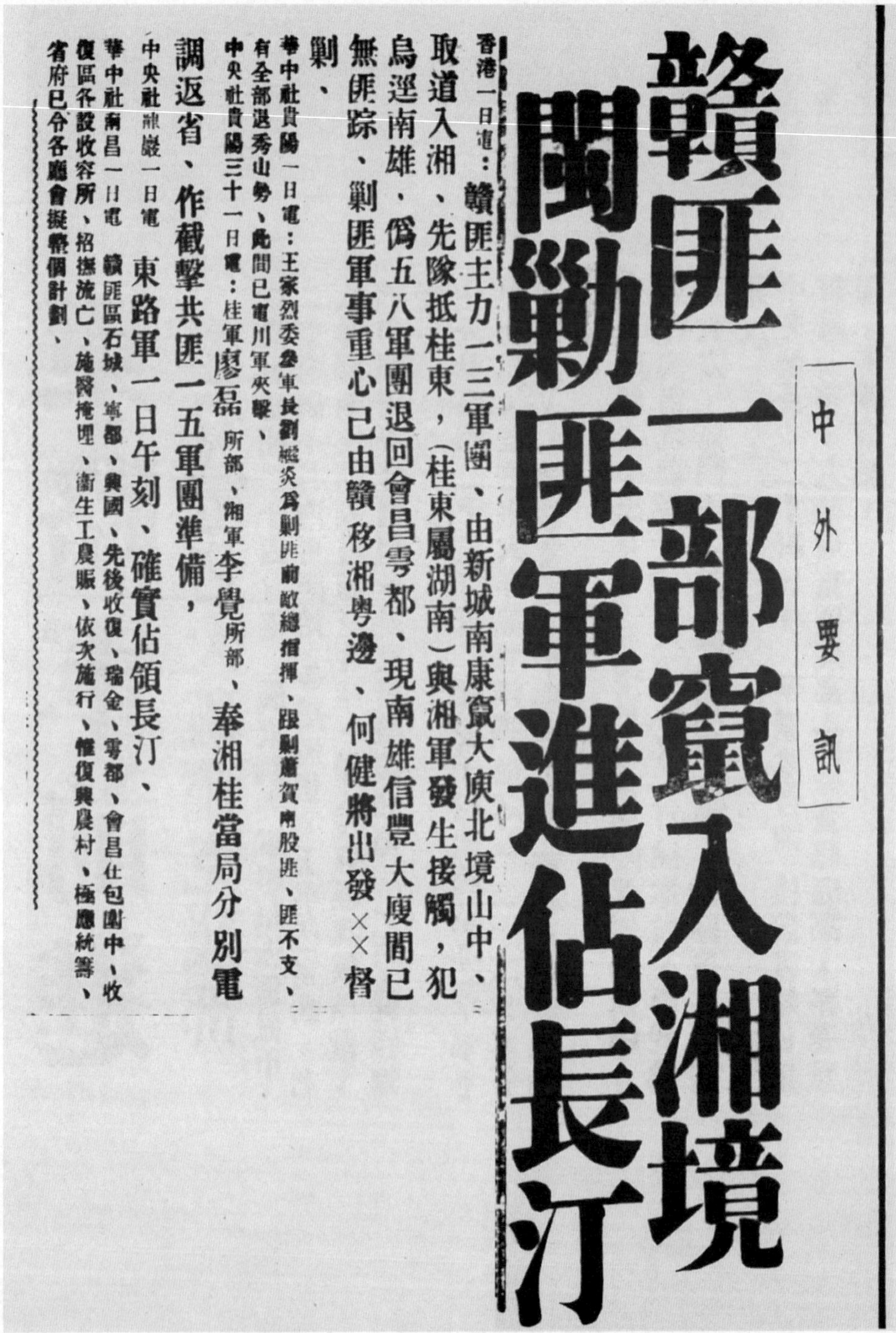

贛匪一部竄入湘境
閩剿匪軍進佔長汀

中外要訊

香港一日電：贛匪主力一三軍團、由新城南康贛大庾北境山中、取道入湘、先隊抵桂東，（桂東屬湖南）與湘軍發生接觸，犯烏逕南雄、僞五八軍團退回會昌雩都、現南雄信豐大廋間已無匪踪、剿匪軍事重心已由贛移湘粵邊、何健將出發××督剿、

華中社貴陽一日電：王家烈委參軍長劉繼炎爲剿匪前敵總指揮、跟剿蕭賀南股匪、匪不支、有全部退秀山勢、此間已電川軍夾擊、

中央社貴陽三十一日電：桂軍廖磊所部、湘軍李覺所部、奉湘桂當局分別電調返省、作截擊共匪一五軍團準備，

中央社龍巖一日電 東路軍一日午刻、確實佔領長汀、

華中社南昌一日電 贛匪區石城、寧都、興國、先後收復、瑞金、雩都、會昌仕包圍中、收復區各設收容所、招撫流亡、施醫掩埋、衛生工農賑、依次施行、惟復興農村、極應統籌、省府已令各廳會擬整個計劃、

5. 赣匪一部窜入湘境，闽剿匪军进占长汀，1934 年 11 月 2 日第 3 版

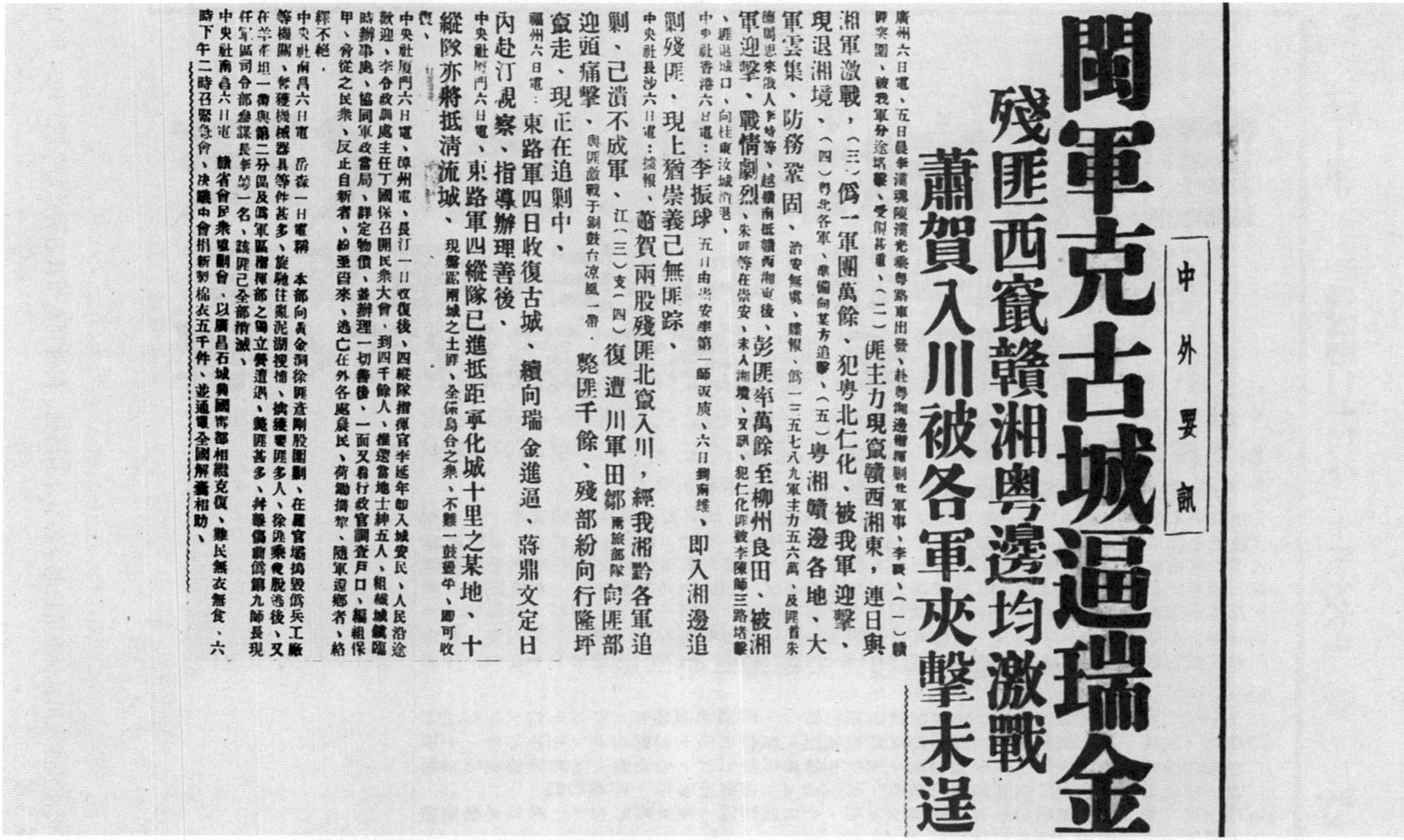

中外要訊

閩軍克古城逼瑞金

殘匪西竄贛湘粵邊均激戰

蕭賀入川被各軍夾擊未逞

廣州六日電、五日晨李漢魂陳漢光乘粵路車出發、赴粵湘邊指揮剿共軍事、李電、（一）贛匪突圍、被我軍分途堵擊、受創甚重、（二）匪主力現竄贛西湘東，連日與湘軍激戰，（三）偽一軍團萬餘、犯粵北仁化、被我軍迎擊、現退湘境、（四）粵北各軍、準備向某方追擊、（五）粵湘贛邊各地、大軍雲集、防務鞏固、治安無虞、據報、偽一三五七八九軍主力五六萬、及匪首朱德周恩來徵人李特等、越贛南抵贛西湘東後、彭匪率萬餘至柳州良田、被湘軍迎擊、戰情劇烈、朱毛等在崇安、未入湘境、又訊、犯仁化匪被李陳師三路堵擊、匪退城口、向桂東汝城竄逃、

中央社香港六日電：李振球五日由崇安率第一師返庚、六日到南雄、即入湘邊追剿殘匪、現上猶崇義已無匪踪、

中央社長沙六日電：據報、蕭賀兩股殘匪北竄入川，經我湘黔各軍追剿、已潰不成軍、江（三）支（四）復遭川軍田鄒兩旅部隊向匪部迎頭痛擊、與匪激戰于銅鼓台涼風一帶、斃匪千餘、殘部紛向行隆坪竄走、現正在追剿中、

福州六日電：東路軍四日收復古城、續向瑞金進逼、蔣鼎文定日內赴汀視察、指導辦理善後、

中央社厦門六日電、東路軍四縱隊已進抵距寧化城十里之某地、十縱隊亦將抵清流城、現警距兩城之土匪、全係烏合之衆、不難一鼓盪平、即可收復、

中央社厦門六日電、漳州電、長汀一日收復後、四縱隊指揮官李延年即入城安民、人民沿途歡迎、李令政訓處主任丁國保召開民衆大會、到四千餘人、推選當地士紳五人、組織城鎮臨時辦事處、協同軍政當局、評定物價、並辦理一切善後、一面又着行政官調查戶口、編組保甲、脅從之民衆、反正自新者、紛至沓來、逃亡在外各處農民、荷鋤擔犂、隨軍返鄉者、絡繹不絕．

中央社南昌六日電　岳森一日電稱　本部向黃金洞徐匪彥剛股圍剿、在羅官塲搗毀偽兵工廠等機關、奪獲機械器具等件甚多、旋馳往亂泥湖搜捕、擒獲要匪多人、徐匪乘夜脫逃後、又在苧茌坦一帶與第二分區及偽軍區指揮部之獨立營遭遇、斃匪甚多、并擊傷前偽第九師長現任軍區司令部參謀長李筠一名、該匪已全部消滅、

中央社南昌六日電　贛省會民衆慰勞會、以廣昌石城興國寧都相繼克復、難民無衣無食、六時下午二時召緊急會、決議由會捐新製棉衣五千件、並通電全國解囊相助、

6. 闽军克古城进逼瑞金，残匪西窜赣湘粤边均激战，萧（克）、贺（龙）入川被各军夹击未逞，1934 年 11 月 7 日第 3 版

（第一張） 中華民國二十三年十一月十六日

中外要訊

四路毋使殘匪入川

蔣委員長電令各軍合圍堵剿

何鍵到衡州就追剿總司令職

廣州十四日電 總部息、蔣委員長電陳濟棠李宗仁白崇禧東南西北路軍合圍堵剿、指定陣線、毋使匪漏網入川、湘何鍵派張沛乾乘機抵粵謁陳、商西南路軍堵匪機宜、詳情未悉、

中央社衡州十五日電 何鍵十四日通電云、奉委員長蔣電開、茲派何鍵為追剿總司令、（中略）除任命狀關防另發外、仰電遵照辦理、等因奉此、遵于十一月十四日在衡州軍次敬謹就職、竊自共匪竄踞贛閩、經我委座親臨督剿、分路并進、已屆最後成功之期、不料遁來殘匪自知在贛無可倖存、乘與南犯、折而西竄、鍵負西路重責、節經秉承行營電定、督率所部、嚴密剿擊、茲奉新命、督當益矢有我無匪之決心、務匪所至、不殲不止、所冀我長官袍澤、宏賜指教、我全國民衆多予協助、並責我友軍嚴防堵截、俾收夾擊之效、而完一簣之功、謹佈悃忱、諸希鑒察、贛粵閩湘鄂剿匪軍追剿總司令何鍵叩寒（十四日）午衡印、

長沙十五日電 蔣委員長十三日任何鍵為追剿總司令、追剿西竄股匪、所有北路入湘軍隊統歸指揮、何鍵十四日晨偕劉文島率李覺及總部高級人員乘汽車十七輛赴衡、正午到達、十五日早就追剿總司令職、蔣派劉文島監誓、省府主席曹典球代行、長沙後方及總部事由吳家驟代行、省會治安由保安部會同警備部負責、劉文島本日由衡州返省、明晨赴贛、

貴陽十四日電、黔主席兼二十五軍軍長王家烈、今日抵遵義、副軍長侯之戎、由赤水來遵謁王、商川黔邊區防務、及堵防赤匪事、

中央社福州十五日電、閩東連江羅源各縣殘匪、偽獨立團偽品太股投周墩、經新十師派隊剿滅、土匪魏耿股、近暗派匪徒在寧德羅源邊區河陽一帶、設立活動式偽機關、我軍已馳往剿滅、

7. 四路军毋使残匪入川，蒋委员长电令各军合围堵剿，何键到衡州就追剿总司令职，1934年11月16日第3版

湘粤之匪情

南京十五日航訊、何鍵電京稱、據俘匪供稱、匪三軍團彭德懷部共三師九團、團三營、營步兵三連、機槍一排、每步兵連槍六七十枝、自動步槍一支、機槍排有機槍二挺、團直轄機槍連、有機槍十六挺、口號打倒湖南省、匪區由贛至湘邊、已跑十三天、晝夜飛奔、兵在夜間行動、兵力極疲敝、

香港十四日電、匪自延壽慘敗、殘部向宜章臨武竄、南路軍現從事搜索工作、

廣州十四日電：韶行營接報、十一日林彪率匪萬餘、再犯城口西北之延壽縣、與我獨二旅激戰晝夜、十二日晨獨三師出九峯側擊、將匪截數段、獨二旅將匪一部包圍、午後四時將匪擊潰、俘三千餘、爲南路軍空前大捷、又報、城口長江圩石線、被我軍三路擊退後、餘匪逃竄、坪樂間電話復通、又電、連山探報、彭匪率萬餘侵小北江、圖犯桂邊鍾山富川灌陽、以牽制桂軍截擊、並護爾隊、由湘西竄黔川、李電陳匪侵小北江圖犯桂邊、令山師迎擊外、派□□師入□□□□堵截、又電韶行營報稱、犯九峯城口北延壽匪、被我李葉兩師及陳旅會同擊潰後、匪向宜章城退、余縱隊返駐樂昌指揮追擊、又電余漢謀電陳、我李漢魂葉肇師陳章旅、十一十二、日在湘邊九峯口延壽與匪激戰兩晝夜、我軍卒獲大勝、俘斃數千、繳鎗約六千、匪主力一軍團全消滅、又李漢魂電稱、僞一軍團十一日犯延壽、職會同獨二旅劇戰竟日、十二日、我葉師由九峯出延壽、向匪陣側擊、兩午後四時匪全部受殲、僞斃匪無算、俘三千餘、獲鎗四五千、刻仍追擊中、又電、九峯諜報、匪首林彪彭德懷率僞一三軍團約二萬、突犯我延壽、係牽制我軍追擊、掩護大部西竄、激戰兩日夜、僞一軍團退路被我獨三師截斷、殲滅無算

8. 湘粤之匪情，1934 年 11 月 16 日第 3 版

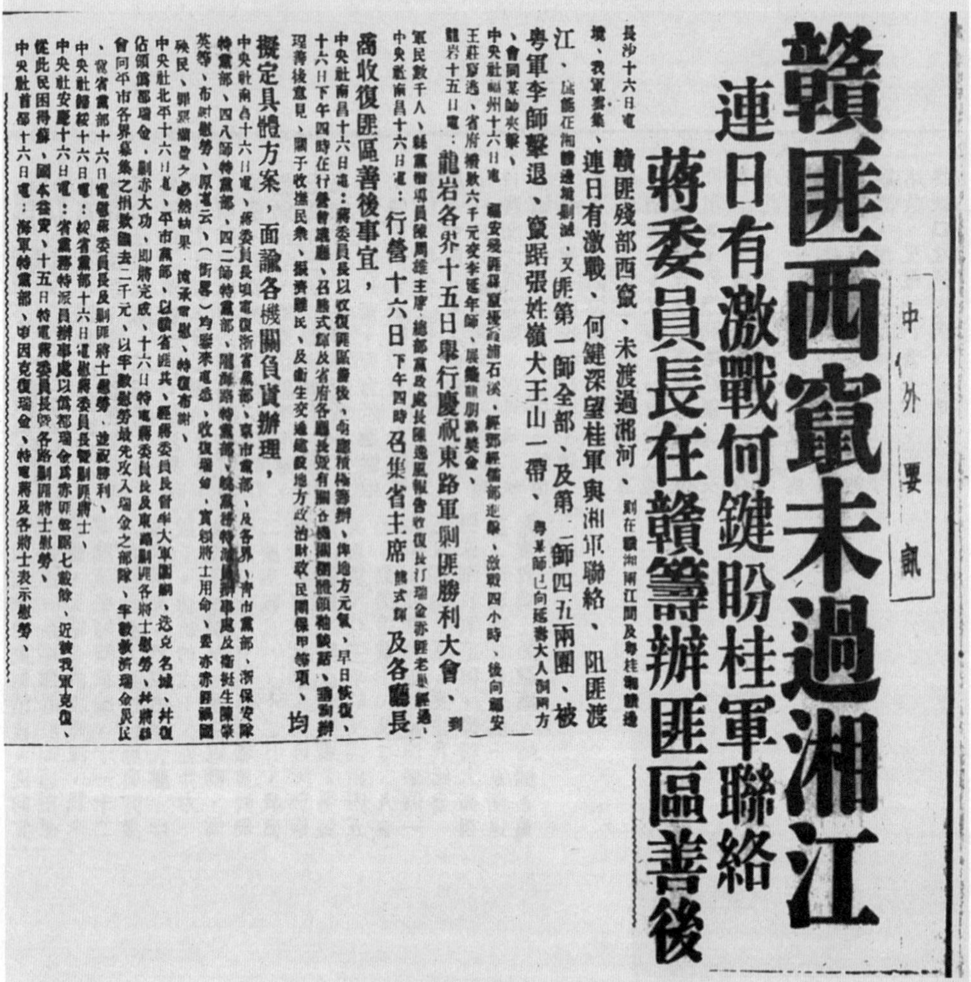

中外要訊

贛匪西竄未過湘江
連日有激戰何鍵盼桂軍聯絡
蔣委員長在贛籌辦匪區善後

長沙十六日電　贛匪殘部西竄、未渡過湘河、刻在贛湘兩江間及粵桂湘贛邊境、我軍雲集、連日有激戰、何鍵深望桂軍與湘軍聯絡、阻匪渡江、該部在湘贛邊境剿滅，又匪第一師全部、及第二師四五兩團、被粵軍李師擊退、竄踞張姓嶺大王山一帶、粵某師已向延壽大人洞兩方、會同某師夾擊、

中央社福州十六日電　福安殘匪竄擾省捕石溪、經鄧經儒部進擊、激戰四小時、後向福安王莊竄逃、省府撥款六千元交李延年師、展鑄剿勞獎金、

龍岩十五日電：龍岩各界十五日舉行慶祝東路軍剿匪勝利大會、到軍民數千人、縣黨部指導員陳周維主席、總部黨政處長陳逸凰報告收復長汀瑞金赤匪老巢經過、

中央社南昌十六日電：行營十六日下午四時召集省主席熊式輝及各廳長

商收復匪區善後事宜，

中央社南昌十六日電：蔣委員長以收復匪區善後，亟應積極籌辦，俾地方元氣，早日恢復，十六日下午四時在行營會議廳，召熊式輝及省府各廳長暨有關各機關領袖談話，諮詢辦理善後意見，關于收撫民衆，振濟難民，及衛生交通建設地方政治財政民團保甲等項，均

擬定具體方案，面諭各機關負責辦理，

中央社南昌十六日電：蔣委員長頃電復浙省黨部、京市黨部、及各界、青市黨部、浙保安隊特黨部、四八師特黨部、四二師特黨部、隴海路特黨部、鐵道部特派員辦事處及衛挺生陳肇英等、布謝慰勞、原電云、（銜略）均鑒來電悉、收復瑞金、實賴將士用命、要亦赤匪禍國殃民、罪惡彌昌之必然結果、猥承電慰、特復布謝、

中央社北平十六日電：平市黨部、以贛省匪共、經蔣委員長督率大軍圍剿、迭克名城、并復佔領僞都瑞金、剿赤大功、即將完成、十六日特電蔣委員長及東路剿匪各將士慰勞、并將該會同平市各界募集之捐款匯去二千元、以半數慰勞最先攻入瑞金之部隊、半數救濟瑞金災民、

中央社歸綏十六日電：綏省黨部十六日電慰蔣委員長及剿匪將士、覓省黨部十六日電蔣委員長及剿匪將士慰勞、並祝勝利、

中央社安慶十六日電：省黨務特派員辦事處以僞都瑞金爲赤匪盤踞七載餘、近被我軍克復、從此民困得蘇、國本鞏固、十五日特電蔣委員長暨各路剿匪將士慰勞、

中央社首都十六日電：海軍特黨部、市黨部因克復瑞金、特電蔣及各將士表示慰勞、

9. 赣匪西窜未过湘江，连日有激战何键盼桂军联络，蒋委员长在赣筹办匪区善后，1934 年 11 月 17 日第 3 版

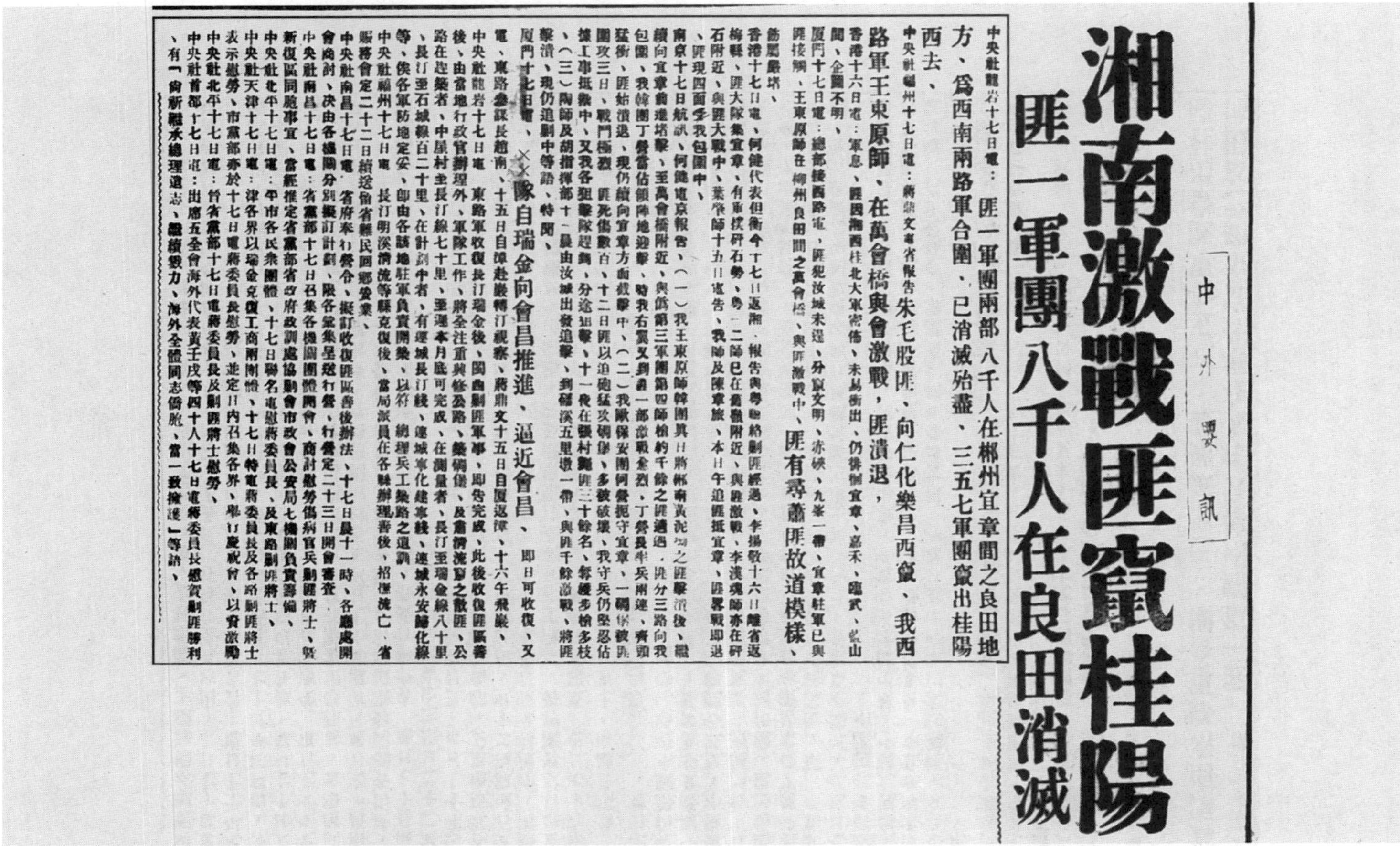

中外要訊

湘南激戰匪竄桂陽

匪一軍團八千人在良田消滅

中央社龍岩十七日電：匪一軍團兩部八千人在郴州宜章間之良田地方、爲西南兩路軍合圍、已消滅殆盡、三五七軍團竄出桂陽西去、

中央社福州十七日電：蔣鼎文奉省報告朱毛股匪、向仁化樂昌西竄、我西路軍王東原師、在萬會橋與會激戰，匪潰退，

香港十六日電：軍息、匪因湘西桂北大軍密佈、未易衝出、仍徘徊宜章、嘉禾、臨武、藍山間、企圖不明、

厦門十七日電：總部接西路電，匪犯汝城未逞、分竄文明、赤硤、九峯一帶、宜章駐軍已與匪接觸、王東原師在郴州良田間之萬會橋、與匪激戰中、匪有尋蕭匪故道模樣、飭屬嚴堵、

香港十七日電、何健代表但衡今十七日返湘、報告與粵聯絡剿匪經過、李揚敬十六日離省返梅縣、匪大隊集宜章、有東撲砰石勢、粵一二師已在砰石附近、與匪激戰、李漢魂師亦在砰石附近、與匪大戰中、葉肇師十五日電告、我師及陳章旅、本日午追匪抵宜章、匪略戰即退、匪現四面受我包圍中、

南京十七日航訊、何鍵電京報告、（一）我王東原師韓團與日將郴南黃泥坳之匪擊潰後、繼續向宜章會進堵擊、至萬會橋附近、與僞第三軍團第四師約千餘之匪遭遇，匪分三路向我包圍、我韓團丁營當佔領陣地迎擊、時我右翼又到君一部激戰益烈，丁營長率兵兩連、奮勇猛衝、匪始潰退、現仍續向宜章方面截擊中、（二）我歐保安團何營扼守宜章、一碉堡被匪圍攻三日、戰鬥極烈 匪死傷數百、十二日匪以迫砲猛攻碉堡、多被破壞、我守兵仍堅忍佔據工事抵禦中、又我各狙擊隊趕到、分途狙擊、十一夜在鼓村斃匪三十餘名、郭繳步槍多枝、（三）陶師及胡指揮部十一晨由汝城出發追擊、到碼溪五里墩一帶、與匪千餘激戰、將匪擊潰、現仍追剿中等語、特聞、

厦門十七日電、××隊自瑞金向會昌推進、逼近會昌、即日可收復、又電、東路參謀長趙南、十五日自漳赴巖轉汀視察、蔣鼎文十五日自厦返漳、十六午飛巖、

中央社龍岩十七日電 東路軍收復長汀瑞金後、閩西剿匪軍事、即告完成、此後收復匪區善後、由當地行政官辦理外、軍隊工作、將全注重與修公路、鞏碉堡、及肅清流竄之散匪、公路在趕築者、中屋村至長汀線七十里、至遲本月底可完成、在測量者、長汀至瑞金線八十里、長汀至石城線百二十里、在計劃中者、有連城長汀綫、連城寧化建寧綫、連城永安歸化綫等、俟各軍防地定妥、即由各該地駐軍負責開築、以符 總理兵工築路之遺訓、

中央社福州十七日電 長汀明溪清流等縣克復後、當局派員在各縣辦理善後、招撫流亡、省賑務會定二十二日續送僑省縣民回鄉發業、

中央社南昌十七日電 省府奉行營令、擬訂收復匪區善後辦法、十七日晨十一時、各廳處開會商討、決由各機關分別擬訂計劃、限各彙集呈送行營、行營定二十三日開會審查、

中央社南昌十七日電：省黨部十七日召集各機關團體開會、商討慰勞傷病官兵剿匪將士、暨新復區同胞事宜、當經推定省黨部省政府政訓處協勦會市政會公安局七機關負責籌備、

中央社北平十七日電：平市各民衆團體、十七日聯名電慰蔣委員長、及東路剿匪將士、

中央社天津十七日電：津各界以瑞金克復工商兩團體、十七日特電蔣委員長及各路剿匪將士表示慰勞、市黨部亦於十七日電蔣委員長慰勞、並定日內召集各界、舉行慶祝會、以資激勵、

中央社北平十七日電：晉省黨部十七日電蔣委員長及剿匪將士慰勞、

中央社首都十七日電：出席五全會海外代表黃壬戌等四十八人十七日電蔣委員長賀剿匪勝利、有「尚祈繼承總理遺志、繼續努力、海外全體同志僑胞、當一致擁護」等語、

10. 湘南激战匪窜桂阳，匪一军团八千人在良田消灭，1934 年 11 月 18 日第 3 版

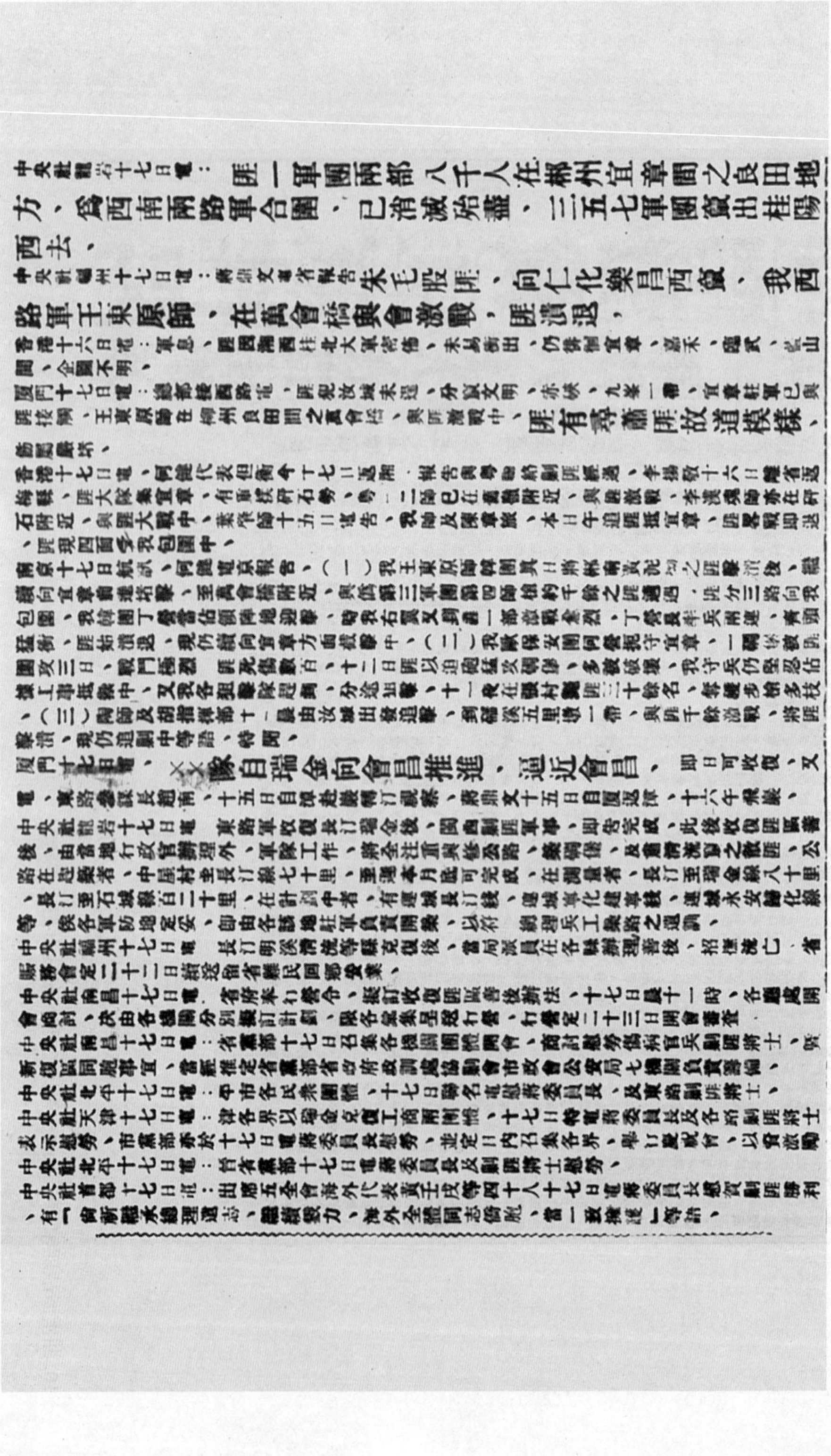

中央社龍岩十七日電：匪一軍團兩部八千人在郴州宜章間之良田地方，為西南兩路軍合圍，已消滅殆盡，三五七軍團竄出桂陽西去，

中央社郴州十七日電：[illegible]朱毛殘匪，向仁化樂昌西竄，我西路軍王東原師，在萬會橋與匪激戰，匪潰退，

香港十六日電：[illegible]、全國不明，

厦門十七日電：[illegible]匪有尋蕭匪故道模樣，[illegible]

香港十七日電：[illegible]、匪現四面受我包圍中，

南京十七日航訊：[illegible]（一）我王東原師[illegible]（二）[illegible]（三）[illegible]

厦門十七日電：××隊自瑞金向會昌推進，逼近會昌，[illegible]

中央社龍岩十七日電：[illegible]

中央社福州十七日電：[illegible]

中央社南昌十七日電：[illegible]二十三日開會審查

中央社南昌十七日電：[illegible]

中央社北平十七日電：[illegible]

中央社天津十七日電：[illegible]

中央社北平十七日電：[illegible]

中央社首都十七日電：[illegible]

（局部图）

雩都歸化相繼收復

贛匪兩部西竄湘粵軍圍勦中

中外要訊

南昌十八日電 行營公布、據前方電報我第五十二師于十六日午收復閩之歸化城、又我第九十九師亦於十七日收復贛之雩都城、

中央社南昌十八日電 歸化雩都十六十七相繼克復、歸化即現之明溪縣、民十五始改今名、爲盧興邦師收復、據電告明溪附近、已無匪踪、情況寧化即可收復、雩都於十九年陷匪手、因接近僞都、匪據爲重鎮、經收復後、匪不敢再竄贛境矣、

中央社福州十八日電 福安僞第二團團長賴全標部竄溪柄騷動、被我新十師圍擊、賴匪當場擊斃、又該師十三十四兩日在大車奐山裏等處、擊破僞某匪部、現仍在追擊中、東路總部據駐南路聯絡參謀陳天民十四日電報告、僞一軍團在延壽附近與我軍相持、經我獨三師及獨二旅夾擊、斃匪數千、俘千餘、僞一軍團已殲滅、

福州十七日電 福安殘匪近竄象浴浦石溪擾掠、經七八師鄧團、保隊馳勦、十四日與匪在宅中尾崗兩地相遇、激戰四小時、匪不支、仍向福安王家洋潰逃、是役斃匪會劃道周一名、並匪二千餘、救出肉票八名、昨該團已電省告捷、寧化赤匪盡退、城內僅小股土共據守、該縣新縣長楊德隆 現隨軍抵建甯、日內即可督率團隊、進復縣城、

中央社汀州十八日電 汀城善後已舉辦者、（一）招集流亡、（二）組織城廂辦事處、便利軍民調查、（三）安撫難民、由政訓處登記、（四）調查戶口、組織保甲已辦竣、（五）組公賣委員會推定各商同業負責、（六）辦理自新登記、組劃共鐵血團、（七）修理道路橋樑、並城區清潔、（八）搜索匪潛伏組織、（九）籌備軍民聯歡及新生活運動大會、（十）籌設保甲長訓練班、

廈門十七日電：軍息、**匪西竄分兩部**、僞一五軍團尚存三萬、餘竄垂贛西南及湘東稱僞湘贛省、設僞府於永新南境、以彭德懷兼主席、另七八九軍團分竄湘南各縣、謀突圍、

在南西兩路圍勦中、俾匪難立足、

長沙十八日電：匪大部沿湘粵邊竄、連州、臨武間之士橋鷂揚坪、我西路軍、正與粵軍圍勦中、

長沙十六日電：王東原師發發中旅、將僞三軍團擊潰、收復良田萬會橋、匪竄桂臨間之保和圩、陶廣師由汝城追擊文明司之匪、將僞五八兩軍團擊潰、分竄赤石九峯、連日斃匪甚衆、

中央社衡陽十六日電：郴縣桂陽永興防守甚嚴、連日匪衆竄擾郴縣宜章、戰事激烈、均被我西路軍擊潰、死傷甚夥、周縱隊所部亦已開郴、**各縱隊司令均先後來衡、請何總司令指示圍勦追擊計劃、劉建緒李覺均在前方督戰**、

香港十七日電：梧訊、**白崇禧將赴桂林督勦**、

貴陽十八日電：王家烈于十七日抵省、各界歡迎者甚衆、王對勦匪發表意見、謂匪爲人類公敵、盼民衆協助政府、本人爲計劃勦匪、暫來後方、短期內決往前方督勦、希達消滅目的、

2|1

11. 雩都、归化相继收复，赣匪两部西窜湘粤军围剿中，1934 年 11 月 19 日第 3 版

雩都歸化相繼收復

贛匪兩部西竄湘粵軍團剿中

中外要訊

南昌十八日電　行營公布、據前方電報我第五十二師于十六日午收復閩之歸化城、又我第九十九師亦於十七日收復贛之雩都城、

中央社南昌十八日電　歸化雩都十六十七相繼克復、歸化卽現之明溪縣、民十五始改今名、爲鄧熾與邦師收復、據電告明溪附近、已無匪踪、淸流寧化卽可收復、雩都於十九年陷匪手、因接近僞都、匪據爲重鎭、經收復後、匪不敢再窺贛境矣、

中央社福州十八日電　福安僞第二團團長顏全標部竄溪柄騷動、被我新十師圍擊、顏匪當場擊斃、又該師十三十四兩日在大車與山裏等處、擊破僞某匪部、現仍在追擊中、東路總部派駐南路聯絡參謀陳天民十四日電報告、僞一軍團在延壽附近與我軍相持、經我獨三師及獨二旅夾擊、斃匪數千、俘千餘、僞一軍團已殲滅、

福州十七日電　福安殘匪近竄集嶺浦石溪擾掠、經七八師鄧團、派隊馳剿、十四日與匪在宅

（局部图 1）

福州十七日電　福安殘匪近竄集霞浦石溪擾掠、經七八師鄧團、派隊馳剿、十四日與匪在宅中尾崗兩地相遇、激戰四小時，匪不支、仍向福安王落洋潰逃、是役斃匪曾劉道周一名、並匪二千餘、救出肉票八名、昨該團已電省告捷、寧化赤匪盡退、城內僅小股土共據守、該縣新縣長楊德隆　現隨軍抵建甯、日內即可督率團隊、進復縣城、

中央社福州十八日電　汀城善後已舉辦者、（一）招集流亡、（二）組織城郊辦事處、便利軍民調査、（三）安撫難民、由政訓處登記、（四）調査戶口、組織保甲已辦竣、（五）組公賣委員會推定各商同業負責、（六）辦理自新登記、組創共鐵血團、（七）修理道路橋樑、並城區淸潔、（八）搜索匪潛伏組織、（九）籌備軍民聯歡及新生活運動大會、（十）籌設保甲長訓練班、

廈門十七日電：軍息、**匪西竄分兩部**、僞一五軍團尙存三萬、餘竄至贛西南及湘東稱僞湘贛省、設僞府於永新南境、以彰德懷兼主席、另七八九軍團分竄湘南各縣、謀突圍、

在南西兩路圍剿中、惟匪難立足、

長沙十八日電：匪大部沿湘粵邊竄、連州、臨武間之士橋鷓鴣坪、我西路軍、正與粵軍圍剿中、

長沙十六日電：王東原師發殘中旅、將僞三軍團擊潰、收復良田萬會橋、匪竄桂臨間之保和圩、陶廣師由汝城追擊文明司之匪、將僞五八兩軍團擊潰、分竄赤石九峯、連日斃匪甚衆、

中央社衡陽十六日電：郴縣桂陽永興防守甚嚴、連日匪衆竄擾郴縣宜章，戰事激烈、均被我西路軍擊潰、死傷甚夥、周縱隊所部亦己開到、

何總司令指示圍剿追擊計劃、劉建緒李覺均在前方督戰、各縱隊司令均先後來衡、請

香港十七日電：梧訊、**白崇禧將赴桂林督剿**、

貴陽十八日電：王家烈于十七日抵省、各界歡迎者甚衆、王對剿匪發表意見、謂匪爲人類公敵、盼民衆協助政府、本人爲計劃剿匪、暫來後方、短期內决往前方督剿、希達消滅目的、

（局部图2）

蔣宴劉何席間暢談
劉何謁林報告軍政
潰匪前鋒抵永明與桂軍接觸
何鍵令各縣設立投誠招待處

蔣委員長　劉湘　何成濬

中央社南京二十一日電：蔣委員長凱旋返京後、京中各要人均先後赴軍校官邸拜訪、二十一日正午蔣委員長在官邸宴請四川善後督辦劉湘、駐鄂綏靖主任何成濬、軍政部長何應欽等、席間暢談極歡、午後蔣氏批閱軍事委員會重要電文、甚爲忙碌、五時赴中山陵園游覽、旋即返城、

中央社首都二十一日電：國府林主席于二十一日晨十一時許在府接見劉湘，垂詢川軍政與剿匪各情甚詳、歷半時許、劉始辭出、繼接見何成濬、對鄂省綏靖事宜及地方災情，亦多垂詢，

中央社首都二十一日電、劉湘二十一日晨八時謁陵、由曾擴情陪往、由馬驥引導行禮、劉氏觀獻花圈、繼往譚故院長墓行禮、并遊覽明孝陵、十時返寓稍憩、即赴國府晉謁林主席、報告川中剿匪經過、主席垂詢川情甚詳、歷半小時辭出、十一時往立院拜會孫科、十二時謁蔣委員長、陳述剿匪經過、對川省剿匪辦法及一切善後問題、亦有陳述、蔣極爲嘉納、大體已經決定、下午一時出訪各院部會長官、七時始返寓休息、汪院長定二十二日晚宴劉、邀各院部會長官作陪．

中央社香港二十一日電、李漢魂電省告捷、謂十九日午克復臨武、副師長李仁舉部搜剿殘匪、本人並於二十日率牧鳴師各團返叔縣晃子、亦準備追擊、

廈門二十日電、軍息、東路第三師自瑞金東古城南進十九日抵會昌城郊，殘匪有放棄西竄模樣，料二十日或二十一日可收復、河田至長汀公路已竣工、長汀至瑞金公路亦在兵工續築中、

香港二十日電、匪前鋒抵永明、與桂軍接觸、

長沙二十一日電、李覺本部十八日將竄嘉禾之匪數千擊潰、斃匪五六百、獲槍二百餘支、匪向西南逃竄、

長沙二十一日電、何健令湘南各縣設投誠招待處、歡迎共匪投誠、並令設軍訓練處、自兼處長、劉建緒副之、輪流訓練全軍官佐、

中央社香港二十一日電、省訊、李揚敬派參謀長陳陽新、行營主任曾其清、二十三日出發粵贛邊爲門各地巡視防務、

中央社福州二十一日電、省府對收復匪區善後、積極辦理、並撥一百五十萬元，爲長汀瑞金各段築路經費及獎勵金，

12. 蒋（介石）宴刘（湘）、何（成濬）席间畅谈，刘、何谒林（森）报告军政，溃匪前锋抵永明与桂军接触，何键令各县设立投诚招待处，1934 年 11 月 22 日第 3 版

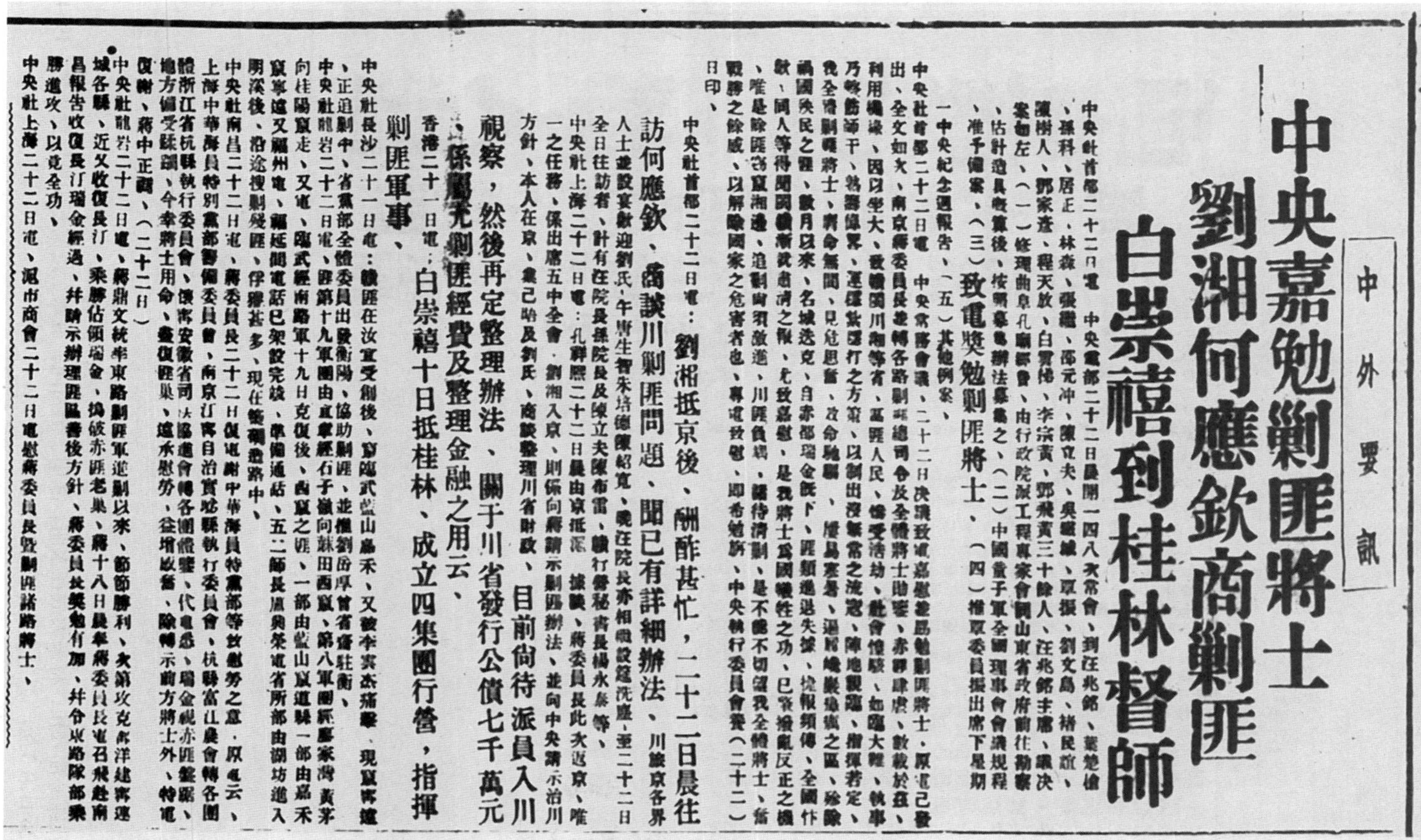

中外要訊

中央嘉勉剿匪將士
劉湘何應欽商剿匪
白崇禧到桂林督師

中央社首都二十二日電 中央黨部二十二日晨開一四八次常會、到汪兆銘、葉楚傖、孫科、居正、林森、張繼、邵元冲、陳立夫、吳鐵城、覃振、劉文島、褚民誼、陳樹人、鄧家彥、程天放、白雲梯、李宗黃、鄧飛黃三十餘人、汪兆銘主席、議決案如左、(一)修理曲阜孔廟辦法、由行政院派工程專家會同山東省政府前往勘察、估計造具預算後、按照募集辦法募集之、(二)中國童子軍全國理事會會議規程、准予備案、(三)致電獎勉剿匪將士、(四)推覃委員振出席下星期一中央紀念週報告、(五)其他例案、

中央社首都二十二日電 中央常務會議、二十二日決議致電嘉慰並勗勉剿匪將士、原電已發出、全文如次、南京蔣委員長並轉各路剿匪總司令及全體將士勛鑒、赤匪肆虐、歙毒於贛、利用機緣、因以坐大、致贛閩川湘等省、羣匪人民、慘受浩劫、社會惶駭、如臨大難、執事乃咸飭師干、勦撫兼籌、運籌策謀打之方策、以制出沒無常之流寇、陣地觀遍、指揮若定、我全體剿匪將士、將命無間、見危思奮、效命馳驅、歷易寒暑、遍歷巖險之區、殄除禍國殃民之匪、數月以來、名城迭克、自赤都瑞金既下、匪類遁逃失據、捷報頻傳、全國忭歎、國人等得聞國軍漸就肅清之報、尤致嘉慰、是我將士爲國犧牲之功、已奪撥亂反正之機、唯是餘匪竄湘邊、追剿尚須激進、川匪負嵎、猶待清剿、是不能不切望我全體將士、貫徹勝之餘威、以解除國家之危害者也、專電致慰、即希勉旃、中央執行委員會養(二十二)日印、

中央社首都二十二日電：劉湘抵京後、酬酢甚忙，二十二日晨往訪何應欽、商談川剿匪問題、聞已有詳細辦法、川旅京各界人士並設宴歡迎劉氏、午唐生智朱培德陳紹寬、晚在院長亦相繼設筵洗塵、至二十二日全日往訪者、計有汪院長孫院長及陳立夫陳布雷、暨行營秘書長楊永泰等、

中央社上海二十二日電：孔祥熙二十二日晨由京抵滬 據談、蔣委員長此次返京、唯一之任務、係出席五中全會、劉湘入京、則係向蔣請示剿匪辦法、並向中央請示治川方針、本人在京、業已晤及劉氏、商談整理川省財政、目前尚待派員入川視察，然後再定整理辦法、關于川省發行公債七千萬元、係爲充剿匪經費及整理金融之用云、

香港二十一日電：白崇禧十日抵桂林、成立四集團行營，指揮剿匪軍事、

中央社長沙二十一日電：贛匪在汝宜受創後、竄臨武藍山嘉禾、又被李寳杰痛擊、現竄寧遠、正追剿中、省黨部全體委員出發衡陽、協助剿匪、並慰劉岳厚曾省齋駐衡、

中央社龍岩二十二日電、匪第十九軍團由直牽經石子嶺向蘇田西竄、第八軍團經廖家灣黃茅向桂陽竄走、又電、臨武經南路軍十九日克復後、西竄之匪、一部由藍山竄道縣一部由嘉禾竄寧遠又賀州電、贛延間電話已架設完竣、準備通話、五二師長盧興榮電省所部由湖坊進入明溪後、沿途搜剿殘匪、俘擄甚多、現在繼續進剿中、

中央社南昌二十二日電、蔣委員長二十二日復電謝中華海員特黨部等致慰勞之意、原電云、上海中華海員特別黨部籌備委員會、南京江寧自治實驗縣執行委員會、杭縣富山農會轉各團體浙江省杭縣執行委員會、懷寧安徽省司法協進會轉各團體鑒、代電悉、瑞金規赤匪盤踞、地方備受蹂躪、今幸將士用命、盡復匪巢、遠承慰勞、益增感奮、除轉示前方將士外、特電復謝、蔣中正蒸、(二十二日)

中央社龍岩二十二日電、蔣鼎文統率東路剿匪軍進剿以來、節節勝利、次第攻克新泉連城各縣、近又收復長汀、乘勝佔領瑞金、搗破赤匪老巢、蔣十八日晨奉蔣委員長電召飛赴南昌報告收復長汀瑞金經過、并請示辦理匪區善後方針、蔣委員長獎勉有加、并令東路隊部乘勝進攻、以竟全功、

中央社上海二十二日電、滬市商會二十二日電慰蔣委員長暨剿匪諸路將士、

13. 中央嘉勉剿匪将士，刘湘、何应钦商剿匪，白崇禧到桂林督师，1934 年 11 月 23 日第 3 版

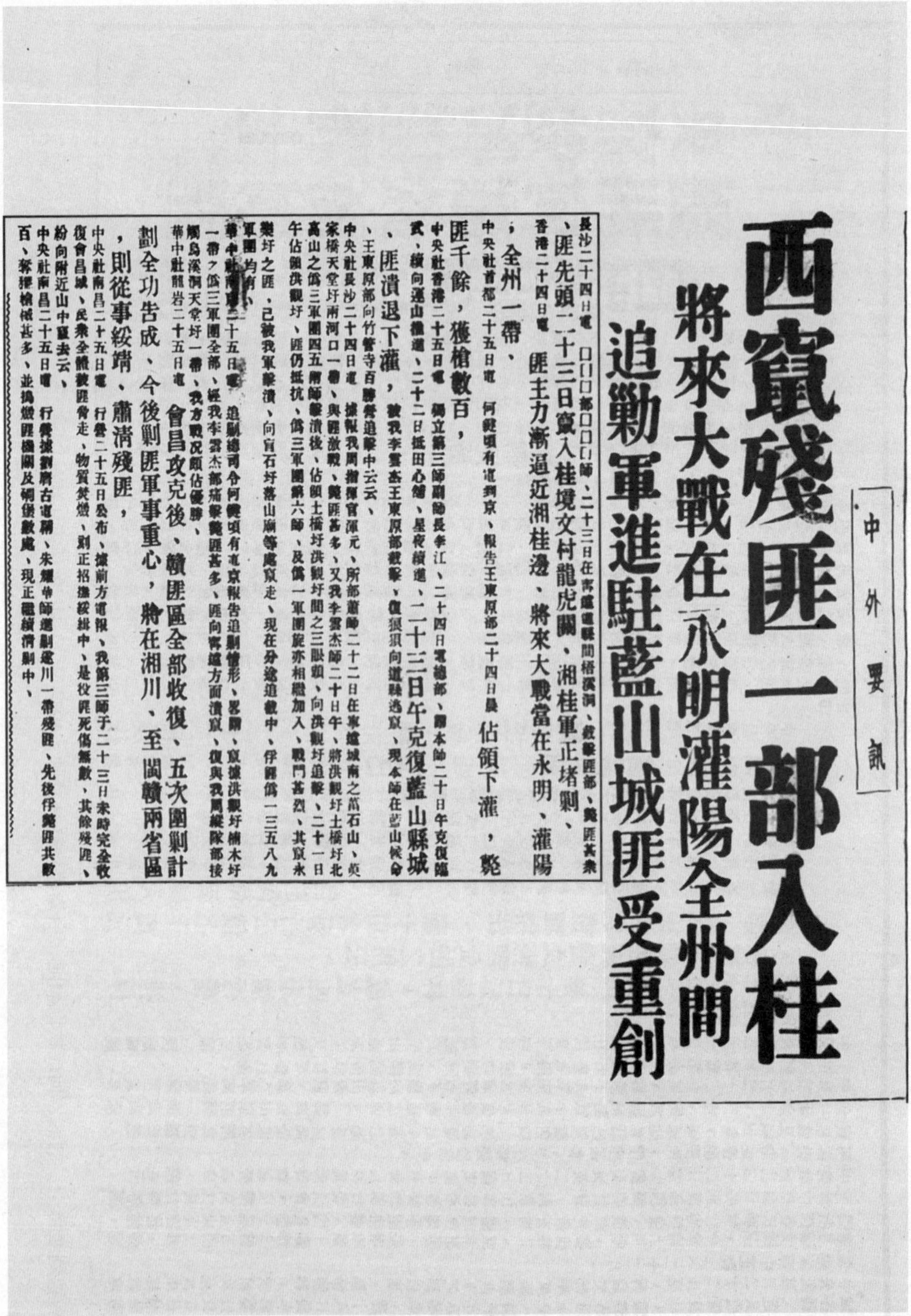

中外要訊

西竄殘匪一部入桂

將來大戰在永明灌陽全州間

追剿軍進駐藍山城匪受重創

長沙二十四日電 □□□部□□□師、二十三日在甯遠道縣間梧溪洞、截擊匪部、斃匪甚衆、匪先頭二十三日竄入桂境文村龍虎關、湘桂軍正堵剿、

香港二十四日電 匪主力漸逼近湘桂邊、將來大戰當在永明、灌陽；全州一帶、

中央社首都二十五日電 何鍵頃有電到京、報告王東原部二十四日晨 佔領下灌，斃匪千餘，獲槍數百，

中央社香港二十五日電 獨立第三師副師長李江、二十四日電總部、謂本師二十日午克復臨武、續向藍山推進、二十二日抵田心舖、星夜續進、二十三日午克復藍山縣城、匪潰退下灌， 被我李雲杰王東原部截擊、復狼狽向道縣逃竄、現本師在藍山候命、王東原部向竹管寺百勝舖追擊中云云、

中央社長沙二十四日電 據報我周指揮官渾元、所部蕭師二十二日在寧遠城南之蒿石山、莫家橋天堂圩兩河口一帶、與匪激戰、斃匪甚多、又我李雲杰師二十日午、將洪觀圩土橋圩北高山之僞三軍團四五兩師擊潰後、佔領土橋圩洪觀圩間之三眼塘、向洪觀圩追擊、二十一日午佔領洪觀圩、匪仍抵抗、僞三軍團第六師、及僞一軍團旋亦相繼加入、戰鬥甚烈、其竄永樂圩之匪，已被我軍擊潰、向官石圩落山廟等處竄走、現在分途追截中、俘獲僞一三五八九軍團均有、

華中社南昌二十五日電 追剿總司令何鍵頃有電京報告追剿情形、略謂、竄據洪觀圩楠木圩一帶之僞三軍團全部、經我李雲杰部痛擊斃匪甚多、匪向寧遠方面潰竄、復與我周縱隊部接觸烏溪洞天堂圩一帶、我方戰況頗佔優勝、

華中社龍岩二十五日電 會昌攻克後、贛匪區全部收復、五次圍剿計劃全功告成、今後剿匪軍事重心，將在湘川、至閩贛兩省區，則從事綏靖、肅清殘匪，

中央社南昌二十五日電 行營二十五日公布、據前方電報、我第三師于二十三日未時完全收復會昌城、民衆全體被匪脅走、物質焚燬、剿正招撫綏輯中、是役匪死傷無數、其餘殘匪、紛向附近山中竄去云、

中央社南昌二十五日電 行營據劉膺古電稱、朱耀華師進剿遂川一帶殘匪、先後俘斃匪共數百、奪獲槍械甚多、並搗燬匪機關及硝鹽數處、現正繼續清剿中、

14. 西窜残匪一部入桂，将来大战在永明、灌阳、全州间，追剿军进驻蓝山城匪受重创，1934 年 11 月 26 日第 3 版

長沙二十四日電 □□□部□□□師、二十三日在寧遠道縣間梧溪洞、截擊匪部、斃匪甚衆、匪先頭二十三日竄入桂境文村龍虎關、湘桂軍正堵剿、

香港二十四日電 匪主力漸逼近湘桂邊、將來大戰當在永明、灌陽；全州一帶、

中央社首都二十五日電 何鍵頃有電到京、報告王東原部二十四日晨 佔領下灌，斃匪千餘，獲槍數百，

中央社香港二十五日電 獨立第三師副師長李江、二十四日電總部、謂本師二十日午克復臨武、續向蓮山推進、二十二日抵田心舖、星夜續進、二十三日午克復藍山縣城、匪潰退下灌， 被我李雲杰王東原部截擊、復狼狽向道縣逃竄、現本師在藍山候命、王東原部向竹管寺百勝營追擊中云云、

中央社長沙二十四日電 據報我周指揮官渾元、所部蕭師二十二日在寧遠城南之蓝石山、莫家橋天堂圩兩河口一帶、與匪激戰、斃匪甚多、又我李雲杰師二十日午、將洪觀圩土橋圩北高山之僞三軍團四五兩師擊潰後、佔領土橋圩洪觀圩間之三眼頭、向洪觀圩追擊、二十一日午佔領洪觀圩、匪仍抵抗、僞三軍團第六師、及僞一軍團旋亦相繼加入、戰鬥甚烈、其竄永樂圩之匪，已被我軍擊潰、向盲石圩落山廟等處竄走、現在分途追截中、俘獲僞一三五八九軍團均有[illegible]

華中社[illegible]二十五日電 追剿總司令何鍵頃有電京報告追剿情形、略謂、竄據洪觀圩楠木圩一帶之僞三軍團全部、經我李雲杰部痛擊斃匪甚多、匪向寧遠方面潰竄、復與我周縱隊部接觸烏溪洞天堂圩一帶、我方戰况頗佔優勝、

華中社龍岩二十五日電 會昌攻克後、贛匪區全部收復、五次圍剿計劃全功告成、今後剿匪軍事重心，將在湘川、至閩贛兩省區，則從事綏靖、肅清殘匪，

中央社南昌二十五日電 行營二十五日公布、據前方電報、我第三師于二十三日未時完全收復會昌城、民衆全體被匪脅走、物質焚燬、刻正招撫綏緝中、是役匪死傷無數、其餘殘匪、紛向附近山中竄去云、

中央社南昌二十五日電 行營據劉府古電稱、朱耀華師進剿遂川一帶殘匪、先後俘斃匪共數百、奪獲槍械甚多、並搗燬匪機關及碉堡數處、現正繼續清剿中、

（局部图）

匪企圖由桂入黔

劉湘再度謁蔣續商四川大計

華中社南京二十六日電 四川善後督辦劉湘今日上午十時再度晉謁蔣委員長，續商川省剿匪大計等問題，

中央社首都二十六日電 劉湘二十六日中午招待京新聞界、適劉赴蔣宴、改由劉之代表鄧鳴階招待、計到新聞界六十餘人、席間鄧氏致詞畧謂、劉抵京與中央商川省軍政，已有結果、惟整理川省財政、待財長孔祥熙返京後會商、又電、蔣委員長午在勵志社宴各軍事長官、到劉湘等百二十餘人、至一時餘宴罷、

中央社廣州廿六日路透電 先導社消息 湖南共匪，自知無力堅守藍山等處，昨乃直撲永州，擬取道桂邊界之全州而竄入黔省，幸全州駐南路軍頗衆、早有預防、迎頭痛擊、共匪頓即潰散、死傷不少、殘衆向道州與寧遠方面退走、

華中社長沙二十六日電：李雲杰王東原兩部在寧遠、道縣、嘉禾間、與匪戰甚烈、擊破匪主力軍、斃匪俘匪各千餘名、匪首朱德彭德懷親在陣肉搏抗戰、因受我軍壓迫、不得逞、

香港二十五日電：匪先隊竄抵灌陽全縣 因桂邊大軍密佈、難突圍、與口口口師稍接觸即退、仍徘徊於道縣江華永明寧遠一帶、

15. 匪企图由桂入黔，刘湘再度谒蒋续商四川大计，1934 年 11 月 27 日第 4 版

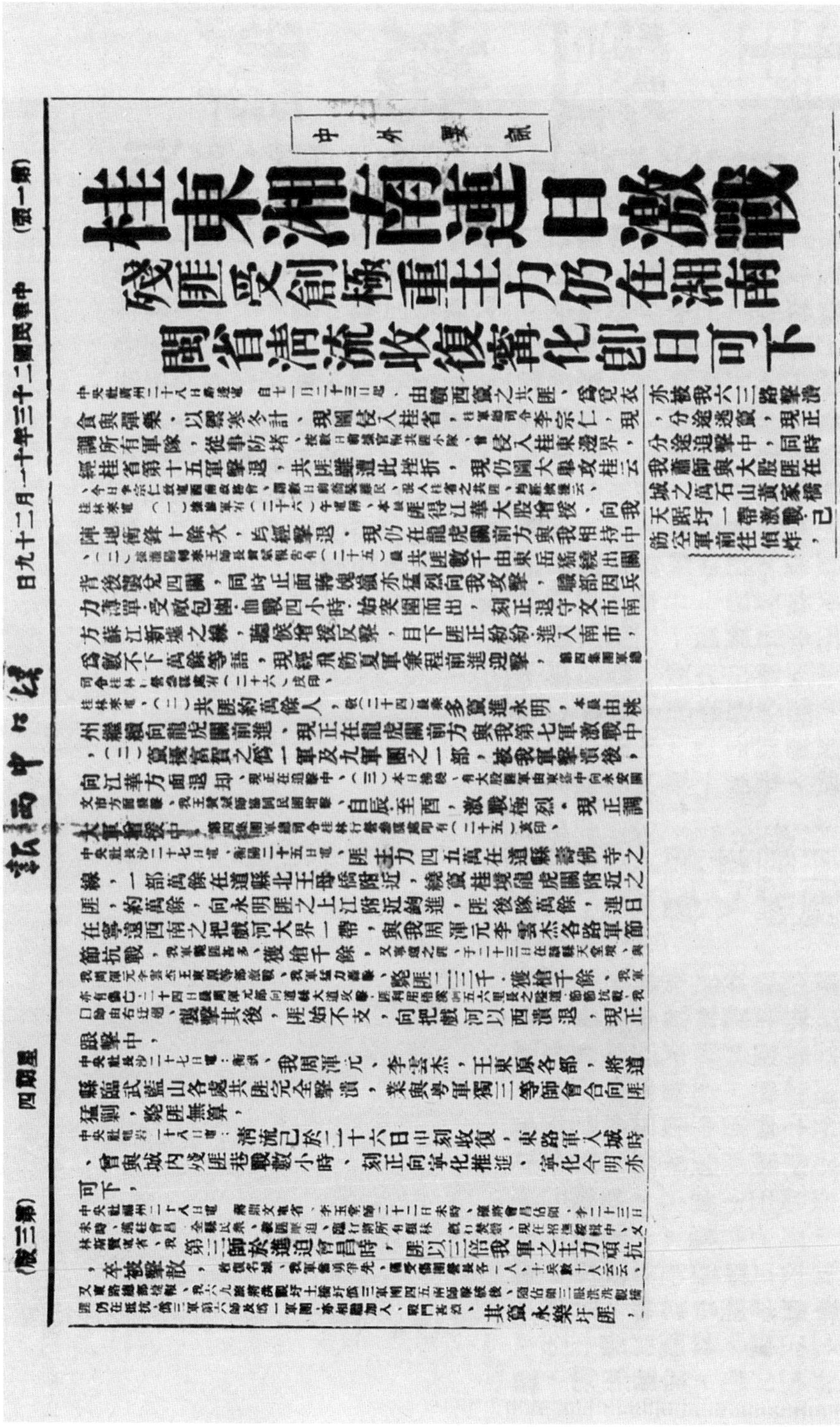
漢口中西報
中外要聞
桂東湘南連日激戰
殘匪受創極重主力仍在湘南
閩省清流收復寧化即日可下

16. 桂东湘南连日激战，残匪受创极重主力仍在湘南，闽省清流收复宁化即日可下，1934 年 11 月 29 日第 3 版

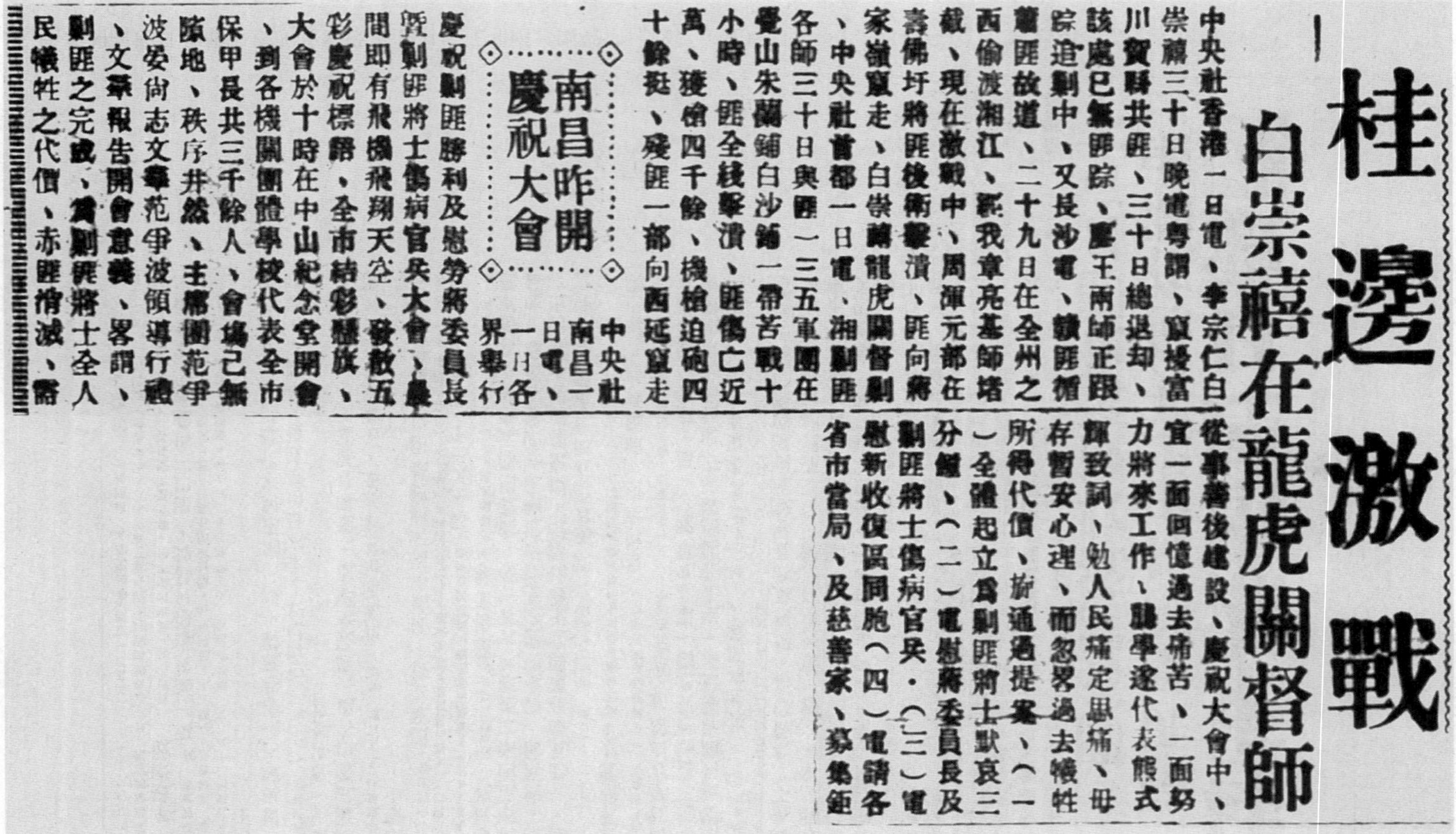

桂邊激戰

白崇禧在龍虎關督師

中央社香港一日電、李宗仁白崇禧三十日晚電粵謂、竄擾富川賀縣共匪、三十日總退却、該處已無匪踪、廖王兩師正跟踪追剿中、又長沙電、竄匪循蕭匪故道、二十九日在全州之西偷渡湘江、經我章亮基師堵截、現在激戰中、周渾元部在壽佛圩將匪後衛擊潰、匪向蔣家嶺竄走、白崇禧在龍虎關督剿、中央社首都一日電、湘剿匪各師三十日與匪一三五軍團在曼山朱蘭鋪白沙鋪一帶苦戰十小時、匪全綫擊潰、匪傷亡近萬、獲槍四千餘、機槍迫砲四十餘挺、殘匪一部向西延竄走

南昌昨開慶祝大會

中央社南昌一日電、各界一日舉行慶祝剿匪勝利及慰勞蔣委員長暨剿匪將士傷病官兵大會、晨間即有飛機飛翔天空、發散五彩慶祝標語、全市結彩懸旗、大會於十時在中山紀念堂開會、到各機關團體學校代表全市保甲長共三千餘人、會場已無隙地、秩序井然、主席團范爭波晏尙志文羣范爭波領導行禮、文羣報告開會意義、畧謂、剿匪之完成、實剿匪將士全人民犧牲之代價、赤匪消滅、需從事善後建設、慶祝大會中、宜一面回憶過去痛苦、一面努力將來工作、羅學濂代表熊式輝致詞、勉人民痛定思痛、毋存暫安心理、而忽畧過去犧牲所得代價、旋通過提案、（一）全體起立爲剿匪將士默哀三分鐘、（二）電慰蔣委員長及剿匪將士傷病官兵、（三）電慰新收復區同胞（四）電請各省市當局、及慈善家、募集鉅

17. 桂边激战，白崇禧在龙虎关督师，1934 年 12 月 2 日第 3 版（残）

中外要訊

白崇禧電粵告捷

犯桂殘匪擊潰

激戰五日殲匪千餘俘匪二千繳槍二千

蔣委員長令湘西設軍運代辦所

中央社香港四日電：白崇禧三日晚電粵告捷、略謂、此次犯桂共匪，現已全被擊潰，計前後激戰五日，殲匪千餘，繳槍二千餘支、俘獲二千餘名，內有原屬李明瑞部之桂籍匪五百餘名、均已解省感化、其餘多為湘贛籍、現決解送中央處置云、

長沙三日電　匪大部竄西延，圖沿湘桂邊西北竄、劉建緒部在鹹水俘匪後衛三千餘、空軍二日在全州與隆村炸斃徒步之匪五六百、蔣令湘西武城新綏靖會黔通等縣、設軍運代辦所、劉膺古三日赴衡謁何、商剿賀蕭匪事、

中央社貴陽三日電　王家烈氏定三四日內出發防堵贛匪西竄、頃電猶國才侯之擔、催迅派兵開赴指定地點、王本人親赴前方指揮、

中央社杭州三日電　昌化小六都殘匪昨復向西北竄逃、正逢我軍趙團李營、激戰數小時、斃匪甚衆、並獲械彈甚多、匪不支、潰向績溪邊境竄退、我軍正在追擊中、

18. 白崇禧电粤告捷，犯桂残匪击溃，激战五日歼匪千余俘匪二千缴枪二千，蒋委员长令湘西设军运代办所，1934 年 12 月 5 日第 3 版

中外要訊

湘桂當局會商圍剿

何鍵派李覺會晤白崇禧

殘匪被圍竄川勢不可能

中央社長沙六日電 何鍵派李覺與白崇禧會商圍殲西竄共匪周密計劃、匪大部已由西北竄大埠頭、一部向龍勝方面分竄、我劉建緒部三日抵新寧、章亮基向西岩市前進、陶廣在大帽岔附近擊潰匪五六百、俘匪槍各數十、李覺部與桂軍夏部向桂黔邊堵截、薛岳部由洪橋向武岡急進、周渾元部已抵全州，向新寧挺進、王東原經全縣新寧武岡向洪江前進、李雲杰部集中長鋪子梅口待命、李韞珩部抵石期、匪在各部包圍中，決難漏網、

中央社長沙六日電 殘匪被我軍擊潰後、分向龍勝城步方面大山中分竄、情形狼狽、各軍仍進追剿中、沿途繳獲甚多、據俘匪軍實供、此次在湘境實力損失極重、匪部傷亡總在二萬以上、對窮追猛剿極具戒心、

中央社貴陽六日電 猶國才率所部周文彬團於本日開赴黎平永從一帶，防堵竄匪西竄、

中央社長沙六日電 陳渠珍電我軍破匪于四喜河、湘鄂川軍夾擊賀匪、慈桃方面無匪踪、省府決定限期肅清郴宜兩縣散匪、劃郴宜為特區、以歐冠為主任、

中央社南昌六日電 唐淮源電省府、所部二十九日起由道縣向永安關追擊、迭在楊家橋高明橋蔣家市等地、與匪千餘人激戰、均經擊潰、

楊永泰談話

中央社上海六日電、楊永泰六日晨接見記者談、此次來滬純係私事、二三日即返京、贛省匪區現靜全部收復、共匪主力突圍而出者不過四五萬人、現在全州等處又遭數次慘敗，已一蹶不振，如圖與川匪聯絡，勢不可能，收復區善後、贛當局正依照總部計劃分別辦理、豫鄂皖邊區小股匪共、短期內可敉平、川省剿匪計劃，經劉湘與蔣委員長詳細洽商，已有整個計劃，劉不日即返川主持，蔣委員長於全會後即返贛，本人前隨蔣赴西北視察印象極佳、推行新運各地極普遍云、

中央社首都六日電、劉湘一部隨員定七日晨乘招商局江新輪離京返川，

19. 湘桂当局会商围剿，何键派李觉会晤白崇禧，残匪被围窜川势不可能，1934 年 12 月 7 日第 3 版

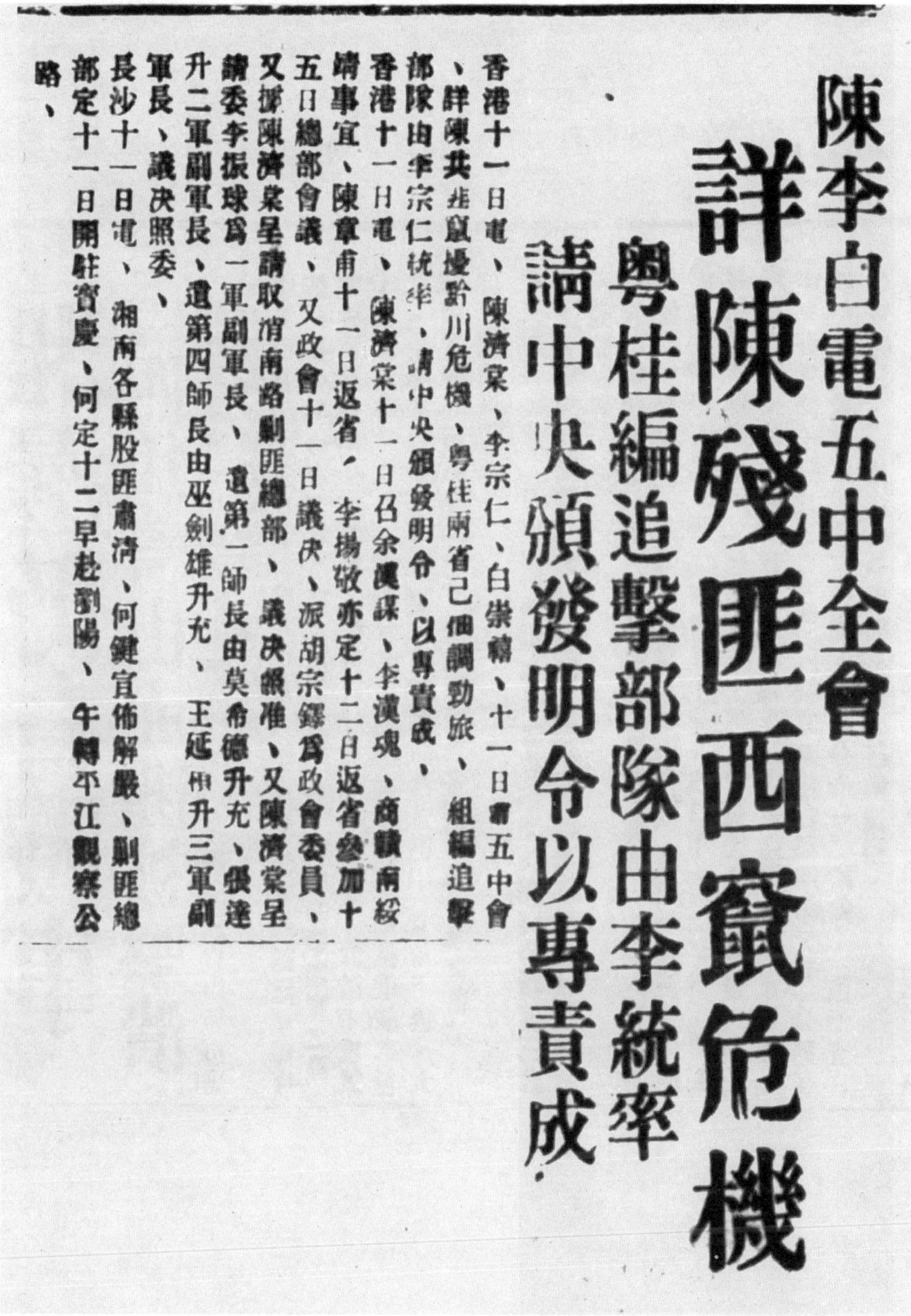

陳李白電五中全會
詳陳殘匪西竄危機
粵桂編追擊部隊由李統率
請中央頒發明令以專責成

香港十一日電、陳濟棠、李宗仁、白崇禧、十一日電五中會、詳陳共匪竄擾黔川危機、粵桂兩省已抽調勁旅、組編追擊部隊由李宗仁統率、請中央頒發明令、以專責成、

香港十一日電、陳濟棠十一日召余漢謀、李漢魂、商贛南綏靖事宜、陳章甫十一日返省、李揚敬亦定十二日返省參加十五日總部會議、又政會十一日議決、派胡宗鐸爲政會委員、又據陳濟棠呈請取消南路剿匪總部、議決照准、又陳濟棠呈請委李振球爲一軍副軍長、遺第一師長由莫希德升充、張達升二軍副軍長、遺第四師長由巫劍雄升充、王延楨升三軍副軍長、議決照委、

長沙十一日電、湘南各縣股匪肅清、何鍵宣佈解嚴、剿匪總部定十一日開駐寶慶、何定十二早赴瀏陽、午轉平江觀察公路、

20. 陈（济棠）、李（宗仁）、白（崇禧）电五中全会，详陈残匪西窜危机，粤桂编追击部队由李统率，请中央颁发明令以专责成，1934 年 12 月 13 日第 4 版

湘邊仍有戰事

四川營山赤匪被擊潰

中央社重慶十三日電、營山散匪、十一日晨向三台山新市場一帶竄犯、被我軍擊潰、傷亡頗衆、

中央社長沙十三日電、殘匪主力一部、在蓬洞被我劉建緒部痛擊向長安雲興寨老寨潰竄、我軍斬獲極衆、南向四關四竄之匪、亦被唐保安團在永明屬八都原八詠嶺、迎頭痛擊、匪潰不成軍、我軍俘虜數百人、現正分途追剿中、劉建緒奉部推進綏寧督剿、並令某師向涌洸堵剿、某師亦向西急進中、賀蕭兩匪、大部由庸邊竄四溜沖進犯、經我陳師及各部痛擊、斃匪甚衆、匪已總潰退、

中央社長沙十二日電、何鍵本日偕曹伯聞張開璉余籍傳三廳長、李保安司令覺、赴瀏陽視察團隊、並出席鄉長訓練所訓話、晚間返省、

中央社福州十三日電、保安十四團鍾紹葵部、搜剿迴龍楮子岩殘匪、發現殘留之僞游擊隊二十餘散匪、經完全撲滅、生擒僞蘇主席等五名、斃僞秘書等十餘、水口羊斗里亦告平靖、閩西杭武永等處散匪、已漸肅清、甯化收復後、善後待舉、寧邑陷匪六年、居民四千餘家、今僅存三十戶、難民多無家可歸、

中央社香港十三日電、省訊、陳濟棠李宗仁擬明年元旦、分別在廣州南寧就粵桂綏靖主任職、又陳分令一二綏隊、限十五日結束完竣、余漢謀李揚敬當分飭參謀處遵辦、

21. 湘边仍有战事，四川营山“赤匪”被击溃，1934 年 12 月 14 日第 4 版

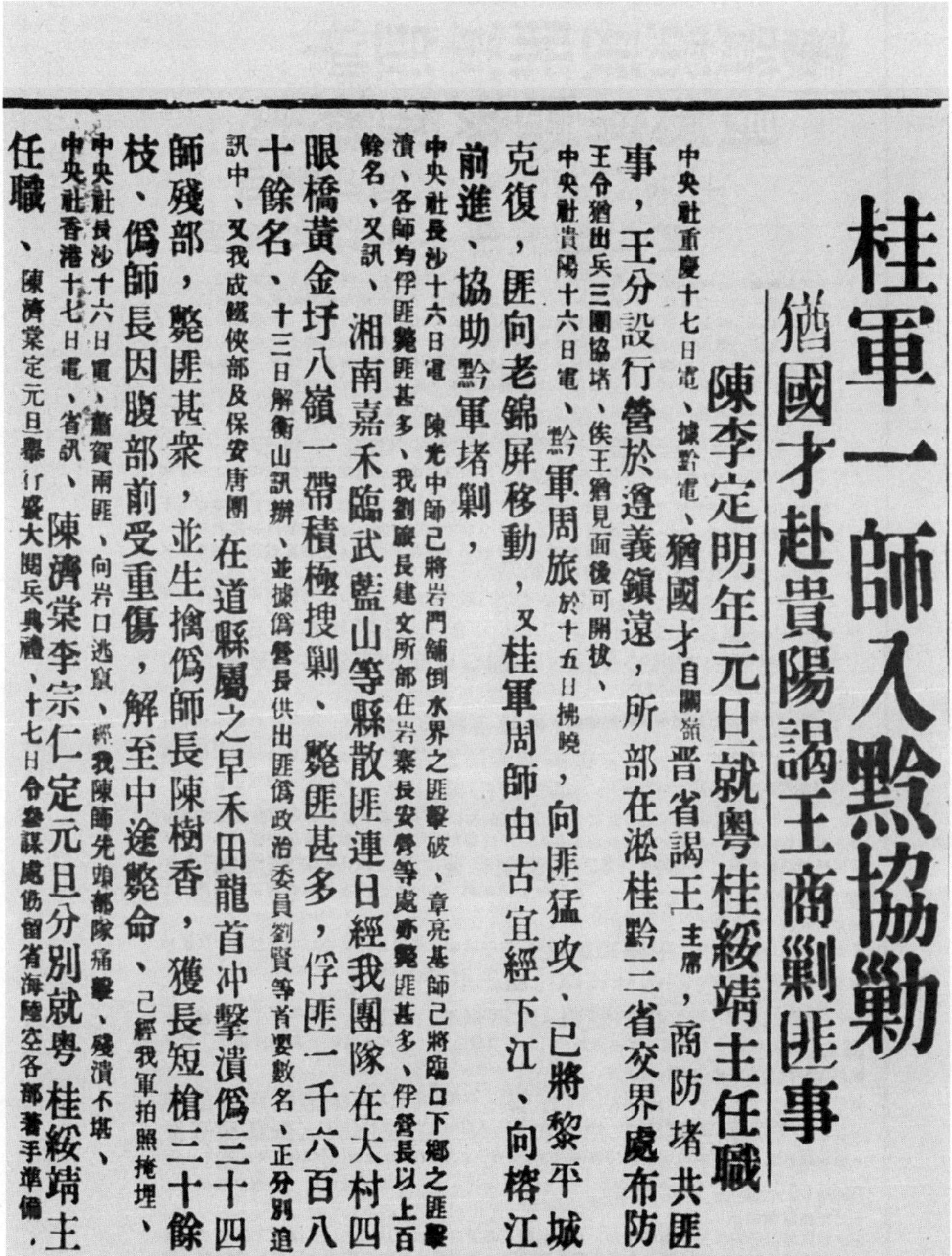

桂軍一師入黔協剿

猶國才赴貴陽謁王商剿匪事

陳李定明年元旦就粵桂綏靖主任職

中央社重慶十七日電、據黔電、猶國才自關嶺晋省謁王主席，商防堵共匪事，王分設行營於遵義鎮遠，所部在淞桂黔三省交界處布防王令猶出兵三圍協堵、俟王猶見面後可開拔、

中央社貴陽十六日電、黔軍周旅於十五日拂曉，向匪猛攻、已將黎平城克復，匪向老錦屏移動，又桂軍周師由古宜經下江、向榕江前進、協助黔軍堵剿，

中央社長沙十六日電　陳光中師已將岩門舖倒水界之匪擊破、章亮基師已將臨口下鄉之匪擊潰、各師均俘匪斃匪甚多、我劉聯長建文所部在岩寨長安營等處亦斃匪甚多、俘營長以上百餘名、又訊、湘南嘉禾臨武藍山等縣散匪連日經我團隊在大村四眼橋黃金圩八嶺一帶積極搜剿、斃匪甚多，俘匪一千六百八十餘名、十三日解衡山訊辦、並據偽營長供出匪偽政治委員劉賢等首要數名、正分別追訊中、又我成鐵俠部及保安唐團在道縣屬之早禾田龍首冲擊潰偽三十四師殘部，斃匪甚衆，並生擒偽師長陳樹香，獲長短槍三十餘枝、偽師長因腹部前受重傷，解至中途斃命、已經我軍拍照掩埋、

中央社長沙十六日電、蕭賀兩匪、向岩口逃竄、經我陳師先頭部隊痛擊、殘潰不堪、

中央社香港十七日電、省訊、陳濟棠李宗仁定元旦分別就粵桂綏靖主任職、陳濟棠定元旦舉行盛大閱兵典禮、十七日令參謀處飭留省海陸空各部着手準備．

22. 桂军一师入黔协剿，犹国才赴贵阳谒王（家烈）商剿匪事，陈（济棠）、李（宗仁）定明年元旦就粤桂绥靖主任职，1934 年 12 月 18 日第 4 版

蕭賀潰退湘軍追擊
長沙常德交通恢復
王家烈電請粵桂派兵援助
粵桂建議中央組特殊軍團

中央社重慶二十七日電、劉湘二十七日午後二時半在青年會召集江巴兩縣及渝市各機關法團主要人員講話、要點於下、（一）參謀團入川、在明瞭各軍及共匪情况以定軍事計劃、對剿匪軍將嚴厲實行賞罰、（二）川北徐匪乃虛張聲勢、今後務須除去過去弱點、除匪不足畏、（三）朱毛赤匪驚恐疲敝、給養困難、奉中央令已派隊入黔截堵、（四）今後厲行新生活、以簡單樸素清潔爲目標、取締煙賭娼、先從公共場所做起、以挽頹風、（五）四川今後除剿匪外、同時注重生產事業、

中央社長沙二十六日電、李（覺）郭（汝棟）收復桃源後，向漆家河黃市猛進，與賀蕭殘匪接觸，匪傷亡近千、俘數百，殘部向老鴉口潰退、慈利縣境安謐，長常水陸交通恢復、常民衆電請蔡吳羅啟顧旅保全常城厥功甚偉、省府決在沅陵設省委出巡辦公處、被推省委曾伯閔劉建緒彭施滌、定元月四日前往長州主持、又常德二十五日電、我李師陳旅郭師王旅分途向桃源進擊、陳旅先於二十四夜派便衣兵一連入城、二十五日上午協同各部夾擊、匪部驚潰、分向三家河、漆家河逃竄、圖回竄大庸、我軍當收復桃源縣城、現正分途搜索前進、

長沙二十六日電、慈桃已無蕭賀匪蹤，我李覺郭汝棟等、由漆家河黃市向□口攻剿、朱毛大股仍在梁上施洞一帶，我薛岳部在鎮遠河以東、黔軍在鎮遠以西聯絡堵截，劉建緒部將黎平錦屏之匪肅清、向劍河追擊、

中央社廣州二十七日路透電、共匪西竄、粵桂現調兵援黔、陳濟棠 李宗仁白崇禧已向中央建議、組織特殊軍團專剿侵黔共匪、未信中央必採納此議、蓋剿匪乃維持國家和平之要義也、桂軍現已抵黔邊、不久將與共匪作戰、

路透社二十六日廣州電、共匪志在西竄、已侵入黔省東境、據先導社消息、王家烈昨召集會議、決定立調猶國才軍隊、前往東境堵截之、王家烈於會議後、親赴馬場坪督戰、桂省追軍則向黔邊追擊共匪、王家烈爲早日撲滅共禍計、昨夜電請胡漢民陳濟棠李宗仁派兵援助、今晨粵當局電復、告以粵桂軍隊現準備赴黔、並請王在援軍未到時、竭力拒匪、

中央社貴陽二十六日電、王家烈猶國才昨自馬場坪聯名電呈蔣委員長汪院長、以黔省財政困窘、軍食難籌、對剿匪經費，請中央酌予補助，

中央社香港二十七日電、白崇禧擬元旦後來粵一行、晤陳濟棠李宗仁商追剿事，又省訊、一軍副軍長李振球、二十七日晨由廣返省謁陳濟棠、報告軍務、一月初將偕杜益謙林時清等出國考察軍事、

中央社榆林二十五日電、高桂滋現已抵綏、將與井岳秀杭毅會商剿匪具體辦法、靖邊訊、共匪劉子丹股八百餘人二十四日由安定突竄靖屬南鄉、經井岳秀師杭旅兩營在長勝灣包圍激戰竟日，兩營節節逼進、突擊甚力、匪部狼狽潰退、紛向榆林南竄、是役斃匪五六十名、生擒悍匪二名、獲長短槍數十枝、杭旅附隊尾追中、

中央社南昌二十七日電 譚學遂談、此次經臨川南城南豐廣昌寧都崇仁六縣、中以廣寧二縣爲新收復區、但匪化並不深、今後各縣最要問題、應獎勵人民自由耕種、不致任其荒廢、耕牛種具由省府貸與、又各縣森林燒燬殆盡、亟應保護培植、

中央社福州二十七日電 盧興榮二十五日晨率部攻破塘地僞閩贛軍區司令部、斃匪百餘、俘獲八十、擄槍百餘、及騾馬肉票等、現仍猛進中、

華中社福州二十七日電 閩省黨部二十六日晚宴蔣主任鼎文、席間蔣暢談剿匪之經過、謂閩民必需嚴密訓練、始得成爲有組織之民衆、黨政軍各部應誠意合作、各級負責者應竭力以赴云、

23. 萧（克）、贺（龙）溃退湘军追击，长沙、常德交通恢复，王家烈电请粤桂派兵援助，粤桂建议中央组特殊军团，1934 年 12 月 28 日第 3 版

中外要訊

蔣委員長昨回京

潘文華任川剿匪軍總指揮

劉湘代表赴陝商聯絡剿匪

中央社上海十八日電：蔣委員長十八日晨、在賈爾業愛路甚邸、接見孔祥熙夫婦、宋子文宋子良宋子安楊虎等多人、旋于十時二十五分赴虹橋機場、擬乘康道爾飛京、臨時因天氣關係飛機爲達受阻即折返西愛咸斯路孔宅休息、嗣即午後十二時一刻、偕夫人赴真茹站、一時二十分乘特快車附掛之公事車入京、同行者有侍衛長何雲、秘書汪日章及衛士數人、宋子文、吳鐵城、楊虎、宋子良、宋子安、文朝籍及孔祥熙之男女公子、均往送行

中央社首都十八日電：蔣委員長夫婦、十八日午後一時餘偕侍衛長何雲等、由滬乘車待京、午後八時到和平門車站下車、首都憲警及路警、事先在站警戒、殊爲森嚴、到站歡迎者、有呂超、陳調元、熊式輝、楊永泰、王用賓、李宗黃、陳策、張治中、楊杰、曹浩森、姚琮、鄒偉、林蔚文、桂永清等、蔣神采奕奕、偕夫人下車、與歡迎人員點首爲禮、後即乘汽車入城、直返軍校官邸、楊永泰、熊式輝、陳調元、張治中等亦隨往晉謁

中央社重慶十八日電：劉湘昨通令所屬各機關部隊嚴禁賭博、剿匪總部、委潘文華爲川剿匪軍總指揮，郭勛祺爲總預備隊指揮、范士傑陳萬仭廖澤分任一二三路指揮，田鍾毅爲左側指揮，徐國宣爲特遣支隊長，原有祿警名義、即日取消、

中央社鄭州十八日電：劉湘代表王纘兹十七日由漢過鄭、赴陝謁楊虎城商要公，並聯絡陝南各部隊、商洽剿匪機宜、

西安通信、赤匪徐向前殘部、自竄窺川北後、川省各軍迭次痛剿、迄未肅清、中央鑒於共匪、實爲國家腹心之患、非徹底剿滅、不足以言攘外、故底定贛省以來、即注意進剿川北徐匪、現已分令陝甘川等省部隊、均取聯絡、一致圍剿、匪之末路、指日可待、茲悉四川剿匪總司令劉湘以川陝毗連、休戚相關、近特派該部參軍王纘兹、赴陝南一帶、聯絡各部隊、商洽協剿該匪事宜、

中央社昆明十八日電、本省出發黔邊剿匪部隊，十五日以前一律開拔、各市縣鄉村滿貼總部省府出師佈告、及赤匪罪惡佈告、省黨部組織宣傳隊、將赴羅平彝良等六縣宣傳指導、並編印剿赤宣傳大綱、分發各縣、協助政府、盡力剿赤、

中央社南昌十八日電、桂軍前在桂擄俘贛籍匪徒甚多、特由粵解送來贛感化、其第一批千餘人、現已解至贛縣、不日即遞解來省、送行營發落、第二批八百餘日內亦可解到、

24. 蒋委员长昨回京，潘文华任川剿匪军总指挥，刘湘代表赴陕商联络剿匪，1935 年 1 月 19 日第 3 版

长沙市民日报

長汀克復後甯化即下
朱毛殘部麕集贛粵邊
桂李將赴粵會商剿匪

（本報上海六日電）福州訊。東路軍克長汀後。正繼向寧化猛進中。

（厦門五日電）軍息。寧化縣即日可望收復。（廣）

（本報南京六日電）南昌訊。閩南贛南殘匪。經我東北兩路軍攻破後。知老巢不能守。已決定放棄。詠西竄。匪區內壯丁及四十歲以內婦女。均被逼偕逃。我軍刻正追擊中。

（福州六日電）長汀一日收復後四縱隊指揮官李延年入城安民。組織民團辦事處。協同軍政當局。評定糧價。並辦理一切善後。脅從民衆反正自新者。紛至沓來。逃亡在外各處農民。荷鋤携犂隨軍還鄉。絡繹不絕。（廣）

（香港五日電）李宗仁電陳濟棠。擬十五離邕來粵。會商剿匪計畫。（廣）

（香港五日電）安遠附近古皮一帶。尚有小股共匪滋擾。陳濟棠已派隊前往搜索。（廣）

（南昌五日電）據由前方回省集軍官談。匪最近因被我軍四面包圍。剿消過半。同時自身糧食鹽子彈均無。欺騙宣傳失效。日形潰散。近日來朱毛全部。麕集贛粵湘毗連地。諒逃竄贛興國寧都石城相繼克復。瑞金僞中央逃去。閩西僅殘匪無多。贛北匪千餘消滅殆盡。（廣）

收復長汀經過

（南昌通訊）贛省赤匪。以瑞金建僞都。福建匪共。則以長汀爲重心。而瑞金與汀州跨閩西贛南密切毗連。在軍事上又如唇齒相依。汀無瑞則不守。瑞無汀亦不獨存。故朱毛對五次圍剿對策。即以此兩縣爲防守中心。周圍如龍巖。口城。上杭。武平。會昌。雩都。寧都。石城。甯化。匪我交界之區。利用險惡山地。建築縱橫重要工事。以圖死守我北路軍首先將僞三軍團布置於廣昌以南防守石城之僞三軍團主力擊破。予長汀寧化以最大威脅。而閩匪爲圖最後掙扎。保持長汀。以免全盤瓦解計。除一面以羅方兩匪東竄。圖牽制我進攻外。並以主力集朋口及河田以東之山區。拚命頑抗。乃我李縱隊以猛烈火力掩護。節節猛進。中屋村各役。匪死傷狼籍。銳氣全消。自上月底起。敗退之匪。紛紛西退。李縱隊跟蹤進逼。於一日十一時攻克長汀。入城辦理善後。是役斃匪甚多。俘獲無算正清查中。據探報長汀之匪退至古城後。七零八落，潰竄瑞金。瑞金無日不在風雨飄搖之中。僞中央機關完全西竄雩留。勢成瓦解。而瑞金之收復。與甯化之攻下。已不成問題。而西竄之匪。滿擬突南路軍陣線遠颺川黔邊。但在信豐又爲南路軍重創。仍然收回。包圍中之雩留如甕中之鼈。年內當可斬草除根也（十一月一日）

1. 长汀克复后宁化即下，朱（德）、毛（泽东）残部麇集赣粤边，桂李（宗仁）将赴粤会商剿匪，1934 年 11 月 7 日

汝城桂東現極安定

西竄贛匪經我陸空軍擊潰

李廖各軍全部開湘南協剿

贛匪西竄。在汝城被擊潰後。紛向粵邊竄逃。曾誌昨報。茲續錄消息數項如次。

□汝城方面　總部通電云、（衡略）鑒。頃據口口空軍張隊長魚（六日）電稱。本魚日上下午、均派全部。飛機出動。在汝城附近斃匪甚多。汝城我軍甚安定等語。特聞。何鍵魚（六日）戌長西叅印。

又陶師長（廣）電呈。據鍾旅長呈報。連日擊退匪部。清查結果。獲步槍一百五十餘枝。機槍二挺。俘匪數十名。斃匪三百餘名。

□桂東方面　桂東縣長李文品魚（六日）電云。（衡略）鈞鑒　微（五日）日約槍匪三千名。分向縣屬五里牌竄擾。殺斃偵探郭正如。及義勇哨兵。幸駐軍派兵截擊。棄職督率義勇協堵。該匪復向上堡（屬崇義縣境）退却。桂屬現無匪踪。謹聞。

（又訊）何總司令。以贛匪傾巢西竄。湘南防務。極關重要。特電令調同担任贛江防務之李軍長雲杰（原歸西路軍指揮）全部入湘。担任郴（縣）資（興）一帶防務以資堵截。頃李氏巳督率所部。到達湘境。即分布防地。扼要駐守。是湘南兵力。益形雄厚云。

（又訊）廖軍長磊。率部由黔凱旋。業紀報端。茲聞該部現奉中央電令。取道綏寧城步一帶。開駐湘南。協剿西竄贛匪云。（國。齡）（勁）

2. 汝城桂东现极安定，西窜赣匪经我陆空军击溃，李（云杰）、廖（磊）各军全部开湘南协剿，1934 年 11 月 8 日

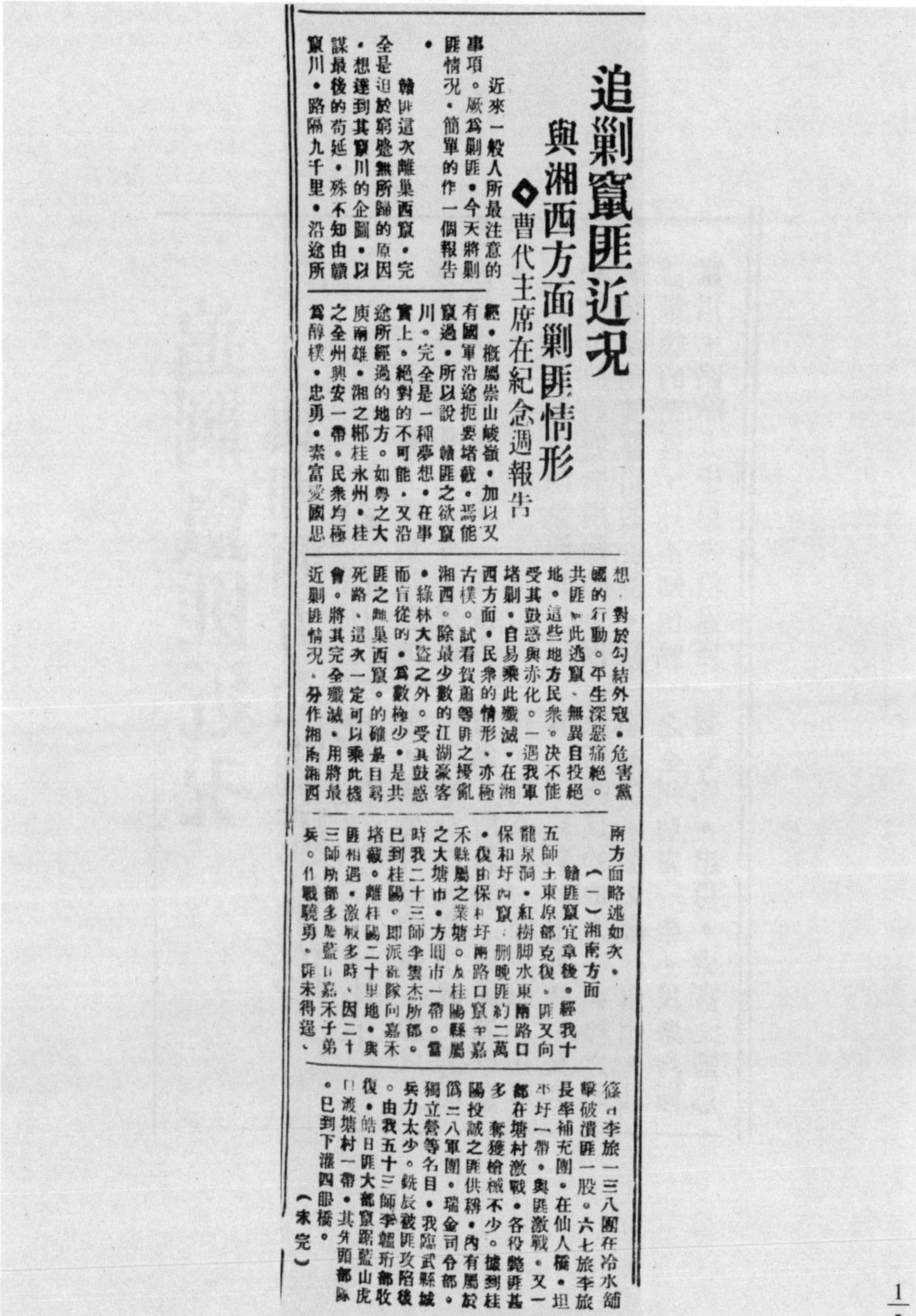

追剿竄匪近況
與湘西方面剿匪情形
◇曹代主席在紀念週報告

近來一般人所最注意的事項。厥爲剿匪·今天將剿匪情況·簡單的作一個報告·

贛匪這次離巢西竄·完全是迫於窮蹙無所歸的原因·想達到其竄川的企圖·以謀最後的苟延·殊不知由贛竄川·路隔九千里·沿途所經·概屬崇山峻嶺·加以又有國軍沿途扼要堵截·焉能竄過·所以說贛匪之欲竄川。完全是一種夢想·在事實上·絕對的不可能·又沿途所經過的地方。如粵之大庾南雄·湘之郴桂永州·桂之全州興安一帶。民衆均極爲醇樸·忠勇·素富愛國思想·對於勾結外寇·危害黨國的行動。平生深惡痛絕。共匪如此逃竄、無異自投絕地·這些地方民衆。決不能受其鼓惑與赤化。一遇我軍堵剿·自易乘此殲滅·在湘西方面·民衆的情形、亦極古樸。試看賀蕭等匪之擾亂湘西。除最少數的江湖豪客·綠林大盜之外。受其鼓惑而盲從的·爲數極少·是共匪之竄巢西竄。的確是自尋死路、這次一定可以乘此機會。將其完全殲滅·用將最近剿匪情況·分作湘南湘西兩方面略述如次·

（一）湘南方面

贛匪竄宜章後·經我十五師王東原部克復。匪又向龍泉洞·紅樹脚水東兩路口保和圩內竄；删晚匪約二萬·復由保和圩兩路口竄平嘉禾縣屬之業塘。及桂陽縣屬之大塘市·方圓市一帶。當時我二十三師李雲杰所部。已到桂陽。即派部隊向嘉禾堵截。離桂陽二十里地·與匪相遇·激戰多時、因二十三師所部多是藍山嘉禾子弟兵。作戰驍勇·匪未得逞、篠日李旅一三八團在冷水舖擊破潰匪一股。六七旅李旅長率補充團·在仙人橋·坦平圩一帶·與匪激戰·又一部在塘村激戰·各役斃匪甚多 奪獲槍械不少。據到桂陽投誠之匪供稱·內有屬於僞二八軍團·瑞金司令部·獨立營等名目·我臨武縣城兵力太少。鐵辰被匪攻陷後。由我五十三師李韞珩部收復·皓日匪大部竄踞藍山虎口渡塘村一帶·其先頭部隊·已到下灌四眼橋。（未完）

3. 追剿窜匪近况与湘西方面剿匪情形——曹代主席在纪念周报告，1934 年 11 月 27 日

追剿竄匪近況

與湘西方面剿匪情形

◇曹代主席在紀念週報告

近來一般人所最注意的事項。厥爲剿匪。今天將剿匪情況。簡單的作一個報告。

贛匪這次離巢西竄。完全是迫於窮蹙無所歸的原因。想達到其竄川的企圖。以謀最後的苟延。殊不知由贛竄川。路隔九千里。沿途所經。概屬崇山峻嶺。加以又有國軍沿途扼要堵截。焉能竄過。所以說 贛匪之欲竄川。完全是一種夢想。在事實上。絕對的不可能。又沿途所經過的地方。如粤之大庾南雄。湘之郴桂永州。桂之全州興安一帶。民衆均極爲醇樸。忠勇。素富愛國思

（局部图1）

想·對於勾結外寇·危害黨國的行動。平生深惡痛絕。共匪知此逃竄、無異自投絕地。這些地方民衆。决不能受其鼓惑與赤化。一遇我軍堵剿。自易乘此殲滅·在湘西方面·民衆的情形·亦極古樸。。試看賀肅等匪之擾亂湘西。除最少數的江湖豪客·綠林大盜之外·受其鼓惑而盲從的·爲數極少·是共匪之離巢西竄。的確是自尋死路、這次一定可以乘此機會。將其完全殲滅·用將最近剿匪情況、分作湘南湘西兩方面略述如次·

（一）湘南方面

韓匪竄宜章後。經我十五師土東原部克復。匪又向龍泉洞·紅樹脚水東兩路口保和圩内竄；刪晚匪約二萬·復由保和圩兩路口竄至嘉禾縣屬之業塘。及桂陽縣屬之大塘市·方圓市一帶。當時我二十三師李雲杰所部。已到桂陽。即派部隊向嘉禾堵截。離桂陽二十里地·與匪相遇·激戰多時。因二十三師所部多屬藍山嘉禾子弟兵。作戰驍勇。匪未得逞、

篠日李旅一三八團在冷水舖擊破潰匪一股。六七旅李旅長率補充團·在仙人橋·坦下圩一帶·與匪激戰。又一部在塘村激戰·各役斃匪甚多 奪獲槍械不少。據到桂陽投誠之匪供稱·內有屬於僞二八軍團。瑞金司令部。獨立營等名目·我臨武縣城兵力太少。銑辰被匪攻陷後。由我五十三師李韞珩部收復·皓日匪大部竄踞藍山虎口渡塘村一帶·其先頭部隊·已到下灌四眼橋。（未完）

（局部图2）

周李兩軍

追剿贛匪連戰皆捷

空軍出動轟炸死傷匪部甚衆

甯遠潰匪刻正向四眼橋竄走

贛匪大部・現正由寧道永明之間・向桂邊急竄。我軍追及痛勦・斃匪甚衆。爰錄前方電訊如次・

□電一 衡州總部有（二十五）申來電云。情報・（一）本午空軍二隊・飛往道縣・江華・永明一帶偵察。在江華之上江 高橋附近・村落發現匪部。當投彈轟炸・均命中。并用機槍掃射・匪多死傷。（二）匪主力四五萬在道縣壽佛寺三線・一部萬餘人。在道縣北土母橋・近・繞竄龍虎關（桂境灌陽屬 附近之匪約萬餘人・自永明北之上江圩附近行進 （三）匪後隊萬餘・連日在寧遠西南之把截大界一帶・與我三（周渾元部）四（李雲杰部）路軍節節抗戰 斃匪不少。匪逃散亦衆・獲槍千餘云云・

□電二 總部同日來電云 情報・（一）寧遠之匪・於漾（二十三）日擊潰・在該縣天堂境與周渾元・李雲杰・王東原等部激戰。我軍陸空轟炸・斃匪二三千獲槍千餘支・我軍亦傷亡頗多・（二）敬（二十四）晨周渾元部向道縣大道攻擊。匪利用梧溪洞五六里長之隘道。節節抗戰・蕭師（致中）由右迂迴襲擊其後・匪始不支・向把截河以西潰退・沿河西岸頑抗・我軍大部追及・因水深天晚。隔河對峙。是役陸空軍・斃匪甚衆。我軍亦略有傷亡・（三）汝城陳縣長敬（二十四）午電稱・該縣團隊・近又俘匪一千四百餘名・繳槍甚多・（四）宜章何縣長有（二十五）申稱・俘匪千餘。獲槍三千餘支・正訊辦中・（五）本日空軍二三兩隊分往寧遠及文市・龍虎關一帶偵察。據報甯遠潰竄之匪・正向四眼橋竄走。一部在後掩護・投彈多枚均命中云云・（國・君）

4. 周（浑元）、李（云杰）两军追剿赣匪连战皆捷，空军出动轰炸死伤匪部甚众，宁远溃匪刻正向四眼桥窜走，1934 年 11 月 27 日

追勦竄匪近況

與湘西方面勦匪情形

◇曹代主席在紀念週報告

另一部約萬餘人．欲向小桃源禾亭墟攻擊寧遠。因我寧遠駐軍防堵嚴密．中央軍周縱隊所部又到匪未得逞．現我中央軍薛縱隊全部．已於漾敬等日完全到達。永州我西路軍則扼堵於黃沙河至東安城步新甯一帶。中央軍周縱隊及二十三五三．十五各部．均由寧遠嘉禾向匪追勦．而桂軍則扼於灌陽龍虎關與安全州一帶。梗日匪一部仍竄到道縣永安關．及桂境之文市。沿途被我軍側擊堵截。逃亡投誠的甚多。又龍虎關方面。亦有股匪一部竄到 養日與桂軍激戰。我中央又派來飛機隨時轟炸。匪已狼狽不堪。又剛才接得何總司令來電．謂我王東原師．昨在道縣附近下灌地方大捷．斃匪極衆 目下匪已陷於大包圍中．前有桂軍。以很大的兵力堵截。復有我中央軍與西路軍追勦．并且據報。僞第一團軍於延壽圩一役。已經粵軍予以極大的懲創。實力完全消失．繳槍數千支．俘獲極衆．加以匪的內部．又已分化．僞七軍團并未同逃、刻仍在贛閩邊區狠奔豕突的亂竄．因此本人可以斷言．這次贛匪．確有澈底消滅的把握．

（二）湘西方面．湘西一帶之匪。係由川貴交界之處竄入．緣賀匪與蕭匪殘部合股後．因天氣寒冷．粮食斷絕。遂經龍山竄犯永順。被我三十四師龍周顧各旅擊潰．并於元日將永城收復、匪又鬧擾桑植大庸．我三十四師陳師長渠珍．即調集所部楊皮宋廖各部。協同龍周顧各旅圍勦．本可完全殲滅．殊匪衝破我楊皮各部陣地．致各該部稍受損失。後得川鄂方面友軍．及常桃方面派隊協勦。匪乃竄向古丈辰州邊境之王村附近．以致辰州人民．頗有驚惶．刻我陳師長已調大部馳勦。省垣亦有大軍前往常桃一帶鎮懾．同時徐總指揮源泉部．已進駐津澧．兵力雄厚．已成弩末之賀蕭等匪．不難消滅、近日外間謠傳辰州失守。確係奸人乘機造謠．完全不確．就以上勦匪情況看去．我們目前的可樂觀．整個勦匪任務．在最短期內．就可告段落．昨日有人自首都歸來。談及黨國元老意見已經一致．五全大會不日可以開幕．是國家大局穩定．勦匪工作．尤易完成。不過値此勦匪很緊張的時期．希望全省軍民．以及各位同僚．對於鎮靜二字。要加以深切的注意、萬不可輕聽謠言。自相驚擾．負有維持地方治安責任之省會警備司令部與公安局．更要嚴密稽查。如有匪徒潛伏造謠．一經拿處。即以軍法從事．何總司令現駐衡州。當此軍事倥傯之時．猶能開懷逸致的照常讀書習字．並在省立五中演講．這種安閑鎮靜的態度．大家要一致的取法．以鞏固長沙的後防．本人不勝企盼之至。（完結）

5. 追剿窜匪近况与湘西方面剿匪情形——曹代主席在纪念周报告，1934 年 11 月 28 日

追勦竄匪近況

與湘西方面剿匪情形

◇曹代主席在紀念週報告

另一部約萬餘人。欲向小桃源禾亭墟攻擊寧遠。因我寧遠駐軍防堵嚴密。中央軍周縱隊所部又到匪未得逞。現我中央軍薛縱隊全部。已於漾敬等日完全到達。永州我西路軍則扼堵於黃沙河至東安城步新甯一帶。中央軍周縱隊及二十三五三。十五各部。均由寧遠嘉禾向匪追剿。而桂軍則扼於灌陽龍虎關與安全州一帶。梗日匪一部份竄到道縣永安關。及桂境之文市。沿途被我軍側擊堵截。逃亡投誠的甚多。又龍虎關方面。亦有股匪一部竄到 養日與桂軍激戰。我中央又派來飛機隨時轟炸。匪已狼狽不堪。又剛才接得何總司令來電。謂我王東原師。昨在道縣附近下灌地方大捷。斃匪極衆。目下匪已陷於大包圍中。前有桂軍。以很大的兵力堵截。復有

（局部图 1）

我中央軍與西路軍追剿•并且據報。僞第一團軍於延壽圩一役。已經粵軍予以極大的懲創。實力完全消失。殲槍數千支。俘獲極衆•加以匪的內部•又已起分化。僞七軍團并未同逃。刻仍在贛粵邊區狠奔豕突的亂竄•因此本人可以斷言•這次贛匪•確有澈底消滅的把握•

（二）湘西方面•湘西一帶之匪。係由川貴交界之處竄入•緣賀匪與蕭匪殘部合股後•因天氣寒冷•糧食斷絕。遂經龍山窺犯永順。被我三十四師饒周山各旅擊潰。并於元日將永城收復、匪又圍擾桑植大庸•我三十四師陳師長渠珍•即調集所部楊皮宋廖各部。協同龍周顧各旅團剿•本可完全殲滅•殊匪衝破我楊皮各部陣地•致各該部稍受損失。後得川鄂方面友軍。及常桃方面派隊協剿。匪乃竄向古丈辰州邊境之王村附近•以致辰州人民。頗有驚惶。刻我陳師長已調大部馳剿•省垣亦自大軍前往常桃一帶鎮懾•同時徐總指揮源泉部•已進駐津澧•兵力雄厚•已成弩末之賀蕭等匪•不難消滅、近日外間謠傳辰州失守。確係奸人乘機造謠•完全不確

就以上剿匪情況看去•我們目前實可樂觀•整個剿匪任務•在最短期內•就可告段落•昨日有人自首都歸來。談及黨國元老意見已經一致•五全大會不日可以開幕•是國家大局穩定•剿匪工作•尤易完成。不過值此剿匪很緊張的時期•希望全各軍民•以及各位同僚•對於鎮靜二字。要加以深切的注意、萬不可輕聽謠言。自相驚擾•負有維持地方治安責任之省會警備司令部與公安局•更要嚴密稽查。如有匪徒潛伏造謠、一經拿處。即以軍法從事。何總司令現駐衛州。嘗此軍事孔亟之時•猶能閒情逸致的照常讀書習字•並在省立五中演講•這種安閒鎮靜的態度•大家要一致的取法•以鞏固長沙的後防•本人不勝企盼之至。（完結）

（局部图2）

追剿贛匪

五路司令均已就職

周縱隊部進駐道縣王師將四眼橋攻克

竄桂境四關文村之匪正調軍團圍擊中

何追剿總司令將所部分爲五路・任命劉建緒爲第一路司令。薛岳爲二路司令・周渾元爲三路司令、李雲杰爲四路司令。李韞珩爲五路司令。已誌報端・茲悉五路司令・均已在前線就職。各率所部。按照預定計劃・分途堵截追剿云・（夫）

我第三路周渾元部・第四路李雲杰部・在寧（遠）道（縣）之間下灌。水打鋪・四眼橋一帶・痛剿匪之後隊・斃匪甚衆・現跟蹤追剿。於二十六日進駐道縣。匪全竄道縣河西岸。先頭似到桂境全縣文村一帶・正在我湘桂部隊堵截中・錄電訊如下・

□電）衡州總部感（二十七）日來電云・（一）竄入桂境四關（即永安關）及文村（屬全縣）之匪約二萬人・現正調軍團擊中・（二）匪衆萬餘・有（二十五）晚在桃川附近・與第七軍（即桂軍）激戰、死傷頗衆・現仍相持・（三）我萬師（周渾元部）敬（二十四）、由寧遠跟匪追擊・匪扼水抗拒・萬師宥（二十六）晚由下灌白馬渡强渡・幷猛擊千餘次、匪始紛向道西竄走・宥（二十六）下午三時萬師全入道城・

□衡二衡州總部宥（二十六）日來電云・（一）王東原部有（二十五）未攻佔四眼橋。僞五八軍團及僞一軍團之一部・計二萬餘・分向九井渡。福祿岩・界排竄走・其後衛槍照・被汪旅（之斌）追擊激戰於四眼橋東北高地。斬獲甚多・正猛追中・（二）臨武團隊。昨又搜獲竄散匪槍三十餘支。俘匪三十餘名。繳獲甚衆云・（□）

6. 追剿赣匪五路司令均已就职，周纵队部进驻道县王师将四眼桥攻克，窜桂境四关、文村之匪正调军团围击中，1934 年 11 月 29 日

匪先頭部隊
圖偷渡西延灣受創
竄黃臘洞匪部經我陳師擊退
空軍飛永安關偵炸斃匪極衆
◇湘南散匪由段珩負責肅清

贛匪經我周(渾元)李(雲杰)、王(東原)各部，在寧(遠)道(縣)痛剿。斃匪甚衆。匪向桂境竄逃，我劉建緒所部第一路軍正嚴密堵截，錄前方來電如次，

□電一 衡州總部俞(二十八)電云，(一)本日空軍飛赴永安關至文村一帶偵炸，在西流地方見匪數千，正在午餐，投彈轟炸，斃匪無數，(二)匪先頭，於宥(二十六)感(二十七)兩日，由全州，興安之勾牌山，山頭上米頭。四賽圩 沙子嶺，向西延灣。四版橋企圖偷渡。後續部隊，經我章師(亮基)趕至在路板舖，蔣村一帶截擊，斃匪甚多，(三)匪一部由永安關右邊，竄抵黃臘洞。宥(二十六)午被陳光中部擊退，(四)匪數千人，在文市架橋，被我側擊，將浮橋撤去圖逃，正追攻中，云云

□電二 第三路司令周渾元部萬師長耀煌，致該師駐長沙張處長光炎電云，本師於敬(二十四)日由甯遠城，向股匪攻擊，當日經天堂圩，柑子園逐次與匪激戰。匪受痛創 支，於有(二十五)日退踞道縣城。沿河扼守，宥(二十六 日拂曉，我軍由下游白馬渡強行渡河，匪覺全力在月暈亭，韓村一帶高地頑強抵抗，我官兵猛衝十餘次，匪紛向道縣西南方向潰竄，本師遂於宥(二十六)日下午三時半完全克復道縣縣城，現正跟追中 特先電聞云云，

(又訊)贛匪西竄，經我各路軍節節痛剿，斃匪既衆，逃散尤多。其西竄之股匪，已派有大兵分路截擊，至湘南 縣潛伏散匪，所在多有。何總司令，特電令段區司令 王歐兩副司令，督飭各保安團營。義勇隊等，分區澈底搜剿。限半月內完全肅清。以安地方。而弭匪禍云，(國)

7. 匪先头部队图偷渡西延湾受创，窜黄腊洞匪部经我陈师击退，空军飞永安关侦炸毙匪极众，湘南散匪由段珩负责肃清，1934 年 11 月 30 日

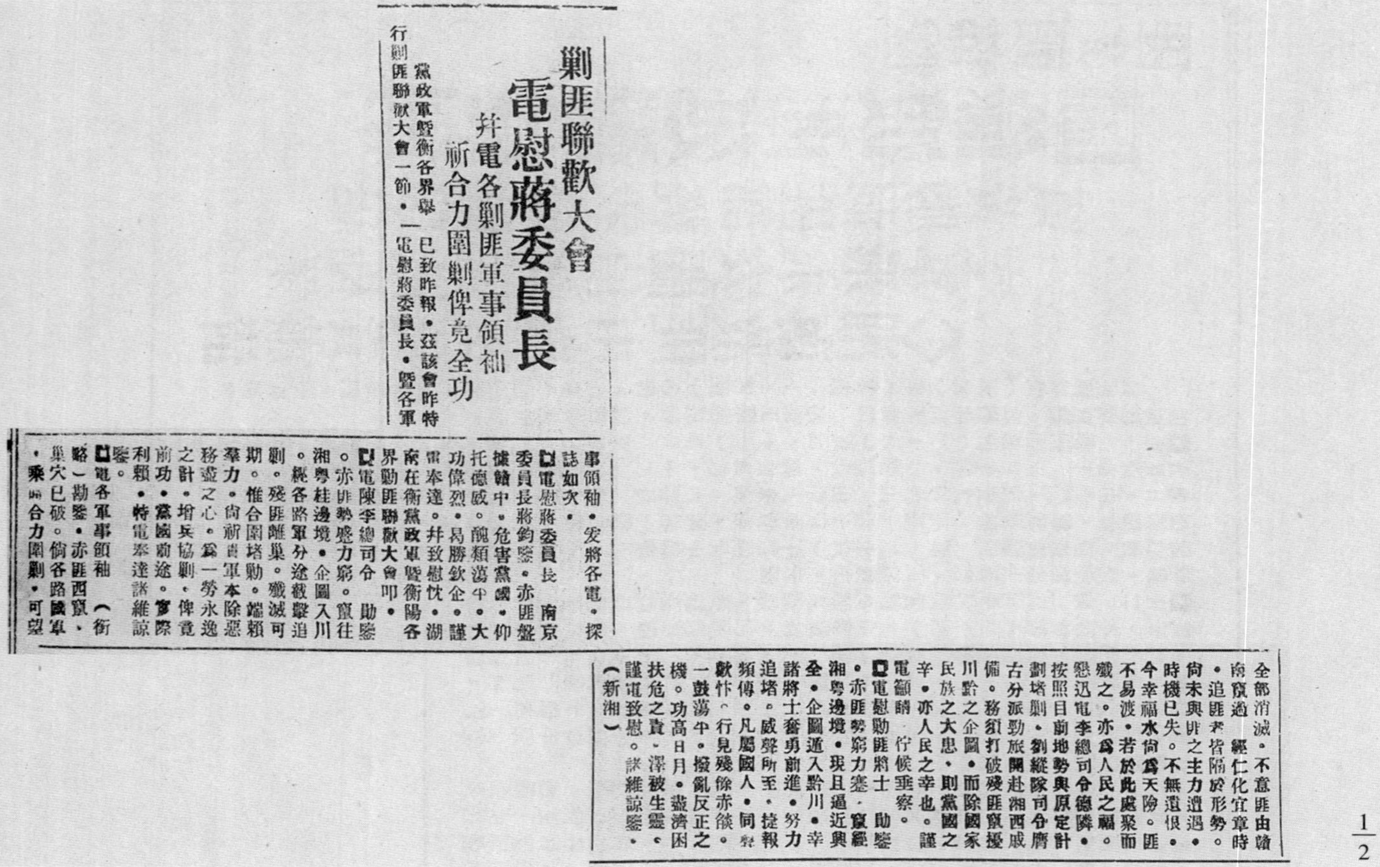

剿匪聯歡大會
電慰蔣委員長
并電各剿匪軍事領袖
祈合力圍剿俾竟全功

黨政軍暨衛各界舉行剿匪聯歡大會一節。已致昨報。茲該會昨特電慰蔣委員長。暨各軍事領袖。爰將各電。探誌如次。

【電慰蔣委員長】南京委員長蔣鈞鑒。赤匪盤據贛中。危害黨國。仰托德威。醜類蕩平。大功偉烈。曷勝欽企。謹電奉達。并致慰忱。湖南在衡黨政軍暨衛陽各界勦匪聯歡大會叩。

【電陳李總司令】勛鑒。赤匪勢蹙力窮。竄往湘粵桂邊境。企圖入川。經各路軍分途截擊追剿。殘匪離巢。殲滅可期。惟合圍堵勦。端賴羣力。尚祈貴軍本除惡務盡之心。為一勞永逸之計。增兵協剿。俾竟前功。黨國前途。實際利賴。特電奉達諸維諒鑒。

【電各軍事領袖】（衡略）勛鑒。赤匪西竄、巢穴已破。倘各路國軍。乘時合力圍剿。可望全部消滅。不意匪由贛南竄過經仁化宜章時。追匪者皆隔於形勢。尚未與匪之主力遭遇。時機已失。不無遺恨。今幸福水尚為天險。匪不易渡。若於此處聚而殲之。亦為人民之福。懇迅電李總司令德鄰。按照目前地勢與原定計劃堵剿。劉縱隊司令膺古分派勁旅開赴湘西戒備。務須打破殘匪竄擾川黔之企圖。而除國家民族之大患、則黨國之幸。亦人民之幸也。謹電籲請 佇候垂察。

【電慰勦匪將士】勛鑒。赤匪勢窮力蹙。竄經湘粵邊境。現且逼近興全。企圖遁入黔川。幸諸將士奮勇前進。努力追堵。威聲所至。捷報頻傳。凡屬國人。同聲歡忭。行見殘餘赤匪。一鼓蕩平。撥亂反正之機。功高日月。盡濟困扶危之責。澤被生靈。謹電致慰。諸維諒鑒。（新湘）

$\frac{1}{2}$

8. 剿匪联欢大会电慰蒋委员长，并电各剿匪军事领袖，祈合力围剿俾竟全功，1934 年 11 月 30 日

剿匪聯歡大會
電慰蔣委員長
幷電各剿匪軍事領袖
祈合力圍剿俾竟全功

黨政軍暨衡各界舉行剿匪聯歡大會一節・已致昨報・玆該會昨特一電慰蔣委員長・暨各軍事領袖・并將各電・探誌如次・

□電慰蔣委員長　南京委員長蔣鈞鑒・赤匪盤據贛中・危害黨國・仰托德威・醜類蕩平・大功偉烈・曷勝欽企・謹電奉達・并致慰忱・湖南在衡黨政軍暨衡陽各界勦匪聯歡大會叩・

□電陳李總司令　勛鑒・赤匪勢蹙力窮・竄往湘粤桂邊境・企圖入川・經各路軍分途截擊追剿・殘匪離巢・殲滅可期・惟合圍堵勦・端賴羣力・尚祈貴軍本除惡務盡之心・爲一勞永逸之計・增兵協剿・俾竟前功・黨國前途・實際利賴・特電奉達・諸維諒鑒・

□電各軍事領袖（衡略）勛鑒・赤匪西竄、巢穴已破・倘各路國軍・乘此合力圍剿・可望

（局部图 1）

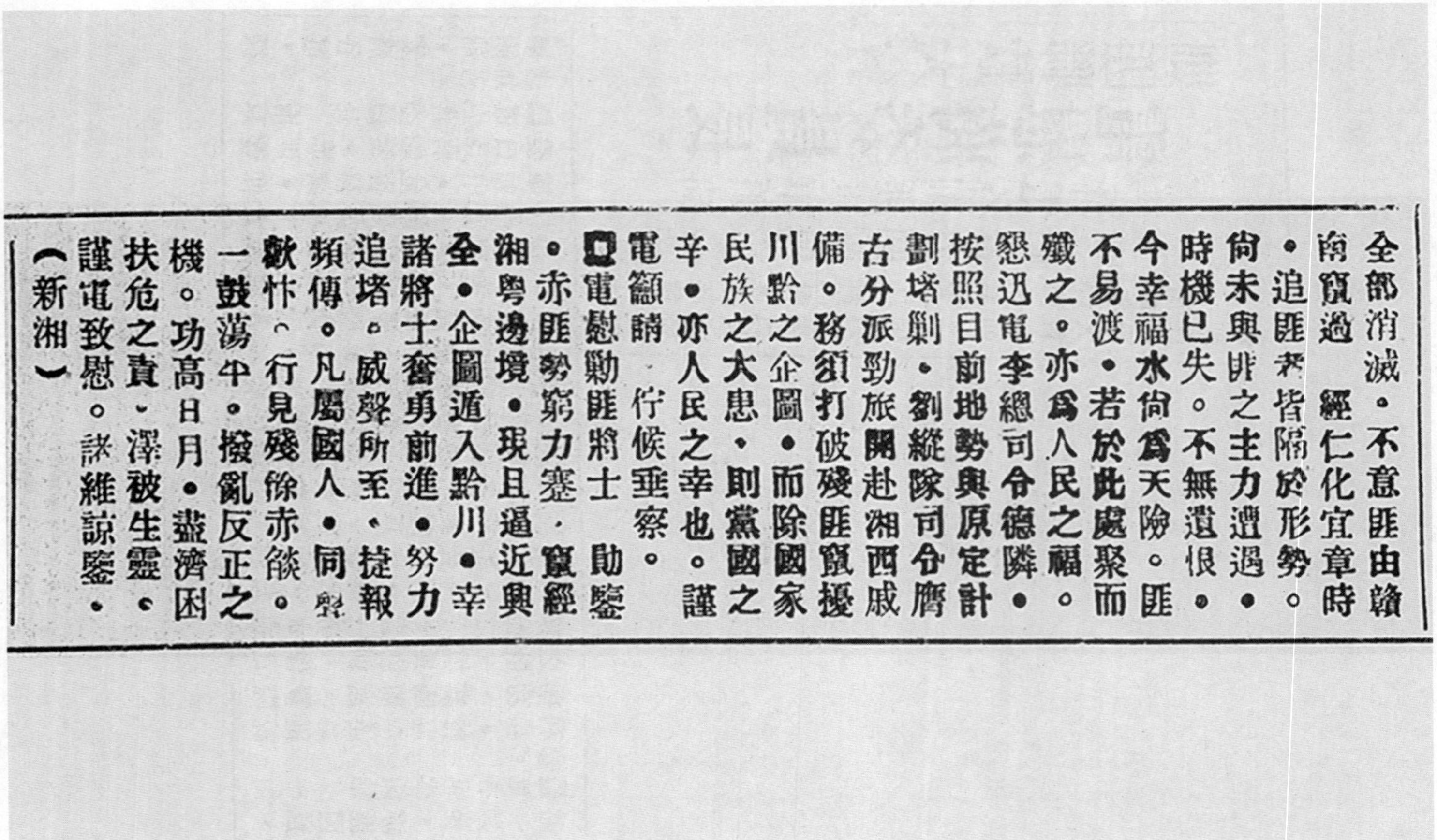

全部消滅。不意匪由贛南竄過　經仁化宜章時。追匪者皆隔於形勢。倘未與匪之主力遭遇。時機已失。不無遺恨。今幸福水倘爲天險。匪不易渡。若於此處聚而殲之。亦爲人民之福。懇迅電李總司令德隣。按照目前地勢與原定計劃堵剿。劉縱隊司令膺古分派勁旅開赴湘西威備。務須打破殘匪竄擾川黔之企圖。而除國家民族之大患。則黨國之幸。亦人民之幸也。謹電籲請　佇候垂察。

□電慰勵匪將士　勛鑒。赤匪勢窮力蹙。竄經湘粵邊境。現且逼近興全。企圖遁入黔川。幸諸將士奮勇前進。努力追堵。威聲所至。捷報頻傳。凡屬國人。同聲歡忭。行見殘餘赤燄。一鼓蕩平。撥亂反正之機。功高日月。蓋濟困扶危之責。澤被生靈。謹電致慰。諸維諒鑒。

【新湘】

（局部图 2）

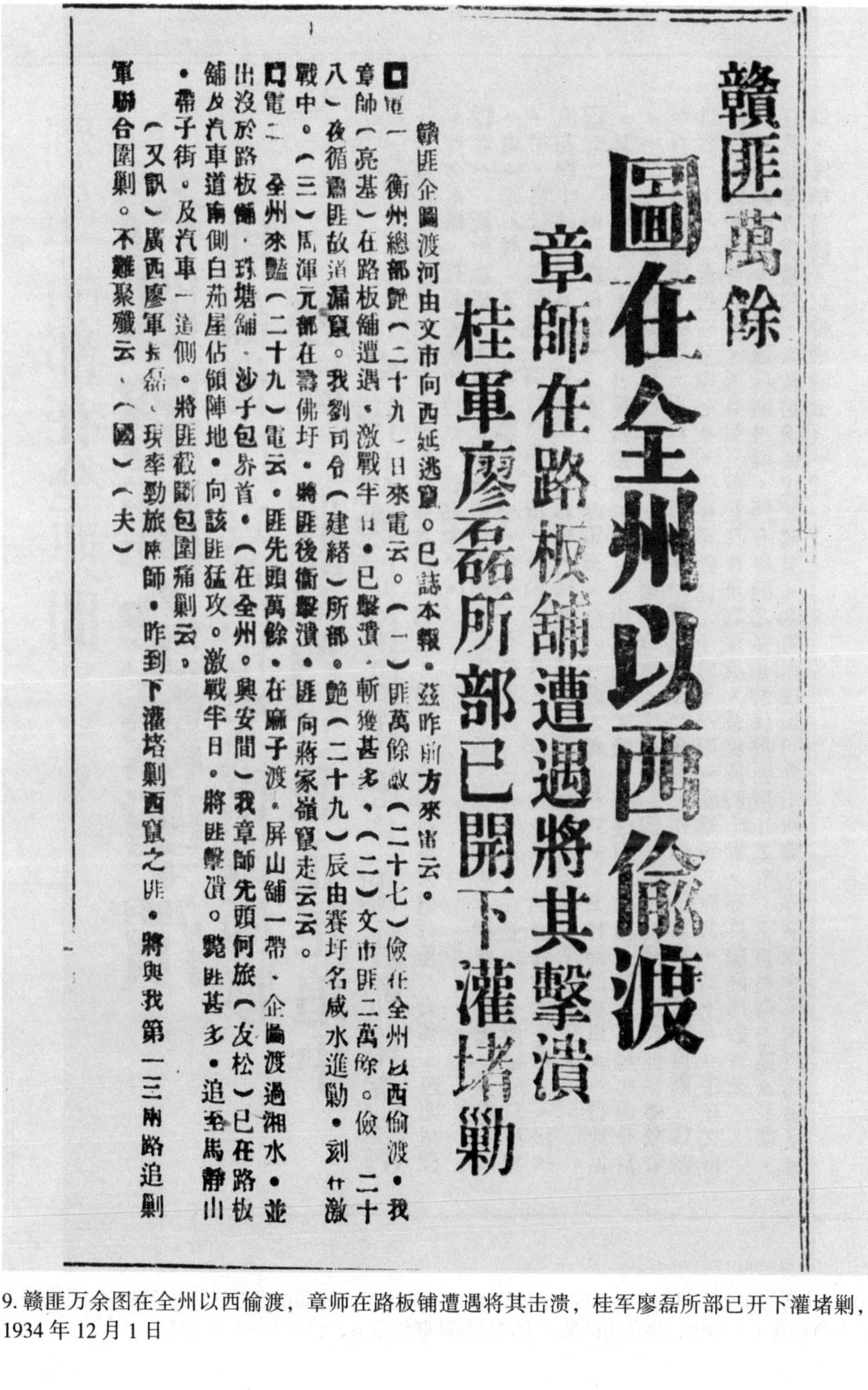

贛匪萬餘
圖在全州以西偷渡
章師在路板舖遭遇將其擊潰
桂軍廖磊所部已開下灌堵剿

贛匪企圖渡河由文市向西延逃竄。已誌本報。茲昨前方來電云。

[illegible]陽一衡州總部艶（二十九）日來電云。（一）匪萬餘於（二十七）偷在全州以西偷渡。我章師（亮基）在路板舖遭遇。激戰半日。已擊潰。斬獲甚多。（二）文市匪二萬餘。儉（二十八）夜循爲匪故道漏竄。我劉司令（建緒）所部。艶（二十九）辰由賽圩名咸水進勦。刻仍激戰中。（三）馬渾元部在譚佛圩。將匪後衛擊潰。匪向蔣家嶺竄走云云。

[illegible]電二 全州來艶（二十九）電云。匪先頭萬餘。在麻子渡。屏山舖一帶。企圖渡過湘水。並出沒於路板舖。珠塘舖。沙子包界首。（在全州。興安間）我章師先頭何旅（友松）已在路板舖及汽車道兩側白茆屋佔領陣地。向該匪猛攻。激戰半日。將匪擊潰。斃匪甚多。追至馬靜山。帶子街。及汽車一道側。將匪截斷包圍痛剿云。

（又訊）廣西廖軍長磊、現率勁旅陳師。昨到下灌堵剿西竄之匪。將與我第一三兩路追剿軍聯合圍剿。不難聚殲云。（國）（夫）

9. 贛匪万余图在全州以西偷渡，章师在路板铺遭遇将其击溃，桂军廖磊所部已开下灌堵剿，1934 年 12 月 1 日

劉建緒部在全興間

苦戰將匪全線擊潰

匪部傷亡近萬損失槍械極夥

殘匪一股竄西延我正尾追中

◇潛伏邊區散匪由湘粵部隊聯絡肅清

贛匪由全縣屬之文市。向興安屬之西延逃竄。我軍在全興汽車大道截獲其大部。包圍痛剿。會誌本報 茲續將前方捷訊 探誌如下。

【一】電一 衡州總部三十日來電云。頃接全州本日戌刻電話。三十日。我劉建緒部王（東原）陶（廣）李（覺）章（亮基）陳（光中）各師。全部與匪一三五軍團。在覺山。朱蘭舖。白沙舖一帶。自辰苦戰至酉。將匪全線擊潰。匪傷亡近萬。我軍傷亡亦衆。共繳匪槍六千餘支。機槍迫砲四十餘挺。爲剿匪以來未有之大捷。殘匪一部向西延方面竄走。現正尾追中云云。

【二】電二 衡州總部艶（二十九）日來電云。（一）匪大部仍在四關至文村湘漓水以東一帶地區。其一部感（二十七）日經全屬勾牌山。及山頭上。米頭一帶渡河。向沙子包。寨墟等處分竄。（二）章師（亮基）儉（二十八）未在全縣以西之路板舖。沙子包。高車一帶與匪一部激戰至酉。將匪擊潰。斃匪二百餘。（三）李（雲杰）王（東原）兩師。已過沈水尾匪追剿。該路自篠（十七）起追匪激戰七次。先後俘斃匪二千餘。（四）空軍第二隊儉（二十八）午在文市附近。炸斃匪兵甚多。同時第三隊在文市東之東流。發現匪約千餘。亦炸斃匪部數百云。

贛匪大股。已西竄桂湘邊境。所有經過之區。潛伏散匪所在多有、尤以粵湘邊區爲最甚。茲悉湘粵兩省當局。爲綏靖邊區伏匪起見。湘省派段區司令珩所部。粵省派李漢魂所部聯絡會剿。俾早肅清。以安邊圉云。（國）

10. 刘建绪部在全（州）、兴（安）间苦战将匪全线击溃，匪部伤亡近万损失枪械极夥，残匪一股窜西延我正尾追中，潜伏边区散匪由湘粤部队联络肃清，1934 年 12 月 2 日

蔴子渡石塘圩之匪

在湘桂大軍圍剿中

劉部截斷全興大道堵匪西竄

周李兩路躡匪追勦已過蓮塘

段珩電呈搜勦湘南散匪情形

劉建緒部。在全（州）興（安）間之覺山。珠蘭舖。白沙舖一帶。截獲僞一三五師團。奮力痛勦。匪部傷亡近萬。我各部獲槍六千餘支。曾誌本報。茲悉我軍乘勝追剿。又擊潰匪一部。聯絡桂軍包圍匪之一部。斬獲甚多。現正截斷全興大道。堵匪西竄。一面尾追道永間之匪軍入桂。以期包圍聚殲。錄前方電訊如次。

□電一　衡州總部卅電云。（一）全州至興安間。路距百七十里。我軍到達全州後。始偵知全興間無一守兵。桂軍僅兵一團。在興安閉城固守。（二）劉司令建緒所部。儉（二十八）日在全興間珠塘舖擊潰匪之一部。斬獲頗多。艶（二十九）日在路板舖。與大股匪軍遭遇。激戰竟日。斬獲尤多。劉已進達咸水附近。將企圖西竄之匪橫截。正激戰中。（三）我周司令渾元。李司令雲杰部。追擊匪後隊。已達永安關。文市之線（均桂邊）（略）

□電二　衡州總部東（一日）電云。（一）我劉建緒部李覺。率章（亮基）師。及補充各團（成鐵俠。何平兩部）本日追抵咸水。蔴子渡。與匪激戰。斃匪二千餘。獲槍千餘支。（二）蔴子渡。與石塘圩之間。有匪四五千。我軍與桂軍正在圍剿中。（三）空軍將向西延逃竄之匪。投彈炸斃無算。（四）周渾元。李雲杰兩路。躡匪追勦。已過蓮塘。俘匪獲槍近千云云。

□電三　全州劉司令建緒東（一日）電云。（一）向副總司令電話云。我夏軍長（威）所部附近。與我蔴子渡章李各師。將石塘圩。界首匪軍六七團包圍繳械中。（二）匪一股。由蔴子渡界首等處、渡過灘水。向西北竄逃。文市。界首間尚有匪大部企圖跟竄。正在我軍截剿中。（三）全州南大肚嶺。白沙之匪一部。本日經我陶師鍾旅擊潰。頗多斬獲云

□電四　衡州總部卅電云。（一）空軍本日在蔴子渡。南石渡。馬鞍山。蓮塘。及文市至石塘圩。大嶺背各發現匪數千。嘗投彈。並用機槍掃射。斃匪甚多。（二）匪在山頭附近架游動浮橋四座。及全縣南循藕塘附近浮橋五座。均經空軍投彈炸毀。斃匪多名。（三）周（渾元）李（雲杰）兩軍追匪抵文市。俘斃匪後衛千人。湘南已無股匪云云。

（又訊）段區司令珩。率令搜剿湘南潛伏散匪。以靖地方。昨有卅電呈報剿匪二事如下。（一）宜章匪首楊紹霞等槍約三四百。經保安何皋營。於儉（二十八）日在香花樹擊潰。斃匪五十餘。獲槍三十餘支。（二）藍山團隊。連日擊斃散竄之匪部數百。獲槍五十餘支。手溜彈多枚。現仍搜索中。（國）

2|1

11. 麻子渡、石塘圩之匪在湘桂大军围剿中，刘部截断全（州）兴（安）大道堵匪西窜，周（浑元）、李（云杰）两路蹑匪追剿已过莲塘，段珩电呈搜剿湘南散匪情形，1934 年 12 月 3 日

蔴子渡石塘圩之匪

在湘桂大軍圍剿中

劉部截斷全興大道堵匪西竄

周李兩路躡匪追剿已過蓮塘

段珩電呈搜剿湘南散匪情形

劉建緒部。在全（州）與（安）間之覺山。珠蘭舖。白沙舖一帶。截獲僞一三五軍團。奮力痛勦。匪部傷亡近萬。我各部獲槍六千餘支。曾誌本報。茲悉我軍乘勝追剿。又擊潰匪一部。聯絡桂軍包圍匪之一部。斬獲甚多。現正截斷全興大道。堵匪西竄，一面尾追道永間之匪軍入桂。以期包圍聚殲。錄前方電訊如次。

□電一　衡州總部卅電云。（一）全州至興安間。路距百七十里。我軍到達全州後。始偵知全興間無一守兵，桂軍僅兵一團。在興安閉城固守。（二）劉司令建緒所部。儉（二十八）日在全興間珠塘舖擊潰匪之一部。斬獲頗多。艷（二十九）日在路板舖。與大股匪軍遭遇。激戰竟日。斬獲尤多。劉已進達咸水附近。將企圖西竄之匪橫截。正激戰中。（三、我周司令渾元。李司令雲杰部。追擊匪後隊。已達永安關。文市之線（均桂邊）（略）

□電二　衡州總部東（一日）電云。（一）我劉建緒部李覺。李章（一

（局部图 1）

□電二　衡州總部東（一日）電云・（一）我劉建緒部李覺・李章（亮基）師・及補充各團（戍鐵俠・何平兩部）本日追抵咸水・蘇子渡・與匪激戰。斃匪二千餘・獲槍千餘支・（二）蘇子渡・與石塘圩之間・有匪四五千・我軍與桂軍正在圍剿中・（三）空軍將向西延逃竄之匪・投彈炸斃無算・（四）周渾元・李雲杰兩路・躡匪追勦・已過蓮塘・俘匪獲槍近千云云・

□電三　全州劉司令建緒東（一日）電云・（一）向副總司令電話云・我夏軍長（威）所部附近。與我蘇子渡章李各師・將石塘圩。界首匪軍六七團包圍繳械中。（二）匪一股。由蘇子渡界首等處、渡過灘水・向西北竄逃。文市・界首間尚有匪大部企圖跟竄・正在我東截剿中。（三）全州南大肚嶺・白沙之匪一部・本日經我陶師鍾旅擊潰。頗多斬獲云

□電四　衡州總部卅電云。（一）空軍本日在蘇子渡・南石渡・馬鞍山・蓮塘・及文市至石塘圩。大嶺背各發現匪數千。當投彈・並開機槍掃射。斃匪甚多・（二）匪在山頭附近架游動浮橋四座。及全縣南循藕塘附近浮橋五座・均經空軍投彈炸毀・斃匪多名・（三）周（渾元）李（雲杰）兩軍追匪抵文市。俘斃匪後衛千人。湘南已無股匪云云。

（又訊）段區司令珩。奉令搜剿湘南潛伏散匪・以靖地方。昨有卅電呈報剿匪二事如下・（一）宜章匪首楊紹置等槍約三四百・經保安何皋營・於儉（二十八）日在香花樹擊潰・斃匪五十餘。獲槍三十餘支。（二）藍山團隊・連日擊斃散竄之匪部數百。獲槍五十餘支・手溜彈多枚。現仍搜索中。（國）

（局部图 2）

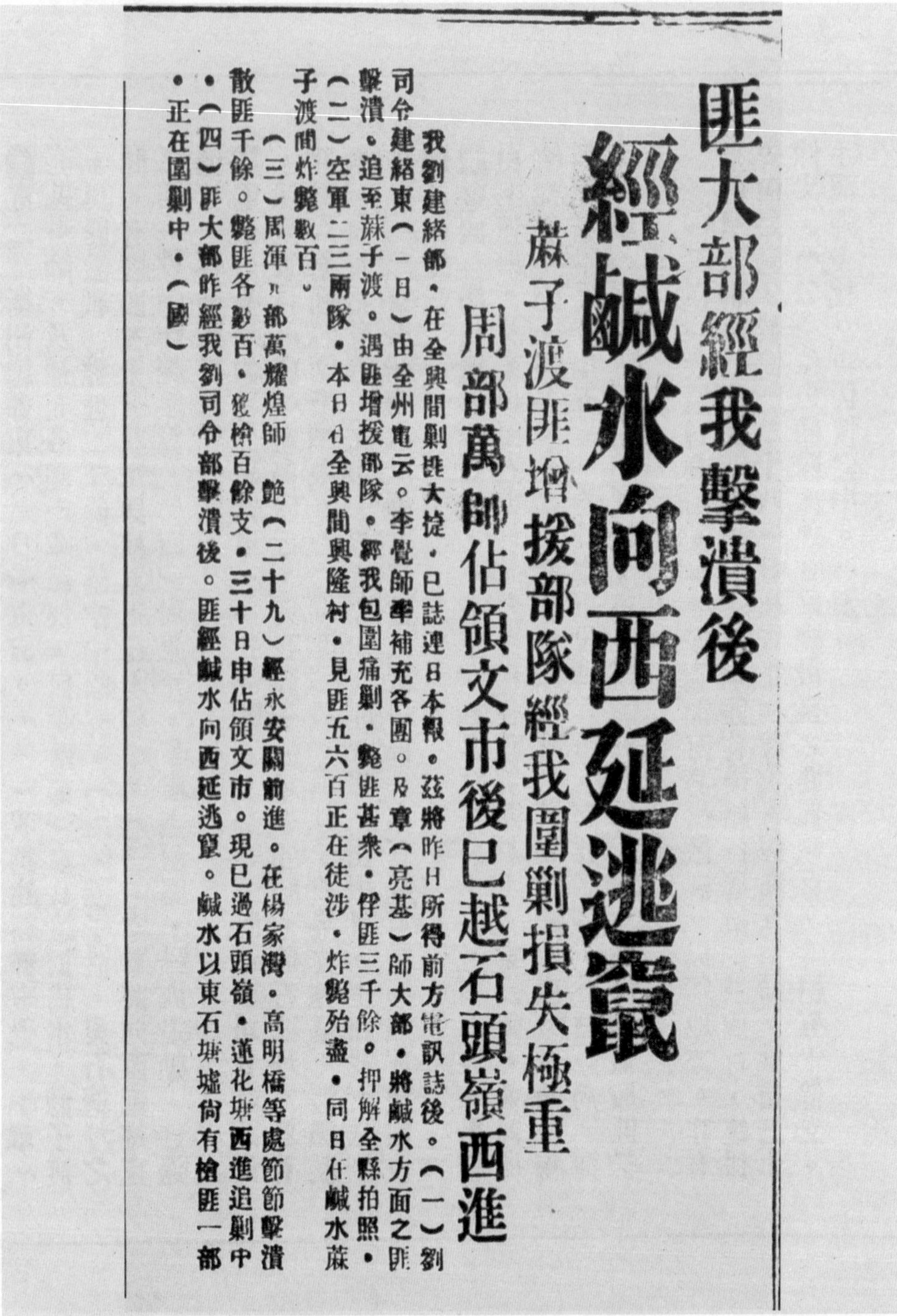

匪大部經我擊潰後

經鹹水向西延逃竄

蔴子渡匪增援部隊經我圍剿損失極重

周部萬師佔領文市後已越石頭嶺西進

我劉建緒部。在全興間剿匪大捷。已誌連日本報。茲將昨日所得前方電訊誌後。（一）劉司令建緒東（一日）由全州電云。李覺師率補充各團。及章（亮基）師大部。將鹹水方面之匪擊潰。追至蔴子渡。遇匪增援部隊。經我包圍痛剿。斃匪甚衆。俘匪三千餘。押解全縣拍照。（二）空軍二三兩隊。本日在全興間興隆村。見匪五六百正在徒涉。炸斃殆盡。同日在鹹水蔴子渡間炸斃數百。

（三）周渾元部萬耀煌師　艷（二十九）經永安關前進。在楊家灣。高明橋等處節節擊潰散匪千餘。斃匪各數百。獲槍百餘支。三十日申佔領文市。現已過石頭嶺。蓮花塘西進追剿中。（四）匪大部昨經我劉司令部擊潰後。匪經鹹水向西延逃竄。鹹水以東石塘墟尚有槍匪一部。正在圍剿中。（國）

12. 匪大部经我击溃后经咸水向西延逃窜，麻子渡匪增援部队经我围剿损失极重，周部万师占领文市后已越石头岭西进，1934 年 12 月 4 日

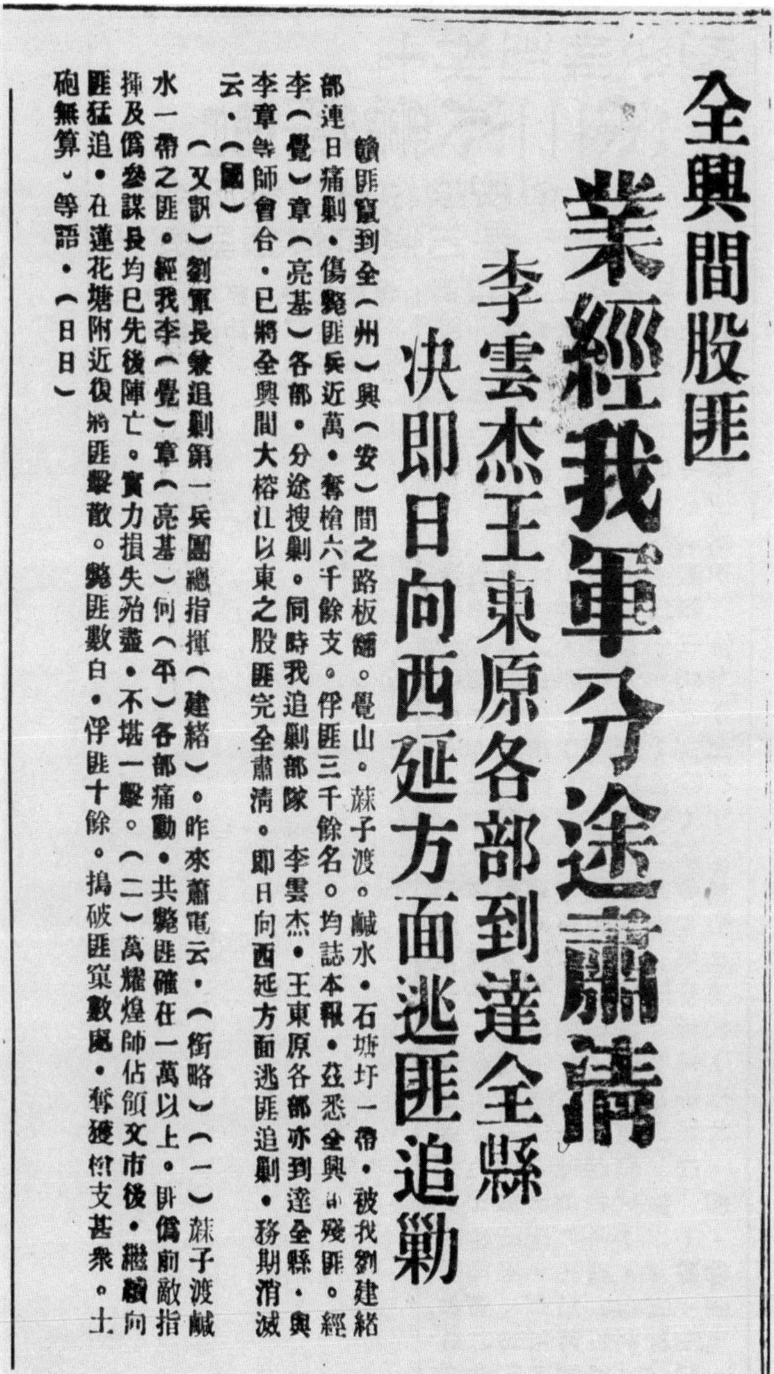
全興間股匪

業經我軍分途肅清

李雲杰王東原各部到達全縣

决即日向西延方面逃匪追剿

贛匪竄到全(州)興(安)間之路板舖。覺山。蘇子渡。鹹水。石塘圩一帶。被我劉建緒部連日痛剿。傷斃匪兵近萬。奪槍六千餘支。俘匪三千餘名。均誌本報。玆悉全興間殘匪。經李(覺)章(亮基)各部。分途搜剿。同時我追剿部隊 李雲杰。王東原各部亦到達全縣。與李章等師會合。已將全興間大榕江以東之股匪完全肅清。即日向西延方面逃匪追剿。務期消滅云。([illegible])

(又訊)劉軍長兼追剿第一兵團總指揮(建緒)。昨來蕭電云。(銜略)(一)蘇子渡鹹水一帶之匪。經我李(覺)章(亮基)何(平)各部痛勦。共斃匪確在一萬以上。匪偽前敵指揮及偽參謀長均已先後陣亡。實力損失殆盡。不堪一擊。(二)萬耀煌師佔領文市後。繼續向匪猛追。在蓮花塘附近復將匪擊散。斃匪數百。俘匪十餘。搗破匪窠數處。奪獲槍支甚衆。土砲無算。等語。(日日)

13. 全（州）、兴（安）间股匪业经我军分途肃清，李云杰、王东原各部到达全县，决即日向西延方面逃匪追剿，1934 年 12 月 5 日

慰勞剿匪將士第三次籌備會

致電慰勞李白總司令 請加派勁旅協剿殘匪

湖南人民慰勞剿匪將士大會籌備會昨四)日午後四時召開三次會議・(甲)報告事項。(一)追剿總司令電復本會、爲派代表赴衡慰勞已轉前敵將士・並勵忠勇・誓滅醜類、請查照。(二)高等法院函復接本會宥電・特備毛巾十六打・以表慰勞誠意・請查照由轉存)。(三)代表團推將代表(隆楷)報告赴衡慰勞經過、(詞長從略)(乙)討論事項(一)値此大軍會剿期・本會應分函省商聯會市商會轉知所屬各縣市商會及本市各行業。關於軍需用品・律平價出售案。議決通過・(二)本會應否致電慰勞廣西李總司令白副總司令幷請加派勁旅協剿殘匪。以期肅清案、議決通過，電文推黎祕書起草,(三)本會調用各股幹事案・議決・函請湖南人民提倡國貨救國會調用繆天民爲財務幹事・譚大言爲宣傳股幹事・王懷先爲交際股幹事。・陶隶生・羅成章爲征集股幹事。周桐初連松濤徐岫爲總務股幹事・議畢散會・

14. 慰劳剿匪将士第三次筹备会，致电慰劳李（宗仁）、白（崇禧）总司令，请加派劲旅协剿残匪，1934 年 12 月 5 日

贛匪經過湘南

傷亡確在二萬以上

匪有四川雖好湖南難闖之謠

劉建緒移駐武岡向桂邊堵剿

何總司令派員赴桂聯絡剿匪

在全與間擊潰之匪・現竄桂湘邊界深山中・湘桂兩軍。決分途堵截・錄前方軍訊如下・

□電一 衡州總部五日來電云、（一）殘匪為本路軍擊潰後・似已向龍勝（廣西縣名）城步方向大山中分竄・情形極爲狼狽・（二）第一兵團劉總指揮建緒・率補充三四五各團・支（四日）日抵新甯附近・向武岡前進中。（三）陶廣師向梅溪口（桂邊與新寧交界處）方向追剿・沿途斬獲極多・（四）永明汝城・道縣團隊・連日搜剿散匪・各獲槍數十支・斃匪數百・（五）據俘匪軍官供稱。匪此次經過湘境・實力損失極重・匪部傷亡確在二萬以上・對湘軍之窮追猛進・各縣團隊之穩扎穩打極具畏心・匪中有「四川雖好・湖南難闖之謠。（六）空軍本日未發現大股匪・僅沿途炸斃小股匪甚多。并散發傳單數萬分・

□電二 全縣四日來電云・（一）萬師長耀煌進抵全縣・准微（五日）日繞出新寧方面・向西追進・截剿逃匪。務期消滅・（二）桂軍夏（威）部。已與我軍聯絡・向匪追剿・沿途繳獲散槍甚多云・

贛匪竄到桂境・今後圍剿進行・湘桂兩軍。實有密切合作必要・何總司令。特派參議王啟華君赴桂林・常駐接洽・關於剿匪軍事聯絡事宜。以昭周密云・（國）

贛匪已竄入桂境・何主席以共匪經過之湘南各縣。不無散匪・特派李代司令雲波。率兵四團。分途清剿・務期剋日肅清・以靖地方・（夫）

15. 赣匪经过湘南伤亡确在二万以上，匪有“四川虽好，湖南难闯”之谣，刘建绪移驻武冈向桂边堵剿，何总司令派员赴桂联络剿匪，1934 年 12 月 7 日

孫王抵粵與陳李會晤

李談粵委及胡贊同蔣汪感電主張

孔抵滬談孫王南下結果極爲圓滿

粵中委一部隨孫北來

（本報上海六日電）港訊。王寵惠孫科等。昨晚乘花車附掛末次省港官車抵省。

（香港五日電）省訊。孫科。王寵惠。五日午後抵省。赴市賓館休息。後即訪陳濟棠李宗仁等。有所商談（廣）

（香港五日電）省訊。李宗仁五日晨往梅花村訪陳濟棠述桂軍剿匪詳情。（廣）

李宗仁談話

（香港五日電）省訊李宗仁五日語記者。前請假回桂。處理軍政要務。今已月餘。現因孫院長南來。特由邕寧乘機來粵一晤。汪院長蔣委員長感電主張。切重實際。留粵各中委及胡先生對此。均甚滿意。今後當本精誠團結之旨。協助中央。解決國事。現犯桂殘匪。已受重創。雖分道逃竄。已無能爲力。相信最短期內。必能肅清（廣）

孔祥熙談話

（上海六日電）財長孔祥熙六日到滬。午接見新聞界。據談。孫王兩氏南下晤胡漢民後。已有電到京。詳述此行極爲圓滿。而在粵中委。亦以全國團結。爲救亡圖存唯一之要務。均表示欣喜。孫以五中全會即開幕、故日內離粵北返。開幕前可趕到。在粵中委。將有一部份隨孫來京。王是否在會前趕到未提及。五中全會決於十日開幕。各地中委到京報到者。已逾法定人數。財部工作報告書。已擬就將向大會報告。個人無提案。關於川省財政問題。在京與劉湘兩次晤面 已商得辦法 絕非發行公債。財部決在重慶設中央銀行分行。以安川省金融。本人定九日出席五中全會（廣）

16. 孙（科）、王（宠惠）抵粤与陈（济棠）、李（宗仁）会晤，李谈粤委及胡（汉民）赞同蒋（介石）、汪（精卫）感电主张，孔（祥熙）抵沪谈孙、王南下结果极为圆满，粤中委一部随孙北来，1934年12月7日

追剿總部決定日內移駐寶慶

前站王先業等昨已赴寶

剿匪宣傳隊開寶武宣傳

贛匪西竄桂境。仍圖入黔。湘南各地。已無股匪。何總司令。爲便利指揮各部。向桂邊堵剿。幷與黔桂各軍。合圍殘匪。勿使再竄湘西邊境起見。決擬二三日內率總部全體員兵移駐寶慶。幷派副官處上校校官王先業。率同一部分員兵。於五日由衡赴寶。佈置一切。俾便到寶辦公云。（國）

（又訊）南昌行營剿匪宣傳隊現在衡州。因贛匪大部西竄。湘南各縣已無股匪踪跡。至少數散匪。已指派軍隊淸剿指日可以肅淸。該宣傳隊。乃於昨日由衡州開往寶慶轉赴武岡新甯城步一帶工作云。（夫）

17. 追剿总部决定日内移驻宝庆，前站王先业等昨已赴宝，剿匪宣传队开宝、武（冈）宣传，1934年12月7日

竄兩渡橋匪部

湘桂軍正分途合剿

陶師所部尾追殘匪頗多斬奪

我軍迭獲勝利士氣極爲振奮

何總司令派員考察匪竄狀況

贛匪大部。竄過西延後 仍向西北竄走。其大股現到靈川（北）（桂省縣名）城步（南）間之兩渡橋。正西向龍勝縣境進竄。一小部現到城步邊界之黃龍白洞一帶。係向西北竄走。我湘桂各軍正分途合剿 錄衡州來電如下。（一）殘匪大部。由西延西南越苗兒山。土岡岺向龍勝西竄。先頭竄到兩渡橋附近。一部向城步方向竄走。我軍正分途追剿。匪沿途損失極重。（二）劉總指揮建緒。已抵武岡。指揮所部。猛攻桂邊殘匪。我某師已抵城步。某師亦抵新甯。截擊西竄之匪。陶師尾追殘匪。連日均獲勝利。頗多斬奪。（三）連日前方俘虜。數達三千以上。我軍因迭獲勝利。士氣極爲振奮。（四）蕭賀李匪。大部向永順囘竄。惟大庸一帶尚有殘匪。我軍已進駐溪口。即向殘匪總攻。（五）我空軍在土崗岺。兩渡橋等處。投彈數十枚。贛匪極衆。並繼續散發勸降傳單數萬份。（國）

（又訊）何總司令 昨派謝天放。劉鑑。李南屏。分赴贛匪西竄所經過之汝城、宜章。臨武。藍山。桂陽 嘉禾。寧遠。道縣。江華。永明。全縣。興安。考察匪部竄走狀況。及竄後情形。以供研究追剿之助。一面電令各部隊。各縣府保護矣。（國）

18. 窜两渡桥匪部湘桂军正分途合剿，陶师所部尾追残匪颇多斩夺，我军迭获胜利士气极为振奋，何总司令派员考察匪窜状况，1934 年 12 月 8 日

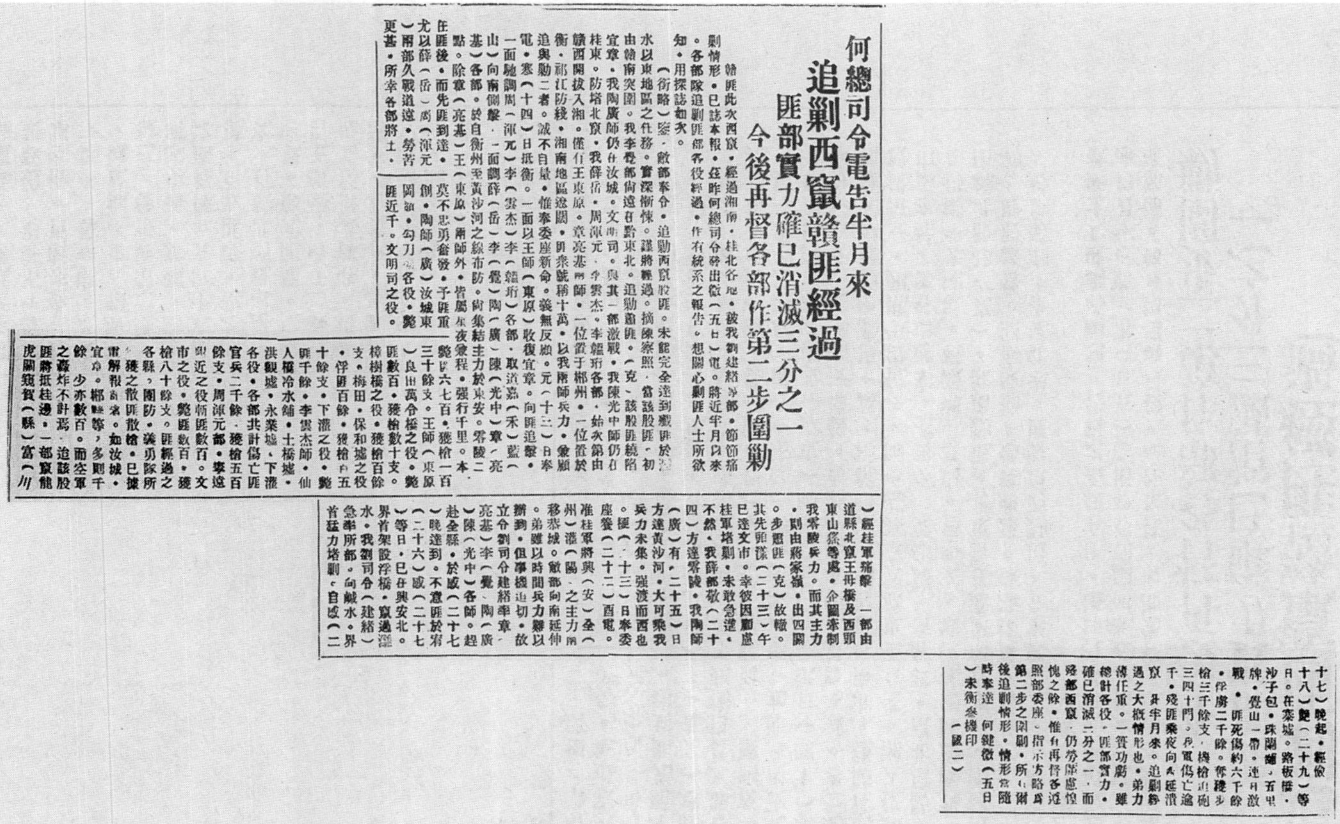

何總司令電告半月來

追剿西竄贛匪經過

匪部實力確已消滅三分之一

今後再督各部作第二步圍剿

19. 何总司令电告半月来追剿西窜赣匪经过，匪部实力确已消灭三分之一，今后再督各部作第二步围剿，1934年12月8日

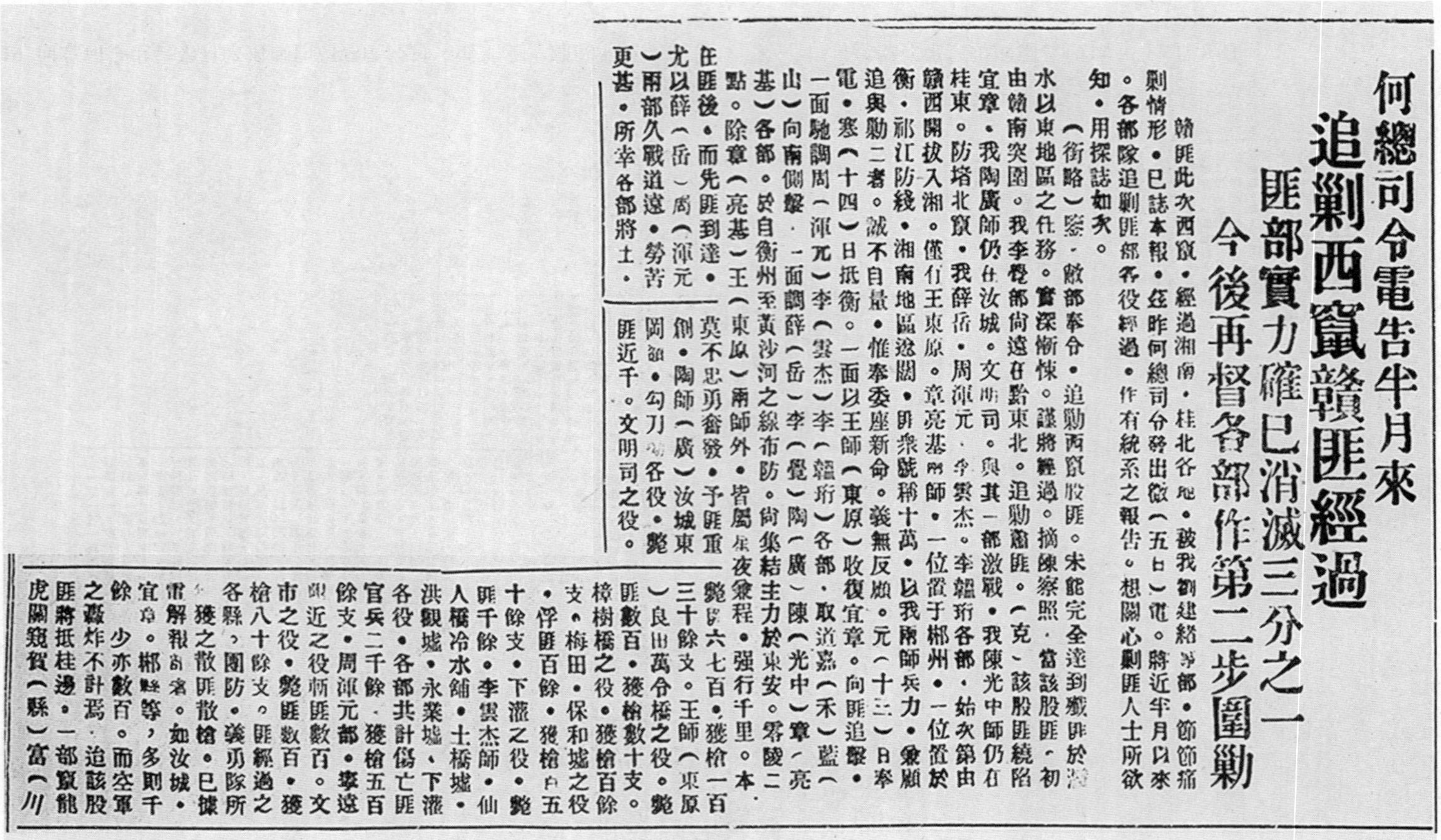

何總司令電告半月來
追剿西竄贛匪經過
匪部實力確已消滅三分之一
今後再督各部作第二步圍剿

贛匪此次西竄•經過湘南•桂北各地•被我劉建緒等部•節節痛剿情形•已誌本報•茲昨何總司令發出微（五日）電。將近半月以來。各部隊追剿匪部各役經過•作有統系之報告。想關心剿匪人士所欲知•用探誌如次。

（銜略）鑒．敝部奉令•追勦西竄股匪。未能完全達到殲匪於瀟水以東地區之任務。實深慚悚。謹將經過。摘陳察照．當該股匪•初由贛南突圍。我李覺部尙遠在黔東北。追勦竄匪。（克、該股匪繞陷宜章•我陶廣師仍在汝城。文明司。與其一部激戰•我陳光中師仍在桂東。防堵北竄•我薛岳•周渾元．李雲杰。李韞珩各部•始次第由贛西開拔入湘。僅有王東原。章亮基兩師•一位置于郴州•一位置於衡•祁江防綫•湘南地區遼闊•匪衆號稱十萬•以我兩師兵力•兼顧追與勦二者。誠不自量•惟奉委座新命。義無反顧。元（十三）日奉電•寒（十四）日抵衡。一面以王師（東原）收復宜章。向匪追擊•一面馳調周（渾元）李（雲杰）李（韞珩）各部•取道嘉（禾）藍（山）向南側擊．一面調薛（岳）李（覺）陶（廣）陳（光中）章（亮基）各部。於自衡州至黃沙河之線布防。尙集結主力於東安。零陵二點。除章（亮基）王（東原）兩師外•皆屬星夜兼程•強行千里。本任匪後•而先匪到達•尤以薛（岳）周（渾元）兩部久戰道遠•勞苦更甚•所幸各部將士•莫不忠勇奮發•予匪重創•陶師（廣）汝城東岡（部）•勾刀（坳）各役•斃匪近千。文明司之役。斃匪六七百•獲槍一百三十餘支。王師（東原）良田萬令橋之役•斃匪數百•獲槍數十支。樟樹橋之役•獲槍百餘支•梅田•保和墟之役•俘匪百餘•獲槍百五十餘支•下灌之役•斃匪千餘•李雲杰師•仙人橋冷水舖•土橋墟•洪觀墟•永業墟、下灌各役•各部共計傷亡匪官兵二千餘．獲槍五百餘支•周渾元部•李遠（興）近之役柄匪數百。文市之役•斃匪數百•獲槍八十餘支。匪經過之各縣，團防•義勇隊所獲之散匪散槍•巳據雷解報（禹名）。如汝城•宜（寧）。郴（縣）等，多則千餘少亦數百。而空軍之轟炸不計焉．追該股匪將抵桂邊•一部竄能虎關窺賀（縣）富（川

（局部图1）

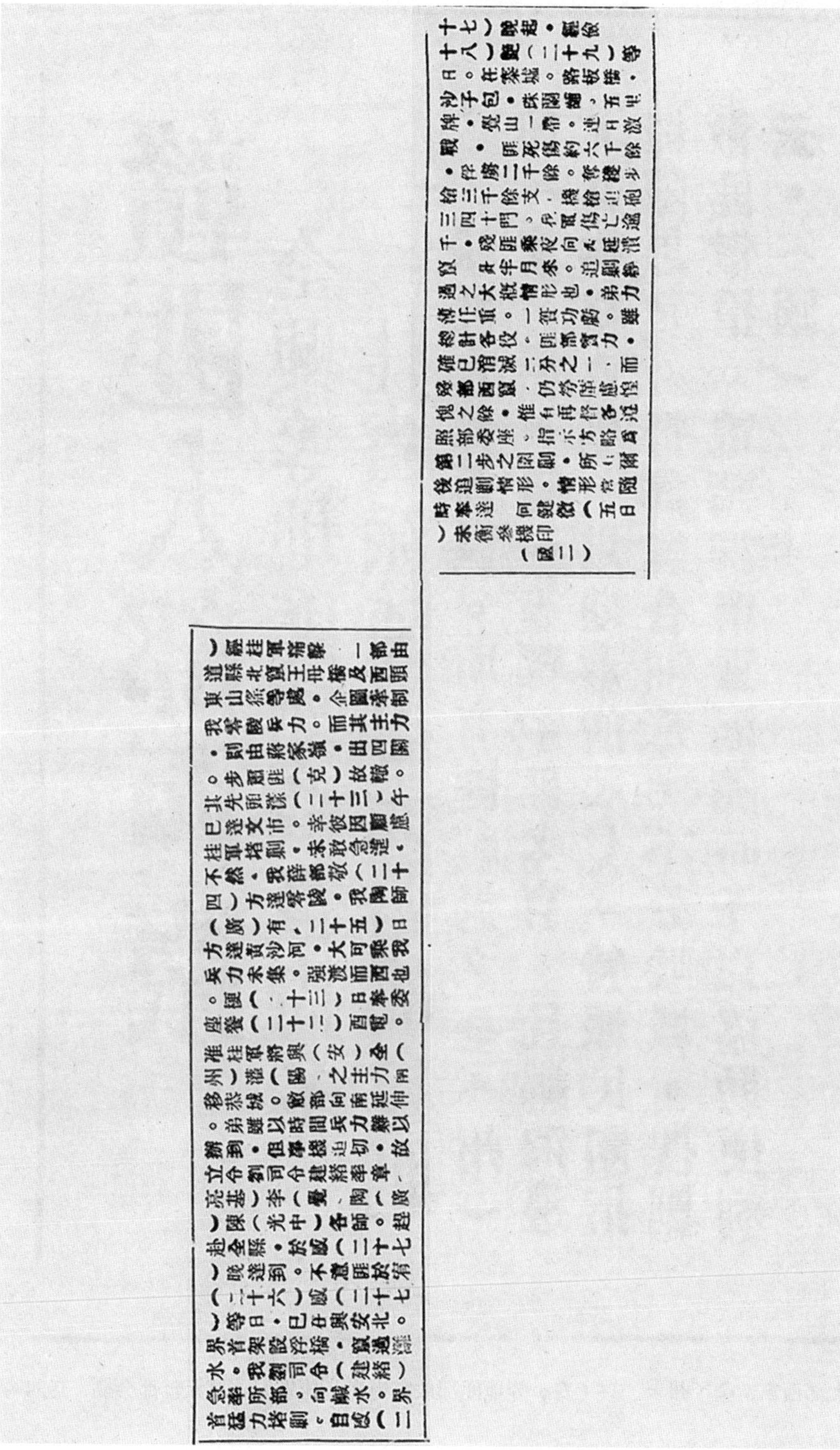

（局部图 2）

贛匪大部西竄

全興等地匪部散竄尚多
桂省派陳恩元督部會剿

贛匪大部西竄。所有匪經過之全（州）興（安）灌（陽）等縣散匪多有•且鄰湘邊•為聯絡會剿•以期肅清起見。特派民團指揮陳恩元。督部會合湘軍，不分畛域。搜剿散匪散槍。電請湘南軍團隨時予以協助便利云•（國）

20. 赣匪大部西窜，全（州）、兴（安）等地匪部散窜尚多，桂省派陈恩元督部会剿，1934 年 12 月 9 日

何總司令昨日返省

决明日出席紀念週報告剿匪情況

追剿總部職務已派定郭持平代行

贛匪現沿桂北·西竄。我追勦軍已移轉陣線·向新甯 城步·綏寧方面堵勦。總司令部爲便利指揮計·擬日內由衡移寶·規畫一切·何總司令。以省方軍政要務。諸待處理·特抽暇於昨（八日）回省一行·計上午九時許·由衡陽乘汽車出發。到下攝司過渡稍有耽擱。至下午一時二十分鐘到省、未在東站休息。即逕駛回中山東路公館·同車返省者爲李代司令覺·何大小姐玫·孫小姐玲玲·相繼乘車回省者·有凌主任達如。何黨政處長孟吾·熊副官長道乾·王秘書景義·楊副官秉鈞多人。屆時到站歡迎者·除軍樂連軍警部隊外。有省府易秘書長·張朱兩廳長·徐高等法院長。總部吳主任。各處長·保安部宋參謀長。幷各機關長官百餘人 頗極一時之盛。聞總部職務·派郭參謀長持平代行、昨尙在衡州·擬稍緩一二日俟寶慶總部布置就緒·卽由郭參謀長牽開寶慶云。

何主席昨已返省。定於明日（十號）參加各界慶祝五中全會開幕暨勦匪勝利大會·並舉行擴大紀念週報告最近剿匪情況云·

（國、夫）

21. 何总司令昨日返省，决明日出席纪念周报告剿匪情况，追剿总部职务已派定郭持平代行，1934 年 12 月 9 日

劉總指揮進駐城步

督剿桂邊西竄贛匪

匪大部在桂境司門前以北深山中

現大埠渡梅溪口一帶均已無匪踪

◇朱樹勛部擊潰竄黃石賀蕭股匪

衡州庚（八日）來電云（一）匪大部仍在桂境司門前．龍勝以北一帶深山中另一小部槍約千支．竄到城步以南邊境五丁坪．紅沙洲一帶．無衣無食．情極狼狽，（二）劉總指揮建緒．已率部由武岡進駐城步。向桂邊堵剿中．（三）賀匪大部尚在大庸．蕭匪殘餘仍在城西之丁家溪塘一帶．我辰（州）常（德）部隊。正聯合進剿．其竄黃石（在庸慈邊境）之匪．已被我朱樹勛部擊潰。斃匪三十餘．獲槍二十餘支．桃慈縣境已肅清．（四）空軍本日．在龍勝以東．及城步以南地區偵炸．斃匪頗多．

又新甯縣長李紀猷陽（七日）來電云．據探報赤匪分兩部逃竄。一由榕江．華江、一由上五牌．龍塘。似沿城步邊境西竄．所有大埠渡．梅溪口一帶．均無匪踪．縣境安謐云．（國）

22. 刘总指挥进驻城步督剿桂边西窜赣匪，匪大部在桂境司门前以北深山中，现大埠渡、梅溪口一带均已无匪踪，朱树勋部击溃窜黄石贺（龙）、萧（克）股匪，1934 年 12 月 10 日

省會各界民衆

本晨慶祝剿匪勝利

推定曹代主席主席告報意義

何總司令出席報告追剿情形

贛匪西竄。企圖經湘入川。以打通國際路線。圖最後之掙扎。經我湘軍部隊及中央部隊。截擊於全縣興安灕水之間。迭獲勝利。殘匪死傷甚衆。雖一部得以乘間渡河。然有我黔桂部隊之堵截。當不難於湘桂黔邊境。予以消滅。各界民衆。特定於本日晨在中山堂舉行慶祝勝利大會。以鼓起我前方將士作進一步之勇氣。而喚起我後方民衆共同協剿之決心茲將各項情形誌次

▲曹代主席主席　本日各界慶祝剿匪勝利大會。定上午九時在中山堂舉行。本日洽逢本期一總理紀念週之期。時間與地點。均有衝突。故決定與紀念週合併舉行。經推定曹代主席。主席報告舉行慶祝大會之意義云。

▲總座報告匪情　何總司令已於前日返省。決於本日紀念週時及慶祝大會中。報告前方剿匪情事。並說明此次殘匪得以一部份渡河之原因。及我後方民衆在此追剿緊切之際應處之態度。故決定出席報告云。

▲商店懸旗誌慶　本日慶祝大會。各商店住戶門首。均須一律懸掛國旗誌慶。昨經大會籌備處函告省會公安局請轉飭各署所。飭各崗警通告各住戶商店。於晨八時一體懸掛云。（同）

23. 省会各界民众本晨庆祝剿匪胜利，推定曹代主席告报意义，何总司令出席报告追剿情形，1934 年 12 月 10 日

追剿總部本日移寶

桂軍廖磊部抵龍勝躡匪追剿

湘南散匪散槍總部電令搜查

追剿總司令部，移駐寶慶，以便指揮各部。追剿竄匪，其前站係四日由衡開寶，茲已籌備就緒。昨十號，由鄭參謀處長兆熙，率各處職員一大部份開往寶慶。鄭處長等並順道到省呈報一切。所餘員兵，概定本日十一號，由郭參謀長持平率開寶慶。昨已電知地方矣。

（又訊）股匪大部現竄廣西龍勝湖南綏通邊區，桂軍廖軍長磊，昨九號已追抵龍勝，正跟蹤追剿，並奉令担任長追云。

（又訊）何總司令以此次股匪西竄，經過湘南，雖經我大軍沿途截擊追剿，大股潰竄，而零星散匪，遺落不少。昨特電令湘南各縣團隊與縣長，負責清剿搜查散匪，并於各要道，多設盤查哨，切實檢查，嚴防匪類隱匿或兎脫，以除隱患，而靖地方云。（夫）

（又訊）追剿總部，昨函省政府，轉令各縣市全體民衆，協助軍團剿匪，以期早日肅清。其文如下：

查赣匪突圍西竄，企圖經由湘境，以達黔蜀。本部奉令窮追，矢殲醜類，務期一勞永逸，餘燼無復燃之機。惟是匪雖屢敗，裹脅尚多，其經過地方，又半在湘粤桂三省邊境，萬山連亘，道路崎嶇，防範既慴難周，行軍亦感不易，自非動員各該地方全體民衆，協助軍團偵查搜剿，運輸救護，無以排除困難，而奏膚功。茲特擬定剿匪省區各縣市民衆協助剿匪委員會組織大綱，除分令所屬部隊，及湖南警戒區域，各縣縣政府，縣黨部遵照辦理，并呈報委員長南昌行營察核備案外，相應檢同組織大綱一份，函達貴府，請煩查照爲荷，此致云。

（又訊）何總司令，以湘東南各縣已無股匪，現正趕辦綏靖善後，爲與民休息起見，昨通電各縣，自電到日起，湘東南一律解嚴，至於潛伏散匪，責成各地文武長官，限期搜捕，徹底肅清，以安地方云。（國）

（又訊）我劉建緒部，前在全興大道蘇子渡，鹹水一帶，截斷匪後衛隊，斬獲甚衆，曾誌本報。茲昨永州來電報稱，有股匪一股，因被我軍橫斷，首尾不能相顧，乃竄匿道（縣）零（陵）全（縣）交界之東山猺內，現經我軍搜獲，繳槍數百，內有赤俄四名，匪婦女隊百餘，恐有匪首混跡，現正清查中云。（國）

24. 追剿总部本日移宝（庆），桂军廖磊部抵龙胜蹑匪追剿，湘南散匪散枪总部电令搜查，1934年12月11日

劉建緒部

覺山剿匪獲勝

蔣委員長特獎洋一萬元
飭轉各級將士益加奮勉

此次追剿軍第一兵團總指揮劉建緒。指揮所部在覺山一帶。截擊竄匪。斃匪萬餘。俘槍六千。爲我方剿匪空前勝利。蔣委員長特由京電湘。獎洋萬元、以示鼓勵。茲錄劉總指揮自武岡來電如次。武岡電報局留交李司令俊三兄。王師長（東原）。長沙李代司令（覺）。幷轉成主任（鐵俠）。軍部楊科長（道勳）武岡抄送李司令抱公。幷轉羅師長（霖　奉總座何支（四日）由衡參機電開。奉委座江（三日）午參京電開。成密。匪渡湘江。我劉司令建緒。所率各師在覺山截擊。忠勇奮愾。斬獲甚多。殊堪嘉慰。着賞洋一萬元。以資鼓勵。仍希轉飭各級將士。益加奮勉。迅速追剿。務期殲滅。是爲至盼。等由。除電京辦事處具領轉發外。特電知照。等因特達。劉建緒庚（八日）參機印。

（敏）

25. 刘建绪部觉山剿匪获胜，蒋委员长特奖洋一万元，饬转各级将士益加奋勉，1934年12月12日

西竄贛匪

主力尙在龍勝東北

一部圖竄通道我正集中堵勦

竄興安之匪部業經桂軍擊破

贛匪三五八九軍團・由西延西竄・經龍勝桂邊猺山，竄到綏甯，通道一帶。匪一軍團・則沿桂湘邊境西北竄。現經城步以南到城綏之間・我湘桂軍正會同進剿・分錄前方電訊如次・

口電一　衡州蒸（十日）電云。（一）匪主力・尙在龍勝東北越城岑・金坑一帶・一部由城步以南之紅沙洲・向長安營方面西竄・東山猺附近遺留殘匪千餘。向四關方面回竄・我軍正分別堵追。不難殲滅・（二）空軍本日・在城步西南橫水寨以西大山・發現二三千人・當即投彈・斃匪甚多・

口電二　靖縣來電云・匪先頭一部。由桂邊龍勝・蒸（十日）竄通道東南之牙屯堡・及綏甯通（道）間之靑蕪洲一帶・其在城步之匪・企向長安營西竄・我軍正集中堵勦云云・

口電三　興安白副總司令崇禧佳（九日）電云・敵鄒夏軍（威）已將興安屬王陸・中洞等處之匪擊破・向口口追剿・廖軍（磊）已將龍勝河口・馬蹄街之匪擊破・向口口口追擊。前後俘匪・在興安處已過三千・其餘各處尙未詳計・俘虜衣帽均有紅邊・係爲匪之基本部隊云云・

（又訊）資興縣長。兼義勇總隊長程煜・副總隊長程振鑣・昨有灰（十日）電到省云・僞遊擊第七大隊隊長邵義和率領匪約百五十餘人・虞（七日）日由郴（州）竄入資屬玔根橋・下都一帶・經職星夜督飭義勇槍兵隊，會同駐軍歐營前往・分途圍剿。激戰竟日。斃匪二十餘名・俘匪三十九名。奪獲步槍三十二支。我方士兵陣亡五名・負傷八名・餘匪仍向郴縣逃竄・除飭隊跟蹤追剿外。謹電呈云云。（國）

26. 西窜赣匪主力尚在龙胜东北，一部图窜通道我正集中堵剿，窜兴安之匪部业经桂军击破，1934 年 12 月 12 日

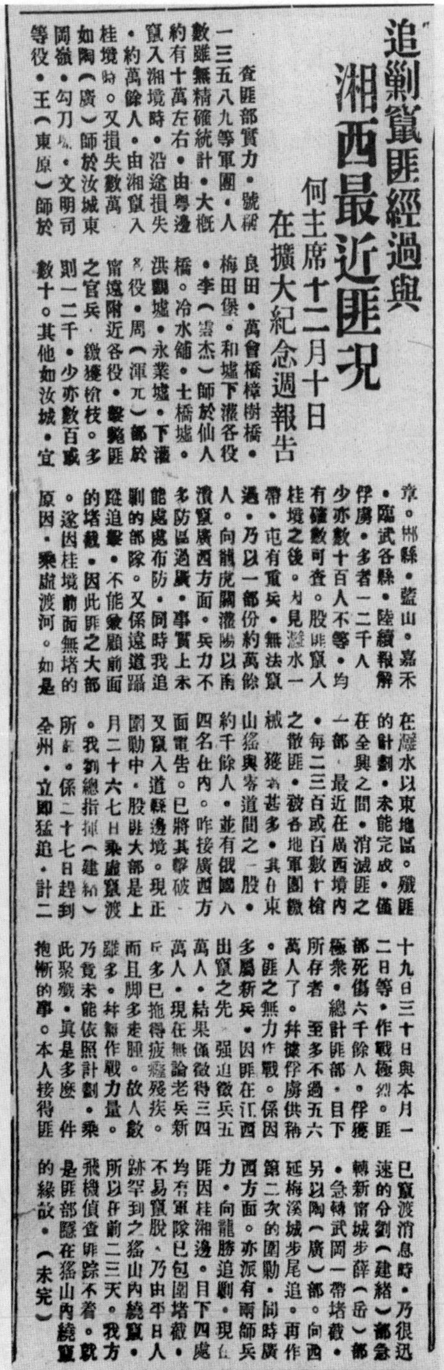

追剿竄匪經過與湘西最近匪況

何主席十二月十日在擴大紀念週報告

查匪部實力，號稱一三五八九等軍團，人數雖無精確統計，大概約有十萬左右，由粵邊竄入湘境時，沿途損失，約萬餘人，由湘竄入桂境時，又損失數萬，如陶（廣）師於汝城東岡嶺，勾刀坳，文明司等役，王（東原）師於良田，萬會橋樟樹橋，梅田堡，和墟下灌各役，李（雲杰）師於仙人橋，冷水舖，士橋墟，洪觀墟，永業墟，下灌各役，周（渾元）部於甯遠附近各役，擊斃匪之官兵，繳獲槍枝。多則一二千，少亦數百或數十。其他如汝城，宜章。郴縣，藍山，嘉禾，臨武各縣，陸續報解俘虜，多者一二千人，少亦數十百人不等，均有確數可查。股匪竄入桂境之後，才見灌水一帶，屯有重兵，無法竄過，乃以一部份約萬餘人，向龍虎關灌陽以南潰竄廣西方面，兵力不多防區過廣，事實上未能處處布防，同時我追剿的部隊。又係遠道躡蹤追擊，不能兼顧前面的堵截，因此匪之大部。遂因桂境前面無堵的原因，乘虛渡河。如是在灌水以東地區。殘匪的計劃，未能完成，僅在全興之間，消滅匪之一部。最近在廣西境內，每二三百或百數十槍之散匪，被各地軍團繳械，獲者甚多，其在東山猺與寄道間之一股，約千餘人，並有俄國人四名在內。昨接廣西方面電告。已將其擊破。又竄入道縣邊境。現正圍剿中。股匪大部是上月二十六七日乘虛竄渡。我劉總指揮（建緒）所部，係二十七日趕到全州，立即猛追，計二十九日三十日與本月一二日等，作戰極烈。匪部死傷六千餘人，俘獲極衆，總計匪部，目下所存者，至多不過五六萬人了。並據俘虜供稱，匪之無力作戰。係因多屬新兵，因匪在江西出竄之先，强迫徵兵五萬人，結果僅徵得三四萬人，現在無論老兵新兵，多已拖得疲癃殘疾。而且脚多走腫。故人數雖多，並無作戰力量。乃竟未能依照計劃，乘此聚殲，真是多麼件抱慚的事。本人接得匪已竄渡消息時，乃很迅速的分劉（建緒）部急轉新甯城步薛（岳）部，急轉武岡一帶堵截，另以陶（廣）部。向西延梅溪城步尾追。再作第二次的圍勦，同時廣西方面。亦派有兩師兵力，向龍勝追剿，現在匪因桂湘邊。目下四處均有軍隊已包圍堵截，不易竄脫，乃由平日人跡罕到之猺山內繞竄，所以在前二三天。我方飛機偵查匪踪不着。就是匪部隱在猺山內繞竄的緣故。（未完）

1/2

27. 追剿窜匪经过与湘西最近匪况——何主席十二月十日在扩大纪念周报告，1934 年 12 月 12 日

追剿匪經過與
湘西最近匪況

何主席十二月十日在擴大紀念週報告

查匪部實力。號稱一三五八九等軍團。人數雖無精確統計。大概約有十萬左右。由粵邊竄入湘境時。沿途損失約萬餘人。由湘竄入桂境時。又損失數萬。如陶（廣）師於汝城東岡嶺。勾刀坳。文明司等役。王（東原）師於良田。萬會橋樟樹橋。梅田堡。和墟下灌各役。李（雲杰）師於仙人橋。冷水舖。土橋墟。洪觀墟。永業墟。下灌各役。周（渾元）部於甯遠附近各役。擊斃匪之官兵。繳獲槍枝。多則一二千。少亦數百或數十。其他如汝城。宜章。郴縣。藍山。嘉禾。臨武各縣。陸續報解俘虜。多者一二千人少亦數十百人不等。均有確數可查。股匪竄入桂境之後。據見灘水一帶。屯有重兵。無法竄過。乃以一部份約萬餘人。向龍虎關灌陽以南潰竄廣西方面。兵力不多防區過廣。事實上未能處處布防。同時我追剿的部隊。又係遠道躡蹤追擊。不能兼顧前面的堵截。因此匪之大部。遂因桂境前面無堵的原因。乘虛渡河。如是

（局部图 1）

在瀟水以東地區。殘匪的計劃，未能完成，僅在全與之間，消滅匪之一部，最近在廣西境內，每二三百或百數十槍之散匪，被各地軍團繳械，獲者甚多，其由東山猺與寄道間之一股，約千餘人，並有俄國八四名在內。昨接廣西方面電告，已將其擊破，又竄入道縣邊境，現正圍勦中，股匪大部是上月二十六七日乘虛竄渡，我劉總指揮（建緒）所部，係二十七日趕到全州，立即猛追，計二十九日三十日與本月一二日等，作戰極烈，匪部死傷六千餘人，俘獲極衆，總計匪部，目下所存者，至多不過五六萬人了。并據俘虜供稱，匪之無力作戰，係因多屬新兵，因匪在江西出竄之先，强迫徵兵五萬人，結果僅徵得三四萬人，現在無論老兵新兵多已拖得疲癃殘疾，而且脚多走腫，故人數雖多，并無作戰力量，乃竟未能依照計劃，乘此聚殲，眞是多麽件抱慚的事。本人接得匪已竄渡消息時，乃很迅速的分劃（建緒）部急轉新甯城步薛（岳）部，急轉武岡一帶堵截，另以陶（廣）部，向西延梅溪城步尾追，再作第二次的圍勦，同時廣西方面，亦派有兩師兵力，向龍勝追勦，現在匪因桂湘邊，目下四處均有軍隊已包圍堵截，不易竄脫，乃由平日人跡罕到之猺山內繞竄，所以在前二三天，我方飛機偵查匪踪不着，就是匪部隱在猺山內繞竄的緣故。（未完）

（局部图 2）

新甯電告

贛匪西竄狼狽情況

匪有槍約三萬餘支人數倍之

子彈極少生活太苦多數私逃

◇岳森電告安福太山殘匪已完全肅清

新甯縣長李紀猷，昨有佳（九日）電到省云，頃據探報，微（五日）午在距大埠渡五里之大冲，遇徒手赤匪六名，當在該匪等身上，搜出蘇維埃紙幣五角，銅幣一枚，據稱於三日晚、由油榨坪逃出，所有槍支，已被當地民衆繳去，（二）據該逃匪供稱，赤匪共有槍支三萬餘，人數倍之，機關槍，迫擊砲均有，此次經過湘桂，損失在三分之一以上，三日由油榨坪出發，分兩路逃竄，一由五牌車田，向城步，一由華江，榕江，東江，川口，經柴興界，黃茅界，向龍勝逃竄，匪中子彈極少，生活太苦，多半私逃，（三）總部參謀琨，現到縣，督修碉堡事宜，上三項，謹聞云，（國）

（又訊）五十師岳師長森昨灰電呈何總司令云，（銜略）盤踞安福，蓮花，萍鄉交界之太山錢山一帶之匪僞一三四五獨立團，槍約二千，人數倍之，自經我軍進勦以來，其實力大爲動搖，職乃又於昨辰率部並指揮駐萍保安第四團，及萍鄉保安團，分途向匪猛勦，激戰竟日，卒將太山錢山之匪全部擊潰，是役斃匪數百名，傷匪無算，奪獲步槍四十餘支，保安四團亦奪獲步槍二十八支，軍用品裝具等件甚多，其餘殘匪散竄武功山，刻正繼續努力追剿，不難一體聚殲，等語云云，（日日）

28. 新宁电告赣匪西窜狼狈情况，匪有枪约三万余支人数倍之，子弹极少生活太苦多数私逃，岳森电告安福、太山残匪已完全肃清，1934 年 12 月 13 日

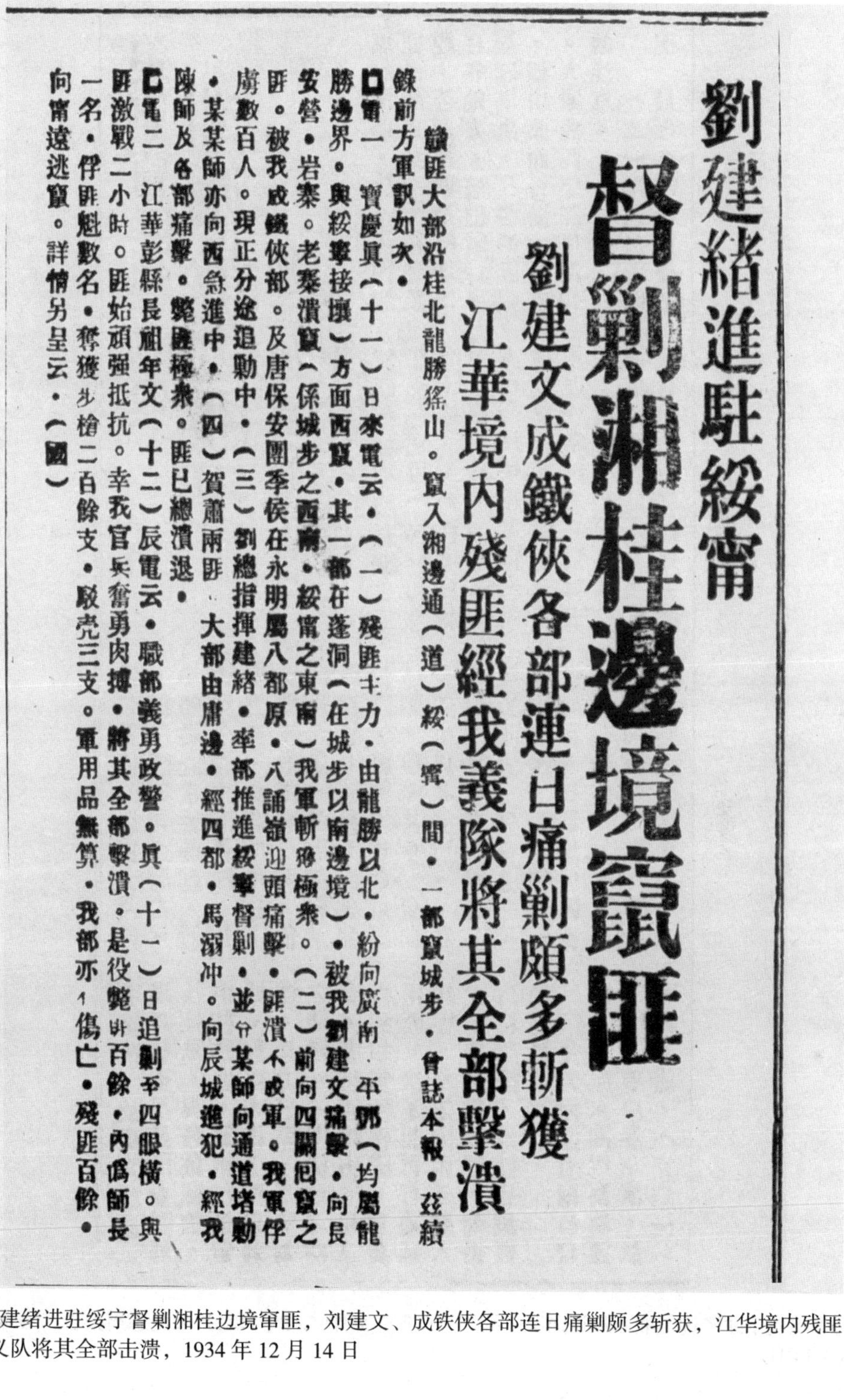
劉建緒進駐綏甯

督剿湘桂邊境竄匪

劉建文成鐵俠各部連日痛剿頗多斬獲

江華境內殘匪經我義隊將其全部擊潰

殘匪大部沿桂北龍勝猺山。竄入湘邊通（道）綏（寧）間。一部竄城步。曾誌本報。茲續錄前方軍訊如次。

□電一　寶慶眞（十一）日來電云。（一）殘匪主力。由龍勝以北。紛向廣南．平郛（均屬龍勝邊界。與綏寧接壤）方面西竄。其一部在蓬洞（在城步以南邊境）。被我劉建文痛擊。向長安營。岩寨。老寨潰竄（係城步之西南。綏甯之東南）我軍斬獲極衆。（二）前向四關佪竄之匪。被我成鐵俠部。及唐保安團季侯在永明屬八都原。八誦嶺迎頭痛擊。匪潰不成軍。我軍俘虜數百人。現正分途追勦中。（三）劉總指揮建緒。率部推進綏寧督剿。並令某師向通道堵勦。某某師亦向西急進中。（四）賀蕭兩匪大部由庸邊。經四都。馬溺冲。向辰城進犯。經我隊師及各部痛擊。斃匪極衆。匪已總潰退。

□電二　江華彭縣長祖年文（十二）辰電云。職部義勇政警。眞（十一）日追剿至四眼橫。與匪激戰二小時。匪始頑强抵抗。幸我官兵奮勇肉搏。將其全部擊潰。是役斃匪百餘。內僞師長一名。俘匪魁數名。奪獲步槍二百餘支。駁殼三支。軍用品無算。我部亦有傷亡。殘匪百餘。向甯遠逃竄。詳情另呈云。（國）

29. 刘建绪进驻绥宁督剿湘桂边境窜匪，刘建文、成铁侠各部连日痛剿颇多斩获，江华境内残匪经我义队将其全部击溃，1934 年 12 月 14 日

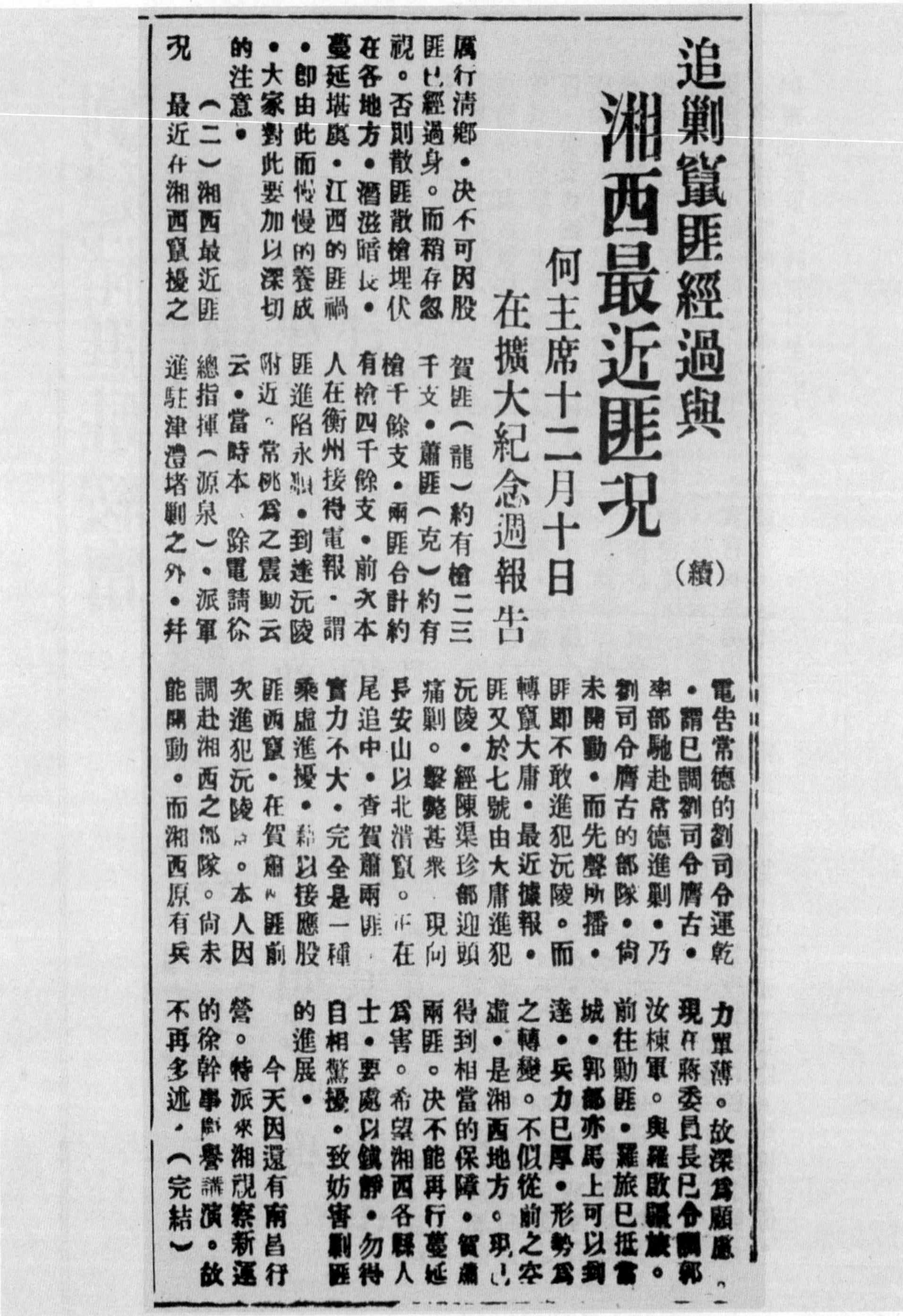

追剿竄匪經過與
湘西最近匪況（續）
何主席十二月十日
在擴大紀念週報告

厲行清鄉・決不可因股匪已經過身。而稍存忽視。否則散匪散槍埋伏在各地方・潛滋暗長・蔓延堪虞・江西的匪禍・即由此而悔慢的養成・大家對此要加以深切的注意・

（二）湘西最近匪況　最近在湘西竄擾之賀匪（龍）約有槍二三千支・蕭匪（克）約有槍千餘支・兩匪合計約有槍四千餘支・前次本人在衡州接得電報・謂匪進陷永順・到達沅陵附近・常桃爲之震動云云・當時本、除電請徐總指揮（源泉）・派軍進駐津澧堵剿之外・并電告常德的劉司令運乾・請巳調劉司令膺古・率部馳赴常德進剿・乃劉司令膺古的部隊・尙未開動・而先聲所播・匪即不敢進犯沅陵。而轉竄大庸・最近據報・匪又於七號由大庸進犯沅陵・經陳渠珍部迎頭痛剿。擊斃甚衆・現向長安山以北潰竄。正在尾追中・查賀蕭兩匪・實力不大・完全是一種乘虛進擾・希以接應股匪西竄・在賀蕭〃匪前次進犯沅陵時。本人因調赴湘西之部隊。尙未能開動・而湘西原有兵力單薄。故深爲顧慮。現在蔣委員長巳令調郭汝棟軍。與羅啟疆旅・前往勦匪・羅旅巳抵常城・郭部亦馬上可以到達・兵力巳厚・形勢爲之轉變。不似從前之空虛・是湘西地方。現巳得到相當的保障・賀蕭兩匪。決不能再行蔓延爲害。希望湘西各縣人士・要處以鎮靜・勿得自相驚擾・致妨害剿匪的進展・

今天因還有南昌行營。特派來湘視察新運的徐幹事尉譽講演・故不再多述・（完結）

30. 追剿窜匪经过与湘西最近匪况（续）——何主席十二月十日在扩大纪念周报告，1934 年 12 月 14 日

由蓬洞至青蕪洲
沿途股匪已告肅清
劉總指揮建緒部追剿匪將達黔邊
黔軍何知重已督所部開黎平堵剿
◇湘南軍團搜剿散匪俘獲達千餘名

贛匪竄到通道 企圖入黔。已誌本報。茲昨邵陽有元(十三)寒(十四)兩電到省云。(一)匪大部。由桂龍勝、古宜。竄入黔境永從。一部竄通道北之新廠馬路口。圖入黔錦屏。(二)我劉總指揮(建緒)部陳師。已追到通道北倒永界將匪右衛部隊擊破。斃匪甚衆。殘匪向黔邊急竄,我某某等師。向黔邊急進追剿。(三)我某某等師。已將蓬洞(屬城步)至長安堡,(屬綏寧)迄青蕪洲(通道。綏甯之間)沿途股匪肅清 斬獲頗多。現向通道追勦中。(三)黔軍何總指揮(知重)已抵馬場坪。現指揮口口口旅向黎平一帶堵勦中云。(國)

(又訊)成主任鐵俠。率所部補充各團。并督同臨、藍。嘉。甯等縣團隊 政警。搜剿散匪 連日在大村。四眼橋。黃金圩。八嶺一帶。擊破僞三十四師。及雜匪等。除斃僞師長陳樹香外。先後俘獲匪兵共一千六百八十餘名。於九(十三)日解衡州訊辦。并據僞營長供指出匪部僞政治委員劉賢等首要數名。正分別追訊中云。(國)

31. 由蓬洞至青芜洲沿途股匪已告肃清，刘总指挥建绪部追剿匪将达黔边，黔军何知重已督所部开黎平堵剿，湘南军团搜剿散匪俘获达千余名，1934 年 12 月 16 日

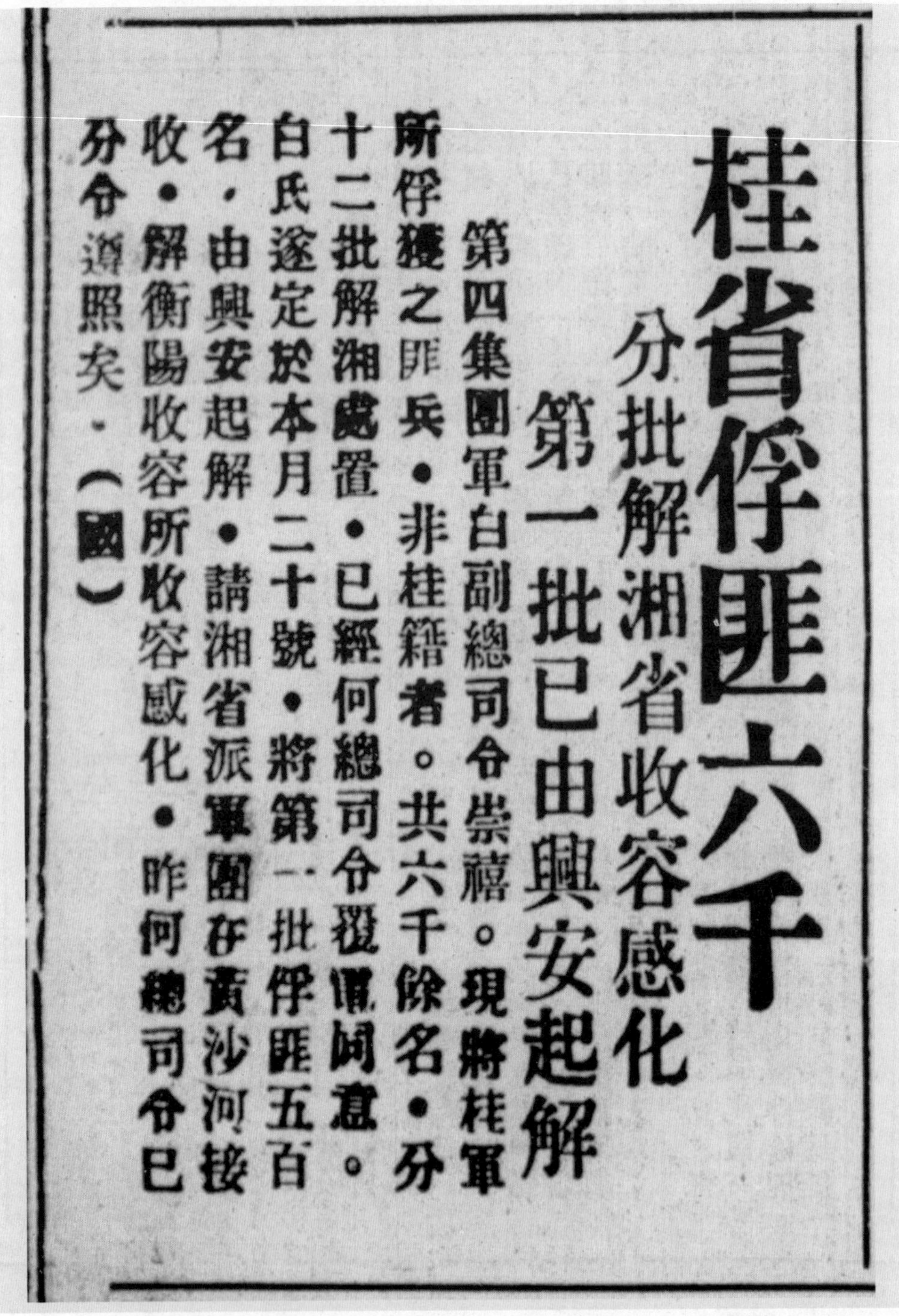

桂省俘匪六千

分批解湘省收容感化
第一批已由興安起解

第四集團軍白副總司令崇禧。現將桂軍所俘獲之匪兵·非桂籍者。共六千餘名·分十二批解湘處置·已經何總司令覆電同意。白氏遂定於本月二十號·將第一批俘匪五百名，由興安起解·請湘省派軍團在黃沙河接收·解衡陽收容所收容感化·昨何總司令已分令遵照矣·（國）

32. 桂省俘匪六千，分批解湘省收容感化，第一批已由兴安起解，1934 年 12 月 18 日

我軍寒未收復通道
匪部已全線總潰退
竄新廠之匪即可望全部解決
劉建緒進駐靖縣向黔境追勦

贛匪由桂北竄入通道．經劉總指揮建緒．督飭各部分路進剿．已誌本報．茲將前方昨來捷訊錄下．

□電一　寶慶銑（十六）日來電云。（甲）。通綏方面．一．陳光中。章亮基．陶廣各師。進擊岩門舖．倒水界．臨口。菁蕪洲之匪。我軍大獲全勝．斃匪千餘．俘匪數百．獲槍百餘支。不顧身．猛匪狼狽潰退．寒（十四）日各師．齊向通城攻勦。與匪主力遭遇．發生激烈戰事。我軍奮烈攻擊．激戰半日．匪部全線總潰退。當場斃匪三千餘人．內有重要匪首多人．俘匪五百餘人．獲槍三百餘支．當於未刻完全規復通道城．是役匪損失奇重。精銳喪失殆盡．殘匪向新廠（與黔省錦屏接界）方面潰竄．我軍正急進中．又據銑（十六）戌電稱．刪（十五）日我某師已追抵新廠．與匪激戰．某某師亦趕到新廠附近．協同包圍．殘匪即可全部解決．二．劉建文部。在岩桑。長安營等處斃匪甚多．俘匪營長以下百餘名．又嘉禾臨武．藍山各縣殘匪．連日經我團隊搜剿、即可肅清．共俘匪二千餘名。已解衡辦理．三．偽三十四師長陳匪樹香．確係被我成鉄伕部生擒、因腹部受有重傷．解至中途斃命．已令拍照掩埋．（乙）辰桃方面．四．陳師長渠珍進駐乾城。猝部截擊賀蕭殘匪、辰州．桃源防務．極爲鞏固．五．空軍在辰（州）馮長安山斃匪甚衆。

□電二　靖縣銑（十六）日來電云．（一）由通道竄新廠．馬路口之匪．被我某師擊潰．斃匪數百。殘匪分竄黔境．一部抵老錦屏．一部竄向劍河（黔省之縣名）據俘獲匪軍官供稱．偽一軍團殘部。係由通道新廠西竄．偽三五八九軍團。分由龍勝．及靖邊長安屯西竄．（二）劉總指揮建緒刪（十五）抵靖縣．指揮各部入黔痛勦云。（君）

（又訊）第二兵團薛總指揮岳．現將所部．兩路向貴州追剿竄匪．以吳司令奇偉所部由芷江向貴州玉屏銅仁推進追勦。以周司令渾元所部．向貴州天柱追勦．以期一鼓殲滅均已追入黔境云．（夫）

33. 我军寒未收复通道，匪部已全线总溃退，窜新厂之匪即可望全部解决，刘建绪进驻靖县向黔境追剿，1934 年 12 月 18 日

最近剿匪情況

與歡迎海外代表的意義

◇何主席在紀念週報告

今天擴大紀念週，適有海外代表旅行來湘。各位代表，乃海外各地推選回國。出席五全大會，就便在國內各地旅行。昨晚已抵長沙。本日同來參加紀念週。本人特乘這個機會，代表湖南全省人士，表示歡迎。

湖南歷年來，受赤匪蹂躪之禍很深，差不多舉世皆知。因爲大家都知湖南慘受匪禍，心理上總覺得三湘七澤間，一定不大安靜。不想來湘游覽，甚且有些人初意本想來湘。到了滬漢，竟爲上項心理所惑，又復轉去。其實湖南的情況。在十九年以前。固然是匪禍很深，不僅各縣不能安居樂業，即長沙省會，亦曾一度受匪的蹂躪，迨十九年將匪擊破。匪竄贛鄂。又因贛鄂與湘省毗連隣省不安，湘省不無影響。但從十九年以後，直至現在，湘省確已漸入康庄之途。又舉世注目的江西股匪。經蔣委員長指揮，各部努力進剿。已將其根深蔕固的匪巢搗破不能在贛立足乃傾巢西竄。（未完）

34. 最近剿匪情况与欢迎海外代表的意义——何主席在纪念周报告，1934 年 12 月 18 日

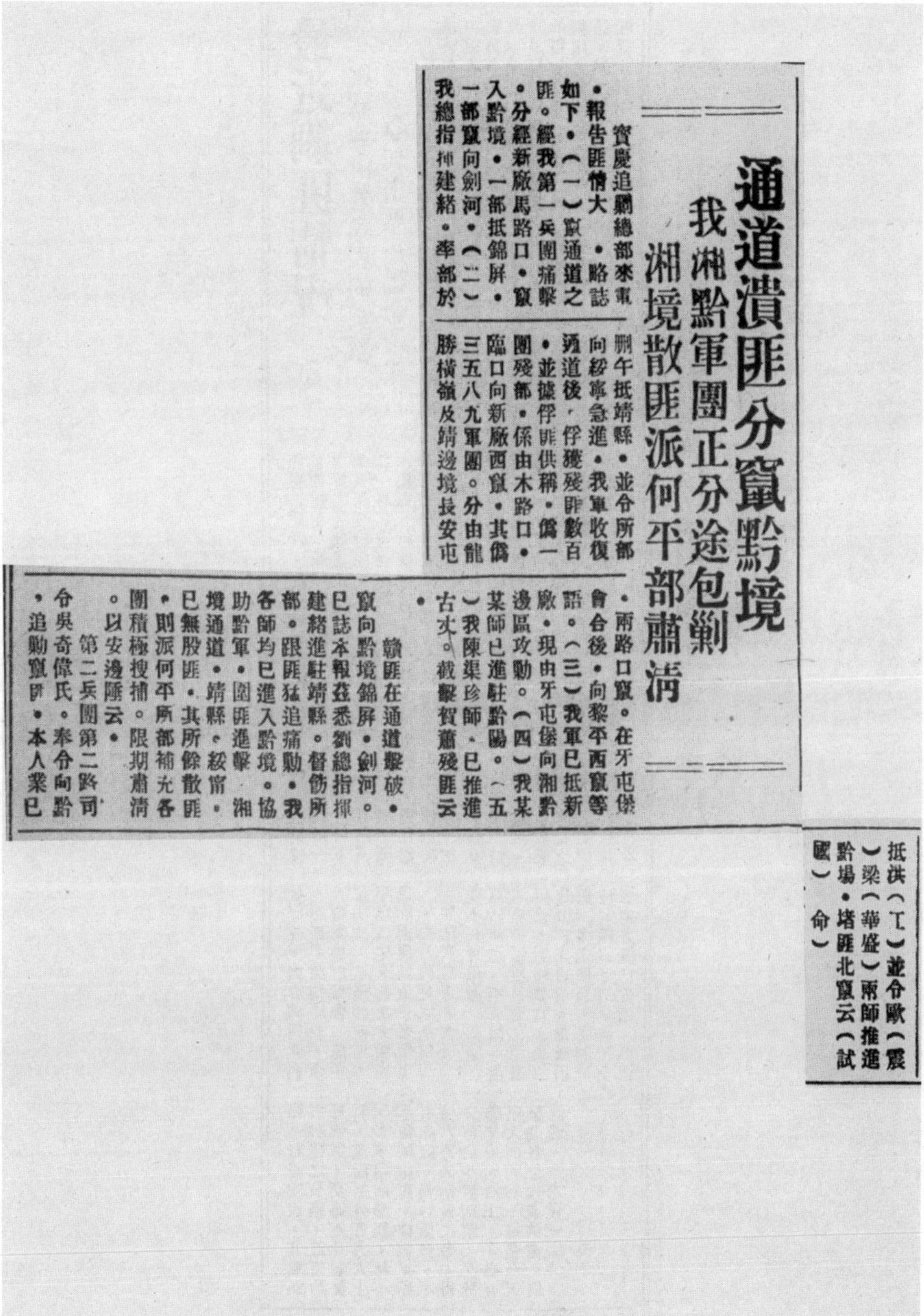

通道潰匪分竄黔境

我湘黔軍團正分途包剿

湘境散匪派何平部肅清

寶慶追剿總部來電・報告匪情大・略誌如下・（一）竄通道之匪。經我第一兵團痛擊・分經新廠馬路口・竄入黔境・一部抵錦屏・一部竄向劍河・（二）我總指揮建緒・率部於刪午抵靖縣・並令所部向綏寧急進・我軍收復通道後，俘獲殘匪數百・並據俘匪供稱・僞一團殘部・係由木路口・臨口向新廠西竄・其僞三五八九軍團。分由龍勝橫嶺及靖邊境長安屯・兩路口竄。在牙屯堡會合後・向黎平西竄等語。（三）我軍已抵新廠・現由牙屯堡向湘黔邊區攻勦。（四）我某某師已進駐黔陽・（五）我陳渠珍師・已推進古丈。截擊賀蕭殘匪云・

贛匪在通道擊破・竄向黔境錦屏・劍河。已誌本報茲悉劉總指揮建緒進駐靖縣。督飭所部・跟匪猛追痛勦・我各師均已進入黔境・協助黔軍・圍匪進擊・湘境通道・靖縣・綏甯・已無股匪・其所餘散匪・則派何平所部補充各團積極搜捕。限期肅清。以安邊陲云・

第二兵團第二路司令吳奇偉氏・奉令向黔・追勦竄匪・本人業已抵洪（江）並令歐（震）梁（華盛）兩師推進黔場・堵匪北竄云（試國）命）

35. 通道溃匪分窜黔境，我湘黔军团正分途包剿，湘境散匪派何平部肃清，1934 年 12 月 19 日

最近剿匪情况

與歡迎海外代表的意義（續）

◇何主席在紀念週報告

目下已經過粵湘桂邊區而竄到黔邊．本人原擬本日赴寶督剿．因海外各位代表到湘。故改期前往。今將最近剿日追剿股匪情况。簡單的報告一下。我十九師劉建文部，在岩寨長安營等處。斃匪甚多。俘匪營長以下百餘人。陳光中師將岩門舖倒水界之匪擊破。復與陶廣章亮基兩師在青蕪洲臨口下鄉。與匪激戰。得槍百餘支。寨（十四）日未刻收復通道。斃匪千餘。獲槍三百餘支。俘匪甚多。匪向貴州老錦屏及劍河永從一帶逃竄．其散在嘉禾藍山臨武等縣之殘匪。連日經我軍團搜剿。捕獲一千六百餘名。我成主任鐵俠部及保安唐團．文（十二）日在道縣所屬之旱禾田龍首村擊潰僞三十四師殘部。斬獲甚夥。并擒斬僞師長陳樹香一名。我薛總指揮已令吳司令奇偉。率歐韓兩師進至黔陽。周司令渾元部刪（十五）日到達洪江。即日分向黔境截剿．查赤匪初由江西突圍竄出時。人數號稱十萬．經過湘南邊區時。消滅萬餘．竄桂邊時消滅二萬餘。最近在通道一帶．又消滅數千．目下所存殘匪。不過五六萬人．且已疲憊不堪。照最近情况看來．匪已陷於層層堵剿中。不難將其殲滅．我國近年一切事業。莫由進行．完全是由於匪禍的關係、這次如能乘此將匪殲滅．使其竄川企圖不能成功．實乃黨國前途無量之福．因爲匪禍一旦肅清．則國家事業。自然都有辦法 各位代表雖身居海外。對於國內匪禍．想亦必深切注意．今天特爲提出報告．俾各位明瞭。不僅湖南地方早已安定．此次大股經過湘南邊區遺下之散匪。一二月內可完全肅清。即已竄黔邊之大股亦不日可以澈底消滅．黨國前途．不久即可走入新的階級。至於湖南礦產。素極豐富．過去因爲匪未肅清。財政困難。多未開發．棄利於地．深爲可惜．現在全省地方確已安謐．粵漢鐵路行將完成．其與各省聯接之公路。最近均可通車．交通亦日益便利．深盼海外各方人士。多來湖南參觀．并不客氣的指導。俾湖南所有礦藏。得以開發．不僅窮苦的湖南民衆、得以解决生活問題。而於將來的國防上．亦必有很大的裨益．這是今天歡迎各位代表的第一個意義。（未完）

1/2

36. 最近剿匪情况与欢迎海外代表的意义（续）——何主席在纪念周报告，1934 年 12 月 19 日

最近剿匪情況（續）

與歡迎海外代表的意義

◇何主席在紀念週報告

目下已經過與湘桂邊區而竄到黔邊，本人原擬本日赴寶督剿，因海外各位代表到湘。故改期前往。今將最近兩日追剿股匪情況。簡單的報告一下。我十九師劉建文部。在岩寨長安營等處。斃匪甚多。俘匪營長以下百餘人。陳光中師將岩門舖倒水界之匪擊破。復與陶廣章亮基兩師在靑蕪洲臨口下鄉。與匪激戰。得槍百餘支。寒（十四）日未刻收復通道。斃匪千餘。獲槍三百餘支俘匪甚多。匪向貴州老錦屏及劍河永從一帶逃竄。其散在嘉禾藍山臨武等縣之殘匪。連日經我軍團搜剿。捕獲一千六百餘名。我成主任鐵俠部及保安唐團。文（十二）日在道縣所屬之早禾田龍首村擊潰偽三十四師殘部。斬獲甚夥。并擒斬偽師長陳樹香一名。我薛總指揮已令吳司令奇偉。率歐韓兩師進至黔陽。周司令渾元部刪（十五）日到達洪江。即日分向黔境截剿。查赤匪初由江西突圍竄出時。人數號稱十萬。經過湘南邊區時。消

（局部图 1）

滅萬餘，竄桂邊時消滅二萬餘。最近廿通道一帶，又消滅數千，目下所存殘匪。不過五六萬人。且已疲憊不堪。照最近情況看來，匪已陷於層層堵剿中。不難將其殲滅，我國近年一切事業。莫由進行，完全是由於匪禍的關係。這次如能乘此將匪殲滅，使其竄川企圖不能成功，實乃爲國前途無量之福，因爲匪禍一旦肅清，則國家事業。自然都有辦法，各位代表雖身居海外。對於國內匪禍，想亦必深切注意，今天特爲提出報告，俾各位明瞭。不僅湖南地方早已安定，此次大股經過湘南邊區遺下之散匪。一二月內可完全肅清。即已竄黔邊之大股亦不日可以澈底消滅，黨國前途。不久即可走入新的階級。至於湖南礦產。素極豐富，過去因爲匪未肅清。財政困難。多未開發，棄利於地，深爲可惜，現在全省地方確已安謐，粵漢鐵路行將完成，其與各省啣接之公路。最近均可通車，交通亦日益便利，深盼海外各方人士。多來湖南參觀，幷不客氣的指導。俾湖南所有礦藏。得以開發，不僅窮苦的湖南民衆，得以解決生活問題。而於將來的國防上，亦必有很大的裨益，這是今天歡迎各位代表的第個意義。（未完）

（局部图 2）

贛匪圖渡清河北竄

黔軍刻正分途尾追扼要堵截

王家烈電湘桂部隊移黔助勦

章亮基師擊潰僞五九兩軍團

黔省主席王軍長家烈・巧（十八）日來電云。（銜略）鑒・頃據何副指揮知重巧（十八）辰電稱・據錦屏杜旅長少華篠（十七）亥電報・贛匪一部約五六千人・刪（十五）日在黎平・被我周旅（芳仁）擊退・折向老錦屏。圖繞天柱・青溪北竄・復被我五六兩團迎頭痛擊・匪傷亡甚衆。銑（十六）匪分數股・向我南嘉堡。平役。瑤光等處猛攻・企圖强渡清江河・向劍河・台拱，向・沿蕭匪舊路北竄・當與我河防守兵激戰・歷半日。匪部續到甚衆・復以機砲向我岸猛轟・工岸碉堡・多被摧毀。官兵死亡二百餘人・致被突破等語・當飭該旅長集結所部尾匪痛追・並令李旅長成章，率〇〇〇各團推進施洞・劍河截堵。王參謀長伯勛督率團隊及第〇〇團扼守錦屏至沿江河下流。周旅長芳仁・一面轉飭團隊肅清後方・即行率部尾匪追剿等語・查該匪號稱數萬・若令日久蔓延・不僅黔省被其赤化・恐川湘及西南各省・亦同感危殆・除集中所部盡力追剿堵截外。并電懇中央 飛令到湘各軍西移黔境・及桂省各部隊越境會剿。以期聚殲該匪・挽救黔難。無任感禱．王家烈叩巧（十八）軍秘印（國）

（又訊）劉總指揮皓（十九）日來電云・據章師長亮基銑（十六）電稱。在湘黔邊區播揚所附近 追及僞五九兩軍團殘部・當予痛勦・復於上鄉・芙蓉里・七宮坡等處節節截擊・激戰兩日將匪擊潰。共斃匪千餘名・獲步槍四百餘支，駁殼五支・機槍兩挺・俘匪九六百名・殘匪向劍河・南嘉堡逃竄。我軍仍分途追剿中云・（君）

37. 赣匪图渡清河北窜，黔军刻正分途尾追扼要堵截，王家烈电湘桂部队移黔助剿，章亮基师击溃“伪五、九两军团”，1934 年 12 月 22 日

贛匪主力

企圖在劍河附近西竄

黔省軍團正會合追剿軍圍剿

回竄綏寧臨口股匪被我擊退

◎賀蕭殘匪有回竄大庸模樣

黔軍前敵總指揮何知重之參謀長王伯勛。昨有號（二十日）電到湘云。（衡略）鑒（一）贛匪寒（十四）日陷黎平後。刪（十五）日彭德懷部約四千人。向我老錦屏防綫進攻。與我全團激戰半日。因寡衆懸殊。全團撤過清江左岸。與我杜旅五六兩團。布守錦屏。茅坪。並處防線。殊匪進至秀洞後。得知錦屏、並處之線。工事強固。且有碉堡十餘座．並附竹毫。鐵絲網。三角釘等障碍物。該匪知堅壘難攻。銑（十六）夜即折由穩洞。偶里。篠十七）日向平略竄去。其主力約四萬人。刪（十五）日起．陸續通過。黎屬鰲魚崖、向劍河方向急竄。似擬在劍河附近謀渡西竄（二）我杜旅巧（十八）日離錦。馳赴鎮（遠）施（秉）之綫堵剿（三）中央軍薛總指揮之一部。皓（十九）日進至甕洞。現正會合各軍堵匪圍剿。特聞。王伯勛叩．號（二十日）午印。（國）

（又訊）追剿總部由寶慶來符電報告匪情略誌如下。（一）西竄之匪自寒晨刻陷黎平後。刪一股約四千餘人。在錦屏附近。與黔軍有接觸。現匪竄瑤光。有一股回竄綏寧臨口。已被擊退（二）賀蕭大股仍麕集河洑。一部移平毛灘。一部渡河洑南岸。我軍已取聯絡。向匪包勦。（三）我劉建文旅。在石壁臨口擊潰回竄之殘匪。并尾匪追擊中。（四）常德城仍由我劉運乾。羅啟疆各部。督部固守。刻與援軍向匪出擊。正追剿中云。（試）

（又訊）第六區司令晏國濤昨來馬電云。贛匪前由廣西全興。潰竄城步縣境上五鄉遐洞橫嶺一帶。經督飭所部、及協同劉代旅長（建文）進勦。紛紛向綏寧通道一帶逃竄、現城步已無匪蹤。秩序如常。（命）

（又訊）賀蕭殘匪。竄犯常德。經我軍擊退。原出沒於河洑。陬市。盤龍橋一帶。茲因我大軍團集。各路進圍。以期一鼓聚殲。匪勢不支。昨已開始向漆家河。活溪河。羊毛灘竄退。仍圖回竄大庸、我各路軍正急進圍勦。務期殲滅該匪云。（君）

38. 贛匪主力企图在剑河附近西窜，黔省军团正会合追剿军围剿，回窜绥宁、临口股匪被我击退，贺（龙）、萧（克）残匪有回窜大庸模样，1934 年 12 月 24 日

汉口市民日报

陳李白會議

討論三省會剿匪及公路

何鍵在滬發表談話

〔本報上海通訊〕西南局勢已成時局之謎，乃爲無可諱言之事實，此種醞釀，雖已時逾經年，然變幻萬千，高深莫測，西南方面之對中央，固乃時在懷抱之中，而中央之切念西南，自亦未能忘情於彼，據接近西南關係者言，西南方面前曾一度擬向某方成立一種鉅大借款，請出中央某項稅款作爲担保，嗣因種種關係，未能實現故形勢略有變化，及至黃紹雄，蔣伯誠啣命赴粵，極力疏通，空氣乃趨和緩，迨至湘主席何健由湘南下，其任務重大，不亞蔣黃，數日間經數度磋商，要以六月某日退思園之會議爲重，是日李宗仁，白崇禧，陳濟棠等均親自出席，會議達數小時之久，其內容雖在秘而未宣，然從側面觀之，不外下列幾點，（一）粵桂湘當局應於短時間內肅清邊區殘匪及增兵會剿江西共匪，（二）積極開築三省公路聯絡線，（三）粵桂湘以地勢關係宜速組織三省國防建設研究委員會從事佈置防務，（四）不分畛域，隨時派員聯絡考察研究及發展政治，經濟，軍事，交通諸端，其大綱交由西南國防建設委員會起草，何氏在粵事畢，已於前（二）日抵滬，記者以何氏此行關係時局前途頗鉅，特挽友李君代爲介紹，當蒙接見，據何氏向記者表示，此行目的，因剿匪軍事等問題，欲謀西路南路彼此均可得到切實之聯絡，故特奉命一行，西南當局均以誠意擁護中央，甚願早日肅清匪共，以謀國家建設之統一，此行結果，甚感良好，南路軍剿匪軍前有四師，現又增加四團，本人所指揮之剿匪軍，共有十四師，大致在二個月以後，湘鄂贛邊境之小部匪共，完全一一肅清，西南種種謠傳，純屬誤會，此種誤會，現已完全消失，本人此行專爲商洽剿匪軍事聯絡問題，對於政治未克多談，西南兩機關何時取消，亦不得知，過港時雖謁胡漢民，純屬順道拜訪，致胡氏來京與否，幷未談及，倘有一事告君者，本人此次由湘南下後，即有湘省更換主席之謠傳，蓋事實勝于雄辨，此說絕對無稽，湘省近狀甚爲安寧，何氏言時略露微笑，記者于此一笑中亦即辭出，觀乎何氏之談話，雖淡於止水，然吾人細嚼漫咕，亦足堪以玩味也。（七月五日發跡萍）

1. 陈（济棠）、李（宗仁）、白（崇禧）会议讨论三省会剿匪及公路，何键在沪发表谈话，1934 年 7 月 9 日第 2 版

報　星期三　第一張（第二版）

國軍圍剿匪勢崩潰

長汀殘匪退瑞金

（南昌二十四日電）匪以國軍合圍勢成，內部大起恐慌，除加緊抽丁補充匪軍外，近勒迫老人組喚山隊，備作戰時虛張聲勢，又長汀股匪三千餘，在連城清流失敗後，已由長汀退抵瑞金，槍糧俱缺乏，勢將自潰。

（福州二十四日電）軍息，攻汀軍事，連日突飛猛進，八八師於二十一晨攻佔血不嶺附近之甑敢寨及夫子嶺，匪狼狽潰竄，經擊斃千餘，李劉等師及南路軍之黃任寰師，亦各有進展。

韓師攻克下馬石

（南昌二十四日電）近富田附近水南一帶，有匪二千餘出沒，六路韓歐兩師，前往圍剿，與匪猛烈接觸，匪不支退下馬石一帶，韓復進擊，經幾度肉搏，得克下馬石一帶，殘匪向白河東首逃竄，死傷甚衆。

梁師攻克蝦蟆坑

（南昌二十四日電）六路軍先頭梁師自龍岡進佔塘陂後，又擊潰偽一三軍團及偽二十三師，乘勝分途搜索前進，今已攻克蝦蟆坑兩岸高地，斃匪數百俘獲甚夥，現仍邁進追擊中。

唐式遵猛攻萬源

（重慶二十四日電）川北赤匪，雖經第五路攻克通江，但通北一帶零股尚約四五萬人，匪部精銳集中毛浴鎮鷹龍山，得漢城等處，由匪首張國燾指揮，唐式遵率五六兩路收復城口，正猛攻萬源中。

湘軍努力剿殘匪

（中央社長沙二十四日電）第二縱隊司令劉膺古，以贛西北方面匪獨立師參謀長吳績湘及偽師長高詠生伏誅，偽湘鄂贛省委兼視察員辛克明及偽獨立第一師長喻行舟被擒，元惡既除，匪勢益孤，目前苟延殘喘，時竄于修水銅鼓間者，僅徐匪彥剛率殘部僅數百，不難消滅，昨特通令各部官兵及各縣地方團隊，一致分途猛剿，掃蕩徐匪，除盡妖氛，據報竄擾郴桂各屬之李宗保李林兩股匪，經湘南軍團節節痛剿，二十日由桂東黃泥潭向贛西邊境遂川屬外沅竄逃。

2. 国军围剿匪势崩溃，1934 年 7 月 25 日第 2 版

·閩西剿匪軍事進展

△各路日內會師長汀

〔福州二十五日電〕軍息，二十三日午某團抵福安，古田縣長電告竄布往古田交界仙湖嶺之匪，經常備隊迎勦，斃匪多人 存官嶺蛤沙各鄉，第二區之濮嶼上下嶼顏岐等處，均發現傷匪三四百人，在此醫治。

〔又電〕羅炳輝及方志敏殘部，經我衝擊後，匪前後路被我截斷，首尾不能相應，羅圖脫身，屢突圍不得達，率部散匿甯德西南各山間，我軍在嚴密搜索中。

〔厦門二十五日電〕漳軍息，某某兩師二十一日在連城甯洋交界之大小陶，擊潰匪一五九軍團主力，同時匪卅日向連城進襲，均經我接防部隊擊退。

〔香港二十五日電〕何健電告，湘南匪向湘西竄擾，主力仍在新田祁陽零陵，約萬人，槍五千，我軍向柳州追擊中。

3. 闽西剿匪军事进展，各路日内会师长汀，1934年8月26日第2版

各方剿匪捷報

（開封七日電）霍剛部已將汝南項城交界之蔣嗎股匪擊潰，搜剿殘赤。

（南京七日電）政府接福建情報稱，剋北路軍南路軍東路軍均已到達相當地點，俟路配備完畢，即向長汀匪巢圍剿，當可一鼓殲滅，羅方等匪首，內部已生恐慌，且械彈糧秣兩缺，眞正匪兵傷亡殆盡，現均被招農民，毫無戰鬥能力，閩境肅淸之期，當在不遠。

（南昌七日電）各路迭有進展，某等部距瑞金僞府，只九十里，匪迭開緊急會議，準備棄巢他竄，匪患將平，將設剿匪戰史編纂處

（香港七日電）何健四日電粵，謂蕭匪竄新田，三十日進犯永城圖偷渡，桂軍及我軍沿河防守甚嚴未退，我軍進至永城屬產子坪，匪勢不支，退出永城附近。

4. 各方剿匪捷报，1934 年 9 月 8 日第 2 版，

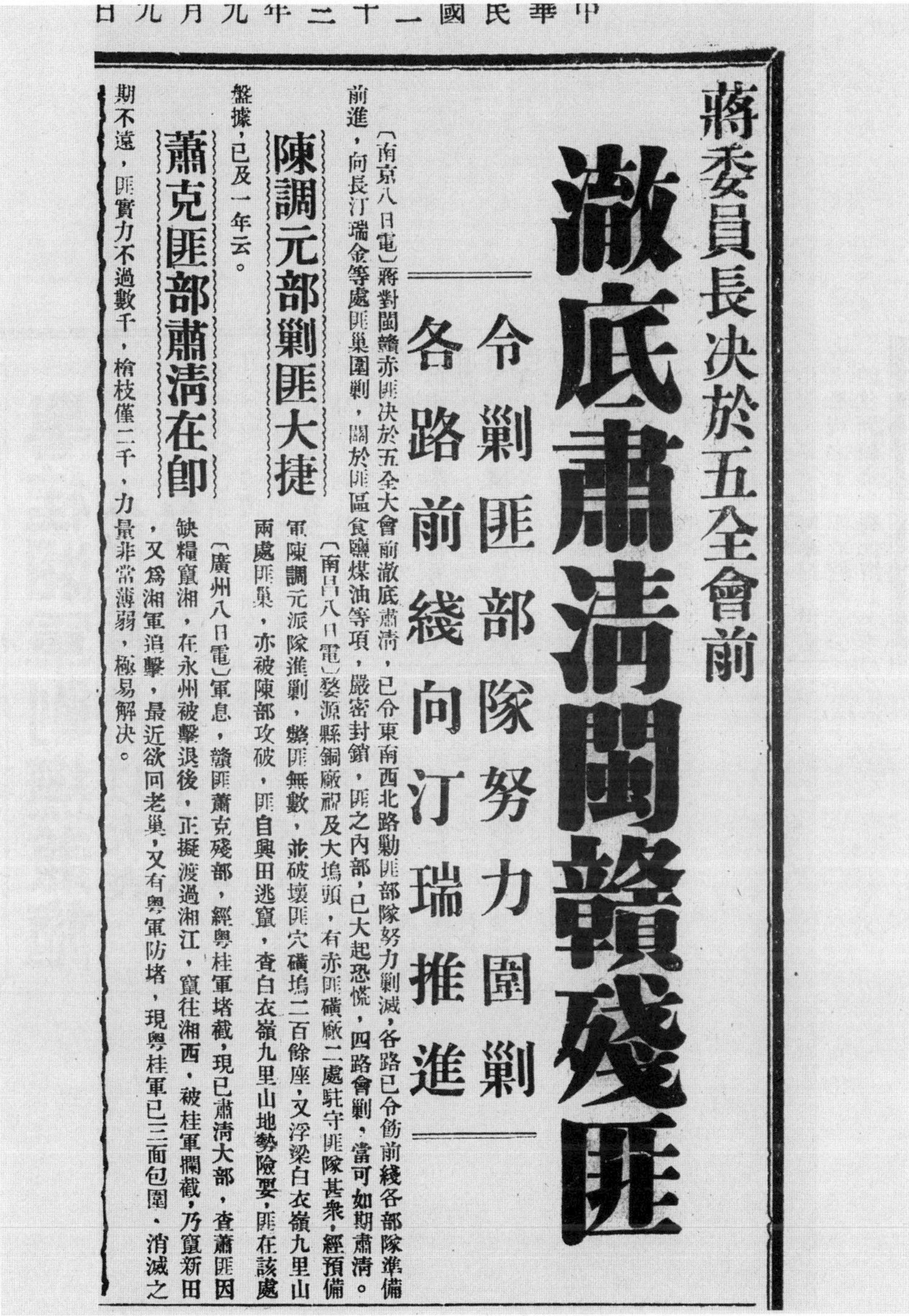

中華民國二十三年九月九日

蔣委員長決於五全會前
澈底肅清閩贛殘匪
令剿匪部隊努力圍剿
各路前綫向汀瑞推進

（南京八日電）蔣對閩贛赤匪決於五全大會前澈底肅清，已令東南西北路勦匪部隊努力剿滅，各路已令飭前綫各部隊準備前進，向長汀瑞金等處匪巢圍剿，關於匪區食鹽煤油等項，嚴密封鎖，匪之內部，已大起恐慌，四路會剿，當可如期肅清。

陳調元部剿匪大捷

（南昌八日電）婺源縣銅廠祠及大塢頭，有赤匪礦廠二處駐守匪隊甚衆，經預備軍陳調元派隊進剿，斃匪無數，並破壞匪穴礦塢二百餘座，又浮梁白衣嶺九里山兩處匪巢，亦被陳部攻破，匪自興田逃竄，查白衣嶺九里山地勢險要，匪在該處盤據，已及一年云。

蕭克匪部肅清在卽

（廣州八日電）軍息，贛匪蕭克殘部，經粵桂軍堵截，現已肅清大部，查蕭匪因缺糧竄湘，在永州被擊退後，正擬渡過湘江，竄往湘西，被桂軍攔截，乃竄新田，又為湘軍追擊，最近欲回老巢，又有粵軍防堵，現粵桂軍已三面包圍，消滅之期不遠，匪實力不過數千，槍枝僅二千，力量非常薄弱，極易解決。

5. 蒋委员长决于五全会前彻底肃清闽赣残匪，令剿匪部队努力围剿，各路前线向（长）汀、瑞（金）推进，1934 年 9 月 9 日第 2 版

粵桂湘軍剿撫兼施

△散發傳單曉以大義
△攜械自新頗不乏人

〔梧州通訊〕贛省西南共匪，自大受挫折慘潰，竄擾湘南，企圖另立基礎，苟延殘喘後，迭經桂粵湘三省當局，調集重兵，分頭圍剿，日來匪軍迭遭失敗，精銳喪失，潰不成軍，兼之物質缺乏，難以久持，因之匪中軍心離散，情勢日蹙，而覺悟前非，攜械自新者，頗不乏人，頃據桂省四集團軍總部消息，此次竄擾湘南匪軍，有僞五十二團團長桂興，係桂籍人，乃李明瑞舊部，近覺悟其所爲非是，乃殺其團黨代表，攜駁壳一枝步槍二桿，向駐永州湘軍范營長投誠自新，並據供稱，蕭匪有槍四千，人衆萬餘，企圖竄過湘西而到川邊，與賀匪連合，桂籍子弟之在匪中者，羣欲脫離來歸，但處威脅監視之下，未敢遽離云云，四集團總部，得此消息，李白兩總司令，寬大爲懷，爲促匪部之覺悟，予以自新，以示仁慈，而安有衆起見，特飭航空處派飛機多架，飛赴湘桂邊界匪部，散發傳單，曉以大義，勸其來歸，又據永州電話稱，共匪見我大軍紛到，即行規避逃潰，又爲幹探報告，混入共匪地區，並無阻隔，目擊該匪均呈病態，惟歸時始被開槍數發等語云云。

6. 粤桂湘军剿抚兼施，散发传单晓以大义，携械自新颇不乏人，1934 年 9 月 10 日第 2 版

星期二　第一張　（第二版）

匪勢已成弩末

蕭克匪部圖與賀龍會合未果
匪部日益覺悟為匪崩潰主因

△何鍵電京報告剿匪情形▽

〔香港十日電〕蕭李匪在灌陽被桂軍擊敗後，有化整為零趨勢，分向猺山陽明山逃竄，

〔香港十日電〕何鍵七日電告，蕭匪原擬由雷陵蔡家埠渡河竄湘西，會合賀龍，再與我軍力戰，幸我軍沿河嚴守，追擊隊復能早到永城，匪已在我軍包圍中，

〔南京十日電〕何鍵電京，蕭匪殘部竄至西延油業坪一帶，我□□師正協同桂軍跟剿中，期將該匪於湘境內，設法殲滅

〔長沙十日電〕第十九師五十六旅派隊由江西匪區，將孔荷寵之母女接出，八日抵平江，即送南昌，

〔長沙十日電〕黔第三師長廖懷忠部，經王家烈派軍在印江解決，廖在逃，王家烈決赴鎮遠，與湘桂軍協勦蕭匪，

〔福州十日電〕浦城邊殘匪，六日經漁梁鎮竄往西鄉，圖斜竄崇安，遠避我軍追擊，伍誠仁昨電告連日追擊詳情，謂該師於四五兩日，在黨溪忠信一帶，與匪激戰兩晝夜，將匪擊潰，俘獲人槍數十，不日即作二次圍剿，省當局據報，已即去電嘉慰，

〔南昌十日電〕向興國猛進之□縱隊□師四日又克復藍田圩，匪南退，我佔匪堡八坐，

〔南昌十日電〕行營據偽省委辛克明供，湘鄂贛邊匪共與人民日益覺悟，為匪崩潰主因，

〔南昌十日電〕此次我第三路軍於大嶺格役戰勝後，在一匪區店內發現匪屍三具，驗其軀體，均係被匪首縛於木椿上面，對窗眼射擊致死，聞死者係擬投誠國軍之覺悟份子，為匪首所覺，致遭慘死，赤匪手段之慘酷，一至於此，據投誠及俘匪稱，匪中官兵人人自危思去，其一般人心離散，蓋可想見滅亡之期當不在遠，

〔華中社南京十日電〕贛粵閩湘鄂五省西路剿匪軍總司令何鍵前日電京報告剿匪勝利情形，略謂此次蕭匪率匪衆六七千西竄，被我軍不斷追擊，及各軍團聯合堵擊，損失甚重，除俘獲及潰散外，尚有人槍四千餘，三日竄抵桂邊，又被我軍及桂軍擊斃五六百，俘獲甚多

7. 匪势已成弩末，萧克匪部图与贺龙会合未果，匪部日益觉悟为匪崩溃主因，何键电京报告剿匪情形，1934 年 9 月 11 日第 2 版

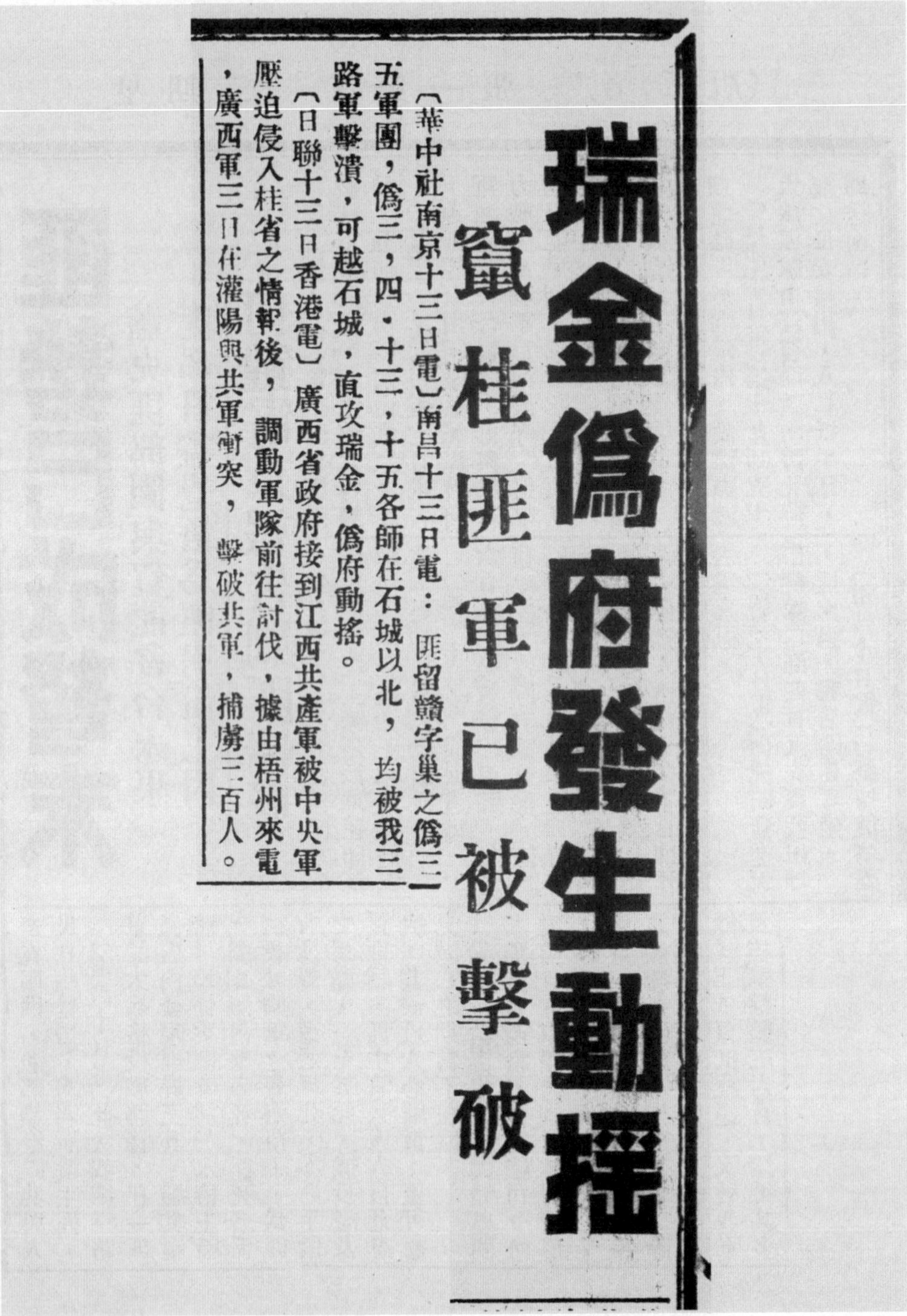
瑞金僞府發生動搖

竄桂匪軍已被擊破

〔華中社南京十三日電〕南昌十三日電：匪留贛字集之僞三五軍團，僞三，四，十三，十五各師在石城以北，均被我三路軍擊潰，可越石城，直攻瑞金，僞府動搖。

〔日聯十三日香港電〕廣西省政府接到江西共產軍被中央軍壓迫侵入桂省之情報後，調動軍隊前往討伐，據由梧州來電，廣西軍三日在灌陽與共軍衝突，擊破共軍，捕虜三百人。

8. 瑞金“伪府”发生动摇，窜桂匪军已被击破，1934 年 9 月 14 日第 2 版

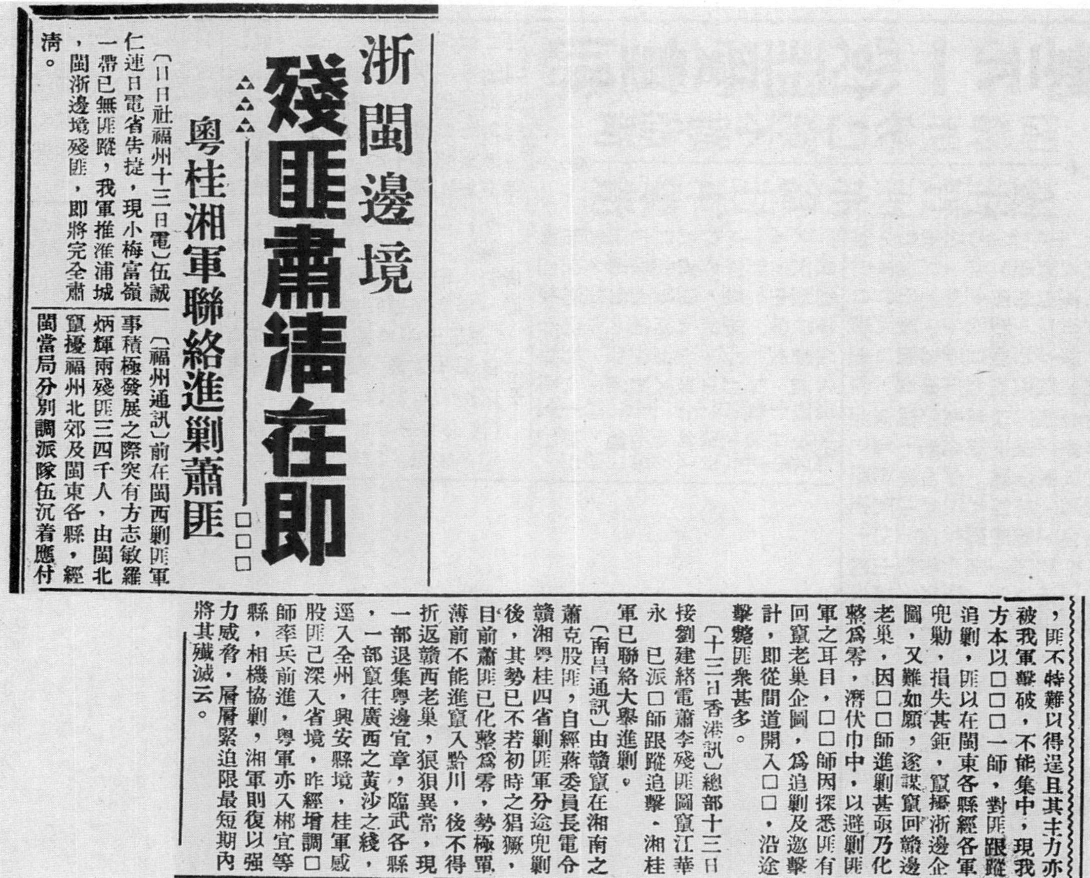

浙閩邊境
殘匪肅清在即
粵桂湘軍聯絡進剿蕭匪
□□□

（日日社福州十三日電）伍誠仁連日電省告捷，現小梅富嶺一帶已無匪蹤，我軍推進浦城，閩浙邊境殘匪，即將完全肅清。

（福州通訊）前在閩西剿匪軍事積極發展之際，突有方志敏羅炳輝兩殘匪三四千人，由閩北竄擾福州北郊及閩東各縣，經閩當局分別調派隊伍沉着應付，匪不特難以得逞且其主力亦被我軍擊破，不能集中，現我方本以□□□一師，對匪跟蹤追剿，匪以在閩東各縣經各軍兜勦，損失甚鉅，竄擾浙邊企圖，又難如願，遂謀竄回贛邊老巢，因□□師進剿甚亟乃化整爲零，潛伏巾中，以避剿匪軍之耳目，□□師因探悉匪有回竄老巢企圖，爲追剿及邀擊計，即從間道開入□□，沿途擊斃匪衆甚多。

（十三日香港訊）總部十三日接劉建緒電蕭李殘匪圖竄江華永　已派□師跟蹤追擊、湘桂軍已聯絡大舉進剿。

（南昌通訊）由贛竄在湘南之蕭克股匪，自經蔣委員長電令贛湘粵桂四省剿匪軍分途兜剿後，其勢已不若初時之猖獗，目前蕭匪已化整爲零，勢極單薄，前不能進竄入黔川，後不得折返贛西老巢，狼狽異常，現一部退集粵邊宜章，臨武各縣，一部竄往廣西之黃沙之綫，逕入全州，興安縣境，桂軍感師率兵前進，粵軍亦入郴宜等縣，相機協剿，湘軍則復以強力威脅，層層緊迫限最短期內將其殲滅云。

9. 浙闽边境残匪肃清在即，粤桂湘军联络进剿萧匪，1934 年 9 月 15 日第 2 版

慶元一役匪受重創

閩贛匪勢已窮不難肅清

擾桂賀匪亦爲桂軍擊潰

〔南昌十七日電〕公布息，僞七軍團長擾慶元時，只匪軍三團，輕重機槍四十餘，在竹口陣亡營長二，連長七，羅匪傷左背，梁立柱師自完成河口上餘至橫峯兩公路及工事後，方邵股即集橫峯以北及弋陽東北，阻我築弋陽至橫公路，並有擾信河以南企圖，梁師奉趙觀濤命進剿，與僞八三八七兩團僞挺進師弋橫兩獨立營血戰十餘日，卒將坂上陽一帶環山碉保重壘工事攻克，完成弋橫路

〔南昌十七日電〕行營公布，據俘匪供，此次竄擾慶元，係僞七軍團長羅炳輝所部共三團，每團千餘人，合計槍二千餘，輕重機四十餘挺，陷日向竹口前進，與我浙保安團激戰後，匪軍傷亡達八百餘人，陣亡營長二，連長七，僞軍團長右小臂中彈，用担架抬運，隨軍奔竄，羅匪身不滿五尺，形甚瘦削，是役匪損失甚重。

又訊：有自江口方面逃出難民云，我軍各路進剿後，匪已成甕中之鼈，現在匪徒勒派老年男婦，組織赤衛隊，希圖作最後之掙扎，苟延殘喘，江口方面，以壯丁無人可抽，乃勒派四十歲以上六十歲以下之老年男婦，編爲赤衛隊，現已派其中五六百人，供匪應使，

江口貿易局，今仍存在，僞局長係李宏求，局址設於該處光裕豐店內，江口僞區政府，則設於江口碼頭，僞主席係賴某，與國高興土墟，日前曾與國軍頑抗三四日之久，匪徒慘敗，死亡枕籍，高興墟附近匪屍暴露，臭聞數里，我軍現在李埠段一帶，建築保壘，辦理清鄉，並派隊挺進游擊云云。

〔廈門十七日電〕閩西匪自長汀寧化永安來，成半弧形，與中央軍連日激戰甚烈。

〔路透社十七日廣州電〕據王家烈來電稱，賀龍一股之共匪二千人，九月十日在黔省附近與第四路軍相値，乃相鏖戰兩小時，賀匪不支而退，委棄屍百餘具，及受傷者多名，是役國軍獲機關鎗與來福槍頗多云。

10. 庆元一役匪受重创，闽赣匪势已穷不难肃清，扰桂贺匪亦为桂军击溃，1934 年 9 月 18 日第 2 版

蕭克匪部潰出湘境

何派員赴贛報告剿匪軍事

〔長沙二十日電〕成鐵俠旅收復通道，蕭匪克全部出湘，又電：何鍵派郭持平赴贛謁蔣，報告剿匪事。

〔香港二十日電〕何鍵十七日電李宗保匪一股，潛伏資興汝城邊地，十八十一日向汝城資興竄擾，經我防軍擊退，又湘桂軍在灌陽之龍泊，擊斃蕭匪四百餘，獲槍三百餘，現蕭匪已在包圍中。

方羅殘部數百在浦西就殲

〔福州十九日電〕方羅殘部受困閩浙邊，死亡相繼，近冒死突圍，經詹溪廟灣竄馬路以東官路一帶，我軍跟踪搜索，匪後隊數百統在浦城西鄉就殲，龍泉遂昌現有重兵堵截，餘匪脫圍極難。

11. 萧克匪部溃出湘境，何（键）派员赴赣报告剿匪军事，方（志敏）、罗（炳辉）残部数百在浦（城）西就歼，1934 年 9 月 21 日第 1 版

閩匪要隘已破

蔣鼎文再籌北路總攻

李宗仁派員謁湘何商剿蕭匪

〔廈門三日電〕軍息，克中屋村及佔附近陣地後，破匪第一要隘，蔣鼎文又籌備再進，北路總攻，截至三十日止，破匪一二兩線，進至某地又中屋村之役，匪方應戰係僞九軍團，損失極重，石城係僞一軍團，尚有僞三軍團未明何在。

〔福州三日電〕伍誠仁電告方羅匪利用皖浙相連之遂嫁嶺釣金山大　嶺等處，集結精銳登高踞險，企圖作最後掙扎，經該師進擊，激戰一晝夜，斃匪五百餘，俘獲無算，殘匪狼狽向皖境逃命，該師仍跟追，現達白際村。

〔長沙三日電〕何鍵一日在紀念週報告，蕭匪竄巴野岑松。現湘軍向三穗鎮遠邀擊，黔軍在鎮洞口堵截，桂軍尾追，匪已陷包圍中。又電，何電黔·桂·湘·各軍，如能在鎮遠河以南將蕭克匪消滅，即請蔣獎十萬元，李宗仁派吳汝鎏謁何，商剿蕭匪。

〔南昌三日電〕行營公布，一，東路由連城坡附近，東佔白衣洋嶺，向中屋村進，僞九軍團及二十四師全潰退，二，我軍步砲空佔陳背馬山等匪陣地，匪迭反攻，均慘敗，被隊機砲火炸斃尤多，匪伏後方圖反襲，密集隊被炸極多，三，羅匪二十六晚逃白際汪尖嶺，被伍縱隊截獲匪甚多，供僞中央命羅匪出兵游擊，標榜抗日，而閩而浙而皖，傷僞師長一，亡僞團長三，餘人槍千餘，四，六路二十八電，僞二十一二十二團在下湖築工事，爲我擊潰，斃匪二百餘。

12. 闽匪要隘已破，蒋鼎文再筹北路总攻，李宗仁派员谒湘何（键）商剿萧匪，1934年10月4日第2版

漢口市民日報　　十四日

東路軍日內下長汀
匪決棄閩西退瑞金
閩保安團隊攻克巽嶼匪遭慘敗
南昌行營電閩准撥款十萬修路

〔中央社廈門十三日電〕：東路軍日內即可收復長汀，現正一面推進，一面趕築碉保及工事，並修公路。

〔又電〕：匪決放棄閩西先退瑞金。

〔中央社福州十日電〕保安第十一團熊執中部，十一日晨二時，會同縣常備隊，向巽嶼，進剿土共，魏耿匪據巢頑抗，我分兵合圍，十時佔領巽嶼高山，激戰甚烈，匪不支，紛登船逃竄，我以密集火器掃射，匪船大半沉沒，江水為赤。死傷在二百人以上，偽紅軍十二團參謀長楊嶽，亦被擊斃，巽嶼偽政府及醫院，均被拆毀，搜獲匪糧械甚多，又前該部拘獲之偽四區主席，已交縣府槍決示衆省政府據報後，已特令嘉獎、並發犒費，官長每員五元，士兵一元，以示獎勵。

〔中央社貴陽十二日電〕蕭匪在老黃平被擊潰後，向石阡方面逃竄，王軍長進駐甕安城，聯合湘桂軍圍剿。

〔中央社福州十三日電〕南昌行營電省，准撥現款十萬元為閩北趕工築造公路之用，以利剿匪進行。

13. 东路军日内下长汀，匪决弃闽西退瑞金，闽保安团队攻克巽屿匪遭惨败，南昌行营电闽准拨款十万修路，1934 年 10 月 14 日第 2 版

東路軍封鎖汀江

匪斷接濟圖竄川湘

贛州及安遠各線發現殘匪南路軍現正圍勦

蕭匪偷渡烏江經湘黔軍夾擊匪部即將崩潰

王家烈昨赴石阡與廖磊等商清勦蕭賀計劃

〔中央社廈門廿二日電〕俘匪要員供匪之物質接濟，向賴汀江運輸（按汀江自長汀下流經上杭入粵而通汕頭）今東路軍佔河田將江面封鎖，一切經濟斷絕，困守自難圖存，故決棄閩贛地盤，另謀出路，匪如西竄，必取道會昌向西經大庾而入湘川。

〔中央社香港二十二日電〕省訊：贛閩殘匪，因受東北兩路軍夾擊，勢甚危殆，決放棄贛閩地盤，圖逃入川湘，故贛州至安遠，信豐各線，二十一日午忽發現殘匪三千餘名南路軍現正圍勦，余漢謀即偕張達，李漢魂，乘粵漢專車啓行，二十二日晨四時，抵韶關，余張即轉汽車，直赴大庾，李揚敬二十二日午，亦偕黃延楨乘廣九專車，轉赴筠門，指揮所部協勦。

〔中央社貴陽二十二日電〕蕭匪於十五日偷渡烏江，被黔軍擊退，折回塘頭及川岩壩附近，被湘黔軍夾擊，奪獲槍械甚多，現蕭匪·僞率僞四十團及五十四團，其餘四個團，均被擊潰於石（阡）施（秉）鎮（遠）餘（慶）各縣間，桂湘黔各軍，正分頭清掃中。

〔中央社貴陽二十二日電〕王家烈今日由餘慶行營赴石阡，與廖磊李覺會商清勦蕭賀兩匪計劃。

〔又電〕蕭匪現竄踞由餘慶通石阡之道路，惟該匪連日在坡瀶橋，猴場，龍溪一帶，被聯軍擊潰後，大多化整爲零，潛匿山林，各尋小徑圖逃，殘破不堪崩潰在即。

〔又電〕此間省府規定湘黔川聯絡公路綫限本年內完成通車，以資勦匪。

14. 东路军封锁汀江，匪断接济图窜川湘，赣州及安远各线发现残匪南路军现正围剿，萧匪偷渡乌江经湘黔军夹击匪部即将崩溃，王家烈昨赴石阡与廖磊等商清剿萧（克）、贺（龙）计划，1934年10月23日第2版

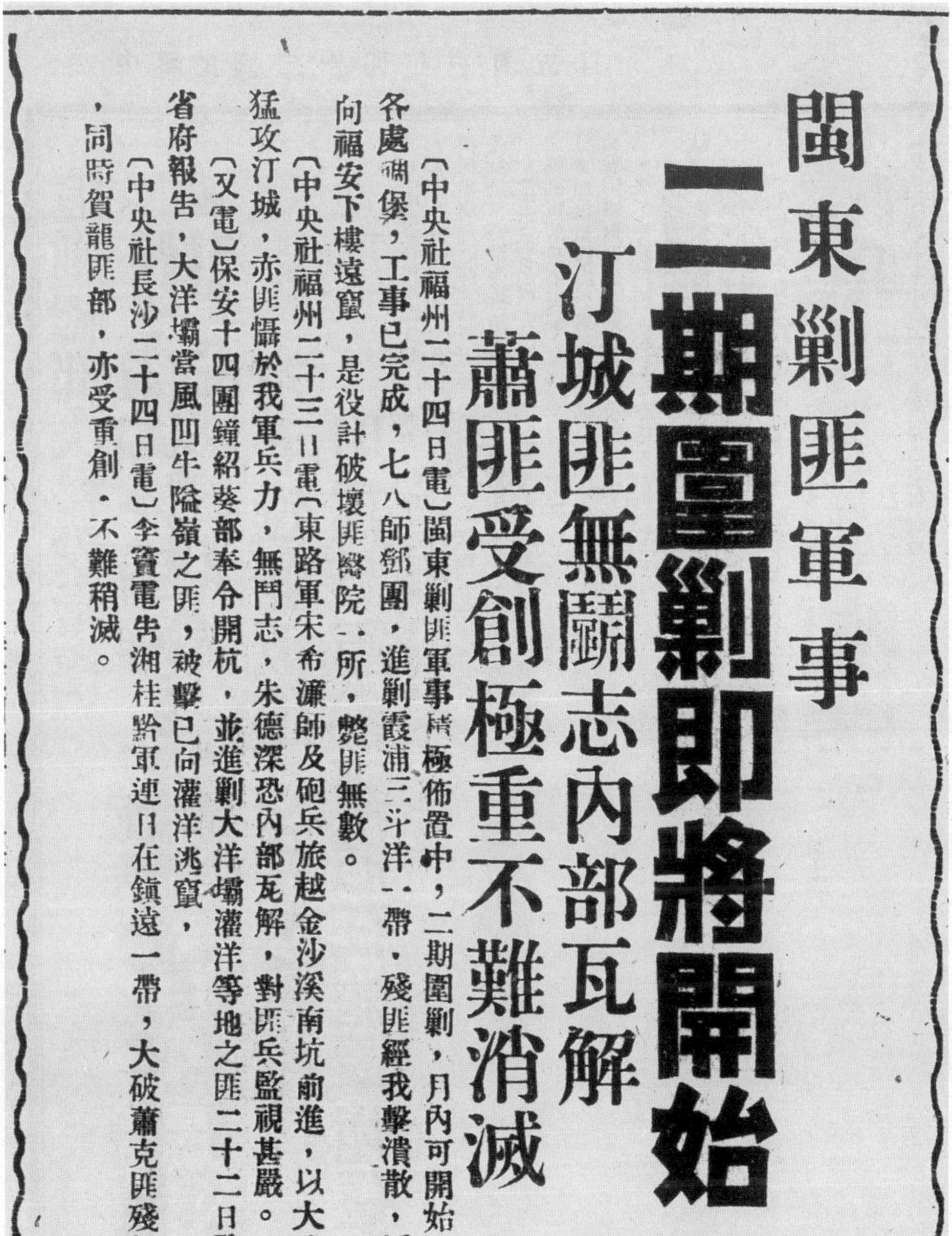

閩東剿匪軍事

二期圍剿即將開始

汀城匪無鬬志內部瓦解

蕭匪受創極重不難消滅

（中央社福州二十四日電）閩東剿匪軍事積極佈置中，二期圍剿，月內可開始，各處碉堡，工事已完成，七八師鄧團，進剿霞浦三斗洋一帶，殘匪經我擊潰散，匪向福安下樓遠竄，是役計破壞匪醫院一所，斃匪無數。

（中央社福州二十三日電）東路軍宋希濂師及砲兵旅越金沙溪南坑前進，以大砲猛攻汀城，赤匪懾於我軍兵力，無鬥志，朱德深恐內部瓦解，對匪兵監視甚嚴。

（又電）保安十四團鐘紹葵部奉令開杭，並進剿大洋壩灌洋等地之匪二十二日電省府報告，大洋壩當風凹牛隘嶺之匪，被擊已向灌洋逃竄，

（中央社長沙二十四日電）李覺電告湘桂黔軍連日在鎮遠一帶，大破蕭克匪殘部，同時賀龍匪部，亦受重創，不難稍滅。

15. 闽东剿匪军事二期围剿即将开始，汀城匪无斗志内部瓦解，萧匪受创极重不难消灭，1934年10月25日第2版

中華民國二十四年一月五日

追剿總部決移設常德
何鍵定今赴常督剿
朱毛殘匪被困石阡消滅可待
川援黔軍前鋒將在湄潭堵擊

〔中央社長沙四日電〕何鍵一日就保安司令職，並檢閱國術，又以朱毛殘部竄入黔境，蕭賀兩匪，迭受痛擊，爲便于追剿指揮肅清殘匪計，擬將總部遷移常德，並派參謀處長梁祇六，先行赴常德籌備行轅，決定五日偕曾伯閣，彭施滌赴常德督剿。

〔中央社重慶三日電〕朱毛竄黔後，經施秉黔軍與玉屏清溪之追剿軍薛岳部夾擊，業將鎮遠收復，匪僅萬餘人，往石阡印江方面逃竄，該處黔軍侯之担部，正截堵中，按石阡一帶地僻而給養困難，蕭匪去冬即被擊潰于此，據軍事家觀測，我軍追剿甚急，朱毛勢將蹈蕭匪覆轍，今後不易再往北竄。

〔中央社貴陽三日電〕匪一日分由新渡袁家渡江界河一帶猛攻，希圖搶渡烏江，均被侯之擔部擊退，不獲逞，又開黔剿匪之川軍，先頭已到正安北之新州，侯之擔已電請其赴湄潭鳳岡一帶堵擊云。

〔中央社重慶三日電〕四川援黔剿匪指揮官廖澤定五日經南川督師入黔，劉湘派前黔軍師長吳展庵同往，參贊一切，所部移旅肅鎮，計程已入黔境，開往湄潭鳳岡防守。

〔中央社貴陽三日電〕黔省主席王家烈及剿匪總指揮猶國才，副指揮何知重，到甫安江東，午與吳指揮奇偉晤面後，商談頗洽，二日下午三時，王偕路滌兩督剿專員返貴。

16. 追剿总部决移设常德，何键定今赴常督剿，朱（德）、毛（泽东）残匪被困石阡消灭可待，川援黔军前锋将在湄潭堵击，1935 年 1 月 5 日第 2 版

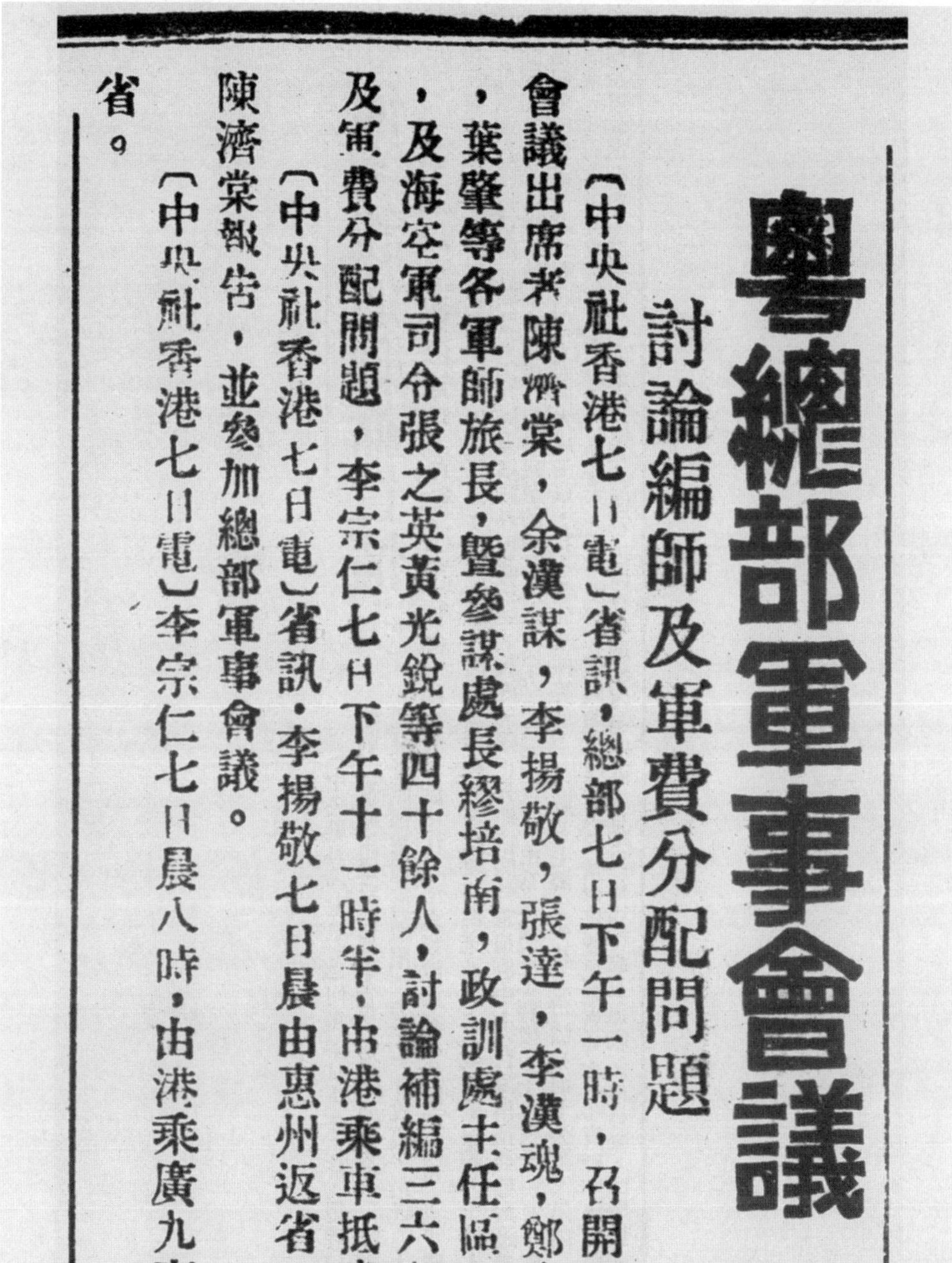

粵總部軍事會議

討論編師及軍費分配問題

〔中央社香港七日電〕省訊，總部七日下午一時，召開軍事會議出席者陳濟棠，余漢謀，李揚敬，張達，李漢魂，鄭龍光，葉肇等各軍師旅長，暨參謀處長繆培南，政訓處主任區芳浦，及海空軍司令張之英黃光銳等四十餘人，討論補編三六九師及軍費分配問題，李宗仁七日下午十一時半，由港乘車抵省。

〔中央社香港七日電〕省訊，李揚敬七日晨由惠州返省，謁陳濟棠報告，並參加總部軍事會議。

〔中央社香港七日電〕李宗仁七日晨八時，由港乘廣九車返省。

17. 粤总部军事会议讨论编师及军费分配问题，1935 年 1 月 8 日第 3 版

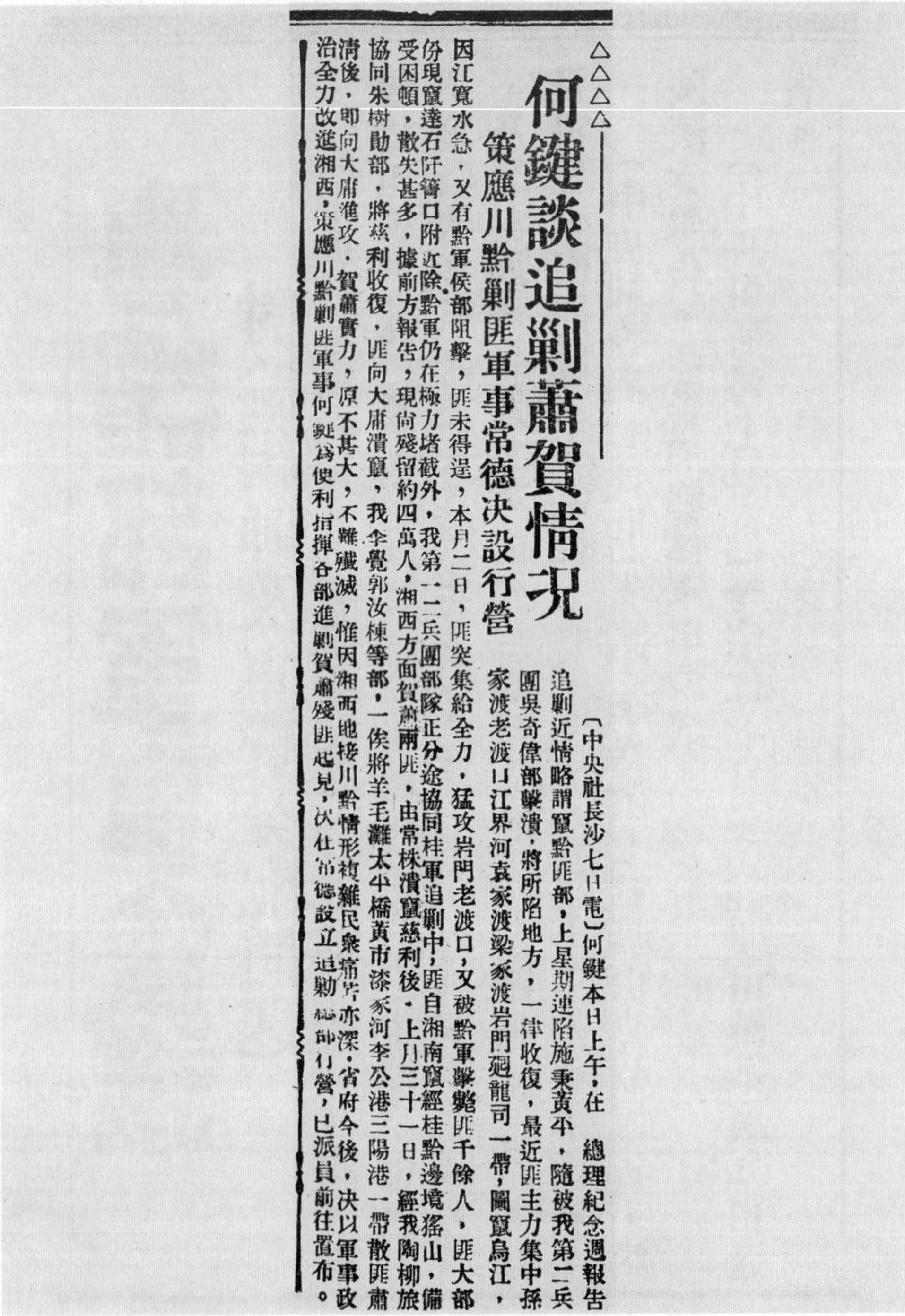

△△△△

何鍵談追剿蕭賀情況

策應川黔剿匪軍事常德決設行營

（中央社長沙七日電）何鍵本日上午，在　總理紀念週報告追剿近情略謂竄黔匪部，上星期連陷施秉黃平，隨被我第二兵團吳奇偉部擊潰，將所陷地方，一律收復，最近匪主力集中孫家渡老渡口江界河袁家渡梁家渡岩門廻龍司一帶，圖竄烏江，因江寬水急，又有黔軍侯部阻擊，匪未得逞，本月二日，匪突集給全力，猛攻岩門老渡口，又被黔軍擊斃匪千餘人，匪大部份現竄達石阡箐口附近，除黔軍仍在極力堵截外，我第一二兵團部隊正分途協同桂軍追剿中，匪自湘南竄經桂黔邊境猺山，備受困頓，散失甚多，據前方報告，現尚殘留約四萬人，湘西方面賀蕭兩匪，由常株潰竄慈利後，上月三十一日，經我陶柳旅協同朱樹勛部，將慈利收復，匪向大庸潰竄，我李覺郭汝棟等部，一俟將羊毛灘太平橋黃市漆家河李公港三陽港一帶散匪肅清後，即向大庸進攻，賀蕭實力，原不甚大，不難殲滅，惟因湘西地接川黔情形複雜民衆痛苦亦深，省府今後，決以軍事政治全力改進湘西，策應川黔剿匪軍事何鍵為使利指揮各部進剿賀蕭殘匪起見，決在常德設立追剿總部行營，已派員前往置布。

18. 何键谈追剿萧（克）、贺（龙）情况，策应川黔剿匪军事常德决设行营，1935 年 1 月 9 日第 3 版

何鍵已抵常德
督剿蕭賀殘匪

（中央社長沙二十日電）何鍵於十九日上午八時半乘汽車赴常德督勦蕭賀殘匪下午一時半安抵常德。

（中央社長沙二十日電）何鍵於十九日赴常德督剿蕭賀殘匪，省府主席暨保安司令派曹典球代行，趙恆惕十九日晚同湘散放賑款。

19. 何键已抵常德督剿萧（克）、贺（龙）残匪，1935 年 1 月 21 日第 3 版

何鍵赴常德

督剿賀蕭殘匪

並擬即日由常赴沅陵

▽▽何浩若奉命入川

（中央社長沙五日電）何鍵本日晨偕凌璋鍾齡等，分乘汽車赴常德，督勦賀蕭殘匪，並擬即日由常赴沅陵，督部會合友軍殲滅回竄黔邊朱毛殘匪，以靖地方。

（中央社長沙六日電）劉建緒於二日由辰州赴前線，李部開赴黔東，堵剿回竄殘匪，李覺令十九師後防全體人員，於本日由省開赴桃源，陳渠珍師六日點驗完竣。

（中央社長沙六日電）何知重電告，朱毛殘匪先頭竄抵鳳泉，第一路軍已在印思堵截，川鄂大軍，亦向沿德挺進，匪雖頑强，絕難與殘匪合股。

（中央社長沙五日電）湘西剿匪軍事現正積極進展，何總司令以蔣委長在渝特派黨政處長何浩若，赴川請示機宜，並聯絡各勦匪軍以期包圍竄匪，一鼓殲滅，又黨政副處長鍾齡，五日上午九時半赴常轉沅，推進湘西黨政工作。

20. 何键赴常德督剿贺（龙）、萧（克）残匪，并拟即日由常赴沅陵，何浩若奉命入川，1935年3月7日第3版

蔣電劉湘

嘉奬完成川省統一

朱毛殘部現麕集湄潭一帶 經我軍圍剿精銳損失殆盡

徐匪西竄即可殲滅

（中央社重慶八日電）蔣委員長六日電省府主席劉湘，嘉奬川省統一完成，其文曰，劉主席甫澄兄勛鑒，束（一一）密電悉，川局混亂，二十有餘年，現省政府成立，事權統一，主持有人，又得碩劃蓋籌，導入正軌，政治臻澄清之域，士馬有飽騰之歎，披閱來電，良用嘉慰，希仍督率羣僚，努力邁進，益懋勛猷，用抒中央西顧之憂，實所厚望，蔣中正魚（六日）行參。

（中央社貴陽七日電）此間奉蔣委員長電，川滇黔勦匪各軍，概由委員長統一指揮，如無命令，不得擅自進退。

（中央社長沙七日電）王家烈電告，朱毛殘部，麕集湄潭，一部潰竄恩南，經我劉建緒所部二三兩縱隊，嚴密堵截，復經川鄂軍，于鳳泉恩南迎擊，匪受重創，精銳損失殆盡，現受包圍，進退維谷，不難一鼓殲滅，我何知重猶國才薛岳等部，在遵義桐梓等處，尾追殘匪，在綏陽附近，將匪後衛擊潰，匪傷亡近千，何鍵電告，六日由常德率黨政處人員赴沅陵視察，並督部，痛剿回竄殘匪。

（中央社西安七日電）天水七日電，川北徐匪日來受川陝剿匪部隊壓追，傾巢向西潰竄，我第一師胡師長，已早有準備，連日在石板店，大盤峪，姚家渡等地，有劇烈戰爭，胡師長並親赴前綫指揮，匪屢受重創，五日午，我向大盤各姚家渡一帶之匪攻擊，匪遭大敗，斃匪近五千人，殘匪狼狽潰去，現我正積極兜剿，期早殲滅。

（中央社西安七日電）陝南剿匪軍節節勝利，我軍向寧羌圍剿中，南鄭河縣五日起，宣布臨時解嚴，又劉湘代表王纘緖七日晨由陝飛蘭，謁朱紹良商剿匪軍事。

21. 蒋（介石）电刘湘嘉奖完成川省统一，朱（德）、毛（泽东）残部现麇集湄潭一带，经我军围剿精锐损失殆尽，徐匪西窜即可歼灭，1935年3月9日第2版

国民公报

湘桂黔三省軍隊
四面包圍蕭克匪部
被黔軍擊潰匪現退石阡及大地方一帶
賀匪主力仍在川黔邊界之甘龍口等地
陳師達旅跟追賀匪

貴陽二十日電、王主席家烈，已進駐石阡屬之走馬坪，蕭匪部已化整爲零，最大股只有二千餘人，由蕭匪親率，擬竄萬雷山一帶，藉圖休養，但被黔軍進擊，匪部不支、紛紛回散，傷亡甚衆，現正協同湘桂軍堵剿，短期中可望肅清，

新編社、此間某軍事機關昨接二十五軍部來電，謂蕭匪已被湘桂黔軍四面包圍，原電云，頃接行營來電，蕭匪由河壩場木莊竄廿溪，虞日被桂軍痛剿，損失甚鉅，齊日又被桂軍截擊於大地方，該匪不能東竄，已被湘桂黔軍四面包圍中，不難殲滅特達二十五軍部印

西邊社，頃據此間貴州代表胡壽山氏，接得黔主席王家烈來電，蕭克匪部初由湘桂邊境，竄入黔南，實有突破烏江之企圖，繼王主席親率大部，迎頭堵擊，湘桂友軍，跟縱硬戰，致將匪部擊破成爲數股，蕭匪親率大股約四千之衆，與黔軍屢戰不逞、現又退回石阡及大地方一帶，四面包圍，不難肅清、且此次赤匪竄黔，促成王家烈與猶國材之開誠合作，尤爲黔省之最大幸事云，

新聲社龍潭十三日快信，陳鳴謙師長，以該部達旅佔領沿河後，除一面趕築工事外，並令達旅長率兩團之衆，向匪跟蹤追擊，據師部人員云，本日午後必與匪烈戰於淇灘。

新聲社貴陽通信，賀龍匪部，自經竄到黔北，後即大肆騷擾，繼經我川黔各軍團協力兜剿，卒未完全肅清，而蕭克匪部又復竄至黔邊，欲勾通賀匪部藉取聯絡，企圖赤化西北各省，一旦兩匪合股，消滅更感困難，該據確息，賀匪經我李成章，蕭成緒，柏輝章三面夾擊、匪勢不支，已紛紛潰退，至匪部之主力，則仍在川黔邊界之甯脈界甘龍口等地，現仍積滿圍剿，短期即可肅清。

1. 湘桂黔三省军队四面包围萧克匪部，被黔军击溃匪现退石阡及大地方一带，贺匪主力仍在川黔边界之甘龙口等地，陈师达旅跟追贺匪，1934 年 10 月 21 日第 3 版

蔣鼎文赴長汀視察

殘匪在柳州與湘軍激戰

李延年辦理長汀善後

贛建廳注重經濟建設

福州六日電，東路軍繼續前進，蔣鼎文親赴長汀視察，殘匪万餘西竄，在柳州一帶，與湘軍激戰頗烈，

漳州六日電，長汀一日收復，四縱隊指揮官李延年，入城安民，組織鎮臨時辦事處，協同軍政當局，平定物價，并辦理一切善後，彼脅民衆反正自新者，紛紛踏至，逃亡在外各處農民，荷鋤挈攜，隨軍還鄉者，絡繹不絕。

南昌六日電，贛建設廳長龔學遂，五日在黨政聯合紀念週報告，謂今後江西工作重心，將由協助剿匪，移至經濟建設，首辦水利建設與造林，并限三月以內，劃一全國度量衡制度。

2. 蒋鼎文赴长汀视察，残匪在柳州与湘军激战，李延年办理长汀善后，赣建厅注重经济建设，1934年11月7日第1版

贛南匪部突圍後

蔣急調大軍跟踪追剿

◆希望劉湘仍以全力殲滅徐匪

新編社，贛南股匪，突圍西竄，蔣委員長四日自張垣電劉總司令，請已抽調江西大軍，跟蹤追剿，原電略謂，蕭克股匪竄黔後，經湘桂黔三迭次截擊，現只剩人約七八百，槍只四五百，雖與賀匪合股，其實力并未增大若干，已令王家烈指揮湘鄂川黔邊區各部，不分畛域，設法圍剿，當不致竄擾萬東至贛南股匪西竄，已飭湘與桂方各部隊，層層堵截，並抽江西大軍，跟蹤追剿，以期在湘贛境地殲滅該匪，希兄仍以全力殲剿徐匪，并令各部將領安心進剿當前之匪可也云云，

3. 赣南匪部突围后，蒋（介石）急调大军跟踪追剿，希望刘湘仍以全力歼灭徐匪，1934 年 11 月 8 日第 3 版

肅賀兩股殘匪

上月卅日一度竄入西城

現向興隆坪竄走

湘黔各軍追剿中川軍又兩路痛擊

西城人民僅四五家受損

本報長沙七日電，據報蕭賀兩股殘匪，北竄入川，經我湘黔各軍追剿，已潰不成軍，黔匪廿餘江（三日）支（四日）微（五日）魚（六日）川軍田達兩路部隊，向匪部痛擊，殘部紛向興隆坪竄走，

本報秀山廿六日通信，蕭賀兩匪，迭經我川湘黔桂諸軍分頭剿擊，創深痛鉅，俱到窮途，日昨我剿匪軍謝團，與三十五師田旅，在川黔之交，予賀匪以數度痛擊，該匪不支，潰入黔境佰龍山一帶，又遭黔軍壓迫，四面楚歌，節節奔潰，今聞已與蕭克部隊聯合，於昨日（廿五）日又回竄我秀邊之南腰界，該方面原有我軍駐防，昨（廿五）日周旅、又復派隊前往堵截，聞田周兩旅長決會合點方，一致出兵，剋日肅清蕭賀兩匪云，

十月廿九

無城可守

威脅龍潭

突襲西城

即行恢復

本報龍潭通信，蕭克賀龍兩匪殘部合股，人槍甚少，其大股亦不過三四千人，于竄入距西城四十里之板溪寨，當時獨立第二旅田鍾毅旅長所部團在秀山之龍鳳壩隘口一帶防堵，田氏本人，亦在秀山與湘黔各軍協商根本圍剿該匪方略，聞訊後，因西陽羊角腦，正與匪在前方激戰間，乃賀匪之另一股即一面令卻參軍偕同易縣長督率團隊，死守碉堡待援，一面飛令謝團由龍壩隘口轉溶溶取捷道向匪追剿，田旅長即於廿九一日兼程返龍潭，到龍後、即派孟團長率駐龍之輜營及李營之一部，先行晝夜馳赴西陽應援，殊該匪之一股，已到距龍三十里之當經孟團所部，於三十日晨先將羊腦之匪擊潰，各營，由龍鳳場趕到，遂令楊田兩營，增加前進，適謝團之李楊田擲，又將分水嶺涼水埡等處之匪擊潰，該匪向西東北之烏泉埡涂家寨黃家槽，處竄逃，孟團即於三十日已時到達西城，當田旅卻參軍易縣長、同守碉堡，匪攻不下，城中團隊力薄，不能兼顧，致匪得乘隙、侵入街市，，人民驚逃，幸孟團即時趕至，將侵入街市之匪驅逐，全城秩序，此次該匪以數倍之衆，分股進犯，情勢危迫，幸田旅長抵龍後，激勵士氣，奮勇殺賊，故不崇朝而摧毀強寇，恢復縣城，城中人民，僅四五家略受損失而已，

4. 肃（萧克）、贺（龙）两股残匪上月卅日一度窜入西城，现向兴隆坪窜走，湘黔各军追剿中川军又两路痛击，西城人民仅四五家受损，1934年11月10日第3版

三路分道向匪襲擊

匪連向二路軍猛襲

贛匪似有全部西竄川黔新造赤區勢

川西北社閬中專電，主路王銘章師，防守彭城壩黃連埡一帶，庚晨（八日）拂曉，石龍鋪方面，有匪約二百餘人，潛謀渡河，向我襲擊，引渡至中流時，即被我前綫士兵發覺，當即密彈掃射，匪被擊斃三十餘人，內一手執紅旗形似匪首者，左膀亦受重傷，餘匪慌亂，即轉渡向對岸竄去，

川西北社閬中又電，防守嘉陵江左岸雙山埡一帶之二路羅師十四團羅營，虞（七日）夜有匪三百餘人，向雙山埡方面，猛烈襲擊，維我士兵奮勇還擊，激戰通宵，始將赤匪擊退，次日庚（八日），匪後增至五六百人，拚死來攻，經羅營士兵奮勇力擊，且以機槍掃射，萬副師長選青聞訊，更移調兩營兵力，前來增援，同時在匪來攻道上埋伏，一致向匪進攻，激戰至拂曉時，匪勢不支，始行竄去，天明檢視，血跡遍山，赤匪屍多至二十餘具，匪經我兩度痛擊後，已不似先前之囂張云，

民智社，迴龍場八日電，本日拂曉前，我紹祗派隊由新市場鄭家山五棚子，分道向匪襲擊，至石佛場附近遇匪百餘名，向我前進，當予迎頭痛擊，立斃匪數十名，匪不支逃潰，我即尾匪追擊，時已天曉，匪欲逃向阿斗寨，亦被我抄圍部隊，將其截斷匪傷亡愈衆，狼狽向馬鞍場潰退，

剿匪社，上海冬日容訊，頃得粵訊，贛匪數感日突破信豐安遠贛州防線，粵軍放棄阻擊責任，退定南龍南大庾南雄省境防守，陳行營移設韶關，匪當由南康繞渡章水，前隊豔日到達湘境桂東汝城附近，一日東路軍克長汀，匪主力徘徊南康上猶大庾東北地帶，似有全部西竄川黔，聯合蕭賀徐三匪，新造赤區企圖，刻湘桂當局已電調廖李兩部返省，作截擊共匪準備矣　又蕭賀股匪有竄秀山趨勢，竊望預作籌計，勿爲匪乘云，

5. 三路分道向匪袭击，匪连向二路军猛袭，赣匪似有全部西窜川黔新造“赤区”势，1934 年 11 月 11 日第 3 版

蕭賀兩匪合編後
現仍盤據興隆坪
號稱十一團人槍約五千支
一方進剿頗感困難

本報酉陽四日通訊，自赤匪蕭克竄川湘黔，中央視爲腹心之患，迭電川鄂湘黔四省當軸，加意防剿，該匪率衆六團，晝伏夜行，飄忽不定，擾黔省時，經湘桂川黔三四十團兵力之圍剿，實力大減，而近蕭僅餘四團之衆，兩團打散，改爲獨立縱隊，由匪參謀長王統率歸賀龍，至苦竹壩又被達旅長痛擊，各軍包圍壓迫，蕭賀窮蹙無歸，計無所出，乃潰圍由南綏界竄入川境，直陷酉陽，幸達旅長聞警，由沿河兼程回援酉陽，尾追蕭賀，故蕭賀所部晨入酉城，暮即撤退，未一戰，即向毛壩興隆坪竄去，但酉陽地方人民，已遭赤匪蹂躪一日，查蕭賀兩匪，自南綏合編後，成爲十一團，每團三營，每營三連，每連四十餘人，統計人槍約五千支，蕭賀既竄興隆坪，該地可通川之夔萬，鄂之咸豐來鳳，又可回擾黔彭，以川鄂邊境山地崎嶇，急行半日，難達山巔，由一省[illegible]隊進剿頗感困難云，

6. 萧（克）、贺（龙）两匪合编后现仍盘踞兴隆坪，号称十一团人枪约五千支，一方进剿颇感困难，1934 年 11 月 13 日第 3 版

京滬各鐵路局慰勞剿匪軍

中央軍堵截湘桂匪

匪攻各處碉堡傷亡甚多

竄沙城縣股匪約數万人

陶胡各師在汝城激戰八晝夜

南京十五日電，京滬滬杭甬各鐵路局，因瑞金長汀，相繼克復，剿匪軍大勝，十五日，特聯名電蔣介石及各將領慰勞，

川西北社南昌專電，贛匪西竄先頭達湘南桂東汝城間，猛攻汝城未下，中央軍周渾光率四個師，已趕到桂東堵截云、

又電，西竄之匪，前日已到湘宜章，贛瑞金灰日（十）克復，現僅雩都會昌二縣，

西南社電訊，長沙何主席歌酉電、支晚囘延壽坪西南方面潰竄、又齊巳電沙城附近有匪四五千，圍攻我碉堡，刻與我守兵戰激中，此次匪攻我各處碉堡，傷亡約在三千以上，僞一三軍團黑夜繞由太坪阡五里墩向宜漢方面僞五七九軍團折向鼎昌方面竄逃，

西南社電訊長沙何主席佳日來電，據沙城各法團陽日電，竄縣股匪數萬人，現猶盤據西南鄉間，窺我縣城，現匪正構築工事，似無退意，各等情特聞，

成都新聞編譯社，長沙十四日電，汝城方面之大股匪，與陶鍾師及胡鳳璋部激戰八晝夜、匪傷亡二千餘，俘匪數百，繳獲頗多，汝城民兵亦有斬獲，

又電，匪經陶胡各部痛擊，犯汝城未逞，其大部已經城口分竄文明赤峽九峯一帶，城口已被匪燒燬，

又電，赤匪先頭部隊約十餘人，機槍四挺，在良田與我宜章團隊及義勇隊激戰，王東原師在郴州良田間之萬會橋，與匪激戰中，

7. 京沪各铁路局慰劳剿匪军，中央军堵截湘桂匪，匪攻各处碉堡伤亡甚多，窜沙城县股匪约数万人，陶（钟）、胡（凤璋）各师在汝城激战八昼夜，1934 年 11 月 16 日第 1 版

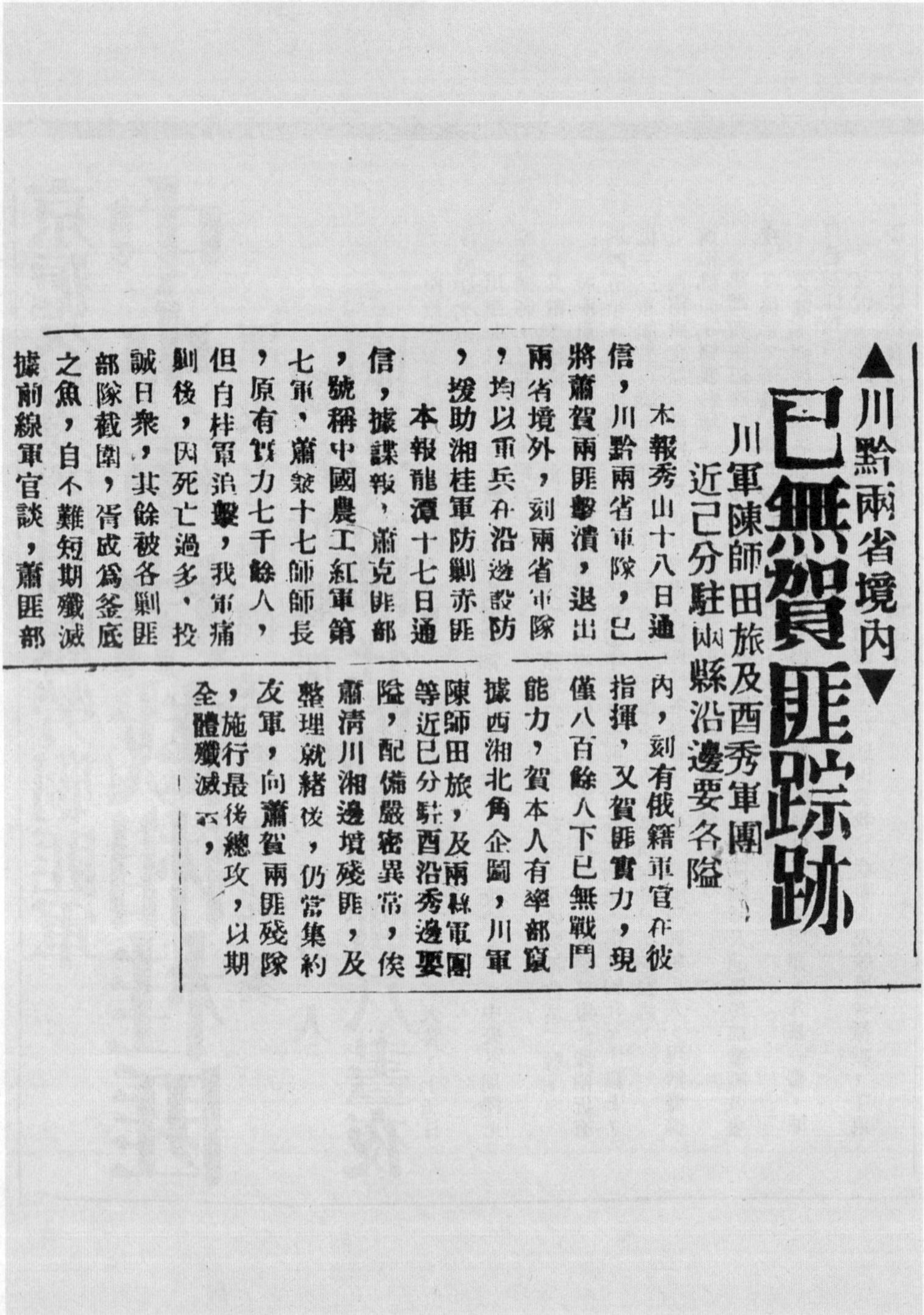

▲川黔兩省境內▼

已無賀匪踪跡

川軍陳師田旅及酉秀軍團
近已分駐兩縣沿邊要各隘

本報秀山十八日通信，川黔兩省軍隊，已將蕭賀兩匪擊潰，退出兩省境外，刻兩省軍隊，均以重兵在沿邊設防，援助湘桂軍防剿赤匪

本報龍潭十七日通信，據諜報，蕭克匪部，號稱中國農工紅軍第七軍、蕭號十七師師長，原有實力七千餘人，但自桂軍追擊，我軍痛剿後，因死亡過多，投誠日衆，其餘被各剿匪部隊截圍，胥成爲釜底之魚，自不難短期殲滅據前線軍官談，蕭匪部內，刻有俄籍軍官在彼指揮，又賀匪實力，現僅八百餘人下已無戰鬥能力，賀本人有率部竄據西湘北角企圖，川軍陳師田旅，及兩縣軍團等近已分駐酉沿秀邊要隘，配備嚴密異常，俟蕭清川湘邊境殘匪，及整理就緒後，仍當集約友軍，向蕭賀兩匪殘隊，施行最後總攻，以期全體殲滅云，

8. 川黔两省境内已无贺匪踪迹，川军陈师田旅及酉（阳）、秀（山）军团近已分驻两县沿边要各隘，1934 年 11 月 25 日第 3 版

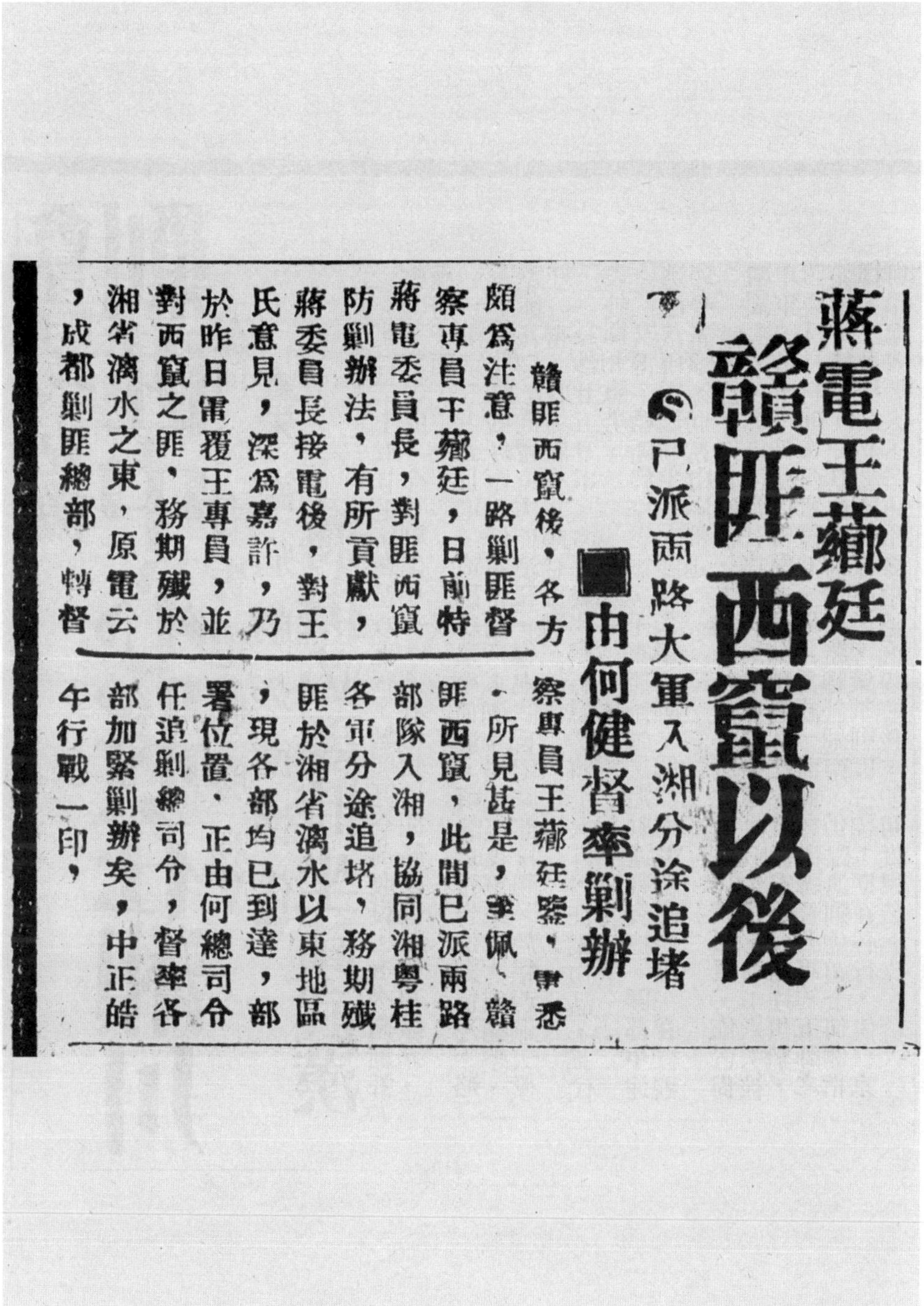

蔣電王薌廷

贛匪西竄以後

已派兩路大軍入湘分途追堵

由何健督率剿辦

贛匪西竄後，各方頗為注意，一路剿匪督察專員王薌廷，日前特蔣電委員長，對匪西竄防剿辦法，有所貢獻，蔣委員長接電後，對王氏意見，深為嘉許，乃於昨日電覆王專員，並對西竄之匪，務期殲於湘省瀟水之東，原電云，成都剿匪總部，轉督察專員王薌廷鑒，東悉，所見甚是，查佩贛匪西竄，此間已派兩路部隊入湘，協同湘粵桂各軍分途追堵，務期殲匪於湘省瀟水以東地區，現各部均已到達，部署位置、正由何總司令任追剿總司令，督率各部加緊剿辦矣，中正皓午行戰一印，

9. 蒋（介石）电王芗廷：赣匪西窜以后，已派两路大军入湘分途追堵，由何键督率剿办，1934年11月25日第5版

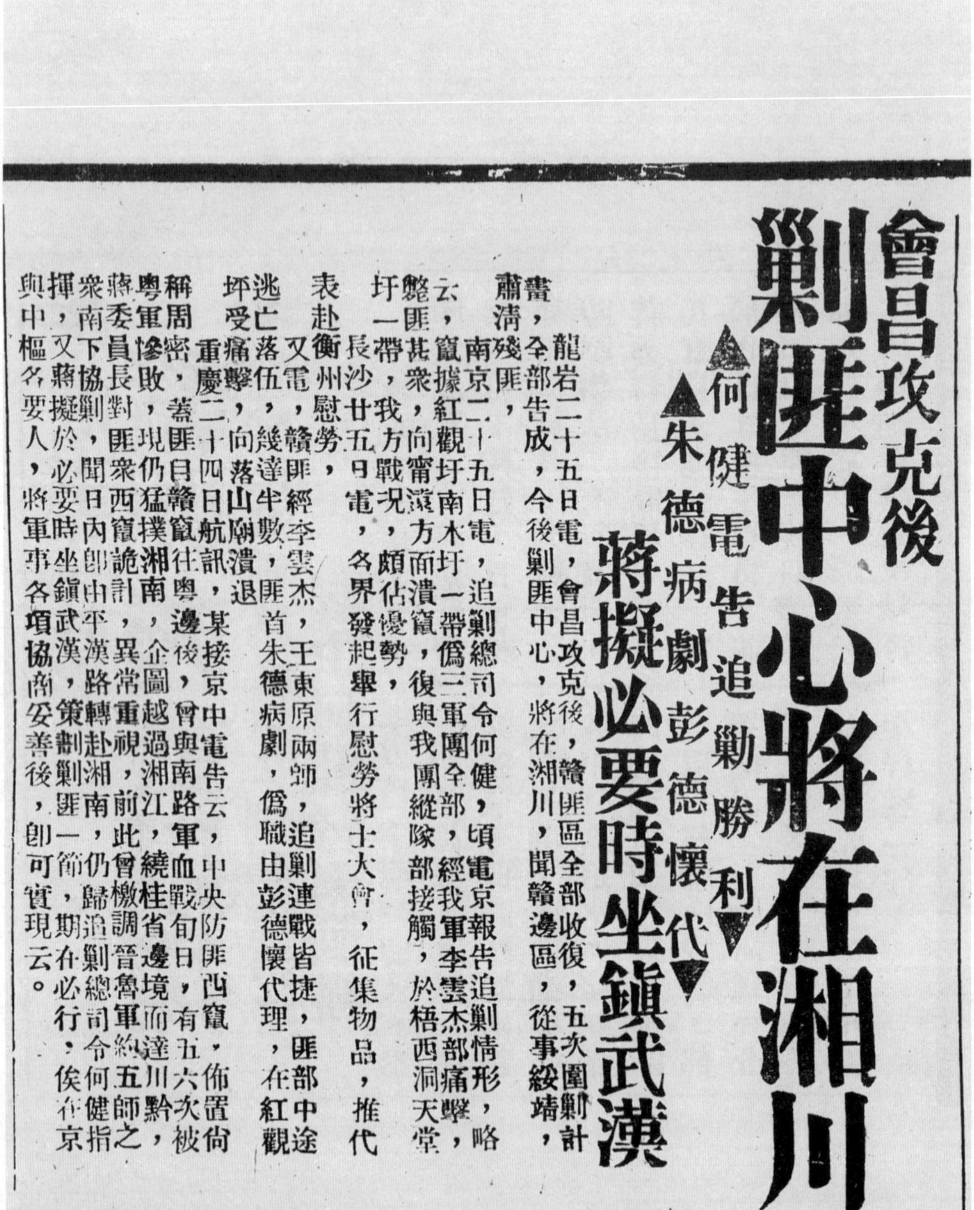

會昌攻克後剿匪中心將在湘川

▲何健電告追剿勝利▼

▲朱德病劇彭德懷代▼

蔣擬必要時坐鎮武漢

龍岩二十五日電，會昌攻克後，贛匪區全部收復，五次圍剿計畫，全部告成，今後剿匪中心，將在湘川，聞贛邊區，從事綏靖，肅清殘匪，

南京二十五日電，追剿總司令何健，頃電京報告追剿情形，略云，竄據紅觀圩南木圩一帶偽三軍團全部，經我軍李雲杰部痛擊，斃匪甚衆，向甯灢方面潰竄，復與我團縱隊部接觸，於梧西洞天堂圩一帶，我方戰況，頗佔優勢，

長沙廿五日電，各界發起舉行慰勞將士大會，征集物品，推代表赴衡州慰勞，

又電，贛匪經李雲杰，王東原兩師，追剿連戰皆捷，匪部中途逃亡落伍，幾達半數，匪首朱德病劇，偽職由彭德懷代理，在紅觀坪受痛擊，向落山廟潰退

重慶二十四日航訊，某接京中電告云，中央防匪西竄，佈置倘稱周密，蓋匪自贛竄往粵邊後，曾與南路軍血戰旬日，有五六次被粵軍慘敗，現仍猛撲湘南，企圖越過湘江，繞桂省邊境而達川黔，蔣委員長對匪衆西竄詭計，異常重視，前此曾檄調晉魯軍約五師之衆南下協剿，聞日內即由平漢路轉赴湘南，仍歸追剿總司令何健指揮，又蔣擬於必要時坐鎮武漢，策劃剿匪一節，期在必行，俟在京與中樞名要人，將軍事各項協商妥善後，即可實現云。

10. 会昌攻克后剿匪中心将在湘川，何键电告追剿胜利，朱德病剧彭德怀代，蒋（介石）拟必要时坐镇武汉，1934 年 11 月 26 日第 1 版

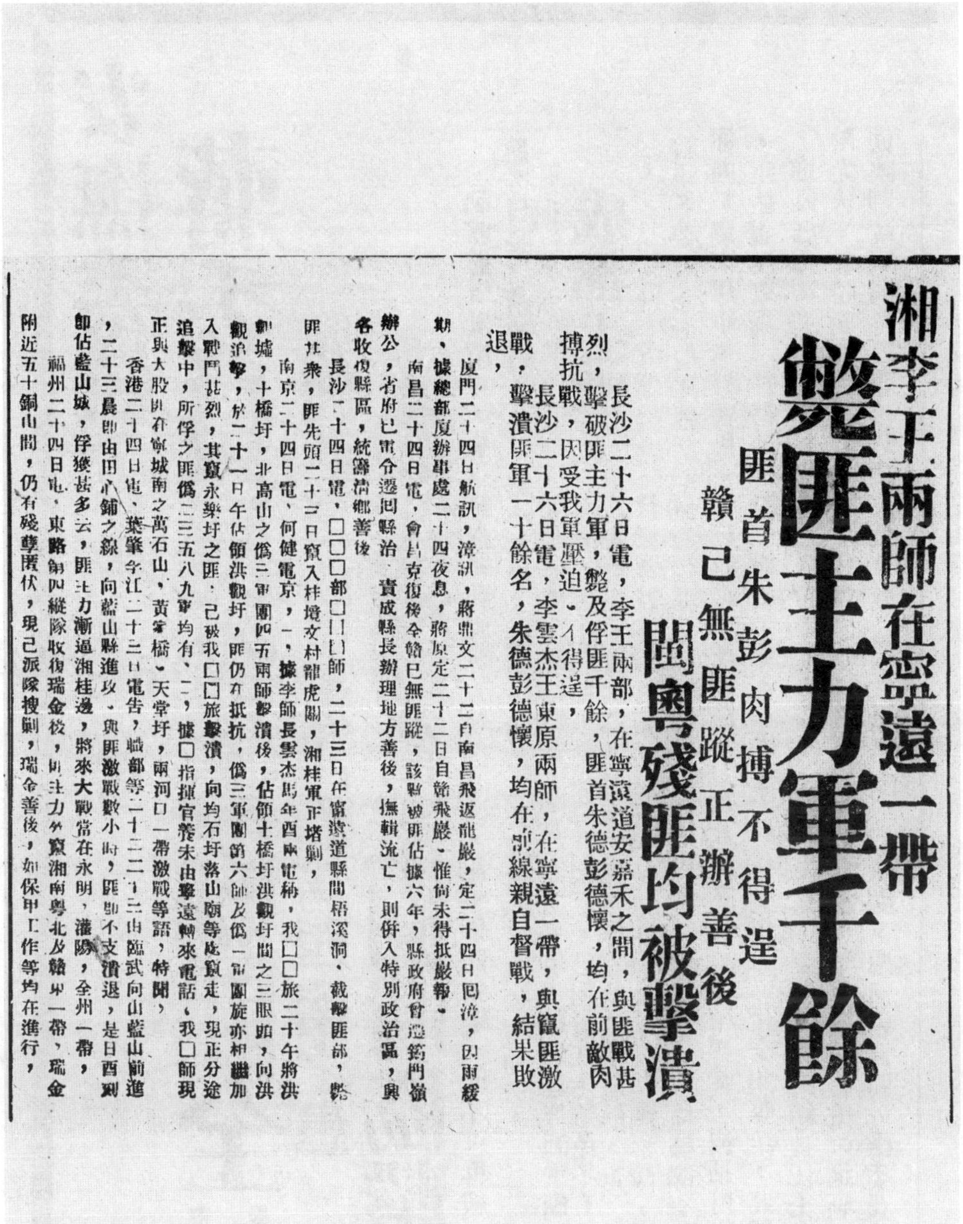

湘李王兩師在寧遠一帶

斃匪主力軍千餘

匪首朱彭肉搏不得逞

贛已無匪蹤正辦善後

閩粵殘匪均被擊潰

長沙二十六日電，李王兩部，在寧遠道安嘉禾之間，與匪戰甚烈，擊破匪主力軍，斃及俘匪千餘，匪首朱德彭德懷，均在前敵肉搏抗戰，因受我軍壓迫，未得逞，長沙二十六日電，李雲杰王東原兩師，在寧遠一帶，與竄匪激戰，擊潰匪軍一十餘名，朱德彭德懷，均在前線親自督戰，結果敗退，

廈門二十四日航訊，漳訊，蔣鼎文二十二自南昌飛返龍巖，定二十四日回漳，因雨緩期、據總部廈辦事處二十四夜息，蔣原定二十二日自贛飛巖、惟尚未得抵巖報、

南昌二十四日電，會昌克復後全贛已無匪蹤，該縣被匪佔據六年，縣政府曾遷筠門嶺辦公，省府已電令遷回縣治，責成縣長辦理地方善後，撫輯流亡，則併入特別政治區，與各收復縣區，統籌清鄉善後

長沙二十四日電，□□□部□□□師，二十三日在寧遠道縣間梧溪洞、截擊匪部，斃匪甚衆，匪先頭二十三日竄入桂境文村龍虎關，湘桂軍正堵剿，

南京二十四日電，何健電京，一、據李師長雲杰馬午酉兩電稱，我□□旅二十午將洪觀圩，十橋圩，北高山之偽三軍團四五兩師擊潰後，佔領十橋圩洪觀圩間之三眼跑，向洪觀追擊，於二十一日午佔領洪觀圩，匪仍在抵抗，偽三軍團第六師及偽一軍團旋亦相繼加入戰鬥甚烈，其竄永樂圩之匪，已被我□□旅擊潰，向均石圩落山廟等處竄走，現正分途追擊中，所俘之匪偽三三五八九軍均有、二、據□指揮官養未由寧遠轉來電話、我□師現正與大股匪在寧城南之萬石山，黃家橋、天堂圩，兩河口一帶激戰等語，特聞，

香港二十四日電、葉肇李江二十三日電告，職部等二十二二十三由臨武向山藍山前進，二十三晨即由田心舖之線，向藍山縣進攻、與匪激戰數小時，匪即不支潰退，是日酉刻即佔藍山城，俘獲甚多云，匪主力漸逼湘桂邊，將來大戰當在永明，灌陽，全州一帶，

福州二十四日電、東路第四縱隊收復瑞金後，匪主力分竄湘南粵北及贛東一帶，瑞金附近五十銅山間，仍有殘孽匿伏，現已派隊搜剿，瑞金善後，如保甲工作等均在進行，

11. 湘李（云杰）、王（东原）两师在宁远一带毙匪主力军千余，匪首朱（德）、彭（德怀）肉搏不得逞，赣已无匪踪正办善后，闽粤残匪均被击溃，1934 年 11 月 27 日第 1 版

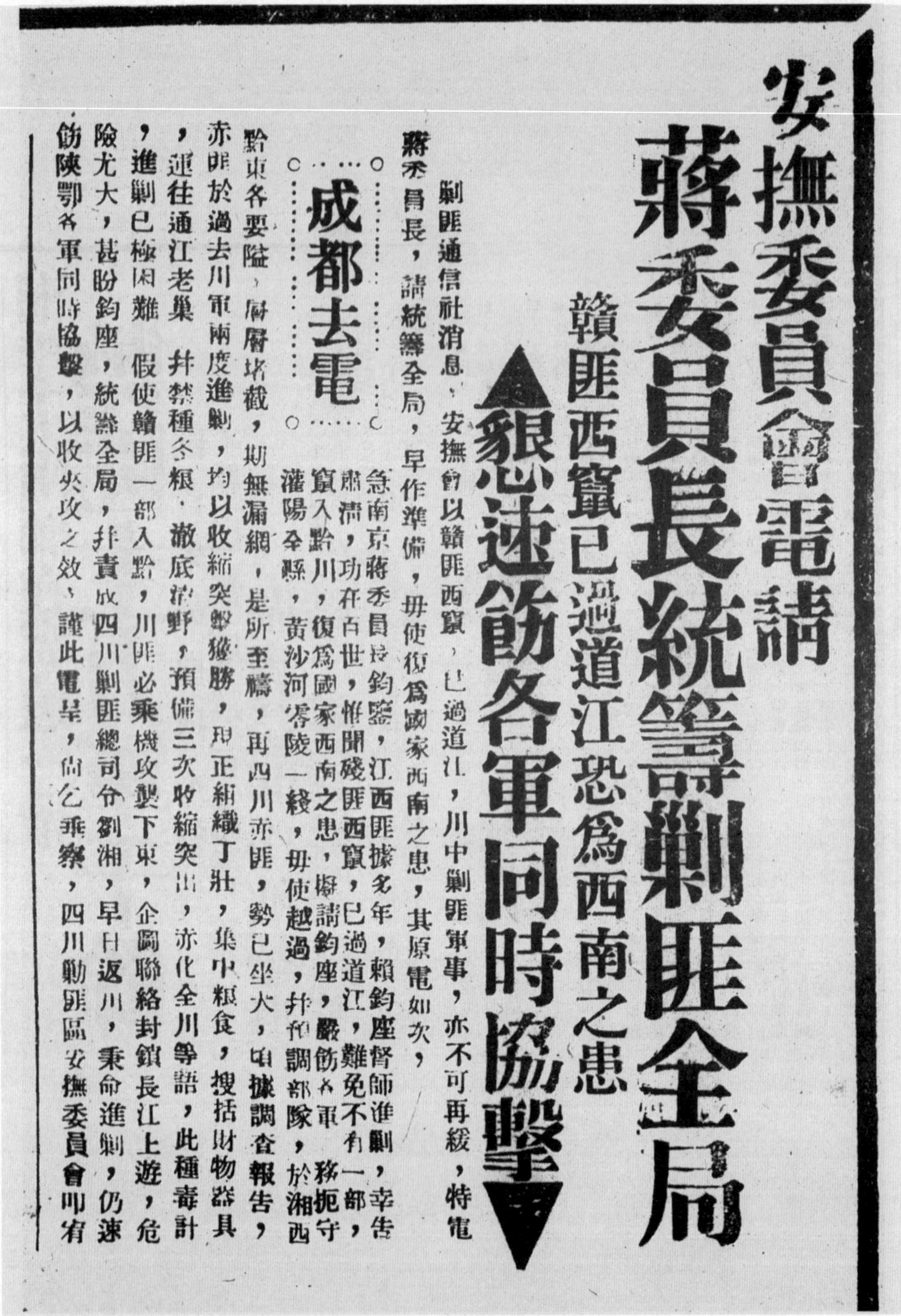

安撫委員會電請
蔣委員長統籌剿匪全局
贛匪西竄已過道江恐爲西南之患
懇速飭各軍同時協擊

剿匪通信社消息，安撫會以贛匪西竄，已過道江，川中剿匪軍事，亦不可再緩，特電蔣委員長，請統籌全局，早作準備，毋使復爲國家西南之患，其原電如次，

急南京蔣委員長鈞鑒，江西匪據多年，賴鈞座督師進剿，幸告肅清，功在百世，惟聞殘匪西竄，已過道江，難免不有一部，竄入黔川，復爲國家西南之患，擬請鈞座，嚴飭各軍務扼守灌陽全縣，黃沙河零陵一綫，毋使越過，并飭調部隊，於湘西

成都去電

黔東各要隘，層層堵截，期無漏網，是所至禱，再四川赤匪，勢已坐大，由據調查報告，赤匪於過去川軍兩度進剿，均以收縮突擊獲勝，現正組織丁壯，集中糧食，搜括財物器具，運往通江老巢，并禁種冬糧，徹底淸野，預備三次收縮突出，赤化全川等語，此種毒計，進剿已極困難，假使贛匪一部入黔，川匪必乘機攻襲下東，企圖聯絡封鎖長江上遊，危險尤大，甚盼鈞座，統籌全局，并責成四川剿匪總司令劉湘，早日返川，秉命進剿，仍速飭陝鄂各軍同時協擊，以收夾攻之效，謹此電呈，伏乞垂察，四川剿匪區安撫委員會叩宥

12. 安抚委员会电请蒋委员长统筹剿匪全局，赣匪西窜已过道江恐为西南之患，恳速饬各军同时协击，1934 年 11 日 29 日第 5 版

中央增兵湘贛 防匪竄擾川黔

湘軍集中保靖古鄂軍一部動員
川黔重兵佈防援助湘桂

本報專訪，三路軍駐京代表昨電川云，贛閩剿赤軍事極順利，中央防匪突圍，竄擾川黔，復再調粵鄂軍兩師入贛增加，湘南黔東一帶均配置軍兵，想匪亦難於突圍，本年底或能剿滅矣

本報秀山廿五日通信，蕭賀兩匪，迭經我川湘黔桂諸軍分頭剿擊，創深痛鉅，俱到窮途，日昨我川軍謝旅、與三十五師周旅，在川黔之交，予賀匪以數度痛擊，該匪不支，潰入黔境館飯山一帶，又遭黔軍壓逼，四面楚歌，節節奔潰，今聞已與蕭克部隊聯合，於昨（二十一）日又回竄我秀邊之南腰界，該方面原有我軍駐防，昨（二十）日周旅，又復派隊前往堵剿聞由周兩旅長決會合兩方，一致出兵，尅日肅清該蕭賀兩匪云，

本報南京二十七日航訊，川黔兩軍，已將蕭賀兩匪擊退邊境，并以重兵沿邊布防，援助湘桂軍協剿，

本報涪陵二十七日電，陳師長據田旅長電，蕭賀兩匪分路，一部已到大庸，在趨慈利石門之勢一部已到千村有趨古丈之勢，陳渠珍師，全部集中保靖古兩點，何主席派劉膺古縱隊長王載岳兩師，集中桃源一師出石門，一師由辰州分頭迎擊、鄂、一部亦已動員，兩匪均被圍剿中，

13. 中央增兵湘赣防匪窜扰川黔，湘军集中保靖、古（丈），鄂军一部动员，川黔重兵布防援助湘桂，1934 年 11 日 30 日第 3 版

五十二師收復清流

▲擊斃匪員兵四千餘▼

▲竄粵桂赤匪被擊散▼

福州三十日電，長汀人民代表，電蔣介石慰勞，幷請賑濟災民，

福州三十日電，長汀留省同鄉，電蔣慰勞，又電東路軍將領，收復汀屬匪區，

福州三十日電，清流經五十二師收復後，分軍向甯化推進，盧興榮電省報告，重要員兵四千餘名，確被擊斃，清流陷匪已久，丁口流離，田園荒蕪，民房被毀，無完整者，經清查出全城老幼，不過二百八，現我軍除派隊追剿殘匪，撫輯氓流外，幷速築碉堡

廣州三十日電，白崇禧電粵稱，竄桂粵邊境赤匪，已被擊散，匪傷亡頗多、正督師追剿中，

廣州三十日電，粵方前擬派兵兩師，赴桂協剿赤匪，現因匪已擊散，中止出發，

14. 五十二师收复清流，击毙匪员兵四千余，窜粤桂“赤匪”被击散，1934 年 12 月 1 日第 1 版

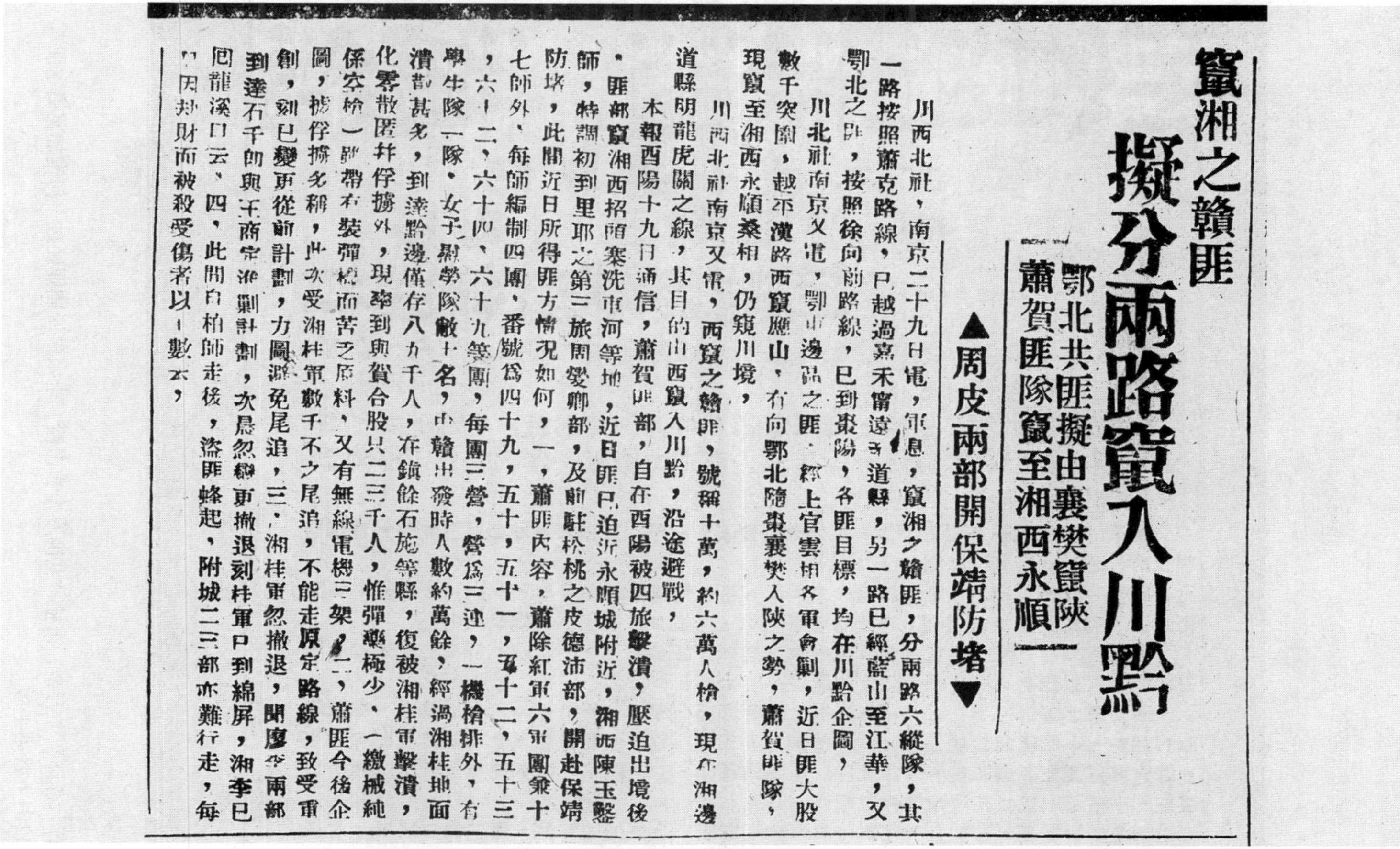

竄湘之贛匪 擬分兩路竄入川黔

鄂北共匪擬由襄樊竄陝 蕭賀匪隊竄至湘西永順

▲周皮兩部開保靖防堵▲

川西北社，南京二十九日電，軍息，竄湘之贛匪，分兩路六縱隊，其一路按照蕭克路線，已越過嘉禾甯遠道縣，另一路已經藍山至江華，又鄂北之匪，按照徐向前路線，已到襄陽，各匪目標，均在川黔企圖，

川北社南京又電，鄂豫邊區之匪，經上官雲相各軍會剿，近日匪大股數千突圍，越平漢路西竄應山，有向鄂北隨棗襄樊入陝之勢，蕭賀匪隊，現竄至湘西永順桑植，仍窺川境，

川西北社南京又電，西竄之贛匪，號稱十萬，約六萬人槍，現在湘邊道縣明龍虎關之線，其目的由西竄入川黔，沿途避戰，

本報酉陽十九日通信，蕭賀匪部，自在酉陽被四旅擊潰，壓迫出境後，匪部竄湘西招頭寨洗車河等地，近日匪已迫近永順城附近，湘西陳玉鏊師，特調初到里耶之第三旅周燮卿部，及前駐松桃之皮德沛部，開赴保靖防堵，此間近日所得匪方情況如何，一，蕭匪內容，蕭除紅軍六軍團衆十七師外，每師編制四團，番號爲四十九，五十，五十一，五十二，五十三，六十一二，六十四，六十九等團，每團三營，營爲三連，一機槍排外，有學生隊一隊，女子慰勞隊數十名，由贛出發時人數約萬餘，經過湘桂地面潰散甚多，到達黔邊僅存八九千人，在鎮餘石施等縣，復被湘桂軍擊潰，化零散匿并俘擄外，現率到與賀合股只二三千人，惟彈藥極少，一繳械純係空槍一路帶有裝彈藥而苦乏原料，又有無線電機三架，二，蕭匪今後企圖，據俘擄多稱，此次受湘桂軍數千不之尾追，不能走原定路線，致受重創，刻已變更從前計劃，力圖避免尾追，三，湘桂軍忽撤退，聞廖李兩部到達石千即與王商定進剿計劃，次晨忽然更撤退刻桂軍已到綿屏，湘李已回龍溪口云，四，此間自柏師走後，盜匪蜂起，附城二三部亦難行走，每日因搶財而被殺受傷者以十數云，

15. 窜湘之赣匪拟分两路窜入川黔，鄂北“共匪”拟由襄樊窜陕，萧（克）、贺（龙）匪队窜至湘西永顺，周（爱卿）、皮（德沛）两部开保靖防堵，1934 年 12 月 1 日第 3 版

湘省俘赤匪二萬餘

▲竄桂共匪全數擊潰

▲李宗仁談剿匪經過

何鍵加獎緝拿匪首

長沙五日電，前方俘獲赤匪，達二萬餘人，已押解後方，特設收容所，以收容之，

香港五日電，省訊，白崇禧，三日晚電粵告捷，略謂，此次竄桂共匪，現已全數擊潰，計前後激戰五日殲匪千餘，繳槍二千餘枝，俘匪二千餘名，

廣州五日電，李宗仁四日晚，由邕偕飛廣州，下午二時抵達，即往訪陳濟棠，暢談剿匪經過，俟晤于寵惠孫科後，即行返桂，

香港五日電，省訊，李宗仁四日晨九時，由邕寧乘軍用機飛粵，下午二時抵省，當晤陳濟棠，暢談督剿贛匪經過，並俟會晤孫李後，三數日即返桂，主持軍政，

上海五日電，滬慶祝剿匪勝利籌委會，四日午開會，決定十日晨，假市商會舉行，滬市各界代表祝捷會，下午在南市舉行汽車大遊行，

南甯四日航訊，李宗仁通電，竄湘桂邊境贛匪，經官軍連日痛剿，今已擊退，全州附近之湘軍，今晨開始向南移動，下午達灌水，田首之線，迎頭堵截，今明可將匪主力擊潰，桂平某機關接猶國材電，謂贛匪第二批竄抵桂邊，有入黔勢，已令吳劍平率兵三團入桂協堵，王家烈三四日內親赴前方指揮，

長沙三日航訊，何鍵昨派劉膺古爲剿匪軍追剿預備軍縱隊司令，即日移駐某處，并電令各縣加重懸賞緝拿匪首，捕獲朱德，彭德懷，毛澤東，周恩來，李特者，除照行營規定給賞外，每名加獎五萬元，

16. 湘省俘“赤匪”二万余，窜桂“共匪”全数击溃，李宗仁谈剿匪经过，何键加奖缉拿匪首，1934 年 12 月 6 日第 1 版

蕭賀匪竄秀山

被田鍾毅擊潰

△△餘匪竄匿四鄉正搜剿中

△△僞師長王光澤解已龍潭

蕭賀兩殘部一小股，前被黔桂軍截斷，潛匿黔境，未得竄湘，近竄秀山，已被獨立第二旅田鍾毅旅長派兵擊潰，田氏前日有電來渝，略稱，日豔之役激戰三小時，斃匪百餘，生擒僞獨立師師長王光澤一員，陣斃僞政治主任韋家鳳，湯生全二員，是役計先後奪獲步槍百餘支，重機關槍一挺，俘匪三百餘名，査此股匪徒雖未根本消滅，實已完全擊潰，餘匪散匿四鄉，正飭各部分頭搜剿，不難澈底肅清也，云云

又訊僞師長王光澤，已解到龍潭，有反共意，

17. 萧（克）、贺（龙）匪窜秀山被田钟毅击溃，余匪窜匿四乡正搜剿中，“伪师长”王光泽解已龙潭，1934 年 12 月 6 日第 3 版

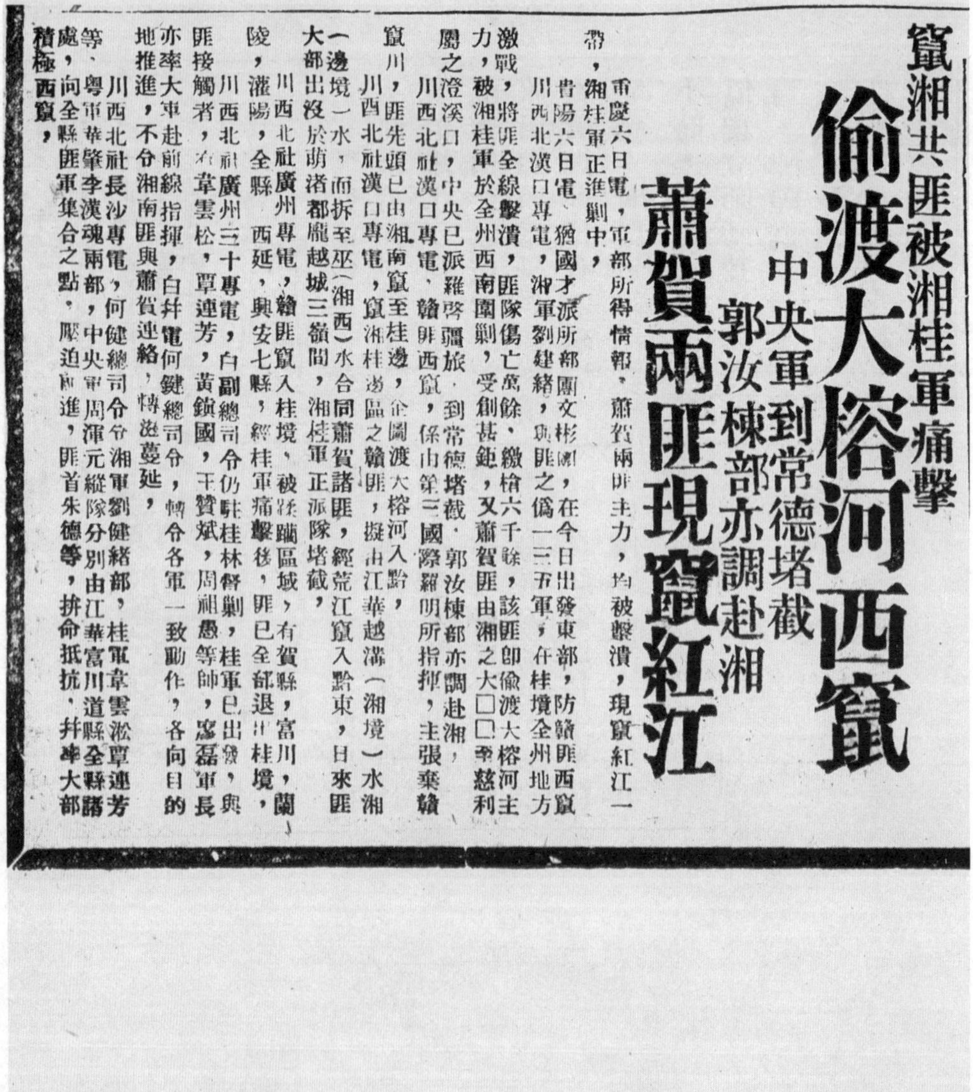

竄湘共匪被湘桂軍痛擊

偷渡大榕河西竄

中央軍到常德堵截 郭汝棟部亦調赴湘

蕭賀兩匪現竄紅江

重慶六日電，軍部所得情報，蕭賀兩匪主力，均被擊潰，現竄紅江一帶，湘桂軍正進剿中，

貴陽六日電、猶國才派所部團文彬團，在今日出發東部，防贛匪西竄

川西北漢口專電，湘軍劉建緒，與匪之僞一三五軍，在桂境全州地方激戰，將匪全線擊潰，匪隊傷亡萬餘、繳槍六千餘，該匪即偷渡大榕河主力，被湘桂軍於全州西南圍剿，受創甚鉅，又蕭賀匪由湘之大□□至慈利屬之澄溪口，中央已派羅啓彊旅，到常德堵截，郭汝棟部亦調赴湘，

川西北社漢口專電、贛匪西竄，係由第三國際羅明所指揮，主張棄贛竄川，匪先頭已由湘南竄至桂邊，企圖渡大榕河入黔，

川西北社漢口專電，竄湘桂邊區之贛匪，擬由江華越滿（湘境）水湘一邊境一水，而拆至巫（湘西）水合同蕭賀諸匪，經荒江竄入黔東，日來匪大部出沒於萌渚都龐越城三嶺間，湘桂軍正派隊堵截，

川西北社廣州專電，贛匪竄入桂境、被蹂躪區域，有賀縣，富川，蘭陵，灌陽，全縣，西延，興安七縣，經桂軍痛擊後，匪已全部退出桂境，

川西北社廣州三十專電，白副總司令仍駐桂林督剿，桂軍已出發，與匪接觸者，有韋雲松，覃連芳，黃鎮國，王贊斌，周祖愚等師，廖磊軍長亦率大軍赴前線指揮，白并電何鍵總司令，轉令各軍一致動作，各向目的地推進，不令湘南匪與蕭賀連絡，轉滋蔓延，

川西北社長沙專電，何鍵總司令令湘軍劉健緒部，桂軍韋雲淞覃連芳等、粵軍華肇李漢魂兩部，中央軍周渾元縱隊分別由江華富川道縣全縣諸處，向全縣匪軍集合之點，壓迫前進，匪首朱德等，拚命抵抗，并率大部積極西竄，

18. 窜湘“共匪”被湘桂军痛击，偷渡大榕河西窜，中央军到常德堵截，郭汝栋部亦调赴湘，萧（克）、贺（龙）两匪现窜红江，1934 年 12 月 7 日第 1 版

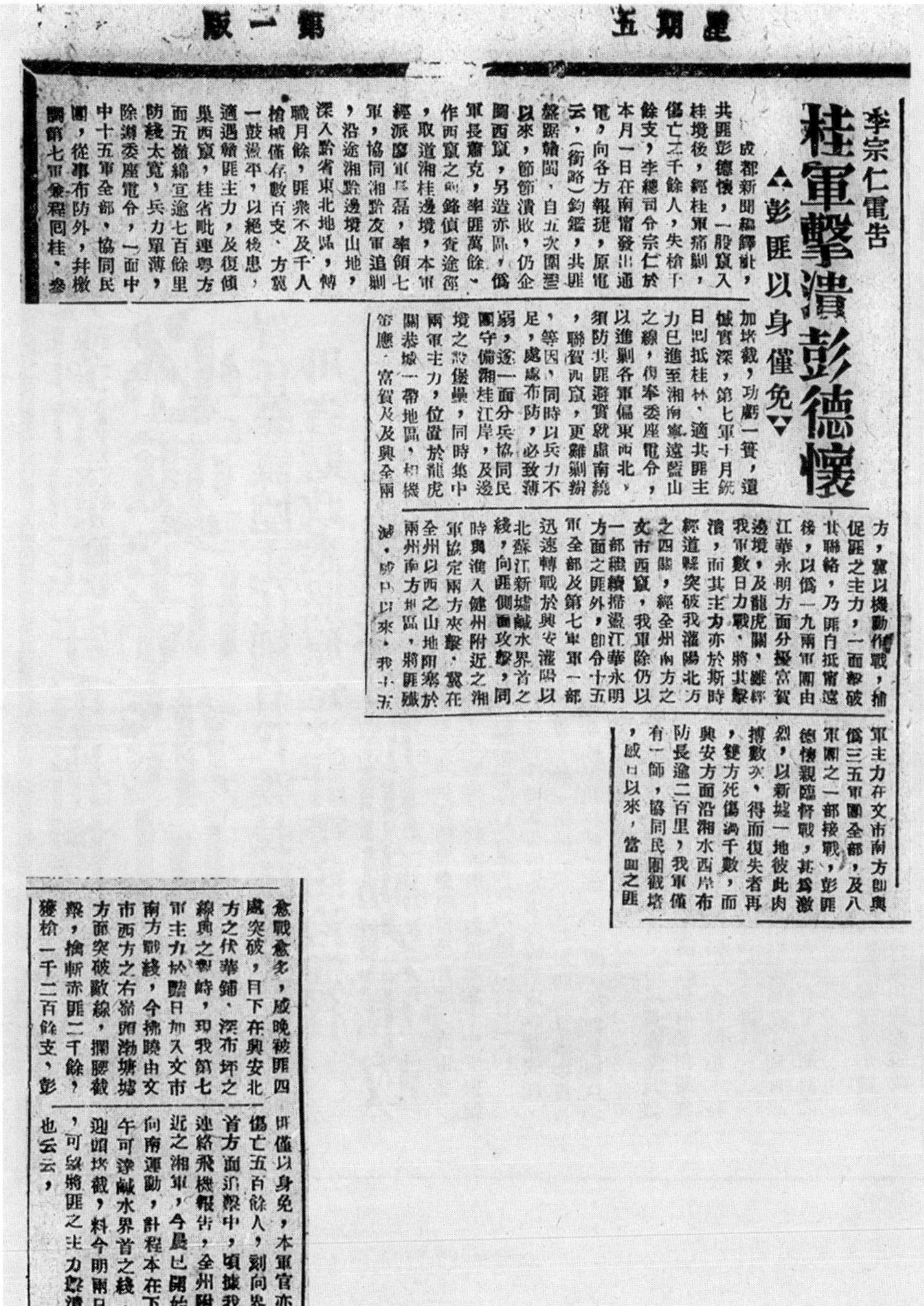

星期五　第一版

李宗仁電告

桂軍擊潰彭德懷

△彭匪以身僅免▽

成都新聞編譯社，共匪彭德懷，一股竄入桂境後，經桂軍痛剿，傷亡二千餘人，失槍千餘支，李總司令宗仁於本月一日在南甯發出通電，向各方報捷，原電云，（銜路）鈞鑒，共匪盤踞贛閩，自五次圍剿以來，節節潰敗，仍企圖西竄，另造赤區，偽軍長蕭克，率匪萬餘，作西竄之前鋒偵查途徑，取道湘桂邊境，本軍經派廖軍長磊，率領七軍，協同湘黔友軍追剿，沿途湘黔邊境山地，深入黔省東北地區，轉戰月餘，匪衆不及千人槍械僅存數百支，方冀一鼓蕩平，以絕後患，適遇贛匪主力，及復傾巢西竄，桂省毗連粵方面五嶺綿亘逾七百餘里防綫太寬，兵力單薄，除遵委座電令，一面中中十五軍全部，協同民團，從事布防外，并檄調第七軍兼程回桂，參加堵截，功虧一簣，遺憾實深，第七軍十月銑日回抵桂林，適共匪主力已進至湘南甯遠藍山之線，復奉委座電令，以進剿各軍偏東西北，須防共匪避實就虛南繞，聯賀西竄，更難剿辦，等因，同時以兵力不足，處處布防，必致薄弱，遂一面分兵協同民團守，備湘桂江岸及邊境之設堡壘，同時集中兩軍主力，位置於龍虎關恭城一帶地區，相機策應，富賀及興全兩方，實以機動作戰，捕促匪之主力，一面截破其聯絡，乃匪自抵甯遠後，以偽一九兩軍團由江華永明方面分擾富賀邊境，及龍虎關，雖經我軍數日力戰，將其擊潰，而其主力亦於斯時經道縣突破我灌陽北方之四關，經全州南方之文市西竄，我軍除仍以一部繼續搭擊江華永明方面之匪外，即令十五軍全部及第七軍一部迅速轉戰於興安灌陽以北蘇江新墟鹹水界首之綫，向匪側面攻擊，同時與進入健州附近之湘軍協定兩方夾擊，竄在全州以西之山地，阻塞於兩州南方地區，將匪殲滅，感日以來，我十五軍主力在文市南方即與偽三五軍團全部，及八軍團之一部接戰，彭匪德懷親臨督戰，甚爲激烈，以新墟一地彼此肉搏數次，得而復失者再，雙方死傷過千數，而興安方面沿湘水西岸布防長逾二百里，我軍僅有一師，協同民團截堵，感日以來，當面之匪愈戰愈多，感晚被匪四處突破，目下在興安北方之伏華鋪、深布坪之綫與之對峙，現我第七軍主力於艷日加入文市南方戰綫，今拂曉由文市西方之右翼頭渤塘墟方面突破敵線，攔腰截擊，擒斬赤匪二千餘，獲槍一千二百餘支，彭匪僅以身免，本軍官亦傷亡五百餘人，刻向界首方面追擊中，頃據我連絡飛機報告，全州附近之湘軍，今晨已開始向南運動，計程本在下午可達鹹水界首之綫，迎頭堵截，料今明兩日，可望將匪之主力擊潰也云云，

19. 李宗仁电告：桂军击溃彭德怀，彭匪以身仅免，1934 年 12 月 7 日第 1 版

中央對川剿匪注重指揮

蔣必要時飛川督剿

賀任參謀團主任劉有代委長職權說

川省財政悉照原定之計畫商洽進行

張將飛川視察軍政

重慶航訊，此間廿一軍，昨接劉湘由京電滬云，軍部譯轉重慶銀行公會鑒，支電悉，川省財政，悉照原定計劃，商洽進行，對於債券，及各項借款，均不變更原案，中央擬整理川省財政，先從調查入手，關於原有債務，并無變更，特覆，劉湘魚（六日）印，

中流電訊社南京電，劉督辦連日晉謁蔣，汪，何，商談剿匪軍事及政治財政諸問題，均有決定，中央對川省剿匪，尤為注重，為加重權力統一指揮計，最近短期設軍事委員長行營於川省，由蔣委員長指定大員代行，必要時蔣或飛川督剿，至參謀團，決即實現已委賀國光為該團主任，專司命令賞罰，受行營及總部指揮節制云，

南京八日電，中央決定設軍事委員長行營於四川，參謀團改隸行營，仍以賀國光為該團主任，劉湘代行委員長職權，并撥山砲兵兩營，飛機廿架入川助剿，蔣必要時飛川視察，至朱毛匪部，蔣決在湘桂邊境消滅，已令入湘中央軍，及湘桂各部聯絡，不問何境，務力堵剿，短期并將設數省邊區總司令，再就施利前方，配置重兵，防堵西竄之匪，

南京七日航訊，四川善後督辦兼剿匪總司令劉湘，返京後連日晉謁蔣委員長，因日來剿匪形勢大變，西竄之贛匪，有陽攻桂邊，陰竄入黔模樣，剿匪軍事計劃，有重行商討之必要，故劉湘日內尚不能返川，

南京七日航訊，劉湘今晨奉蔣委員長召往謁，締商一切，劉航琛及劉湘衛隊等今晨搭江輪離京赴漢轉川，劉本八日內偕張必果等飛川，張學良將於五中全會後飛川視察軍政，

20. 中央对川剿匪注重指挥，蒋（介石）必要时飞川督剿，贺（国光）任参谋团主任刘（湘）有代委长职权说，川省财政悉照原定之计划商洽进行，张（必果）将飞川视察军政，1934 年 12 月 10 日第 3 版

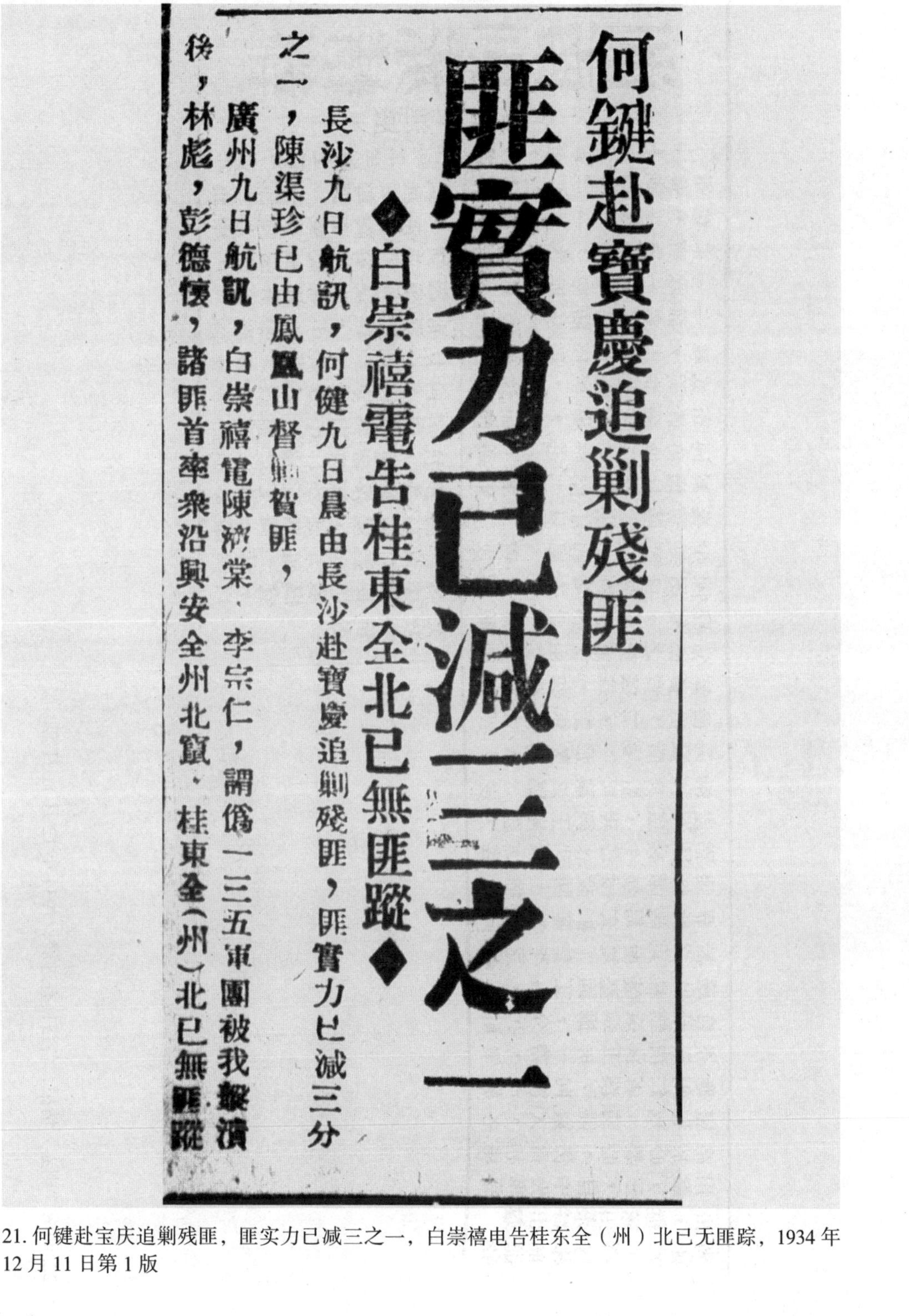

何鍵赴寶慶追剿殘匪

匪實力已減三之一

◆白崇禧電告桂東全北已無匪蹤◆

長沙九日航訊，何鍵九日晨由長沙赴寶慶追剿殘匪，匪實力已減三分之一，陳渠珍已由鳳凰山督剿賀匪，

廣州九日航訊，白崇禧電陳濟棠、李宗仁，謂僞一三五軍團被我擊潰後，林彪，彭德懷，諸匪首率衆沿興安全州北竄、桂東全（州）北已無匪蹤

21. 何键赴宝庆追剿残匪，匪实力已减三之一，白崇禧电告桂东全（州）北已无匪踪，1934 年 12 月 11 日第 1 版

湘南剿赤情報

——各路日有進展——

上海八日電，各路軍會剿湘南赤匪，日來仍有進展，一，何健親赴寶慶指揮，湘軍名師，除一面攻擊匪部外，一面嚴密佈防於湘西各縣，由洪江經綏寧城步武岡而達新寧，均節節布置嚴密工事，餘如會同黔城，靖縣道，通爲通桂林要路，亦有重兵布防，洪江以北，沅州鳳凰辰州等處，責成陳渠珍師劉膺古部分別堅守，由辰州北至桃源常德之交通，由某某師等負責保持，勿令竄賀衙出，二，黔軍以赤匪圖竄黔境，形勢已成，湘桂與黔接壤之區，岌岌可慮，現經王家烈，猶國材，最後決策，趕速督師分段設防，猶已令所部周文彬團等，向黔之東南境，黎平永從邊區構築堅固工事，王自赴鎮遠鎮攝，分兵駐岑鞏清溪玉屏一帶，策應銅仁省溪，向湘西嚴密警戒，防匪竄入，各路於必要時，仍得相機出擊，三，自中央軍薛岳，縱隊出永縣出擊周渾元，縱隊率部進駐桂境永全線上後，黃沙河興安等處、大軍雲集，湘軍陶廣李覺陳光中師亦由劉建緒統率領，繼續前進，湘桂各軍均奮勇擊敵，中央飛機隊日出轟炸，斃匪尤多，四，匪軍現分爲數部，潛伏各嶺山中、憑險頑抗，逗留湘桂邊境，尙無急竄模樣，五，各路高級將領，擬召開會議，協商進剿方策、幷請蔣委員長迅示機宜，以定攻守批計，

22. 湘南“剿赤”情报，各路日有进展，1934 年 12 月 11 日第 1 版

三省追剿總指揮上官雲相

追剿豫陝邊境殘匪

●賀蘭英在松桃擊斃

●匪竄桂湘死傷極衆

餘匪四萬竄過湘江圖擾川黔

洛陽十一日電，三省追剿總指揮上官雲相，今晨抵洛陽，指揮部隊，追剿豫陝邊境殘匪，據談，匪僅數百人，狼狽不堪，即將殲淨，

貴陽十一日電，賀龍之妹賀蘭英，及賀偽師長王光哲，被松桃八區團隊圍剿，均被擊斃，

成都新聞編譯社，南甯九日電，在新圩石塘圩被官軍擊散之匪，偽師長陳樹香一股，約一千五百人，并有俄人四名，無綫電一部，馬匹甚多，現散竄桐木鄉寶峰山馬頭山附近貓山地區，李白兩副司令，已飭韋王兩師各派精兵，連合民團隊指揮官恩元，由廟子渡常靝塘灌陽齋三路兜剿，沿途收繳散匪槍枝約四百餘支

又電，由華江向司門前進之匪約一千人，昨在黃臘嶺王隘，迭經黃師長蜀軍擊潰，俘匪三百餘人，繳械百餘支，餘匪分三路逃竄，一路由川江洞突出老江口，一路由青靛出沐，一路由老山越過城欽之蓬洞，現黃師分向該匪跟蹤追擊，

又八日電，五日在千家寺與夏軍長所部抗戰之匪，爲偽五軍團董政堂部，匪軍左側衛第十三師，董匪與偽政委朱瑞，昨夜八時正在千家寺晚餐，適夏軍梁團衝進，該匪等落荒而逃，當夜職軍佔領千家寺，俘匪百餘名，獲槍五六十支，重機槍一挺，馬數十匹，據匪供，董部自經新圩石塘圩被官軍擊潰匪的三五兩軍團，匪勢已餒，匪見官軍放槍即逃，每逢戰鬥兵僅有二十餘名，子彈非常缺乏，董匪率部已向北竄走，

又電，逃入羅馬大山寶鬐馬頭等一帶貓山地區匪，經王師協同民團進剿後，俘虜紅軍五百人，現剩千餘人，復竄貓兒園，現在在包圍解決中，

又電，西竄之匪，現尚在興安龍勝境內，其盤踞千家寺之綫以西中洞一帶，又千家寺以北芸蓉河口之綫以東地，山高路窄，依地形判斷，此匪共存不過四萬人，自經官軍痛擊，匪始慘敗，狼狽逃竄，聞槍聲即逃，甚至官軍一排，俘匪繳槍者常以百數計，則之戰鬥力實已全失，

川西北社漢口電，韓匪軍前至桂邊時，其一部經湘桂軍痛擊，又一部由湘南之道縣北竄，昨乘余軍於興安全州灌陽南移湘軍向南伸展尚未到達之際，於興安界首北鹼橋，竄過湘江，約四萬之衆，向西延竄，經湘省劉軍沿途截擊，匪死傷六千餘人，俘虜二千餘，計各隊殲滅匪隊三分之一，

川西北社漢口又電，西竄之匪，先頭已到湘西濱江晃縣，蕭賀兩匪南竄聲援，赴鄂之何柱國王以哲兩軍奉調入湘協剿，

川西北社漢口又電、西竄之匪，至湘之宜章良田後，分三路西竄，北路大部由宜章[illegible]，餘部由桂陽嘉禾甯遠、同向西竄，南路由城口河木洞圩石宜章臨武藍山西竄偽中央機關及偽一軍殘部，於南北路之間進行，

川西北社漢口又電，竄匪經湘桂軍於全州方面截擊，損失二萬餘，後由全州折竄湘南新寧武岡龍勝城己逼近黔之黎平永城，

23. 三省追剿总指挥上官云相追剿豫陕边境残匪，贺兰英在松桃击毙，匪窜桂湘死伤极众，余匪四万窜过湘江图扰川黔，1934 年 12 月 12 日第 1 版

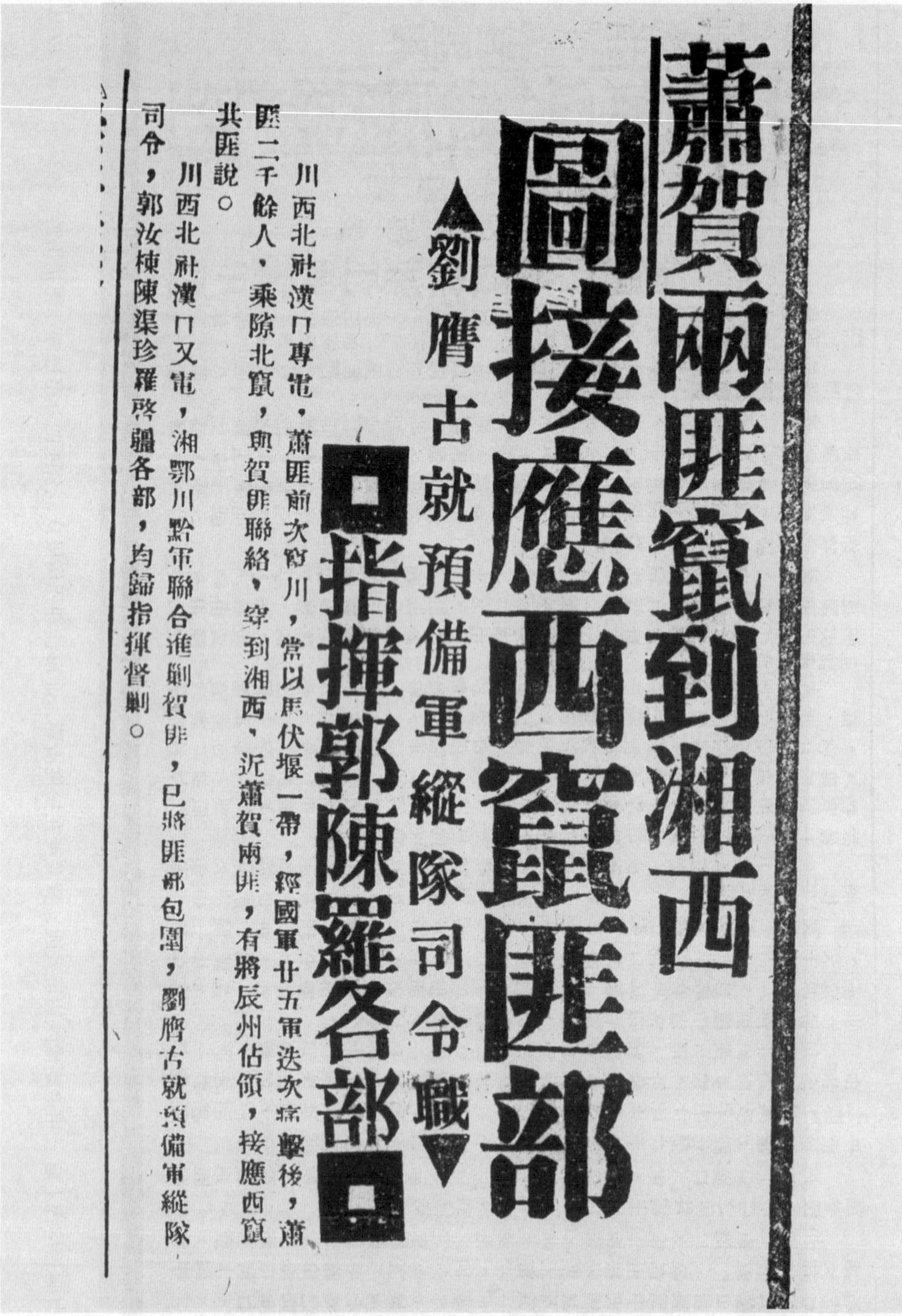

蕭賀兩匪竄到湘西
圖接應西竄匪部
▲劉膺古就預備軍縱隊司令職▼
□指揮郭陳羅各部□

川西北社漢口專電，蕭匪前次竄川，常以馬伏堰一帶，經國軍廿五軍迭次痛擊後，蕭匪二千餘人，乘隙北竄，與賀匪聯絡，竄到湘西，近蕭賀兩匪，有將辰州佔領，接應西竄共匪說。

川西北社漢口又電，湘鄂川黔軍聯合進剿賀匪，已將匪部包圍，劉膺古就預備軍縱隊司令，郭汝棟陳渠珍羅啓疆各部，均歸指揮督剿。

24. 萧（克）、贺（龙）两匪窜到湘西，图接应西窜匪部，刘膺古就预备军纵队司令职，指挥郭（汝栋）、陈（渠珍）、罗（启疆）各部，1934 年 12 月 12 日第 3 版

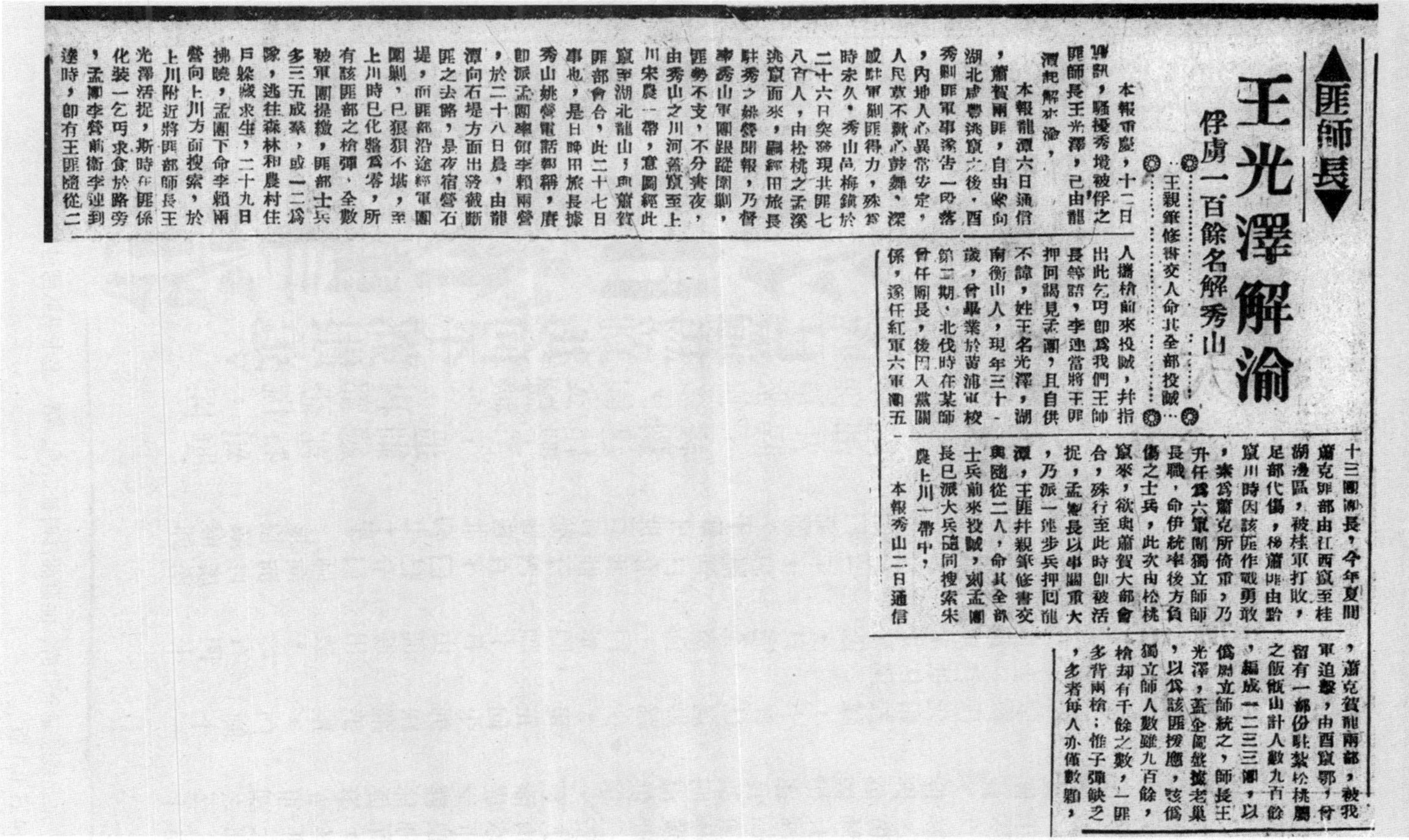
匪師長

王光澤解渝

俘虜一百餘名解秀山

王親筆修書交人命其全部投誠

本報重慶，十二日專訊，騷擾秀境被俘之匪師長王光澤，已由龍潭押解來渝，

本報龍潭六日通信，蕭賀兩匪，自由酉向湖北咸豐洗竄之後，酉秀剿匪軍事遂告一段落，內地人心異常安定，人民莫不歡忻鼓舞，深感駐軍剿匪得力，殊曾時未久，秀山邑梅鎮於二十六日突發現共匪七八百人，由松桃之孟溪洗竄而來，驅經田旅長駐秀之姚營聞報，乃督率秀山軍團跟蹤圍剿，匪勢不支，不分晝夜，由秀山之川河蓋竄至上川宋農一帶，意圖經此竄至湖北龍山，與蕭賀匪部會合，此二十七日事也，是日晚田旅長據秀山姚營電話報稱，當卽派孟團率領李賴兩營，於二十八日晨，由龍潭向石堤方面出發截斷匪之去路，是夜宿營石堤，而匪部沿途經軍團圍剿，已狼狽不堪，至上川時已化整爲零，所有該匪部之槍彈、全數被軍團提繳，匪部士兵多三五成羣，或一二爲隊，逃往森林和農村住戶躲藏求生，二十九日拂曉，孟團下命李賴兩營向上川方面搜索，於上川附近將匪部師長王光澤活捉，斯時在匪係化裝一乞丐求食於路旁，孟團李營前衛李連到達時，卽有王匪隨從二人攜槍前來投誠，并指出此乞丐卽爲我們王師長等語，李連當將王匪押回謁見孟團，且自供不諱，姓王名光澤，湖南衡山人，現年三十一歲，曾畢業於黃埔軍校第三期、北伐時在某師曾任團長，後因入黨關係，遂任紅軍六軍團五十三團團長，今年夏間蕭克匪部由江西竄至桂湖邊區，被桂軍打敗，足部代偽，後蕭匪由黔竄川時因該匪作戰勇敢，素爲蕭克所倚重，乃升任爲六軍團獨立師師長職，命伊統率後方負傷之士兵，此次由松桃竄來，欲與蕭賀大部會合，殊行至此時卽被活捉，孟營長以事關重大，乃派一連步兵押回龍潭，王匪并親筆修書交與隨從二人，命其全部士兵前來投誠，刻孟團長已派大兵隨同搜索朱農上川一帶中；

本報秀山二日通信，蕭克賀龍兩部，被我軍追擊，由酉竄鄂，僅留有一部份駐紮松桃屬之飯甑山計人數九百餘，編成一二三三團，以偽獨立師統之，師長王光澤，蓋全屬盤據老巢，以爲該匪援應，該偽獨立師人數雖九百餘，槍却有千餘之數，一匪多背兩槍；惟子彈缺乏，多者每人亦僅數顆，

25. 匪师长王光泽解渝，俘虏一百余名解秀山，王亲笔修书交人命其全部投诚，1934 年 12 月 13 日第 3 版

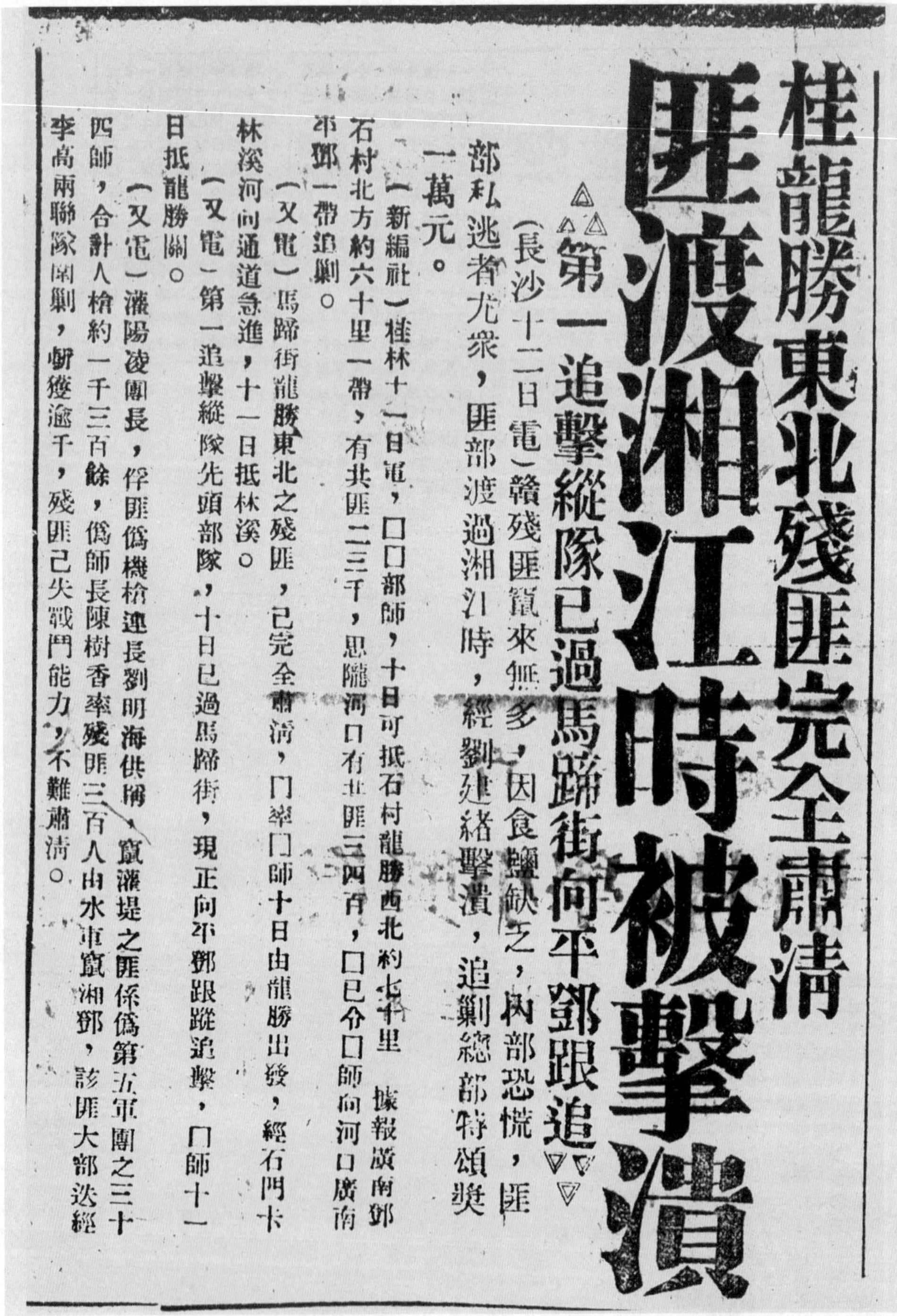

桂龍勝東北殘匪完全肅清

匪渡湘江時被擊潰

△△△第一追擊縱隊已過馬蹄街向平鄧跟追▽▽▽

（長沙十二日電）贛殘匪竄來無多，因食鹽缺乏，內部恐慌，匪部私逃者尤衆，匪部渡過湘江時，經劉建緒擊潰，追剿總部特頒獎一萬元。

（新編社）桂林十一日電，口口部師，十日可抵石村龍勝西北約七十里 據報廣南鄧石村北方約六十里一帶，有共匪二三千，思隴河口有共匪三四百，口已令口師向河口廣南平鄧一帶追剿。

（又電）馬蹄街龍勝東北之殘匪，已完全肅清，口率口師十日由龍勝出發，經石門卡林溪河向通道急進，十一日抵林溪。

（又電）第一追擊縱隊先頭部隊，十日已過馬蹄街，現正向平鄧跟蹤追擊，口師十一日抵龍勝關。

（又電）瀧陽凌團長，俘匪偽機槍連長劉明海供稱，竄瀧堤之匪係偽第五軍團之三十四師，合計人槍約一千三百餘，偽師長陳樹香率殘匪三百人由水車竄湘鄧，該匪大部送經李高兩聯隊圍剿，斬獲逾千，殘匪已失戰鬥能力，不難肅清。

26. 桂龙胜东北残匪完全肃清，匪渡湘江时被击溃，第一追击纵队已过马蹄街向平邓跟追，1934年12月14日第1版

湘軍分五路擊匪

空軍炸斃匪甚力

川西北通訊社長沙十三日電，湘桂邊境殘匪千餘，向四關回竄、桂軍己派隊進剿湘軍亦己派隊堵截，湘中剿匪軍，一路軍亮基師抵梅口，陳光棨師抵綏寧，劉建文旅己過舟口，向西堵擊，二路薛岳部到洞口，武岡之線，向洪江續進，三軍周渾元部，向武岡山續進，四路王東，，向師抵新甯城蕭家灣之線，五路李蘊珩部，向長鋪子續進，又空軍於佳日抵城正西大山營現匪數千，正逃竄中，匪被投彈炸斃甚多，

深口航訊，軍息一零六師長沈克，六日辰電告，殘匪三百人、槍二百餘支，四日晚竄至立煌以北稻草溝附近小澗一帶盤踞，五日早派第一團張劉兩營往剿，匪據險頑抗，激戰甚烈，嗣經我援隊趕到，襲匪側背，匪不支、乃竄至南小澗，被我伏兵截擊，斃匪數名，匪見無處可逃，遂悉數竄入該村朱家祠堂，企圖死守待援，當經我官兵奮勇攻入村內，見匪逃入祠內、彼此均不能射擊，遂即架木將該祠用火焚燒，并於四週架設機槍逃出者非斃即傷，其餘焦頭爛額，哀聲震谷，盡葬火窟，無一倖免，匪之槍彈盡付一炬 是役計俘匪女政治員趙忠玉一名，斃匪二百餘，焚盡一百餘，獲槍六十餘支焚燬槍筒一百餘支，我軍仍繼續搜剿中，（十一日）

27. 湘军分五路击匪，空军炸毙匪甚力，1934 年 12 月 16 日第 1 版

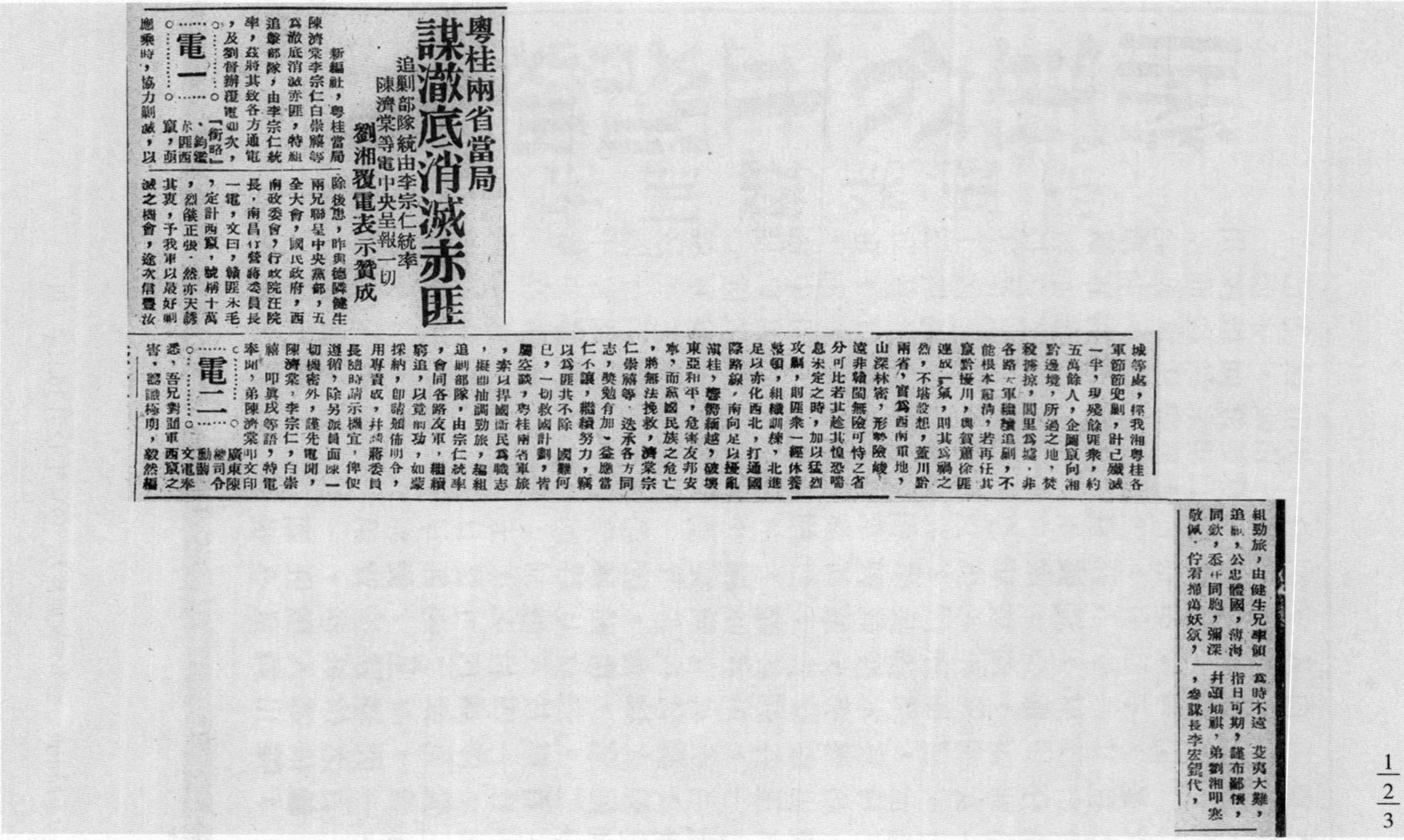

粵桂兩省當局謀澈底消滅赤匪

追剿部隊統由李宗仁統率
陳濟棠等電中央呈報一切
劉湘覆電表示贊成

新編社，粵桂當局陳濟棠李宗仁白崇禧等，為澈底消滅赤匪，特組追剿部隊，由李宗仁統率，茲將其致各方通電，及劉督辦覆電如次，

○……電一……○

【銜略】鈞鑒、赤匪西竄，亟應乘時，協力剿滅，以除後患，昨與德鄰健生兩兄聯呈中央黨部，五全大會，國民政府，西南政委會，行政院汪院長，南昌行營蔣委員長一電，文曰，贛匪朱毛，定計西竄，號稱十萬，烈燄正張，然亦天誘其衷，予我軍以最好剿滅之機會，途次信豐汝城等處，惟我湘粵桂各軍節節兜剿，計已殲滅一半，現殘餘匪衆，約五萬餘人，企圖竄向湘黔邊境，所過之地，焚殺擄掠，閭里為墟，非各路大軍繼續追剿，不能根本肅清，若再任其竄黔擾川，與賀蕭徐匪連成一氣，則其為禍之烈，不堪設想，蓋川黔兩省，實為西南重地，山深林密，形勢險峻，遠非贛閩無險可恃之省分可比，若其趁其惶恐喘息未定之時，加以猛烈攻剿，則匪衆一經休養整頓，組織訓練，北進足以赤化西北，打通國際路線，南向足以擾亂滇桂，蔓衍越緬，破壞東亞和平，危害友邦安寧，而國家民族之危亡，將無法挽救，濟棠宗仁崇禧等，迭承各方同志，獎勉有加，益應當仁不讓，繼續努力，竊以為匪共不除，國難何已，一切救國計劃，皆屬空談，粵桂兩省軍旅，素以捍國衛民為職志，擬即抽調勁旅，編組追剿部隊，由宗仁統率，會同各路友軍，繼續窮追，以竟前功，如蒙採納，即請頒佈明令，用專責成，並請蔣委員長隨時請示機宜，俾便遵循，除另派員面陳一切機密外，謹先電聞，陳濟棠，李宗仁，白崇禧叩真戌等語，特電奉聞，弟陳濟棠叩文印

○……電二……○

廣東陳總司令勛鑒，文電奉悉，吾兄對匪軍西竄之害，認識極明，毅然編組勁旅，由健生兄率領追剿，公忠體國，薄海同欽，忝在同胞，彌深敬佩，佇看掃蕩妖氛，為時不遠，戡此大難，指日可期，謹布鄙懷，並頌勛祺，弟劉湘叩寒，參謀長李宏錕代，

1 2 3

28. 粤桂两省当局谋彻底消灭“赤匪”，追剿部队统由李宗仁统率，陈济棠等电中央呈报一切，刘湘复电表示赞成，1934 年 12 月 16 日第 3 版

粵桂兩省當局

謀澈底消滅赤匪

追剿部隊統由李宗仁統率 陳濟棠等電中央呈報一切

劉湘覆電表示贊成

新編社，粵桂當局陳濟棠李宗仁白崇禧等為澈底消滅赤匪，特組追擊部隊，由李宗仁統率，茲將其致各方通電，及劉督辦覆電如次，

『衛略』

電一

、鈞鑑赤匪西竄，亟應乘時，協力剿滅，以除後患，昨與德隣健生兩兄聯呈中央黨部，五全大會，國民政府，西南政委會，行政院汪院長，南昌行營蔣委員長一電，文曰，贛匪朱毛，定計西竄，號稱十萬，烈燄正張，然亦天誘其衷，予我軍以最好剿滅之機會，途次信豐汝

（局部图 1）

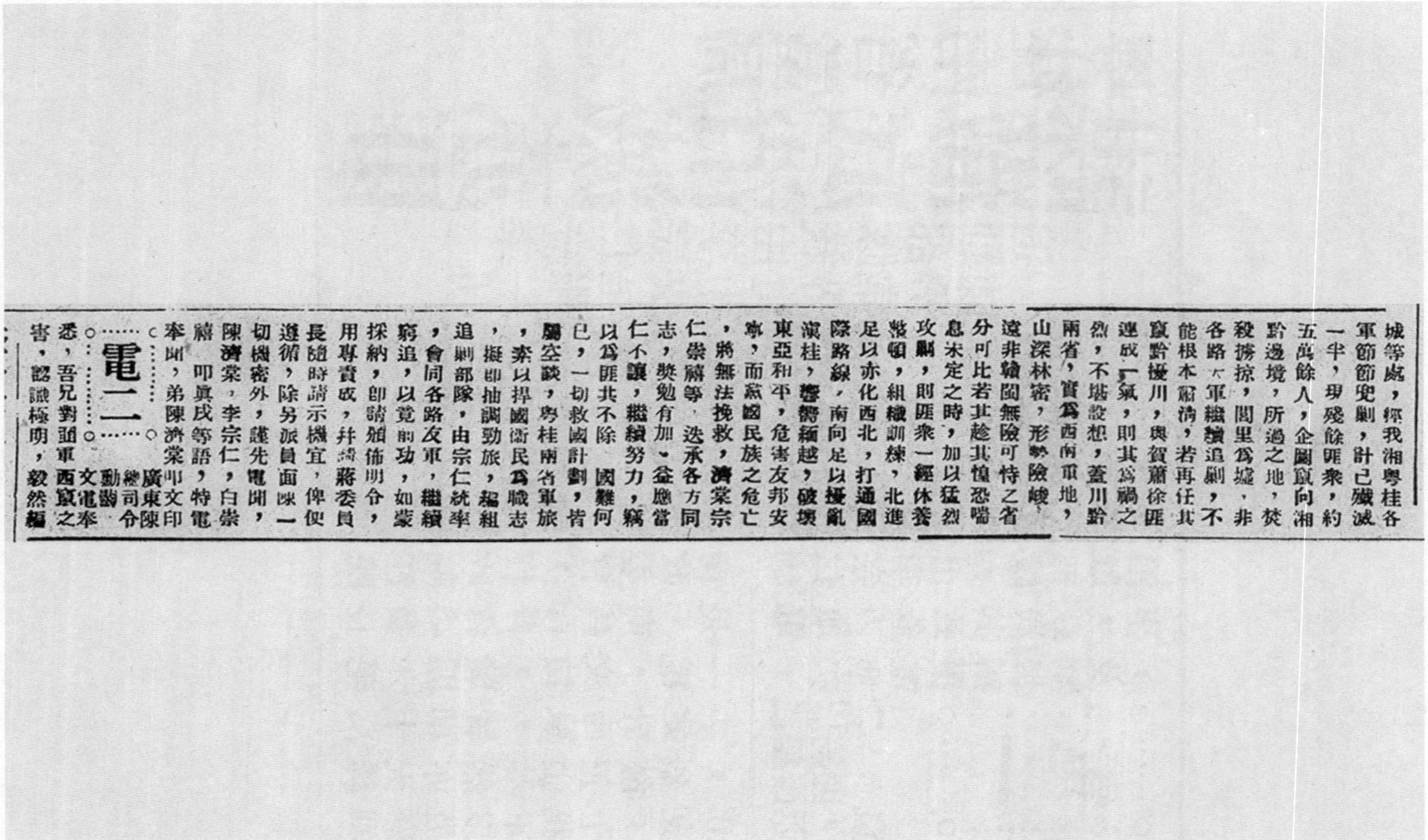
城等處，經我湘粵桂各軍節節兜剿，計已殲滅一半，現殘餘匪衆，約五萬餘人，企圖竄向湘黔邊境，所過之地，焚殺擄掠，閭里爲墟，非各路大軍繼續追剿，不能根本廓清，若再任其竄黔擾川，與賀蕭徐匪連成一氣，則其爲禍之烈，不堪設想，蓋川黔兩省，實爲西南重地，山深林密，形勢險峻，遠非贛閩無險可恃之省分可比若其趁其惶恐喘息未定之時，加以猛烈攻剿，則匪衆一經休養整頓，組織訓練，北進足以赤化西北，打通國際路線，南向足以擾亂滇桂，響聲緬越，破壞東亞和平，危害友邦安寧，而窯國民族之危亡，將無法挽救，濟棠宗仁崇禧等，迭承各方同志，獎勉有加，益應當仁不讓，繼續努力，竊以爲匪共不除，國難何已，一切救國計劃，皆屬空談，粵桂兩省軍旅，素以捍國衛民爲職志，擬即抽調勁旅，編組追剿部隊，由宗仁統率，會同各路友軍，繼續窮追，以竟前功，如蒙採納，即請頒佈明令，用專責成，并請蔣委員長隨時請示機宜，俾便遵循，除另派員面陳一切機密外，謹先電聞，陳濟棠，李宗仁，白崇禧叩眞戌等語，特電奉聞，弟陳濟棠叩文印

○……電一……○

廣東陳總司令勛鑒，文電奉悉，吾兄對剿軍西竄之害，認識極明，毅然編

（局部图 2）

組勁旅，由健生兄率領追賊，公忠體國，薄海同欽，忝在同胞，彌深敬佩，佇看掃蕩妖氛，爲時不遠，芟夷大難，指日可期，謹布鄙懷，并頌勛祺，弟劉湘叩寒，參謀長李宏錕代，

（局部图 3）

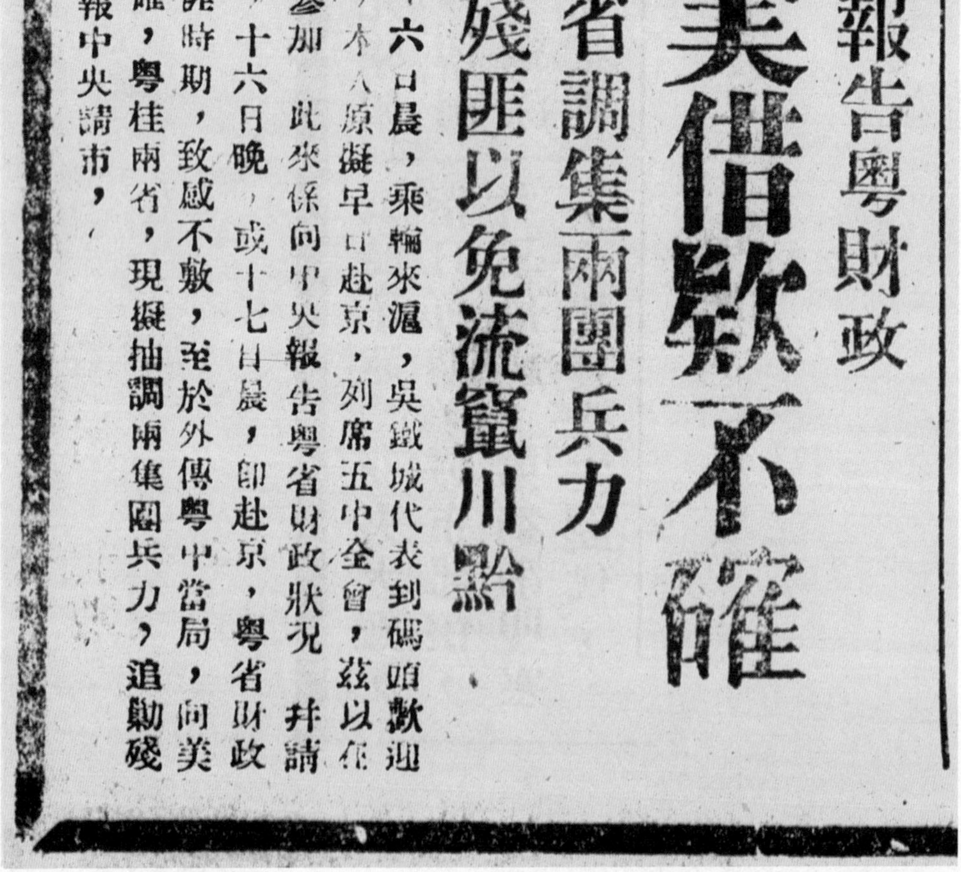

歐芳浦向中央報告粵財政

粵向美借款不確

粵桂兩省調集兩團兵力
追剿殘匪以免流竄川黔

上海十六日電，歐芳浦十六日晨，乘輪來滬，吳鐵城代表到碼頭歡迎，據歐氏在輪次，與記者談，本人原擬早日赴京，列席五中全會，茲以在粵另有要公，以致不克趕到參加，此來係向中央報告粵省財政狀況 幷請示剿匪計劃，在滬不作多留，十六日晚，或十七日晨，即赴京，粵省財政，原可敷支相抵，惟因在剿匪時期，致感不敷，至於外傳粵中當局，向美借款五千萬元，此說完全不確，粵桂兩省，現擬抽調兩集團兵力，追剿殘匪，以免流竄川黔，刻已呈報中央請示，

29. 区芳浦向中央报告粤财政，粤向美借款不确，粤桂两省调集两团兵力追剿残匪以免流窜川黔，1934年12月17日第1版

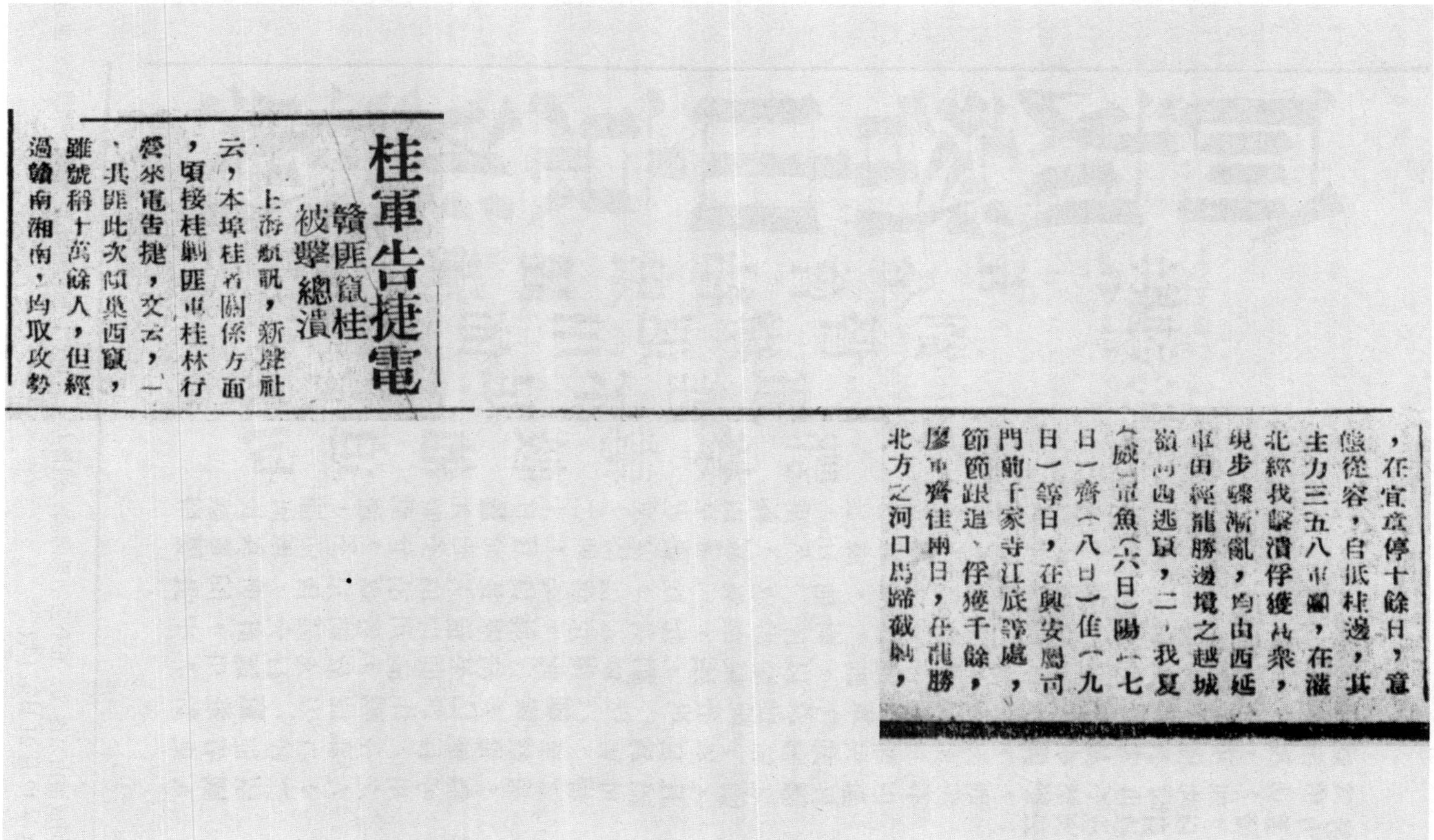

桂軍告捷電

贛匪竄桂 被擊總潰

上海航訊，新聲社云，本埠桂省關係方面，頃接桂剿匪軍桂林行營來電告捷，文云，一、共匪此次傾巢西竄，雖號稱十萬餘人，但經過贛南湘南，均取攻勢

，在宜章停十餘日，意態從容，自抵桂邊，其主力三五八軍團，在灌北經我擊潰俘獲甚衆，現步驟漸亂，均由西延車田經龍勝邊境之越城嶺向西逃竄，二、我夏（威）軍魚（六日）陽（七日）齊（八日）佳（九日）等日，在興安屬司門前千家寺江底等處，節節跟追，俘獲千餘，廖軍齊佳兩日，在龍勝北方之河口馬蹄截擊，

30. 桂军告捷电：赣匪窜桂被击总溃，1934 年 12 月 19 日第 1 版

何成濬由京返漢

據談

五全會結果圓滿

劉督辦返川佈置

西竄匪不足爲害

鄂禁毒較他迫切

漢口二十日電，何成濬，十八日晨，乘輪由京返漢，二十日晨九時到達，據何氏談稱，五中全會，結果至爲圓滿，予以離漢日久，綏署要公待理，且時屆冬令，冬防至爲重要，故於大會閉幕，蔣委員長返籍之際，抽暇返漢一行，俟蔣委員長，由浙返京後，與同張副司令，或將再赴京一行，商洽一切，劉督辦湘，此次入京，屢陳治理川省剿匪大計，中央極爲嘉納，決周密布置後，再行進剿，以圖聚殲，劉督辦此行結果圓滿，故先行返川，布置一切，至由贛西竄赤匪，經湘桂軍，及進剿各軍，迭次剿辦，已無作戰能力，竄逃黔邊湘境，現僅有零星小匪，因與大部失却聯絡，不足爲害，至禁毒進行，在鄂省較他省更爲迫切，如此時再不禁絕，則將不但無可籌之餉，且無可練之兵，無可用之人，深望國人努力奮發，以自救救國云，

31. 据谈何成濬由京返汉，五全会结果圆满，刘督办返川布置，西窜匪不足为害，鄂禁毒较他迫切，1934 年 12 月 21 日第 1 版

通道潰匪竄黔邊

湘桂軍跟蹤追擊

長沙十九日航訊，肅賀兩匪夜當德駐率發退竄盤龍橋，何令各路會剿，在道縣擒斬偽二十四師長陳樹香首級，何令解省示衆，劉建緒部收復新廠，擒匪千餘，黔軍又在，追抵錦屏，劍河柳霧遇匪，斃匪千餘落水，死者無算，劍河郎洞斃匪八百餘，匪向喬河竄竄，

長沙十九日訊，竄通道之匪經我軍堵擊，竄分經新廠馬路口竄入黔境，一部抵老錦屏，一部竄向劍河．我劉總指揮建緒率王東原師，十五日午抵靖縣，當以王師及何（平）部趕樂靖間，及靖綏間碉堡，五十三及三十六兩師向綏寧追進，陳陶章三師，十三日在岩門菁蕪洲各役，共斃匪數百，擒百餘，獲槍二百餘枝，十四日各部齊向通道進攻，激戰半日後，復斃匪千餘，擒二百餘，獲槍三百餘支，於未刻收復通道城，匪大部分向新廠潰竄，我陳光中師當即尾匪追剿，我陶廣章亮基兩師，由牙屯堡雙江口，向湘黔邊境追擊，十五日陳師追抵新廠附近，與匪激戰，章師亦趕到新廠及溶洞深渥之線，我薛總指揮岳已進駐黔陽，比令各師分向湘黔邊界之芷江玉屏銅仁天柱一帶推進堵擊，

長沙十九日訊，何鍵定今日赴寶慶，督部進剿匪，

川西北通訊社專訪，軍息，桂軍自將桂北贛匪肅清後，除鞏固原防外，另抽精銳部隊，由長朱古宜，進至究江古州一帶，協助黔軍追剿，茲將其追剿情形誌後、一，以第一追擊總隊一部，集結于龍勝附近，并以一部肅清，江口，芙蓉，及麗晉本部之殘匪，係圖湘桂邊境聲成，二、分第二追擊總隊一部之軍師，由滿剿長堡向屯堡轉蹋匪進剿．周師由古宜終卜江向榕江進擊協助，

長沙廿日電，桂軍俘匪六千餘，分十二批解送黃沙河，追剿總部決自廿二日起，陸續派隊護解來衡，以便收容處置，

貴陽二十日電，黔省府令各機關，因剿匪期間工作緊張，公私應酬停止，以免耗時廢事、如違查究、

32. 通道溃匪窜黔边，湘桂军跟踪追击，1934 年 12 月 22 日第 1 版

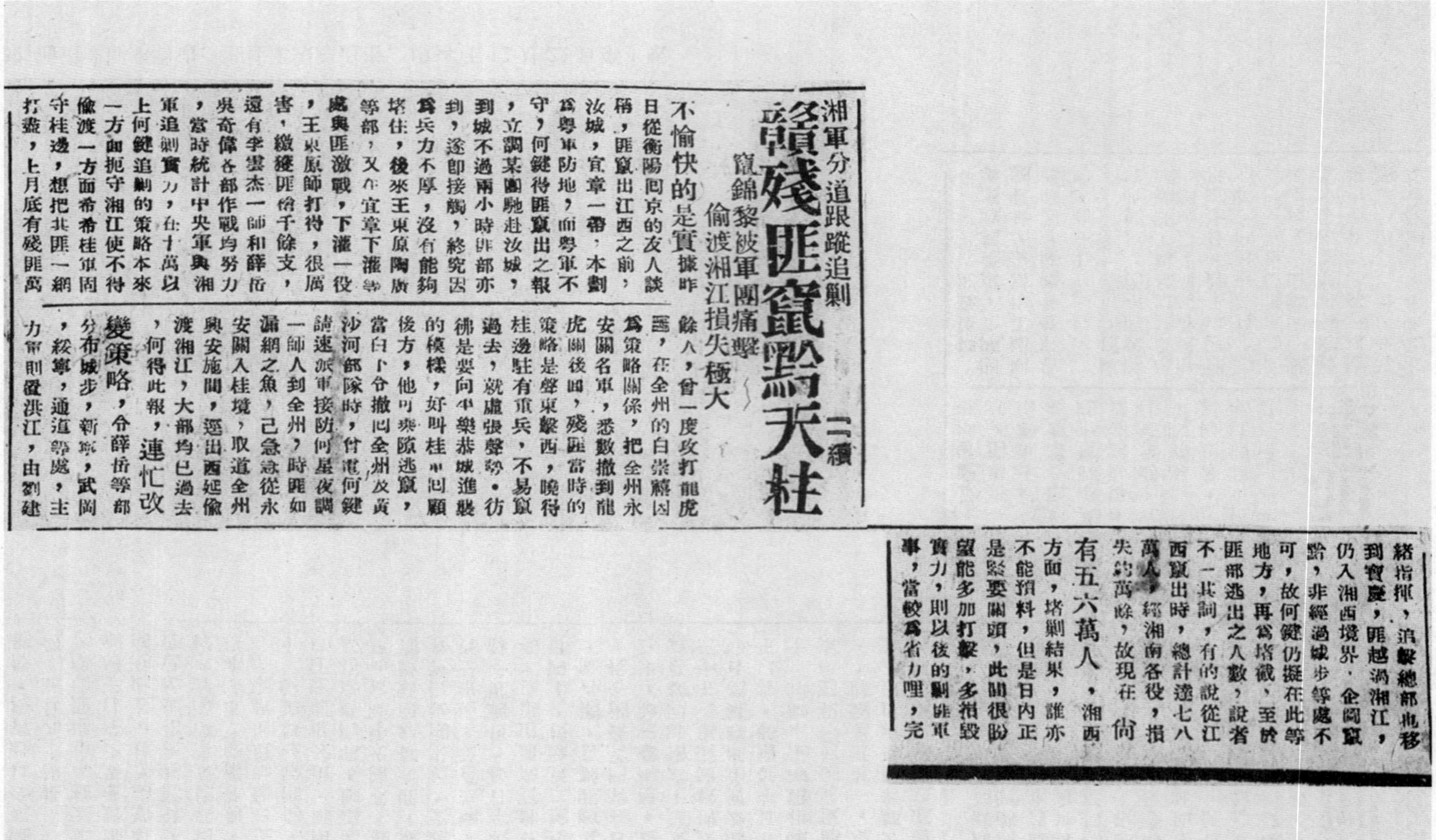

湘軍分道跟蹤追剿

贛殘匪竄黔天柱

竄錦黎被軍團痛擊 偷渡湘江損失極大（三續）

不愉快的是實據昨日從衡陽回京的友人談稱，匪竄出江西之前，汝城，宜章一帶，本劃爲粵軍防地，而粵軍不守，何鍵得匪竄出之報，立調某團馳赴汝城，到城不過兩小時匪部亦到，遂即接觸，終究因爲兵力不厚，沒有能夠堵住，後來王東原陶廣等部，又在宜章下灌等處與匪激戰，下灌一役，王東原師打得很厲害，繳獲匪槍千餘支，還有李雲杰一師和薛岳吳奇偉各部作戰均努力，當時統計中央軍與湘軍追剿實力，在十萬以上，何鍵追剿的策略本來一方面扼守湘江使不得偷渡，一方面希桂軍固守桂邊，想把北匪一網打盡，上月底有殘匪萬餘人，曾一度攻打龍虎關，在全州的白崇禧因爲策略關係，把全州永安關各軍，悉數撤到龍虎關後面，殘匪當時的策略是聲東擊西，曉得桂邊駐有重兵，不易竄過去，就虛張聲勢，彷彿是要向平樂恭城進襲的模樣，好叫桂軍回顧後方，他可乘隙逃竄，當白下令撤回全州及黃沙河部隊時，付電何鍵請速派軍接防，何星夜調一師人到全州，時匪如漏網之魚，已急急從永安關入桂境，取道全州興安施間，逕出西延偷渡湘江，大部均已過去，何得此報，連忙改變策略，令薛岳等部分布城步，新寧，武岡，綏寧，通道等處，主力軍則徵洪江，由劉建緒指揮，追剿總部北移到寶慶，匪越過湘江，仍入湘西境界，企圖竄黔，非經過城步等處不可，故何鍵仍擬在此等地方，再爲堵截，至於匪部逃出之人數，說者不一其詞，有的說從江西竄出時，總計達七八萬人，經湘南各役，損失約萬餘，故現在尚有五六萬人，湘西方面，堵剿結果，誰亦不能預料，但是日內正是緊要關頭，此間很盼望能多加打擊，多損毀實力，則以後的剿匪軍事，當較爲省力哩，（完）

33. 湘军分道跟踪追剿，赣残匪窜黔天柱，窜锦（屏）、黎（平）被军团痛击，偷渡湘江损失极大（续），1934 年 12 月 24 日第 1 版

湘黔各軍嚴密佈防
圍剿蕭賀朱毛等匪
李覺被委六路總指揮
猶國材侯之担赴前線
汪電王家烈早蕩匪氛

貴陽二十三日電，黔省剿匪總指揮猶國材，二十二日偕剿匪督察專員盧邦道，潘少成等由筑赴前方督師，又預備軍總指揮侯之担，以黔北關係重大，於昨日啓程赴遵義一布防，將沿烏江設守，

常德二十三日電，李覺被委為第六路總指揮，於二十一日在常德防次就職，據談，今後當與友軍聯絡，努力進剿，務使竄湘之蕭賀兩匪，澈底殲滅，

貴陽二十三日電，汪院長電王家烈，希努力實際應付危機，早蕩匪氛

辰州二十二日電，蕭賀匪部潰竄湖南後，竄與朱毛等相聯絡，已在洗車河桃源一帶，與國軍羅李兩部激戰，聞小有損失云，

貴陽二十二日電，追剿匪軍最近情況，撮要分述於次，一，湘桂黔邊方面，朱毛匪部經古宜一桂境一溶江入黔者，已在黎平渡河，一向西急進，另有一部經錦屏、平敖，瑤光而去，正偵察渡河地形，企圖逃竄，二，由通道靖縣間入黔者，已過遠口，天柱，因天柱境內，及玉屏，清溪等處駐有黔軍，隊未急進，大部仍在清水江兩岸盤踞，二，湘西常桃方面，一，蕭賀匪隊一部攻常德之西北門一部移羊毛灘，又一部渡過河口南岸，三，剿匪部隊，號一二十一日過雙江一湘境一經描冲隘出渠水，與湘軍夾攻匪，并在梗灣殘匪數百，匪決離突圍逃去，四，回竄綏寧以南臨口下鄉一帶之朱毛餘匪，由第一軍閻旅長劉達文，會同保安團隊，向臨口下鄉及長義石璧等處搜剿，五，中央軍追剿部隊，一、陶廣司令率其第一路所部一帥及章亮基帥靖縣出洪，黔陽，北綏懷化，辰谿，向辰州進發，二，陳光中師王東原，由新廠洪江入黔，尾道殘匪，三，令劉建緒司令，羅啓彊旅長，閩守常德，另調郭汝棟之第七路李覺之第六路，速由益陽，一資江下遊一集中，經湯壽入常德，桃源，相機進剿，第六，據以上各情，，常德沅江俱可無虞，，七，第二軍匯令部隊，現正向前推進，決由麻陽沅江入黔，

長沙二十二日電，匪大部渡清江，圖竄施秉鎮遠，我劉薛兩部正與黔軍會合堵截中，犯常桃之賀蕭匪經劉運乾羅啓疆兩部痛剿，斃匪二千餘名，退河浛，我李覺，郭汝棟兩部均馳常桃，即日向匪總攻，何、十二午抵寶慶，劉建文旅十八在通綏間石壁下鄉一帶搜剿，斃匪三百餘，俘二千餘解武岡，訊辦　李覺二十一日赴常，組六路司令部，指揮各部進剿，賀蕭匪郭汝棟亦抵常城，就七路追剿司令，聯絡友軍，追剿蕭賀殘匪，常城大部軍・雲集，民心鎮定，秩序井然，

長沙二十一日，何鍵以蕭賀股匪流竄湘西，為謀迅予殲滅，以安地方起見，特委代理保安司令李覺，為追剿第六路司令，即上督率所部，進駐常德，聯絡第七路郭汝棟部，協力進剿，

又訊，劉總指揮建緒，十八日由綏縣電省略稱，本日有匪二千餘，由黔回竄通道，西北之穩園，二湾橋一帶，經派李光中師予痛擊，斃匪百餘，俘匪三百餘，殘匪仍竄黔境，我軍仍尾追前進，頗有斬獲，

34. 湘黔各军严密布防围剿萧（克）、贺（龙）、朱（德）、毛（泽东）等匪，李觉被委六路总指挥，犹国才、侯之担赴前线，汪（精卫）电王家烈早荡匪氛，1934 年 12 月 25 日第 1 版

北平晚报

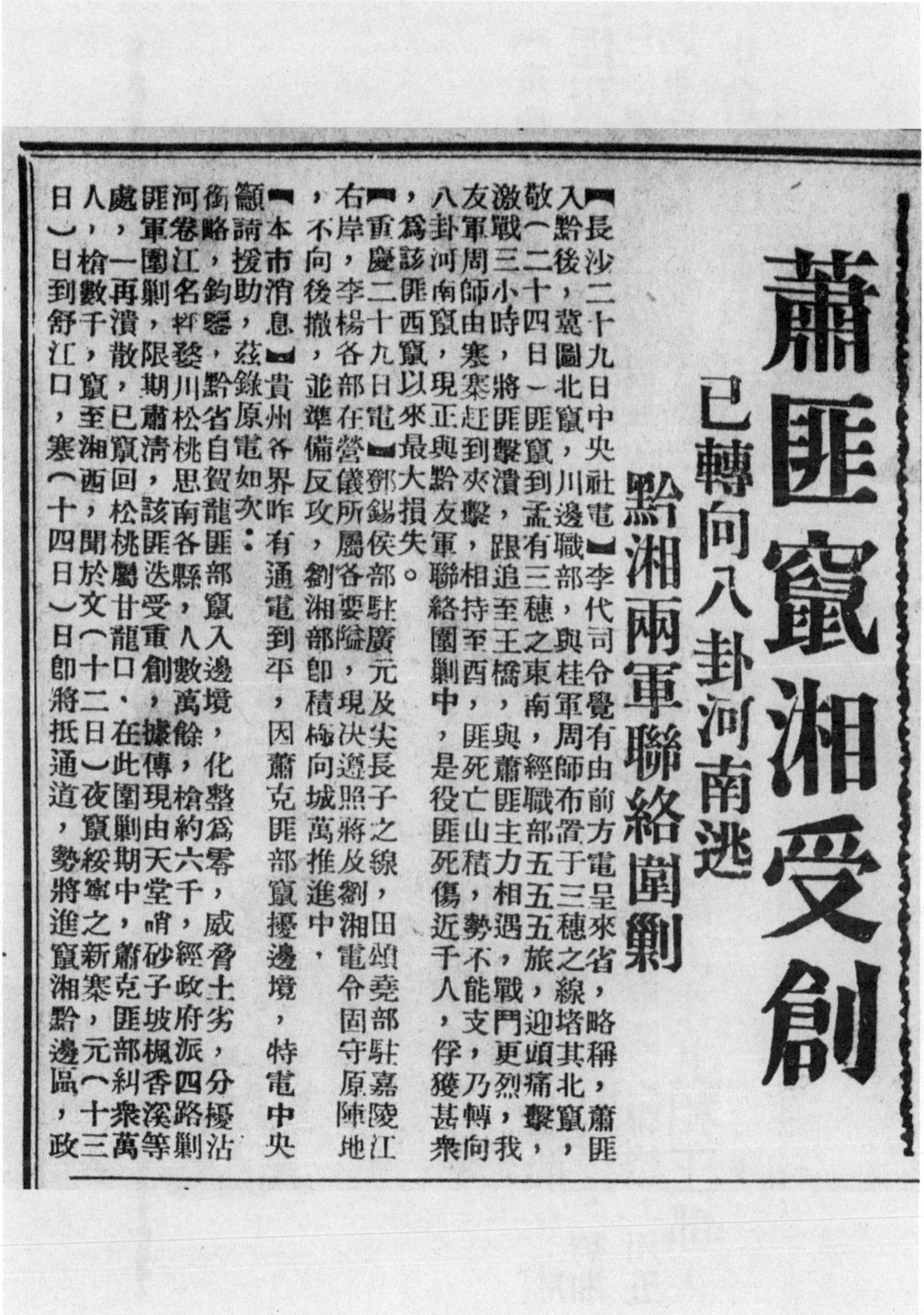

蕭匪竄湘受創

已轉向八卦河南逃

黔湘兩軍聯絡圍剿

【長沙二十九日中央社電】李代司令覺有由前方電呈來省，略稱，蕭匪入黔後，冀圖北竄，川邊職部，與桂軍周師布置于三穗之線，堵其北竄，敬（二十四日）匪竄到孟有三穗之東南，經職部五五五旅，迎頭痛擊，激戰三小時，將匪擊潰，跟追至王橋，與蕭匪主力相遇，戰門更烈，我友軍周師由寨寨赶到夾擊，相持至西，匪死亡山積，勢不能支，乃轉向八卦河南竄，現正與黔友軍聯絡圍剿中，是役匪死傷近千人，俘獲甚衆，爲該匪西竄以來最大損失。

【重慶二十九日電】鄧錫侯部駐廣元及尖長子之線，田頌堯部駐嘉陵江右岸，李楊各部在營儀所屬各要隘，現決遵照蔣及劉湘電令固守原陣地，不向後撤，並準備反攻，劉湘部即積極向城萬推進中，

【本市消息】貴州各界昨有通電到平，因蕭克匪部竄擾邊境，特電中央籲請援助，玆錄原電如次：銜略，鈞鑒，黔省自賀龍匪部竄入邊境，化盤爲零，威脅土劣，分擾沿河印江石阡婺川松桃思南各縣，八數萬餘，槍約六千，經政府派四路剿匪軍圍剿，限期肅清，該匪迭受重創，據傳現由天堂哨砂子坡楓香溪等處，一再潰散，巳竄回松桃闢甘龍口、在此圍剿期中，蕭克匪部糾衆萬人，槍數千，竄至湘西，聞於文（十二日）夜竄綏寧之新寨，元（十三日）日到舒江口，寒（十四日）日即將抵通道，勢將進竄湘黔邊區，政

1. 萧匪窜湘受创已转向八卦河南逃，黔湘两军联络围剿，1934 年 9 月 29 日第 2 版（残）

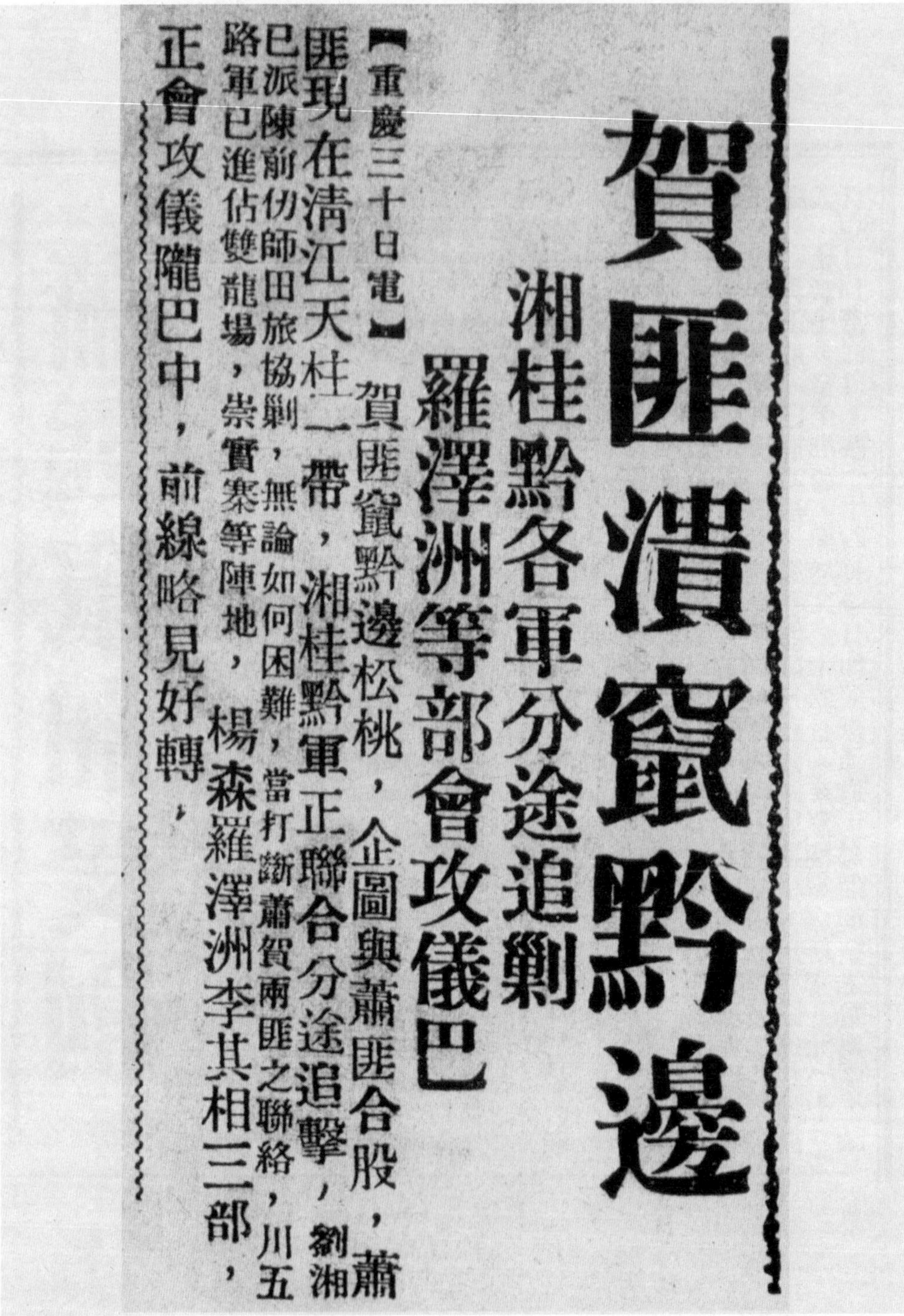

賀匪潰竄黔邊

湘桂黔各軍分途追剿

羅澤洲等部會攻儀巴

【重慶三十日電】賀匪竄黔邊松桃，企圖與蕭匪合股，蕭匪現在清江天柱一帶，湘桂黔軍正聯合分途追擊，劉湘已派陳萬仞師田旅協剿，無論如何困難，當打斷蕭賀兩匪之聯絡，川五路軍已進佔雙龍場，崇實寨等陣地，楊森羅澤洲李其相三部，正會攻儀隴巴中，前線略見好轉，

2. 贺匪溃窜黔边，湘桂黔各军分途追剿，罗泽洲等部会攻仪（陇）、巴（中），1934年9月30日第2版

國軍進攻興國

湘桂黔各軍包圍蕭匪

川五路軍進佔龍岡寺

【南昌十一日中央社電】我□□及□□隊·十日分向古龍岡及興國進攻，預計日內可攻下，蕭匪亦被湘桂黔各軍包圍，短期內可殲滅，

【重慶十二日電】蕭克匪部因受湘桂黔各軍威脅，已竄回徐慶縣，賀匪被川軍壓迫，復竄回印江沿河等處，其合股企圖，一時不能實現，劉湘回成都後，各軍官長決定一致努力，五路左翼郭勛旅已進佔龍岡寺，劉湘並將全線分為三基幹，以王治易為右翼指揮，兼第一縱隊司令，許堯卿為中央指揮，兼第二縱隊司令，范紹增為左翼指揮，兼第三縱隊司令，唐式遵為預備隊指揮。

【厦門十一日中央社電】名記者葉如音，日前因在前方翻車受傷，來厦醫治，據談閩西現狀，謂自連城收復後，鄰近匪區脅從者來歸日衆，足証民心反正，共匪末日即至，現國軍所到各地，秩序平定，商賈樂業，最近東路軍進攻長汀，迭摧匪要塞，剋河田已下，全力正向長汀挺進，，直搗瑞金匪巢，為期亦不在遠，

3. 国军进攻兴国，湘桂黔各军包围萧匪，川五路军进占龙冈寺，1934 年 10 月 12 日第 2 版

長汀指日可下

匪被夾擊已無險可守！

【汕頭電訊】朱毛因石城長汀，受東北兩路包圍夾擊，其最前陣線，已移於瑞金長汀交界之界嶺，利用險峻地勢，築有壘堡甚多，界嶺左通武彝山，右通筠門嶺，匪自恃能抓山夜行，故憑險以抗國軍，九月廿六七日等，朋口，溫坊各線戰事，皆匪夜間來襲，結果國軍大獲勝利，中屋村，衣洋嶺，半仙岩，等要隘，均被國軍收復，此處距長汀城僅六七十里，汀州地勢，四面環山，最奇特者，城內崛起高山一座，四面城垣，依山傍水，格外雄偉，此山名曰龍山，鄞江之水，向南流經上杭大埔，匯於韓江，故向來汀紙皆以潮州爲總匯之區，然後從汕頭運輸出口，鄞江在汀境數十里，流沙如金，燦爛奪目，又名曰金沙，長汀至連城之正面，中屋村可稱天暫，此地破國軍收復，匪在附城七十里，無險可守，是國軍攻下長汀，直時間問題耳，

【重慶十七日電】蕭匪現經湘桂黔軍環追，已竄至施秉石阡一帶深山中，桂軍業到達四川秀山縣，賀匪仍盤踞沿河印江間，劉湘軍陳師已將沿河克復，賀匪不能與蕭合股，成都會議，決定先將嘉陵江南岸各部，迅速撐出北岸，以期早克儀隴，劉湘俟會議畢，卽赴五路前線督勵進攻，牽制匪之西進。

【漳州十六日中央社電】龍巖城崗警察所長郭榮圻，撤職查辦，暫由第七區保安副司令李滋樊兼任。

4. 长汀指日可下，匪被夹击已无险可守，1934 年 10 月 17 日第 2 版

東路軍砲攻汀城

朱匪內部已無門志

湘桂各軍包剿賀匪

【福州二十三日中央社電】（一）保安十四團鍾紹葵部，奉令開上杭，並進勦大洋壩等地之匪，養（二十二日）電省府報告，大洋壩當風凹中隘嶺之匪，被擊已向濯洋逃竄，（二）東路軍宋希濂師及砲兵旅越金沙溪南坑前進，以大砲猛攻汀城，赤匪懾於我軍兵力，無門志，朱德深恐內部瓦解，對卡兵監視甚嚴，

【重慶二十四日電】川軍達旅已將賀匪擊潰，並將大監山一帶高地佔領，生擒匪大隊長李仁濤一名，匪向龍溪竄去，蕭匪經湘桂黔各軍壓迫，仍盤踞石阡附近高山，內有化整為零企圖，正包剿中。【都成二十四日下午--時電】川軍重組出擊部隊，前線擇險修築工事，並整理交通，穩紮穩打，楊虎城來電，陝軍組挺進隊攻匪老巢，寒山寺，大小盤壩已接觸。

5. 东路军炮攻汀城，朱匪内部已无斗志，湘桂各军包剿贺匪，1934 年 10 月 24 日第 2 版

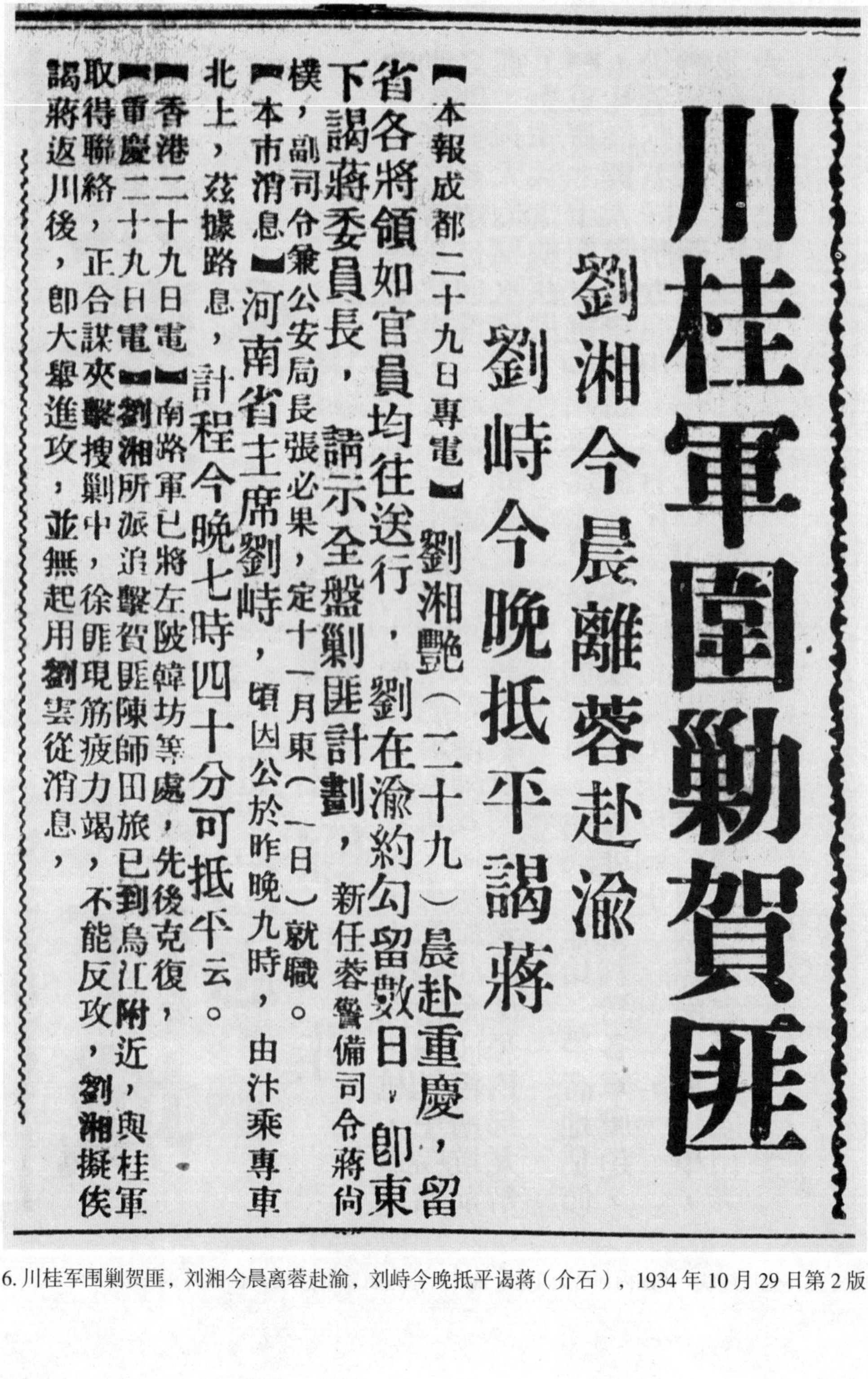

川桂軍圍剿賀匪

劉湘今晨離蓉赴渝

劉峙今晚抵平謁蔣

【本報成都二十九日專電】劉湘艶（二十九）晨赴重慶，留省各將領如官員均往送行，劉在渝約勾留數日，即東下謁蔣委員長，請示全盤剿匪計劃，新任蓉警備司令蔣尚樸，副司令兼公安局長張必果，定十一月東（一日）就職。

【本市消息】河南省主席劉峙，頃因公於昨晚九時，由汴乘專車北上，茲據路息，計程今晚七時四十分可抵平云。

【香港二十九日電】南路軍已將左陂韓坊等處，先後克復，

【重慶二十九日電】劉湘所派追擊賀匪陳師田旅已到烏江附近，與桂軍取得聯絡，正合謀夾擊搜剿中，徐匪現筋疲力竭，不能反攻，劉湘擬俟謁蔣返川後，即大舉進攻，並無起用劉雲從消息，

6. 川桂军围剿贺匪，刘湘今晨离蓉赴渝，刘峙今晚抵平谒蒋（介石），1934 年 10 月 29 日第 2 版

湘桂邊境激戰

匪部向把戲河以西潰退

【長沙二十七日中央社電】衡陽有（二十五）電，匪主力四五萬，在道縣壽佛寺之線，一部萬餘，在道縣北王母橋附近，繞竄桂境龍虎關附近之匪，約萬餘，向永明區之上江附近行進，匪後隊萬餘，連日在寧遠西南之把戲河大界一帶，與我周渾元李雲杰各路軍節節抗戰，我軍斃匪甚多，獲槍千餘，又寧遠之匪，于漾一二十三日一在該縣天堂境，與我周渾元，李雲杰，王東原等部激戰，我軍猛力轟擊，斃匪二三千，獲槍千餘，我軍亦有傷亡，敬（二十四日）晨周渾元部，向道縣大道攻擊，匪利用梧溪洞五六里長之隘道，節節抗戰，我口師由右迂迴，襲擊其後，匪始不敵，向把戲河以西潰退，現正跟擊中。

【長沙二十七日中央社電】衡訊，我周渾元，李雲杰，王東原各部，將道縣臨武蘭山各處共匪，完全擊潰，業與粵軍獨三等師，會合向匪猛剿，斃匪無算。

7. 湘桂边境激战，匪部向把戏河以西溃退，1934 年 11 月 28 日第 2 版

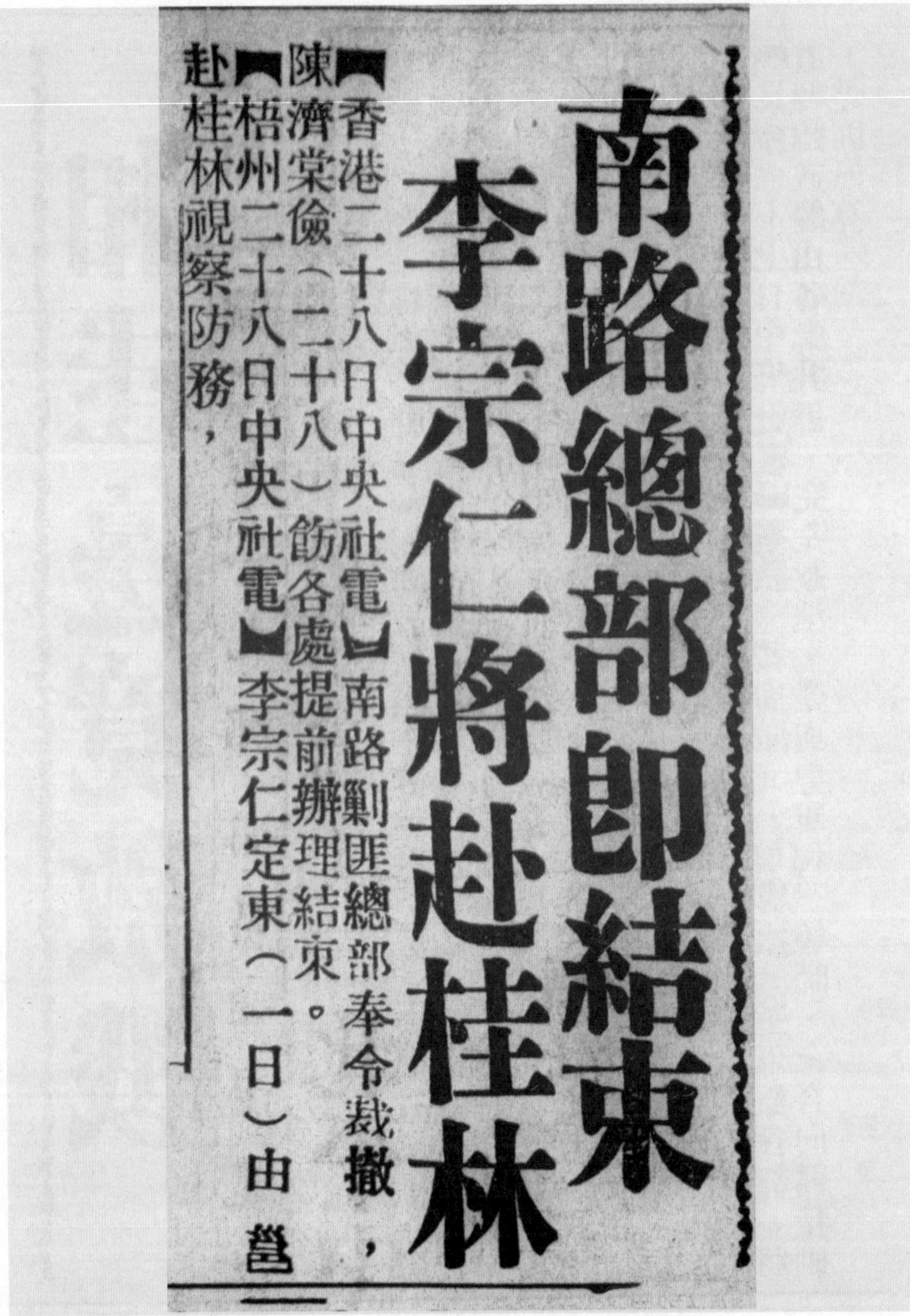

南路總部即結束
李宗仁將赴桂林

【香港二十八日中央社電】南路剿匪總部奉令裁撤，陳濟棠儉（二十八）飭各處提前辦理結束。【梧州二十八日中央社電】李宗仁定東（一日）由邕赴桂林視察防務，

8. 南路总部即结束，李宗仁将赴桂林，1934 年 11 月 29 日第 2 版

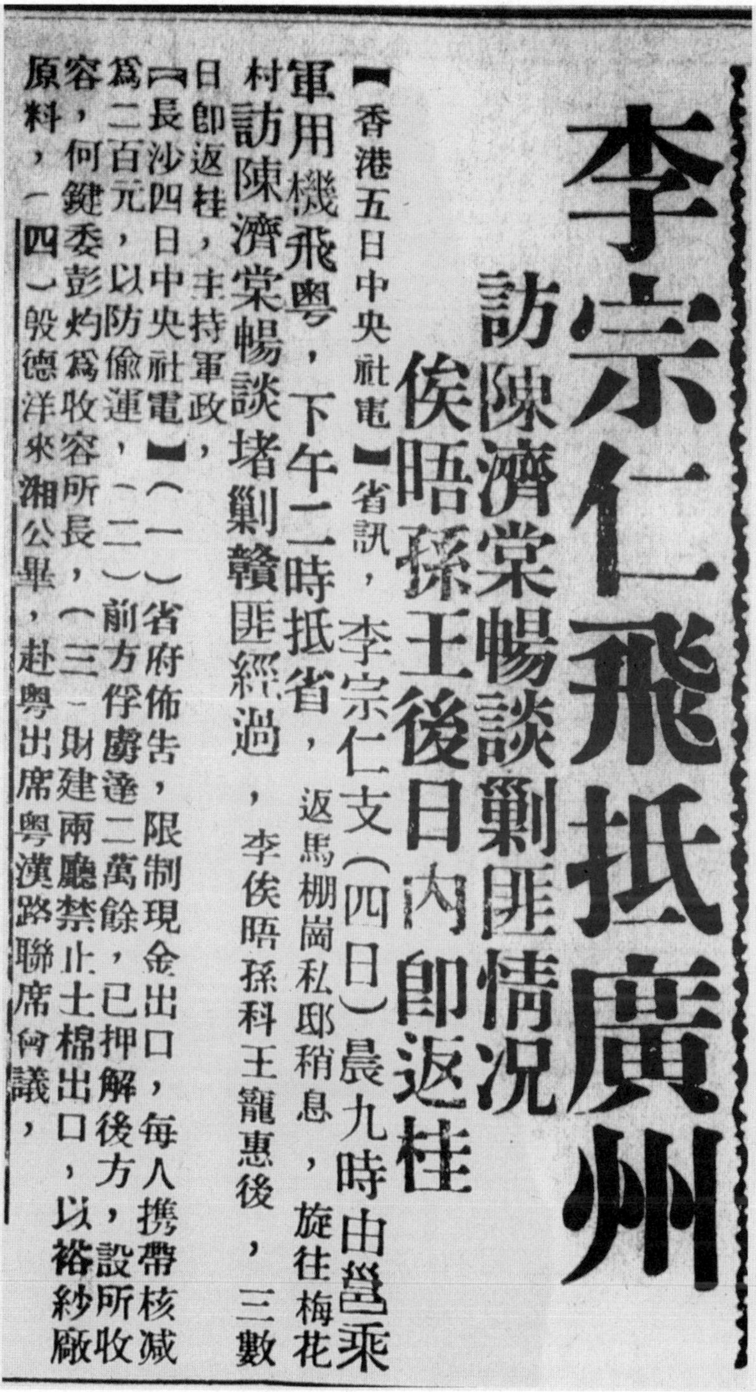

李宗仁飛抵廣州

訪陳濟棠暢談剿匪情況
俟晤孫王後日內即返桂

【香港五日中央社電】省訊，李宗仁支（四日）晨九時由邕乘軍用機飛粵，下午二時抵省，返馬棚崗私邸稍息，旋往梅花村訪陳濟棠暢談堵剿贛匪經過，李俟晤孫科王寵惠後，三數日即返桂，主持軍政，

【長沙四日中央社電】（一）省府佈告，限制現金出口，每人携帶核減爲二百元，以防偷運，（二）前方俘虜達二萬餘，已押解後方，設所收容，何鍵委彭灼爲收容所長，（三）財建兩廳禁止土棉出口，以裕紗廠原料，（四）一般德洋來湘公畢，赴粵出席粵漢路聯席會議，

9. 李宗仁飞抵广州访陈济棠畅谈剿匪情况，俟晤孙（科）、王（宠惠）后日内即返桂，1934 年 12 月 5 日第 2 版

山东日报

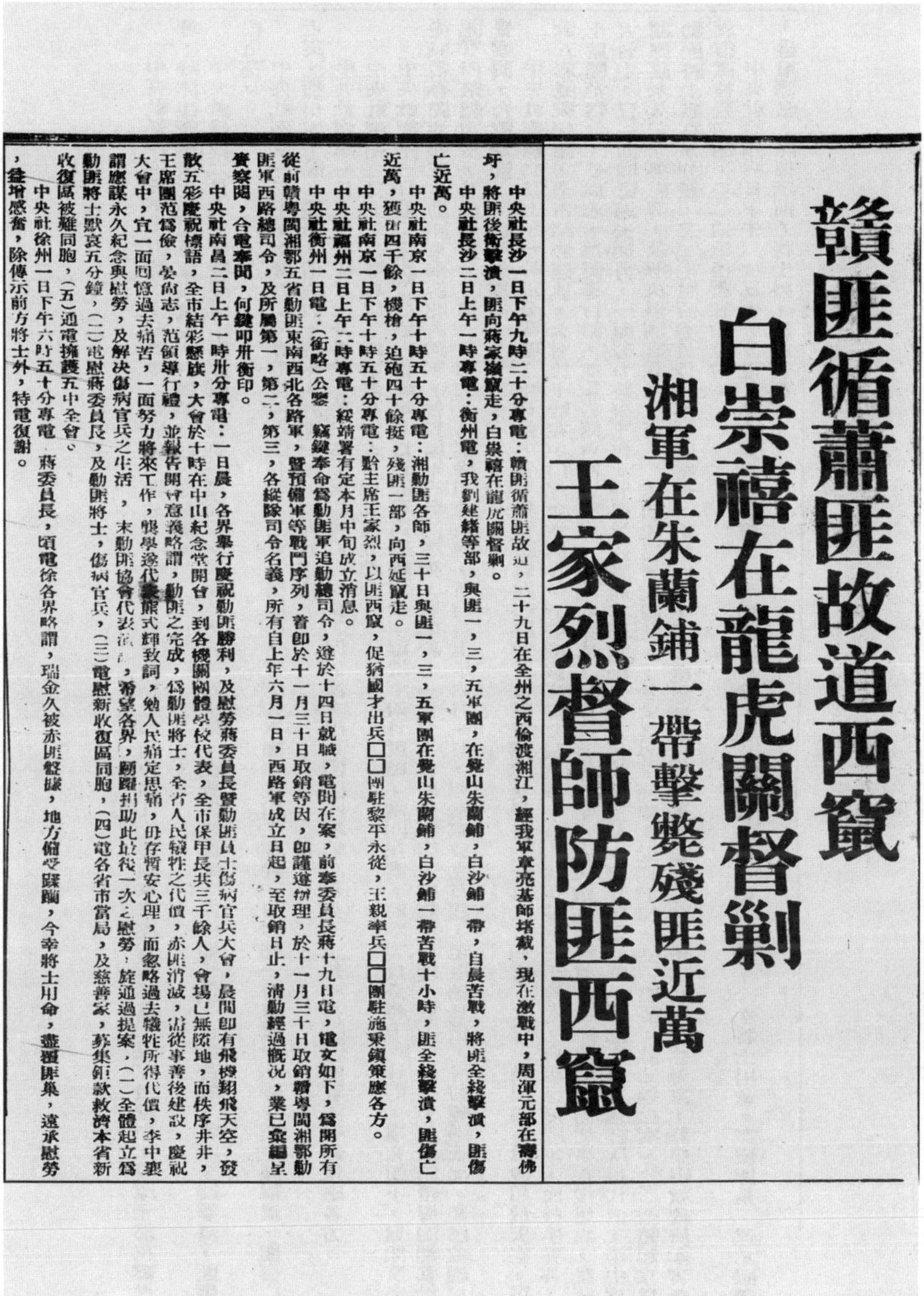

贛匪循蕭匪故道西竄

白崇禧在龍虎關督剿

湘軍在朱蘭鋪一帶擊斃殘匪近萬

王家烈督師防匪西竄

中央社長沙一日下午九時二十分專電：贛匪循蕭匪故道，二十九日在全州之西倫渡湘江，經我軍章亮基師堵截，現在激戰中，周渾元部在壽佛圩，將匪後衛擊潰，匪向蔣家嶺竄走，白崇禧在龍虎關督剿。

中央社長沙二日上午一時專電：衡州電，我劉建緒等部，與匪一，三，五軍團，在覺山朱蘭鋪，白沙鋪一帶，自晨苦戰，將匪全綫擊潰，匪傷亡近萬。

中央社南京一日下午十時五十分專電：湘勦匪各師，三十日與匪一，三，五軍團在覺山朱蘭鋪，白沙鋪一帶苦戰十小時，匪全綫擊潰，匪傷亡近萬，獲俘四千餘，機槍，迫砲四十餘挺，殘匪一部，向西延竄走。

中央社南京一日下午十時五十分專電：黔主席王家烈，以匪西竄，促猶國才出兵□□團駐黎平永從，王親率兵□□團駐施秉鎮策應各方。

中央社福州二日上午二時專電：綏靖署有定本月中旬成立消息。

中央社衡州一日電：(衡略)公鑒　竊鍵奉命爲勦匪軍追勦總司令，遵於十四日就職，電聞在案，前奉委員長蔣十九日電，電文如下，爲開所有從前贛粵閩湘鄂五省勦匪東南西北各路軍，暨預備軍等戰鬥序列，着即於十一月三十日取銷等因，即謹遵辦理，於十一月三十日取銷贛粵閩湘鄂勦匪軍西路總司令，及所屬第一，第二，第三，各縱隊司令名義，所有自上年六月一日，西路軍成立日起，至取銷日止，清勦經過概況，業已彙編呈資察閱，合電奉聞，何鍵叩卅衡印。

中央社南昌二日上午一時卅分專電：一日晨，各界舉行慶祝勦匪勝利，及慰勞蔣委員長暨勦匪員士傷病官兵大會，晨間即有飛機翱飛天空，發散五彩慶祝標語，全市結彩懸旗，大會於十時在中山紀念堂開台，到各機關團體學校代表，全市保甲長共三千餘人，會場已無隙地，而秩序井井，主席團范爭儉，晏尙志，范領導行禮，並報告開會意義略謂，勦匪之完成，爲勦匪將士，全省人民犧牲之代價，赤匪消滅，需從事善後建設，慶祝大會中，宜一面回憶過去痛苦，一面努力將來工作，繼學遂代表熊式輝致詞，勉人民痛定思痛，毋存暫安心理，而忽略過去犧牲所得代價，李中襄謂應謀永久紀念與慰勞，及解決傷病官兵之生活，末勦匪協會代表[illegible]，希望各界，踴躍捐助此最後一次之慰勞，旋通過提案，(一)全體起立爲勦匪將士默哀五分鐘，(二)電慰蔣委員長，及勦匪將士，傷病官兵，(三)電慰新收復區同胞，(四)電各省市當局，及慈善家，募集鉅款救濟本省新收復區被難同胞，(五)通電擁護五中全會。

中央社徐州一日下午六時五十分專電　蔣委員長，頃電徐各界略謂，瑞金久被赤匪盤據，地方備受蹂躪，今幸將士用命，盡覆匪巢，遠承慰勞，益增感奮，除傳示前方將士外，特電復謝。

1. 赣匪循萧匪故道西窜，白崇禧在龙虎关督剿，湘军在朱兰铺一带击毙残匪近万，王家烈督师防匪西窜，1934 年 12 月 2 日第 3 版中央社長沙一日下午九時二十分專電：贛匪循蕭匪故道，二十九日在全州之西倫渡湘江，經我軍韋亮基師堵截，現在激戰中，周渾元部在壽佛圩，將匪後衛擊潰，匪向蔣家嶺竄走，白崇禧在龍虎關督剿。

中央社長沙二日上午一時專電：衡州電，我劉建緒等部，與匪一，三，五軍團，在覺山朱蘭舖，白沙舖一帶，自晨苦戰，將匪全綫擊潰，匪傷亡近萬。

中央社南京一日下午十時五十分專電：湘勦匪各師，三十日與匪一，三，五軍團在覺山朱蘭舖，白沙舖一帶苦戰十小時，匪全綫擊潰，匪傷亡近萬，獲俘四千餘，機槍，迫砲四十餘挺，殘匪一部，向西延竄走。

中央社南京一日下午十時五十分專電：黔主席王家烈，以匪西竄，促猶國才出兵□□團駐黎平永從，王親率兵□□團駐施秉鎮寧應各方。

中央社福州二日上午二時專電：綏靖署有定本月中旬成立消息。

中央社衡州一日電：(衡略)公鑒 緜鍵奉命爲勦匪軍追勦總司令，遵於十四日就職，電陳在案，前奉委員長蔣十九日電，電文如下，爲開所有從前贛粵閩湘鄂五省勦匪東南西北各路軍，暨預備軍等戰鬥序列，着即於十一月三十日取銷等因，即謹遵辦理，於十一月三十日取銷贛粵閩湘鄂勦匪軍西路總司令，及所屬第一，第二，第三，各縱隊司令名義，所有自上年六月一日，西路軍成立日起，至取銷日止，清勦經過概況，業已彙編呈賚察閱，合電奉聞，何鍵叩卅衡印。

中央社南昌二日上午一時卅分專電：一日晨，各界舉行慶祝勦匪勝利，及慰勞蔣委員長暨勦匪員士傷病官兵大會，晨間即有飛機翱飛天空，發散五彩慶祝標語，全市結彩懸旗，大會於十時在中山紀念堂開會，到各機關團體學校代表，全市保甲長共三千餘人，會場已無隙地，而秩序井井，王席團范爲儉，晏尚志，范領導行禮，並報告開會意義略謂，勦匪之完成，爲勦匪將士，全省人民犧牲之代價，赤匪消滅，當從事善後建設，慶祝大會中，宜一面回憶過去痛苦，一面努力將來工作，辦學遂代表熊式輝致詞，勉人民痛定思痛，毋存暫安心理，而忽略過去犧牲所得代價，李中襄謂應謀永久紀念與慰勞，及解决傷病官兵之生活，末勦匪協會代表演說，希望各界，踴躍捐助此最後一次之慰勞；旋通過提案，(一)全體起立爲勦匪將士默哀五分鐘，(二)電慰蔣委員長，及勦匪將士，傷病官兵，(三)電慰新收復區同胞，(四)電各省市當局，及慈善家，募集鉅款救濟本省新收復區被難同胞，(五)通電擁護五中全會。

中央社徐州一日下午六時五十分專電 蔣委員長，頃電徐各界略謂，瑞金久被赤匪盤據，地方備受蹂躪，今幸將士用命，盡覆匪巢，遠承慰勞，益增感奮，除傳示前方將士外，特電復謝。

（局部图）

湘桂軍連日擊匪大捷

蕭匪偷渡被章師擊竄

興國雩都殘匪潛伏機關迭經破獲

蔣對黔省剿匪深嘉慰

中央社南京三日上午二時專電：全州三十日電稱，本日我劉建緒部，與匪一，三，五．軍團在覺山，朱蘭鋪，白沙鋪一帶激戰，將匪全綫擊潰，匪傷亡近萬，共繳獲槍六千餘技，機槍，迫砲四十餘挺，爲剿匪以來未有之大捷，殘匪竄走，正尾追中，又東(一日)電稱，本日下午二時，在全州以南之麻石渡，與桂軍在石塘墟將匪約五團之衆包圍，匪無力抵抗，正繳械中，又章師長亮基，三十日電稱，蕭部偷渡之匪，約二萬餘，自經我軍迎頭痛擊後，經板橋鋪狼狽潰竄，二十九日晨我派出之追剿部隊，又在途中大嶺，將該匪痛擊，斃匪千餘，匪僞團長，營長，連長，先後陣亡數人，實力損失甚鉅，已無戰鬥能力，不難一鼓殲滅。

中央社衡州三日上午二時專電：何鍵特派劉膺古，爲剿匪軍追剿預備軍縱隊司令，即日移駐某處。

中央社南昌三日上午一時二十五分專電：興國克復後，西鄉略有殘匪，經駐軍清勦，在荷溪生擒僞主席，一名，獲軍用品甚多，又在樓梯庵破獲僞政府三處，俘匪主席，祕書，裁判合作社長等四名，各匪首均已伏法，又雩都後備隊，進勦茅店一帶殘匪，擊斃僞主席一名，救出肉票三人。

中央社貴陽二日下午十時二十五分專電：李宗仁電何鍵、請派隊至全州堵截贛匪。

中央社貴陽二日下午十時二十五分專電：王家烈，日內由貴陽赴前方佈置防堵竄匪，所屬各隊，先行出發，所有軍隊，全由王指揮，蔣委員長電王家烈，對黔省勦匪，深爲嘉慰。

中央社貴陽二日下午十一時專電：貴陽縣議會一日成立。

中央社南昌二日下午九時五十分專電：省府試行徵兵，爲使全省民衆澈底明瞭其意義，並養成(好漢要當兵)之心理起見，已擬定宣傳辦法，通令各縣遵照擴大宣傳。

中央社南昌二日下午九時專電：各界慶祝勦匪勝利，暨慰勞蔣委員長，及勦匪將士大會，定三日晚舉行提燈會，各機關團體學校，各派二十人參加，全市保甲長，亦一律加入，燈綵力求簡單樸素，

中央社南昌二日下午十一時二十分專電：顧祝同一日通電就駐贛綏靖主任職。

中央社南昌二日下午十二時專電：前北路剿匪軍司令顧祝同，遵南昌行營電令，將該司令部，於十一月三十日取銷，另於十二月一日，在吉安成立駐贛綏靖公署，先行就職視事，擇期補行宣誓典禮。

中央社龍岩三日上午一時專電，東路總部，奉命結束，其所轄前方各戰時組織之機關，均限於十一月底全部裁撤。

中央社龍岩三日上午一時二十分專電：蔣鼎文·奉委爲駐閩綏靖主任·聞就東路總部按新編制改組綏靖署，地點仍在漳州，俟蔣返閩籌備組織，

中央社龍岩二日下午九時五十分專電：蔣鼎文一日通電就駐閩綏靖主任職。

2. 湘桂军连日击匪大捷，萧匪偷渡被章师击窜，兴国、雩都残匪潜伏机关迭经破获，蒋（介石）对黔省剿匪深嘉慰，1934 年 12 月 3 日第 3 版

中央社南京三日上午二時專電：全州三十日電稱，本日我劉建緒部，與匪一，三，五．軍團在覺山，朱蘭鋪，白沙鋪一帶激戰，將匪全綫擊潰，匪傷亡近萬，共繳獲槍六千餘技，機槍，迫砲四十餘挺，爲剿匪以來未有之大捷，殘匪竄走，正尾追中，又東(一日)電稱，本日下午二時，在全州以南之麻石渡，與桂軍在石塘墟將匪約五團之衆包圍，匪無力抵抗，正繳械中，又章師長亮基，三十日電稱，蕭部倫渡之匪，約二萬餘，自經我軍迎頭痛擊後，經板橋鋪狼狽潰竄，二十九日晨我派出之追剿部隊，又在途中大嶺，將該匪痛挫，斃匪千餘，匪僞團長，營長，連長，先後陣亡數人，實力損失甚鉅，已無戰鬥能力，不難一鼓殲滅。

中央社衡州三日上午二時專電：何鍵特派劉膺古，爲剿匪軍追剿預備軍縱隊司令，即日移駐某處。

中央社南昌三日上午一時二十五分專電：興國克復後，西鄉略有殘匪，經駐軍清勦，在荷溪生擒僞主席，一名，獲軍用品甚多，又在樓梯庵破獲僞政府三處，俘匪主席，祕書，裁判合作社長等四名，各匪首均已伏法，又雩都後備隊，進勦茅店一帶殘匪，擊斃僞主席一名，救出肉票三人。

中央社貴陽二日下午十時二十五分專電：李宗仁電何鍵、請派隊至全州堵截贛匪。

中央社貴陽二日下午十時二十五分專電：王家烈，日內由貴陽赴前方佈置防堵竄匪，所屬各隊，先行出發，所有軍隊，全由王指揮，蔣委員長電王家烈，對黔省勦匪，深爲嘉慰。

中央社貴陽二日下午十一時專電：貴陽縣議會一日成立。

中央社南昌二日下午九時五十分專電：省府試行徵兵，爲使全省民衆澈底明瞭其意義，並養成(好漢要當兵)之心理起見，已擬定宣傳辦法，通令各縣遵照擴大宣傳。

中央社南昌二日下午九時專電：各界慶祝勦匪勝利，暨慰勞蔣委員長，及勦匪將士大會，定三日晚舉行提燈會，各機關團體學校，各派二十人參加，全市保甲長，亦一律加入，燈綵力尚簡單樸素，

中央社南昌二日下午十一時二十分專電：顧祝同一日通電就駐贛綏靖主任職。

中央社南昌二日下午十二時專電：前北路剿匪軍司令顧祝同，遵南昌行營電令，將該司令部，於十一月三十日取銷，另於十二月一日，在吉安成立駐贛綏靖公署，先行就職視事，擇期補行宣誓典禮。

中央社龍岩三日上午一時專電，東路總部，奉命結束，其所轄前方各戰時組織之機關，均限於十一月底全部裁撤。

中央社龍岩三日上午一時二十分專電：蔣鼎文．奉委爲駐閩綏靖主任．聞就東路總部按新編制改組綏靖署，地點仍在漳州，俟蔣返閩籌備組織，

中央社龍岩二日下午九時五十分專電：蔣鼎文一日通電就駐閩綏靖主任職。

（局部图）

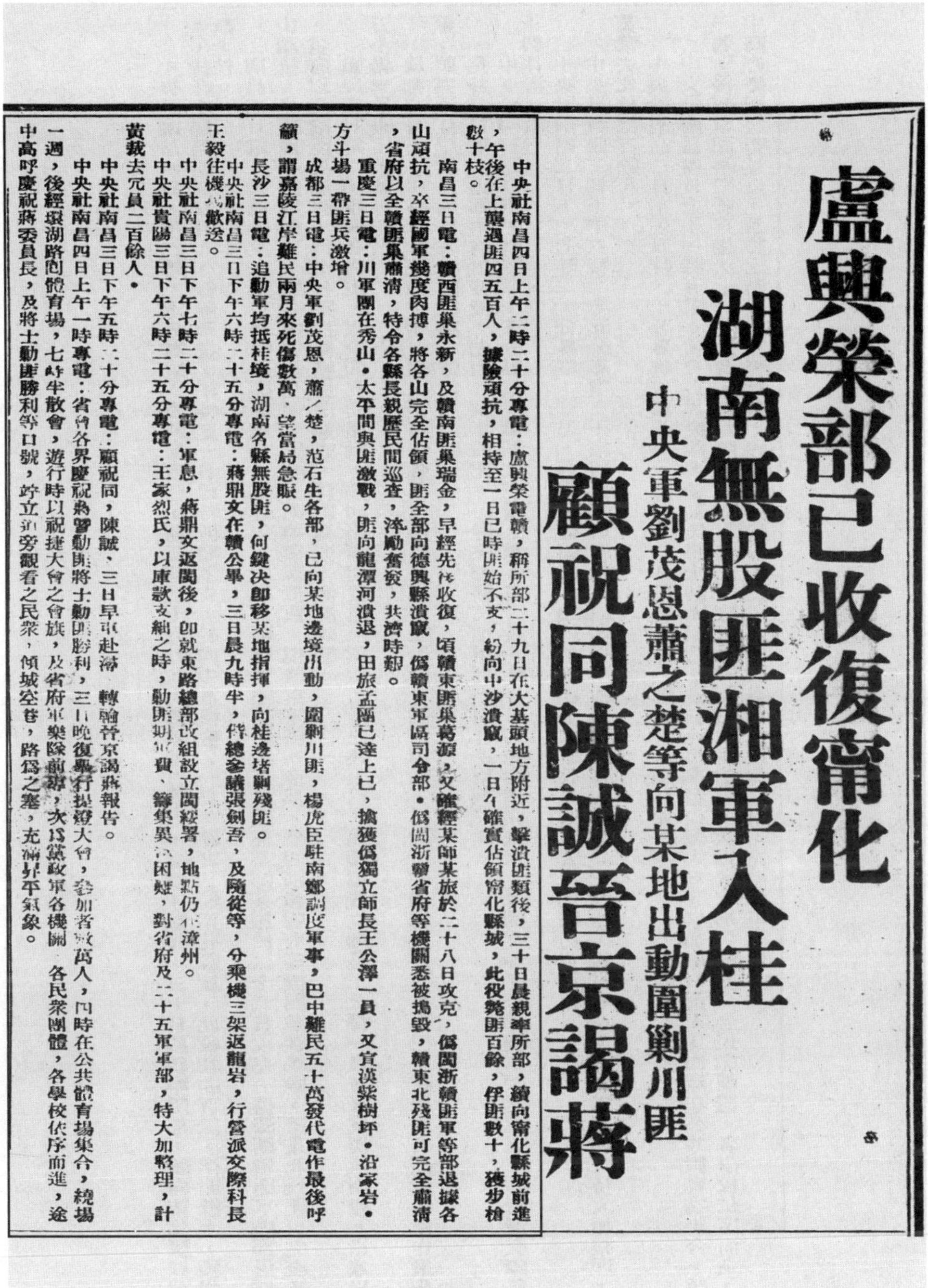

盧興榮部已收復甯化

湖南無股匪湘軍入桂

中央軍劉茂恩蕭之楚等向某地出動圍剿川匪

顧祝同陳誠晉京謁蔣

中央社南昌四日上午二時二十分專電：盧興榮電贛，稱所部二十九日在大基頭地方附近，擊潰匪類後，三十日晨親率所部，續向甯化縣城前進，午後在上龔遇匪四五百人，據險頑抗，相持至一日巳時匪始不支，紛向中沙潰竄，一日午確實佔領甯化縣城，此役斃匪百餘，俘匪數十，獲步槍數十枝。

南昌三日電：贛西匪巢永新，及贛南匪巢瑞金，早經先後收復，頃贛東匪巢葛源，又確經某師某旅於二十八日攻克，偽閩浙贛匪軍等部退據各山頑抗，卒經國軍幾度肉搏，將各山完全佔領，匪全部向德興縣潰竄，偽贛東軍區司令部・偽閩浙贛省府等機關悉被搗毀，贛東北殘匪可完全肅清，省府以全贛匪巢肅清，特令各縣長親歷民間巡查，淬勵奮發，共濟時艱。

重慶三日電：川軍團在秀山・太平間與匪激戰，匪向龍潭河潰退，田旅孟團已達上巳，擒獲偽獨立師長王公澤一員，又宜漢紫樹坪・沿家岩・方斗場一帶匪兵激增。

成都三日電：中央軍劉茂恩，蕭之楚，范石生各部，已向某地邊境出動，圍剿川匪，楊虎臣駐南鄭調度軍事，巴中難民五十萬發代電作最後呼籲，謂嘉陵江岸難民兩月來死傷數萬，望當局急賑。

長沙三日電：追勦軍均抵桂境，湖南各縣無股匪，何鍵決卽移某地指揮，向桂邊堵剿殘匪。

中央社南昌三日下午六時二十五分專電：蔣鼎文在贛公畢，三日晨九時半，偕總參議張劍吾，及隨從等，分乘機三架返龍岩，行營派交際科長王毅往機場歡送。

中央社南昌三日下午七時二十分專電：軍息，蔣鼎文返閩後，卽就東路總部改組設立閩綏署，地點仍在漳州。

中央社貴陽三日下午六時二十五分專電：王家烈氏，以庫款支絀之時，勦匪期近費、籌集異常困難，對省府及二十五軍軍部，特大加整理，計黃裁去冗員二百餘人。

中央社南昌三日下午五時二十分專電：顧祝同，陳誠、三日早車赴滬轉輪晉京謁蔣報告。

中央社南昌四日上午一時專電：省會各界慶祝[illegible]勦匪將士勦匪勝利，三日晚復舉行提燈大會，參加者數萬人，四時在公共體育場集合，繞場一週，後經環湖路回體育場，七時半散會，遊行時以祝捷大會之會旗，及省府軍樂隊前導，次爲黨政軍各機關 各民衆團體，各學校依序而進，途中高呼慶祝蔣委員長，及將士勦匪勝利等口號，佇立道旁觀看之民衆，傾城空巷，路爲之塞，充滿昇平氣象。

3. 卢兴荣部已收复宁化，湖南无股匪湘军入桂，中央军刘茂恩、萧之楚等向某地出动围剿川匪，顾祝同、陈诚晋京谒蒋（介石），1934 年 12 月 4 日第 3 版

中央社南昌四日上午二時二十分專電：盧興榮電贛，稱所部二十九日在大基頭地方附近，擊潰匪類後，三十日晨親率所部，續向甯化縣城前進，午後在上壟遇匪四五百人，據險頑抗，相持至一日巳時匪始不支，紛向中沙潰竄，一日午確實佔領甯化縣城，此役斃匪百餘，俘匪數十，獲步槍數十枝。

南昌三日電：贛西匪巢永新，及贛南匪巢瑞金，早經先後收復，頃贛東匪巢葛源，又確經某師某旅於二十八日攻克，偽閩浙贛匪軍等部退據各山頑抗，卒經國軍幾度肉搏，將各山完全佔領，匪全部向德興縣潰竄，偽贛東軍區司令部・偽閩浙贛省府等機關悉被搗毀，贛東北殘匪可完全肅清，省府以全贛匪巢肅清，特令各縣長親歷民間巡查，淬勵奮發，共濟時艱。

重慶三日電：川軍團在秀山・太平間與匪激戰，匪向龍潭河潰退，田旅孟團已達上巳，擒獲偽獨立師長王公澤一員，又賓漢紫樹坪・沿家岩・方斗場一帶匪兵激增。

成都三日電：中央軍劉茂恩，蕭／楚，范石生各部，已向某地邊境出動，圍剿川匪，楊虎臣駐南鄭調度軍事，巴中難民五十萬發代電作最後呼籲，謂嘉陵江岸難民兩月來死傷數萬、望當局急賑。

長沙三日電：追勦軍均抵桂境，湖南各縣無股匪，何鍵決即移某地指揮，向桂邊堵剿殘匪。

中央社南昌三日下午六時二十五分專電：蔣鼎文在贛公畢，三日晨九時半，偕總參議張劍吾，及隨從等，分乘機三架返龍岩，行營派交際科長王毅往機場歡送。

中央社南昌三日下午七時二十分專電：軍息，蔣鼎文返閩後，即就東路總部改組設立閩綏署，地點仍在漳州。

中央社貴陽三日下午六時二十五分專電：王家烈氏，以庫款支絀之時，勦匪期需費、籌集異常困難，對省府及二十五軍軍部，特大加整理，計黃裁去冗員二百餘人・

中央社南昌三日下午五時二十分專電：顧祝同，陳誠、三日早車赴滬 轉輪晉京謁蔣報告。

中央社南昌四日上午一時專電：省會各界慶祝爲督勦匪將士勦匪勝利，三日晚復舉行提燈大會，參加者數萬人，四時在公共體育場集合，繞場一週，後經環湖路回體育場，七時半散會，遊行時以祝捷大會之會旗，及省府軍樂隊前導，次爲黨政軍各機關 各民衆團體，各學校依序而進，途中高呼慶祝蔣委員長，及將士勦匪勝利等口號，竚立道旁觀看之民衆，傾城空巷，路爲之塞，充滿昇平氣象。

（局部图）

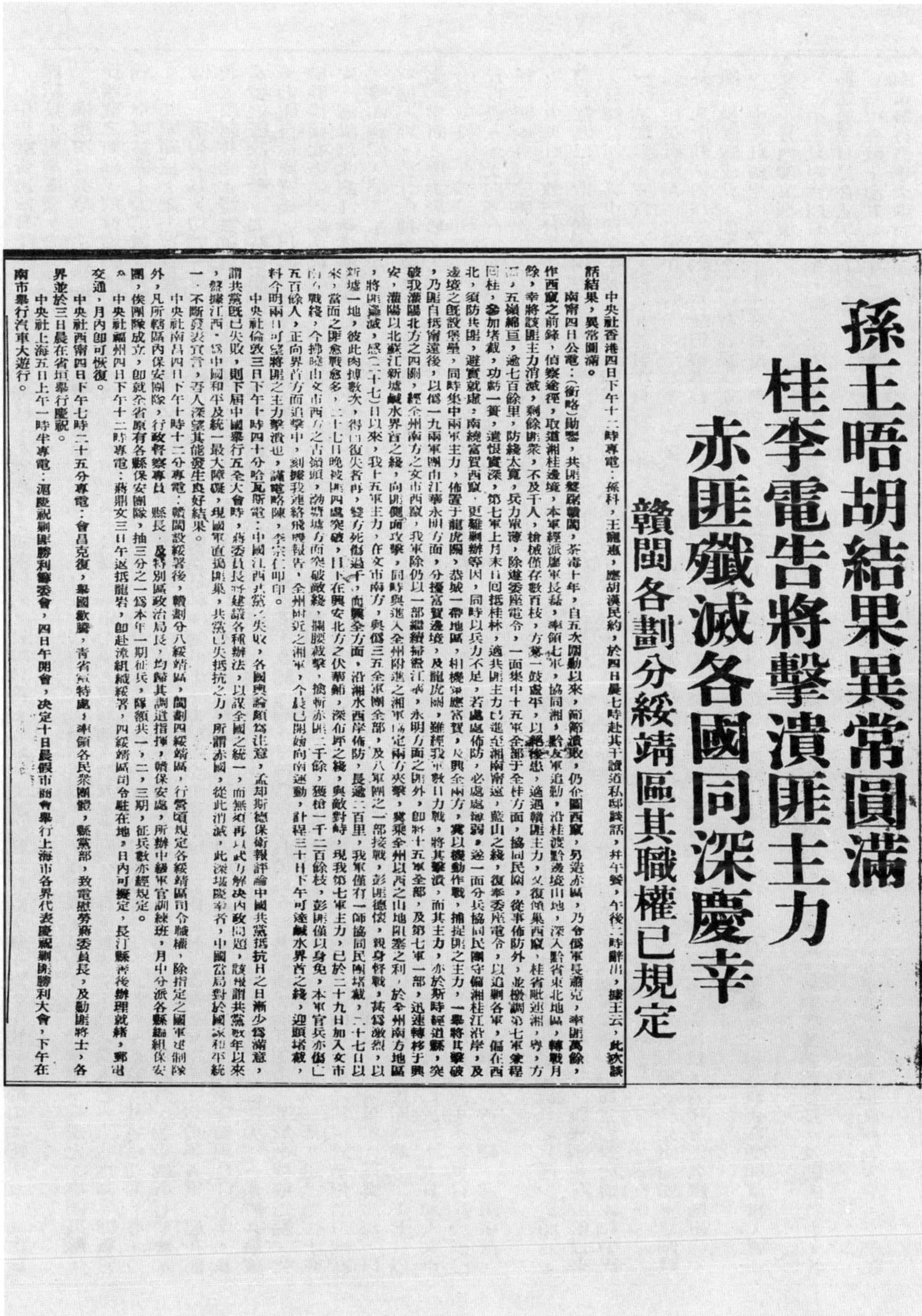

孫王晤胡結果異常圓滿
桂李電告將擊潰匪主力
赤匪殲滅各國同深慶幸
贛閩各劃分綏靖區其職權已規定

中央社香港四日下午十二時專電：孫科，王寵惠，應胡漢民約，於四日晨七時赴其干諾道私邸談話，并午餐，午後二時辭出，據王云，此次談話結果，異常圓滿。

南甯四日公電：（銜略）勛鑒，共匪盤踞贛閩，荼毒七年，自五次圍勦以來，節節潰敗，仍企圖西竄，另造赤區，乃令僞軍長蕭克，率匪萬餘，作西竄之前鋒，偵察途徑，取道湘桂邊境，本軍經派廖軍長磊，率領七軍，協同湘，黔友軍追勦，沿桂渡黔邊境山地，深入黔省東北地區，轉戰月餘，幸將該匪主力消滅，剩餘匪衆，不及千人，槍械僅存數百枝，方冀一鼓盪平，以絕後患，適遇贛匪主力，又復傾巢西竄，桂省毗連湘，粵，方面，五嶺綿亘，逾七百餘里，防綫太寬，兵力單薄，除遵委座電令，一面集中十五軍全部于全桂方面，協同民團，從事佈防外，並撤調第七軍兼程回桂，參加堵截，功虧一簣，遺恨實深，第七軍上月末日回抵桂林，適共匪主力已進至湘南甯遠，藍山之綫，復奉委座電令，以追剿各軍，偏在西北，須防共匪，避實就虛，南繞富賀西竄，更難剿辦等因，同時以兵力不足，若處處佈防，必處處薄弱，遂一面分兵協同民團守備湘桂江沿岸，及邊境之既設堡壘，同時集中兩軍主力，佈置于龍虎關，恭城一帶地區，相機策應富賀，及興全兩方，寘以機動作戰，捕捉匪之主力，一舉將其擊破，乃匪自抵甯遠後，以僞一九兩軍團由江華永明方面，分擾富賀邊境，及龍虎關，雖經我軍數日力戰，將其擊潰，而其主力，亦於斯時經道縣，突破我灌陽北方之四關，經全州南方之文市西竄，我軍除仍以一部繼續掃蕩江永，永明方面之匪外，即將十五軍全部，及第七軍一部，迅速轉移于興安，灌陽以北蘇江新墟鹹水界首之綫，向匪側面攻擊，同時與進入全州附近之湘軍協定兩方夾擊，冀乘全州以西之山地阻塞之利，於全州南方地區，將匪殲滅，感（二十七）日以來，我十五軍主力，在文市南方，與僞三五全軍團全部，及八軍團之一部接戰，彭匪德懷，親身督戰，甚爲激烈，以新墟一地，彼此肉搏數次，得而復失者再，雙方死傷過千，而匪全方面，沿湘水西岸佈防，長逾二百里，我軍僅有一師協同民團堵截，二十七日以來，當面之匪愈戰愈多，二十七日晚被匪四處突破，目下在興安北方之伏葬舖，深佈塹之綫，與敵對峙，現我第七軍主力，已於二十九日加入文市南方戰綫，今拂曉由文市西方之古嶺頭，渤塘墟方面突破敵綫，攔腰截擊，擒斬赤匪二千餘，獲槍一千二百餘枝，彭匪僅以身免，本軍官兵亦傷亡五百餘人，正向界首方面追擊中，刻據我連絡飛機報告，全州附近之湘軍，今晨已開始向南運動，計程三十日下午可達鹹水界首之綫，迎頭堵截，料今明兩日可望將匪之主力擊潰也，謹電略陳，李宗仁叩印。

中央社倫敦三日下午十時四十分哈瓦斯電：中國江西共黨之失敗，各國輿論頗爲注意，孟却斯德保衛報評論中國共黨抵抗力之日漸少爲滿意，謂共黨既已失敗，則下屆中國舉行五全大會時，蔣委員長將建議各種辦法，以謀全國之統一，而無須再以武力解決內政問題，該報謂共黨數年以來，盤據江西，爲中國和平及統一最大障礙，現國軍直搗匪巢，共黨已失抵抗之力，所謂赤國，從此消滅，此深堪慶幸者，中國當局對於國家和平統一，不斷發表宣言，吾人深望其能發生良好結果。

中央社南昌四日下午十時十二分專電：贛閩設綏署後，贛劃分八綏靖區，閩劃四綏靖區，行營頃規定各綏靖區司令職權，除指定之國軍受制隊外，凡所轄區內保安團隊，行政督察專員，縣長，及特別區政治局長，均歸其調遣指揮，贛保安處，所辦中級軍官訓練班，月中分派各縣編組保安團，俟團隊成立，即就全省原有各縣保安團隊，抽三分之一爲本年一期征兵，隊額共一，二，三期，征兵數亦經規定。

中央社福州四日下午十二時專電：蔣鼎文三日午返抵龍岩，即赴漳組織綏署，四綏靖區司令駐在地，日內可擬定，長汀縣善後辦理就緒，郵電交通，月內即可恢復。

中央社西甯四日下午七時二十五分專電：會昌克復，舉國歡騰，青省黨特處，率領各民衆團體，縣黨部，致電慰勞蔣委員長，及勦匪將士，各界並於三日晨在省垣舉行慶祝。

中央社上海五日上午一時半專電：滬慶祝剿匪勝利籌委會，四日午開會，決定十日晨假市商會舉行上海市各界代表慶祝剿匪勝利大會，下午在南市舉行汽車大遊行。

4. 孙（科）、王（宠惠）晤胡（汉民）结果异常圆满，桂李（宗仁）电告将击溃匪主力，“赤匪”歼灭各国同深庆幸，赣闽各划分绥靖区其职权已规定，1934 年 12 月 5 日第 3 版

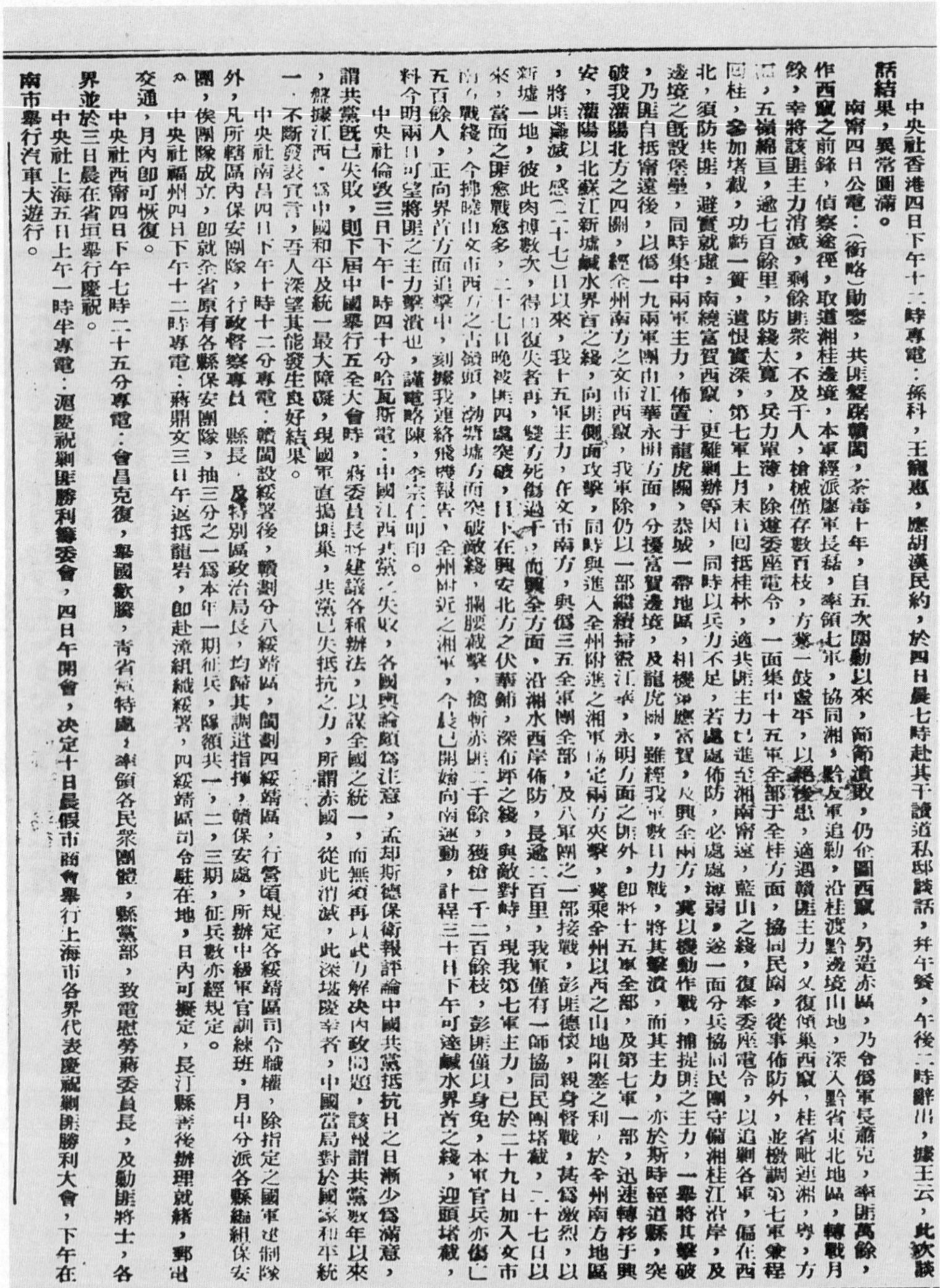
中央社香港四日下午十二時專電：孫科，王寵惠，應胡漢民約，於四日晨七時赴其于讀道私邸談話，幷午餐，午後二時辭出，據王云，此次談話結果，異常圓滿。

南甯四日公電：(銜略)勛鑒，共匪盤踞贛閩，荼毒十年，自五次圍勦以來，節節潰敗，仍企圖西竄，另造赤區，乃令僞軍長蕭克，率匪萬餘，作西竄之前鋒，偵察途徑，取道湘桂邊境，本軍經派廖軍長磊，率領七軍，協同湘，黔友軍追勦，沿桂渡黔邊境山地，深入黔省東北地區，轉戰月餘，幸將該匪主力消滅，剩餘匪衆，不及千人，槍械僅存數百枝，方冀一鼓盪平，以絕後患，適遇贛匪主力，又復傾巢西竄，桂省毗連湘，粵，方面，五嶺綿亘，逾七百餘里，防綫太寬，兵力單薄，除遵委座電令，一面集中十五軍全部于全柞方面，協同民團，從事佈防外，並檄調第七軍兼程回桂，參加堵截，功虧一簣，遺恨實深，第七軍上月末日回抵桂林，適共匪主力已進至湘南甯遠，藍山之綫，復奉委座電令，以追勦各軍，偏在西北，須防共匪，避實就虛，南繞富賀西竄，更難剿辦等因，同時以兵力不足，若處處佈防，必處處薄弱，遂一面分兵協同民團守備湘桂江沿岸，及邊境之既設堡壘，同時集中兩軍主力，佈置于龍虎關，恭城一帶地區，相機策應富賀，及興全兩方，冀以機動作戰，捕捉匪之主力，一舉將其擊破，乃匪自抵甯遠後，以僞一九兩軍團由江華永明方面，分擾富賀邊境，及龍虎關，雖經我軍數日力戰，將其擊潰，而其主力，亦於斯時經道縣，突破我灌陽北方之四關，經全州南方之文市西竄，我軍除仍以一部繼續掃蕩江華，永明方面之匪外，即將十五軍全部，及第七軍一部，迅速轉移于興安，灌陽以北蘇江新墟鹹水界首之綫，向匪側面攻擊，同時與進入全州附進之湘軍協定兩方夾擊，冀乘全州以西之山地阨塞之利，於全州南方地區，將匪殲滅，感(二十七)日以來，我十五軍主力，在文市南方，與僞三五全軍團全部，及八軍團之一部接戰，彭匪德懷，親身督戰，甚爲激烈，以新墟一地，彼此肉搏數次，得而復失者再，雙方死傷過千，而興全方面，沿湘水西岸佈防，長逾二百里，我軍僅有一師協同民團堵截，二十七日以來，當面之匪愈戰愈多，二十七日晚被匪四處突破，目下在興安北方之伏華舖，深布坪之綫，與敵對峙，現我第七軍主力，已於二十九日加入文市南方戰綫，今拂曉由文市西方之古嶺頭，渤塘墟方面突破敵綫，攔腰截擊，擒斬赤匪二千餘，獲槍一千二百餘枝，彭匪僅以身免，本軍官兵亦傷亡五百餘人，正向界首方面追擊中，刻據我連絡飛機報告，全州附近之湘軍，今晨已開始向南運動，計程三十日下午可達鹹水界首之綫，迎頭堵截，料今明兩日可望將匪之主力擊潰也，謹電略陳，李宗仁叩印。

中央社倫敦三日下午十時四十分哈瓦斯電：中國江西共黨之失敗，各國輿論頗爲注意，孟却斯德保衛報評論中國共黨抵抗日之日漸少爲滿意，謂共黨既已失敗，則下屆中國舉行五全大會時，蔣委員長將建議各種辦法，以謀全國之統一，而無須再以武力解決內政問題，該報謂共黨數年以來，盤據江西，爲中國和平及統一最大障礙，現國軍直搗匪巢，共黨已失抵抗之力，所謂赤國，從此消滅，此深堪慶幸者，中國當局對於國家和平統一，不斷發表宣言，吾人深望其能發生良好結果。

中央社南昌四日下午十時十二分專電：贛閩設綏署後，贛劃分八綏靖區，閩劃四綏靖區，行營頃規定各綏靖區司令職權，除指定之國軍建制隊外，凡所轄區內保安團隊，行政督察專員 縣長，及特別區政治局長，均歸其調遣指揮，贛保安處，所辦中級軍官訓練班，月中分派各縣編組保安團，俟團隊成立，即就全省原有各縣保安團隊，抽三分之一爲本年一期征兵，隊額共一，二，三期，征兵數亦經規定。

又中央社福州四日下午十二時專電：蔣鼎文三日午返抵龍岩，即赴漳組織綏署，四綏靖區司令駐在地，日內可擬定，長汀縣善後辦理就緒，郵電交通，月內即可恢復。

中央社西甯四日下午七時二十五分專電：會昌克復，舉國歡騰，青省黨特處，率領各民衆團體，縣黨部，致電慰勞蔣委員長，及勦匪將士，各界並於三日晨在省垣舉行慶祝。

中央社上海五日上午一時半專電：滬慶祝剿匪勝利籌委會，四日午開會，決定十日晨假市商會舉行上海市各界代表慶祝剿匪勝利大會，下午在南市舉行汽車大遊行。

（局部图）

孫王昨抵廣州遂晤陳李

桂李曾謂汪蔣感電切中時弊

今後當本精誠團結之旨協助中央解決國是

各剿匪軍連日均大告捷

中央社香港六日上午二時半專電：孫科，王寵惠，五日午後七時半抵省，赴市賓館休息後，偕總部副官處長曾強，政務會祕書劉宜邦，訪陳濟棠，李宗仁等，有所商談。

中央社香港六日上午二時十五分專電：李宗仁五日晨十時語記者云，前請假回桂，處理軍政要務，今已有月餘，現因孫院長南來，故特由邕乘機來粵一晤，汪蔣感（二十七日）電主張，切中時弊，留粵各中委，及胡先生對之，均甚滿意，今後當本精誠團結之旨，協助中央，解決國是，現犯桂殘匪，已受重創，雖分道流竄，已無能為力，相信在最近期內，必能澈底肅清也。

中央社香港五日下午十二時專電：陳濟棠，五日晨令廣九路局，派花車一輛，開港迎候孫，王，午後四時孫王以兩度與胡晤談一切，均告圓滿，特偕孫丹林，楊鄂相，傅秉常，及省方派來歡迎代表謝宜邦，馬坤，李曉生，曾強、胡文毅等十五人，同乘花車入省，聞孫擬六日由省赴澳省視其太夫人，七日由澳來港，與王同乘嘉爾總統輪北返，行前王寵惠在旅邸接見中西記者，略謂，此次訪胡，所談圓滿結果，現決入省與陳、李、蕭、鄒、鄧等商談，必有良好之結果。

中央社廣州五日下午九時二十分路透電：孫科，與王寵惠，今日可望由港抵省，此間政界領袖，刻正準備盛大之歡迎，李宗仁，昨由南甯乘私人飛機抵此，將參加孫王抵省後舉行之會議。

中央社香港五日下午六時五十分專電：省訊，李宗仁四日晨九時由邕乘軍用機飛粵，下午二時抵省，返馬棚崗私邸稍息，旋往梅花村訪陳濟棠，暢談堵剿贛匪經過，李俟晤孫科，王寵惠後，三數日即返桂主持軍政。

湘桂邊匪受鉅創

衡州五日電：共匪被我軍擊潰受重創後，竄西延以北一帶山中，一部竄龍勝，劉建緒四日率部到新甯，並派部隊馳赴城步截擊，陶廣師在大軒嶺斃匪五六百，獲槍千餘枝，又我軍在城步附近空獲假裝江西難民之匪探百餘名。

長沙五日電：據報，劉建緒所部各師三十日在全縣西南之蕉山大捷後，□師長率補充團星夜躡追，一日抵鹹水，麻子渡，與匪激戰，斃匪二千餘，獲槍千餘支，又麻子渡與石塘圩之間有匪四五千，我軍與桂軍正在圍勦，匪一股由麻子渡界首等處渡過灕水，向西北逃竄，文市，界首間尚有匪大部，企圖逃竄，我軍正截剿中，又在全縣南大肚嶺，白沙之匪一部，一日經□師□旅擊潰，虜多斬獲，我空軍三十日在麻子渡，南石渡，馬鞍山，蓬塘及文市至石塘圩，大嶺背各發現匪數千，匪在山頭附近架遊動浮橋四座，及全縣南稻窩塘附近浮橋五座，均經空軍投彈炸毀，我□□兩軍追匪抵文市，俘斃匪衛約千人，湘南已無股匪，我□師一日趕赴城步堵匪西竄，□師代旅長□□已派兵扼□□及□□等處，構築工事固守，又何鍵為便利指揮起見，特更定追勦軍軍隊區分追勦總司令直轄追勦軍第一，第二兩兵團，預備兵團及湖南保安部所屬團隊，派劉建緒，薛岳分任第一，第二兵團總指揮，劉膺古任預備兵團指揮。

殘匪將竄入黔省

廣州五日電：猶國材電稱，赤匪第二批竄抵桂邊，有入黔勢，已命吳劍平率三團入桂協堵，王家烈三四日內親赴前方指揮。

貴陽五日電：王家烈定三四日內出發防堵竄匪西竄，頃電猶國材，侯之擔，飭迅派兵開赴指定地點，王本人親赴前方指揮。

廣州五日電：桂息，朱毛殘匪萬人竄桂，在石關塘被桂軍擊潰後，向甯遠潰退，文市一役斃匪二千餘，蕭賀股匪全徘徊湘黔邊境，有向湘西進犯模樣，桂軍第七師正向匪主力抄擊。

廣州五日電：白崇禧三日晚電粵告捷，略謂此次犯桂共匪，現已全被擊潰，計前後激戰五日，殲匪千餘，繳槍二千餘枝，俘獲二千餘名，內有原屬李明瑞部之桂籍匪五百餘名，均已解省感化，其餘多為湘贛籍，現決解送中央處置云。

川剿匪軍有進展

漢口五日電：湘鄂川黔軍聯合進勦賀匪，已將匪包圍，劉膺古就任預備軍縱隊司令，郭汝棟，陳蘊珍，羅啟疆各部均歸指揮督勦。

重慶五日電：川軍在秀山邊境擒獲之偽師長王光澤已解至龍潭，經田旅審訊，原為蕭克部團長，嗣竄反共，又偽川陝省蘇維埃現移設通江毛浴鎮。

漢口五日電：蕭之楚三日由鄖陽赴均縣草店，黃龍灘，鮑家店，鄖西，上津，竹谿各處視察防務，按上述各地為鄂省入川門戶，蕭此行後，鄂北邊防當益鞏固。

南京五日電：陳誠抵京後，即謁蔣及張學良，何應欽，報告贛軍剿匪與駐防近況，並有所請示。

贛閩即可報肅清

南昌五日電：贛東橫峯，弋陽，上饒，樂平各縣殘匪俱肅清，贛東軍司令趙觀濤特電省請賑災民，贛東剿匪軍事已結束。

福州五日電：一日午五十二師盧興榮部佔領甯化。殘匪向中沙潰竄，我軍現在追剿中，南昌行營擬於閩贛浙邊境設軍事專員，負責肅清殘赤，其人選已定軍委會交際處長劉一公充任，蔣鼎文三日由南昌偕總參議張伯岑乘機返龍巖，決即日赴漳，組織綏靖署，並劃定綏靖區。

杭州五日電：潰竄昌化小八都之殘匪昨又向西北竄逃，在白果莊地方正遇由皖開浙之[illegible]營，迎面接觸，戰數小時，結果斃匪甚多，並繳獲槍械子彈甚夥，匪不支向西北潰竄，有竄[illegible]邊境模樣，我軍正追擊中，又息，逸匪經王旅力剿，已向皖境雲山之西潰竄大石門，小石門間，現淳安，遂安兩縣境逃出鄉民均已返歸原籍，追擊部隊仍在進行圍剿中。

5. 孙（科）、王（宠惠）昨抵广州遂晤陈（济棠）、李（宗仁），桂李曾谓汪（精卫）、蒋（介石）感电切中时弊，今后当本精诚团结之旨协助中央解决国是，各剿匪军连日均大告捷，1934 年 12 月 6 日第 3 版

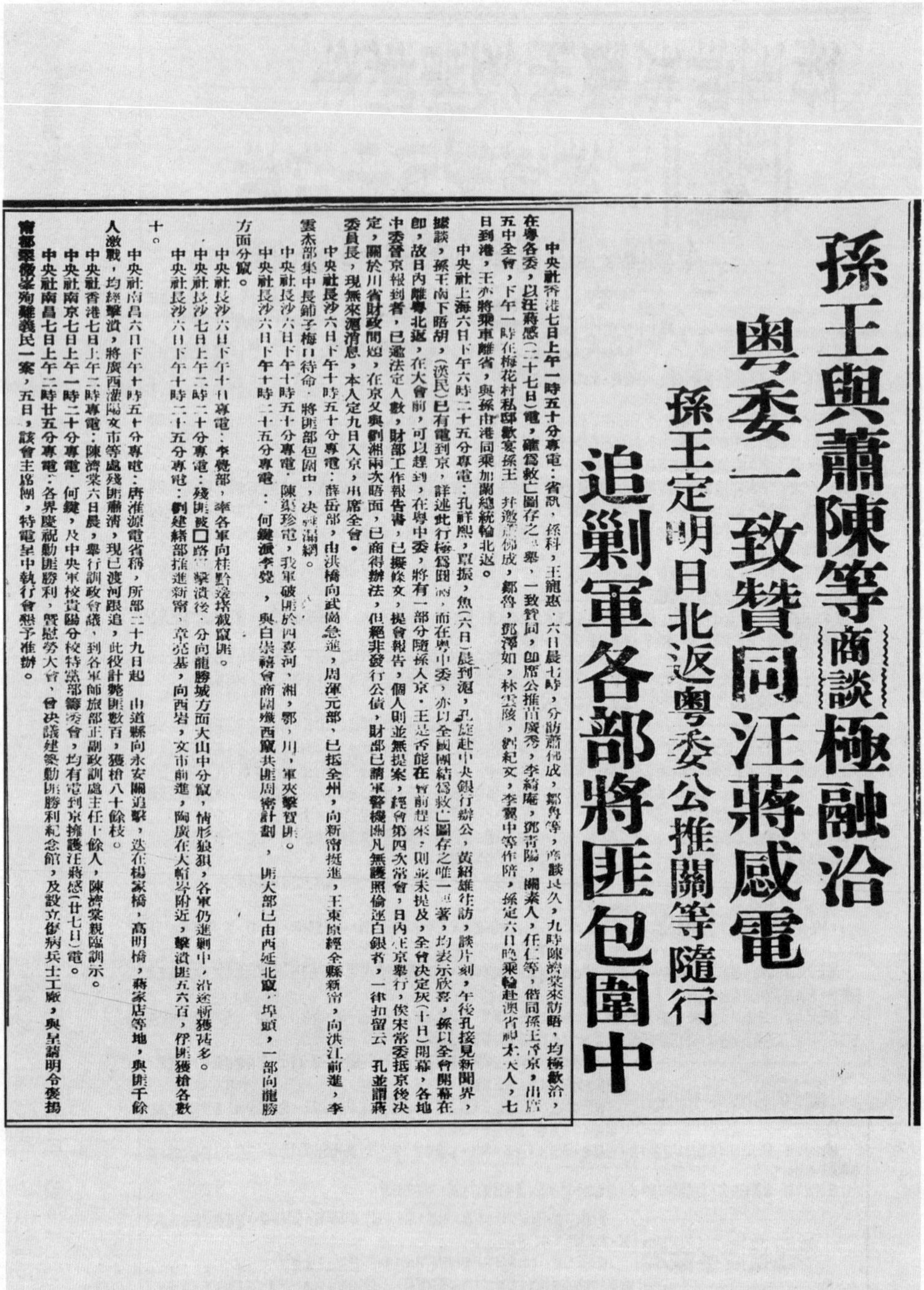

孫王與蕭陳等商談極融洽
粵委一致贊同汪蔣感電
孫王定明日北返粵委公推關等隨行
追剿軍各部將匪包圍中

中央社香港七日上午一時五十分專電：省訊，孫科，王寵惠，六日晨七時，分訪蕭佛成，鄒魯等，商談良久，九時陳濟棠來訪晤，均極歡洽，在粵各委，以汪蔣感（二十七日）電，確爲救亡圖存之要舉，一致贊同，即席公推苗廣秀，李綺庵，鄧青陽，關素人，任仁等，偕同孫王赴京，出席五中全會，下午一時在梅花村私邸歡宴孫王 并邀蕭佛成，鄒魯，鄧澤如，林雲陔，劉紀文，李翼中等作陪，孫定六日晚乘輪赴澳省視太夫人，七日到港，王亦將乘車離省，與孫由港同乘加闌總統輪北返。

中央社上海六日下午六時二十五分專電：孔祥熙，覃振，魚（六日）晨到滬，孔旋赴中央銀行辦公，黃紹雄往訪，談片刻，午後孔接見新聞界，據談，孫王南下晤胡，（漢民）已有電到京，詳述此行極爲圓滿，而在粵中委，亦以全國團結爲救亡圖存之唯一要著，均表示欣喜，孫以全會開幕在即，故日內離粵北返，在大會前，可以趕到，在粵中委，將有一部分隨孫入京，王是否能在會前趕來，則並未提及，全會決定灰（十日）開幕，各地中委晉京報到者，已逾法定人數，財部工作報告書，已擬條文，提會報告，個人則並無提案，經會第四次常會，日內在京舉行，俟宋常委抵京後決定，關於川省財政問題，在京又與劉湘兩次晤面，已商得辦法，但絕非發行公債，財部已請軍警機關凡無護照偷運白銀者，一律扣留云 孔並謂蔣委員長，現無來滬消息，本人定九日入京，出席全會。

中央社長沙六日下午十時五十分專電：薛岳部，由洪橋向武岡急進，周渾元部，已抵全州，向新甯挺進，王東原經全縣新甯，向洪江前進，李雲杰部集中長鋪子梅口待命，將匪部包圍中，決難漏網。

中央社長沙六日下午十時五十分專電：陳渠珍電，我軍破匪於四喜河，湘，鄂，川，軍夾擊賀匪。

中央社長沙六日下午十時二十五分專電： 何鍵派李覺 ，與白崇禧會商圍殲西竄共匪周密計劃 ，匪大部已由西延北竄，埠頭，一部向龍勝方面分竄。

中央社長沙六日下午十一時專電：李覺部，率各軍向桂黔邊堵截竄匪。

中央社長沙七日上午二時二十分專電：殘匪被□路□擊潰後，分向龍勝城方面大山中分竄，情形狼狽，各軍仍進剿中，沿途斬獲甚多。

中央社長沙六日下午十時二十五分專電：劉建緒部推進新甯，章亮基，向西岩，文市前進，陶廣在大帽岑附近，擊潰匪五六百，俘匪獲槍各數十。

中央社南昌六日下午十時五十分專電：唐淮源電省稱，所部二十九日起 由道縣向永安關追擊，迭在楊家橋，高明橋，蔣家店等地，與匪千餘人激戰，均經擊潰，將廣西灌陽文市等處殘匪肅清，現已渡河跟追，此役計斃匪數百，獲槍八十餘枝。

中央社香港七日上午二時專電：陳濟棠六日晨，舉行訓政會議，到各軍師旅部正副政訓處主任十餘人，陳濟棠親臨訓示。

中央社南京七日上午一時二十分專電：何鍵，及中央軍校貴陽分校特訓部籌委會，均有電到京擁護汪蔣感（廿七日）電。

中央社南昌七日上午二時廿五分專電：各界慶祝勦匪勝利，暨慰勞大會，曾決議建築勦匪勝利紀念館，及設立傷病兵士工廠，與呈請明令褒揚甯都翠微峯殉難義民一案，五日，該會主席團，特電呈中執行會懇予准辦。

6. 孙（科）、王（宠惠）与萧（佛成）、陈（济棠）等商谈极融洽，粤委一致赞同汪（精卫）、蒋（介石）感电，孙、王定明日北返粤委公推关等随行，追剿军各部将匪包围中，1934 年 12 月 7 日第 3 版

中央社香港七日上午一時五十分專電：省訊，孫科，王寵惠，六日晨七時，分訪蕭佛成，鄒魯等，商談良久，九時陳濟棠來訪晤，均極歡洽，在粵各委，以汪蔣感（二十七日）電，確為救亡圖存之□舉，一致贊同，即席公推蕭廣秀，李綺庵，鄧青陽，關素人，任仁等，偕同孫王晉京，出席五中全會，下午一時在梅花村私邸歡宴孫王，并邀蕭佛成，鄒魯，鄧澤如，林雲陔，劉紀文，李翼中等作陪，孫定六日晚乘輪赴澳省視太夫人，七日到港，王亦將乘車離省，與孫由港同乘加拿大總統輪北返。

中央社上海六日下午六時二十五分專電：孔祥熙，覃振，魚（六日）晨到滬，孔旋赴中央銀行辦公，黃紹雄往訪，談片刻，午後孔接見新聞界，據談，孫王南下晤胡，（漢民）已有電到京，詳述此行極為圓滿，而在粵中委，亦以全國團結為救亡圖存之唯一要著，均表示欣喜，孫以全會開幕在即，故日內離粵北返，在大會前，可以趕到，在粵中委，將有一部分隨孫入京，王是否能在會前趕來，則並未提及，全會決定灰（十日）開幕，各地中委晉京報到者，已逾法定人數，財部工作報告書，已擬條文，提會報告，個人則並無提案，經會第四次常會，日內在京舉行，俟宋常委抵京後決定，關於川省財政問題，在京又與劉湘兩次晤面，已商得辦法，但絕非發行公債，財部已請軍警機關凡無護照偷運白銀者，一律扣留云 孔並謂蔣委員長，現無來滬消息，本人定九日入京，出席全會。

中央社長沙六日下午十時五十分專電：薛岳部，由洪橋向武岡急進，周渾元部，已抵全州，向新甯挺進，王東原經全縣新甯，向洪江前進，李雲杰部集中長鋪子梅口待命，將匪部包圍中，決無漏網。

中央社長沙六日下午十時五十分專電．陳渠珍電，我軍破匪於四喜河，湘，鄂，川，軍夾擊賀匪。

中央社長沙六日下午十時二十五分專電 ： 何鍵派李覺 ，與白崇禧會商圍殲西竄共匪周密計劃 ，匪大部已由西延北竄，埠頭，一部向龍勝方面分竄。

中央社長沙六日下午十日專電：李覺部，率各軍向桂黔邊搭截竄匪。

中央社長沙七日上午二時二十分專電：殘匪被□路軍擊潰後，分向龍勝城方面大山中分竄，情形狼狽，各軍仍進剿中，沿途斬獲甚多。

中央社長沙六日下午十時二十五分專電：劉建緒部推進新甯，章亮基，向西岩，文市前進，陶廣在大帽岑附近，擊潰匪五六百，俘匪獲槍各數十。

中央社南昌六日下午十時五十分專電：唐淮源電省稱，所部二十九日起 由道縣向永安關追擊，迭在楊家橋，高明橋，蔣家店等地，與匪千餘人激戰，均經擊潰，將廣西灌陽文市等處殘匪肅清，現已渡河跟追，此役計斃匪數百，獲槍八十餘枝。

中央社香港七日上午二時專電：陳濟棠六日晨，舉行訓政會議，到各軍師旅部正副政訓處主任十餘人，陳濟棠親臨訓示。

中央社南京七日上午一時二十分專電．何鍵，及中央軍校貴陽分校特黨部籌委會，均有電到京擁護汪蔣感（廿七日）電。

中央社南昌七日上午二時廿五分專電：各界慶祝剿匪勝利，暨慰勞大會，會決議建築剿匪勝利紀念館，及設立傷病兵士工廠，與呈請明令褒揚甯都翠微峯殉難義民一案，五日，該會主席團，特電呈中執行會懇予准辦。

（局部图）

黔軍在隆頭一帶 殲匪六七千名 現仍督師進勦中

桂白報告桂軍勦匪大勝利

粵軍復員將召開綏靖會議

中央社香港十日上午二時半專電：王家烈七日電稱，六日在隆頭一帶殲匪六七千，俘匪數百，獲槍甚多，現仍督隊追擊中。

中央社香港十日上午二時半電：余漢謀，李漢魂，擬十日由韶返省，與陳濟棠商實施邊防計劃。

中央社南京十日上午二時十五分專電：白崇禧電京，報告桂軍勦匪勝利，原電云，（銜略）（一）據夏軍長六日酉電稱，五日進勦千家寺，與職隊抗戰之匪，爲僞五軍團蕭政堂部，匪軍左側衛第十三師蕭匪與僞政委朱瑞，昨夜八時正在千家寺晚餐，適我梁團衝進，該匪等落荒而逃，當夜職軍佔領千家寺，俘匪百餘名，獲槍五六十枝，重機槍一挺，馬數十匹，據匪供，蕭匪殘部，自經新圩石塘圩被擊潰，僞三五兩軍團已不能作戰，匪軍見我放槍卽逃，每連戰鬥兵僅有二十餘名，子彈非常缺乏，蕭率殘餘，已向北竄走，職部現分途追勦等語，（二）逃入灌屬天源，寶靈馬頭山一帶貓岳地區之匪，經我王師協同民團進勦後，俘虜五百人，現剩千餘人，復竄至貓兒園，現正在包圍解決中，（三）綜合情況，西竄之匪，現尚在興安龍勝境內，青靛底千家寺之綫以西，千家寺丁洞亨綫以北，芙蓉河口之綫以東地區，山高路窄，依地形截斷殘匪，匪現存人數不多，自在灌北被痛擊慘敗，狼狽逃竄，聞我槍聲卽逃，甚至我軍一排，俘匪繳槍，常以百數計，匪留之戰鬥力，實已全失，現留一師及民團搜勦殘匪，白崇禧叩，虞（七日）戌。

香港九日電：陳濟棠擬十五日召開綏靖會議，討論綏署調遣防軍及綏靖問題，已電令各軍師長來省與會。

7. 黔军在隆头一带毙匪六七千名，现仍督师进剿中，桂白（崇禧）报告桂军剿匪大胜利，粤军复员将召开绥靖会议，1934 年 12 月 10 日第 3 版

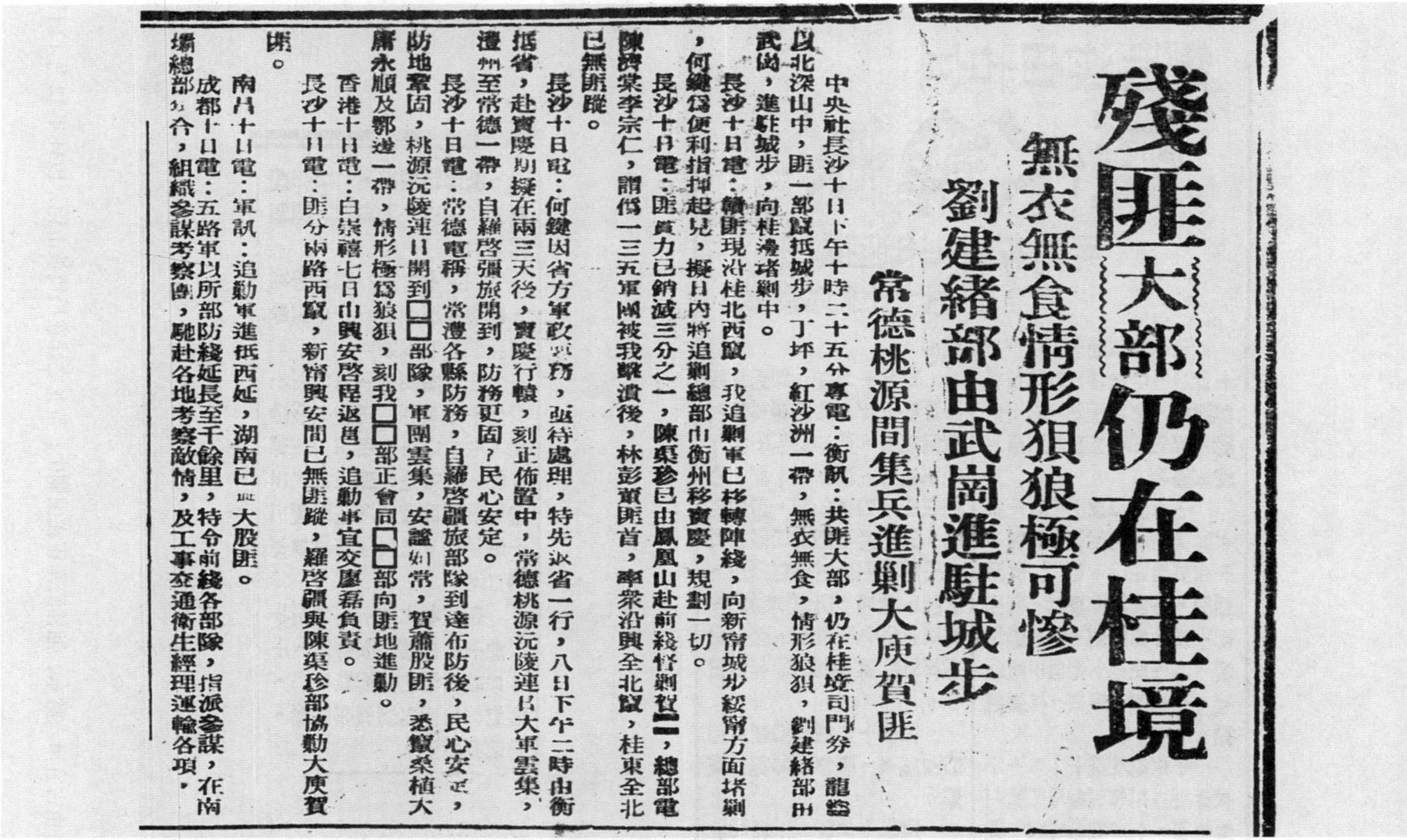

殘匪大部仍在桂境

無衣無食情形狼狽極可慘

劉建緒部由武崗進駐城步

常德桃源間集兵進剿大庚賀匪

中央社長沙十日下午十時二十五分專電：衡訊：共匪大部，仍在桂境司門分，龍廢以北深山中，匪一部竄抵城步，丁坪，紅沙洲一帶，無衣無食，情形狼狽，劉建緒部由武崗，進駐城步，向桂邊堵剿中。

長沙十日電：贛匪現沿桂北西竄，我追剿軍已移轉陣綫，向新甯城步綏甯方面堵剿，何鍵爲便利指揮起見，擬日內將追剿總部由衡州移寶慶，規劃一切。

長沙十日電：匪實力已銷滅三分之一，陳渠珍已由鳳凰山赴前綫督剿賀■，總部電陳濟棠李宗仁，謂僞一三五軍團被我擊潰後，林彭賀匪首，率衆沿興全北竄，桂東全北已無匪蹤。

長沙十日電：何鍵因省方軍政要務，亟待處理，特先返省一行，八日下午二時由衡抵省，赴寶慶期擬在兩三天後，寶慶行轅，刻正佈置中，常德桃源沅陵連日大軍雲集，澧州至常德一帶，自羅啓彊旅開到，防務更固，民心安定。

長沙十日電：常德電稱，常澧各縣防務，自羅啓彊旅部隊到達布防後，民心安定，防地鞏固，桃源沅陵連日開到□□部隊，軍團雲集，安謐如常，賀蕭股匪，悉竄桑植大庸永順及鄂邊一帶，情形極爲狼狽，刻我□□部正會同□□部向匪地進剿。

香港十日電：白崇禧七日由興安啓程返邕，追剿事宜交廖磊負責。

長沙十日電：匪分兩路西竄，新甯興安間已無匪蹤，羅啓彊與陳渠珍部協剿大庚賀匪。

南昌十日電：軍訊：追剿軍進抵西延，湖南已無大股匪。

成都十日電：五路軍以所部防綫延長至千餘里，特令前綫各部隊，指派參謀，在南壩總部分合，組織參謀考察團，馳赴各地考察敵情，及工事交通衛生經理運輸各項。

8. 残匪大部仍在桂境，无衣无食情形狼狈极可惨，刘建绪部由武冈进驻城步，常德、桃源间集兵进剿大庚贺匪，1934 年 12 月 11 日第 4 版

殘匪將由古宜
竄入黔東
湘桂黔軍正在圍剿中
賀龍之妹在松桃被擊斃

中央社貴陽十一日下午十時二十分專電：賀龍之妹賀闓英，及賀匪偽師長王光澤，被松桃八縣團隊圍剿，均被擊斃。

中央社貴陽十一日下午九時專電：此間接洪江電，中央軍薛岳部，向洪江武岡推進，李覺部到紫江，蕭匪在千家寺被擊潰，聞槍聲即逃，狀極狼狽，殘餘三萬餘人，由古宜出通道，有竄黔勢。

中央社洛陽十一日下午九時電：三省追勦總指揮上官雲相，十日晨抵洛陽，指揮部隊追勦逃竄豫陝邊境殘匪云。

長沙十日電：殘匪被湘軍痛擊，在朱蘭鋪鹹水附近節節潰逃，尚有槍匪千餘，赤俄四名，無線電一架，逃匿山中，已被包圍，即可成擒，陶廣師在西延以南山地及小洞天門等處擊潰股匪，斃匪千餘名，獲槍百餘枝，現正向城步追剿中，匪大部仍在司門前 龍勝以 北深山中。

香港十日電：西竄共匪已近黔東，現被湘桂黔軍圍剿。

廣州十日電：王家烈昨覆粵，謂蕭賀殘匪在兩膠會合，經我部追剿，六日在臉頭斃六七百，俘數百，獲槍甚多。

上海十日電：楊德昭談，粵邊匪氛全消，中央對粵剿匪協款已停發。

中央社重慶十二日上午二時十分專電：四路皮炳等部，九日晨擊匪進佔三星場一帶，匪退據金場松柏，三路羅澤洲部進展至距儀隴三十里地方，四五兩路即會攻瓊口。

中央社香港十二日上午二時十分專電：余漢謀，十一日晨謁陳濟棠商辦軍務，陳濟棠當晚設筵爲余漢謀，李漢魂洗塵。

9. 残匪将由古宜窜入黔东，湘桂黔军正在围剿中，贺龙之妹在松桃被击毙，1934 年 12 月 12 日第 3 版

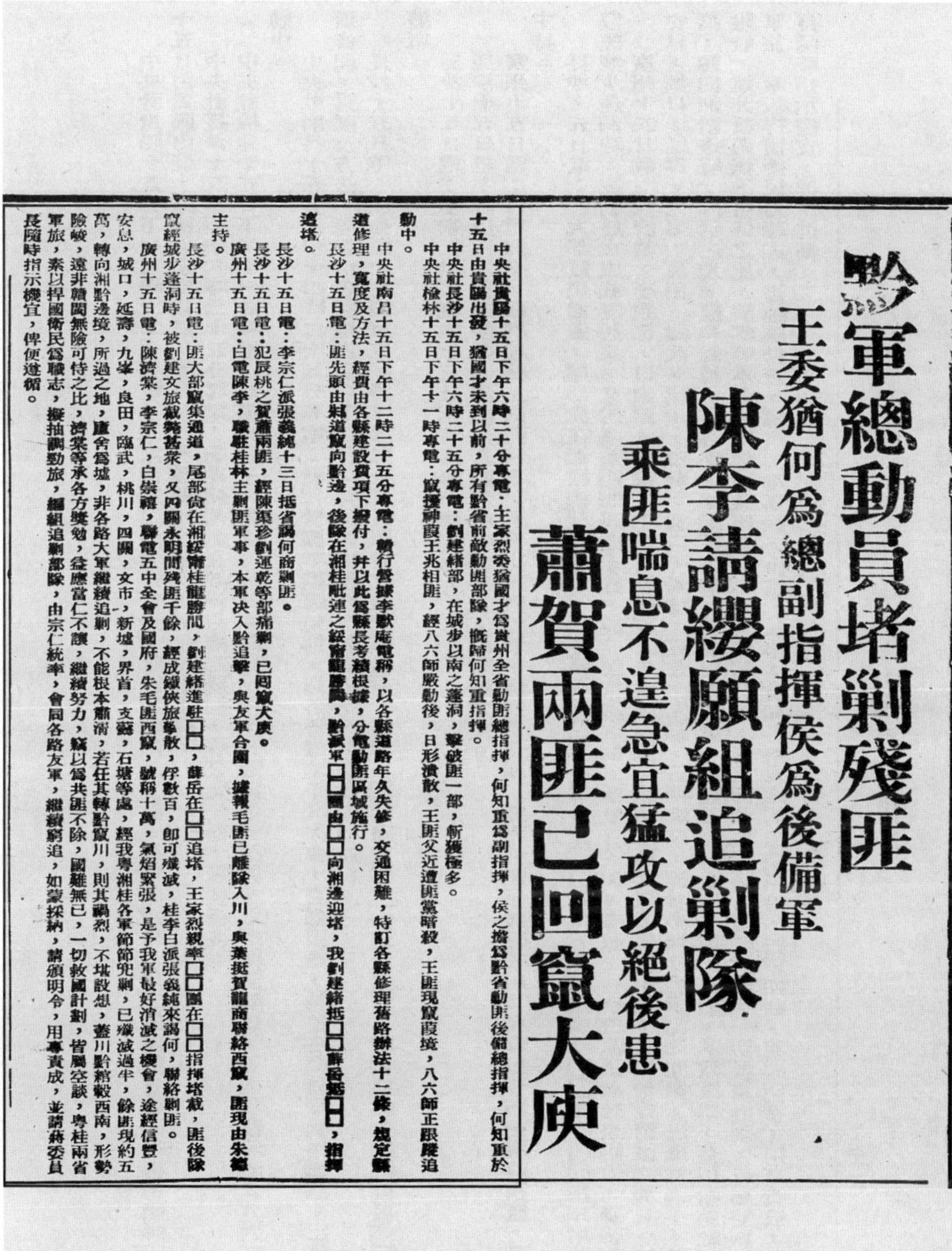

黔軍總動員堵勦殘匪

王委猶何爲總副指揮侯爲後備軍

陳李請纓願組追勦隊

乘匪喘息不遑急宜猛攻以絕後患

蕭賀兩匪已回竄大庚

中央社貴陽十五日下午六時二十分專電：王家烈委猶國才爲貴州全省勦匪總指揮，何知重爲副指揮，侯之擔爲黔省勦匪後備總指揮，何知重於十五日由貴陽出發，猶國才未到以前，所有黔省前敵勦匪部隊，概歸何知重指揮。

中央社長沙十五日下午六時二十五分專電：劉建緒部，在城步以南之蓬洞，擊破匪一部，斬獲極多。

中央社榆林十五日下午十一時專電：竄擾神葭王兆相匪，經八六師嚴勦後，日形潰散，王匪父近遭匪黨暗殺，王匪現竄葭境，八六師正跟蹤追勦中。

中央社南昌十五日下午十二時二十五分專電：贛行營據李默庵電稱，以各縣道路年久失修，交通困難，特訂各縣修理舊路辦法十二條，規定縣道修理，寬度及方法，經費由各縣建設費項下撥付，并以此爲縣長考績根據，分電勦匪區域施行。

長沙十五日電：匪先頭由料道竄向黔邊，後隊在湘桂毗連之綏甯龍勝間，黔派軍□□團由□□向湘邊迎堵，我劉建緒抵□□，薛岳赴□□，指揮追堵。

長沙十五日電：李宗仁派張義純十三日抵省謁何商勦匪。

長沙十五日電：犯辰桃之賀蕭兩匪，經陳渠珍劉運乾等部痛勦，已回竄大庸。

廣州十五日電：白電陳李，駿赴桂林主勦匪軍事，本軍决入黔追擊，與友軍合圍，據報毛匪已離隊入川，與蕭挺賀龍商聯絡西竄，匪現由朱德主持。

長沙十五日電：匪大部竄集通道，尾部尚在湘綏甯桂龍勝間，劉建緒進駐□□，薛岳在□□追堵，王家烈親率□□團在□□指揮堵截，匪後隊竄經城步蓬洞時，被劉建文旅截擊甚衆，又四關永明間殘匪千餘，經成鐵俠旅擊散，俘數百，即可殲滅，桂李白派張義純來謁何，聯絡勦匪。

廣州十五日電：陳濟棠，李宗仁，白崇禧，聯電五中全會及國府，朱毛匪西竄，號稱十萬，氣焰緊張，是予我軍最好消滅之機會，途經信豐，安息，城口，延壽，九峯，良田，臨武，桃川，四關，文市，新墟，界首，支蘢，石塘等處，經我粵湘桂各軍節節兜勦，已殲滅過半，餘匪現約五萬，轉向湘黔邊境，所過之地，廬舍爲墟，非各路大軍繼續追勦，不能根本肅清，若任其轉黔竄川，則其禍烈，不堪設想，蓋川黔綰轂西南，形勢險峻，遠非贛閩無險可恃之比，濟棠等承各方獎勉，益應當仁不讓，繼續努力，竊以爲共匪不除，國難無已，一切救國計劃，皆屬空談，粵桂兩省軍旅，素以捍國衛民爲職志，擬抽調勁旅，編組追勦部隊，由宗仁統率，會同各路友軍，繼續窮追，如蒙採納，請頒明令，用專責成，並請蔣委員長隨時指示機宜，俾便遵循。

10. 黔军总动员堵剿残匪，王（家烈）委犹（国才）、何（知重）为总副指挥侯（之担）为后备军，陈（济棠）、李（宗仁）请缨愿组追剿队，乘匪喘息不遑急宜猛攻以绝后患，萧（克）、贺（龙）两匪已回窜大庚，1934 年 12 月 16 日第 3 版

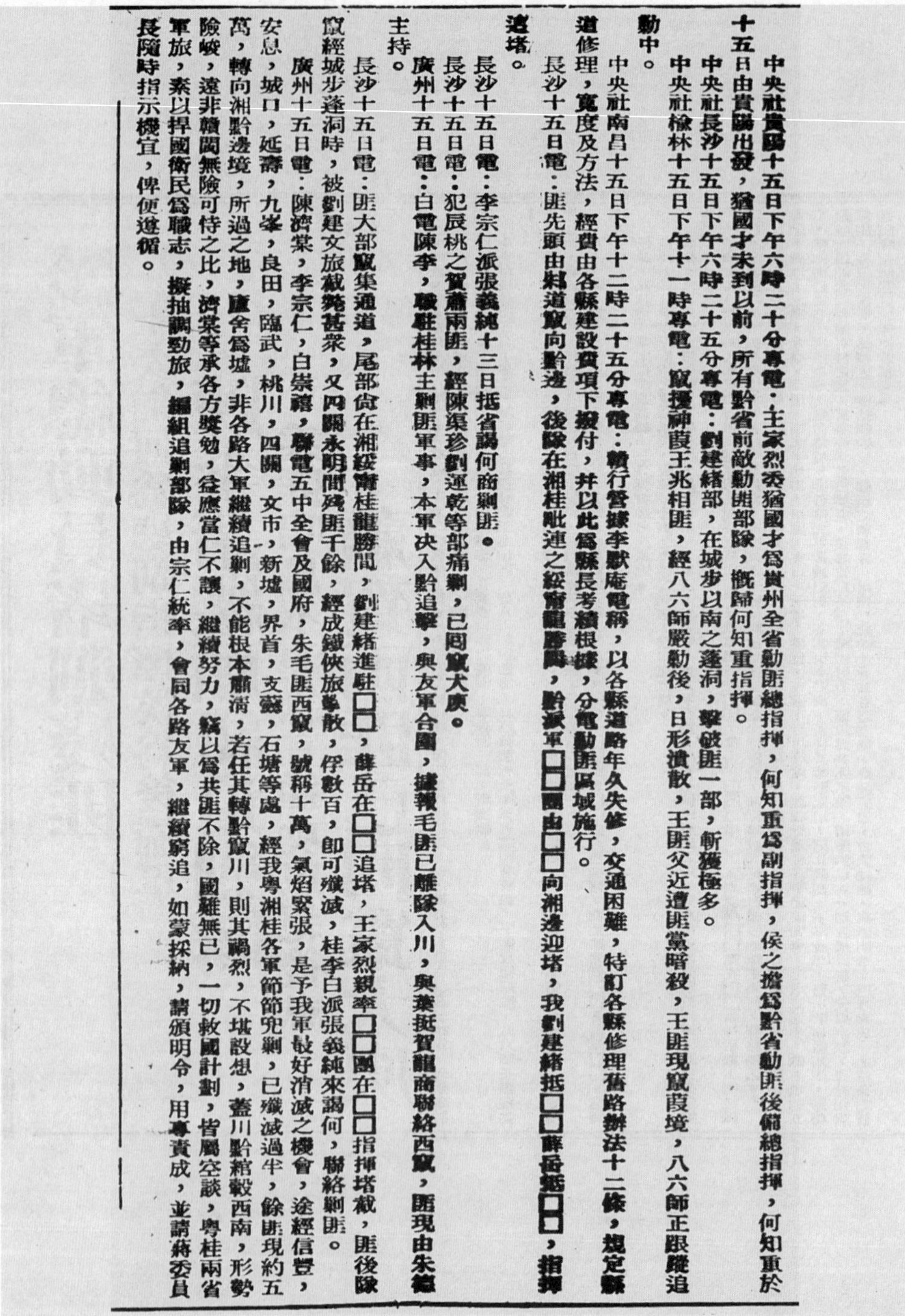

中央社貴陽十五日下午六時二十分專電：王家烈委猶國才爲貴州全省勦匪總指揮，何知重爲副指揮，侯之擔爲黔省勦匪後備總指揮，何知重於十五日由貴陽出發，猶國才未到以前，所有黔省前敵勦匪部隊，概歸何知重指揮。

中央社長沙十五日下午六時二十五分專電：劉建緒部，在城步以南之蓬洞，擊破匪一部，斬獲極多。

中央社榆林十五日下午十一時專電：竄擾神葭王兆相匪，經八六師嚴勦後，日形潰散，王匪父近遭匪黨暗殺，王匪現竄葭境，八六師正跟蹤追勦中。

中央社南昌十五日下午十二時二十五分專電：贛行營據李默庵電稱，以各縣道路年久失修，交通困難，特訂各縣修理舊路辦法十二條，規定縣道修理，寬度及方法，經費由各縣建設費項下撥付，并以此爲縣長考績根據，分電勦匪區域施行。

長沙十五日電：匪先頭由料道竄向黔邊，後隊在湘桂毗連之綏甯龍勝間，黔派軍□□團由□□向湘邊迎堵，我劉建緒抵□□薛岳趨□□，指揮追堵。

長沙十五日電：李宗仁派張義純十三日抵省謁何商剿匪。

長沙十五日電：犯辰桃之賀蕭兩匪，經陳渠珍劉運乾等部痛剿，已回竄犬庚。

廣州十五日電：白電陳李，職駐桂林主剿匪軍事，本軍决入黔追擊，與友軍合圍，據報毛匪已離隊入川，與葉挺賀龍商聯絡西竄，匪現由朱德主持。

長沙十五日電：匪大部竄集通道，尾部尚在湘綏甯桂龍勝間，劉建緒進駐□□，薛岳在□□追堵，王家烈親率□□團在□□指揮堵截，匪後隊竄經城步蓬洞時，被劉建文旅截斃甚衆，又四關永明間殘匪千餘，經成鐵俠旅擊散，俘數百，即可殲滅，桂李白派張義純來謁何，聯絡剿匪。

廣州十五日電：陳濟棠，李宗仁，白崇禧，聯電五中全會及國府，朱毛匪西竄，號稱十萬，氣焰緊張，是予我軍最好消滅之機會，途經信豐，安息，城口，延壽，九峯，良田，臨武，桃川，四關，文市，新墟，界首，支蘤，石塘等處，經我粵湘桂各軍節節兜剿，已殲滅過半，餘匪現約五萬，轉向湘黔邊境，所過之地，廬舍爲墟，非各路大軍繼續追剿，不能根本肅淸，若任其轉黔竄川，則其禍烈，不堪設想，蓋川黔綰轂西南，形勢險峻，遠非贛閩無險可恃之比，濟棠等承各方獎勉，益應當仁不讓，繼續努力，竊以爲共匪不除，國難無已，一切救國計劃，皆屬空談，粵桂兩省軍旅，素以捍國衛民爲職志，擬抽調勁旅，編組追剿部隊，由宗仁統率，會同各路友軍，繼續窮追，如蒙採納，請頒明令，用專責成，並請蔣委員長隨時指示機宜，俾便遵循。

（局部图）

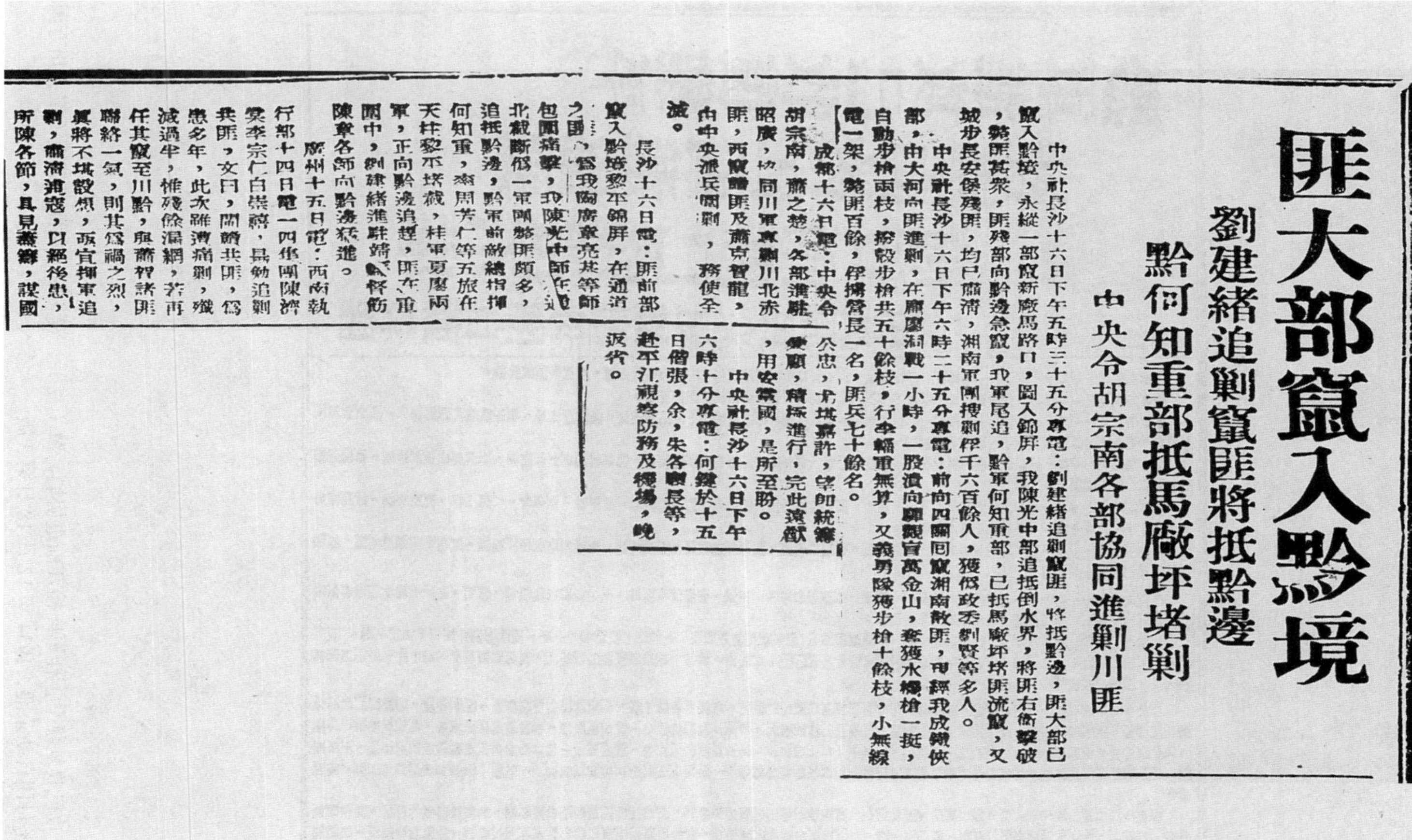

匪大部竄入黔境

劉建緒追剿竄匪將抵黔邊

黔何知重部抵馬廠坪堵剿

中央令胡宗南各部協同進剿川匪

中央社長沙十六日下午五時三十五分專電：劉建緒追剿竄匪，將抵黔邊，匪大部已竄入黔境，永縱一部竄新廠馬路口，圖入錦屏，我陳光中部追抵倒水界，將匪右衛擊破，斃匪甚衆，匪殘部向黔邊急竄，我軍尾追，黔軍何知重部，已抵馬廠坪堵匪流竄，又城步長安堡殘匪，均已肅清，湘南軍團搜剿俘千六百餘人，獲偽政委劉賢等多人。

中央社長沙十六日下午六時二十五分專電：前向四關回竄湘南散匪，甲經我成鐵俠部，由大河向匪進剿，在廟廖洞戰一小時，一股潰向驛觀官萬金山，奪獲水機槍一挺，自動步槍兩枝，擄毀步槍共五十餘枝，行李輜重無算，又義勇隊獲步槍十餘枝，小無線電一架，斃匪百餘，俘擄營長一名，匪兵七十餘名。

成都十六日電：中央令胡宗南、蕭之楚，各部進駐昭廣，協同川軍專剿川北赤匪，西竄譚匪及蕭克賀龍，由中央派兵圍剿，務使全滅。

長沙十六日電：匪前部竄入黔境黎平錦屏，在通道之圍，當我陶廣章亮基等師包圍痛擊，我陳光中師在[illegible]北截斷偽一軍團斃匪頗多，追抵黔邊，黔軍前敵總指揮何知重，率周芳仁等五旅在天柱黎平堵截，桂軍夏廖兩軍，正向黔邊追趕，匪在重圍中，劉建緒進駐靖縣督飭陳章各師向黔邊猛進。

廣州十五日電：西南執行部十四日電一四集團陳濟棠李宗仁白崇禧，具勉追剿共匪，文日，閩贛共匪，爲患多年，此次雖潰痛剿，殲滅過半，惟殘餘漏網，若再任其竄至川黔，與蕭賀諸匪聯絡一氣，則其爲禍之烈，實將不堪設想，亟宜揮軍追剿，痛滌潰寇，以絕後患，所陳各節，具見蓋籌，謀國公忠，尤堪嘉許，望即統率雙顧，積極進行，完此遺獻，用安黨國，是所至盼。

中央社長沙十六日下午六時十分專電：何鍵於十五日偕張，余，朱各縱長等，赴平江視察防務及機場，晚返省。

11. 匪大部窜入黔境，刘建绪追剿窜匪将抵黔边，黔何知重部抵马场坪堵剿，中央令胡宗南各部协同进剿川匪，1934 年 12 月 17 日第 4 版

黔軍進攻已收復黎平
桂軍向榕江前進協剿
蕭賀兩匪已殘潰不堪
川萬源民衆組織聖母團自動殺匪

中央社貴陽十七日下午七時二十分專電：黔軍周旅，於十五日拂曉向匪猛攻，已將黎平城克復，匪向老錦屏移動。

中央社貴陽十七日下午六時專電：桂軍周師由古宜，經下江，向榕江前進協助黔軍堵勦。

中央社長沙十七日下午六時二十分專電：我成鐵俠部，及保安團，在道縣屬之早禾田龍首冲，擊斃匪甚多，並生擒僞師長陳樹香，獲長短槍三百餘枝，僞師長因腹部前受重傷，解至途中斃亡。

中央社長沙十七日下午六時專電：陳光中師，已將岩門鋪，倒水界之匪擊破，斬獲甚多，我劉代旅長建文所部，在岩攻長安營等處，亦斃匪甚多，俘營長以上百餘名。

中央社長沙十七日下午七時專電：湘南嘉禾，臨武，藍山等縣散匪，連日經我團隊在大村，四眼橋，黃金圩，八嶺一帶，積極搜勦，斃匪甚多，俘匪一千六百八十餘名，十三日已解衡山訊辦。

中央社長沙十七日下午六時二十分專電：蕭賀兩匪，向巖口逃竄，經我部隊痛擊，殘潰不堪，李覺赴醴陵檢閱團隊，何鍵派胡隊槐赴漢，歡迎[illegible]外華僑代表團蒞湘參觀。

中央社重慶十七日下午十二時專電：據黔電，猶國才自關嶺晉省謁王主席，商防堵共匪事，王分設行營於遵義，鎮遠，所部在湘桂黔三省交界佈防，王令猶出兵三團協堵，須王猶見面後可開拔。

長沙十六日電：據報，殘匪一部竄黔境永從，一部竄錦屏，（按永從在黎平西南六十八里，距桂邊二十里，錦屏在黎平東北一百四十里，距湘邊四十五里），黔東形勢頗緊，王家烈派何知重師抵馬蹄坪，向□□一帶堵勦，薛岳，吳奇偉兩師已抵洪江，截匪折竄湘西上游一帶，進犯辰州縣境之匪，已全向大庸潰退，辰州秩序恢復原狀。

長沙十六日電：寶慶十四日電稱，匪萬餘十三日竄集通道以西之[illegible]鄉所，蒜園，新廠一帶，劉建緒即赴靖縣督勦，陳光中師，已將岩門鋪倒水界之匪擊破，向通道追擊中，其一部向四鄉所追勦，陶廣師已將青蕪洲，章亮基師已將臨口下鄉之匪擊潰，各師均獲斃匪甚多，劉建文所部在岩寨，長安營等處，亦斃匪甚衆，俘營長以上百餘名，我軍十一日在長安營，車田擊斃敵匪甚多，陳陶兩師十四日奉命分向新廠方面覓匪攻勦，王東原師及何平部開赴靖縣策應，薛岳已令吳奇偉率歐韓兩師十三日進駐黔陽待命，周渾元所部十五日可抵洪江，又匪一部由桂邊龍勝古宜竄入黔境永從。

重慶十六日電：前方來人談，城口萬源之匪均極少，萬屬清化溪王家壩長壩等場，均爲匪區組織之聖母團收復，會轄軍隊前往填防，軍方以無命令，未開往，匪在再陷區域殘殺人民，較以前尤甚，按聖母團爲萬源民間組織，今春該縣匪陷區內農民痛恨共匪之殘虐，遂假神道團結，自動殺匪，效能頗大，又共匪在通江對岸僧院寺等處產鹽區內脅迫灶戶，爲匪工熬鹽，運往通江老巢。

重慶十六日電：王三昕匪千餘，現在巫溪香冲後坪一帶騷擾，萬縣方面正派兵進勦，匪有後退模樣。

西安十六日電：豫匪徐海東股竄陝鄂邊境後，企圖竄川，經截擊，復由鄂邊竄陝邊漫川關，各軍在痛勦中，上官雲相亦於今晨抵西安，與此間當局商勦匪辦法。

12. 黔军进攻已收复黎平，桂军向榕江前进协剿，萧（克）、贺（龙）两匪已残溃不堪，川万源民众组织圣母团自动杀匪，1934 年 12 月 18 日第 3 版中央社貴陽十七日下午七時二十分專電：黔軍周旅，於十五日拂曉向匪猛攻，已將黎平城克復，匪向老錦屏移動。

中央社貴陽十七日下午六時專電：桂軍周師由古宜，經下江，向榕江前進協助黔貴堵勦。

中央社長沙十七日下午六時二十分專電：我成鐵俠部，及保安團，在道縣屬之早禾田龍首冲，擊斃匪甚多，並生擒偽師長陳樹香，獲長短槍三千餘枝，偽師長因腹部前受重傷，解至途中斃亡。

中央社長沙十七日下午六時專電：陳光中師，已將岩門鋪，倒水界之匪擊破，斬獲甚多，我劉代旅長建文所部，在岩攻長安營等處，亦斃匪甚多，俘營長以上百餘名。

中央社長沙十七日下午七時專電：湘南嘉禾，臨武，藍山等縣散匪，連日經我團隊在大村，四眼橋，黃金圩，八嶺一帶，積極搜勦，斃匪甚多[illegible]俘匪一千六百八十餘名，十三日已解衡山訊辦。

中央社長沙十七日下午六時二十分專電：蕭賀兩匪，向巖口逃竄，經我部隊痛擊，殘潰不堪，李覺赴醴陵檢閱團隊，何鍵派胡蔭槐赴漢，歡迎海外華僑代表團蒞湘參觀。

中央社重慶十七日下午十二時專電：據黔電，猶國才自關嶺晉省謁王主席，商防堵共匪事，王分設行營於遵義，鎮遠，所部在湘桂黔三省交界[illegible]布防，王令猶出兵三關協堵，須王猶見面後可開拔。

長沙十六日電：據報，殘匪一部竄黔境永從，一部竄錦屏，（按永從在黎平西南六十八里，距桂邊二十里，錦屏在黎平東北一百四十里，距湘邊四十五里），黔東形勢頗緊，王家烈派何知重師抵馬蹄坪，向□□一帶堵剿，薛岳，吳奇偉兩師已抵洪江，截匪折竄湘西上游一帶，進犯辰州縣[illegible]之匪，已全向大庸潰退，辰州秩序恢復原狀。

長沙十六日電：寶慶十四日電稱，匪萬餘十三日竄集通道以西之四鄉所，[illegible]圖，新廠一帶，劉建緒即赴靖縣督剿，陳光中師，已將岩門鋪倒水[illegible]之匪擊破，向通道追擊中，其一部向四鄉所追勦，陶廣師已將青蕪洲，章亮基師已將臨口下鄉之匪擊潰，各師均獲斃匪甚多，劉建文所部在岩寨，長安營等處，亦斃匪甚衆，俘營長以上百餘名，我軍十一日在長安營，車田擊斃散匪甚多，陳陶兩師十四日奉命分向新廠方面覓匪攻勦，王東原師及何平部開赴靖縣策應，薛岳已令吳奇偉率歐韓兩師十三日進駐黔陽待命，周渾元所部十五日可抵洪江，又匪一部由桂邊龍勝古宜竄入黔境[illegible]從

重慶十六日電：前方來人談，城口萬源之匪均極少，萬屬清化溪王家壩長壩等場，均為匪區組織之聖母團收復，曾請軍隊前往壩防，軍方以無命令，未開往，匪在再陷區域殘殺人民，較以前尤甚，按聖母團為萬源民間組織，今春該縣匪陷區內農民痛恨共匪之殘虐，遂假神道團結，自動殺匪，效能頗大，又共匪在通江對岸僧院寺等處產鹽區內脅迫灶戶，為趕工熬鹽，運往通江老巢。

重慶十六日電：王三昕匪千餘，現在巫溪香冲後坪一帶騷擾，萬縣方面正派兵進勦，匪有後退模樣。

西安十六日電：豫匪徐海東股竄陝鄂邊境後，企圖竄川，經截擊，復由鄂邊竄陝邊漫川關，各軍在痛勦中，上官雲相亦於今晨抵西安，與此間[illegible]局商勦匪辦法。

（局部图）

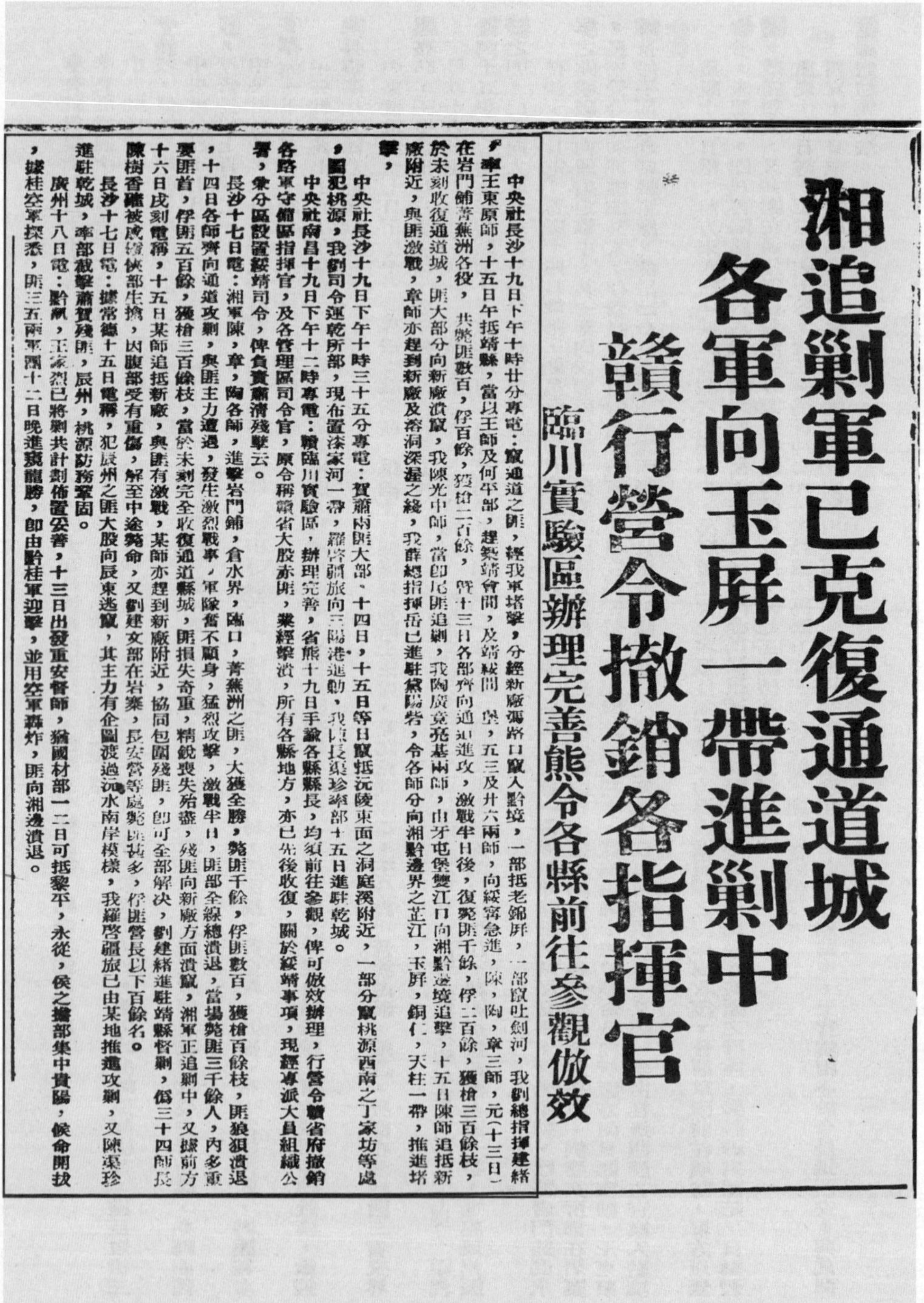

湘追剿軍已克復通道城

各軍向玉屏一帶進剿中

贛行營令撤銷各指揮官

臨川實驗區辦理完善熊令各縣前往參觀倣效

中央社長沙十九日下午十時廿分專電：竄通道之匪，經我軍堵擊，分經新廠瓠路口竄入黔境，一部抵老錦屏，一部竄吐劍河，我劉總指揮建緒，率王東原師，十五日午抵靖縣，當以王師及何平部，趕繫靖會間，及靖綏間堡，五三及廿六兩師，向綏寧急進，陳，陶，章三師，元(十三日)在岩門舖菁蕪洲各役，共斃匪數百，俘百餘，獲槍二百餘，暨十三日各部齊向通道進攻，激戰半日後，復斃匪千餘，俘二百餘，獲槍三百餘枝，於未刻收復通道城，匪大部分向新廠潰竄，我陳光中師，當即尾匪追剿，我陶廣章亮基兩師，由牙屯堡雙江口向湘黔邊境追擊，十五日陳師追抵新廠附近，與匪激戰，章師亦趕到新廠及絡洞深渥之綫，我薛總指揮岳已進駐黔陽砦，令各師分向湘黔邊界之芷江，玉屏，銅仁，天柱一帶，推進堵擊，

中央社長沙十九日下午十時三十五分專電：賀蕭兩匪大部、十四日，十五日等日竄抵沅陵東面之洞庭溪附近，一部分竄桃源西南之丁家坊等處，圖犯桃源，我劉司令運乾所部，現布置漆家河一帶，羅啓疆旅向三陽港進動，我陳長渠珍部十五日進駐乾城。

中央社南昌十九日下午十二時專電：贛臨川實驗區，辦理完善，省熊十九日手諭各縣縣長，均須前往參觀，俾可倣效辦理，行營令贛省府撤銷各路軍守備區指揮官，及各管理區司令官，原令稱贛省大股赤匪，業經擊潰，所有各縣地方，亦已先後收復，關於綏靖事項，現經專派大員組織公署，余分區設置綏靖司令，俾負責肅清殘孽云。

長沙十七日電：湘軍陳，章，陶各師，進擊岩門舖，倉水界，臨口，菁蕪洲之匪，大獲全勝，斃匪千餘，俘匪數百，獲槍百餘枝，匪狼狽潰退，十四日各師齊向通道攻剿，與匪主力遭遇，發生激烈戰事，軍隊奮不顧身，猛烈攻擊，激戰半日，匪部全線總潰退，當場斃匪三千餘人，內多重要匪首，俘匪五百餘，獲槍三百餘枝，當於未刻完全收復通道縣城，匪損失奇重，精銳喪失殆盡，殘匪向新廠方面潰竄，湘軍正追剿中，又據前方十六日戌刻電稱，十五日某師追抵新廠，與匪有激戰，某師亦趕到新廠附近，協同包圍殘匪，即可全部解決，劉建緒進駐靖縣督剿，僞三十四師長陳樹香確被成鐵俠部生擒，因腹部受有重傷，解至中途斃命，又劉建文部在岩寨，長安營等處斃匪甚多，俘匪營長以下百餘名。

長沙十七日電：據常德十五日電稱，犯辰州之匪大股向辰東逃竄，其主力有企圖渡過沅水南岸模樣，我羅啓疆旅已由某地推進攻剿，又陳渠珍進駐乾城，率部截擊蕭賀殘匪，辰州，桃源防務鞏固。

廣州十八日電：黔訊，王家烈已將剿共計劃佈置妥善，十三日出發重安督師，猶國材部一二日可抵黎平，永從，侯之擔部集中貴陽，候命開拔，據桂空軍探悉，匪三五兩軍團十二日晚進竄龍勝，即由黔桂軍迎擊，並用空軍轟炸，匪向湘邊潰退。

13. 湘追剿军已克复通道城，各军向玉屏一带进剿中，赣行营令撤销各指挥官，临川实验品办理完善，熊令各县前往参观仿效，1934 年 12 月 20 日第 3 版

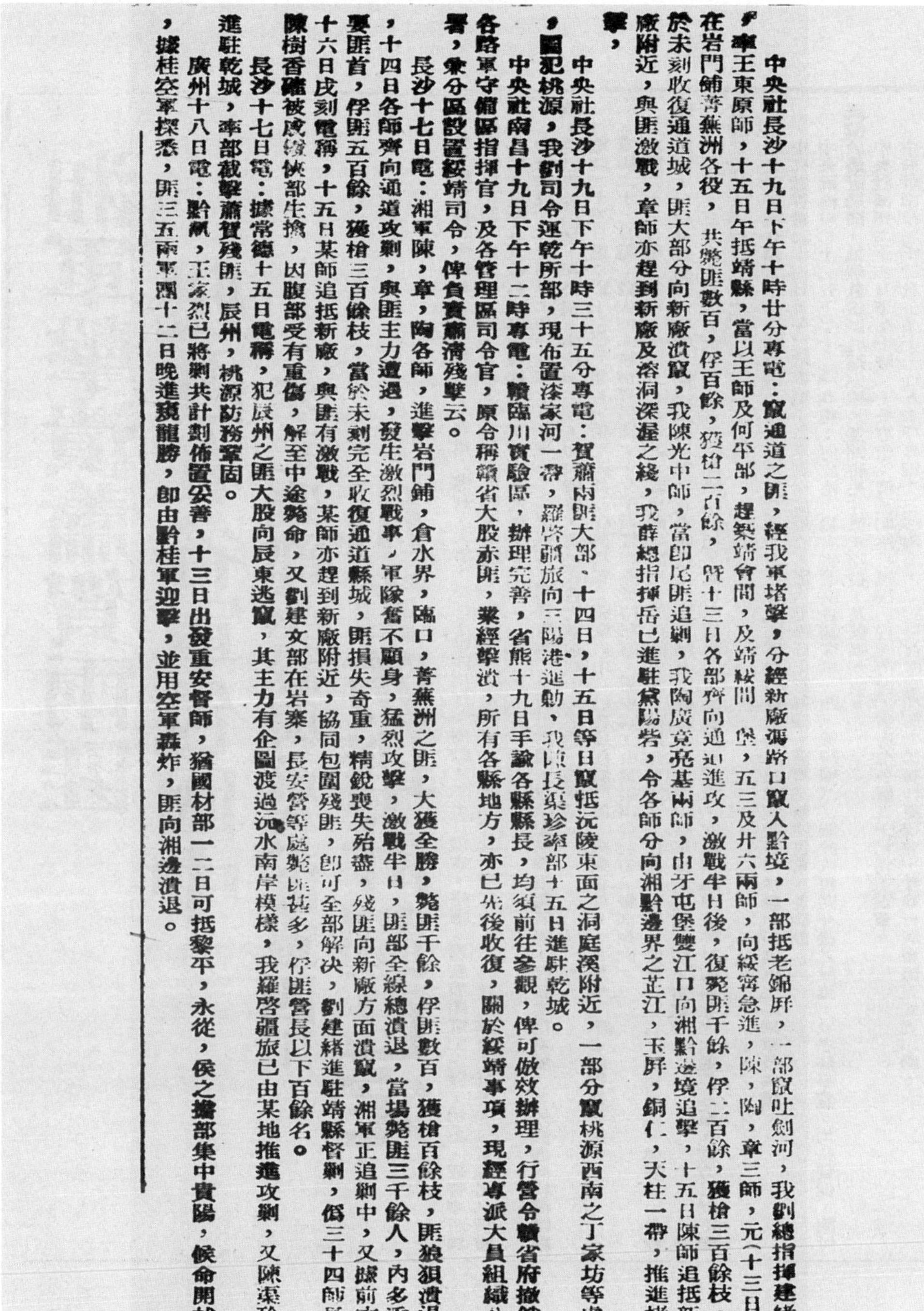

中央社長沙十九日下午十時廿分專電：竄通道之匪，經我軍堵擊，分經新廠瓊路口竄入黔境，一部抵老錦屏，一部竄吐劍河，我劉總指揮建緒，率王東原師，十五日午抵靖縣，當以王師及何平部，趕緊靖會間，及靖綏間堡，五三及廿六兩師，向綏寧急進，陳，陶，章三師，元（十三日）在岩門鋪菁蕪洲各役，共斃匪數百，俘百餘，獲槍二百餘，寒十三日各部齊向通道進攻，激戰半日後，復斃匪千餘，俘二百餘，獲槍三百餘枝，於未刻收復通道城，匪大部分向新廠潰竄，我陳光中師，當即尾匪追剿，我陶廣章亮基兩師，由牙屯堡雙江口向湘黔邊境追擊，十五日陳師追抵新廠附近，與匪激戰，章師亦趕到新廠及溶洞深遲之綫，我薛總指揮岳已進駐黛陽砦，令各師分向湘黔邊界之芷江，玉屏，銅仁，天柱一帶，推進堵擊，

中央社長沙十九日下午十時三十五分專電：賀蕭兩匪大部、十四日，十五日等日竄抵沅陵東面之洞庭溪附近，一部分竄桃源西南之丁家坊等處，圖犯桃源，我劉司令運乾所部，現布置漆家河一帶，羅啓疆旅向三陽港進動、我陳長渠珍部十五日進駐乾城。

中央社南昌十九日下午十二時專電：贛臨川實驗區，辦理完善，省熊十九日手諭各縣縣長，均須前往參觀，俾可做效辦理，行營令贛省府撤銷各路軍守備區指揮官，及各管理區司令官，原令稱贛省大股赤匪，業經擊潰，所有各縣地方，亦已先後收復，關於綏靖事項，現經專派大員組織公署，秉分區設置綏靖司令，俾負責肅清殘擊云。

長沙十七日電：湘軍陳，章，陶各師，進擊岩門鋪，倉水界，臨口，菁蕪洲之匪，大獲全勝，斃匪千餘，俘匪數百，獲槍百餘枝，匪狼狽潰退，十四日各師齊向通道攻剿，與匪主力遭遇，發生激烈戰事，軍隊奮不顧身，猛烈攻擊，激戰半日，匪部全線總潰退，當場斃匪三千餘人，內多重要匪首，俘匪五百餘，獲槍三百餘枝，當於未刻完全收復通道縣城，匪損失奇重，精銳喪失殆盡，殘匪向新廠方面潰竄，湘軍正追剿中，又據前方十六日戌刻電稱，十五日某師追抵新廠，與匪有激戰，某師亦趕到新廠附近，協同包圍殘匪，即可全部解決，劉建緒進駐靖縣督剿，僞三十四師長陳樹香確被成鐵俠部生擒，因腹部受有重傷，解至中途斃命，又劉建文部在岩寨，長安營等處斃匪甚多，俘匪營長以下百餘名。

長沙十七日電：據常德十五日電稱，犯辰州之匪大股向辰東逃竄，其主力有企圖渡過沅水南岸模樣，我羅啓疆旅已由某地推進攻剿，又陳渠珍進駐乾城，率部截擊蕭賀殘匪，辰州，桃源防務鞏固。

廣州十八日電：黔訊，王家烈已將剿共計劃佈置妥善，十三日出發重安督師，猶國材部一二日可抵黎平，永從，侯之擔部集中貴陽，候命開拔，據桂空軍探悉，匪三五兩軍團十二日晚進竄龍勝，即由黔桂軍迎擊，並用空軍轟炸，匪向湘邊潰退。

（局部图）

湘軍擊潰蕭賀兩匪

殘匪在各軍包圍中

·朱毛殘部亟謀與蕭賀匪竄四川

川省防堵計劃已定

中央社長沙二十四日上午一時二十分專電：慈利，大庸，桑植，剿匪指揮朱樹勳，二十日電省，略稱：蕭賀股匪竄犯沅陵，桃源，經督率所屬，並聯絡戴季韶、顧家齊等旅，會師進剿，連日與匪遭遇於廠亭新店等處，激戰數次，幸賴官兵奮勇猛攻，卒將該匪擊潰，計斃匪六百餘名，獲槍二百餘枝，俘匪五百餘名，刻正聯絡各友軍，會師進剿中。

中央社長沙二十四日上午一時三十五分專電：臨澧電稱，蕭賀股匪，企圖犯常德，我徐源泉部張萬信師，已經進抵常城，並另派部向桃源境截擊，現已與陳渠珍，羅啓疆，郭汝棟各部，切取聯絡，匪已在我大軍包圍中，不難一鼓殲滅。

重慶二十三日電：黔王（家烈）電告，朱毛匪部亟謀與蕭賀二匪竄四川，已在烏江綫配置，決與湘桂軍一致聚殲，不令越雷池一步。

貴陽二十二日電：黔省剿匪總指揮猶國才，今午偕督察專員路邦道，潘少武，由貴陽出發前方，督部剿匪。

重慶二十三日電：劉湘二十二日在蓉召非正式會議，決定省府仍設成都，實行合署辦公，在渝設行營，督署仍在省，劉抵渝後，與駐渝要員商防堵贛匪，已有具體辦法，事關軍秘不宣佈，對川北赤匪已命前綫各路軍準備待命，俟與中央軍接洽妥當，即下令總攻。

北平二十三日電：外人方面消息，湘西共匪陷桃源後，進攻常德西門，已被國軍擊退，安徽共匪由茂林村向西北之大通鎮逃竄，官方已派軍艦五艘巡弋於大通鎮及太平之間，蕪湖情形安謐。

中央社香港廿四日上午二時專電：五軍長李振良，二十三日由新街乘汽車抵省謁陳濟棠報告，并參加張達就二軍副軍長典禮。

中央社香港二十四日上午二時專電：二軍副軍長張達，定二十四日在省就職，陳濟棠親臨監誓，並訓話。

中央社漢口二十三日下午十二時專電：何成濬，以本省邊區各縣零星殘匪，業經殲滅，關於收復區今後之設施，及冬防事宜，均待督促，聞何氏擬於最近期間，抽暇赴邊區各縣巡視，並聞將先往鄂北隨棗，及鄖縣視察。

中央社福州二十三日下午七時二十分專電：清流明溪收復後，善後待理，省府准各撥五千元為工賑費。

中央社南昌二十三日下午十一時五十分專電：三路總部，定元旦召開甯都黨軍民聯合慶祝會，并舉行廣甯路正式通車禮。

14. 湘军击溃萧（克）、贺（龙）两匪，残匪在各军包围中，朱（德）、毛（泽东）残部亟谋与萧、贺匪窜四川，川省防堵计划已定，1934 年 12 月 24 日第 3 版

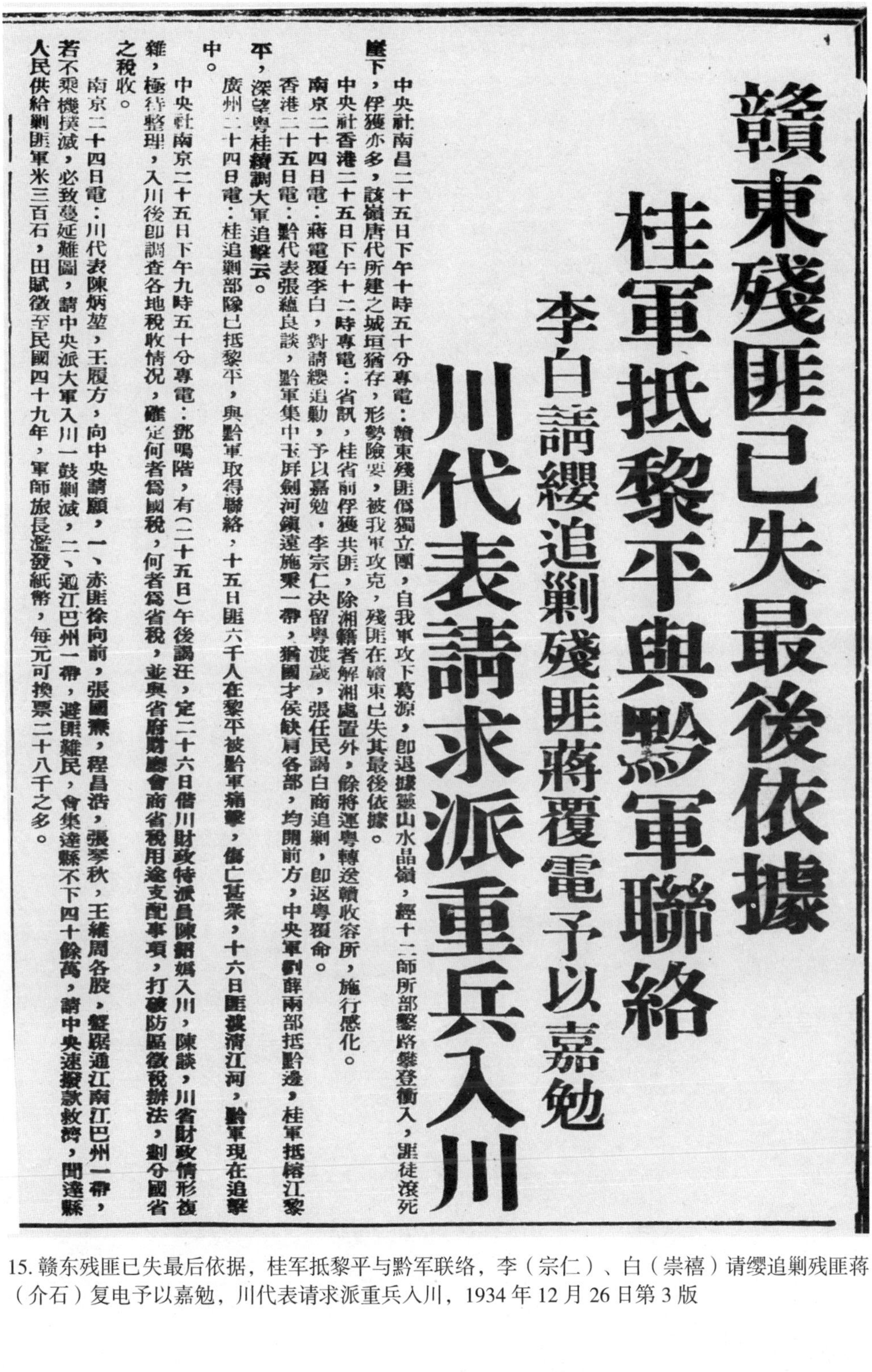

贛東殘匪已失最後依據
桂軍抵黎平與黔軍聯絡
李白請纓追剿殘匪蔣覆電予以嘉勉
川代表請求派重兵入川

中央社南昌二十五日下午十時五十分專電：贛東殘匪僞獨立團，自我軍攻下葛源，即退據靈山水晶嶺，經十二師所部鑿路攀登衝入，匪徒滾死崖下，俘獲亦多，該嶺唐代所建之城垣猶存，形勢險要，被我軍攻克，殘匪在贛東已失其最後依據。

中央社香港二十五日下午十二時專電：省訊，桂省前俘獲共匪，除湘籍者解湘處置外，餘將運粵轉送贛收容所，施行感化。

南京二十四日電：蔣電覆李白，對請纓追勦，予以嘉勉，李宗仁決留粵渡歲，張任民謁白商追剿，即返粵覆命。

香港二十五日電：黔代表張蘊良談，黔軍集中玉屏劍河鎮遠施秉一帶，猶國才侯缺肩各部，均開前方，中央軍劉薛兩部抵黔邊，桂軍抵榕江黎平，深望粵桂續剿大軍追擊云。

廣州二十四日電：桂追剿部隊已抵黎平，與黔軍取得聯絡，十五日匪六千人在黎平被黔軍痛擊，傷亡甚衆，十六日匪被濟江河，黔軍現在追擊中。

中央社南京二十五日下午九時五十分專電：鄧鳴階，有(二十五日)午後謁汪，定二十六日偕川財政特派員陳紹嫣入川，陳談，川省財政情形複雜，極待整理，入川後即調查各地稅收情況，確定何者爲國稅，何者爲省稅，並與省府財廳會商省稅用途支配事項，打破防區徵稅辦法，劃分國省之稅收。

南京二十四日電：川代表陳炳堃，王履方，向中央請願，一、赤匪徐向前，張國燾，程昌浩，張琴秋，王維周各股，盤踞通江南江巴州一帶，若不乘機撲滅，必致蔓延難圖，請中央派大軍入川一鼓剿滅，二、通江巴州一帶，避匪難民，會集達縣不下四十餘萬，請中央速撥款救濟，聞達縣人民供給剿匪軍米三百石，田賦徵至民國四十九年，軍師旅長濫發紙幣，每元可換票二十八千之多。

15. 赣东残匪已失最后依据，桂军抵黎平与黔军联络，李（宗仁）、白（崇禧）请缨追剿残匪蒋（介石）复电予以嘉勉，川代表请求派重兵入川，1934 年 12 月 26 日第 3 版

新天津报

（中華民國二十三年十一月二十七日）（星期二）新天津第一

劉湘再謁蔣川事有結果

王寵惠入京後日內將再度南下

湘南共匪撲永州被擊潰竄道川

南京二十六日專電。劉湘二十六日上午十時再度謁蔣。商川事。中午招待京新聞界。適劉赴蔣宴。改由劉之代表鄭鳴偕招待。計到新聞界六十餘人。席間鄭致詞。略謂。劉抵京與中央商川省軍政。已有結果。惟整理川省財政待財孔返京後會商。又電。將二十六日午在勵志社宴各軍事長官。到劉湘，朱培德，曹浩森，谷正倫，等百二十餘人（至一時餘宴罷。宋子文偕隨員項介人等二十六日晨由滬抵京。旋訪蔣。午後復見秦汾。垂詢經委會事。又劉湘訪宋。晤談良久始辭出。丁文江，翁文灝，錢昌照，秦汾等。二十六日謁蔣。有所報告。又軍校二十六日晨舉行擴大紀念週。蔣訓話大意。（一）剿匪軍事雖告一段落。但大家仍應努力。（二）革命黨員，革命軍人，應為國家民族奮鬥。犧牲個人自由與權利。（三）講解新生活運動。闡述大學之道。在明明德。在新民。在止于至善之要義。並勵勉人人應自強不息。

南京二十六日專電。王寵惠二十五日午後由滬抵京。下榻陵園新村。在京有數日勾留。

上海二十六日專電。記者今（二十六日）晨據接近王寵惠者稱。王昨晨入京後。其再度南下之行有於日內實現可能。

上海二十六日專電。關於劉湘呈請發行公債問題。據記者向有關係方面探悉。大致已無問題。不久可發行。又聞劉湘抵京後。原擬來滬與各界領袖接洽投資開發四川。現以急待返川主持剿匪軍事。故中止來滬。

漢口二十六日專電。何鍵發表五路追剿司令以劉建緒，薛岳，周渾元，李雲杰，李韞珩，担任。均就職。匪在寧遠道縣間被擊潰。三五軍團死亡山積。粵軍入湘部隊已抵臨武。加入協剿。

廣州二十六日路透電。先遣社消息。湖南共匪目知無力堅守藍山等處。昨乃直撲永州。擬取道桂邊界之全州而竄入黔省。幸全州駐南路軍頗眾。早有預防。迎頭痛擊。共匪頓即潰散。死傷不少。殘眾向道州與寧遠方面退走。

漢口廿六日電。川二路軍連日游擊。將百利壩唐家寨殘匪肅清。匪有放棄雙龍場退守河溪關形勢

1. 刘湘再谒蒋（介石）川事有结果，王宠惠入京后日内将再度南下，湘南“共匪”扑永州被击溃窜道川，1934 年 11 月 27 日第 2 版

湘境共匪正西竄

桂邊共匪多被擒獲

廣州二十八日專電。湘境共匪現越永州向德慶武岡方面逃竄。桂邊共匪敬（二十四日）日竄永明。爲桂七軍擊潰。向江華退却現在追剿中

廣州二十八日路透電。自十一月二十三日起。由贛西竄之共匪爲覓衣食與彈藥以度寒冬計。現圖侵入桂省。桂軍總司令李宗仁。現調所有軍隊從事防堵。按數日前據官報。共匪小隊曾侵入桂東邊界灌縣。經桂省第十五軍激戰擊退。共匪雖遭此挫折。現仍圖大舉攻桂云。今日。李宗仁致電西南政務會。謂數日前喬裝難民混入桂境之共匪均經擒獲

漢口二十八日專電。徐源泉儉（二十八日）由漢乘飛機返沙市。當午到達。

開封二十八日專電。二十六日晚羅炳勳部某旅在方城東北硯山鋪與殘匪激戰。夜十時匪乘風雨中向東南潰竄。是役斃匪二百餘名。生擒僞營長一名。匪兵數十名。槍數十枝。僞營長已解官四十軍軍部訊究。

2. 湘境“共匪”正西窜，桂边“共匪”多被擒获，1934年11月29日第2版

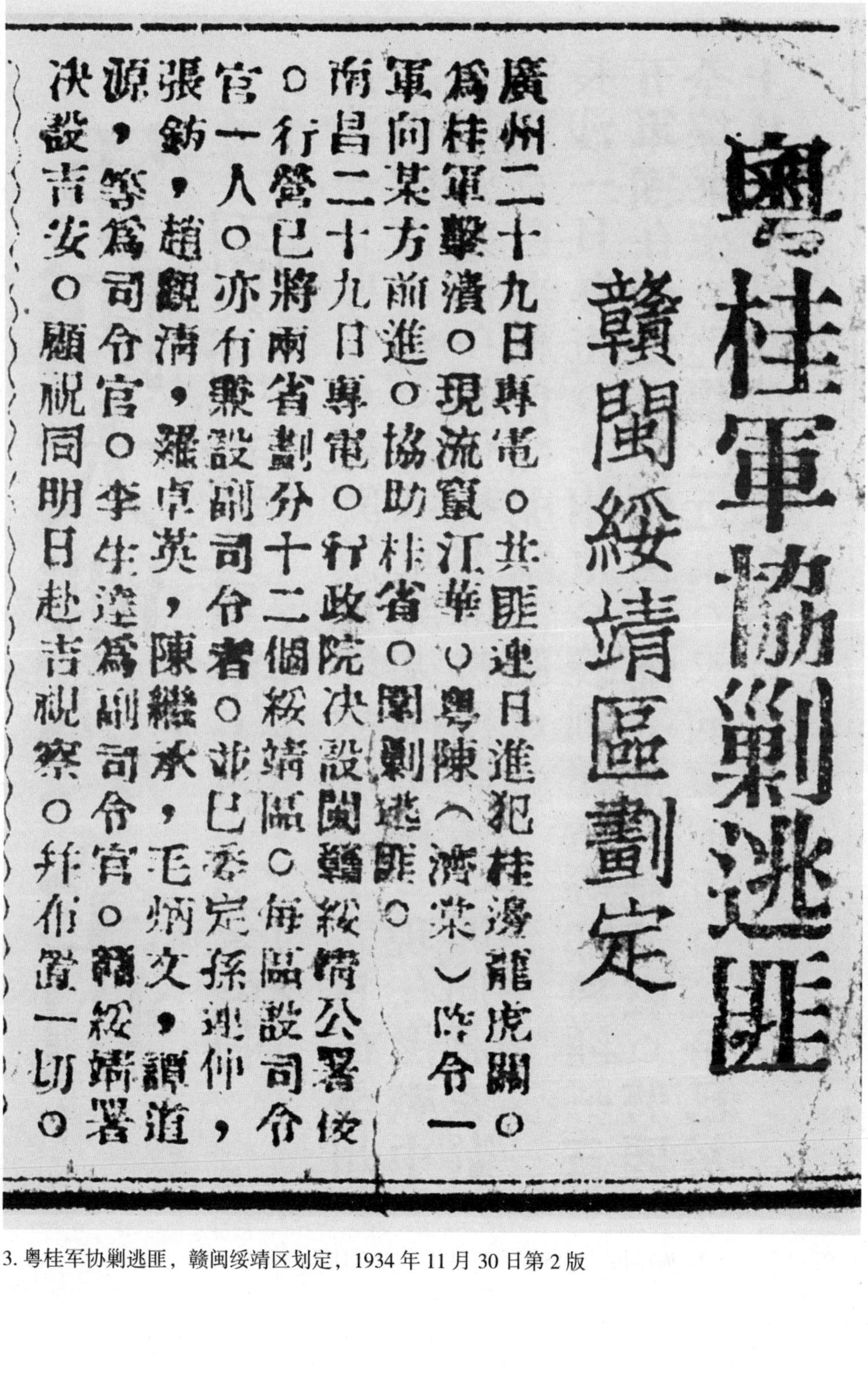

粵桂軍協剿逃匪
贛閩綏靖區劃定

廣州二十九日專電。共匪連日進犯桂邊龍虎關。爲桂軍擊潰。現流竄江華。粵陳（濟棠）電令一軍向某方前進。協助桂省。圍剿逃匪。

南昌二十九日專電。行政院決設閩贛綏靖公署後。行營已將兩省劃分十二個綏靖區。每區設司令官一人。亦有兼設副司令者。並已委定孫連仲，張鈁，趙觀濤，羅卓英，陳繼承，毛炳文，譚道源，等爲司令官。李生達爲副司令官。贛綏靖署決設吉安。顧祝同明日赴吉視察。并布置一切。

3. 粤桂军协剿逃匪，赣闽绥靖区划定，1934 年 11 月 30 日第 2 版

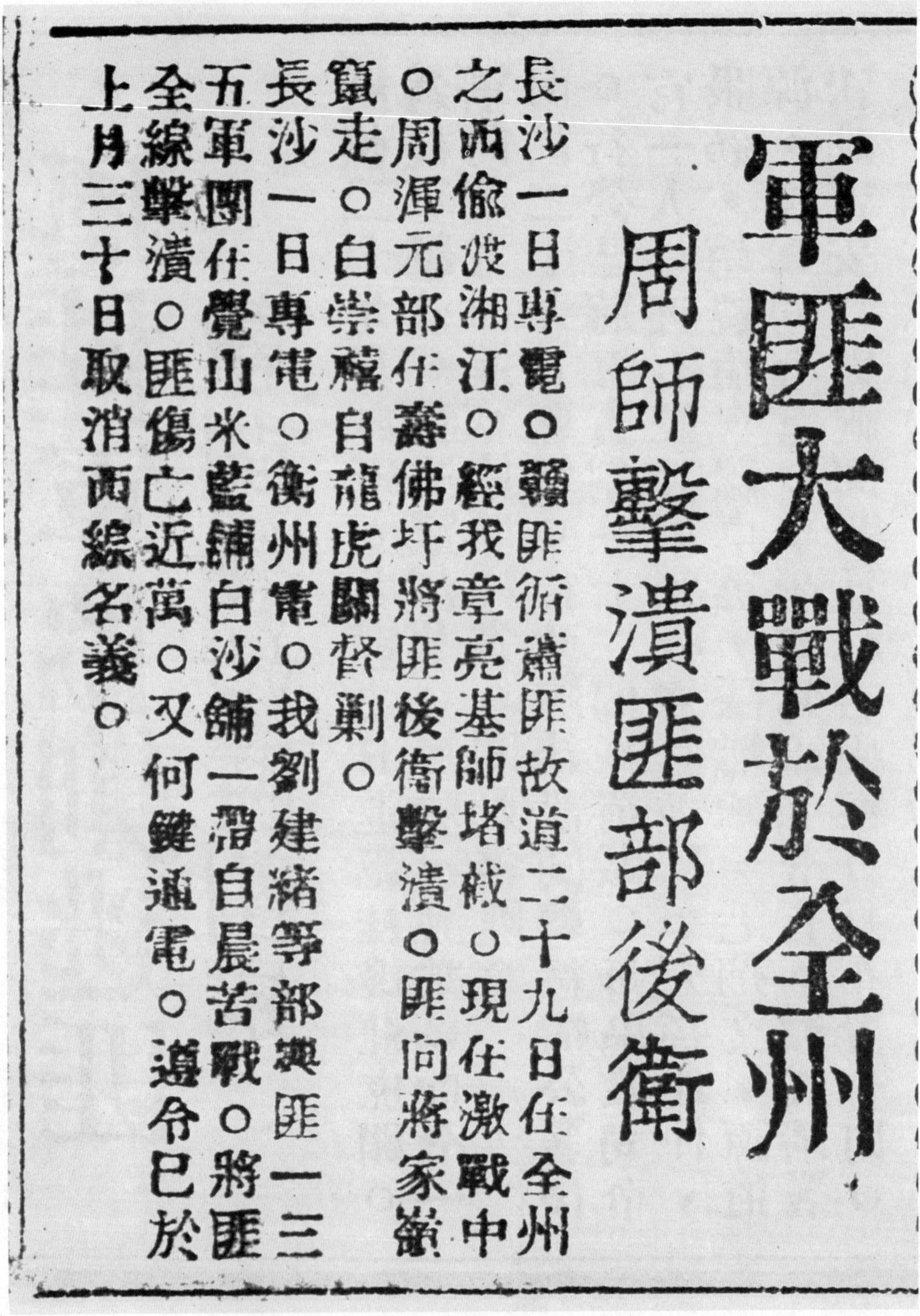

軍匪大戰於全州

周師擊潰匪部後衛

長沙一日專電○贛匪循蕭匪故道二十九日在全州之西偷渡湘江○經我章亮基師堵截○現在激戰中○周渾元部在壽佛圩將匪後衛擊潰○匪向蔣家嶺竄走○白崇禧自龍虎關督剿○

長沙一日專電○衡州電○我劉建緒等部與匪一三五軍團在覺山米藍鋪白沙鋪一帶自晨苦戰○將匪全線擊潰○匪傷亡近萬○又何鍵通電○遵令已於上月三十日取消西線名義○

4. 军匪大战于全州，周师击溃匪部后卫，1934 年 12 月 2 日第 2 版

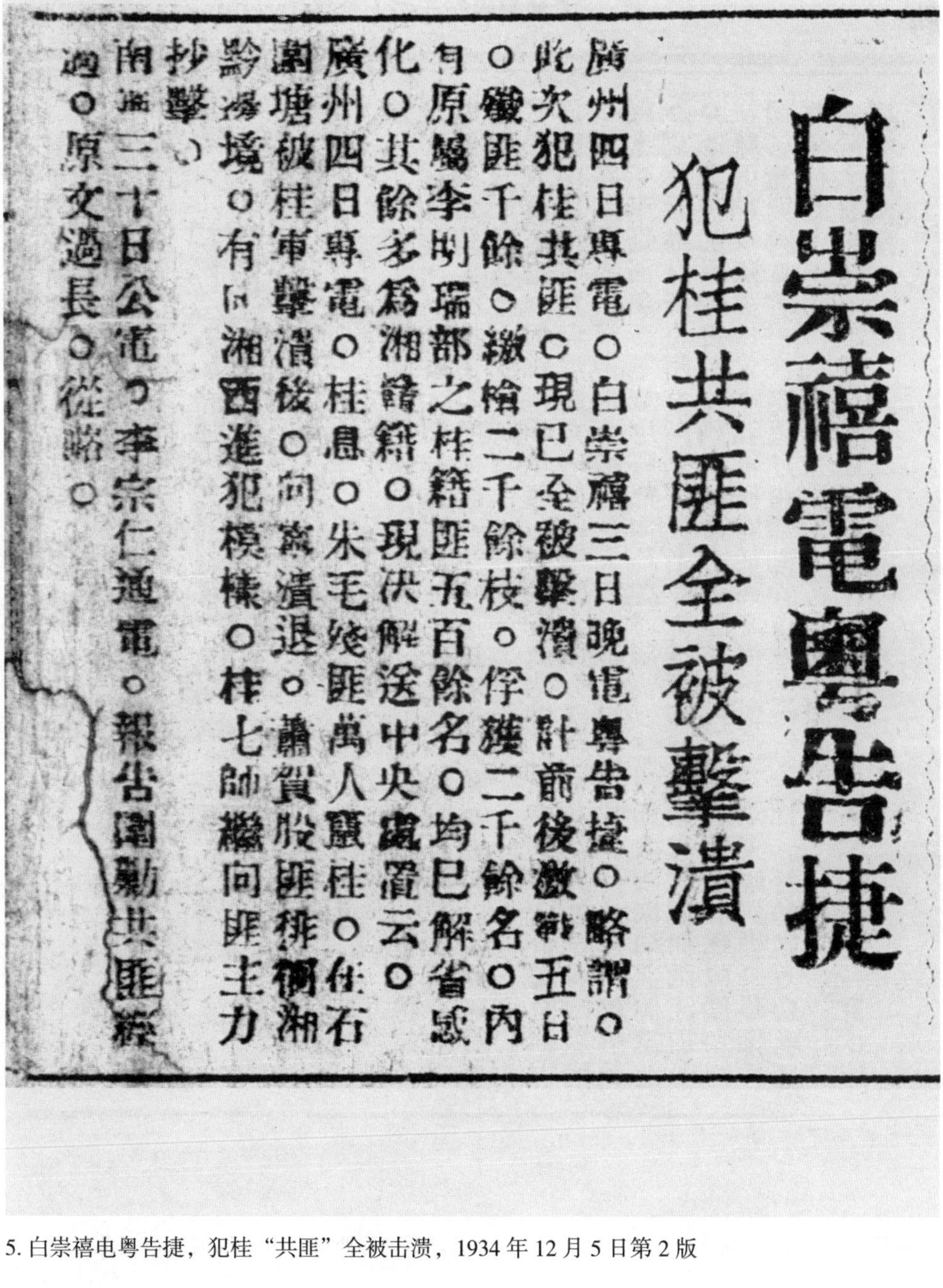

白崇禧電粵告捷

犯桂共匪全被擊潰

廣州四日專電○白崇禧三日晚電粵告捷○略謂○此次犯桂共匪○現已全被擊潰○計前後激戰五日○殲匪千餘○繳槍二千餘枝○俘擄二千餘名○內有原屬李明瑞部之桂籍匪五百餘名○均已解省感化○其餘多爲湘贛籍○現決解送中央處置云○

廣州四日專電○桂息○朱毛殘匪萬人竄桂○在石劉塘被桂軍擊潰後○向寨潰退○蕭賀股匪徘徊湘黔邊境○有向湘西進犯模樣○桂七師繼向匪主力抄擊○

南寧三十日公電○李宗仁通電○報告剿勦共匪經過○原文過長○從略○

5. 白崇禧电粤告捷，犯桂“共匪”全被击溃，1934 年 12 月 5 日第 2 版

新

（每日上午三點半編成）

湘西南大軍雲集

匪在包圍中決難漏網

猶國才派兵防匪西竄

南昌六日專電。唐淮源電省稱。所部二十九日起由道縣向永安關追擊。迭在楊家橋，高明橋，蔣家市，等地與匪千餘人激戰。均經擊潰。乘勢將廣西灌陽，文市，等處殘匪肅清。旋即渡河跟追。此役計斃匪數百。獲槍八十餘枝。

長沙六日專電。何鍵派李覺與白崇禧會商圍殲西竄共匪周密計畫。匪大部已由西延北竄大埠頭。一部向龍勝方面分竄。我劉建緒部三日抵新寧。章亮基向西岩市前進。陶廣在大帽嶺附近擊潰匪五六百。俘匪獲槍各數十。李覺部與桂軍夏廖各部向桂黔邊堵截。薛岳部由洪機向武岡急進。周渾元部已抵全州。向新寧挺進。王東原經全縣新寧武岡向洪江前進。李雲杰部集中長舖子梅口待命。李韞珩部抵石扎。匪在各部包圍中。決難漏網。陳渠珍電。我軍破匪於四喜河。湘鄂川軍夾擊賀匪。慈桃方面已無匪跡。省府決定限期肅清郴宜兩縣散匪。劃郴宜為特區。以歐冠為主任。

貴陽六日專電。猶國才派所部周文彬團。於六日開赴黎平永從一帶。防堵贛匪西竄。

6. 湘西南大军云集，匪在包围中决难漏网，犹国才派兵防匪西窜，1934 年 12 月 7 日第 3 版

匪大部仍在桂境

一部竄城步情形狼狽

劉建緒部向桂邊堵剿

廣州十日專電○王家烈電粵○謂蕭賀殘匪在南腰會合○經[illegible]部追剿○六日在隆頭斃匪六七百○俘數百○獲槍甚多○

長沙十日專電○衡陽訊○共匪大部仍在桂境龍[illegible]以北深山中○一部竄抵城步○協元丁坪紅沙洲一帶○無衣無食○情形狼狽○劉建緒部由武岡進駐城步○向桂邊堵剿中○

濟寧十日專電○駐在本縣之二十師○鑒於五中全會閉幕，剿匪勝利，特爲訓練軍隊之餘○領導濟寧各界在營團舉行慶祝大會○公推師長孫桐萱，參謀長張測民，委員姜佐周等十一人爲大會主席團○並通知各機關商號○一律懸旗○各遊藝娛樂場所一律半價○會後且演戲劇慶祝○

7. 匪大部仍在桂境，一部窜城步情形狼狈，刘建绪部向桂边堵剿，1934 年 12 月 11 日第 3 版

陳李白請纓剿匪

上官雲相部追剿陝匪

廣州十二日專電○西南政委會議決○撤銷贛，粵．閩，湘，鄂，五省剿匪軍南路總司令名義○贛南粵區善後事宜由粵一軍負責○陳濟棠李宗仁，白崇禧，十一日電西南執行部○政委會○請纓追擊共匪○洛陽十二日電○上官雲相抵洛指揮所部撲滅豫陝邊境殘匪○頃悉僞二十五軍爲避惑人民耳目計○改爲中國農工紅軍先遣隊○上官氏已派汪醒吾帶勁旅入陝隴邊地方窮追○

8. 陈（济棠）、李（宗仁）、白（崇禧）请缨剿匪，上官云相部追剿陕匪，1934 年 12 月 13 日第 2 版

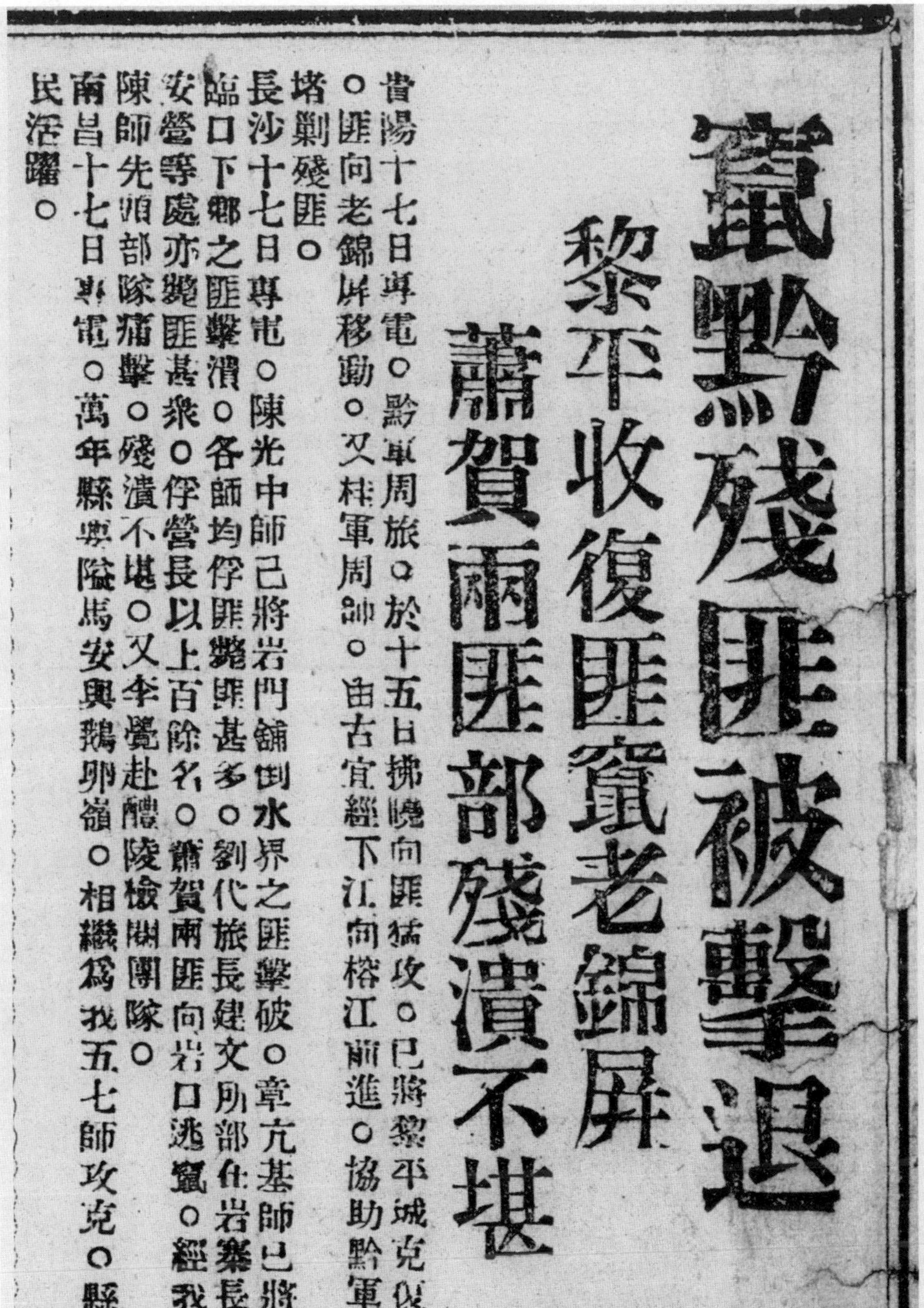

竄黔殘匪被擊退
黎平收復匪竄老錦屏
蕭賀兩匪部殘潰不堪

貴陽十七日專電。黔軍周旅。於十五日拂曉向匪猛攻。已將黎平城克復。匪向老錦屏移動。又桂軍周師。由古宜經下江向榕江前進。協助黔軍堵剿殘匪。

長沙十七日專電。陳光中師已將岩門鋪倒水界之匪擊破。章亢基師已將臨口下鄉之匪擊潰。各師均俘匪斃匪甚多。劉代旅長建文所部在岩寨長安營等處亦斃匪甚衆。俘營長以上百餘名。蕭賀兩匪向岩口逃竄。經我陳師先頭部隊痛擊。殘潰不堪。又李覺赴醴陵檢閱團隊。

南昌十七日專電。萬年縣要隘馬安與鵝卵嶺。相繼爲我五七師攻克。縣民雀躍。

9. 窜黔残匪被击退，黎平收复匪窜老锦屏，萧（克）、贺（龙）两匪部残溃不堪，1934 年 12 月 18 日第 3 版

桂軍兩縱隊入黔

蕭賀大部仍在湘境

廣州二十一日專電○桂四集團組兩縱隊入黔追剿逃匪○委十七軍夏威爲第一追擊縱隊司令○集中龍門機前進○委七軍長廖磊爲二縱隊司令○內湘境繞出江協助黔軍防勦○

長沙二十一日專電○蕭賀大部仍在湘境○

重慶二十一日專電○劉湘連日召集軍政要員會商軍政各事宜○稍緩即赴前綫視察○督率各軍圍剿川北共匪○又共匪屠宣漢屬白羊廟男女三百餘人○

10. 桂军两纵队入黔，萧（克）、贺（龙）大部仍在湘境，1934 年 12 月 22 日第 2 版

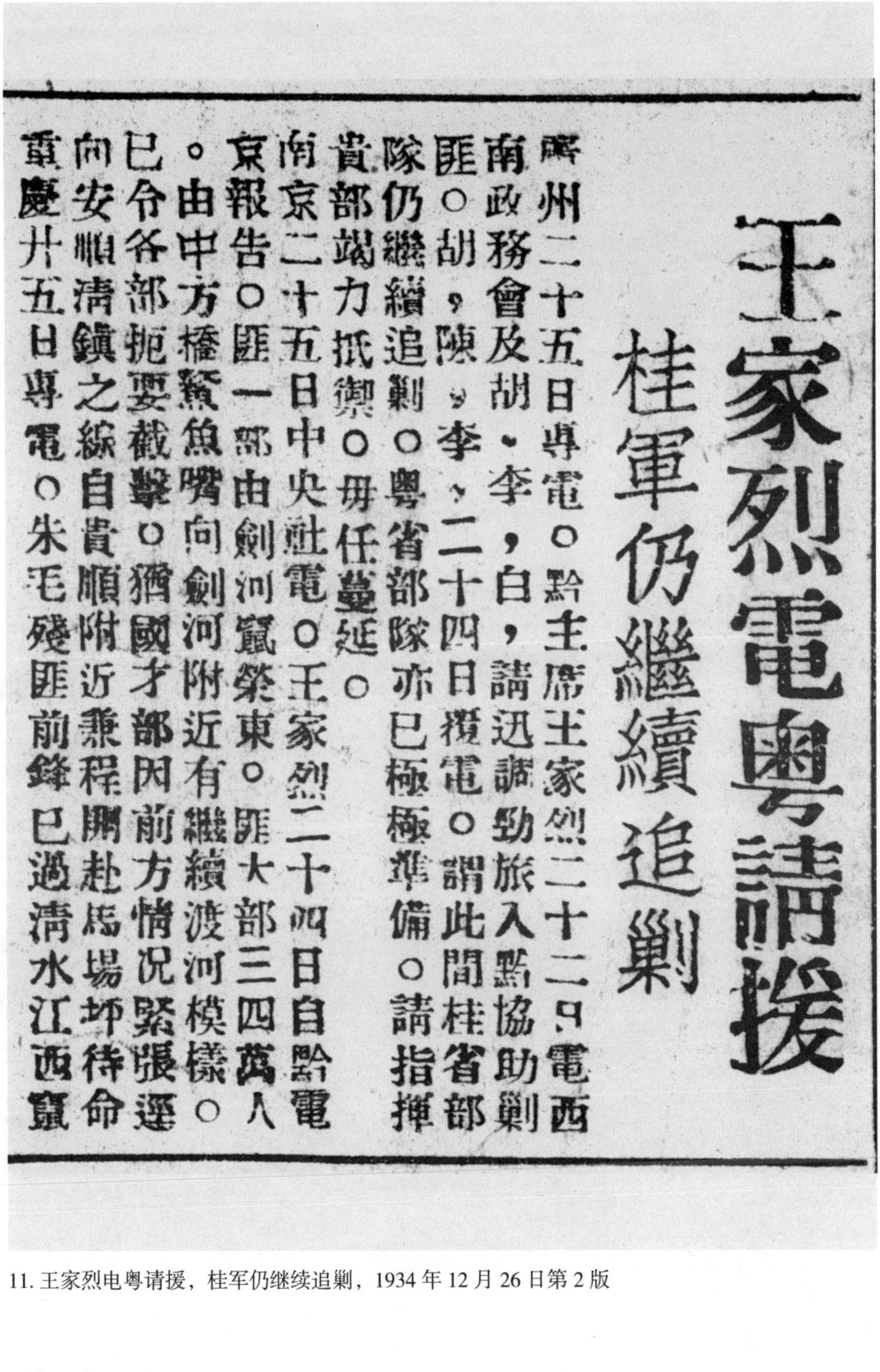

王家烈電粵請援

桂軍仍繼續追剿

廣州二十五日專電。黔主席王家烈二十二日電西南政務會及胡，李，白，請迅調勁旅入黔協助剿匪。胡，陳，李，二十四日覆電。謂此間桂省部隊仍繼續追剿。粵省部隊亦已極極準備。請指揮貴部竭力抵禦。毋任蔓延。

南京二十五日中央社電。王家烈二十四日自黔電京報告。匪一部由劍河竄榮東。匪大部三四萬人。由中方橋鰲魚嘴向劍河附近有繼續渡河模樣。已令各部扼要截擊。猶國才部因前方情況緊張還向安順清鎮之綫自貴順附近兼程開赴馬場坪待命

重慶廿五日專電。朱毛殘匪前鋒已過清水江西竄

11. 王家烈电粤请援，桂军仍继续追剿，1934 年 12 月 26 日第 2 版

时　报

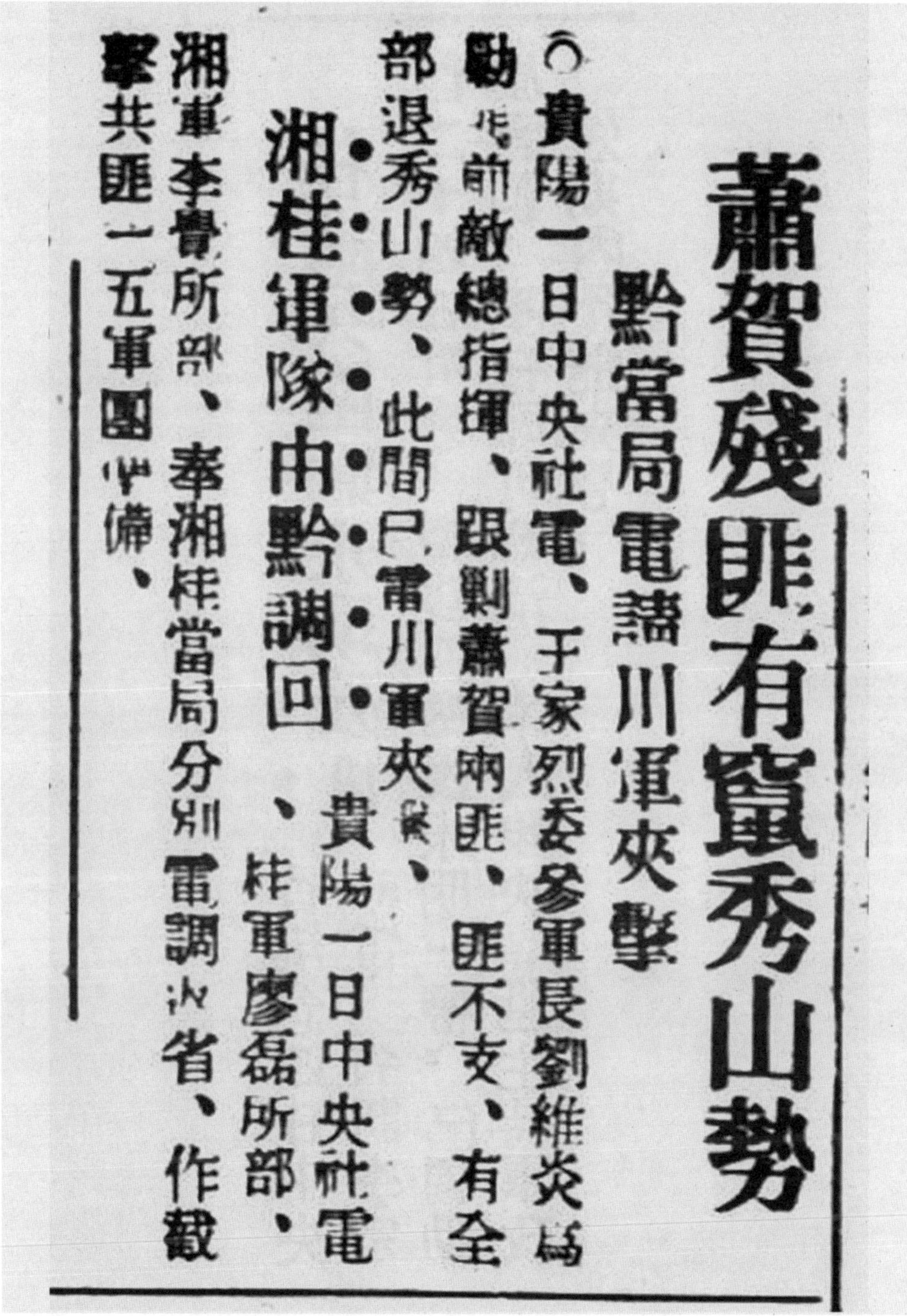

蕭賀殘匪有竄秀山勢

黔當局電請川軍夾擊

（貴陽一日中央社電）于家烈委參軍長劉維炎爲勛代前敵總指揮、跟剿蕭賀兩匪、匪不支、有全部退秀山勢、此間已電川軍夾擊、

●●●●●●

湘桂軍隊由黔調回

（貴陽一日中央社電）桂軍廖磊所部、湘軍李覺所部、奉湘桂當局分別電調返省、作截擊共匪一五軍團準備、

1. 萧（克）、贺（龙）残匪有窜秀山势，黔当局电请川军夹击，1934 年 11 月 2 日第 5 版

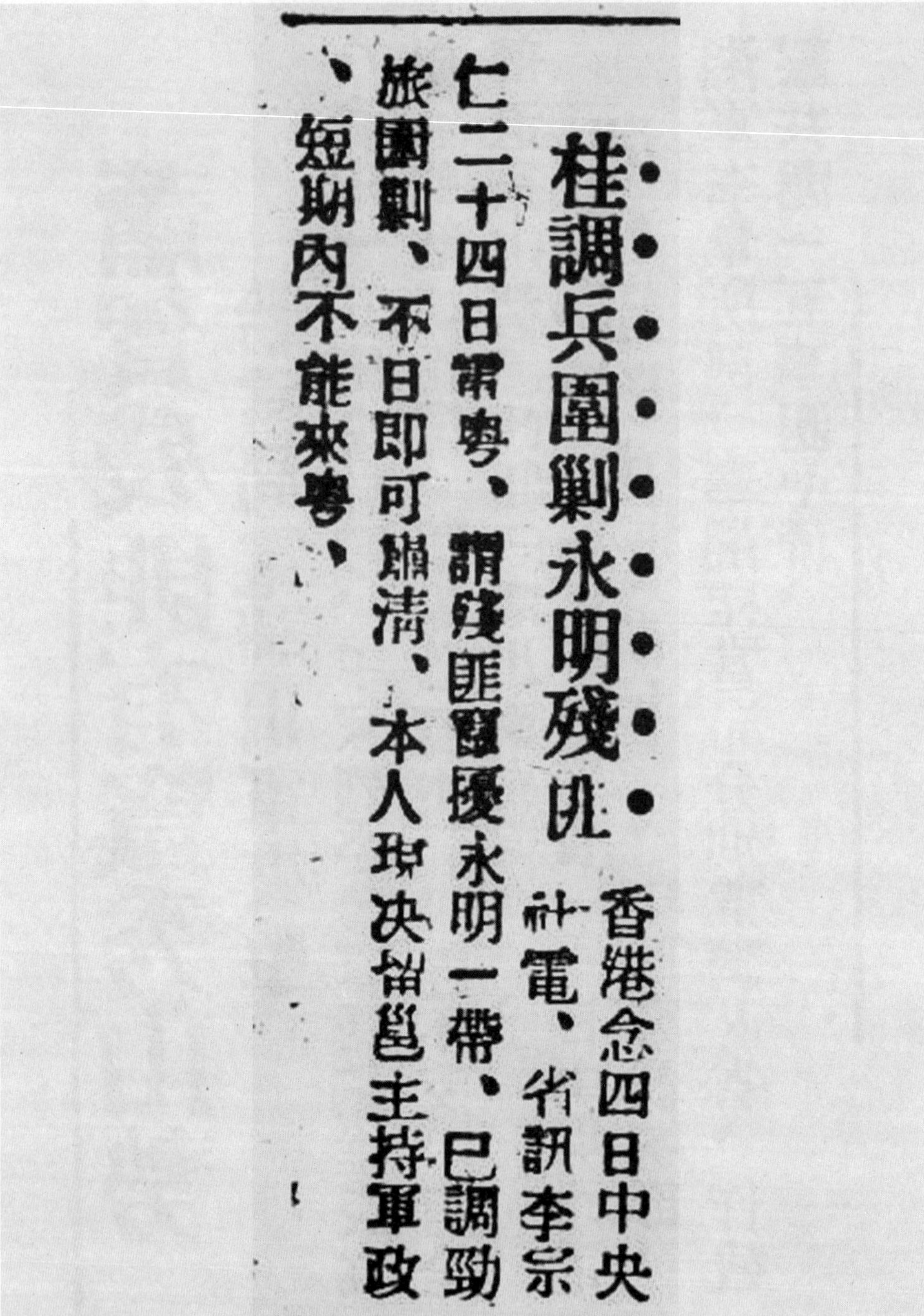

桂調兵圍剿永明殘匪

香港念四日中央社電、省訊李宗仁二十四日電粵、謂殘匪竄擾永明一帶、已調勁旅圍剿、不日即可肅清、本人現决留邕主持軍政、短期內不能來粵、

2. 桂调兵围剿永明残匪，1934 年 11 月 25 日第 5 版

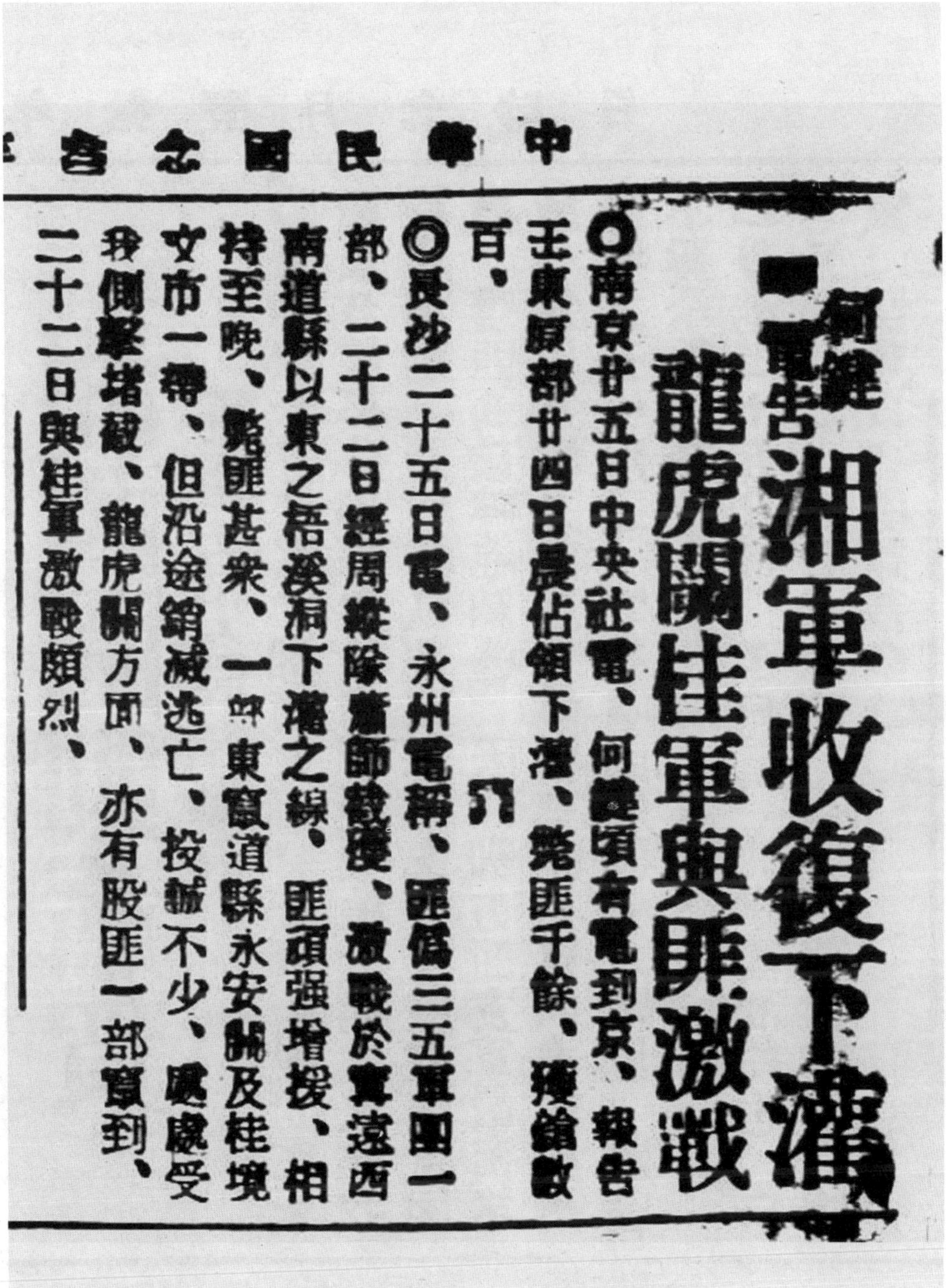

中華民國

何鍵電告

湘軍收復下灌

龍虎關桂軍與匪激戰

◎南京廿五日中央社電、何鍵頃有電到京、報告王東原部廿四日晨佔領下灌、殘匪千餘、獲槍數百、

◎長沙二十五日電、永州電稱、匪僞三五軍團一部、二十二日經周縱隊萬師截擊、激戰於寧遠西南道縣以東之梧溪洞下灌之線、匪頑强增援、相持至晚、殘匪甚衆、一部東竄道縣永安關及桂境文市一帶、但沿途銷滅逃亡、投誠不少、處處受我側擊堵截、龍虎關方面、亦有股匪一部竄到、二十二日與桂軍激戰頗烈、

3. 何键电告湘军收复下灌，龙虎关桂军与匪激战，1934 年 11 月 26 日第 7 版

年拾壹月念陸日

湘西圍剿蕭賀

匪竄古丈辰州邊境

◎長沙二十五日電、湘西方面、賀蕭兩匪、在永順被我陳渠珍部擊潰後、竄擾桑植大庸、又經我駐軍堵剿、乃向塔臥龍家寨竄逸、又被我陳部圍剿、殘匪衝破陣地倉逃、因川鄂方面友軍嚴密堵截、發以常桃方面派隊協剿、匪乃竄向古丈辰州邊境之王村附近、刻我陳師已調大部馳剿、殘匪不難全數消滅、

◎香港二十五日電、李白電、據韋雲淞報告、白芒營匪、二十二日夕六時、被我軍擊潰、向界牌竄、俘數百、傷斃甚多、

4. 湘西围剿萧（克）、贺（龙），匪窜古丈、辰州边境，1934 年 11 月 26 日第 7 版

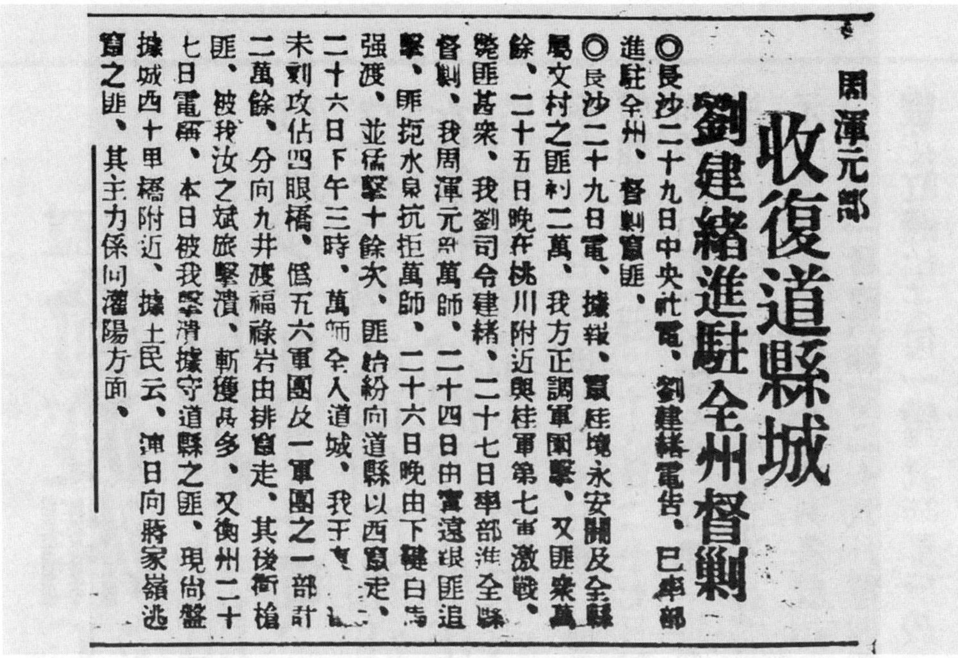

周渾元部

收復道縣城

劉建緒進駐全州督剿

◎長沙二十九日中央社電、劉建緒電告、已率部進駐全州、督剿竄匪、

◎長沙二十九日電、據報、竄桂境永安關及全縣鳳文村之匪約二萬、我方正調軍圍擊、又匪衆萬餘、二十五日晚在桃川附近與桂軍第七軍激戰、斃匪甚衆、我劉司令建緒、二十七日率部進全縣督剿、我周渾元部萬師、二十四日由寧遠跟匪追擊、匪扼水泉抗拒萬師、二十六日晚由下鍵白馬强渡、並猛擊十餘次、匪始紛向道縣以西竄走、二十六日下午三時、萬師全入道城、我于師未刻攻佔四眼橋、僞五六軍團及一軍團之一部計二萬餘、分向九井渡福祿岩由排竄走、其後衛槍匪、被我汝之斌旅擊潰、斬獲甚多、又衡州二十七日電稱、本日被我擊潰據守道縣之匪、現尚盤據城西十里橋附近、據土民云、連日向蔣家嶺逃竄之匪、其主力係向灌陽方面、

5. 周浑元部收复道县城，刘建绪进驻全州督剿，1934 年 11 月 30 日第 5 版

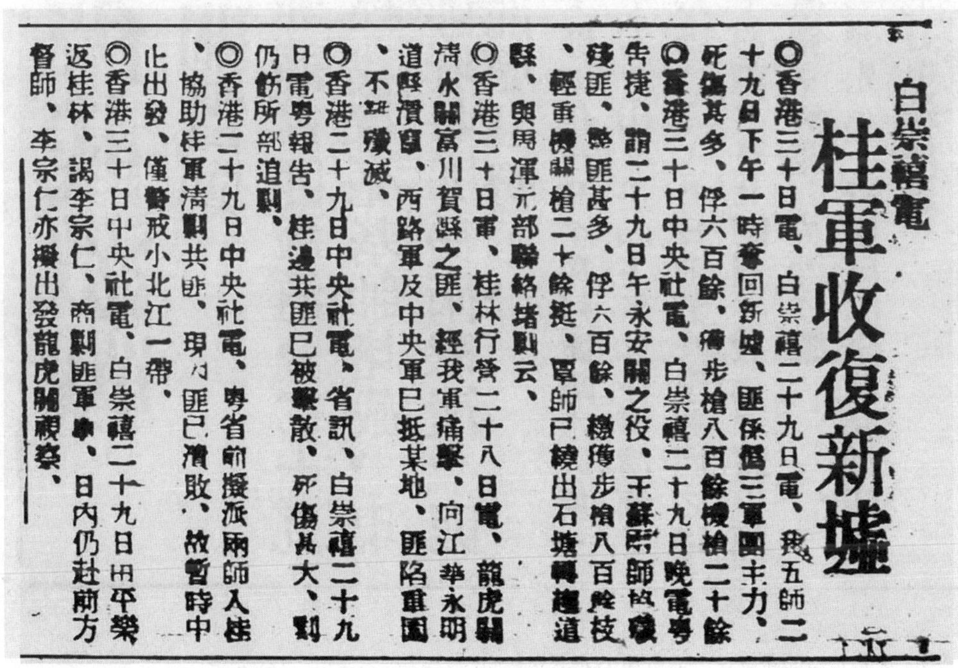

白崇禧電

桂軍收復新墟

◎香港三十日電、白崇禧二十九日電、我五師二十九日下午一時奪回新墟、匪係僞三軍團主力、死傷甚多、俘六百餘、獲步槍八百餘機槍二十餘

◎香港三十日中央社電、白崇禧二十九日晚電粤告捷、謂二十九日午永安關之役、王蘇兩師協擊殘匪、斃匪甚多、俘六百餘、獲步槍八百餘枝、輕重機關槍二十餘挺、夏師已繞出石塘轉趨道縣、與周渾元部聯絡堵剿云、

◎香港三十日電、桂林行營二十八日電、龍虎關清水關富川賀縣之匪、經我軍痛擊、向江華永明道縣潰竄、西路軍及中央軍已抵某地、匪陷重圍、不難殲滅、

◎香港二十九日中央社電、省訊、白崇禧二十九日電粤報告、桂邊共匪已被擊散、死傷甚大、刻仍飭所部追剿、

◎香港二十九日中央社電、粤省前擬派兩師入桂、協助桂軍清剿共匪、現以匪已潰敗、故暫時中止出發、僅警戒小北江一帶、

◎香港三十日中央社電、白崇禧二十九日由平樂返桂林、謁李宗仁、商剿匪軍事、日内仍赴前方督師、李宗仁亦擬出發龍虎關視察、

6. 白崇禧电：桂军收复新墟，1934 年 12 月 1 日第 5 版

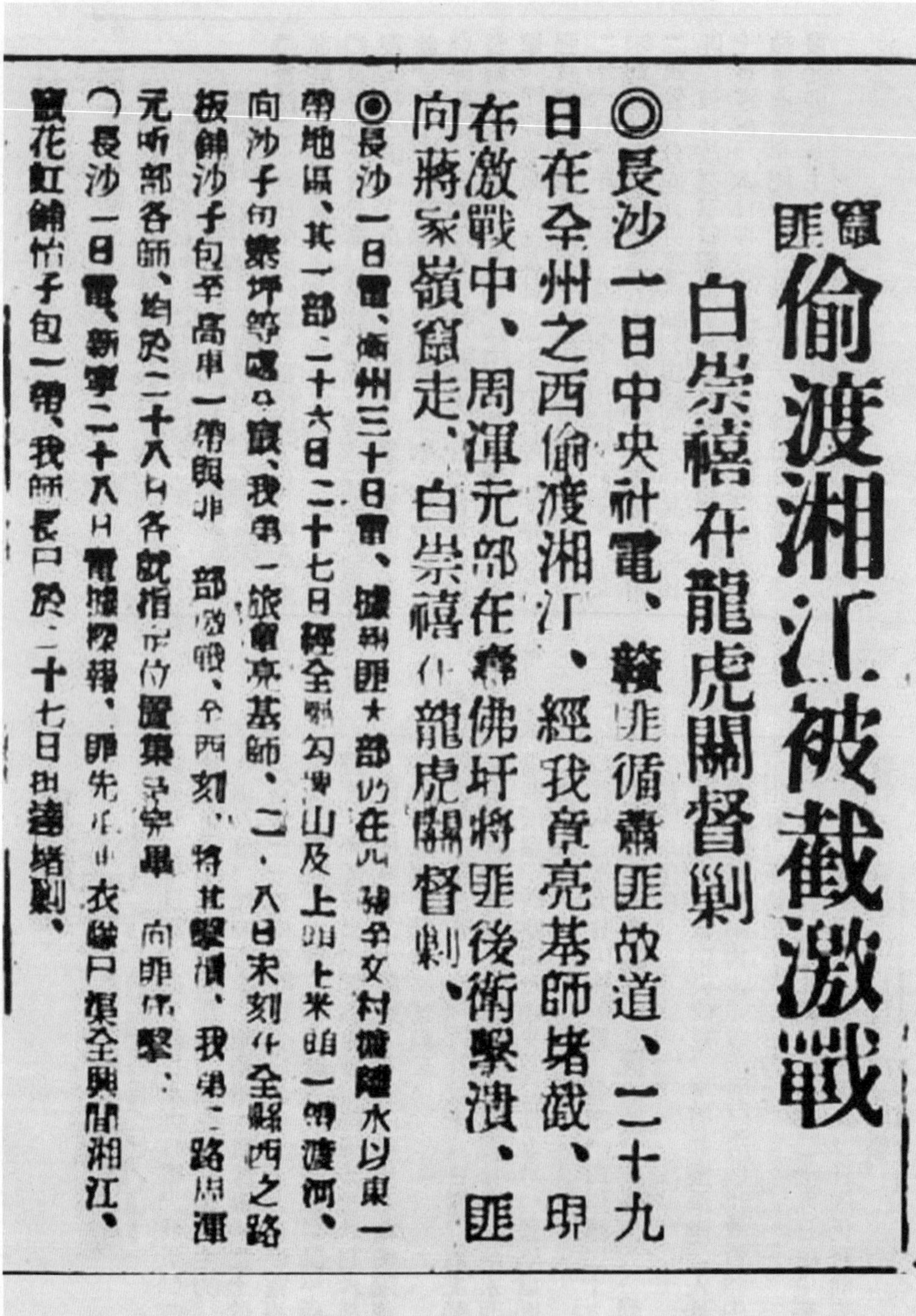

竄匪偷渡湘江被截激戰

白崇禧在龍虎關督剿

◎長沙一日中央社電、贛匪循蕭匪故道、二十九日在全州之西偷渡湘江、經我覃亮基師堵截、現在激戰中、周渾元部在鄰佛圩將匪後衛擊潰、匪向蔣家嶺竄走、白崇禧在龍虎關督剿、

◎長沙一日電、衡州三十日電、據報匪大部仍在[illegible]全文村[illegible]水以東一帶地區、其一部二十六日二十七日經全縣勾[illegible]山及上[illegible]上米[illegible]一帶渡河、向沙子包紫坪等處[illegible]竄、我第一旅[illegible]亮基師、二十八日未刻在全縣西之路板鋪沙子包至高車一帶與匪[illegible]部激戰、今酉刻、將其擊潰、我第二路周渾元所部各師、均於二十八日各就指定位置集中完畢、向匪[illegible]擊：

（長沙一日電、新寧二十八日電據探報、匪先頭[illegible]衣[illegible]已渡全興間湘江、竄花江鋪怡子包一帶、我師長已於二十七日由[illegible]堵剿、

7. 窜匪偷渡湘江被截激战，白崇禧在龙虎关督剿，1934 年 12 月 2 日第 7 版

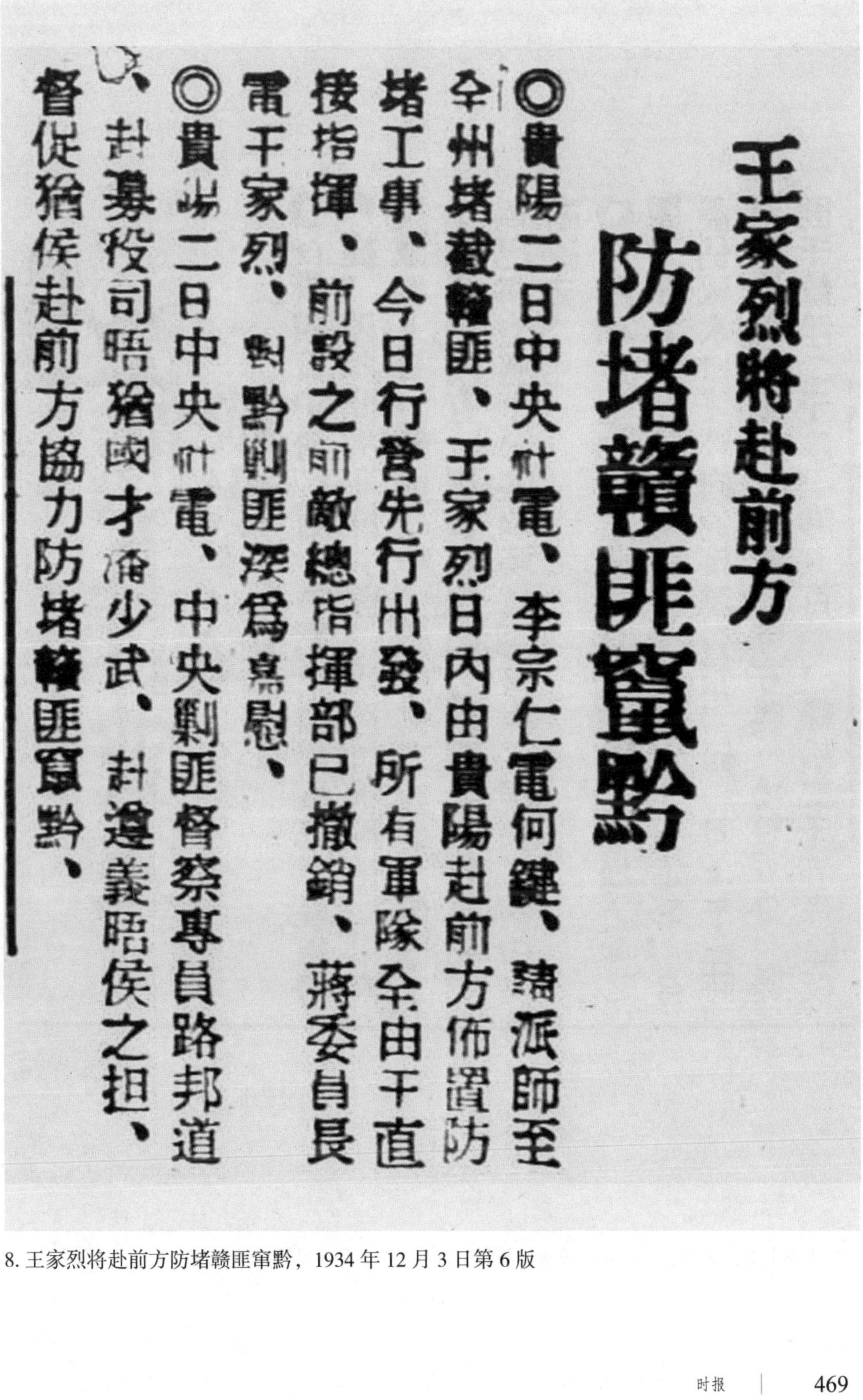

王家烈將赴前方
防堵贛匪竄黔

◎貴陽二日中央社電、李宗仁電何鍵、請派師至全州堵截贛匪、王家烈日內由貴陽赴前方佈置防堵工事、今日行營先行出發、所有軍隊全由王直接指揮、前設之前敵總指揮部已撤銷、蔣委員長電王家烈、對黔剿匪深爲嘉慰、

◎貴陽二日中央社電、中央剿匪督察專員路邦道、赴募役司晤猶國才滄少武、赴遵義晤侯之担、督促猶侯赴前方協力防堵贛匪竄黔、

8. 王家烈将赴前方防堵赣匪窜黔，1934 年 12 月 3 日第 6 版

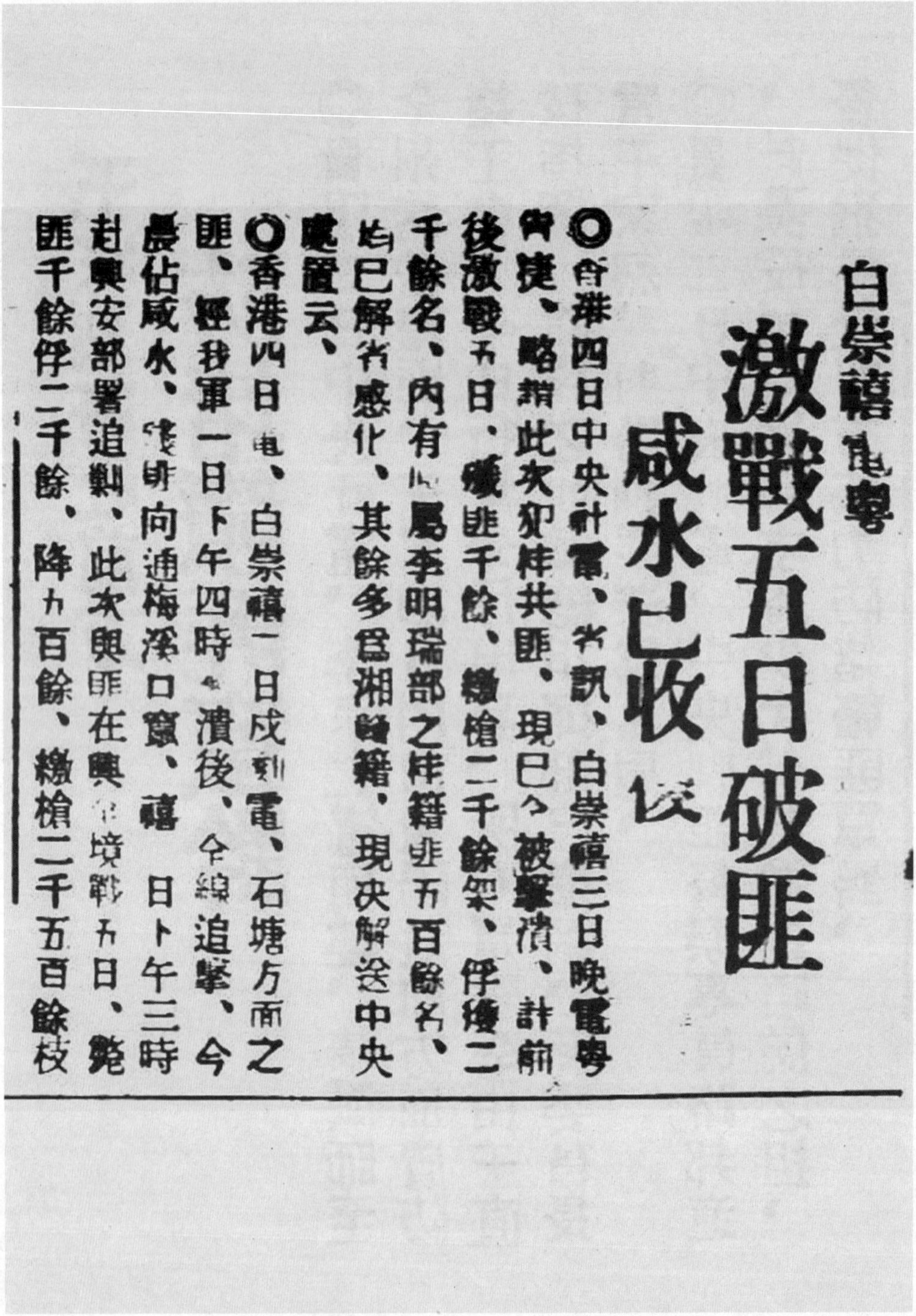

白崇禧電粵

激戰五日破匪

咸水已收復

◎香港四日中央社電、省訊、白崇禧三日晚電粵省捷、略稱此次勦桂共匪、現已全被擊潰、計前後激戰五日、擊匪千餘、繳槍二千餘架、俘獲二千餘名、內有偽屬李明瑞部之桂籍匪五百餘名、均已解省感化、其餘多屬湘贛籍、現決解送中央處置云、

◎香港四日電、白崇禧一日戍刻電、石塘方面之匪、經我軍一日下午四時擊潰後、全線追擊、今晨佔咸水、殘匪向通梅溪口竄、禧 日下午三時赴興安部署追剿、此次與匪在興全境戰五日、斃匪千餘俘二千餘、降九百餘、繳槍二千五百餘枝

9. 白崇禧电粤：激战五日破匪，咸水已收复，1934 年 12 月 5 日第 7 版

年拾式月伍日　　時

擊破文市匪陣線
向界首方面追剿

李宗仁電

◎南寧來電、各報館各省民衆團體均鑒、共匪盤踞贛閩、蔡七年、自力水圍剿以來、節節潰敗、仍企圖西竄、另造赤區、乃令僞軍長蕭克率匪萬餘、作西竄之前鋒、偵察途徑、取道湘桂邊境、本軍經派廖軍長磊率領七軍、協同湘黔友軍追勦、沿桂湘黔邊境山地、深入黔省東北地區、轉戰月餘、幸將該匪主力消滅、剩餘少衆、不及千人、槍械僅存數百枝、方冀一鼓殲平、以絕後患、適遇贛匪主力、又復傾巢西竄、桂省毗連湘粵方面五嶺、綿延逾十百餘里、防線太寬、兵力單薄、除邊防軍奉電令一面集中十五軍全部于全桂方面、協同民團從事布防外、並調第七軍兼程回桂、參加堵截、功虧一簣、遺恨實深、第七軍本月十六日回抵桂林、適共匪主力已進至湘南寧遠南山之線、復奉委座電令、以追剿各軍、偏在西北、須防共匪避實就虛、南繞富賀西竄、更難剿、等因、同時以兵力不足、若處處布防、必處處薄弱、遂一面分兵協同民團守備湘桂江沿岸及邊境之既設保壘、同時集中兩軍主力、布置於龍虎關恭城一帶地區、相機策應富賀及興全兩方、冀以機動作戰捕捉匪之主力、一舉將其擊破、乃匪自抵寧遠後、以僞一九兩軍團、由江華永明方面分擾富賀邊境及龍虎關、雖被我軍數日力戰、將其擊潰、而其主力亦於斯時經道縣、突破我灌陽北方之四關、經全州南方之文市西竄、我軍除仍以一部繼續掃蕩江華永明兩面之匪外、即將十五軍全部及第七軍一部、迅速置於興安灌陽以北蘇江[illegible]鹹水界首之線、向匪側面攻擊、同時與進入全州附近之湘軍協定方面夾擊、冀殲全州以西之山地阻塞之利、於全州南方地區、將匪殲滅、二十七日以來、我十五軍主力在文市南方與僞三五兩軍團全部及八軍團之一部接戰、彭匪德懷親自督戰、甚爲激烈、以係爭一地、彼此搏戰數次、得而復失者再、雙方死傷過千、而興全方面沿湘水西岸、亦約長逾二百華里、我軍僅有一師、同民團堵截、廿七日以來、當面之匪、愈戰愈多、廿七日晚被匪由處突破、目下在興安北方之伏龍鋪深布坪之線、與敵對峙、我第七軍主力、已於二十九日加入文市南方戰線、今拂曉由文市西方之古嶺頭渤塘墟方面、突破敵線、一擊擒獲赤匪、獲槍一千二百餘枝、彭匪僅身免、本軍向界首方面追擊中、頃據我派絡飛機報告、全州附近之湘軍、今晨已開始向南運動、計本日下午可抵鹹水界首之線、迎頭堵截、料今明兩日可望將匪之主力擊潰於全、謹電略陳、李宗仁叩余、

10. 李宗仁电：击破文市匪阵线，向界首方面追剿，1934 年 12 月 5 日第 7 版

竄匪大部

由西延向大埠潰竄

李覺與桂軍商協剿計劃

○長沙六日中央社電、何鍵派李覺與白崇禧會商圍殲西竄共匪周密計劃、匪大部已由西延北竄大埠頭、一部向龍勝方面分竄、我劉建緒部三日抵新寧、章亮基向西岩市前進、陶廣在大帽山附近擊潰匪五六百、俘匪獲槍各數十、李覺部與桂軍夏廖各部向桂黔邊堵截、薛岳部由洪橋向武岡急進、周渾元部已抵全州、向新寧挺進、王東原經全縣新寧武岡向洪江前進、李雲杰部集中長鋪子梅口待命、李韞珩部抵石明、匪在各部包圍中、決難漏網、

委定追剿軍指揮官

………南昌六日中央社電、行營爲便利各追剿軍指揮計、委定劉建緒吳奇偉爲一二兵團總指揮、劉膺古爲預備兵團總指揮、李雲杰李韞珩周渾元爲各路司令、

猶國才部防堵竄匪

………貴陽六日中央社電、猶國才以所部周文彬團於六日開赴黎平永從一帶、防堵贛匪西竄

11. 窜匪大部由西延向大埠溃窜，李觉与桂军商协剿计划，1934 年 12 月 7 日第 5 版

蕭賀圖向南竄

慈利邊境被截擊

◎長沙七日電、據慈利縣長陳報、賀蕭匪原定計劃、如常澧可圖則圖、否則作竄常澧、實竄沅水、牽制我軍、爲朱毛西竄聲援等語、

◎長沙七日電、常德三日電稱、昨午有槍匪三四百人、由慈邊扒架山進擾、又有向苞茅流竄、來匪一股化裝鄉民、槍自數十支、人數倍之、竄入黃市、本晨在金鶴觀與我軍遭遇、經我迎頭痛擊、斃匪甚多、正設法圍剿中、

◎長沙七日電、軍息、殘匪經我軍擊潰後、似向龍勝城步方面大山中竄走、

12. 萧（克）、贺（龙）图向南窜，慈利边境被截击，1934 年 12 月 8 日第 5 版

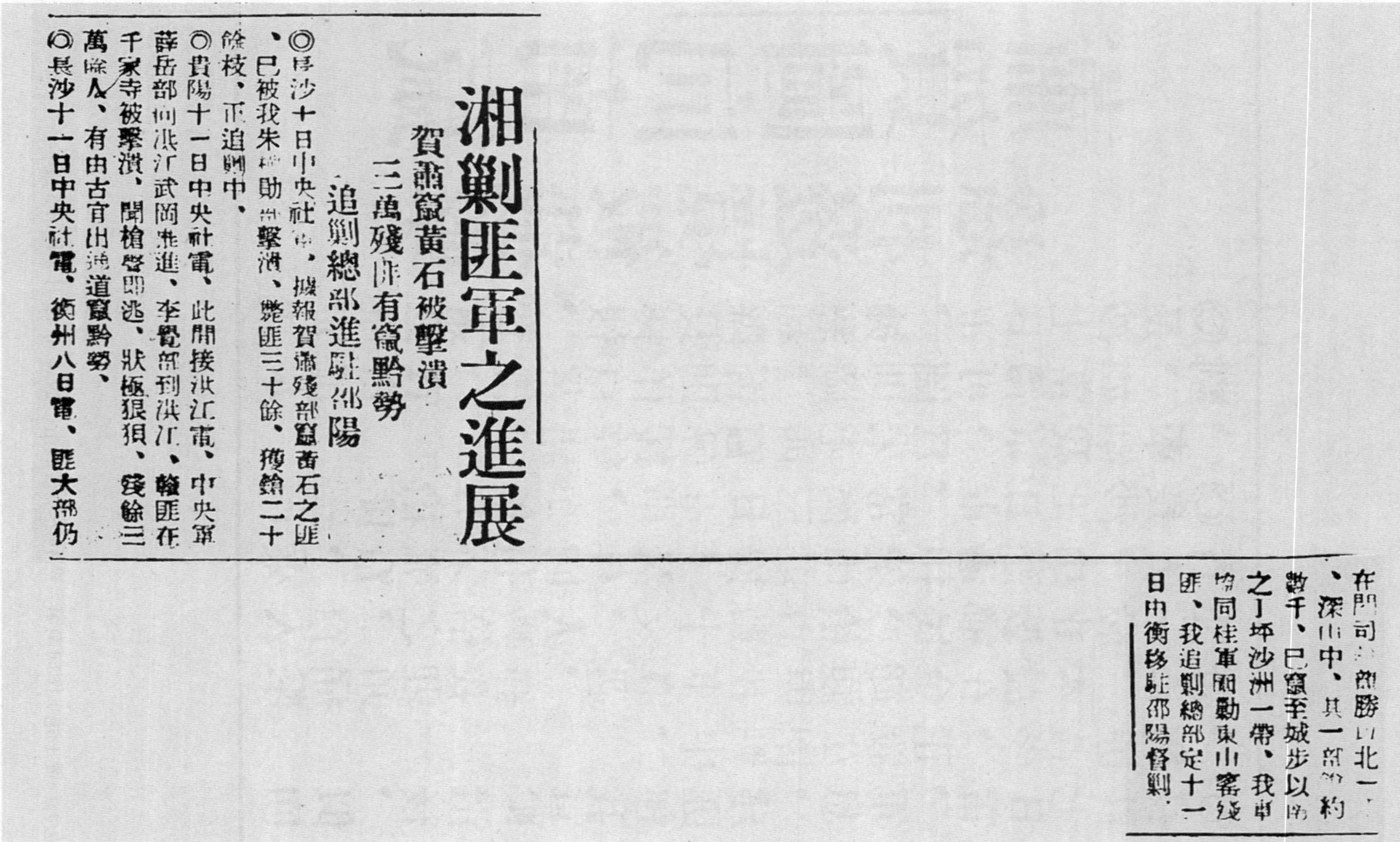

湘剿匪軍之進展

賀蕭竄黃石被擊潰
三萬殘匪有竄黔勢
追剿總部進駐邵陽

◎長沙十日中央社電、據報賀蕭殘部竄黃石之匪、已被我朱耀華部助剿擊潰、斃匪三十餘、獲槍二十餘枝、正追剿中、

◎貴陽十一日中央社電、此間接洪江電、中央軍薛岳部向洪江武岡推進、李覺部到洪江、蕭匪在千家寺被擊潰、聞槍聲即逃、狀極狼狽、殘餘三萬餘人、有由古宜出通道竄黔勢、

◎長沙十一日中央社電、衡州八日電、匪大部仍在門司[illegible]龍勝以北一帶、深山中、其一部約數千、已竄至城步以西之丁坪沙洲一帶、我軍協同桂軍圍勦東山竄殘匪、我追剿總部定十一日由衡移駐邵陽督剿、

13. 湘剿匪军之进展，贺（龙）、萧（克）窜黄石被击溃，三万残匪有窜黔势，追剿总部进驻邵阳，1934 年 12 月 12 日第 5 版

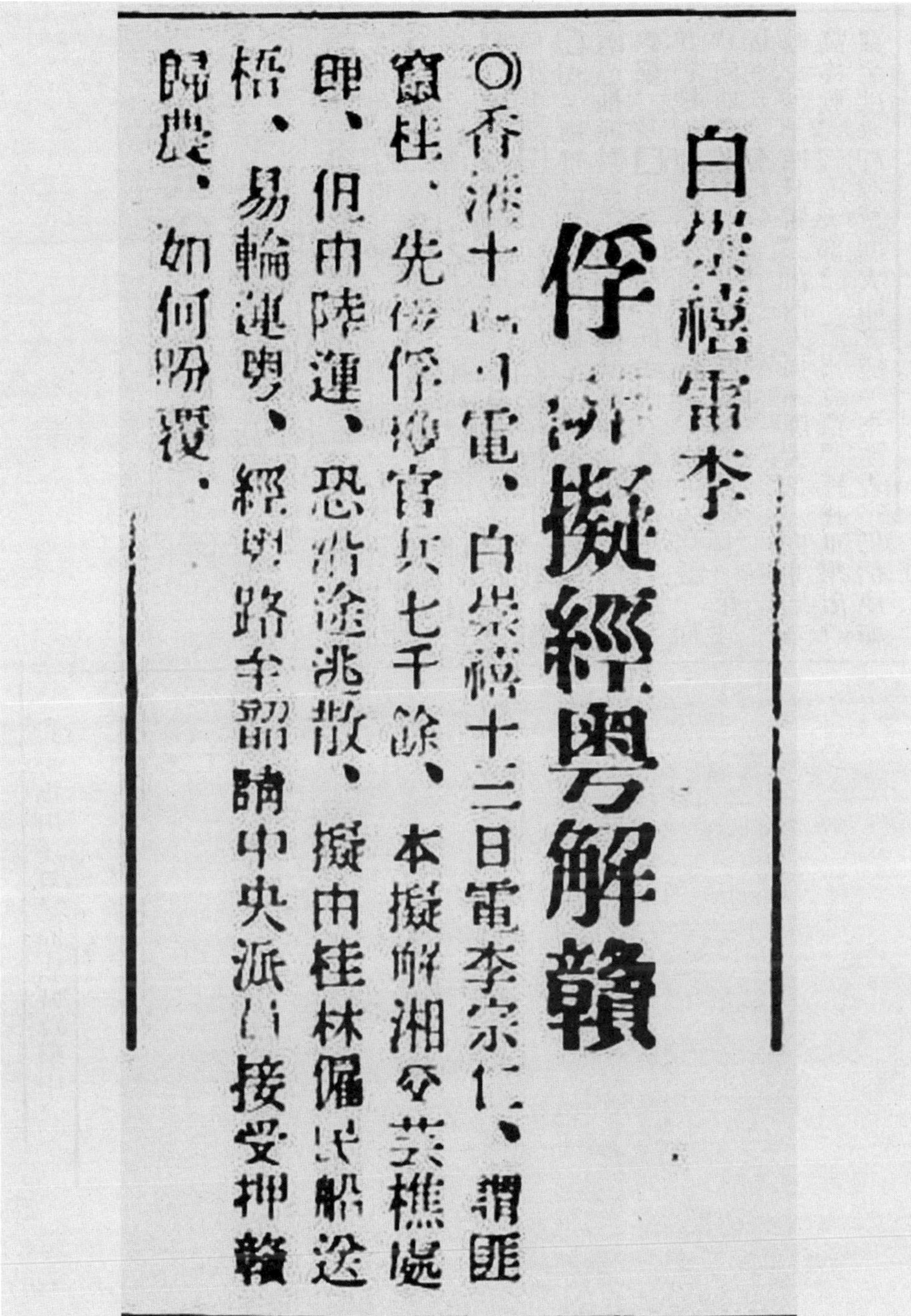

白崇禧電李

俘匪擬經粵解贛

◎香港十四日電、白崇禧十二日電李宗仁、謂匪竄桂、先後俘獲官兵七千餘、本擬解湘交芸樵處理、但由陸運、恐沿途逃散、擬由桂林僱民船送梧、易輪運粵、經粵路全部請中央派員接受押贛歸農、如何盼覆・

14. 白崇禧电李（宗仁）：俘匪拟经粤解赣，1934 年 12 月 15 日第 5 版

湘軍會剿告捷

桂黔邊匪斬獲甚多

湘西大庸在圍攻中

◎長沙十四日電、□□十二日電、匪十日已由窟抵青蕪□、牙屯□通□城一帶地區、有轉新敞馬路口窺貴州□□企圖、我□□□師十日午抵靖縣、先頭已抵靖通邊之□□□掩塢、□□兩師九日均到□寧、今向西進、□十二日抵長店子、□師隨後跟進、□師由武岡大道向綏靖縉進中、我□團□司令所部已抵洪江、並令□師進駐、會同□□兩□推進黔□江□街一帶、堵匪北竄、兼向黔東截擊、我□司令所部已抵武岡、續向洪江前進、我劉總指揮建緒率部推進綏寧、向通道堵截、同時向西急進中、我某部在城步以南之蓬洞、擊破匪一部、斬獲頗多、

◎長沙十四日電、湘西方面蕭匪大部、向永順塔窩移動、賀匪大部、在辰州急竄、經我軍擊潰、竄至洪水坪有竄回大庸之樣、李匪吉宇仍佔據城、我軍正由溪口、向庸城攻擊中、

15. 湘军会剿告捷，桂黔边匪斩获甚多，湘西大庸在围攻中，1934 年 12 月 15 日第 5 版

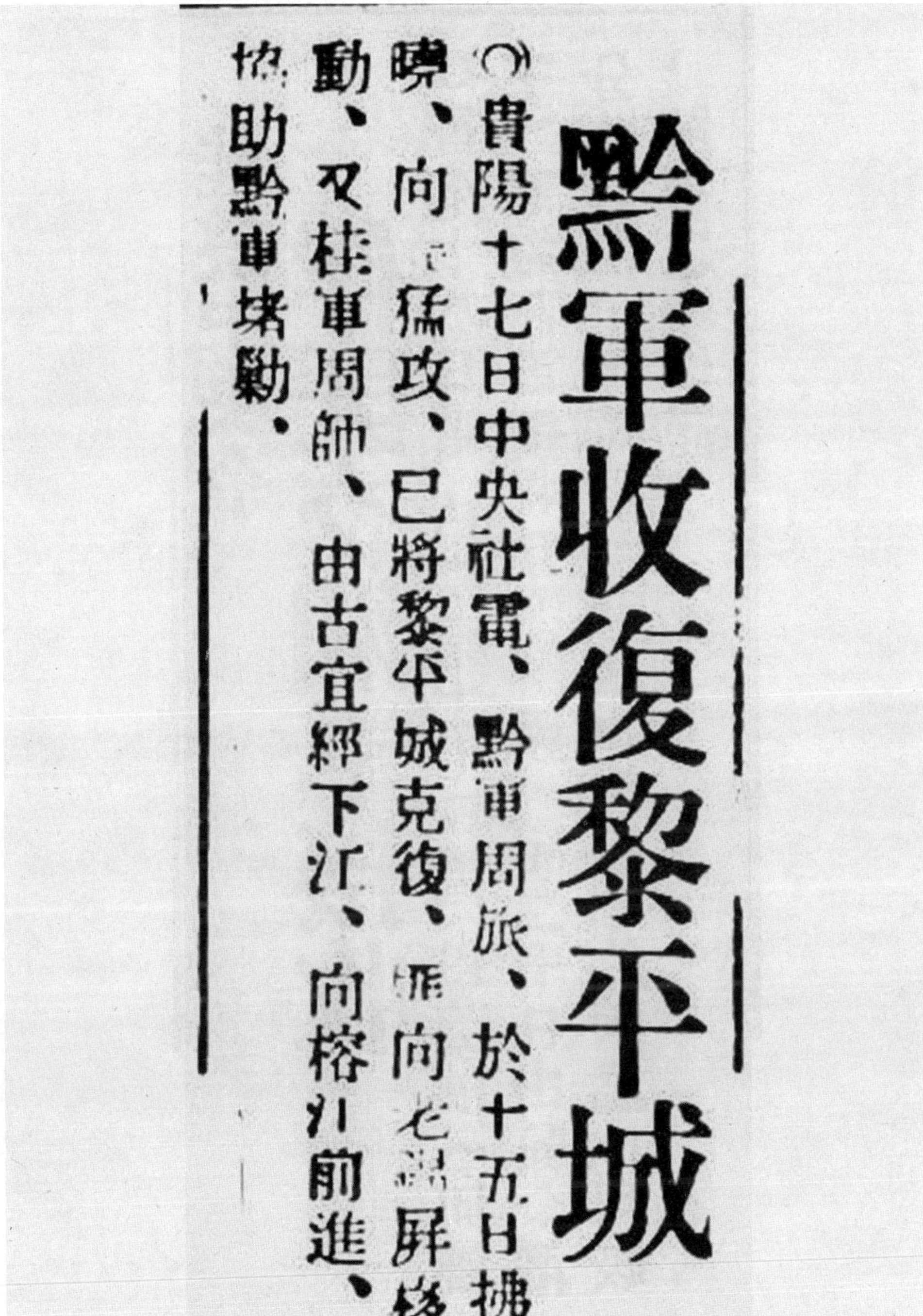

黔軍收復黎平城

（貴陽十七日中央社電）黔軍周旅、於十五日拂曉、向匪猛攻、已將黎平城克復、匪向老[illegible]屏移動、又桂軍周師、由古宜經下江、向榕江前進、協助黔軍堵勦、

16. 黔军收复黎平城，1934 年 12 月 18 日第 5 版

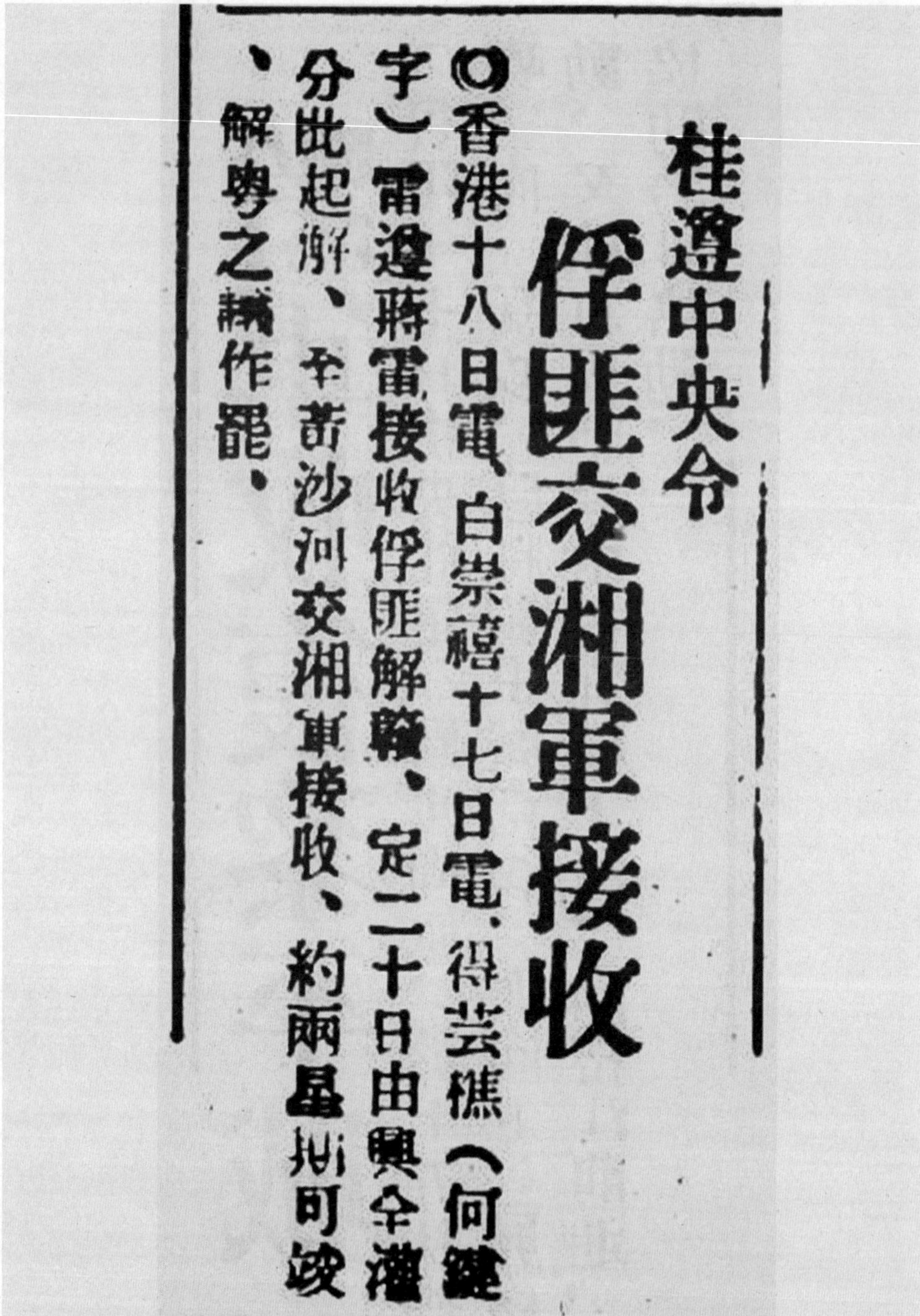

桂遵中央令
俘匪交湘軍接收

⊙香港十八日電、白崇禧十七日電、得芸樵（何鍵字）電遵蔣電接收俘匪解贛、定二十日由興全灌分批起解、至黃沙河交湘軍接收、約兩星期可竣、解粵之械作罷、

17. 桂遵中央令，俘匪交湘军接收，1934 年 12 月 19 日第 5 版

王家烈親赴馬場坪督勦

電請粵桂派兵援助

中央軍由靑溪夾擊

◎廣州二十六日路透社電、共匪志在西竄、已侵入黔省東境、據先導社消息、王家列昨召集會議、决定立調猶國才軍隊三團、前往東境堵截之、王家烈於會議後、即赴馬場坪督戰、桂省追軍則向黔邊追擊、王家烈亟早日撲滅共禍計、昨夜電請胡漢民陳濟棠、李宗仁派兵援助、今晨粵當局電復、告以粵桂軍隊早準備赴黔、並請王在援軍未到時、竭力拒匪、

◎貴陽廿六日中央社電、赣匪先頭部隊、已由施洞口竄到鎭遠、中央軍薛岳縱隊在靑溪、黔軍在施秉、與正齊進、向匪夾擊中、王家列念五日赴爐山巡視、猶國才已抵馬場坪、

××××

18. 王家烈亲赴马场坪督剿，电请粤桂派兵援助，中央军由青溪夹击，1934 年 12 月 27 日第 5 版

西北日报

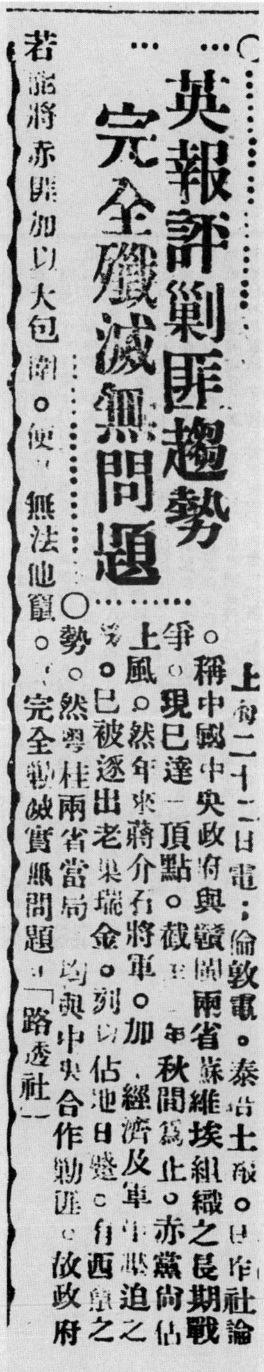

英報評剿匪趨勢
完全殲滅無問題

上海二十二日電：倫敦電。泰晤士報。日昨社論稱中國中央政府與贛閩兩省蘇維埃組織之長期戰爭。現已達一頂點。截至去年秋間爲止。赤黨尚佔上風。然年來蔣介石將軍。加以經濟及軍事壓迫之後。已被逐出老巢瑞金。刻已佔地日蹙。有西竄之勢。然粵桂兩省當局均與中央合作剿匪。故政府若能將赤匪加以大包圍。使之無法他竄。則完全剿滅實無問題。「路透社」

1. 英报评剿匪趋势，完全歼灭无问题，1934 年 11 月 23 日第 2 版

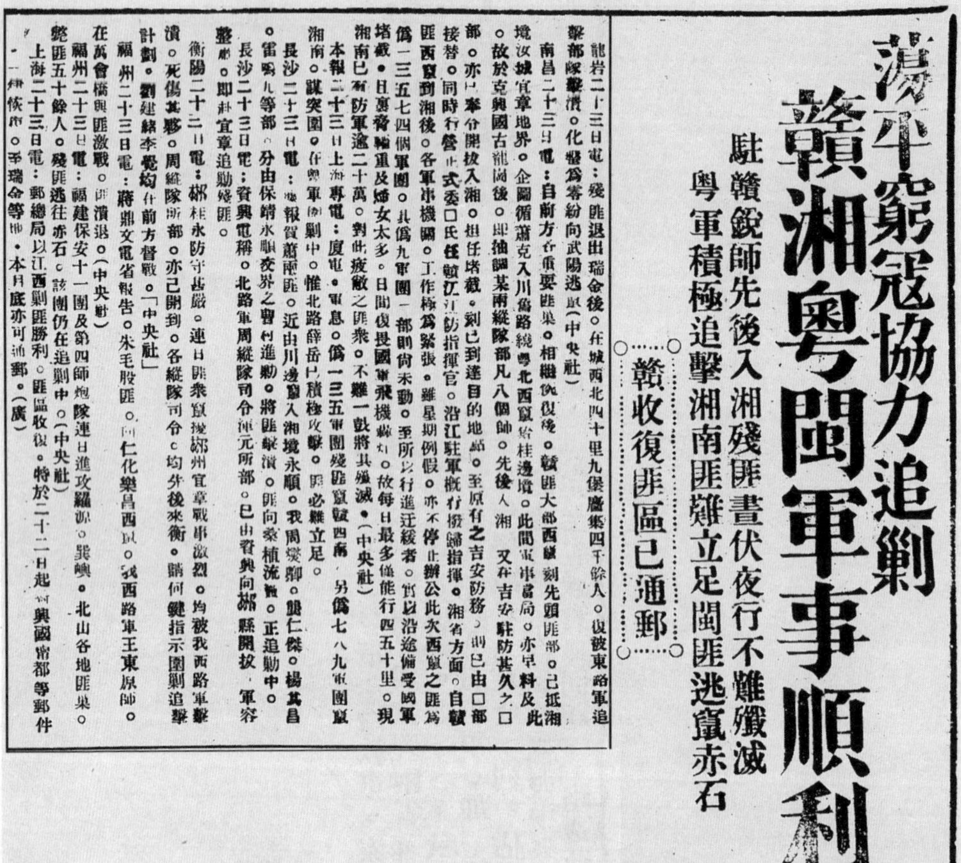

蕩平窮寇協力追剿
贛湘粵閩軍事順利
駐贛銳師先後入湘殘匪晝伏夜行不難殲滅
粵軍積極追擊湘南匪難立足閩匪逃竄赤石
贛收復匪區已通郵

龍岩二十三日電：殘匪退出瑞金後，在城西北四十里九堡麕集四千餘人，復被東路軍追擊部隊擊潰，化整爲零紛向武陽逃竄（中央社）

南昌二十三日電：自前方各重要匪巢，相繼恢復後，贛匪大部西竄，刻先頭匪部，已抵湘境汝城宜章地界，企圖循蕭克入川舊路，繞粵北西竄粵桂邊境，此間軍事當局，亦早料及此，故於克興國古龍岡後，即抽調某兩縱隊部凡八個師，先後入湘，又在吉安駐防甚久之□部，亦已奉令開拔入湘，担任堵截，刻已到達目的地點，至原有之吉安防務，則已由□部接替，同時行營正式委□氏任贛江江防指揮官，沿江駐軍概行撥歸指揮，湘省方面，自贛匪西竄到湘後，各軍事機關，工作極爲緊張，雖星期例假，亦不停止辦公，此次西竄之匪爲僞一三五七四個軍團，共僞九軍團一部則尚未動，至所以行進遲緩者，實以沿途備受國軍堵截，且裹脅輜重及婦女太多，日間復畏國軍飛機轟炸，故每日最多僅能行四五十里，現湘南已有防軍逾二十萬，對此疲敝之匪衆，不難一鼓將其殲滅。（中央社）

本報二十三日上海專電：廣電，軍息，僞一三五軍團殘匪竄贛西南，另僞七八九軍團竄湘南，謀突圍，在粵軍包剿中，惟北路薛岳已積極攻擊，匪必難立足。

長沙二十三日電：據報賀蕭兩匪，近由川邊竄入湘境永順，我周燮卿、龔仁傑、楊其昌、雷鳴九等部，分由保靖永順交界之曾村進剿，將匪擊潰，匪向桑植流竄，正追剿中。

長沙二十三日電：資興電稱，北路軍周縱隊司令渾元所部，已由資興向郴縣開拔，軍容整肅，即赴宜章追剿殘匪。

衡陽二十二日電：郴桂永防守甚嚴，連日匪衆竄擾郴州宜章戰事激烈，均被我西路軍擊潰，死傷甚夥，周縱隊所部，亦已開到，各縱隊司令，均先後來衡，請何鍵指示圍剿追擊計劃，劉建緒李覺均在前方督戰。「中央社」

福州二十三日電：蔣鼎文電省報告，朱毛股匪，向仁化樂昌西竄，我西路軍王東原師，在萬會橋與匪激戰，匪潰退。（中央社）

福州二十三日電：福建保安十一團及第四師炮隊連日進攻羅源、閩侯，北山各地匪巢，斃匪五十餘人，殘匪逃往赤石，該團仍在追剿中。（中央社）

上海二十三日電：郵總局以江西剿匪勝利，匪區收復，特於二十二日起，將興國甯都等郵件，一律恢復，至瑞金等地，本月底亦可通郵。（廣）

2. 荡平穷寇协力追剿，赣湘粤闽军事顺利，驻赣锐师先后入湘残匪昼伏夜行不难歼灭，粤军积极追击湘南匪难立足闽匪逃窜赤石，赣收复匪区已通邮，1934 年 11 月 24 日第 2 版

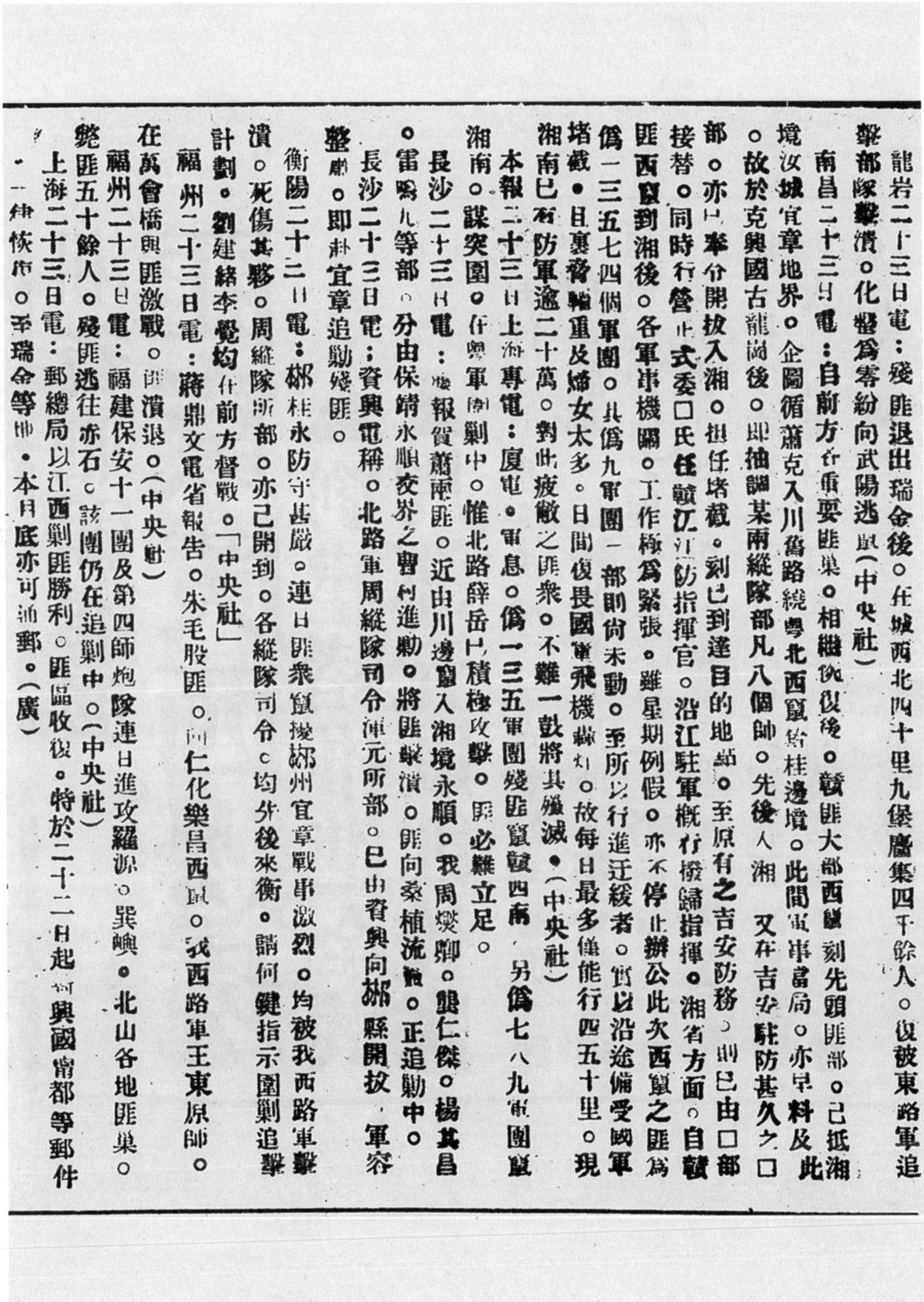

龍岩二十三日電：殘匪退出瑞金後。在城西北四十里九堡屯集四千餘人。復被東路軍追擊部隊擊潰。化整爲零紛向武陽逃竄(中央社)

南昌二十三日電：自前方各重要匪巢。相繼恢復後。贛匪大部西竄。刻先頭匪部。已抵湘境汝城宜章地界。企圖循蕭克入川舊路繞粵北西竄於桂邊境。此間軍事當局。亦早料及此。故於克興國古龍岡後。即抽調某兩縱隊部凡八個師。先後入湘 又在吉安駐防甚久之□部。亦已奉令開拔入湘。担任堵截。刻已到達目的地點。至原有之吉安防務。則已由□部接替。同時行營正式委□氏任贛江江防指揮官。沿江駐軍概行撥歸指揮。湘省方面。自贛匪西竄到湘後。各軍事機關。工作極爲緊張。雖星期例假。亦不停止辦公此次西竄之匪爲僞一三五七四個軍團。其僞九軍團一部則尚未動。至所以行進迂緩者。實以沿途備受國軍堵截。且裹脅輜重及婦女太多。日間復畏國軍飛機轟炸。故每日最多僅能行四五十里。現湘南已有防軍逾二十萬。對此疲敝之匪衆。不難一鼓將其殲滅。(中央社)

本報二十三日上海專電：廈電。軍息。僞一三五軍團殘匪竄贛西南，另僞七八九軍團竄湘南。謀突圍。在粵軍圍剿中。惟北路薛岳已積極攻擊。匪必難立足。

長沙二十三日電：據報賀蕭兩匪。近由川邊竄入湘境永順。我周燮卿。龔仁傑。楊其昌。雷聲九等部。分由保靖永順交界之曾利進勦。將匪擊潰。匪向桑植流竄。正追勦中。

長沙二十三日電：資興電稱。北路軍周縱隊司令渾元所部。已由資興向郴縣開拔，軍容整肅。即赴宜章追勦殘匪。

衡陽二十二日電：郴桂永防守甚嚴。連日匪衆竄擾郴州宜章戰事激烈。均被我西路軍擊潰。死傷甚夥。周縱隊所部。亦已開到。各縱隊司令。均先後來衡。請何鍵指示圍剿追擊計劃。劉建緒李覺均在前方督戰。「中央社」

福州二十三日電：蔣鼎文電省報告。朱毛股匪。向仁化樂昌西竄。我西路軍王東原師。在萬會橋與匪激戰。匪潰退。(中央社)

福州二十三日電：福建保安十一團及第四師炮隊連日進攻羅源。巽嶼。北山各地匪巢。斃匪五十餘人。殘匪逃往赤石。該團仍在追剿中。(中央社)

上海二十三日電：郵總局以江西剿匪勝利。匪區收復。特於二十二日起對興國甯都等郵件一律恢復。至瑞金等埠。本月底亦可通郵。(廣)

（局部图）

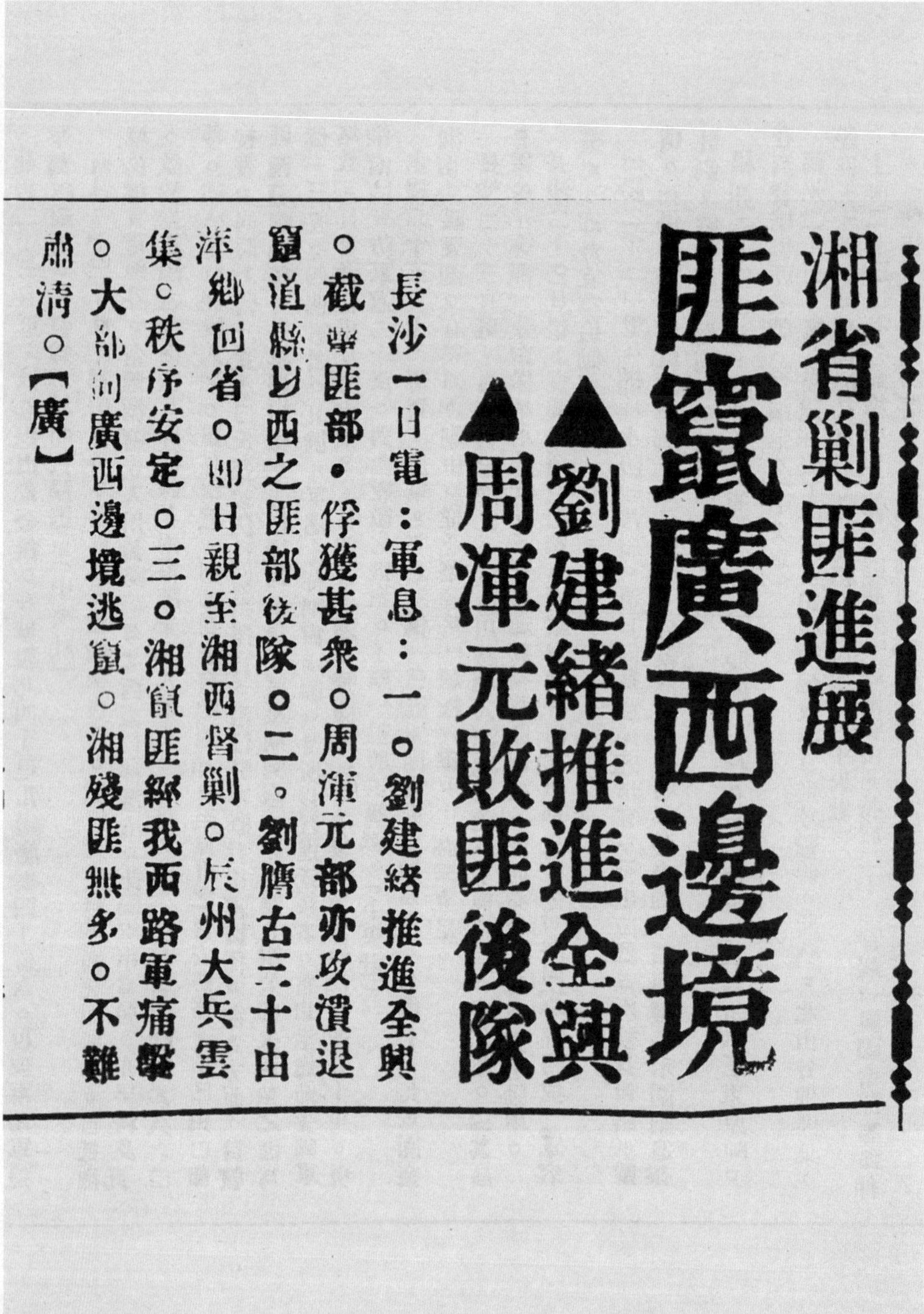

湘省剿匪進展

匪竄廣西邊境

▲劉建緒推進全興

▲周渾元敗匪後隊

長沙一日電：軍息：一。劉建緒推進全興。截擊匪部・俘獲甚衆。周渾元部亦攻潰退竄道縣以西之匪部後隊。二。劉膺古三十由洋赴回省。即日親至湘西督剿。辰州大兵雲集。秩序安定。三。湘竄匪經我西路軍痛擊。大部向廣西邊境逃竄。湘殘匪無多。不難肅清。【廣】

3. 湘省剿匪进展，匪窜广西边境，刘建绪推进全（州）、兴（安），周浑元败匪后队，1934 年 12 月 2 日第 2 版

西北日報

中華民國二十三年十二月三日

贛閩肅清湘赤重創
各地慶祝剿匪勝利

劉建緒激戰覺山湘匪全綫崩潰傷亡近萬
蔣委員長電王家烈嘉慰黔全省剿匪進展
南京市黨部召集慶祝大會贛閩提燈誌慶

長沙二日電：衡州訊。我劉建緒等部與匪一三五軍團在覺山木藍舖石沙舖一帶激戰。匪全線崩潰。傷亡近萬。共繳步槍四千餘枝。為剿匪以來未有之勝利。殘匪一部向郡陽方面竄走。我軍正在尾追中。【鳳】

長沙一日電：何鍵二日通電上月三十日遵令取銷西路總司令部名義。所有該部人員統歸追剿總部接收管轄。【廣】

龍岩二日電：蔣鼎文一日通電就駐閩綏靖主任職。【廣】

貴陽二日電：蔣委員長三一日電王家烈。對全省剿匪。深為嘉慰。【廣】

南京二日電：南京特別市黨部以中央第四屆五中全會定期於本月十日開幕。瞬即屆臨。而江西匪共經我勞苦功高之蔣委員長率領將士。努力兜剿。匪勢蕩平。今已大奏凱旋。三贛人民得見天日。萬民同歡。極應舉行盛大集會以表慶祝。茲悉該部定於本月十日召集各界代表舉行首都各界慶祝第四屆五中全會及剿匪勝利大會。敦請中委蒞會講演並函市府督飭轉飭全市商民於是日懸旗誌慶一日。【廣】

南昌二日電：各界為慶祝剿匪勝利及慰勞蔣委員長及剿匪將士。定三日晚舉行提燈會。各機關團體學校。各派二十人參加。全市保甲長亦一律加入。燈彩力求簡單樸素。【廣】

鎮江二日電：蘇省會各界定十二日舉行慶祝剿匪勝利大會。晚舉行提燈會。【廣】

湘省籌款築路 黨委出發前方

南京二日電：湘建設廳長余籍傳云。此次竄匪全力竄湘。希圖入川。與徐向前股會合。何鍵總司令親在衡州督剿。西路軍桂軍亦在桂境嚴密佈防。廣東之南路軍亦跟蹤追擊。該匪槍彈糧食均感缺乏。狼狽不堪。湘內河而遼闊。佈防嚴密。不易渡過。赤匪除能在桂省興安黃沙河一帶偷渡外。別無他法。剿匪軍事前途樂觀。惟赤匪西竄。湘民初頗恐慌。商業無形停頓。旱災既重。稅收全無。湘省財政已到山窮水盡。奉令趕築湘桂省道雖已興工。需款尤急。此次來京。向中央請助。至旱災救濟。決將建設公債一千萬元向滬銀團抵押。以工代賑。興築湘川。湘黔。湘桂公路。【中央社】

長沙二日電：省黨部全體委員出發衡陽。協助剿匪。並推劉岳厚。曾省齋駐衡。曾伯聞張開運赴衡與何鍵商要公。【中央社】

4. 赣闽肃清“湘赤”重创，各地庆祝剿匪胜利，刘建绪激战觉山湘匪全线崩溃伤亡近万，蒋委员长电王家烈嘉慰黔全省剿匪进展，南京市党部召集庆祝大会赣闽提灯志庆，1934 年 12 月 3 日第 2 版

西北日報　十二月三日

長沙二日電：衡州訊。我劉建緒部與匪一三五軍團在覺山水藍鋪石沙鋪一帶激戰。匪全線崩潰。傷亡近萬。共繳步槍四千餘枝。爲剿匪以來未有之勝利。殘匪一部向郴陽方面竄走。我軍正在尾追中。【廣】

長沙一日電：何鍵二日通電上月三十日遵令取銷西路總司令部名義。所有該部人員統歸追剿總部接收管轄。【廣】

龍岩二日電：蔣鼎文一日通電就駐閩綏靖主任職【廣】

貴陽二日電：蔣委員長三十一日電王家烈。對全省剿匪。深爲嘉慰。【廣】

南京二日電：南京特別市黨部以中央第四屆五中全會定期於本月十日開幕。瞬即屆臨。而江西匪共經我勞苦功高之蔣委員長率領將士。努力兜剿。匪巢盪平。今已大奏凱旋。三贛人民得見天日。萬民同歡。極應舉行盛大集會以表慶祝。茲悉該部定於本月十日召集各界代表舉行首都各界慶祝第四屆五中全會及剿匪勝利大會。敦請中委蒞會講演並函市府督廳轉飭全市商民於是日懸旗誌慶一日。【廣】

南昌二日電：各界爲慶祝剿匪勝利及慰勞蔣委員長及剿匪將士。定三日晚舉行提燈會。各機關團體學校。各派二十人參加。全市保甲長亦一律加入。燈彩力求簡單樸素。【廣】

鎮江二日電：蘇省會各界定十二日舉行慶祝剿匪勝利大會。晚舉行提燈會。【廣】

湘省籌款築路 黨委出發前方

南京二日電：湘建設廳長余籍傳云。此次贛匪全力竄湘。希圖入川。與徐向前股會合。何鍵總司令親在衡州督剿 西路軍桂軍亦在桂境嚴密佈防。廣東之南路軍亦跟蹤追擊。該匪槍彈糧食均感缺乏。狼狽不堪。湘內河而遼闊。佈防嚴密。不易渡過。赤匪除能在桂省興安黃沙河一帶偷渡外。別無他法。剿匪軍事前途樂觀。惟赤匪西竄。湘民初頗恐慌。商業無形停頓。旱災既重。稅收全無。湘省財政已到山窮水盡。奉令趕築湘桂省道雖已興工。需款尤急。此次來京。向中央請助。至旱災救濟。決將建設公債一千萬元向滬銀團抵押。以工代賑。興築湘川。湘黔。湘桂公路。【中央社】

長沙二日電：省黨部全體委員出發衡陽。協助剿匪。並推劉岳厚。曾省齋駐衡。曹伯聞張開連赴衡與何鍵商要公。【中央社】

（局部图）

贛赤西竄日暮途窮
桂湘粵協擊匪主力

匪由湘南入桂連日激戰我軍大勝斬獲甚多
李宗仁飛粵商協剿湘匪前方俘擄二萬餘名

六路軍在贛舉辦軍墾
滬各界籌備開會祝捷

本報南京五日專電：贛匪西竄湘桂黔一帶。經我軍追剿。迭遭重創。桂省方面以戰線較長。兵力配備略感不足。但已由蔣委員長指示機宜。奮力堵截。并飭湘粵各軍聯絡。協力圍剿。彭匪德懷已成釜底游魂。其主力潰散 指顧可期。

又電：此間頃接李宗仁先(一)日電。報告剿匪情形甚詳。略謂西竄之匪。傾巢來犯。進至湘南察遠嶺山之綫。其僞一九全軍由江華永明方面分擾富賀邊境及龍虎關。其主力復經道縣。突破灌陽北方之四關。經全州南之文市西竄。我軍方面已調第七軍及第十五軍於興安灌陽以北及龍虎關恭城一帶佈防截堵。連日與匪激戰。彭匪德懷親自督戰。雙方傷亡逾千。一日文市之役。我軍大勝。斬獲赤匪二千餘人。槍枝無數。現全州附近之湘軍已開始向南推勦。即可到達鹹水界首之綫。與本省軍隊夾擊匪兵。預料可獲全勝云。

香港五日電：省訊白崇禧三日晚電廣州告捷。略謂此次犯粵共匪。現已全數擊潰。計前後激戰五日。殲匪千餘名。繳槍二千餘支。俘匪二千餘名「廣」

香港五日電：省訊李宗仁四日晨九時由邕甯乘軍用機飛粵。下午二時抵省。當晤陳濟棠。暢談堵剿江西赤匪經過。候晤孫科王寵惠後。三數日即返廣西。主持軍政。「廣」

長沙五日電：前方俘獲達二萬餘名。已押解後方收容所收容。「廣」

南昌五日電：六路軍總指揮薛岳。在龍岡舉辦軍墾實驗區。其實施方案。業經行營核准備案。(廣)

上海五日電：滬慶祝剿匪勝利籌備委員會。四日中午開會。決定十日晨假市商會舉行滬市各界代表慶祝剿匪勝利大會。下午在南市舉行汽車大遊行。(廣)

5.“赣赤”西窜日暮途穷，桂湘粤协击匪主力，匪由湘南入桂连日激战我军大胜斩获甚多，李宗仁飞粤商协剿湘匪前方俘虏二万余名，六路军在赣举办军垦，沪各界筹备开会祝捷，1934 年 12 月 6 日第 2 版本報南京五日專電：贛匪西竄湘桂黔一帶。經我軍追剿。迭遭重創。桂省方面以戰線較長。兵力配備略感不足。但已由蔣委員長指示機宜。奮力堵截。并與湘粵各軍聯絡。協力圍剿彭匪德懷已成釜底游魂。其主力潰散 指顧可期。

又訊：此間頃接李宗仁先【一】日電。報告剿匪情形甚詳。略謂西竄之匪。傾巢來犯。進至湘南寧遠藍山之綫。其僞一九全軍團由江華永明方面分擾富賀邊境及龍虎關。其主力復經道縣。突破灌陽北方之四關。經全州南之文市西竄。我軍方面已調第七軍及第十五軍於興安灌陽以北及龍虎關恭城一帶佈防截堵。連日與匪激戰。彭匪德懷親自督戰。雙方傷亡逾千。一日文市之役。我軍大勝。斬獲赤匪二千餘人。槍枝無數。現全州附近之湘軍已開始向南推動。即可到達鹹水界首之綫。與本省軍隊夾擊匪兵。預料可獲全勝云。

香港五日電：省訊白崇禧三日晚電廣州告捷。略謂此次犯粵共匪。現已全數擊潰。計前後激戰五日。斃匪千餘名。繳槍二千餘支。俘匪二千餘名「廣」

香港五日電：省訊李宗仁四日晨九時由邕甯乘軍用機飛粵。下午二時抵省。當晤陳濟棠。暢談堵剿江西赤匪經過。候晤孫科王寵惠後。三數日即返廣西。主持軍政。「廣」

長沙五日電：前方俘獲達二萬餘名。已押解後方收容所收容。「廣」

南昌五日電：六路軍總指揮薛岳。在龍岡縣辦理墾實驗區。其實施方案。業經行營核准備案。（廣）

上海五日電：滬慶祝剿匪勝利籌備委員會。四日中午開會。決定十日晨假市商會舉行滬市各界代表慶祝剿匪勝利大會。下午在南市舉行汽車大遊行。（廣）

（局部图）

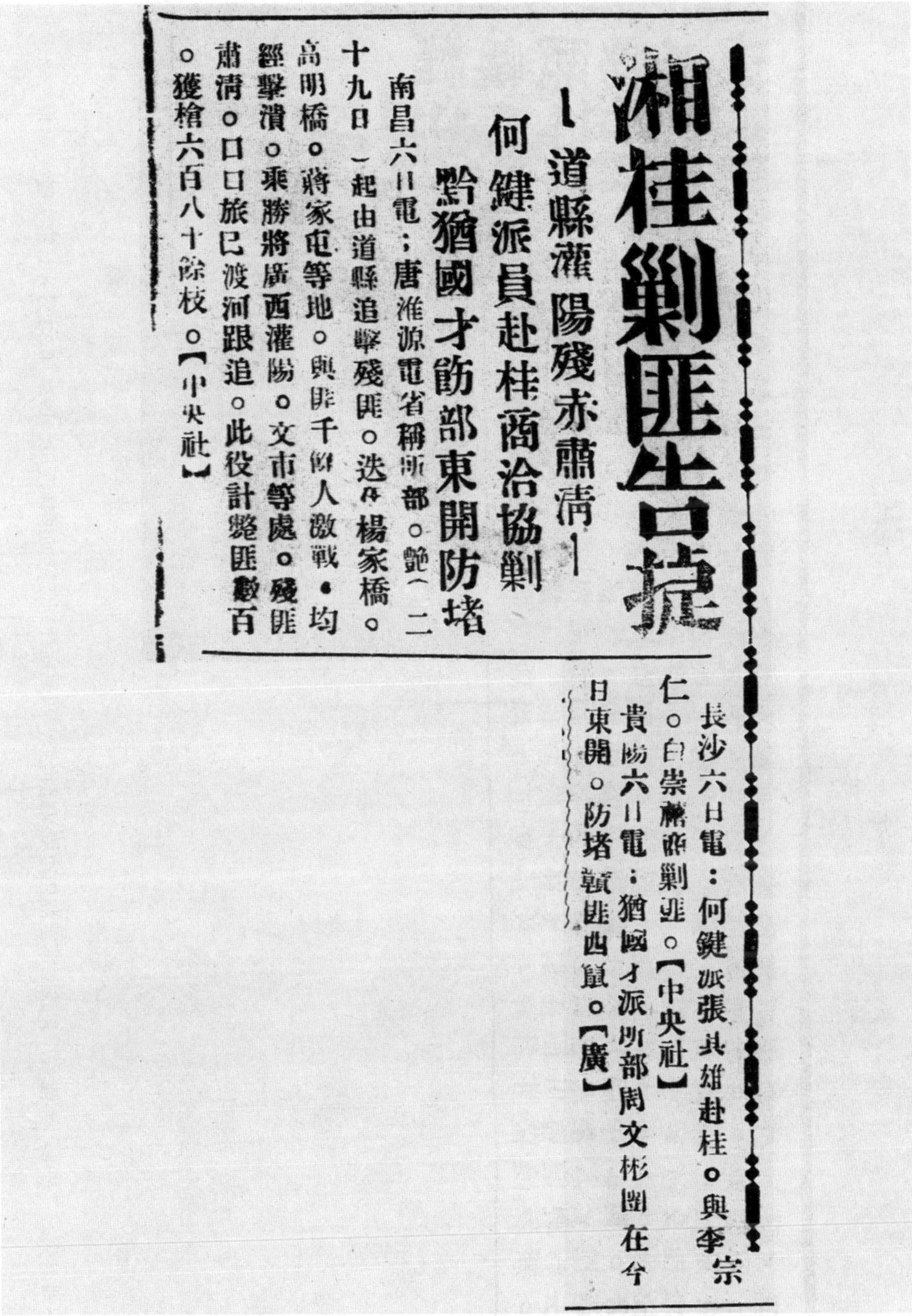

湘桂剿匪告捷

—道縣灌陽殘赤肅清—

何鍵派員赴桂商洽協剿

黔猶國才飭部東開防堵

南昌六日電；唐淮源電省稱所部。艷（二十九日）起由道縣追擊殘匪。迭在楊家橋。高明橋。蔣家屯等地。與匪千餘人激戰。均經擊潰。乘勝將廣西灌陽。文市等處。殘匪肅清。口口旅已渡河跟追。此役計斃匪數百。獲槍六百八十餘枝。【中央社】

長沙六日電：何鍵派張其雄赴桂。與李宗仁。白崇禧商剿匪。【中央社】

貴陽六日電：猶國才派所部周文彬團在今日東開。防堵贛匪西竄。【廣】

6. 湘桂剿匪告捷，道县、灌阳“残赤”肃清，何键派员赴桂商洽协剿，黔犹国才饬部东开防堵，1934 年 12 月 7 日第 2 版

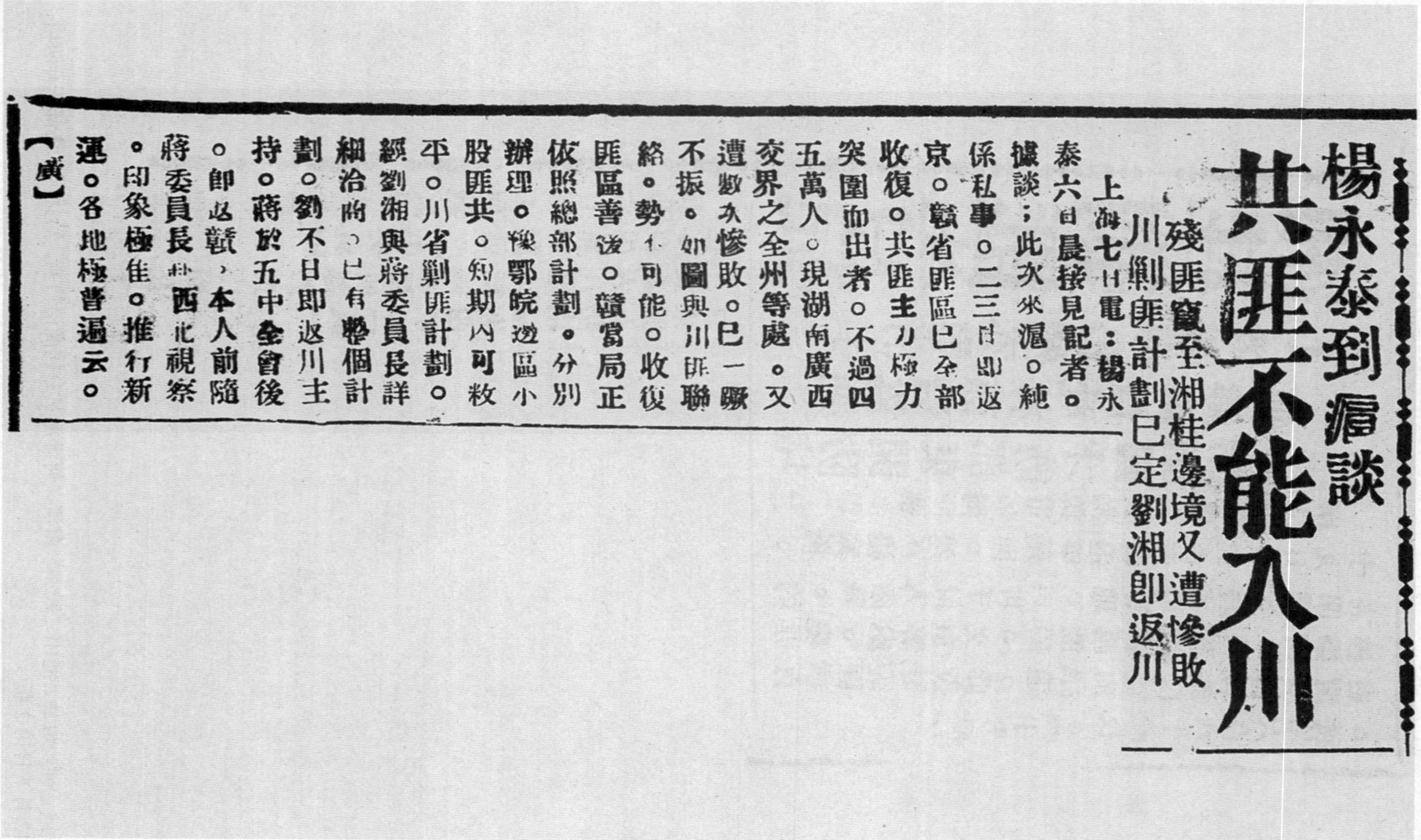

楊永泰到滬談

共匪不能入川

殘匪竄至湘桂邊境又遭慘敗

川剿匪計劃已定劉湘即返川

上海七日電：楊永泰六日晨接見記者。據談：此次來滬。純係私事。二三日即返京。贛省匪區已全部收復。共匪主力極力突圍而出者。不過四五萬人。現湖南廣西交界之全州等處。又遭數次慘敗。已一蹶不振。如圖與川匪聯絡。勢不可能。收復匪區善後。贛當局正依照總部計劃。分別辦理。豫鄂皖邊區小股匪共。短期內可救平。川省剿匪計劃。經劉湘與蔣委員長詳細洽商。已有整個計劃。劉不日即返川主持。蔣於五中全會後。即赴贛。本人前隨蔣委員長赴西北視察。印象極佳。推行新運。各地極普遍云。【廣】

7. 杨永泰到沪谈：“共匪”不能入川，残匪窜至湘桂边境又遭惨败，川剿匪计划已定刘湘即返川，1934 年 12 月 8 日第 2 版

何鍵昨返長沙
追剿總部移設寶慶
黔省積極防匪猶國才赴黎平

長沙九日電；何鍵八日午由衡州專車返省。追剿總部全移寶慶。各部均已到達目的地。即日開始向匪進剿。何氏定九日赴寶慶督剿(廣)

貴陽九日電：王家烈電猶國才。邀即日來省。同赴前方指揮各部隊。防剿西竄之贛匪。語詞極懇切。(廣)

貴陽九日電：全省剿匪督察專員路邦道。七日由前方返省。言猶國才極願赴前方督剿赤匪。猶率部三團已開往黎平永從一帶防堵。(廣)

8. 何键昨返长沙，追剿总部移设宝庆，黔省积极防匪犹国才赴黎平，1934 年 12 月 10 日第 2 版

何鍵昨赴寶慶 率部追剿殘餘赤匪

賀蕭兩匪被保安隊擊潰連日激戰匪不得逞
竄浙殘匪敗竄皖南桂省剿赤大捷俘獲三千

長沙十九日電；何鍵今日赴寶慶。督率所部進剿殘匪。賀蕭兩匪經保安團各部隊迎頭痛擊。連日發生激烈戰事。匪不得逞。我軍正在追剿中。（廣）

本報上海十九日專電；杭州訊。赤匪方志敏殘部。此次竄入浙境。經軍事當局迅調大軍包剿後。已竄入皖境。地方秩序完全恢復。俞濟時日昨返省。據談。此次竄浙之匪經過壽屬鄉僻村鎮。不敢圖犯縣城。萬歲坊之匪業已潰退。在昌化縣之白果莊之匪三千人。已被我軍擊潰。完全竄至皖省績溪。浙境已無匪蹤。

廣州十九日電；桂林桂軍司令部日昨來電報稱。桂軍在桂黔邊界與安地方激戰後。俘共匪三千名。又稱。共匪由贛省西竄者。原有七萬名以上。今僅存四萬名。若輩仍圖取道黔境入川云。（路透社）

9. 何键昨赴宝庆，率部追剿残余“赤匪”，贺（龙）、萧（克）两匪被保安队击溃连日激战匪不得逞，窜浙残匪败窜皖南桂省“剿赤”大捷俘获三千，1934 年 12 月 20 日第 2 版

蕭賀殘匪潰竄大庸
何鍵親赴常德督剿
總部遷往常德朱樹勳部收復慈利縣城
何令發還集中粮食湘東南已一律解嚴

長沙五日電：何鍵一日就保安司令職。並檢閱國術。又以朱毛殘部竄入桂境。蕭賀兩匪。迭受痛擊。爲便於追剿指揮。及肅清殘匪起見。擬將總部遷往常德　並派員先至常德。籌備行轅。決定五日赴常德督剿。『廣』

長沙五日電：李覺電。我朱樹勳部三日收復慈利縣城。蕭賀殘匪。向大庸方面潰竄。『廣』

長沙五日電：軍息：追剿軍第　兵團總指揮劉建緒。現由靖縣督飭所部。跟蹤痛勦。湘境西道靖縣綏甯一帶。已無股匪。所餘散匪。已派何平所部補充各團。積極搜捕。限期肅清。

長沙五日電：何鍵以此次西竄贛匪。經我軍節節痛擊。所餘殘部。業已分竄。湘東南各地。自須一律解嚴。回復原狀。所有以前集中之粮食。應即分別發還　又以前臨時規定之封鎖辦法。亦須准予停止進行。特命令各縣長。遵照辦理。

10. 萧（克）、贺（龙）残匪溃窜大庸，何键亲赴常德督剿，总部迁往常德朱树勋部收复慈利县城，何令发还集中粮食湘东南已一律解严，1935 年 1 月 6 日第 2 版

粵陳在韶設行營
任余漢謀爲主任

香港七日電：蔣近電覆陳李白。對請纓追剿赤匪。嘉勉。張任民謁白。商追剿赤匪。即返粵覆命。孔荷寵已抵大庾。設招撫處『中央社』

南昌七日電：萍鄉訊。粵陳奉令結束南路總部後。爲便利指揮追剿竄匪起見。特在韶設行營。任余漢謀爲主任。行營組織分參謀・副官。軍務。軍需。軍醫。運輸。六處。『中央社』

廣州七日電：白崇禧決計在桂林設反省院。容納被俘共匪。已諭令第四軍政治訓練部。籌擬具體辦法。聞共匪近被擒獲者共七千人。除五千將解交湘省當局外。餘二千人皆桂籍。故將遣入反省院。冀其悔改自新。『路透社』

11. 粤陈（济棠）在韶设行营，任余汉谋为主任，1935 年 1 月 8 日第 2 版

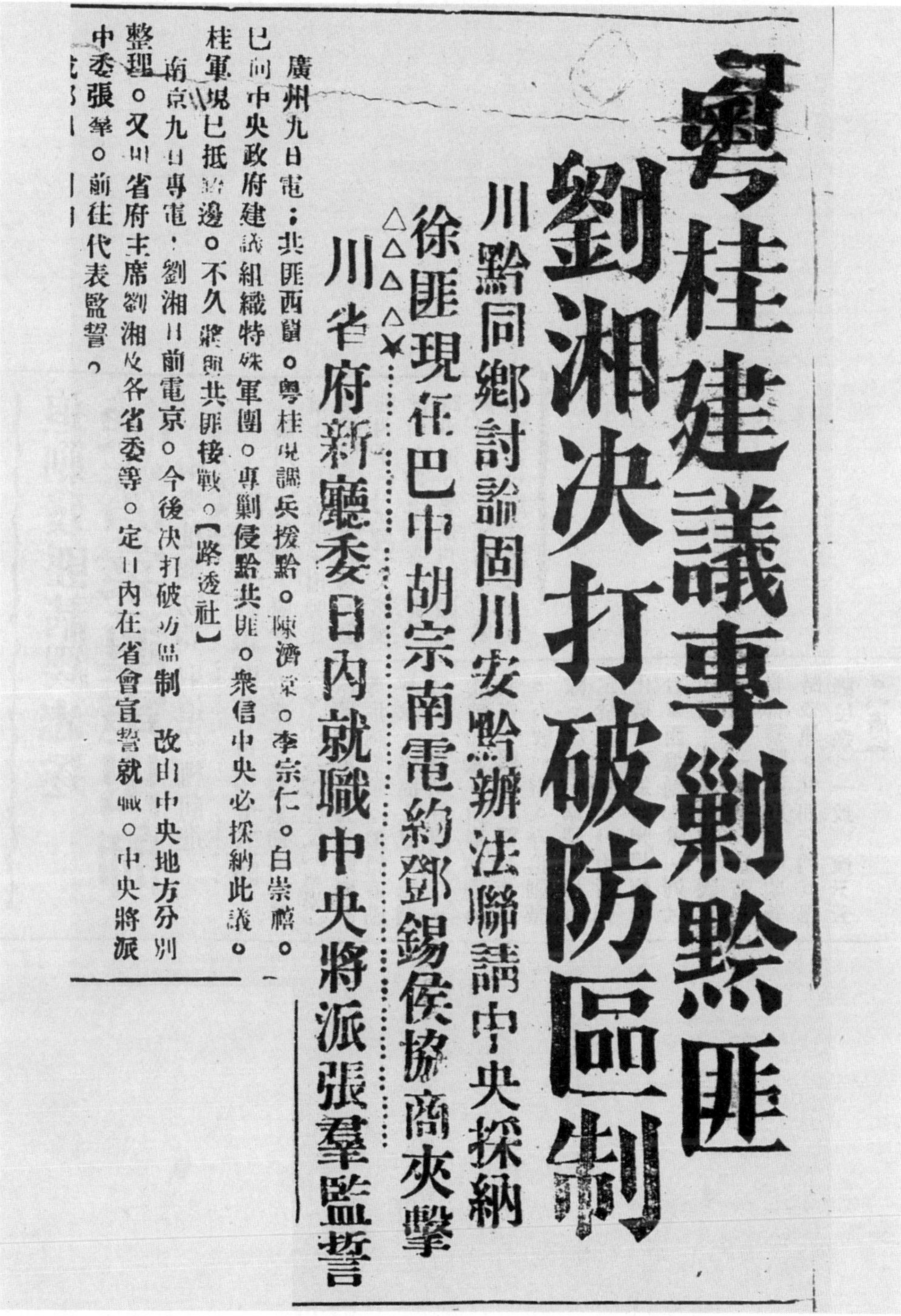

粵桂建議專剿黔匪
劉湘決打破防區制

川黔同鄉討論固川安黔辦法聯請中央採納

徐匪現在巴中胡宗南電約鄧錫侯協商夾擊

△△△△★

川省府新廳委日內就職中央將派張羣監誓

廣州九日電：共匪西竄。粵桂現議兵援黔。陳濟棠。李宗仁。白崇禧。已向中央政府建議組織特殊軍團。專剿侵黔共匪。衆信中央必採納此議。桂軍現已抵黔邊。不久將與共匪接戰。【路透社】

南京九日專電：劉湘日前電京。今後決打破防區制 改由中央地方分別整理。又川省府主席劉湘及各省委等。定日內在省會宣誓就職。中央將派中委張羣。前往代表監誓。

12. 粤桂建议专剿黔匪，刘湘决打破防区制，川黔同乡讨论固川安黔办法联请中央采纳，徐匪现在巴中胡宗南电约邓锡侯协商夹击，川省府新厅委日内就职中央将派张群监誓，1935 年 1 月 10 日第 2 版

追剿殘匪請纓志遂

陳濟棠通電出師

兩粵抽調勁旅 取道梧柳前進

★★★閩綏靖會議閉幕各司令返防

廣州十三日電：陳濟棠十一日通電，出師追剿殘匪。原電略謂：竄匪西竄。沿途挫敗。然殘匪尚有四五萬衆。非及時殲滅。勢將以禍贛者禍黔川。漢末黃巾。明季流寇。傾危國本。方斯蔑如。濟棠前與德鄰（李宗仁）健生（白崇禧）兩兄籌商中央．請由兩粵抽調勁旅。編組追剿部隊。協同友軍。繼續追剿。以期肅清餘孽。當奉蔣委員長電令照准。請纓志遂。百戰何辭。今追剿部隊。已集中準備完畢。棠於本月十一日由廣州出發。取道梧州柳州會合廣西追剿部隊。列仗而前。敵愾同仇。義無返顧。一俟妖氛蕩盡。當飭整隊凱旋。尚望各路友軍。共同奮鬥。舉國民衆。一致聲援云云。『廣』

13. 追剿残匪请缨志遂，陈济棠通电出师，两粤抽调劲旅取道梧（州）、柳（州）前进，闽绥靖会议闭幕各司令返防，1935 年 1 月 14 日第 2 版

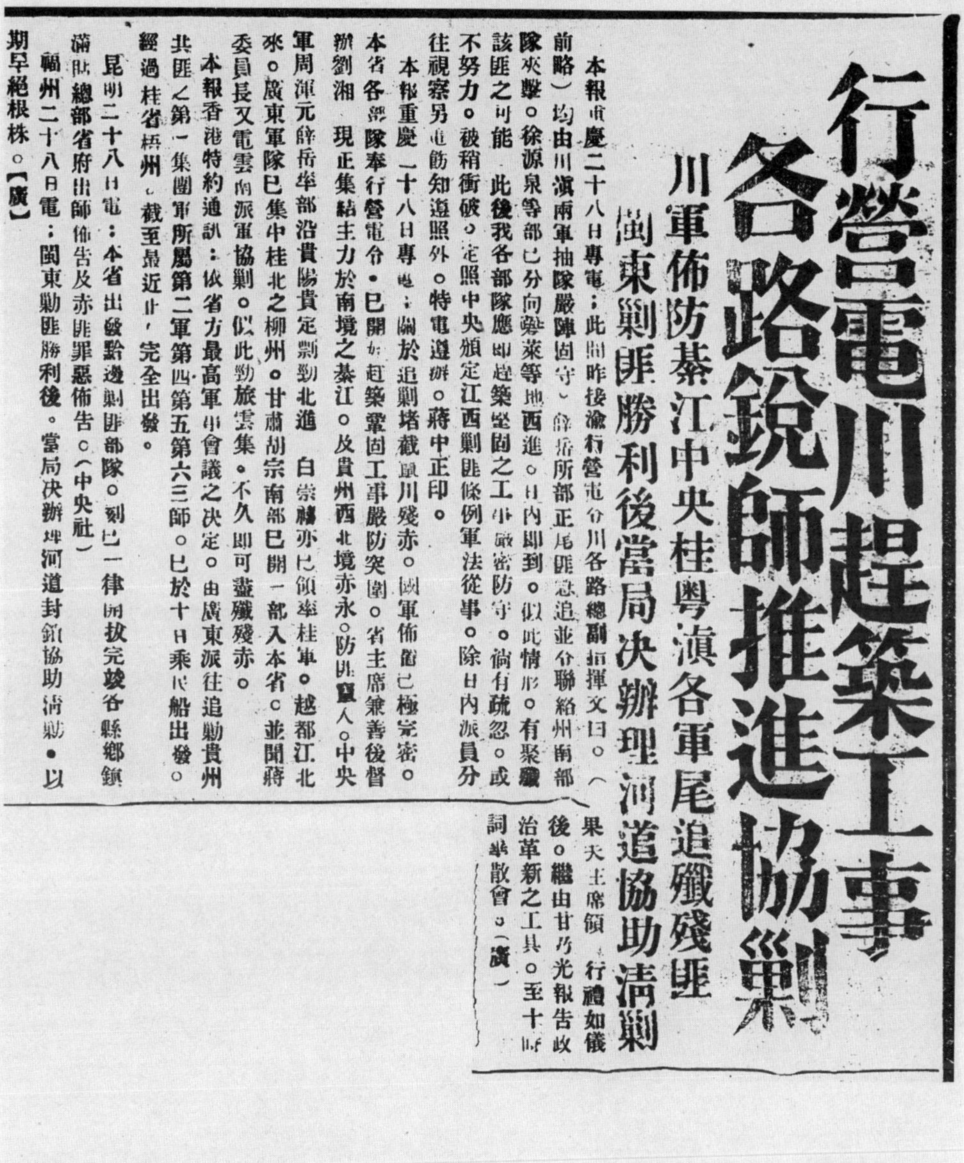

行營電川趕築工事 各路銳師推進協剿

川軍佈防綦江中央桂粵滇各軍尾追殲殘匪

閩東剿匪勝利後當局決辦理河道協助清剿

本報重慶二十八日專電：此間昨接渝行營電令川各路總副指揮文曰。（前略）均由川滇兩軍抽隊嚴陣固守，薛岳所部正尾匪急追並分聯絡州南部隊夾擊。徐源泉等部已分向鄰萊等地西進。日內即到。似此情形。有聚殲該匪之可能。此後我各部隊應即趕築堅固之工事嚴密防守。倘有疏忽。或不努力。被稍衝破。定照中央頒定江西剿匪條例軍法從事。除日內派員分往視察另電飭知遵照外。特電遵辦。蔣中正印。

本報重慶二十八日專電：關於追剿堵截竄川殘赤。國軍佈置已極完密。本省各部隊奉行營電令。已開始趕築鞏固工事嚴防突圍。省主席兼善後督辦劉湘，現正集結主力於南境之綦江。及貴州西北境赤永。防匪竄入。中央軍周渾元薛岳率部沿貴陽貴定剿勦北進，白崇禧亦已領率桂軍。越都江北來。廣東軍隊已集中桂北之柳州。甘肅胡宗南部已開一部入本省。並聞蔣委員長又電雲南派軍協剿。似此勁旅雲集。不久即可盡殲殘赤。

本報香港特約通訊：依省方最高軍事會議之決定。由廣東派往追勦貴州共匪之第一集團軍所屬第二軍第四第五第六三師。已於十日乘民船出發。經過桂省梧州，截至最近止，完全出發。

昆明二十八日電：本省出發黔邊剿匪部隊。刻已一律開拔完竣各縣鄉鎮滿貼總部省府出師佈告及赤匪罪惡佈告。（中央社）

福州二十八日電：閩東勦匪勝利後。當局決辦理河道封鎖協助清剿。以期早絕根株。【廣】

果天主席領 行禮如儀後。繼由甘乃光報告政治革新之工具。至十時詞畢散會。（廣）

14. 行营电川赶筑工事，各路锐师推进协剿，川军布防綦江中央桂粤滇各军尾追歼残匪，闽东剿匪胜利后当局决办理河道协助清剿，1935 年 1 月 29 日第 2 版

福建民报

寗化清流將收復

李延年部距寗城十里湯恩伯部將抵清流
李漢魂昨赴樂昌視察岳森電告擊潰徐匪
蕭賀殘匪被川軍痛擊竄興隆坪

（中央社廈門六日電）東路軍第四縱隊（李延年部）已進抵寗化城十里之某地，十縱隊（湯恩伯部）亦將抵清流城，現盤踞該兩城之土匪全係烏合之衆，不難一鼓盪平，卽可收復。

（中央社廈門六日電）漳州電，長汀一日收復後，第四縱隊指揮官李延年卽入城安民，人民沿途歡迎，李令政訓處主任丁國保召開民衆大會，到四千餘人，推選當地士紳五人組織城鄉臨時辦事處，協同軍政當局規定物價，並辦理一切善後，一面又着行政官調查戶口，編組保甲，脅從之民衆反正自新者，紛至沓來，逃亡在外處農民荷鋤擔負隨軍還鄉者，絡繹不絕。

（中央社香港五日電）省訊，李漢魂五日晨八時乘粵漢路南段車赴贛，定六日晨赴樂昌視察。

（中央社香港五日電）李宗仁電告陳濟棠，擬十五日離邕來粵，會商剿匪計劃。

【中央社南昌六日電】接岳森一日電稱，職部聞黃金洞徐匪吉剛股圍勦，在羅官廟搗毀僞兵工廠等機關，奪獲器械等件甚多，旋馳往亂泥湖搜捕，擒要匪多人，徐匪乘夜脫逃後，又在羊樓坦一帶與第二分區及僞軍區指揮部之獨立營遭遇，斃匪甚多，並擊傷僞第九師長現任軍區司令部參謀長李蕁一名，該匪已全部消滅。

【中央社南昌六日電】贛省會民衆協剿會，以廣昌石城興國寗都相繼克復，難民無衣無食，六日下午二時召會，六日下午二時以開緊急會議，決議由會捐助，製棉衣五千件，并通電全國解囊相助。

【中央社長沙六日電】據報蕭賀兩股殘匪北竄入川，經湘黔各軍追剿以來，已潰不成軍，三日四日復遭川軍田鄒兩旅部隊向匪部迎頭痛擊，與匪激戰於銅鼓台涼風一帶，斃匪千餘，殘部紛向興隆坪竄走，現正在追剿中。

【中央社長沙五日電】南昌行營運輸處長林湘抵湘，協助軍運。

1. 宁化、清流将收复，李延年部距宁城十里汤恩伯部将抵清流，李汉魂昨赴乐昌视察岳森电告击溃徐匪，萧（克）、贺（龙）残匪被川军痛击窜兴隆坪，1934 年 11 月 7 日第 2 版

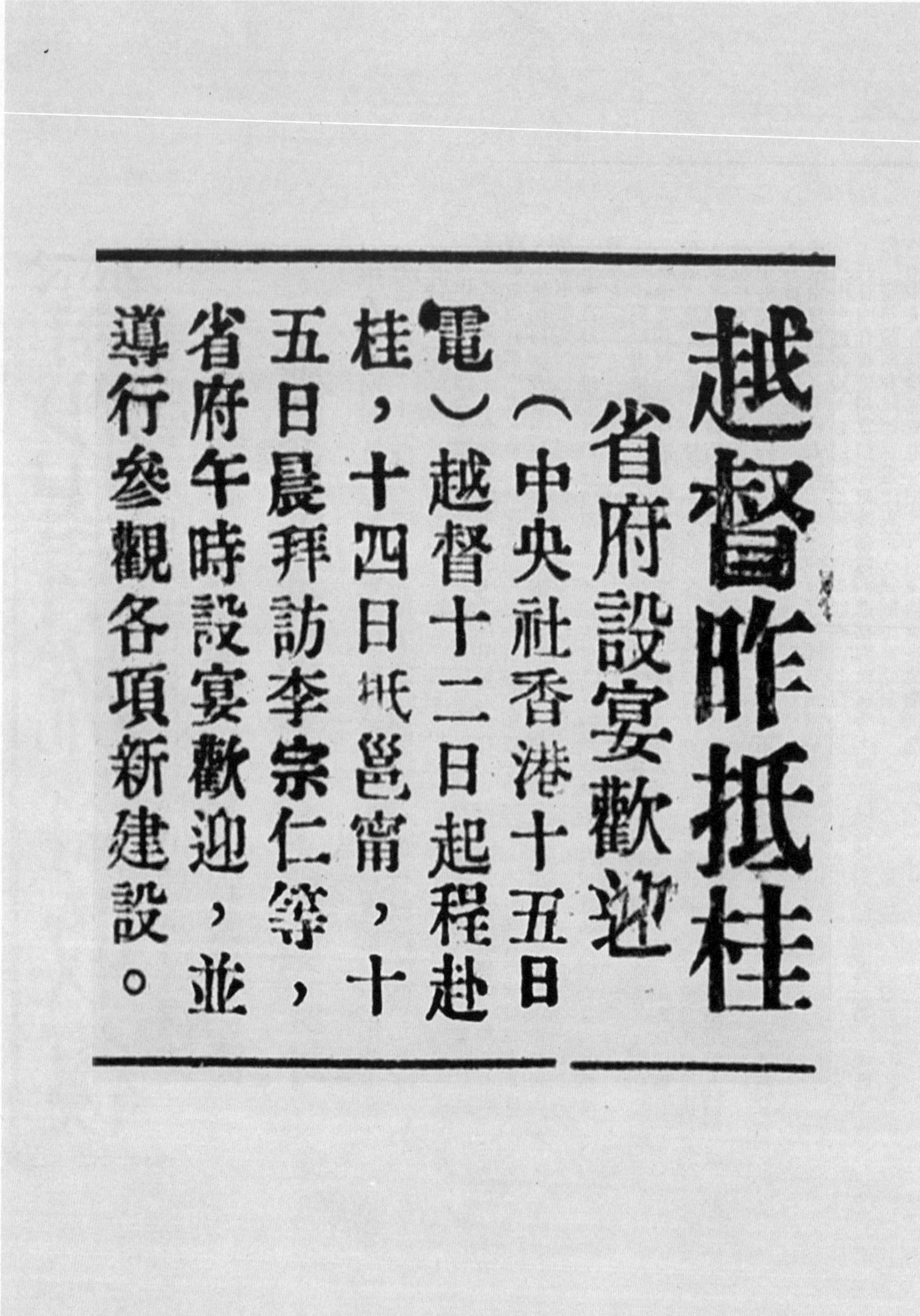

越督昨抵桂

省府設宴歡迎

（中央社香港十五日電）越督十二日起程赴桂，十四日抵邕甯，十五日晨拜訪李宗仁等，省府午時設宴歡迎，並導行參觀各項新建設。

2. 越督昨抵桂，省府设宴欢迎，1934 年 11 月 16 日第 2 版

東西兩路軍
收復宜章會昌
殘匪向湘南粵邊潰竄

赤匪竄至湘南後　我東南西北四路軍及廣西部隊，均已趕到堵勦，赤匪仍在四面楚歌中，昨（廿四）日省方昨接蔣鼎文總司令，自前方轉來湘南何健總司令電告，謂湘南冷水鋪之匪，已被我李師擊潰，宜章經我軍收復，匪向臨武，藍山，嘉禾（三縣均在湘南離廣東甚近）竄去，茲錄原電如次：（衡路）王（東原）師銑（十六）日，申在來樹橋將匪擊潰，乘勝於十六日未時攻復宜章城，匪向臨藍嘉等縣竄去，又李師在冷水鋪擊潰匪一股，十六午後經中和圩冷水鋪以西抵仙人橋坦平圩一帶，與匪激戰，方圓市南高地有匪工事，據到桂投誠匪供，內有屬偽三八軍團瑞金司令部獨立營者，足證由嘉桂間西竄者，係該匪等部，並聞會昌，業經東路軍完全收復，贛閩交境赤禍，業告肅清云。

3. 东西两路军收复宜章、会昌，残匪向湘南粤边溃窜，1934 年 11 月 25 日第 6 版

湘匪竄全州

南路軍迎頭痛擊

殘匪改竄道州寗遠

行營公佈劉膺古部捷報

【中央社廣州二十六日路透電】先導社消息，湖南共匪自知無力堅守藍山等處，昨乃直樸永州，擬取道桂邊界之全州，而竄入黔省，幸全州駐南路軍頗衆，早有預防，迎頭痛擊，共匪卽行潰散，死傷不少，殘匪向道州與寗遠方面退走。

（中央社廣州二十六日路透電）市黨部昨晚發起各團體代表會議，討論派員慰勞南路軍事，當決定組織慰勞團，于十二月一日出發，分赴東北兩陣線，向前方慰勞。

（中央社南昌二十六日電）行營今日公布追勦殘匪捷報如下：据劉膺古廿一日戌刻電稱，我朱師各部最近追勦情況及奪獲數目如下：（一）唐團十四日在永州屬淡塘擊潰僞獨立團六分區等部，在太山濱擊潰僞特務隊，奪槍十餘枝，俘斃匪數十名，十六日在玉象山擊潰槍約二百餘之匪，俘擄指導員田純一名，匪兵十九名，又當晚該團陳營抄勦瀨界以北轎庵僞區蘇維埃，斃匪政治委員一名。（二）諸團十四日進勦南華山，將該處人槍百餘之殘匪擊散，搗毀僞機關數處，焚匪碉堡數座，又該團李營進勦永南茅園山之僞獨立第五團之一部，奪槍五枝，機槍及殘炮數架，俘僞男女匪五十餘，十四日追該匪至西村一帶，斃二十餘，俘五六十名。（三）唐團十七日率兵兩營，進勦盤踞遂川北鄉湘南之僞立第四團，于十九日在牛田以北水口附近，與僞警衛隊游擊隊等遭遇，當經擊潰，斃匪十餘，傷二十餘，僞支部書記陳曙明一名，匪徒廿一名，奪槍數枝，刻正繼續偵匪清勦中。

【中央社南昌廿六日電】駐防贛南之南路軍，以贛南殘匪業經肅清，無需再行封鎖食鹽，已飭各縣撤銷食鹽公賣所，南路軍第一縱隊各部，以康信公路開築已久，尚未完成，特令南康信丰縣長，限于十二月二十日以前完成，並派員前往督促。

4. 湘匪窜全州南路军迎头痛击，残匪改窜道州、宁远，行营公布刘膺古部捷报，1934 年 11 月 27 日第 2 版

殘匪竄桂被擊退

李宗仁調全桂軍隊從事堵防

▲湘南匪全潰西南兩路軍會合追剿▼

【中央社廣州廿八日路透特電】自十一月二十三日起，由贛西竄之共匪，爲覓衣食與彈藥以度寒冬計，現圖侵入桂省，桂軍總司令李宗仁現調桂軍所有軍隊，從事防堵，按數日前據官報，共匪一小隊曾侵入桂東邊界數縣，經桂省第十五軍激戰擊退，共匪雖遭此挫敗，現仍圖大舉攻桂云。今日李宗仁致電西南政務委員會，謂數日前喬裝難民混入桂境之共匪，均經擒獲。

【中央社長沙二十八日電】衡訊，我軍各部將道縣臨武藍山各處共匪完全攻潰，業與粵軍會合向匪猛剿，斃匪無算。

【中央社南昌二十八日電】殘匪竄至黃柏塘，王耀武旅命李團追剿，于二十晚佔領黃柏塘，匪部反攻，激戰數小時，卒不得逞，計斃僞縣蘇維埃僞獨立營長各一名，斃匪四百名，俘匪五十名，及地雷土砲甚多。

【中央社長沙二十七日電】衡陽廿五日電，匪主力四五萬人，在道縣壽佛寺之線，一部萬餘人，在道縣北王母橋附近，繞竄桂境，龍虎關附近之匪約萬餘人，向永明北之上江間附近逃竄之，匪後隊萬餘人，連日在甯遠西南之把戲河大界一帶，與我周渾元李雲杰各路軍節節抗戰，我軍斃匪甚多，獲槍千餘枝，又甯遠之匪於二十三日在該縣天子堂境，與我周渾元李雲杰王東原等部激戰，我軍猛力轟擊，斃匪二三千人，獲槍千餘枝，我軍亦有傷亡，廿四晨周渾元部向道縣大道攻擊，匪利用梧溪洞五六里長之隘道，節節抗戰，我□師由右迂廻襲擊其後，匪不支，向把戲河以西潰退，現正追擊中。

5. 残匪窜桂被击退，李宗仁调全桂军队从事堵防，湘南匪全溃西南两路军会合追剿，1934 年 11 月 29 日第 2 版

劉建緒進駐全州

獨立第一師準備回駐粵境
李宗仁定一日赴桂林視防

◇◇贛祝捷大會佈置就緒◆◆

【中央社長沙二十九日電】慰勞勦匪將士代表宋珉等六人，本日赴衡州，慰勞前方將領官兵，郴縣黨委擅離職守，協剿不力，省黨部議決全體撤職，停止活動，另候派員整理，彭國鈞二十八日返省，據談赤匪全部為國軍包圍，在道縣灌陽一帶疲憊不堪，不難消滅，則建緒電告已率部進駐全州，督勦竄匪。

【中央社香港二十八日電】獨立第一師部隊已分別集中上杭永定武平，準備回駐粵境，前方軍官眷屬連日均運回省云云。

【中央社香港二十八日電】粵省梧州電李宗仁定十二月一日由邕赴桂林，視察防務。

【中央社南昌廿九日電】慶祝剿匪勝利暨慰勞將士大會，經決議自明日起，全市懸旗結彩，各馬路已紮彩布牌樓多座，各商店住戶均掛慶祝剿匪勝利，擁護蔣委員長燈籠，機關團體準備燈彩，以備參加提燈會，游藝會改一日午在昌新舞台舉行。

6. 刘建绪进驻全州，独立第一师准备回驻粤境，李宗仁定一日赴桂林视防，赣祝捷大会布置就绪，1934年11月30日第2版

何鍵加賞

緝拿朱毛等匪

除照行營規定外每名加獎五萬元

白崇禧返桂林李宗仁將出發龍虎關
覃連芳師已出石塘與周渾元部會剿

（中央社長沙三十日電）何鍵電令各縣，加重懸賞緝拿匪首，能捕獲朱德彭德懷毛澤東周恩來李特等匪者，除照行營規定給賞外，每名加獎五萬元。

【中央社香港三十日電】省訊，獨第二旅長陳章談，余漢謀張弛定一日在贛宣誓就六七兩區綏靖主任職，又白崇禧二十九日由平樂返桂林謁李宗仁，商勦匪軍事，日內仍赴前方督師，李宗仁亦擬出發龍虎關視察，又白崇禧二十九電粵報告所部二十九午于永安關之役王蘇兩師協殲殘匪，斃匪甚多，俘匪六百餘名，繳獲步槍八百餘枝，機槍二十餘挺，覃（連芳）師已繞出石塘，轉趨道縣，與周渾元部聯絡堵勦。

（中央社長沙廿九日電）衡陽二十八日電，贛匪經我周李王各部在甯遠道縣痛剿，斃匪甚衆，詳情如下：

一，匪先頭於二十六日二十七兩日，由全州自安元勾牌山山頭上木頭四賽圩沙子岸向西延灣四林榜企圖偷渡，經我軍趕至，在路版鋪蔣村一帶截擊，斃匪甚多。

二，匪一部由永安關右邊竄抵黃騰洞，二十六日被我軍擊退。

三，匪數千人在文市架橋，被我側擊，將浮橋撤去圖逃，現正進攻中云，行營剿匪宣傳大隊盱道琳率隊抵長沙，晚在省公映革命影片，定明日赴衡陽工作。

7. 何键加赏缉拿朱（德）、毛（泽东）等匪，除照行营规定外每名加奖五万元，白崇禧返桂林李宗仁将出发龙虎关，覃连芳师已出石塘与周浑元部会剿，1934 年 12 月 1 日第 1 版

劉建緒部推進全興

匪在全西偷渡湘境被截擊

湘南匪無多大部潰竄桂邊

（中央社長沙一日電）贛匪循肅（克）匪故道，在全州之西偷渡湘境經我章亮基師堵截，現在激戰中，周渾元部在壽佛圩，將匪後部擊潰，向蔣家莊竄走，白崇禧在龍虎關督勦。

（中央社長沙一日電）軍息，（一）劉建緒部推進全興，截擊匪部斬獲甚衆，周渾元擊潰逃竄道縣以西匪部後隊，（二）劉膺古三十日由津返省，即日親赴湘西督勦，全州大兵擁擠，秩序安定，湘南竄匪經西路軍痛擊，大部向桂邊逃竄，湖克孫匪無幾，不難肅清。

（中央社南京一日電）湘勦匪各師三十日與匪一三五軍團在覺山米藍舖白沙舖一帶苦戰十小時，匪全線擊潰，匪傷亡近萬，獲槍四千餘支，機槍迫擊砲四十餘挺，殘匪一部向西延竄走，又黔主席王家烈以匪西竄，促猶國才出兵，□團駐黔平永從，王（家烈）親率兵□團駐施秉鎮遠、策應各方。

（中央社長沙一日電）衡州電，我劉建緒等部我與匪一三五軍團在覺山朱藍舖白沙舖一帶自晨苦戰，將匪全線擊潰、匪傷亡近萬，何鍵通電遵令已于上月三十日取銷西路總部名義。

8. 刘建绪部推进全（州）、兴（安），匪在全西偷渡湘境被截击，湘南匪无多大部溃窜桂边，1934年12月2日第2版

湘桂軍圍殲殘匪

匪約五團之衆在全南繳械

〔劉膺古任追剿軍縱隊司令〕

〔王家烈將赴前方佈置工事〕

〔中央社長沙二日電〕全州一日電稱，本日下午二時我軍在全州以南之麻石渡與桂軍在石塘墟將匪約五團之衆包圍，匪無力抵抗，正繳械中，又章師長亮基三十日電稱，在全州附近之匪約二萬餘自經我軍迎頭痛擊後，釋板橋鋪狼狽潰竄，二十九晨我派出之追剿部隊，又在途中大嶺將該匪痛挫，殲匪千餘，匪僞團長營長連長先後陣亡數人，實力損失甚鉅，已無戰門能能力，不難一鼓全殲，又電，何鍵昨派劉膺古爲剿匪軍追剿預備軍縱隊司令，即日移駐某處。

（中央社貴陽二日電）李宗仁電何鍵，請派師，至全州堵截剿匪王家烈日内由貴陽赴前方佈置防堵工事，今日行營先行出發，所有軍隊全由王（家烈）直接指揮・前設之前敵總指揮部已撤銷，蔣委員長電王家烈對黔省剿匪深爲嘉慰。

〔中中央社南昌二日電〕興國克復後，西鄉略有殘匪，經駐畢清剿任荷溪生擒僞主席一名，獲軍用品甚多，又在樓梯庵破獲僞政府三處，俘匪一主席祕書裁判合作社長等四名，各匪首均已伏法，又雩都後備隊進剿茅店一帶殘匪，擊斃僞主席一名，救出肉票三名。

9. 湘桂军围歼残匪，匪约五团之众在全（州）南缴械，刘膺古任追剿军纵队司令，王家烈将赴前方布置工事，1934 年 12 月 3 日第 2 版

李宗仁電告

堵剿殘匪情形

新墟之役肉搏數次雙方死傷逾千

文市西方匪陣綫突破彭匪僅身免

湘軍已推進界首迎頭痛擊

【廣州二日特電】李宗仁上月卅日自南甯發出通電，報告桂軍堵截西竄殘匪情形，原文如下：

【南京中央黨部國民政府各院部軍事委員會廣州西南執行部西南政務委員會鈞鑒，各省主席各總司令各總指揮各軍師長勛鑒，各報館各省民衆團體均鑒，共匪盤踞贛閩，荼毒七年，自五次圍剿以來，節節潰敗，仍企圖西竄，另造赤區，乃令僞軍長蕭克率匪萬餘，作西竄之前鋒，偵察途經，取道湘桂邊境，本軍經派廖軍長磊率領第七軍協同湘黔友軍追剿，沿桂湘黔邊境山地，深入黔省東北地區，

轉戰月餘

幸將該匪主力消滅，剩餘匪衆不及千人，槍械僅存數百枝，方冀一鼓盪平，以絕後患，適遇贛匪主力，又復傾巢西竄，桂省毗連湘粵方面，五嶺綿亘，逾七百餘里，防綫太寬，兵力單薄，除遵委座電令，一面集中十五軍全部于全州方面，協同民團從事佈防外，並檄調第七軍兼程回桂，兼加堵截，功虧一簣，遺恨實深，第七軍十月十六日回抵桂林，適共匪主力已進至湘南甯遠藍山之線，復奉委座電令，以追剿各軍偏在西北，須防共匪避實就虛，南繞富賀西竄，更難剿辦等因，同時以兵力不足，處處佈防，必處處薄弱，遂一面分兵協同民團，守備湘桂江沿岸及邊境之既設堡壘，同時集中兩軍主力，佈置于龍虎關恭城一帶地區，相機策應富賀及與全兩方，冀以機動作戰，捕捉匪之主力，一舉

將其擊破

乃匪自抵甯遠後，以僞一九兩軍團，由江華永明方面分擾富賀邊境及龍虎關，雖經我軍數日力戰，將其擊潰，而其主力亦于斯時經道縣突破我灌陽北方之四關，經全州南方文市西竄，我軍除仍以一部繼續掃盪江華永明方面之匪外，即將十五軍全部及第七軍一部迅速轉移於興安灌陽以北蘇江新墟鹹水界首之綫，向匪側面攻擊，同時與進入全州附近之湘軍協定兩方夾擊，備乘全州以西之山地阻塞之利，于全州南方地區將匪殲滅，廿七日在文市南方與僞三五兩軍團全部及八軍團之一部接戰，彭匪德懷親身督戰。甚爲激烈，在新墟一地，彼此得而復失者再，雙方死傷過千，而興全方面，沿湘水西岸佈防，長逾二百里，我軍僅有一師，協同民團堵截，廿七日以來，

肉搏數次

當面之匪愈戰愈多，二十七，晚被匪四處突破，目下在興安北方之伏華鋪深布坪之線，與敵對峙，現我第七軍主力已於二十九日加入文市南方戰線，今日拂曉由文市西方之古嶺頭渤塘墟方面突破敵線，攔腰截擊，擒斬赤匪二千餘名，獲槍一千二百餘枝，彭匪僅以身免，本軍官兵亦傷亡五百餘人，正向界首方面退擊中，剋據我連絡飛機報告，全州附近之湘軍今晨開始向南運動，計程一日下午可達鹹水界首之線，迎頭堵截，今明兩日可望將匪之主力擊潰也，謹電略陳，李宗仁叩三十。

【中央社杭州四日電】潰竄昌化山六都殘匪，昨復向西北竄逃，正逢我軍趙團某營，激戰數小時，斃匪甚衆，並奪彈甚多，匪不支向績溪邊境竄退，我軍正在追擊中。

【中央社貴陽四日電】王家烈氏定三四日內出發，防堵贛匪西竄，三四日電猶國材催促派兵開赴指定地點，王本人親赴前線指揮。

10. 李宗仁电告堵剿残匪情形，新墟之役肉搏数次双方死伤逾千，文市西方匪阵线突破彭匪仅身免，湘军已推进界首迎头痛击，1934年12月5日第2版

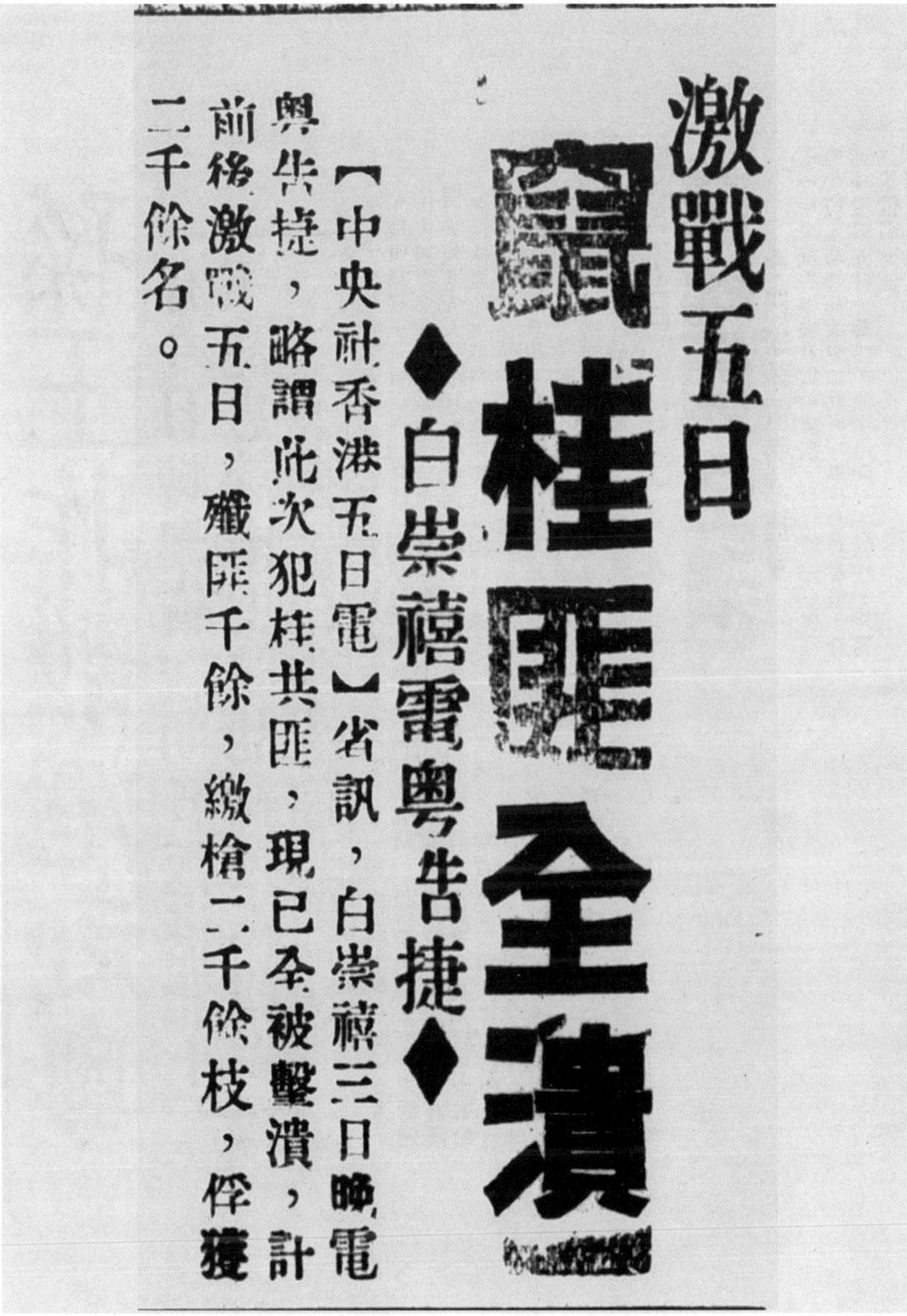

激戰五日竄桂匪全潰

◆白崇禧電粵告捷◆

【中央社香港五日電】省訊，白崇禧三日晚電粵告捷，路謂此次犯桂共匪，現已全被擊潰，計前後激戰五日，殲匪千餘，繳槍二千餘枝，俘獲二千餘名。

11. 激战五日窜桂匪全溃，白崇禧电粤告捷，1934 年 12 月 6 日第 2 版

孫王昨離港赴粵

孫今日轉澳省親明日返港北上

王寵惠談兩度晤胡結果極圓滿

李宗仁前日抵粵候晤王孫

【中央社香港五日電】陳濟棠五日晨令廣九鐵路局派花車一輛，開港迎候孫科王寵惠，午後四時孫王以兩度與胡晤談，一切均告圓滿，特偕孫丹林楊華白傅秉常及省方派來歡迎代表謝官邦廿介侯馬灿李曉生何强胡文藏等十五人，同乘花車入省，聞孫擬六日由省赴澳門省視其夫人，七日由澳來港，與王同乘嘉爾總統輪北返，行前王寵惠在旅邸接見中西記者，略謂此次與胡展堂所談結果極爲圓滿，現決入省與陳濟棠蕭佛成鄒魯澤如等商談，必有良好之結果。

【中央社廣州五日路透特電】孫科王寵惠今日可望由港抵省，此間政界領袖刻正準備盛大之歡迎，李宗仁昨由南寗乘私人飛機抵北，將參加孫王抵省後舉行之會議。

【中央社香港五日電】省訊，李宗仁四日晨九時由邕寗乘軍用機飛粵，下午二時抵省，晉晤陳濟棠，解說堵剿赣匪經過，李俟晤孫科王寵惠後，三數日即返桂主持軍政。

激戰五日 竄桂匪全潰

◆白崇禧電粵告捷◆

【中央社香港五日電】省訊，白崇禧三日晚電粵告捷，略謂此次犯桂共匪，現已全被擊潰，計前後激戰五日，殲匪千餘，繳槍二千餘枝，俘獲二千餘名。

12. 孙（科）、王（宠惠）昨离港赴粤，孙今日转澳省亲明日返港北上，王宠惠谈两度晤胡（汉民）结果极圆满，李宗仁前日抵粤候晤王、孙，1934 年 12 月 6 日第 2 版

湘桂殘匪陷重圍

何鍵派李覺與白崇禧商圍殲計劃

灌陽文市匪肅清黔軍開黎永佈防

◆◆◆行營委劉建緒等剿匪新職◆◆◆

中央社南昌六日電　行營爲便利各追剿軍指揮計，委定劉建緒吳奇偉爲一二兵團總指揮，劉寄古八預備兵團總指揮，李雲杰李韞珩周渾元爲各路司令。

（中央社長沙六日電）何健派李覺與白崇禧會商圍殲西竄共匪周密計劃，匪大部已由西延北竄大埠頭，一部向龍勝方面分竄，我劉建緒部三日抵新甯，章亮基部向西巖市前進，陶廣在大帽山附近擊潰匪五六百名，俘匪獲槍各數十，李覺部與桂軍夏廖各部向桂黔邊境堵截，薛岳部由洪機向武岡急進，周渾元部已抵全州，向新甯挺進，王東原經全縣新甯武岡向洪江前進，李雲杰部集中長鋪子梅口待命，李韞珩部抵石期，匪在各部包圍中決難漏網，陳渠珍電告我軍破匪於四喜河，湘鄂川軍夾擊賀匪，慈桃方面已無匪踪，省府决定限期肅清郴宛兩縣散匪，劃郴宛爲特區，以歐冠爲主任。

（中央社南昌六日電）唐淮源電省稱，所部廿九日起由道縣向永安關追擊，迭在楊家橋高明橋蔣家嶺等地與匪千餘人激戰，均經擊潰亂竄，將廣西灌湯文市等處殘匪肅清，旋已渡河跟追，此役計斃匪數百，獲槍八十餘枝。

（中央社貴陽六日電）猶國材派所部周文彬團，於今日開赴黎平永從一帶，防堵贛匪西竄。

（中央社南京六日電）梁立柱六日來省，報告收復葛源經過，及向省府接洽善後賑濟，又弋陽縣芳墩業已收復，漆工鎮亦指日可下，贛東各地全無匪踪，但災民數萬，該縣長特電民政廳請賑。

13. 湘桂残匪陷重围，何键派李觉与白崇禧商围歼计划，灌阳文市匪肃清黔军开黎（平）、永（从）布防，行营委刘建绪等剿匪新职，1934 年 12 月 7 日第 2 版

楊永泰談

蔣出席全會後卽返贛

贛匪西竄者不過四五萬人

清剿川匪已商定整個計劃

【中央社上海六日電】楊永泰六日晨接見記者，談此次來滬純係私事，二三日卽返京，贛省匪區，現經全部收復，匪主力突圍而出者不過四五萬人，現在湘桂交界之全州等處，又遭數次慘敗，已一蹶不振，企圖與川匪聯絡，勢不可能，收復區善後問題，贛當局正依照總部計劃，分別辦理，豫鄂皖邊區小股匪共，短期內可敉平，川省剿匪計劃，經劉湘與蔣委員長詳細洽商，已有整個計劃，劉不日卽返川主持，蔣委員長於全會後卽返贛，本人前隨蔣赴西北視察，印象極佳，推行新運，各地均甚普遍云。

14. 杨永泰谈蒋（介石）出席全会后即返赣，赣匪西窜者不过四五万人，清剿川匪已商定整个计划，1934年12月7日第2版

何鍵今日赴寶慶督剿

西竄殘匪實力已消滅三分之一

陳渠珍出發前方王匪公澤被生擒

入湘粵軍返抵粵邊白崇禧返興安

【中央社長沙八日電】何鍵本日午由衡州專車返省，追剿軍總部全移寶慶，各部均已到達目的地，即日開始向匪進剿，何鍵定九日赴寶慶督剿。

【中央社長沙八日電】何鍵電告半月來追剿竄匪經過，總計匪部實力確已被我消滅三分之一，現正督部遵照委座方略，作第二步圍剿，陳渠珍由鳳凰出發前線督剿賀匪。

【中央社貴陽七日電】蕭克匪部獨立師長王公澤被生擒。

【中央社重慶八日電】日來川匪前線無異狀，四路軍前面之匪時來夜襲，接觸頗激烈，匪終未得逞，五路軍前面所獲匪探多供稱偵查進攻路線，總部已令加意防範。

【中央社漢口八日電】第十一路軍劉代總指揮電總部報告二日夜探報殘匪數百名在立霍以南長山冲附近竄擾，三日晨派王團率部進剿，激戰數小時，擊斃偽游擊師長高開文一名，並匪衆二百餘名，俘匪六十三名獲步槍五十四技，手槍二枝，手提式機槍一枝，騾馬七匹，其他軍用品甚夥殘匪數十人狼狽經前後坂北竄，我軍仍繼續搜剿中。

【中央社香港八日電】白崇禧視察前方完畢，七日返興安行營。

【中央社香港八日電】粵入湘部隊已陸續回抵粵邊，李漢魂部八日到韶關，

【中央社香港八日電】獨立第二師七日晨在豊順菜處破獲共匪重要機關，並捕偽軍官三名，即解省訊辦。

【中央社香港八日電】桂各縣民團前被徵調前方勦匪者，現已陸續遣回原籍耕作。

15. 何键今日赴宝庆督剿，西窜残匪实力已消灭三分之一，陈渠珍出发前方王匪公泽被生擒，入湘粤军返抵粤边白崇禧返兴安，1934 年 12 月 9 日第 2 版

白崇禧電京告捷

董匪正堂被擊潰我軍佔領千家寺
殘匪聞槍聲即逃戰鬥能力已全失

猶國材部王團開黎永佈防

【中央社南京九日電】白崇禧電京報告桂軍剿匪勝利情形，原電云：（銜路），（一）据夏軍長六日酉電稱，五日進剿千家寺，與職隊抗戰之匪爲僞五軍團董政堂部，匪軍左側衛第十三師，董匪與僞政委朱瑞昨夜八時正在千家寺晚餐，適我梁團衝進，該匪等落荒而逃，當夜職軍佔領千家寺，俘匪百餘名，獲槍五六十枝，重機關槍一挺，馬數十匹，據匪供，董匪殘部自經新圩石塘圩被擊潰後，僞三五兩軍團已不能作戰，匪軍見我放槍即逃戰鬥兵僅有廿餘人，子彈非常缺乏，董率殘部已向北竄走，職部現分途追剿等語。（二）逃入灌屬大源寶髻馬頭山一帶梅岳地區之匪，經我王師協同民團進剿後，俘獲五百人，現剩千餘人，復竄至貓兒園，現正在包圍解決中。（三）綜合情況，西竄之匪現尚在興安龍勝境內青靛底千家寺之線以西，千家寺丁洞各線以北，芙蓉河之線以東地區，山高路窄，依地作勢，惟殘匪現存人數不多，自在灌北被痛擊慘敗後，狼狽逃竄，聞我槍聲即逃，甚至我軍一排俘匪繳槍常以百餘計，匪之戰鬥力實已全失，現留一師及民團搜剿殘匪，白崇禧叩虞（七日）戌行參。

【中央社貴陽九日電】全省剿匪督察專員陸邦道七日由前方返省言猶國材極願赴前方督剿贛匪，猶部三團已開往黎平永從一帶防堵。

【中央社貴陽八日電】王家烈電猶國材，邀即日來省。同赴前方指揮各部隊防剿西竄之贛省殘匪，措詞極懇切。

【中央社鄭州八日電】上官雲相八日下午四時由汴過鄭赴許昌，據談僞二十五軍殘部約五百餘人，現已竄逃湘西廬氏官庄一帶，總指揮部日內由許昌移駐靈寶。以便指揮追剿。

16. 白崇禧电京告捷，董匪正堂被击溃我军占领千家寺，残匪闻枪声即逃战斗能力已全失，犹国才部三团开黎（平）、永（从）布防，1934年12月10日第2版

薄海同歡之

慶祝五中及祝捷大會

▲何鍵報告大會意義及剿匪經過▼

【中央社長沙十日電】湘各界民衆，十日上午九時，在中山堂舉行慶祝剿匪勝利，同時舉行總理紀念週由何鍵主席，報告慶祝大會意義，及剿匪經過情形，謂贛匪入湘南時，號稱十萬，經迭次截擊，所餘無幾，未能完全將其殲滅，不無遺憾，殘匪現竄抵桂境龍勝以北，及湘境城武綏甯通道以南一帶地區，我湘桂大軍，正在聯絡追剿，並電黔省派軍堵截，一面組織民衆，實行堅壁清野，使匪無所掠奪，不攻自滅，湘南方面，散匪尚多，已經李師長覺，積極督率所部，從事搜剿，並辦理清鄉善後，以安閭閻，旋由南昌新生活運動總會徐幹事出席講演湖南人之使命，一小時始散會。

【中央社長沙十日電】何鍵十日電賀中央剿匪勝利原電，略謂：赤匪盤踞贛境，迄今六載，蹂躪民衆，天日爲昏，蔣委員長秉承中央命令，率師征剿，不辭勞苦，今幸克復僞都，追剿殘匪，功在黨國，薄海同欽，除由湖南人民開會慶祝外，謹申電賀，伏乞垂察，又電賀五中全會開幕，原電略稱，鈞會開幕，薄海騰歡，薈萃羣英，謀人民之福利，發揚黨義，措黨國于安全，遙企勛猷，謹申賀慶。

平市

【中央社北平十日電】北平市各界，十日晨九時在市黨部大禮堂舉行慶祝五中全會開幕，及勦匪勝利大會，到會各界代表六百餘人，由方少雲主席領導行禮後，即報告慶祝五中全會開幕剿匪勝利之意義，及應有之認識，報告畢，並通過電賀五中全會及慰勞蔣委員長，至十時半散會，茲錄兩電原文如下：（一）賀五中全會開幕電：南京中央執行委員會第五屆全體會議鈞鑒，近年以來，國勢日非，外受强鄰侵迫，內有赤匪騷擾，民生凋敝，達于極點，茲聞鈞會開幕，薄海歡騰，行見本精誠團結之旨，籌安內攘外之謀，出民衆于水深火熱之中，躋國家于自由平等之域，本市全體民衆，歡極之餘，敬致其擁護之忱，伏希垂察，北平市各界慶祝五中全會開幕大會叩灰，（2）賀剿匪勝利電南京蔣委員長鈞鑒，並轉全體剿赤將士勛鑒，赤匪盤踞贛閩，荼毒生靈，幸賴鈞座，躬親督剿，諸將士忠勇奮發，迭予匪以重創，捷報傳來，彌深歡忭，尚祈繼續努力，肅清殘孽，以絕後患，而竟全功，特電馳慰敬希垂察，北平市各界慶祝剿匪勝利大會叩灰。

武漢

【中央社漢口十一日電】武漢各界，十日晨分別舉行慶祝五中全會開幕及剿匪勝利大會，到省會各界代表千餘人，儀式甚爲隆重。

津市

【中央社天津十一日電】天津各界，十日晨十時，在市黨部大禮堂舉行大會，慶祝五中全會開幕，到代表四百餘人，由于學忠主席，報告開會意義，希望國人精誠團結，擁護中央，渡過目前難關。

察省

【中央社張家口十一日電】察省黨部，十日舉行慶祝五中全會開幕大會，到千餘人，由宋哲元報告，

2|1
3

17. 薄海同欢之庆祝五中及祝捷大会，何键报告大会议意义及剿匪经过，1934 年 12 月 12 日第 2 版

薄海同歡之

慶祝五中及祝捷大會

▲何鍵報告大會意義及剿匪經過▼

【中央社長沙十日電】湘各界民衆，十日上午九時，在中山堂舉行慶祝剿匪勝利，同時舉行總理紀念週由何鍵主席，報告慶祝大會意義，及剿匪經過情形，謂贛匪入湘南時，號稱十萬，經迭次截擊，所餘無幾，未能完全將其殲滅，不無遺憾，殘匪現竄抵桂境龍勝以北，及湘境城武綏甯通道以南一帶地區，我湘桂大軍，正在聯絡追剿，並電黔省派軍堵截，一面組織民衆，實行堅壁清野，使匪無所掠奪，不攻自滅，湘南方面，散匪尚多，已經李師長覺，積極督率所部，從事搜剿，並辦理清鄉善後，以安閭閻，旋由南昌新生活運動總會徐幹事出席講演湖南人之使命，一小時始散會。

【中央社長沙十日電】何鍵十日電賀中央剿匪

（局部图 1）

【中央社長沙十日電】何鍵十日電賀中央剿匪勝利原電，略謂：赤匪盤踞贛境，迄今六載，蹂躪民衆，天日爲昏，蔣委員長秉承中央命令，率師征剿，不辭勞苦，今幸克復僞都，追剿殘匪，功在黨國，薄海同歡，除由湖南人民開會慶祝外，謹中電賀，伏乞垂察，又電賀五中全會開幕，原電略稱，鈞會開幕，薄海騰歡，晉萃羣英，謀人民之福利，發揚黨義，措黨國于安全，逸企勛猷，謹申賀慶

平市

【中央社北平十日電】平市各界，十日晨九時在市黨部大禮堂舉行慶祝五中全會開幕，及勦匪勝利大會到會各界代表六百餘人，由方少雲主席領導行禮後，即報告慶祝五中全會開幕剿匪勝利之意義，及應有之認識，報告畢，並通過電賀五中全會及慰勞蔣委員長，至十時半散會，茲錄兩電原文如下，（一）賀五中全會開幕電：南京中央執行委員會第五

屆全體會議鈞鑒，近年以來，國勢日非，外受强鄰侵迫，內有赤匪騷

（局部图2）

援，民生凋敝，逵于匪點，茲聞鈞會開幕，薄海歡騰，行見本精誠團結之旨，籌安內攘外之謀，出民衆于水深火熱之中，躋國家于自由平等之域，本市全體民衆，歡極之餘，敬致其擁護之忱，伏希垂察，悬幸，北平市各界慶祝五中全會開幕大會叩灰，（2）賀剿匪勝利電南京俸委員長鈞鑒，並轉全體剿赤將士勛鑒，赤匪盤踞贛閩，荼毒生靈，幸賴鈞座，躬親督剿，諸將士忠勇奮發，迭予匪以重創，捷報傳來，彌深歡忭，尚祈繼續努力，肅清殘孽，以絕後患，而竟全功，特電馳慰敬希垂察，北平市各界慶祝剿匪勝利大會叩灰。

武漢

【中央社漢口十一日電】武漢各界，十日晨分別舉行慶祝五中全會開幕及剿匪勝利大會，到省會各界代表千餘人，儀式甚爲隆重。

津市

【中央社天津十一日】天津各界，十日晨十時，在市黨部大禮堂舉行大會，慶祝五中全會開幕，到代表四百餘人，由于學忠主席，報告開會意義，希望國人精誠團結，擁護中央，渡過目前難關。

察省

【中央社張家口十一日電】察省黨部，十日舉行慶祝五中全會開幕大會，到千餘人，由宋哲元報告，

（局部图 3）

湘南股匪已肅清

追勦總部昨移寶慶

殘匪有由古宜竄黔之意

【中央社長沙十日電】湘南各縣股匪肅清，何鍵宣布解嚴剿匪總部定十一日開駐寶慶。

【中央社長沙十日電】衡州八日電，匪大部仍在門司前龍勝以北一帶深山中，其一部槍約數千，已竄至城步以南之中坪沙洲一帶，我軍協同桂軍圍剿東山竄殘匪，我追剿總部定十一日由衡移駐邵陽督勦，又據報，賀蕭殘部竄黃石之匪，已被我朱樹勛部擊潰，斃匪三十餘名，獲槍二十餘枝，正追剿中。

【中央社貴陽十日電】此間接洪江電，中央軍薛岳部向洪江武岡推進，李覺部到紫江，赤匪在千家寺被擊潰，聞槍聲即逃，狀極狼狽，殘餘三萬人，有由古宜出通道竄黔之意。

【中央社重慶十一日電】省訊，鄧錫侯日內赴碧口與胡宗南晤商協勦赤匪問題，又四路軍夏炯楊漢域兩部九日晨擊匪，進佔三星場一帶，匪退據金場松柏堆，三路軍羅澤洲部進展至距儀隴三十里地方，四五兩路軍即會攻玉圖。

【中央社南昌十一日電】二十九日羅匪炳輝率衆竄分水墟，王旅得報，派李團馳往痛擊，匪受創不支，退往南堡後，在鰲頭太子山金子山一帶憑險固守，王旅長親率周李兩團會剿，雙方接觸，激戰至烈，王親率所部大戰兩日，肉搏四次，屍橫遍野，深水爲紅，匪重創之下，各自逃命，紛紛向合村方面潰竄，是役斃匪數百，俘匪百數十名，繳獲步槍數十枝，現仍協同友軍追剿中。

【中央社香港十一日電】余漢謀十一晨謁陳濟棠，商談軍務，陳濟棠當晚設宴爲余漢謀李漢魂洗塵。

【中央社貴陽十日電】賀匪龍之妹賀蘭英及賀匪偽師長王光澤，被松桃八區團隊圍剿，均被擊斃。

【中央社鄭州十一日電】上官雲相，十日晚偕總指揮部全部職員，由許昌過鄭，指揮追剿偽二十五軍殘匪。

【中央社洛陽十一日電】三省邊區剿匪總指揮上官雲相，今晨抵洛陽，指揮部隊，追剿逃竄豫陝邊境殘匪，據談殘匪僅剩數百人，狼狽不堪，即將殲盡。

18. 湘南股匪已肃清，追剿总部昨移宝庆，残匪有由古宜窜黔之意，1934 年 12 月 12 日第 2 版

閩邊漏網殘匪

經湘桂浙三省大軍截擊後 餘衆不及五萬人

羅方兩股狼狽向旌德逃走

閩贛竄至湘南之大股赤匪，經我軍兜剿後，一部已竄至廣西東北灌陽一帶，復迭經桂軍圍攻繳械，赤匪人數，已由十萬減至四萬，現正由桂軍白崇禧部追剿之中，不久當可全部解决，至前由大田永安一帶竄至水口進犯省垣之共匪羅炳輝方志敏部，經我軍追擊後，由閩浙邊界，經江山常山（浙屬）竄入皖境，近復由皖竄至浙江分水，被浙省保安團隊痛擊後，回竄婺源休甯（均皖境），浙江省政府，日昨曾電本省敍述匪情，玆探錄于后，贛浙皖邊區僞七軍團，江（三）日在分水西區之邱洛埠，及昌化西之白果村附近，經我追剿部隊節節痛擊後，魚（六）日經積溪東北之楊溪橋向旌德方面竄去，董溪方面僞十軍一部，魚（六）日已經德興屬之十五都及婺源屬之二十里岡，向休甯南之仙斗竄去云，

19. 闽边漏网残匪，经湘桂浙三省大军截击后余众不及五万人，罗（炳辉）、方（志敏）两股狼狈向旌德逃生，1934 年 12 月 13 日第 6 版

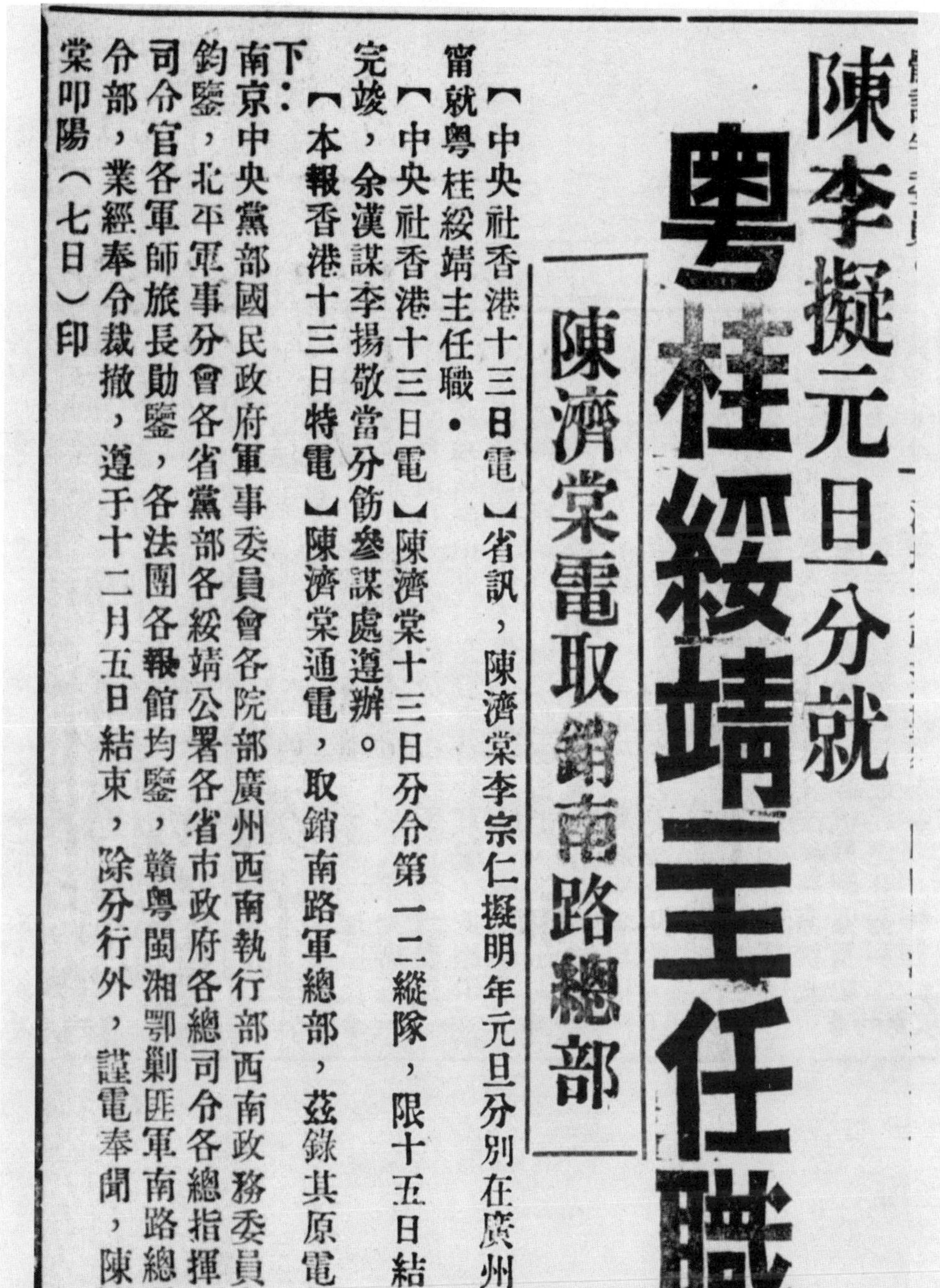

陳李擬元旦分就粵桂綏靖主任職

陳濟棠電取銷南路總部

【中央社香港十三日電】省訊，陳濟棠李宗仁擬明年元旦分別在廣州南甯就粵桂綏靖主任職。

【中央社香港十三日電】陳濟棠十三日分令第一二縱隊，限十五日結束完竣，余漢謀李揚敬當分飭參謀處遵辦。

【本報香港十三日特電】陳濟棠通電，取銷南路軍總部，茲錄其原電如下：

南京中央黨部國民政府軍事委員會各院部廣州西南執行部西南政務委員會鈞鑒，北平軍事分會各省黨部各綏靖公署各省市政府各總司令各總指揮各司令官各軍師旅長勛鑒，各法團各報館均鑒，贛粵閩湘鄂剿匪軍南路總司令部，業經奉令裁撤，遵于十二月五日結束，除分行外，謹電奉聞，陳濟棠叩陽（七日）印

20. 陈（济棠）、李（宗仁）拟元旦分就粤桂绥靖主任职，陈济棠电取消南路总部，1934 年 12 月 14 日第 2 版

區芳浦抵滬分訪孔宋

談此行係報告粵財政狀況
粵向美借款五千萬說不確
粵桂擬調兩集團追剿殘匪

（中央社上海十六日電）區芳浦十六日晨乘輪抵滬，吳鐵城派代表到碼頭歡迎，據區氏在輪次語記者云，本人原擬早日入京列席五中全會因在粵另有要公，以致不克赶到參加，此來係向中央報告粵省財政狀況，並請示剿匪計劃，在滬不作多留，十六日晚或十七日晨即入京，粵省財政收支相抵，惟因在剿匪時期，致感不敷，至于外傳粵省當局向美借款五千萬元說，完全不確，粵桂兩省現擬抽調兩集團兵力追剿殘匪，以免流竄川黔，刻已呈報中央請示。

【中央社上海十六日電】區芳浦抵滬後，午後三時偕楊德昭訪吳鐵城，旋謁孔祥熙，報告粵財政狀況，又走訪宋子文，晚應沈叔玉歡宴，並發表書面談話，詳述粵剿匪及綏靖工作，並年來建設情形及最近之計劃。

21. 区芳浦抵沪分访孔（祥熙）、宋（子文），谈此行系报告粤财政状况，粤向美借款五千万说不确，粤桂拟调两集团追剿残匪，1934 年 12 月 17 日第 2 版

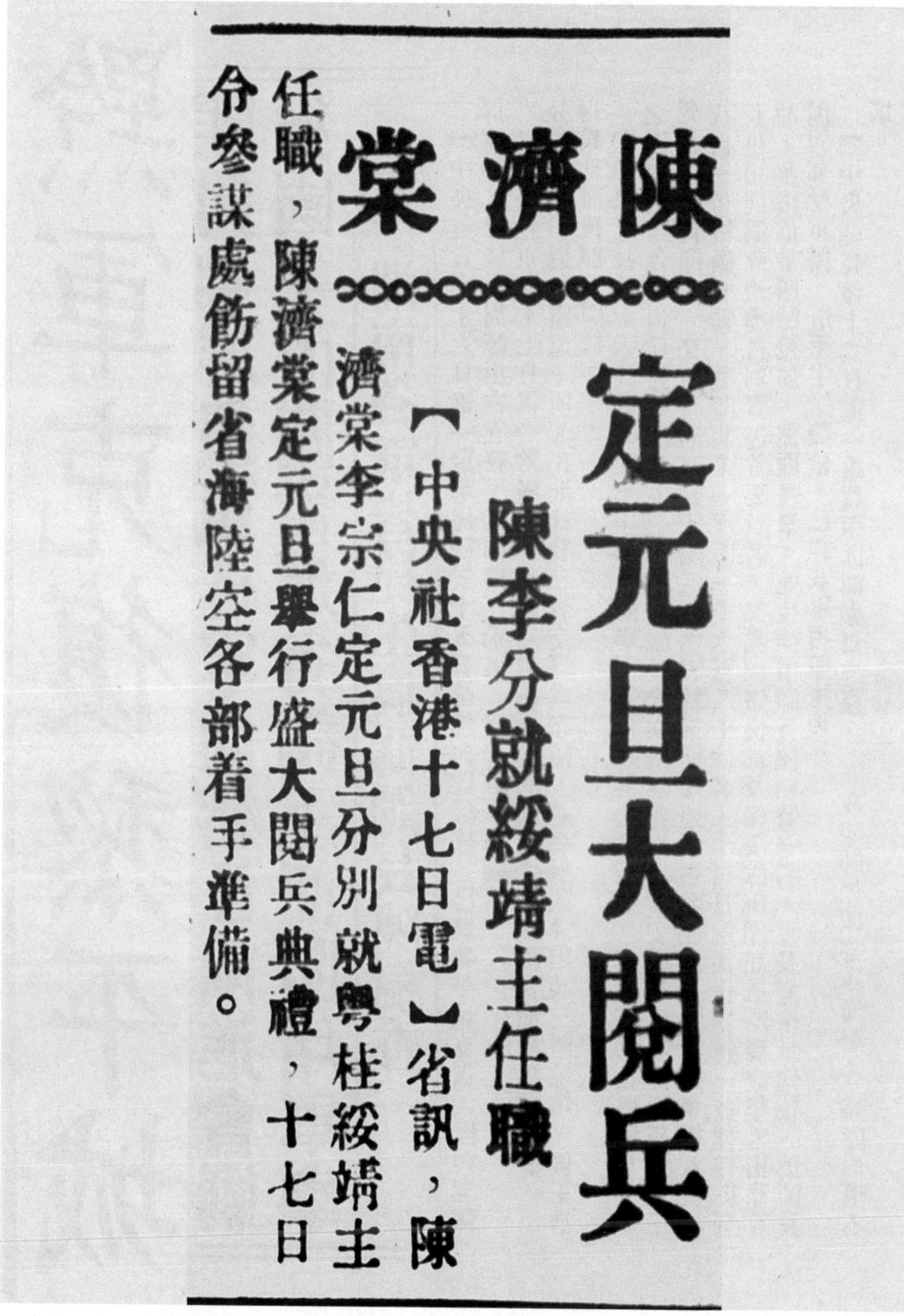

陳濟棠定元旦大閱兵

陳李分就綏靖主任職

【中央社香港十七日電】省訊，陳濟棠李宗仁定元旦分別就粵桂綏靖主任職，陳濟棠定元旦舉行盛大閱兵典禮，十七日令參謀處飭留省海陸空各部着手準備。

22. 陈济棠定元旦大阅兵，陈、李（宗仁）分就绥靖主任职，1934 年 12 月 18 日第 2 版

黔軍克復黎平城

匪向錦屏潰竄桂軍向榕江前進會剿
猶國才由關嶺進省謁王商防堵軍事

湘南各軍皆捷生擒偽師長陳樹香

【中央社貴陽十六日電】黔軍周旅於十五日拂曉向匪猛攻，已將黎平城克復，匪向老錦屏移動，又桂軍周師由古宜經下江向榕江前進，協助黔軍堵剿。

【中央社重慶十七日電】黔省電，猶國才自關嶺晉省謁王主席家烈，商防堵共匪事，王分設行營于遵義鎮遠，所部在湘桂黔三省交界處布防，並令猶國才出兵三團協堵，俟王猶兩氏見面後即可開拔。

【中央社長沙十六日電】陳光中師已將嚴門鋪倒水界之匪擊破，章亮基師已將隴口下鄉之匪擊潰，各師均俘匪斃匪甚多，我劉代旅長建文所部在嚴寨長安營等處亦斃匪甚衆，俘營長以上百餘人。又訊，湘南嘉禾臨武藍山等縣散匪，連日經我團隊在大村四衆橋黃金坪八嶺一帶積極搜剿，斃匪甚多，俘匪一千六百八十餘名，十三日解衡山訊辦，並據俘匪營長供出匪偽政治委員劉賢等首要數名，又我成鐵俠部及保安隊唐團在道縣屬之早禾田龍首冲，擊潰偽卅四師殘部，斃匪甚衆，並生擒偽師長陳樹香一名，獲長短槍卅餘枝，偽師長因腹部受重傷，解至半途斃命，已經我軍拍照掩埋。

【中央社長沙十六日電】蕭賀兩匪向巖口逃竄，經我陳師先頭部隊痛擊，殘匪崩潰不堪。

23. 黔军克复黎平城，匪向锦屏溃窜桂军向榕江前进会剿，犹国才由关岭进省谒王（家烈）商防堵军事，湘南各军皆捷生擒“伪师长”陈树香，1934 年 12 月 18 日第 2 版

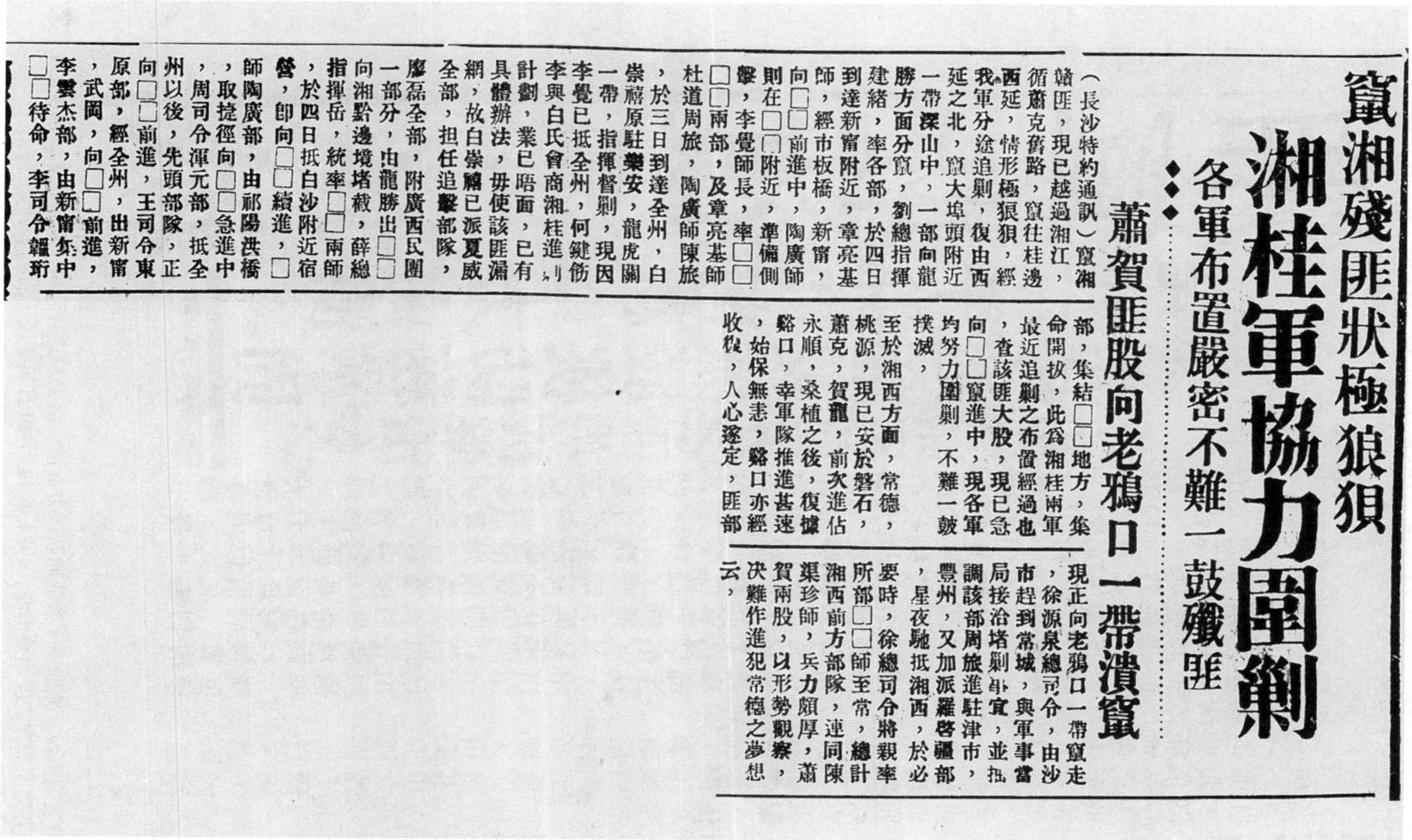

竄湘殘匪狀極狼狽

湘桂軍協力圍剿

各軍布置嚴密不難一鼓殲匪

（長沙特約通訊）竄湘贛匪，現已越過湘江，循蕭克舊路，竄往桂邊，西延，情形極狼狽，經我軍分途追剿，復由西延之北，竄大埠頭附近一帶深山中，一部向龍勝方面分竄，劉總指揮建緒，率各部，於四日到達新甯附近，章亮基師，經市板橋，新甯，向□□前進中，陶廣師則在□□附近，準備側擊，李覺師長，率□□□□兩部，及章亮基師杜道周旅，陶廣師陳旅，於三日到達全州，白崇禧原駐樂安，龍虎關一帶，指揮督剿，現因李覺已抵全州，何鍵飭李與白氏會商湘桂進剿計劃，業已晤面，已有具體辦法，毋使該匪漏網，故白崇禧已派夏威全部，担任追擊部隊，廖磊全部，附廣西民團一部分，由龍勝出□□向湘黔邊境堵截，薛總指揮岳，統率□□兩師，於四日抵白沙附近宿營，即向□□續進，□師陶廣部，由祁陽洪橋，取捷徑向□□急進中，周司令渾元部，抵全州以後，先頭部隊，正向□□前進，王司令東原部，經全州，出新甯，武岡，向□□前進，李雲杰部，由新甯東中□□待命，李司令韞珩部，集結□□地方，集命開拔，此爲湘桂兩軍最近追剿之布置經過也，查該匪大股，現已急向□□竄進中，現各軍均努力圍剿，不難一鼓撲滅，

蕭賀匪股向老鴉口一帶潰竄

至於湘西方面，常德，桃源，現已安於磐石，蕭克，賀龍，前次進佔永順，桑植之後，復據谿口，幸軍隊推進甚速，始保無恙，谿口亦經收復，人心遂定，匪部現正向老鴉口一帶竄走，徐源泉總司令，由沙市趕到常城，與軍事當局接洽堵剿事宜，並抽調該部周旅進駐津市，豐州，又加派羅啓疆部，星夜馳抵湘西，於必要時，徐總司令將親率所部□□師至常，總計湘西前方部隊，連同陳渠珍師，兵力頗厚，蕭賀兩股，以形勢觀察，決難作進犯常德之夢想云，

24. 窜湘残匪状极狼狈，湘桂军协力围剿，各军布置严密不难一鼓歼匪，萧（克）、贺（龙）匪股向老鸦口一带溃窜，1934年12月18日第5版

湘軍收復道通城

斃匪三千餘匪向新廠方面潰

陳渠珍進駐乾城辰桃防務鞏固

◇川各路軍前方之匪均被擊潰◇

【中央社長沙十七日電】我追剿部隊陳章陶各師進擊臨口菁蕪洲一帶之匪，大獲全勝，斃匪千餘，俘數百，獲槍百餘枝，匪狼狽潰退，十四日齊向通道攻剿，與匪主力遭遇，發生激烈戰 我軍奮不顧身，猛烈攻擊，激戰半日，匪前線總潰退，當塲斃匪三千餘人，內有重要匪首多人，俘匪五百餘人，獲槍三百餘枝，未時完全規復通道城，是役匪損失奇重，精銳喪失殆盡，殘匪向新廠方面潰竄，我軍正挺進，匪在包圍中，即可全部解決，劉建文部在長安營等處擊匪甚多，俘匪營長以下百餘名，又嘉禾臨武藍山各縣殘匪已告肅清共俘匪二千餘，解衡州，偽三四師陳樹香確被我部生擒，中途斃命，已拍照掩埋，陳渠珍進駐乾城，率部截擊賀蕭殘匪，辰桃防務鞏固

【中央社重慶十八日電】各路前方時有匪擾，均遭嚴陣痛擊，山家寺匪亦他竄，二路羅師擒匪甚衆，二十三師正派隊構築工事，探報儀隴城內新到匪團，其中女性千餘人，因赤區內壯丁傷亡逃散甚衆，不得已將婦女編配入伍。

25. 湘军收复通道城，毙匪三千余匪向新厂方面溃，陈渠珍进驻乾城，辰（州）、桃（源）防务巩固，川各路军前方之匪均被击溃，1934 年 12 月 19 日第 2 版

竄黔殘匪 圖偷渡清水江

我追勦部隊分抵龍溪口及廣平夾擊 黔軍一面防守錦屏一面由黎平追勦

陳光中師收復新廠與黔桂軍聯絡包圍

【中央社貴陽二十日電】贛匪竄入黔境後，由平略瑤光南家堡三處偷渡清水江，中央追擊部隊已到龍溪口，湘軍一部到廣平夾擊。

【中央社南京二十日電】王家烈自黔馬塲坪軍次電京報告，謂匪企圖強渡清江河，向劍河台拱方面沿蕭匪舊道北竄，我軍在旅尾追，並令李旅推進施洞劍河截堵，錦屏駐軍並督團隊守錦屏及清江河下流，周旅由黎平追勦。

【中央社長沙二十日電】何健委李覺，郭汝棟爲七八路追勦司令，蕭賀各匪經羅啓疆及保安團各部迎頭痛擊，匪勢不支，狼狽潰退，何健又派兵協勦，將匪擊潰，一部竄盤龍橋，衝我大軍雲集，將匪包勦，不難殲滅，劉建緒電告赤匪大股均竄入黔境，被我軍猛追痛勦，不敢回視，陳光中電，十六日收復新廠及與黔桂軍聯絡圍勦，保安司令部電令各縣限本月底肅清散匪，以靖地方，曹伯聞定明年舉辦保甲清查戶口。

【中央社重慶二十日電】五路軍副指揮范紹增向督辦公署建議，將前方難民移往後方修治道路，後方壯丁編成團隊，以利勦匪，督署已令各路總指揮及附近匪區各縣長查酌辦理。

26. 窜黔残匪图偷渡清水江，我追剿部队分抵龙溪口及广平夹击，黔军一面防守锦屏一面由黎平追剿，陈光中师收复新厂与黔桂军联络包围，1934 年 12 月 21 日第 3 版

桃源收復後

慈利縣境甚安謐

湘省府決在沅陵設出巡辦事處

王猶聯電蔣汪請補助剿匪軍費

粵桂擬組援黔剿匪軍

【中央社長沙二十六日電】李覺郭汝棟收復桃源後，向漆家河黃市猛進，與蕭賀殘匪接觸，匪傷亡近千，俘數百，殘匪向老鴉口潰退，慈利縣境甚安謐，長【沙】常【德】水陸交通恢復，常德民衆電請嘉獎羅啓疆旅保全常境，厥功甚偉，省府决在沅陵設省委出巡辦公處，被推省委曹伯聞，劉建緒等元月四日前往辰州主持。

【中央社長沙二十六日電】常德廿五電，我李師陳旅，郭師王旅，分途向桃源攻擊，陳旅先於二十四夜派便衣隊一連入城，廿五日辰刻協同各部夾擊，匪部驚潰分向三家河漆家河逃竄，圖回竄大庸，我軍當收復桃源縣城，現正分途搜索前進。

【中央社貴陽二十六日電】王家烈猶國才昨自馬場坪聯名電蔣委員長汪院長，以黔省財政困窘，軍食無着，對剿匪經費，請中央酌予補助。

【中央社廣州廿七日路透特電】共匪西竄，粵桂現調兵援黔，陳濟棠李宗仁白崇禧已向中央建議組織特殊軍隊，專剿侵黔共匪，衆信中央必採納此議，蓋剿匪乃維持國家和平之要義也，桂軍現已抵黔邊，不久將與共匪接戰。

【中央社香港二十七日電】白崇禧擬元旦後來粵一行，晤陳濟棠李宗仁商追剿軍事。

27. 桃源收复后慈利县境甚安谧，湘省府决在沅陵设出巡办事处，王（家烈）、犹（国才）联电蒋（介石）、汪（精卫）请补助剿匪军费，粤桂拟组援黔剿匪军，1934 年 12 月 28 日第 2 版